suhrkamp taschenbuch
wissenschaft 948

Dieser vierte und letzte Band der Tübinger Vorlesungen Wolfgang Schadewaldts enthält die Vorlesungen zur griechischen Tragödie: »Formen- und Problemgeschichte der attischen Tragödie«, eine zweisemestrige Vorlesung mit einer allgemeinen Einführung und der Interpretation des Aischylos von 1966 und 1966/67; »Sophokles«, ebenfalls zweisemestrig, von 1969 und 1969/70; und »Euripides« von 1967.

Der Band gibt einen Überblick über die große »klassische« Tragödie in ihren drei Hauptvertretern, über ihre Stellung in der Geschichte der griechischen Dichtung, ihren Bezug zur historischen Umwelt des 5. Jahrhunderts sowie – in einzelnen Ausblicken – ihre Fortwirkung auf die spätere Dichtung und Dramatik bis auf unsere Zeit.

Wolfgang Schadewaldt (1900-1974) war von 1950 bis zu seiner Emeritierung Professor in Tübingen. Die ersten drei Bände der Tübinger Vorlesungen: Band 1: *Die Anfänge der Philosophie bei den Griechen. Die Vorsokratiker und ihre Voraussetzungen* (stw 218); Band 2: *Die Anfänge der Geschichtsschreibung bei den Griechen: Herodot. Thukydides* (stw 389); Band 3: *Die frühgriechische Lyrik* (stw 783).

Wolfgang Schadewaldt

Die griechische Tragödie

Tübinger Vorlesungen Band 4

Unter Mitwirkung von Maria Schadewaldt
Herausgegeben von Ingeborg Schudoma

Suhrkamp

Bibliografische Information der Deutschen Nationalbibliothek
Die Deutsche Nationalbibliothek verzeichnet diese Publikation
in der Deutschen Nationalbibliografie;
detaillierte bibliografische Daten sind im Internet über
http://dnb.d-nb.de abrufbar.

suhrkamp taschenbuch wissenschaft 948
Erste Auflage 1991

Umschlag nach Entwürfen von
Willy Fleckhaus und Rolf Staudt
Druck: Books on Demand, Norderstedt
Printed in Germany
ISBN 978-3-518-28548-0

6 – 11

Inhalt

Inhalt

Einleitung

I Aischylos

II [illegible]

III Euripides

Einleitung

1.

Wenn wir uns am Anfang dieser ›Einführung in die griechische Tragödie‹ mit dem Versuch einer Wesensbestimmung unseres Gegenstandes beschäftigen wollen, so sind wir in der glücklichen Lage, daß wir dabei nicht von modernen Theorien darüber auszugehen brauchen, sondern wir können mit der Interpretation dessen beginnen, was Aristoteles in seiner *Poetik* darüber gesagt hat. Dies kleine, nur unvollständig erhaltene Büchlein hat, wenn man von der Bibel absieht, wohl von allen antiken Büchern die stärkste Beschäftigung bei den Modernen hervorgerufen, und zumal der sogenannte Tragödiensatz (1449 b 24-28) ist immer wieder behandelt worden. Literatur darüber finden Sie in A. Leskys *Geschichte der griechischen Literatur* ([3]1971, 639 ff.). Ich will jetzt nur kurz vorab die Marksteine des Weges angeben, den die Frage in den letzten Jahrhunderten durchlaufen hat.

Corneille hat den Satz in seinem Alter behandelt. Gegen ihn wendet sich Lessing in der *Hamburgischen Dramaturgie* (74.-78. Stück). Auf Lessing nimmt Goethe Bezug in seiner kleinen, aber bedeutenden Schrift *Nachlese zur Aristotelischen Poetik* (1827). Daran knüpft Bernays an in seiner Abhandlung von 1880, die besonders die Katharsis-Frage behandelt, und das geht weiter bis heute. Max Kommerell hat in seiner Schrift *Lessing und Aristoteles* (1940) die Tradition sehr schön und übersichtlich zusammengearbeitet und gezeigt, daß jeder das, was er selbst von der Tragödie hält und fordert, in den Satz hineininterpretiert, um es sich von der Autorität des Aristoteles bestätigen zu lassen. Eine Einigung ist bis heute nicht erreicht worden, im Gegenteil beobachten wir, wie bereits erreichte gesicherte Positionen nach Jahren einer anderen – oft älteren – Deutung zuliebe wieder umgestoßen werden. So hat etwa K. H. Volkmann-Schluck in der Festschrift für Karl Reinhardt (1952) die Frage nach der Bedeutung des Genitivs neu gestellt. Oder ich erinnere an den Versuch von Rudolf Schottländer im Hermes 1953: *Eine Fessel der Tragödiendeutung*, durch den er uns, wie der Titel sagt, von der Fessel der Deutung befreien will. Es ist amüsant zu beobachten, wie er dabei – wohl unbewußt – auf den alten Corneille zurückkommt: der Mensch soll von den so bedrohlichen Leidenschaften gereinigt werden. Ausgezeichnet und fördernd ist die Arbeit von Franz Dirlmeier (Hermes 1940), auf die wir noch zurückkommen werden. Aber auch er kommt nicht los von dem Hauptstrang der Tradition, obgleich er die Interpretation in entscheidenden Punkten vorwärts bringt.

Ich selber habe mir seit längerer Zeit Gedanken über die Stelle gemacht und gestehe, daß es für mich etwas Beunruhigendes hat, zu erleben, wie dieser arme Satz des großen Philosophen wie in einer Zirkusmanege im Kreise herumgetrieben wird. Es wäre doch merkwürdig, wenn es unserer fortgeschrittenen philologischen Wissenschaft nicht gelingen sollte, sich über den Wortsinn eines Satzes klarzuwerden, der aus bekannten Wörtern der griechischen Sprache besteht. Diese Unklarheit hat natürlich, wie schon angedeutet, ihren tieferen Grund, nämlich die innere Beteiligung der Deuter. In der Wissenschaft wie auch sonst einigt man sich ja schnell und leicht über Dinge, die einen nichts angehen. Wenn man aber von etwas in seinem eigenen Dasein betroffen wird, wenn die verstandesmäßige Deutung eine innere Entscheidung umfaßt, in all diesen Fragen einigt man sich nicht leicht, weil man mit seiner ganzen Existenz beteiligt ist. So ist die Unklarheit der Deutung bemerkenswert, weil sie zeigt, daß dieser Satz bis heute noch nicht gleichgültig und neutral ist, sondern uns angeht.

Ich habe darum die Frage in einem Aufsatz behandelt (*Furcht und Mitleid?*, 1955) und will gleich sagen, daß die Deutung, die ich darin aufgrund langer Überlegungen anbieten kann, vielleicht desillusionierend sein wird. Aber das kann uns nicht kümmern; eine gewisse Desillusionierung ist eine Begleiterscheinung auf dem Weg zur Wahrheit. Die Frage wird sein, ob sich nicht daraus, ähnlich wie in Platons Dialogen, schließlich doch wieder etwas Positives ergeben kann, wenn man es richtig ansieht. Soviel zur Charakterisierung der Sachlage in der Forschung.

Kommen wir nun zurück zur Poetik des Aristoteles, so müßte man eigentlich das ganze Buch interpretieren. Es beginnt mit allgemeinen Ausführungen über die Dichtung und ihre Wirkung, spricht dann kurz von den verschiedenen Arten und Formen und kommt sehr bald auf Homer, den auch für Aristoteles ältesten und größten Dichter, in dem er die beiden Gattungen des Tragischen und Komischen noch vereinigt sieht (Homer wurde bekanntlich außer der Ilias und der Odyssee auch ein komisches Epos *Margites* zugeschrieben). Erst nach ihm hätten sich tragische und komische Dichtung getrennt, je nachdem die einzelnen

Dichter mehr zu der einen oder der anderen Art hinneigten. Dann geht es sofort über zur Behandlung der Tragödie; auf Epos und Komödie will er erst später eingehen. Für das Epos geschieht das in den Kapiteln 23 bis 26, das zweite Buch mit der Darstellung der Komödie ist verloren.

Alle Dichtung und überhaupt alle Kunst beruht nach Aristoteles auf Mimesis, Nachahmung. Sie ist hervorgegangen aus einem natürlichen Trieb des Menschen, eben seiner Freude am Nachahmen, die so sehr zu seinem Wesen gehört, daß der Mensch für Aristoteles das am meisten zur Nachahmung neigende Lebewesen ist (1448 b 5 ff.). Dementsprechend ist in dem umstrittenen Satz, der eine Abgrenzung des Wesens (*hóros tēs usías*) der Tragödie geben soll, die Tragödie bestimmt als die Nachahmung, oder richtiger: die Darstellung einer Handlung. Es ist die für Aristoteles charakteristische Form der Definition, in der zuerst die Gattungsbestimmung gegeben wird, zu der dann eingrenzende Besonderheiten hinzukommen: Die Tragödie ist die Darstellung einer Handlung. Sie muß ernst sein, ein Ganzes bilden, einen Abschluß haben, muß eine gewisse Größe besitzen (das Maß eines lyrischen Gedichts ergibt keine Tragödie), muß in ihrer sprachlichen Form ›gesüßt‹ sein, gewürzt, sinnlich erfreuend. Wie er später sagt, geschieht das durch Rhythmus, Gefügtheit und Versmaß. Ferner hat sie dem Epos gegenüber Teile, die schon durch ihre Form klar voneinander geschieden sind: jambische Dialoge, lyrische Chorpartien und Wechselgesänge. Sie wird auf der Bühne gespielt, ist also nicht nur wie das Epos ein Bericht. Nach dieser Reihe von Einzelbestimmungen, die die Tragödie von anderen Dichtformen abgrenzen, folgt nun der entscheidende Passus, der das Vermögen, die Dynamis des tragischen Spiels nennt: sie ist ›durch *éleos* und *phóbos* (Mitleid und Furcht, wie man gewöhnlich übersetzt) hingelangend zur *kátharsis*, Reinigung von derartigen Affizierungen‹ oder nach anderer Deutung ›derartiger Affizierungen‹; entweder wird der Mensch von den Affekten gereinigt, oder die Affekte selbst werden gereinigt. Die Tragödie besteht also in einem Vollzug, der in einer solchen Reinigung endet.

Das ist soweit klar. Was genau ist aber damit gemeint? Der Streit ging dabei hauptsächlich um drei Fragen: 1. was ist mit der Katharsis gemeint, eine moralische Reinigung oder (nach Bernays) eine medizinisch-kultische? 2. der schon erwähnte Genitiv, und 3. die Frage, was ›derartige‹ Affekte heißt. Nun, das letzte ist verhältnismäßig einfach zu beantworten. Es sind offenbar weder die genannten Affekte Mitleid und Furcht noch auch völlig andere, sondern eben derartige: neben *phóbos* gibt es griechisch *déos*, neben *éleos oíktos, odyrmós* und vieles andere; auch im Deutschen ließen sich genug Beispiele finden. Wichtiger sind die beiden anderen Fragen. Merkwürdigerweise aber hat man sich dabei kaum um die Begriffe *phobos* und *eleos* gekümmert, so als ob ganz klar wäre, was damit gemeint sei. Es ist aber offensichtlich, wie gerade dabei die bisherigen Deutungen in die Zwickmühle geraten sind. Immer ist es so, daß einer der beiden Affekte irgendwie zu kurz kommt, obgleich sie bei Aristoteles doch deutlich paritätisch nebeneinander stehen. So wird bei Corneille, der den Genitiv als eine Reinigung *von* den Affekten versteht, der Mensch natürlich nicht vom Mitleid gereinigt, sondern es geht merkwürdig verschlungen: der Zuschauer empfindet Mitleid mit dem leidenden Helden. Er sieht, wie dieser durch seine verderblichen Leidenschaften ins Unheil geraten ist, und fürchtet für sich selbst, daß es ihm ähnlich gehen könnte. Diese Selbstfurcht löst die Reinigung aus in der Form eines Entschlusses zur Besserung. Mitleid und Furcht sind also hintereinander geschaltet, und vermittels ihrer sukzessiven Kraft kommt es zur Reinigung von anderen, verderblichen Affekten. Bei Lessing, der Corneilles Deutung bekämpft, wird die Furcht völlig verschlungen vom Mitleid. Er erklärt sie (nach einer Aristotelesstelle in der Rhetorik) als das auf uns selbst bezogene Mitleid. Sie muß ihm zu einem Ingredienz des Mitleids werden, weil das auf seinen eigenen humanitären Interessen beruht, die er in die Stelle hineininterpretiert. In neuerer Zeit kommt es umgekehrt einmal dazu, daß die Furcht das Mitleid verschlingt, nämlich bei Volkmann-Schluck. Er glaubt, daß Aristoteles in dem Satz das innere Anliegen der Tragödie aussprechen wollte: daß uns darin etwas begegne, das nichts einzelnes ist, sondern die Menschheit angeht, den Menschen in seiner Verfallenheit und Sterblichkeit berührt. Das Geschehen, das auf uns zukommt und uns bedroht, wird von uns zu eigen genommen durch Mitleid und Furcht, und zwar – mit anderer Deutung des Genitivs – durch gereinigtes Mitleid und gereinigte Furcht. So heißt es etwa: Die ins Reine ihres Wesens gelangte Furcht ist die Art der Gegenwärtigkeit des auf uns zukommenden vernichtenden Geschicks. Das reine Mitleid ist die aufnehmende Anerkennung dieses Geschicks. Das ist schön gedacht, aber nicht griechisch, es wäre auch kaum ins Griechische zu übersetzen. Gereinigte Furcht ist nicht reine Furcht, was nicht *katharós phobos* heißen könnte, sondern höchstens *kath' hautó*, Furcht an sich. Weiter ist zwar verständlich, daß ein Geschehen, das uns in unserer menschlichen Hinfälligkeit und Vergänglichkeit betrifft, durch die Furcht in uns eindringt, aber die Deutung des Mitleids als ›aufnehmende Anerkennung‹, Jasagen zu diesem Geschick, ist schief und künstlich und hat mit Mitleid eigentlich nichts zu tun. Man sieht, diese gereinigte Furcht ist im Grunde die Heideggersche Angst, zu der der Begriff hingebogen wird und die mit dem Mitleid nichts anfangen kann. – Bei Schottländer sind dann die Affekte wieder das Mittel zur Reinigung, nämlich von anderen Affekten, handgreiflichen Lastern und Untugenden. Damit wird die Tragödie wieder zur moralisch-pädagogischen Anstalt wie bei Corneille, Lessing und Schiller.

Man sieht, daß in all diesen Deutungen die Parität der beiden Begriffe nicht gewahrt bleibt, und damit ist die Basis der Interpretation verlassen. Abschließend will ich noch auf zwei Männer verweisen, die einen anderen Weg gegangen sind, und beginne der Einfachheit halber mit dem zweiten: Nietzsche. In *Wille zur Macht* §§ 51 ff. spricht er davon, was die Tragödie ist, und sagt, die Definition sei ein Mißverständnis des Aristoteles, denn hätte er Recht, so wäre die Tragödie etwas Lebensgefährliches, Gesundheitsschädliches, während doch sonst die Kunst ein Stimulans des Lebens sei. Als der große Vitalist, der er ist, kann Nietzsche nicht dulden, daß die Tragödie auf Mitleid und Furcht beruht, weil beides deprimierend, dekadent sei, wie er es nennt. Da aber die Tragödie ein Kunstwerk von vitaler Potenz sei, könne sie also nicht darauf aufbauen. Was Nietzsche hier bekämpft, ist allerdings kein Mißverständnis des Aristoteles, sondern ein mißverstandener Aristoteles.

Der andere, der die Dinge anders gesehen hat, ist Goethe in der *Nachlese zur Aristotelischen Poetik*. Er wendet sich gegen Lessings moralisierende Auslegung aus seiner eigenen Erfahrung als Mensch wie als Dichter. Es stimmt einfach nicht, daß der Mensch durch die Tragödie geläutert oder gebessert wird, sondern jeder findet sich, so sagt er fast humorvoll, nach dem Besuch einer Tragödie in seiner Wohnung wieder als derselbe Mensch, der er vorher war. Das ist eine Tatsache, die jeder an sich selbst beobachten kann. Goethe glaubt nicht an eine bessernde Wirkung der Tragödie und überhaupt der Kunst, wenigstens an keine direkte moralische Wirkung. Ob nicht doch eine indirekte Wirkung vorliegen kann, insofern durch das Kunstwerk im Menschen bestimmte Veränderungen hervorgerufen werden, hat damit nichts zu tun. Mit dieser nüchtern realistischen Auffassung steht Goethe seinem humanitären Zeitalter gegenüber. In seiner eigenen Deutung des Satzes verlegt er den Vorgang der Reinigung aus der Seele des Zuhörers in das Kunstwerk selbst hinein. Furcht und Mitleid würden auf der Bühne erweckt und in einer bestimmten Kurve durchlaufen, so daß es am Schluß zu einem gewissen Ausgleich von beiden kommt und die erregten Gefühle harmonisch abklingen. Diese Rückprojizierung in die objektive Gegenständlichkeit des Kunstwerks ist sicher falsch.

In dieser Situation hielt ich es für richtig, die Begriffe *phobos* und *eleos* einmal als Philologe zu untersuchen und nach ihrer eigentlichen Bedeutung zu fragen. Das habe ich in dem genannten Aufsatz getan und kann mich darum hier darauf beschränken, die Ergebnisse mitzuteilen. Dabei zeigte sich, daß zumal *eleos* nicht Mitleid heißt, das bei uns ja auch kein Affekt ist, sondern ein hoher Wert. Das Wort ›Mitleid‹ gehört zu den im Deutschen so zahlreichen Lehnwörtern und geht über das lateinische *compassio* zurück auf die griechische Urform *sympatheia*, ein Mit-Affiziertwerden im weitesten Sinne. Die Griechen hatten eine eigentümliche Fähigkeit, in ihren Begriffen große Bereiche von Erscheinungen zusammenzufassen. Da gibt es einmal das Wort *physis*, ein Hervortreiben von innen her, so wie ein Baum Äste und Blätter hervortreibt. Dem steht ein Bereich von außen bewirkter Veränderungen gegenüber, wenn etwa ein Handwerker aus dem Holz des Baumes nun Bretter schneidet, und das ist *techne*. Aber es gibt noch eine dritte Art von Veränderungen, die nicht so rein von außen bewirkt werden, Veränderungen am Gegenstand selbst unter äußerem Einfluß, und das nennt man *páschein*, oft zu eng mit ›Leiden‹ übersetzt, es ist ein Widerfahren, etwas passiert mit einem. Wenn ich in die Sonne gehe und davon meine Haut braun wird, ist diese Bräunung ein *pathos*. Es gibt eine Fülle von solchen Vorgängen; wir sprechen am besten mit einem Fremdwort von Affiziertwerden. Und *sym-patheia* ist ein Mit-Affiziertwerden, wie etwa in dem Verhältnis zwischen Leib und Seele: die Seele leidet mit, wenn der Körper krank ist, oder kann umgekehrt auch wieder Krankheiten hervorrufen oder heilen. Auch der wechselseitige Einfluß der Planeten ist ein solches Verhältnis. Wir kennen das Wort Sympathie für diesen großen Wirkzusammenhang. Bekannt ist auch die sympathetische Einwirkung im Bereich der Magie, etwa als Analogiezauber. Natürlich kann das Wort auch von der Wirkung der Tragödie und überhaupt der Kunst gebraucht werden: der Zuschauer wird mitgestimmt, ›geht mit‹, wie wir sagen, aber ganz allgemein, nicht in dem engeren Sinne von Mitleid.

Diesen besonderen Charakter erhält das Wort erst auf dem Umweg über das lateinische *compassio*, was zunächst auch noch diese allgemeine Mitgestimmtheit ist, dann aber bezogen wird auf das, was Christus durch die Menschwerdung erfahren mußte: er wird hineingezogen in die Mitgestimmtheit mit allem Menschlichen, das heißt, er mußte leiden, was alle zu leiden haben. Dann wird es zur Gleichgestimmtheit aller Teile der menschlichen Gemeinschaft als Christen und Brüder und wächst sich immer mehr aus zum Universalsinn der christlichen Brüderlichkeit. Davon ist unser Mitleidbegriff geprägt, und so ist es natürlich schwer zu erklären, warum man von diesem Mitleid gereinigt werden müßte. Man sieht, wie wichtig es ist, bei griechischen Begriffen erst einmal auf die Erscheinung selbst durchzustoßen durch den Nebel, den die Zwischenzeit darüber gelegt hat.

Natürlich haben auch die Griechen das Mitleid gekannt, aber nicht unter diesem Begriff. Es gibt etwa *synáchthomai*, sich mitbedrückt fühlen, ebenso wie *synchaírein*, sich mitfreuen. Auch von *álgos*, Schmerz, gibt es *synalgeín*. Aristoteles braucht, als er die Notwendigkeit sieht, diese Erscheinung zu fassen, das künstlicher anmutende Wort *synlypeísthai*, von *lýpe*, Unlust oder Ungemach im Gegensatz zur Lust, *hedoné*. Ferner gibt es auch das Mitleid als Sinn für die Schwachheit des anderen, sei es eines alten Mannes oder eines Hilfeflehenden oder sonst Leidenden. Ein solches Mitleid wird von den Göttern sogar gefordert, worauf viele Tragödien beruhen, zumal die Hiketiden-Tragödien, wo es um ein rituelles Schutz-Erflehen geht. Diese Art von Mitleid wird aber nicht *eleos* genannt, sondern *aidós* (lateinisch *pietas*), und beruht nicht auf einer Verbundenheit durch die menschliche Schwachheit, also auf gleicher Ebene, sondern geht über die Gottheit; besonders Zeus ist der Patron der Schutzflehenden. Wieder ein anderer Begriff aus diesem Umkreis ist *philanthropía*, was Menschenfreundlichkeit oder Menschenliebe im weitesten Sinne heißen kann. Dies Wort haben wir bei Aristoteles in der Poetik in dem Zusammenhang, als er davon spricht, welche Art von Menschen oder Handlungen *eleos* erweckt. Die allerschlechteste und untragischste Möglichkeit wäre, wenn ein ganz schlechter Mensch vom Unglück ins Glück käme; dabei gäbe es weder *phobos* noch *eleos* noch *philanthropia*. Wenn ein Schlechter aus dem Glück ins Unglück gerät, habe das immerhin noch *philanthropia*, wenn auch nicht *eleos*. Man hat gemeint, hier ein allgemein menschliches Gefühl der Anteilnahme sehen zu können, das selbst dem größten Bösewicht noch entgegengebracht werde, wenn er zugrunde geht. Ich bin zu einer etwas anderen Deutung gekommen und meine, daß es hier soviel heißt wie ›menschlich befriedigend‹. Aber das sei nur angemerkt.

Wenn wir nun *eleos* betrachten, so bezeichnet das Wort von Homer an das unmittelbare Gefühl der Ergriffenheit und Rührung, das den Menschen überfällt, etwa wenn er sieht, daß ein Freund verwundet oder getötet wird, das sein Herz weich macht und ihm Tränen in die Augen treibt. Auch dieser Affekt kann durchaus werthaft sein. Von Achilleus sagt Apollon, er habe den *eleos* verloren und sei erbarmungslos wie ein wildes Tier. Dem Menschen ziemt es, daß er sich auch wieder rühren läßt und den Bittenden schont, das gehört auch zum heldischen Ehrenkodex. Aber immer, wenn der werthafte Aspekt betont wird, ist *eleos* mit *aidós* verbunden, es sind zwei Seiten derselben Sache. Bei den Rednern und Sophisten könnte man zeigen, wie das Erregen des *eleos* zu einer förmlichen Technik entwickelt wird. Sie kennen die Stelle in der Apologie des Sokrates, wo dieser es ablehnt, Rührszenen vor Gericht aufzuführen, wie das damals üblich war und auch oft Erfolg hatte. Diese Haltung ist auch später überall dort zu finden, wo sich der Mensch und zumal der Philosoph als der Selbstbeherrschte, von der Vernunft Bestimmte versteht. Aristoteles definiert das Wort einmal in der *Rhetorik* (II 8, 1385 b 13 ff.): *eleos* sei eine *lype*, eine Unlust in bezug auf ein sich zeigendes vernichtendes Übel hin (also keine Kleinigkeit!), das einem zuteil wird, der es nicht verdient. Das ist bezeichnend für die griechische Haltung: man empfindet keinen Jammer, wenn ein Verbrecher die verdiente Strafe erhält. Wenn wir heute anders darüber denken, so ist es, weil wir auch im Verbrecher noch den Mitmenschen sehen.

In dem umstrittenen Satz wird also gesagt, daß die Tragödie Jammer erregt. Es ist eine Kunstform, in der es rührende Begebenheiten gibt, wie jeder weiß, der Tragödien kennt. Ein Beispiel bringt auch Herodot (VI 21): Nach der Eroberung von Milet, bei der man sehr grausam gegen das Volk vorgegangen war, wurde eine Tragödie darüber aufgeführt, mit dem Erfolg, daß das ganze Publikum in Tränen ausbrach – wofür der Dichter mit einer schweren Geldstrafe belegt wurde. Wir sehen, mit welcher Unmittelbarkeit die Rührung bei einer Tragödienaufführung Tausende ergreifen konnte, sehen aber auch, wie das bewertet wurde.

Was *phobos* angeht, kann ich mich kürzer fassen. Es wird in anderen Sprachen gewöhnlich mit terror, horror, terreur u. ä. übersetzt und hieß auch im Deutschen zunächst ›Schrecken‹, bis auf Lessing, der die Übersetzung ›Furcht‹ mit großem Nachdruck eingeführt hat. Nun kann zwar Sokrates in Platons *Protagoras* sagen, daß *phobos* und *deos* so ziemlich dasselbe sei; das Wort hatte sich also bereits abgeschliffen. Und doch läßt sich an den meisten Stellen von Homer an zeigen, daß ein ganz unmittelbarer Schrecken gemeint ist, ein Gescheuchtwerden. Wieder Aristoteles (*Rhetorik* II 5, 1382 a 21): *phobos* sei eine *lype* oder *taraché*, Erschütterung, die entsteht aus der Vorstellung eines nahenden vernichtenden Übels. Wir tun also gut daran, zu der vor Lessing üblichen Übersetzung ›Schrecken‹ zurückzukehren. Warum er sie ändern mußte, ist klar: Schrecken ist stärker als Furcht und konnte nicht so einfach im Mitleid aufgehen.

Zusammenfassend können wir sagen: Aristoteles spricht nicht von philanthropischen Tugenden, sondern von Elementaraffekten, die durch das tragische Spiel erregt werden, von Entsetzen und gewaltiger Rührung. Das ließe sich am *Ödipus* zeigen: der Auftritt des Sehers, die Erwähnung des Dreiwegs, das Kommen des Boten – all das ist eine Handlung, die mit dem *phobos* spielt. Als dann aber die große Vermächtnisrede kommt, als er die Kinder im Arm hält und weint, das ist eine Pathosszene, die alle in Rührung versetzt. Die Tragödie ist also ein Spiel der schrecklichen und rührenden Begebenheiten, das ist die ganz einfache Definition, die Aristoteles bereits vorgefunden hat und die auch Platon kannte, wie wir noch sehen werden, ganz allgemein und volkstümlich. Das kann man noch heute nachprüfen an der Wirkung, die das Theater auf einfache Menschen hat: ihnen läuft eine Gänsehaut über den Rücken, und das Taschentuch bleibt nicht trocken. Diese ganz konkreten Dinge sind mit der Definition gemeint, die ja keine letzte Wesensergründung darstellen soll, sondern wie oft bei Aristoteles eine erste allgemeine Abgrenzung bedeutet.

2.

Noch ein Nachtrag zum letzten, um zu zeigen, daß die bisher behandelte Definition der Tragödie als Spiel der rührenden und schrecklichen Begebenheiten nicht von Aristoteles stammt, sondern von ihm bereits vorgefunden wurde. Platon behandelt in der *Politeia* (im 2., 3. und wieder im 10. Buch) die Tragödie und kommt zu dem Ergebnis, daß sie in seinem Staat nicht zugelassen werden dürfe, weil sie die negativen Seelenhaltungen wie Furcht und Rührseligkeit verstärke. Dabei beschäftigt er sich zumal mit dem *éleos* als dem angreifbareren der beiden Affekte (10, 606 AB). Wenn in staatlichen Theateraufführungen solche Vorbilder der Rührseligkeit gezeigt würden, so würden dadurch die niederen Seelenteile genährt, der vernünftige aber verdorben. Wenn also die Tragiker (zu denen er auch Homer rechnet) ihre Helden lange Klagen bringen lassen und zeigen, wie sie sich im Schmerz die Brust zerschlagen und sich am Boden wälzen, und wenn wir an solchen Darstellungen auch noch Freude haben, so werden wir dadurch untüchtig, im eigenen Leid ruhig und beherrscht zu bleiben. Der Mensch wird unfähig, sich selbst in Schranken zu halten. Diese Stelle mag genügen für die Einstellung Platons zur Tragödie. Er fürchtet eine negative Einwirkung auf den Menschen zum Rührseligen und Schreckhaften, während er doch mannhaft und beherrscht sein soll.

Aber es gibt eine noch ältere Stelle bei dem Redner Gorgias (Diels-Kranz II Nr. 82 B 11, 8/9; sehr gut behandelt von Th. S. Duncan, *Gorgias' Theorie der Kunst*, 1937/8). Dort spricht Gorgias von der Macht und Kraft des Wortes: es könne den Schrecken beenden, das Ungemach beseitigen, Freude bewirken und die Rührung vermehren. Durch das Wort dringe in den Menschen ein: *phríke períphobos* und *éleos polydákrys*, von Schrecken umgebener Schauder und tränenreicher Jammer. Da haben Sie fast wörtlich unsere Gänsehäute und nassen Taschentücher. Die Stelle zeigt, daß die Definition schon älter war, denn auch von

Gorgias ist sie sicher nicht. Sie hat sich im fünften Jahrhundert durch das Leben mit der Tragödie von selbst ergeben und wurde dann immer wieder aufgegriffen, zuletzt von Aristoteles. Nur daß bei ihm etwas ganz Entscheidendes hinzukommt, wenn er sie modifiziert durch den Begriff der Katharsis.

Mit diesem Begriff ist es in der Forschungsgeschichte ähnlich gegangen wie mit *phobos* und *eleos*: man hat ihn von jener Höhe aus verstehen wollen, die wir damit verbinden, im Sinne einer Läuterung. Griechisch heißt *katharós* aber einfach, daß der Mensch nicht unrein ist, zumal im religiös-kultischen Sinne. Allerdings kann das Wort auch schon früh auf Ethisches übertragen werden; Platon spricht öfter davon, daß die Seele ebenso wie der Körper gereinigt und geheilt werden müsse. Es bleibt nur zu fragen, wieweit das auch an unserer Stelle mitgemeint ist.

Hier brauche ich glücklicherweise nicht nur aus mir selbst zu sprechen, sondern habe einen Vorgänger, dem ich sehr dankbar bin für seine klare und bestimmte Darstellung: Dirlmeier in dem schon genannten Aufsatz, dessen Gedankengang ich hier kurz referieren will. Dirlmeier zieht auch die wichtige Aristotelesstelle aus der *Politik* heran (8, 5-6). Hier fragt Aristoteles nach dem Vermögen, der Wirkung der Musik im allgemeinen Sinn, die auch die Dichtung umfaßt, und unterscheidet dabei drei Bereiche: einmal *paidiá* und *anapaulé*, Unterhaltung und Erholung, zweitens *paideía*, Erziehung, ethische oder Charakterbildung, und drittens *diagogé*, was sonst einfach ›Lebensführung‹ heißt, hier aber, mit der *phrónesis*, der Einsicht oder Erkenntnis verbunden, soviel wie höhere, geistige Lebensführung. Nun ist das Merkwürdige, das Dirlmeier und andere Leser zunächst sehr erstaunte, daß die *katharsis* nicht der *paideia* zugeordnet wird, sondern dem ersten Bereich der Erholung und Unterhaltung. Das geht auch aus einer anderen Stelle hervor, *Politik* 8,6, 1341a 23ff., wo er über die Flöte spricht mit ihrer erregenden, berauschenden Wirkung und ausdrücklich sagt, man dürfe sie nicht zur ethischen Erziehung gebrauchen, sondern nur da, wo die Schau mehr *katharsis* als *máthesis*, Belehrung, hervorrufen kann. Weiter kann man noch das Kapitel über Harmonie und Melodik heranziehen (1341b 32ff.). Auch dort ist die *katharsis* weit entfernt vom Bereich des Ernsten, *semnón*, und gehört zur Erholung, verbunden mit dem medizinischen Element der Auflockerung und Entspannung, das uns ja auch vertraut ist. Die Wirkung der Kunst ist hier ein *kou-*

phízesthai meth' hedonés, eine mit Lust verbundene Entspannung oder Erleichterung. – Soweit kann ich dem Gedankengang Dirlmeiers folgen und meine, daß er in allen Punkten Recht hat. Nur daß er am Schluß doch wieder in den ethischen Bereich zurückbiegt, wenn er diese Entspannung dann als Vorbereitung für ein Leben nach dem Logos deutet.

Ebenso hatte die Katharsis auch E. Howald (Hermes 1919) verstanden: die Bedeutung des Wortes sei bei Aristoteles nicht ethisch, sondern wie auch bei Platon medizinisch; ähnlich als erster Bernays. Katharsis ist im medizinischen Sinne der Akt des Purgierens, der Ausscheidung von Störendem, wie etwa ein Zuviel an Nahrung ausgeschieden werden kann durch Erbrechen. Dann kommt der Gedanke hinzu, künstlich ein Zuviel im Körper zu erzeugen, in der Hoffnung, daß bei seiner Ausscheidung zugleich auch andere Schlacken mit beseitigt würden. Auch das ›Erleichtertwerden mit Lust‹ können wir verstehen im Zusammenhang mit einem Vollsein des Menschen und wieder einer Entleerung, die dann auch ein primitives Lustgefühl hervorruft, indem ich durch die Ausscheidung des Störenden eine erleichternde Befreiung empfinde. Es gibt auch die Bildung *apokathaírein*, wobei das Ausscheiden noch stärker betont ist.

Wir können also unseren Satz so fassen, daß die Tragödie durch Rührung und Schauder hindurch hinausgelangt auf eine Ausscheidung dieser und ähnlicher Affekte. Was Aristoteles damit im Auge hat, ist die Wirkung der Tragödie auf den Zuschauer, ihre Dynamis. Die besteht zunächst darin, daß im Verlauf des Spiels die genannten Affekte erregt werden: Schrecken, Grauen, Furcht (die wir nun wieder einbeziehen können), und auf der anderen Seite Rührung und Jammer. Das ist allgemein bekannt und der Grund, warum Platon wegen ihrer schlechten Wirkung auf den Menschen die Tragödie beseitigen wollte. Die Definition des Aristoteles ist, wie vieles bei ihm, zunächst von Platon hergenommen, wird dann aber gegen ihn gewendet. Aristoteles korrigiert Platon durch seine Umdeutung auf die Katharsis hin. Er will damit sagen, daß Platon Recht hat, was die volkstümliche Auffassung angeht, aber nicht, wenn er davon eine schädliche Gewöhnung des Zuschauers befürchtet, weil die Tragödie in ihrem Verlauf diese Affekte nicht nur erregt, sondern auch am Ende wieder ausscheidet. Also irrt Platon, und die Tragödie ist eine unschädliche Freude.

Aber wenn auch die Definition gegen Platon gerichtet war, so war sie doch auch notwendig für die eigenen Zwecke des Aristoteles. Es steht fest, daß er und vielleicht die Griechen überhaupt alles Schöne in den Bereich des *hedý*, des Lustvollen, einordneten oder dies doch wenigstens als eine Nebenwirkung anerkannten. Die aristotelische Definition des Schönen findet sich *Rhetorik* I 9, 1366 a 33 ff.: ›Das Schöne ist das, was lustvoll ist, weil es gut ist.‹ Das Eigentümliche der Schönheit ist das Lustvolle, aber sein tieferer Grund liegt darin, daß es gut ist. Man könnte noch andere, ähnliche Stellen bringen, etwa *Politik* 1340 a 3 ff., wo er auch die Musik und die Dichtung hier einordnet. Daß die Musik zum Lustvollen gehört, stand für die Griechen von Homer an fest (vgl. *Von Homers Welt und Werk* das Kapitel »Die Gestalt des homerischen Sängers«).

Die Hedoné ist also wesenhaft mit der Kunst mitgegeben, nicht auf den Inhalt bezogen, sondern als ihre Wirkung. Wenn also Aristoteles die Kunst der Tragödie definieren wollte, so war es klar, daß er neben den Charakteristika auch die spezielle Lustform, *oikeía hedoné* angeben mußte. Erst damit hatte er die Wirkung erfaßt und damit auch ein Stück des Wesens dieser Kunstart. Um diese Definition geht es ihm hier, auch abgesehen von seiner Stellung zu Platon. Die Definition, die er hier gibt, will nicht das Wesen der Tragödie nach allen Richtungen hin erschöpfen, sondern ist nur der Anfang weiterer Betrachtungen. Sie will abheben, umgrenzen, spezifische Merkmale geben, und das tut sie auch. Es ist auch gar nicht zu verlangen, daß alles, was die Tragödie ausmacht, in dieser Definition stünde, es kommt ja in den späteren Abschnitten noch Entscheidendes hinzu. Der Satz läuft hinaus auf die Charakterisierung der spezifischen Lustform des tragischen Spiels, und die besteht darin, daß sie zur Ausscheidung der genannten Affekte führt. Das hat mit moralischer Besserung nichts zu tun, eine Auswirkung auf das weitere Leben ist hier gar nicht im Blick.

Wenn wir sehen, wie in der Betrachtung des Satzes sich die verschiedenen Zeiten ständig ihre eigene Lebendigkeit, ihr eigenes Kunstinteresse und Kunstverständnis aus Aristoteles bestätigen lassen wollten, so könnte der Verdacht aufkommen, daß es bei uns selbst genau so sein könnte, daß wir uns unsere eigene zeitgemäße Deutung bestätigen lassen wollten. Vielleicht ist es der Vorzug unserer Epoche, daß wir uns wenigstens diese Frage vorlegen. Aber auch wenn wir den Satz von unserem eigenen Interesse an der Sache aus interpretieren, so braucht darum die Interpretation nicht notwendig falsch zu sein, sondern aus unseren zeitgemäßen Interessen heraus können uns ja auch neue Organe erwachsen sein, mit denen wir Aspekte der Sache entdecken können, die bisher verdeckt geblieben sind. Ich glaube, daß es wirklich so sein könnte. Und wenn man bisher an diesen einfachen Begriffen vorbeigegangen ist, so liegt das daran, daß man jahrhundertelang befangen war in einer spirituellen Ästhetik, sei es geschmäcklerisch, moralisierend, philanthropisch, idealistisch, sensualistisch oder wie auch immer, mit der man gar nicht das unerhört Elementare erfassen konnte, wie die Griechen die Kunst verstanden hatten aus einer leiblich-seelisch-geistigen Totalität heraus, mit der sie Kunst erlebt, gewollt, geschaffen und beurteilt haben. Das ist das Entscheidende an dieser neuen Deutung: das Durchstoßen zum Erfassen dieses tief Elementaren, das mit dem Bereich der Kunst für die Griechen gegeben war. Von Homer bis in die Spätzeit liegt allem ein kräftiger, gesunder, elementarer Stoff zugrunde für die Flamme, die ganz oben brennt und leuchtet. Daß diese Deutung nichts Zufälliges ist, würde eine Analyse des modernen Kunstschaffens zeigen, auf die ich hier nicht eingehen kann. In den verschiedensten Formen und Sprachbereichen scheint sich anzudeuten, daß, nachdem die romantischen und klassizistischen Formen in Musik und Dichtung zerschlagen sind, doch neue Formen gefaßt werden; eine neue, elementare Weise regt sich, sei es produktiv oder kritisch, zum Phänomen der Kunst zu stehen und neue Bereiche und Möglichkeiten des Schaffens oder Wertens zu entdecken. Wenn das so ist, mögen wir es auch unserer Interpretation bei allem Desillusionierenden als ein zugleich Positives wie auch Zeitgebundenes zubilligen.

3.

Wir müssen nun verfolgen, wie Aristoteles den fraglichen Satz im folgenden weiter ausgearbeitet hat. Er wirft ihn uns ja nicht zu wie einen dunklen Spruch, sondern nimmt ihn zum Ausgangspunkt einer ausführlichen Betrachtung. Ich kann das nicht im einzelnen vorführen, will es aber doch kurz andeuten als Vorbereitung für die spätere Wesensbestimmung der Tragödie. – Nach der Definition spricht Aristoteles zunächst grob ordnend von den Teilen der Tragödie, qualitativen, nicht quantitativen; das kommt später. Da ist das erste und wichtigste der Mythos, den er bestimmt als ›die Zusammenfügung der Begebenheiten‹, das Geschehen, wie wir einfach sagen können. Das sei die Hauptsache, wie er gegenüber anderen, schon zu seiner Zeit verbreiteten Meinungen und Kunstrichtungen betont, die die Charaktere für das Wesentliche hielten, was auch in neuerer Zeit noch vielfach angenommen wird. All das kommt nach Aristoteles erst an zweiter Stelle; für ihn ist die Tragödie, wie schon zu Anfang gesagt war, die Darstellung einer Handlung; ›nicht Darstellung von Menschen‹, sagt er jetzt noch einmal ausdrücklich. Denn in der Handlung liegt das, womit es die Tragödie nach ihm zu tun hat: die Eudaimonie oder Kakodaimonie des Lebens – schwer zu übersetzen, weil wir keine richtige Vorstellung vom Daimonischen haben. Es ist ein schicksalhaftes Hineinwirken von Mächten in das Leben zum Guten oder Schlimmen hin. Als Philologen können wir ja bei den griechischen Begriffen bleiben, wenn wir uns einmal die Bedeutung klargemacht haben.

Die anderen Teile, von denen er spricht, können wir jetzt übergehen. Im 7. Kapitel (1450 b 22 ff.) stellt er dann die Frage, wie beschaffen die Komposition sein muß, welche Substanz des Geschehens für den Dichter brauchbar ist (er schreibt ja eine praktische Anweisung für schaffende Dichter). Hier kommen Dinge, die bis heute weitergewirkt haben, etwa die Forderung der drei Einheiten, die besonders von Lessing vertreten wurde. Die tragische Handlung muß abgeschlossen sein und ein Ganzes bilden.

Im neunten Kapitel behandelt er neben weiteren Fragen das Verhältnis zwischen Dichtung und Geschichtsschreibung, die es ja beide mit dem Geschehen zu tun haben. Hier kommt es zu der bekannten Definition: die Geschichte habe es mit dem Geschehen zu tun, wie es gewesen ist, die Dichtung damit, wie es wohl hätte gewesen sein können. – Weiter die Frage nach den Geschehensformen der Tragödie. Dabei unterscheidet er zwei: den einfachen und den verflochtenen Mythos. Einfach ist er, wenn ein Geschehen einsträngig abläuft, wie manchmal bei Aischylos. Das wird gebilligt, besser aber sei der verflochtene Mythos. Dafür sind charakteristisch die Peripetie, die Anagnorisis und das Pathos. Unter Peripetie versteht man in der Handlung aufkommende unerwartete Umschwünge und Gegenläufigkeiten (also nicht nur eine, wie man das meist in der Schule gelernt hat). Im *Ödipus* gibt es mehrere, immer dann, wenn ein Bote kommt oder sonst etwas das Geschehen in eine andere Richtung zu lenken scheint. Anagnorisis kann die Wiedererkennung von Menschen bedeuten, aber auch überhaupt das Sichtbarwerden von etwas, das bisher verborgen war, daß etwas erkannt wird, sich offenbart. Interessant ist, wie er nun, nachdem das Grundsätzliche hingestellt ist, anfängt, alles einzeln Behandelte an seinem Hauptprinzip zu messen, wie weit dabei *phobos* und *eleos*, also Pathos erregt wird. So etwa 1452b 1ff. über die Pathos-Szene am Schluß der Tragödie, oft eine ausgedehnte Partie. Auch das ist eins von den Geschehenselementen, um die es ihm geht; das Wort ist wohl besser als ›Teile‹, wie er es nennt.

Im zwölften Kapitel kommt er auf die quantitativen Teile der Tragödie, was wir übergehen können. Interessant ist, wie er auch hier immer konkret beschreibend, zupackend bleibt und das deutet, was vor Augen ist. – Dann aber kommt etwas, das wir genau durchgehen müssen, immer mit der Frage, wie weit in dieser Technik für Dichter sich etwas vom Wesen der Tragödie enthüllen mag.

Im dreizehnten Kapitel fragt er – immer noch in bezug auf die Mythen –, worauf die Gestaltung hinzielen und wovor sie sich hüten müsse, wenn das *érgon*, das ›Werk‹ der Tragödie vollendet werden soll. ›Werk‹ ist die Wirkung, oder besser: das, was die Tragödie zu leisten hat. Das wird deutlich angeschlossen an die Definition, daß in der Tragödie *phobos* und *eleos* erregt wird und man am Ende auch wieder davon befreit werden soll. So ist es ganz natürlich, daß wieder ständig von *phobos* und *eleos* die Rede ist, und zwar jetzt auch im Hinblick auf die objektiven Gegebenheiten, durch die sie erregt werden. Aristoteles geht also nicht, wie man glauben könnte, zu den ›Charakteren‹ über, sondern fragt, von der Handlung ausgehend, wie ein Mensch beschaffen sein muß, der tragisches Schicksal erleiden, Träger einer tragischen Handlung sein kann. Da kommt er zu der bekannten Einteilung, es dürfe nicht ein ganz tugendhafter, vollendeter Mensch sein, in jedem Sinne tadellos und edel, aber es dürfe auch kein Bösewicht sein, kein ganz Verworfener, sondern er müsse zwischen den Extremen stehen. Das ist verknüpft mit der Frage, wie sich die Handlung bewegen müsse. Es gibt nur zwei Möglichkeiten: entweder kommt einer vom Unglück ins Glück oder vom

Glück ins Unglück. In dieser einfachen und klaren Einteilung wäre es ganz unerträglich, wenn ein tugendsamer Mann ins Unglück käme; das errege nicht *phobos* und *eleos*, sondern sei einfach *miarón*, abscheulich. Das geht also über die beiden hinaus auf der Affektskala, ist ein Übermaß an Schrecken und Jammer. Der andere Fall, daß ein tadelloser Mensch aus Unglück ins Glück kommt, wird gar nicht erwähnt; es wäre so befriedigend, einen solchen sittlichen Phönix so erstehen zu sehen, daß es gewiß nicht tragisch wäre. Aber wie ist es, wenn ein Schurke aus Unglück ins Glück kommt? Das wird immerhin erwogen, aber er nennt es das Alleruntragischste, weil es nicht einmal *philánthropon* wäre – menschlich befriedigend, wie ich das Wort schon gedeutet hatte. Kommt er umgekehrt vom Glück ins Unglück, so wäre es wenigstens dies, aber ohne Rührung und Schrecken. Übrigens, selbst wenn das Wort wirklich, wie meist verstanden, eine gewisse menschliche Anteilnahme bedeuten sollte, so wäre das immer noch weit entfernt von jener umfassenden Menschenliebe, wie sie ein Lessing hier zu erkennen glaubte. Man müßte einmal untersuchen, worauf es beruht, wenn der moderne Mensch auch den Untergang eines Mannes wie Richard III. bei Shakespeare als tragisch empfindet. Schiller spricht von dem Schritt der Nemesis, der das Stück groß mache.

Übrig bleibt also allein der Mensch zwischen den Extremen, für den beide Handlungsmöglichkeiten tragisch, Stoff einer Tragödie sein können. Es ist bemerkenswert, daß der sogenannte tragische Schluß, die Vernichtung, bei Aristoteles und überhaupt bei den Griechen kein unabdingbarer Bestandteil der Tragödie war. Wir kennen auch Tragödien, die gut ausgehen. Allerdings wäre nach Aristoteles der Weg aus Glück ins Unglück der bessere, weil er stärker *phobos* und *eleos* erregt. Hier kommt er auf Euripides zu sprechen, der damals – wie auch in den Tagen Goethes – vielfach zurückstehen mußte und den er deshalb in Schutz nimmt: er habe seine Stücke nicht immer gut angelegt, sei aber doch der *tragikótatos*, der am meisten Tragische. Es ist viel darüber gestritten worden, was das bedeuten soll, aber ich meine, es ist so zu verstehen, daß alles daran gemessen wird, wieweit es der Grundforderung entspricht, nämlich der Erregung von *phobos* und *eleos*. Euripides hat offenbar am stärksten Schauder und Jammer erweckt und damit das *ergon* der Tragödie am meisten erfüllt, darum ist er ›am meisten tragisch‹. Dazu sei bemerkt, daß in der Antike das Wort sich weiterentwickelt und dabei einen ähnlichen Wertsturz erlebt hat wie bei uns, daß man etwa von einem tragischen Unfall sprechen kann. Heute ist es, abgesehen von jener Banalisierung, fast zum philosophischen Begriff geworden. Eine Lebensauffassung kann tragisch sein, eine Weltanschauung, und über das menschliche Geschehen hinaus kann man von einer Tragödie des Humanismus sprechen; das gibt gute Buchtitel und wird entsprechend gelesen. Diese Entwicklung hat die Antike noch nicht vollzogen, man könnte ›tragische Weltanschauung‹ nicht ins Griechische übersetzen. Bei Aristoteles heißt ›tragisch‹ jedenfalls das, was das *ergon* der Tragödie erfüllt und ihre spezifische Lustform am stärksten erweckt.

1453 a 34 steht ein Satz, den wir beachten müssen. Aristoteles sagt, das Publikum liebe eigentlich das Happy End, weil die Menschen schwach sind, und die Dichter folgten darin dem Publikum. Er spricht von Theatrokratie, eine Nachbildung politischer Begriffe für den Bereich der Kunst; also Herrschaft des Publikums in Dingen der Kunstbeurteilung – man mag selbst entscheiden, ob damit eine Aristokratie oder eine Ochlokratie gemeint ist. Aristoteles hält es für falsch, daß die Menge eine solche Herrschaft ausübt, nicht nur bei der Verleihung der Siegespreise, sondern überhaupt in ihrem Einfluß auf die Dichter, die ihrerseits schwach sind, wenn sie sich danach richten, was dann die Kunst als ganze herunterbringt. Es ist erstaunlich, daß eine solche Erkenntnis schon Jahrtausende alt ist, und doch ist es auch heute noch dasselbe, auf der Bühne wie besonders im Roman. Man braucht nur gutgehende Bücher daraufhin anzusehen, die oft mit Literatur nichts mehr zu tun haben und immer mehr zu einer wirtschaftlichen Angelegenheit werden. Für den Kunstkritiker wäre es von Interesse, diesen Begriff der Theatrokratie zu kennen und gelegentlich mit einfließen zu lassen; er verdiente es, wieder bekannt zu werden.

Nachdem so der Träger des tragischen Geschehens (ich sage absichtlich nicht ›der Held‹) behandelt und qualifiziert worden ist, kommt Aristoteles noch einmal auf die Erzeugung von *phobos* und *eleos* zurück, 1453 b 1 ff. Auch hier wird gegen den Publikumsgeschmack festgestellt, beides müsse aus der Handlung selbst hervorgehen und nicht durch äußere Mittel erzeugt werden. Abgelehnt wird so etwas wie Gespenstererscheinungen und das Sich-Vordrängen der Regie. Auch das ist sehr aktuell; es ist bekannt, wie die Regie durch Licht- und Toneffekte und ähnliches erhebliche Wirkungen herausholen kann, oft geradezu gegen den Dichter. Auch das ist also schon sehr alt und wird von Aristoteles abgelehnt: die Handlung muß so geführt sein, daß sie auch beim bloßen Hören die tragischen Affekte hervorruft.

Die nächste wichtige Stelle für uns ist 1453b 13ff., wie beschaffen die menschlichen Verhältnisse sein müssen, damit das Geschehen tragisch wird. Wieder gibt es drei Möglichkeiten: Die Handlung kann sich zwischen Feinden abspielen, zwischen Neutralen oder zwischen *phíloi* – wieder schwer übersetzbar, weil es nicht nur ›Freunde‹ heißt, sondern auch ›Verwandte‹; es ist eine Sphäre enger sozialer Bindung. Auch unser Wort kommt ursprünglich aus diesem Bereich, nordisch *gfraendr* bedeutet die Sippe. Wenn nun das Geschehen, das gewöhnlich auf ein Verletzen oder Bedrohen hinausläuft, sich zwischen Feinden zuträgt, ist es nicht tragisch. Auch wenn sich Menschen verletzen, die sich nichts angehen, mag das in anderem Sinne Mitleid erregen, wäre aber keine Tragödie. Bleibt also nur der Fall, daß ein Philos dem anderen Leid zufügt.

Die Tatsache, daß ein Freund dem Freund Leid zufügt, beruht darauf, daß er das kann. Und wie kann er das? Man tut es doch gewöhnlich nicht. Sie sehen, wie dies Ansetzen von Handlungsformen auf Voraussetzungen führt. Ein Freund kann dem anderen nur Leid zufügen, wenn etwas dazwischengeschaltet wird: das Nichtwissen, Verkennen, eine bestimmte Blindheit und Dunkelheit. Das heißt griechisch *ágnoia* und wurde später, zumal in der Neuen Komödie, fast zu einer Art Gottheit, einer Form des Schicksals. Eine solche Agnoia kann verschiedene Gründe haben. Einmal kann man nicht wissen, daß der andere ein Philos ist, so wie Ion unwissentlich die eigene Mutter bedroht. Oder er kann es wissen, aber in eine andere Art der Blindheit geraten, die der Leidenschaft. So kennt Medea zwar ihre Kinder, aber ihr verletztes Selbstgefühl und ihr Haß ist so leidenschaftlich, daß sie sie dennoch tötet und sich selbst damit verletzt, nur um den Mann zu treffen.

Danach werden drei Handlungsformen unterschieden: einmal, daß man den Philos kennt und ihm trotzdem ein Leid zufügt, zweitens, daß man es unwissend tut und ihn erst nach der Tat erkennt, und drittens, daß man ihn nicht kennt, die Tat tun will und ihn erst im Augenblick der höchsten Bedrohung erkennt und es dann läßt; das ist nach Aristoteles die beste Weise einer tragischen Handlung. Interessant ist, daß er eine andere Möglichkeit als höchst tadelnswert ausscheidet: wenn jemand den anderen kennt, die Tat plant, zögert und es schließlich nicht tut. Das ist auch höchst selten; in der antiken Tragödie kommt es wohl überhaupt nicht vor. Haimon in der *Antigone* droht zwar dem Kreon und führt es dann nicht aus, doch das ist nebensächlich für die Handlung. Aber es gibt ein modernes Stück, wo es so zu sein scheint, wo im ganzen Stück geplant und wieder gezögert wird, bis der Held schließlich selber draufgeht: *Hamlet.* Wenn diese Interpretation richtig und Hamlet wirklich dieser verzögerte Täter wäre, dann wäre es nach Aristoteles keine Tragödie, sondern ganz abscheulich. Nun, das Element des Zögerns ist sicher da, aber man darf das Stück nicht rein von daher interpretieren, es ist keine Charaktertragödie. Ich will jetzt nur darauf hinweisen und berufe mich dabei auf meine Pflicht, Ihnen gelegentlich auch etwas zum Denken aufzugeben. Wir sehen daran jedenfalls, wie aktuell Aristoteles überall ist, wenn man ihn nur richtig liest.

Kapitel 15 geht es über zu den Charakteren, den *éthe*. Es gibt vier Grundzüge: der tragische Charakter muß *chrestós* sein, ein wackerer, tüchtiger Mensch. Zweitens muß ein Mann ein Mann und eine Frau eine Frau sein, keine Mannweiber oder weibischen Männer. Er denkt an Atalante, die große Jägerin, die ihm zu männlich ist. Drittens muß der Charakter sich selbst gleichen. Aias muß Aias sein, wir müssen ihn als Aias erkennen, er muß also charakteristisch gezeichnet sein. Und viertens muß er konsequent durchgeführt sein, nach innerer Notwendigkeit oder Wahrscheinlichkeit. – Weiter muß der Geschehensgang am Schluß eine Lösung, *lýsis*, haben, nachdem vorher der Knoten geschürzt war. Dazu sagt er, daß zwar viele Dichter es verstünden, eine Handlung zu schürzen, aber nur wenige, sie auch gut zu lösen. Es ist das bekannte Problem des fünften – manchmal schon des dritten – Aktes. Die ersten Akte sind auch bei geringeren Dichtern oft gut, zumindest der erste, aber dann wird es meist schlecht, zumal in der deutschen Dramatik. In Frankreich und England, wo man diesen technischen Dingen mehr Aufmerksamkeit zuwendet, geht es noch, aber bei uns wird mehr auf den Inhalt geachtet, auf Weltanschauliches, und darüber werden solche technischen Fragen weniger beachtet, so daß man nach leidlich gutem Anfang in den späteren Akten meist verlassen wird. Es mag ein Trost sein, daß schon Aristoteles diese Schwierigkeit gekannt und gebührend gewürdigt hat. Ich will schon vorgreifend sagen, daß die Begriffe der Schürzung, *désis*, und Lösung dasselbe bezeichnen wie die Erregung der Affekte in einer bestimmten Kurve, die am Ende zu einem Ausgleich führt. Der Erleichterung des Zuhörers liegt eine entsprechende *lysis* der Handlung zugrunde, der subjektiven Stimmungskurve in der Seele des Hörers entspricht eine objektiv bestimmte Handlungsführung, beruhend auf diesen beiden Elementen.

Dann wird die Anagnorisis eingehend besprochen; wieder ist die beste die, welche aus der Handlung selbst hervorgeht. Die *ékplexis* müsse innerer Wahrscheinlichkeit entspringen. Dies Wort wird meist zu schwach mit ›Überraschung‹ übersetzt, es heißt ›Erschrecken‹ und entspricht dem *phobos*. – Es folgt noch die Behandlung des Gedankengehalts und der Form, in die er sich kleidet, wenn er Wort wird; weiteres über den Stil, die *léxis*.

Diesen schnellen Gang durch die Ausarbeitung des Satzes habe ich nicht nur gemacht, um Ihnen die Denkweise des Aristoteles vorzuführen, sondern weil uns damit vorgängig etwas an die Hand gegeben wird, das in Beziehung steht zum Wesen des Tragischen. Dafür hätte der Definitionssatz allein nicht ausgereicht, weil er nur abgrenzen sollte; wir mußten das Ganze überblicken. Nur müssen wir jetzt versuchen, dem scheinbar Technischen die entsprechenden Wesenskategorien hinzuzufügen und das Gesagte daraufhin zu durchschauen.

Beginnen wir also noch einmal von vorn. Wenn der Mythos, das Geschehen als die Kakodaimonie des Lebens bestimmt war, so könnte darin etwas anklingen, das in neueren Betrachtungen eine große Rolle spielt: der Begriff des Schicksals. Nur darf es nicht als starres Fatum mißverstanden werden, sondern im Sinne des Daimonischen, wie es im fünften Jahrhundert ja noch real erlebt wurde, wie es sich durch das Geschehen hindurch am Schicksal eines Menschen auswirkt. Auf dieser Daimonie des Geschehens baut alles andere auf. Das Ans-Licht-Treten eines Verborgenen in der Anagnorisis ist ein wichtiges Element dieses daimonischen Geschehens. Der *Ödipus* ist ein Enthüllungsdrama in diesem Sinne. Auch bei den Trägern des Geschehens geht es nicht so sehr um Charaktere, als vielmehr darum, ob einer fähig ist, tragisches Geschehen zu erleiden. Dazu muß er zwischen den Extremen stehen, denn der *eleos* kann nur auf einen uns Ähnlichen gehen. Es ist also nicht Jammer in einem ganz unreflektierten Sinne, sondern ihm wird ein Bereich abgesteckt, in dem er als sinnvoll empfunden werden kann. Dasselbe gilt auch für den *phobos*. Mit ›ähnlich‹ ist nicht gemeint, daß der Held gerade mir ähnlich sein soll, sondern es kann sich nur auf die allgemeinen Bedingungen des Menschenlebens beziehen, des menschlichen Ausgesetztseins. Wenn ein Riese mit übermenschlichen Kräften dargestellt wird, werde ich kaum Furcht für ihn empfinden. Damit kommen wir auf die Kategorie der menschlichen Ausgesetztheit, und zwar angesichts eines auf mich zukommenden, unmittelbar bevorstehenden vernichtenden Unheils. Es ist also eine zeitliche Form der Ausgesetztheit, die den *phobos* konstituiert. Und wenn *eleos* sich auf den unverdient Leidenden bezieht, so gewinnen wir die Kategorie des Mit-Eingeschlossenseins. Die Tatsache des Unverdienten, *anáxion*, ergibt so etwas wie eine unausgesprochene Sinnkomponente: es gibt verdientes und unverdientes Leid, gibt ein Zuviel darin, und nur, wo es so trifft, daß es sich einer Sinnordnung entzieht, wacht Furcht und Jammer in uns auf; nicht im Sinne einer Brüderlichkeit, sondern aus einem eigentümlichen Wertinstinkt für das Angemessene des Leidens. Dahinter steht eine Sinnordnung, die Verstöße erleidet.

Hinzu kommt ein weiterer entscheidender Begriff. Wenn der Träger des tragischen Schicksals weder ein Verbrecher ist noch eine ganz edle und reine Seele, so kommt er auch nicht durch seine Schlechtigkeit ins Unglück, sondern durch eine gewisse *hamartía*. Dies ist der Begriff, von dem alles moderne Gerede über die tragische Schuld herrührt. Es heißt aber nicht Schuld, sondern ein Irren, Verfehlen. Bei unserem Schuldbegriff kommt immer Christliches mit hinein, bis hin zum Begriff der Erbsünde, das ist aber nicht gemeint. Es wird einmal noch genauer charakterisiert als *hamartía megále*, nicht eine große Schuld, sondern eine beträchtliche Verfehlung. Das gehört in den Bereich der Blindheit und ist eine der Möglichkeiten, wie sich das tragische Schicksal an einem Menschen vollziehen kann. Bei Kleist etwa, mit dem die antike Tragik in erstaunlicher Weise wieder lebendig geworden ist, gibt es immer wieder Stellen, wo von einem Versehen, einem Mißgeschick gesprochen wird. Das ist auch hier gemeint. Es muß beträchtlich sein, keine Kleinigkeit, und doch ist es seiner Struktur nach leicht. Damit ist die Frage der tragischen Schuld klargestellt, wenigstens für Aristoteles. Gegenüber den bekannten Formulierungen, daß zwar eine Schuld vorliegen muß, daß sie aber geringer sein muß als das daraufhin verhängte Leiden, verweise ich auf einen Begriff bei Goethe, der mir der beste dafür scheint. Er sagt einmal von Schillers Johanna, daß sie unschuldig schuldig werden muß. Damit hat er die antike Meinung erfaßt: ein gewisses Verfehlen, das aber beträchtliche Folgen hat. Damit klärt sich auch die oft gestellte Frage, ob und wieweit Ödipus schuldig ist. Er ist unschuldig schuldig; in diesem Ineinander liegt das Tragische.

Wenn wir bei dem Begriff des *philos* nach einer modernen Entsprechung suchen, so kommen wir zu dem Problem des tragischen Konflikts. Bei Aristoteles ist davon keine Rede, es gibt keine einzige Stelle, wo ein solcher Konflikt gefordert würde, womöglich auch noch ein Konflikt der Pflichten. Aber es mag doch keimhaft angedeutet liegen in dem Verhältnis der *philoi* zueinander; wir werden noch darauf zurückkommen. – Daß bei den Charakteren ein *chrestós* gefordert wird, ein tüchtiger Mann, mag vielleicht verwundern; es wird zeitweise geglaubt, tragisch seien nur irgendwie geschwächte Naturen. Ebenso überraschend für den Modernen, daß für die Handlung eine *lysis* gefordert wird, daß der Zuschauer befreit hinausgehen soll. Es gibt heute eine Richtung, der es Freude macht, den Zuschauer völlig zerschrotet zurückzulassen, so daß er Wochen braucht, um seine Bestandteile wieder zusammenzufinden. Das ist nach Aristoteles gegen die tragische Wirkung. Ich glaube, er hat Recht; Stücke mit dieser Wirkung halten sich nicht. Der Mensch ist so veranlagt, daß er das auf die Dauer nicht möchte. Er folgt zwar einer Mode, nach der man sich angruseln läßt, aber das korrigiert sich mit der Zeit von selbst, indem die Stücke kaum wieder aufgeführt werden und schließlich verstauben und vergessen werden. Das mag für manche Dinge gelten, die heute für große Kunstwerke gehalten werden.

In diesem kurzen Rückblick ist doch eine ganze Menge an Kategorien sichtbar geworden. Grundlegend ist, daß Aristoteles die Tragödie irgendwie als daimonisches Geschehen sieht. Das hat eine eigentümliche Beziehung zu der Frage nach dem Sinn des Geschehens. Die Tragödie ist weder der Ablauf eines Sinnzusammenhangs (sonst wäre es nicht tragisch) noch absoluter Unsinn und sinnlos (wie moderne Dramatiker zu glauben scheinen), sondern die Tragödie charakterisiert ein eigentümliches Schweben zwischen Sinn und Unsinn, Sinnvollem und Sinnlosem. Das tragische Geschehen hat den Schein des Sinnlosen, ist aber nicht sinnlos; der Sinn verhüllt sich, verschwindet scheinbar und leuchtet noch durch. Diese Doppelheit gehört zum tragischen Geschehen und läßt sich am besten ausdrücken durch den Begriff der Amphibolie. Es ist die Amphibolie der Wirklichkeit, die sich den Griechen in der Vorstellung des Daimon schon früh dargestellt hat: eine göttliche Macht, die auch hilfreich wirken kann, sich aber doch meist unlogisch, feindlich, unbegreiflich darstellt. Das gehört zu ihrem Wesen. Es ist klar, daß sich in dieser Amphibolie der Mensch in seiner Ausgesetztheit gegenüber dem Schicksal erfährt und zugleich in seiner Einbezogenheit in die allgemeine Situation des Menschen in dieser Welt.

Fragen wir nun, was das mit *eleos* und *phobos* zu tun hat, so meine ich: sehr viel. Ich hatte schon darauf hingewiesen, daß den seelischen Pathe objektive Entsprechungen in der tragischen Handlung zugeordnet sind: das Herannahen eines vernichtenden Unheils, das Gefühl einer Sinnordnung, die verletzt wird. Und der Befreiung in der Seele des Zuhörers entspricht die objektive Lösung am Ende, die bewirkt, daß man trotz allem Schrecklichen doch das Bewußtsein eines vielleicht fernen, aber unerschütterbaren Sinnhorizontes hat, des Horizonts des Göttlichen. »Und in alledem ist nichts, was nicht Zeus ist«, heißt es am Schluß der Sophokleischen *Trachinierinnen*. Dieser Wiederherstellung eines bleibenden, großen, göttlichen Sinnzusammenhangs ist die Katharsis zugeordnet, und das ist doch wohl etwas Positives.

Ich möchte abschließend dazu noch auf zwei Stellen bei Goethe hinweisen. Im *Faust II* heißt es einmal: »Das Schaudern ist der Menschheit bestes Teil«; und im *Faust I*: »Der Menschheit ganzer Jammer faßt mich an.« Da haben wir *eleos* und *phobos*, beides im allgemeinsten Sinne auf die Menschheit bezogen, was kein Kollektiv ist, sondern das Wesen des Menschen bedeutet. Und so glaube ich, daß es nicht unehrfürchtig ist, diese Begriffe auf Elementaraffekte zu reduzieren, weil wir darin auf die tiefsten, vitalsten Interessen der menschlichen Existenz treffen.

Noch ein Wort zur Frage der erzieherischen Bedeutung der Tragödie und überhaupt der Kunst. Goethe hat sie bestritten, wie wir sahen, und wie ich denke mit Recht. Immerhin ist auch das kein ganz neuer Gedanke, wenn er auch zur Zeit Lessings und Goethes mit neuer Emphase vertreten wurde. Es gibt eine Stelle in den *Fröschen* des Aristophanes, wo Aischylos aus der Unterwelt zurückgeholt wird, weil es oben keine guten Dichter mehr gibt. Dabei ruft ihm der Chor zu, er solle die Uneinsichtigen erziehen; ein Gedanke, der sich auch sonst bei Aristophanes findet und zumal bei den Sophisten von großer Bedeutung war. Bei Homer finden wir nichts über eine solche erzieherische Bedeutung der Dichtung, es ist immer nur von der *térpsis*, dem Ergötzen die Rede, ebenso wie auch bei Aristoteles. Wenn sich Aristoteles also nicht, obwohl es damals nahelag, auf eine Erörterung über das Erzieherische der Kunst einläßt, so muß er seine Gründe dafür gehabt haben. Ich glaube, daß der Grund sehr einfach ist, und er ist auch der Wissenschaft bekannt; sie muß sich nur dazu entschließen, ernst zu machen mit dem, was sie weiß. Wir wissen, daß die Tragödie ein Kultspiel war, von ihrer Entstehung her und noch später. Die Tragödie spielte ja im Dionysostheater, sein Altar stand dort, alles war vom Kult getragen. Das ist längst bekannt, man muß sich nur einmal klarmachen, was das bedeutet. Wenn die Tragödie ihrem Ursprung nach kultisch war und es auch immer geblieben ist, kann sie dann erzieherisch sein in ihren Absichten? Muß Kult moralisch, pädagogisch wirken? Ich meine nicht. Man kann es ja an Kultformen beobachten, die heute noch lebendig sind. Die Bedeutung des Kults ist doch wohl, daß er geschieht, daß sich das Göttliche durch ihn in diese Welt hinein bezeugt, verwirklicht. Das ist es, was der Kult leistet, überall auf der Erde und zu allen Zeiten. Wenn man diese Erkenntnis auf die Tragödie anwendet, selbst auf die heutige Tragödie, wenn es nicht bloße Theaterstücke sind, so kann man sagen: ihr *ergon*, ihre Leistung ist, daß etwas geschieht, was einmal war, daß Großes geschieht und sich ereignet, unbekümmert darum, ob ein Herr Müller gebessert nach Hause geht oder nicht. Daß etwas immer wieder eindringt in unsere Welt, aufleuchtet unter den Menschen, einbricht in die Alltäglichkeit, das ist es, was die Tragödie will, und nichts anderes. Es ist ein Offenbarwerden der eigentlichen Welt, der echten Wirklichkeit gegenüber der alltäglichen, in der wir stecken. Denn so ist die Welt in ihrer Daimonie, so ist der Mensch. Das muß immer wieder hingestellt werden, Bild werden, wirksam werden in der Erschütterung. Und die Organe, durch die diese Erschütterung hervorgerufen wird, sind Grundorgane der Menschheit: Schauder und Jammer, damit sich der Mensch immer neu in seiner Ausgesetztheit und Einbezogenheit versteht und erfährt – oder doch die Möglichkeit hat, sich so zu erfahren.

Man könnte fragen, ob ich auch so weit gehe, eine moralische Wirkung der Kunst auszuschließen. Natürlich nicht. Ich will doch hoffen, daß Kunstereignisse Wirkungen haben. Aber solche Wirkungen sind nicht das *ergon* der Kunst, gehören nicht zu ihrem Wesen. Im Gegenteil: ich glaube, daß nur dann echte Wirkungen aufkommen können, wenn sich die Tragödie darum nicht kümmert, nicht erziehen will. Nur dann kann sie wirken aus ihrer vollen Substanzkraft heraus, die sich jeder Absicht verschließen würde.

Man könnte noch zeigen, wie dies für die verschiedenen Kunstformen gilt und weiter auch für die Philosophie. Die spezifische Lustform des Epos etwa ist die staunende Erhobenheit vor dem Helden, der Aristie als der großen Tat, das *thaumastón* also, die bewundernde Ergriffenheit. Bei der Tragödie war es die aufwühlende Erschütterung und wieder die Befreiung daraus. Von hier führt ein gerader Weg zur Philosophie. Auch sie ist ihrem Wesen nach nicht erzieherisch. Sie beginnt mit dem Staunen der Welt gegenüber, der Erschütterung und dem Schrecken, wenn sich der Mensch erkennt als in der Doxa, der bloßen Meinung befangen. Aber diese Erkenntnis wirkt nicht ›erzieherisch‹, sondern führt auf den unendlichen Weg der Wahrheitssuche, eben des Philosophierens, der das Leben erfüllt mit der Möglichkeit einer Erleuchtung, die, wenn sie sich ereignet (wie Platon es im *Siebenten Brief* sagt), *theia moira*, göttliche Schickung ist.

4.

Wir wollen uns heute auf einem anderen Wege unserem Ziel nähern, indem wir auf das Problem der Entstehung der Tragödie zu sprechen kommen. Die Wesensfrage ist ja von der Ursprungsfrage nicht zu trennen, und so wird uns auch dieser Hinblick am Ende zurückführen auf unsere Frage nach dem Wesen der Tragödie. Dabei werden wir zunächst die äußere Entstehung, das Historische zu betrachten haben, zweitens die innere Entwicklung und drittens die daran beteiligten Triebkräfte.

Die Frage nach dem Historischen ist bereits vielfach behandelt worden, und es gibt die verschiedensten Meinungen darüber.

Aber ich glaube, daß die Frage heute doch in ihren Grundzügen beantwortet werden kann. Was Literatur angeht, verweise ich wieder auf Lesky, weiter auf die noch heute grundlegende Einleitung in die Tragödie von Wilamowitz im ersten Band seines Herakles-Kommentars und schließlich auf das große Buch von Max Pohlenz über die griechische Tragödie von 1930, wo er auch über die Behandlung dieser Frage einen ausführlichen Überblick gibt (im Anhangsband), und H. Patzer, *Die Anfänge der griechischen Tragödie*, 1962.

Auch hier mag für uns der Ausgangspunkt das sein, was Aristoteles darüber sagt, im vierten Kapitel der Poetik, 1449 a 9 ff. Ich hatte diese Stellen bei unserem ersten Durchgang noch ausgespart; auch sie sind viel behandelt worden, und wir werden sie darum genauer ansehen müssen. Schon vorher hatte er gesagt, daß alle Poesie aus Stegreifformen entstanden sei. Das greift er auf und sagt, auch die Tragödie sei, wie die Komödie, aus improvisatorischen Anfängen entstanden: die Tragödie aus den Vorsängern, *exárchontes*, der Dithyramben, die Komödie aus denen der phallischen Umzüge. *exárchein* heißt hier wie schon bei Homer ein Anstimmen, Beginnen, Vorsänger sein. So bei den Klagefrauen, wo immer eine anhebt und die anderen dann einfallen. Wir kennen das auch aus der Liturgie. Man kann auch ein Archilochos-Fragment (77 D) heranziehen, wo er sagt, er könne dem Herrn Dionysos einen schönen Dithyrambos anstimmen (*exárchein*). Daher sei also die Tragödie entstanden: aus einem Wechselgesang zwischen Chorführer und Kultgemeinde. Von da aus habe sie sich allmählich entwickelt und sei nach vielen Wandlungen zum Stillstand gekommen, als sie ihre Natur, *phýsis*, besser: ihre eigene Wesensform entwickelt hatte. Man sieht, wie Aristoteles die Entwicklung einer Kunstform ähnlich betrachtet wie das Aufwachsen einer Pflanze. Etwas tritt ans Licht, entfaltet sich aus einem Keim, entwickelt sich und erreicht dabei an einer bestimmten Stelle seine eigentliche Natur, wie etwa die blühende Rose. Was dahintersteht, ist der bekannte aristotelische Gedanke der Entelechie, der wörtlich bedeutet, daß sich etwas ›in seinem Ende hält‹ oder auf ein Ende hin gestimmt ist. Es ist eine biologische Tatsache, daß es Wesen gibt, die sich in Verwandlungen durchhalten. Das Huhn ist ein Huhn bereits im Ei, dann als Küken und endlich als erwachsener Hahn oder Legehenne; also eine Wesenheit, die in verschiedenen Phasen zielhaft auf etwas hinwirkt, bis sie sich in ihrer eigentümlichen Wesensform voll verwirklicht.

Wenn auch uns diese Denkform vertraut ist, so führt das zurück auf den Mann, der zuerst in der neueren Zeit den Gedanken der Morphologie gedacht und in der Naturwissenschaft angewendet hat: Goethe. Schon er hat diesen Gedanken auch auf die bildende Kunst wie die Dichtung übertragen, auch im Hinblick auf die Antike. Die wichtigen Stellen dazu finden Sie in dem von E. Grumach herausgegebenen Sammelband *Goethe und die Antike*, zu dem ich ein Nachwort geschrieben habe. Da ich diese Methode bei ihm gelernt habe, möchte ich kurz darauf eingehen. Goethe hat bei seiner Italienreise eine Art Erleuchtung erlebt, die auch in allen Briefen jener Zeit durchklingt; er spricht von einem Prinzip, nach dem die Natur wie auch die Kunst handelt und dem er auf der Spur sei. Wir können vielleicht von dem Verhältnis eines Typos, *génos*, einer Gattungsform, zur speziellen Form sprechen. Bei der Pflanze ist es seiner Meinung nach das Blatt, aus dem alle anderen Formen sich herleiten lassen, und zwar nach den beiden Prinzipien der Ramifikation, der Verzweigung, und der Spezifikation oder Intensivierung, wie wir sagen können, durch die das, was in der generellen Form angelegt war, auf den höchsten Punkt gebracht wird. Es ist eine merkwürdige Zusammenziehung auf eine individuelle Form, die alles, was in dem Genos angelegt ist, im individuellen Einzelnen komprimiert. Das gilt ebenso für die Natur wie für das Kunstwerk. Die höchste Operation in beiden Bereichen ist das, was Goethe die Gestaltung nennt, die aus dem Allgemeinen das Werden eines Besonderen schafft. So etwa die Idee des dorischen Tempels, der aus der Fülle der Möglichkeiten entwickelt wird, die Grundidee der Säule und anderes. Goethe sieht die Kraft der griechischen Künstler darin, daß sie nicht individuell sein wollten, sondern ruhig in der Tradition und Konvention verblieben, daß sie die unendlichen Möglichkeiten der Bewegung suchten, mit der der Grundtypos sich fortsetzt ins einzelne Kunstwerk. So kamen sie zum Stil, der sich im Individuum zum höchsten Punkt erhebt, den die Gattung enthält. – All dies sind Gedanken, die uns in der Beschäftigung mit griechischer Kunst bestätigt werden. Zumal den Anfänger verwundert immer wieder dies Haften an älteren Gattungsformen. Bei den Griechen war eben das ständig Neue nicht so wichtig wie für uns, wo man immer wieder etwas anderes verlangt. Ein

›neues‹ Homerbild, ein ›neues‹ Platonbild – das wäre für den Griechen keine Empfehlung gewesen. Was sich aus jener anderen Haltung ergibt, ist kein starres Bewahren des Alten, sondern eben die Art, wie Neues sich aus dem Alten sinngemäß entwickelt. Diese Einheit von Genie und Tradition bezeichnet ein gesundes Verhältnis zur Kunst, kein nervöses wie bei uns, zumal die Kunst bei den Griechen noch lange handwerklich und zunftmäßig gebunden war. Auch das Dichten mußte ›gelernt‹ sein.

Dies Prinzip der Entelechie und der morphologischen Entwicklung werden wir bei unserer Betrachtung der Tragödie zugrundelegen, wenn wir von den ersten greifbaren Anfängen zu Aischylos kommen werden. Es ist ein wunderbares Schauspiel, das wir damit vor Augen haben: zuerst eine Grundform, die noch nicht alles enthält, aus der sich aber alles ableiten läßt, und die sich dann nach den Gesetzen der Verzweigung und Intensivierung vor unseren Augen entwickelt. Alles in diesen entscheidenden Jahrhunderten bei den Griechen ist merkwürdig naturgemäß, in der Entwicklung der Wissenschaften wie der Kunst.

Aber zunächst noch einiges zu dem speziellen Punkt: der Entstehung der Tragödie. Wenn Aristoteles sagt, daß die Tragödie aus dem Dithyrambos entstanden sei, so kommen wir damit in den Bereich des Dionysoskults. Auf diese wichtige Aussage werden wir noch zurückkommen müssen, auch sie ist in neuerer Zeit bestritten worden. – Nun folgen einzelne Angaben über die verschiedenen Dinge, die so nacheinander hervorgesproßt sind. Aischylos habe die Anzahl der Schauspieler von einem auf zwei erhöht. Das bedeutet, daß schon vor ihm jemand, wohl Thespis, dem Chorführer einen Schauspieler hinzugefügt hatte. Wenn nun ein zweiter hinzukommt, so bedeutet das, daß mehrere Rollen gespielt werden konnten, wenn einer hinausging und sich umzog. Eine ganze Reihe von Tragödien bei Aischylos kommt mit diesen beiden aus. Ferner habe Aischylos die Chorpartien vermindert und den Logos, die Rede, den Dialog, zum Haupthandlungsträger gemacht. Ursprünglich war der Wechselgesang zwischen Chorführer und Chor eher das, was wir ein Oratorium nennen können, jetzt wird es dramatisch; auch das im Zusammenhang mit dem zweiten Schauspieler, der ja schon Gespräche zu Dritt ermöglicht. Sophokles hat das weitergeführt und einen dritten Schauspieler verwendet, was dann auch Aischylos in seiner *Orestie* übernommen hat. Ferner hat Sophokles Bühnenmalerei eingeführt, von der wir keine rechte Vorstellung haben, eine Art Kulisse, die die Örtlichkeit andeutete, im *Philoktet* etwa Felsen und Höhle, sonst meist ein Haus. Auch im *Prometheus* des Aischylos muß ja irgendwie zum Ausdruck gekommen sein, daß er sich im Kaukasus befand, wohl durch das Dach des Bühnenhauses; nun wird die Illusion noch stärker unterstützt.

Über die Größe sagt Aristoteles, die Tragödie habe sich aus kleinen Mythen entwickelt. Und nun die vielbehandelte Angabe (1449 a 19 ff.): die Lexis, die Redeweise sei ursprünglich eine lächerliche, heitere gewesen, weil sie vom *satyrikón*, dem Satyrhaften herkam, und sei erst spät ernst geworden. Auch das Versmaß sei zunächst der trochäische Tetrameter gewesen, weil die Dichtung satyresk und mehr tänzerisch war, und erst mit dem Aufkommen der gesprochenen Rede habe diese dann die ihr wesensgemäße metrische Form gefunden: den iambischen Trimeter. Wirklich finden sich trochäische Tetrameter noch bei Aischylos, zumal in den *Persern*, dem ältesten Stück. Das sei also in der früheren Zeit das vorwiegende Maß gewesen. Es ist ein leichterer, schneller laufender Vers gegenüber dem schärferen und rationalen Iambos, der, wie Aristoteles bemerkt hat, der gesprochenen Rede nähersteht. Was aber bedeutet das Satyreske und Lächerliche, *geloíon*? Man hat daraus entnehmen wollen, die Tragödie wäre aus dem Satyrspiel entstanden, so wie es in klassischer Zeit den Tragödienaufführungen angehängt wurde. Aber die Silenen sind pferdegestaltig, und das Wort ›Tragödie‹ kommt doch wohl irgendwie von ›Bock‹, mag es nun ›Bocksgesang‹ bedeuten oder ›Gesang beim Bocksopfer‹ (diese Etymologie ist allerdings nicht unbestritten). Und wie soll dies ursprünglich heitere Spiel dann ernst geworden sein? Wir empfinden doch den Ernst als das Entscheidende bei der Tragödie. Wie soll ein Wesensbestandteil sich erst allmählich entwickelt haben? Das Wesentliche tritt doch gewöhnlich nicht erst später hinzu, sondern zuerst kommt das Substantielle, dann das Akzidentielle.

Nun haben schon die alexandrinischen Gelehrten gewußt, daß es Pratinas von Phleius gewesen ist, der in der Zeit nach Thespis das Satyrspiel der Tragödie angefügt hat. Das ist schön behandelt in dem Aufsatz von Pohlenz: *Das Satyrspiel und Pratinas von Phleius* (GGN 1927), der allerdings nicht die notwendigen Folgerungen daraus zieht. Er ging von Sprichwörtern aus, wie sie in einer Zeit aufgekommen sind, als sich die Tragödie bereits vom

Dionysischen entfernt hatte: ›Was hat das mit Dionysos zu tun?‹ Dann muß mit Pratinas eine Reformbewegung aufgekommen sein, die dem Gott sein Spiel gleichsam wieder zurückgeben wollte. Die Form, in der das geschah, war, daß einmal nach einer Tragödienaufführung, als der Chor feierlich hinauszog und die Zuschauer meinten, nun sei alles vorbei, plötzlich ein Chor von Satyrn auf die Bühne stürmte und den tragischen Chor förmlich hinausjagte. Wir haben noch das Lied, mit dem sie damals aufgetreten sind. Seitdem wurde das Satyrspiel als vom Staat gebilligtes viertes Stück an die Tragödienaufführung angehängt. Wenn das so ist, so ist es äußerst unwahrscheinlich, daß die Tragödie aus eben diesem Satyrspiel entstanden sein soll (wie es Pohlenz glaubt). Außerdem heißt das Satyrspiel nicht, wie bei Aristoteles, *satyrikón*, sondern einfach *sátyroi*, die Satyrn. Kurz, der Streit ist vielfach hin und her gegangen, aber die allgemeine Meinung heute ist doch die, daß Aristoteles nicht das Satyrspiel gemeint hat, wie wir es kennen, sondern daß es sich um irgendwie satyrhafte Vorstufen handelt. Dabei lagen zur Zeit der Entstehung der attischen Tragödie ursprüngliche Tänze von Böcken, Satyrn und anderen Fruchtbarkeitsdaimonen weit zurück; Lesky ([3]260 ff.) spricht von einem ›Unterbau‹ der Tragödie. Bei Aristoteles wird das Wort zumal durch den Begriff des Tänzerischen charakterisiert. Bei den Verbindungen mit *kaí*, ›und‹, wie hier ›das Satyreske *und* Tänzerische‹, ist es häufig der zweite Begriff, der den ersten näher definiert, das Satyreske ist also gleichsam das Tänzerische.

Übrigens hat dann das von Pratinas eingeführte Satyrspiel die gleiche Entwicklung durchgemacht wie die Tragödie als ganze: das ursprüngliche naive Tanzspiel ist immer ernster geworden und hat ebenfalls andere Sagenstoffe aufgenommen. Euripides konnte sogar seine *Alkestis* an Stelle eines Satyrspiels aufführen, in der nur noch einzelne Züge in der Gestalt des Herakles den ursprünglich heiteren Charakter bewahrt haben. Die Reformbewegung hat also nichts genützt, auch das Satyrspiel ist derselben Entwicklung gefolgt wie die Tragödie, wenn auch nicht ganz. – Wenn Aristoteles an unserer Stelle von einer lachhaften Lexis spricht, so hat dies nichts zu tun mit dem Witz der Komödie, sondern geht auf den Gesamtcharakter, so wie auch der archaischen bildenden Kunst eine bestimmte Grundhaltung allgemeiner Freudigkeit und kräftiger Jugendlichkeit eignet. In diesem Sinne ist das Heitere auch für die frühe Tragödie anzuerkennen. Diese ist dann nicht ›verernstet‹, wie man das Wort oft übersetzt, sondern *semnón* bedeutet ›ernst‹ im Sinne des Erhabenen, der Größe und Würde. Gemeint ist also, daß die Tragödie erst spät die erhabene und eindrucksvolle Form gewonnen hat, im Sinne der Entelechie, von der wir gesprochen hatten.

Diese Deutung der Stelle wird auch von anderer Seite her bestätigt, nämlich durch zwei Stellen bei Herodot. I 23 berichtet er, daß Arion als erster der Menschen einen Dithyrambos gemacht, benannt und aufgeführt hätte, was nur heißen kann, daß dieser bereits höchst kultivierte Lyriker damals in Korinth den alten kultischen Dithyrambos, den es natürlich längst gab, kunstmäßig in die Lyrik eingeführt hat. Was ›benennen‹ heißt, ist schwer zu sagen; es mag darauf gehen, daß die Gesänge nun bestimmte Inhalte und Titel erhielten. Wir kennen die Zeit; die Lyrik ist bereits in ihrem Spätstadium. Undenkbar, daß Arion in dieser Zeit noch urtümliche, primitive Bocksgesänge entfesselt hätte. Er hat als Chorlyriker einen Chor auftreten lassen, wohl auch maskiert, aber es sind nicht mehr wilde Halbtiere.

Die zweite Stelle bei Herodot ist V 67 über Kleisthenes von Sikyon, also etwas später im sechsten Jahrhundert. Als damals zwischen Sikyon und Athen politische Spannungen auftraten, habe Kleisthenes die dem Adrastos geweihten ›tragischen Chöre‹, die dort üblich waren und die *pathe*, die Schicksale des Adrastos darstellten, dem Dionysos zurückgegeben. *apodidónai* heißt nicht nur ›abgeben‹, sondern etwas ›zurückgeben‹, was man schuldig ist. Daraus können wir entnehmen, daß die ›tragischen Chöre‹ ursprünglich dem Dionysos gehörten, in Sikyon aber schon früh übertragen wurden auf einen Heros und dessen Sage darstellten. Adrastos war bekanntlich der Führer der Sieben gegen Theben und mußte nach der Niederlage seines Heeres geschlagen nach Argos zurückkehren. Das muß irgendwie dargestellt worden sein, wenn auch noch nicht in Form einer Tragödie, aber doch als eine Art Oratorium. Auch das beweist, daß die Chöre nicht mehr Böcke gewesen sein können, sondern in anderen Masken auftraten und nun Stoffe der Heldensage darstellten, wie wir das auch für Arion vermuten konnten.

Fragen wir, wie ein solch früher Dithyrambos ausgesehen haben mag, so können wir ein Fragment heranziehen, das spät überliefert ist, aber doch eine sehr alte Kultform bezeugt (Diehl II 6, carm. popul. Fr. 46).

DER VORSÄNGER (EXARCHON):
Komm, Heros Dionysos,
in den Tempel der Elier
mit den erhabenen Chariten,
mit dem Rinderfuß anstürmend!
DER CHOR:
Würdiger Stier!
Würdiger Stier!

Also ein Anruf des Gottes mit einer Bitte um sein Erscheinen und antwortende Rufe der Kultgemeinde.

Wie diese einfache Form sich weiterentwickelt hat, bezeugt ein glücklicher Papyrusfund, der uns fast ein ganzes Buch des Chorlyrikers Bakchylides beschert hat. Bei ihm gibt es einen Dithyrambos (18) mit dem Titel *Theseus*, und wenn hier auch eine Spätform vorliegt, die wir nicht ohne weiteres zurückdatieren können bis in die Zeit des Arion und Kleisthenes, so mögen doch gewisse Ähnlichkeiten bestehen, schon durch die Tradition, in der auch dieser späte Dichter noch steht. Zuerst spricht der Chor und fragt den König des heiligen Athen, warum die Trompete geblasen habe. Der Chorführer in der Gestalt des Aigeus erzählt darauf, ein Bote habe von einem Mann berichtet, der Ungeheuer erschlagen habe. Der Chor fragt, ob es ein Gott oder ein Mensch sei, und die Antwort beschreibt, woher der Fremde kommt, wie er aussieht und daß er nach Athen kommen wird. Wer es ist, wird noch nicht gesagt. Das Ganze hat etwa die Form einer Ballade (die natürlich eine späte Gedichtform ist und sich eigentlich erst im achtzehnten Jahrhundert richtig entwickelt hat). Aber wir können doch mit aller Vorsicht die Tatsache festhalten, daß es ein Wechsel von Frage und Antwort ist, eine Form, die wir wohl auch für den alten Dithyrambos ansetzen können. Das ist nur eine Vermutung, aber wir können in der Wissenschaft nicht ganz ohne Vermutungen auskommen, zumal in der Geisteswissenschaft. Auch daß etwas gemeldet wird, ein Vorfall oder ein rätselhaftes Ereignis, mag dabei alt sein. –

Daß die Tragödie nicht unmittelbar aus Bocks- oder Satyrchören entstanden ist, wird auch von anderer Seite her bestätigt. Der Archäologe Frank Brommer hat eine kleine Schrift *Satyroi* geschrieben, wo er nicht vom Literarischen ausgeht, sondern von Vasenbildern seit dem achten Jahrhundert. Da zeigt sich, daß wir auf einer Bronze des achten Jahrhunderts wirklich Böcke haben, daß aber dann andere Chöre einsetzen. Darauf wollte ich doch hinweisen, wenn ich auch sonst auf die Zeugnisse der bildenden Kunst nicht weiter eingehe, weil sie keine so deutliche Sprache sprechen wie die überlieferten Texte. Bei ihnen kommt alles darauf an, wie man sie deutet, darum können wir sie gelegentlich mit heranziehen, aber nicht von ihnen ausgehen (wie das manchmal versucht wird).

5.

Wir hatten in einem ersten Abschnitt die äußere, historische Entstehung der Tragödie behandelt und waren dabei Aristoteles gefolgt, dessen Angaben durch einige Stellen bei Herodot wie auch durch archäologische Zeugnisse bestätigt werden. Wenn Aristoteles den Ursprung der Tragödie beim Dithyrambos, also im dionysischen Bereich ansetzt, so ist damit natürlich nur einer der beiden großen Ursprungsbereiche erfaßt, die in der Tragödie zusammenkommen. Der andere ist der Bereich des Epos und der Heldensage, die, wie wir gesehen hatten, schon im sechsten Jahrhundert auf die ursprünglich dionysischen Chöre eingewirkt hatte (s. Schema 1). Auch diese Seite der Entwicklung fassen wir bei Aristoteles, wenn er weiter in der *Poetik* von der Bedeutung Homers für die Tragödie spricht und durchgehend den Vorrang des Mythos vor den anderen Elementen der Tragödie betont.

In einem zweiten Gang wollen wir nun auf die innere Entwicklung der Tragödie eingehen, ihre Formengeschichte. Dieser Aspekt ist von dem bisher entwickelten nicht streng zu trennen. Die Formen entstehen ja nicht im leeren Raum, sondern wurzeln im Gehalt, und da kann es sein, daß sich vom Gehalt aus Forderungen nach neuen Formen erheben, wie auch umgekehrt die neue Form dem Gehalt neue Möglichkeiten der Entfaltung bietet.

Zur Literatur verweise ich vor allem auf das grundlegende Buch von W. Kranz, *Stasimon*, 1933. Um 1910 entstand eine Fülle von Dissertationen über Einzelformen, auf die ich jetzt nicht eingehe, weil sie auf einzelnes beschränkt bleiben. Weiter R. Hölzle, *Zum Aufbau der lyrischen Partien des Aischylos*, 1934, eine Dissertation, die ich selbst angeregt habe; W. Jens, *Die Stichomythie in der frühen griechischen Tragödie*, 1955; E. R. Schwinge, *Die Verwendung der Stichomythie in den Dramen des*

1. Entstehung der Tragödie

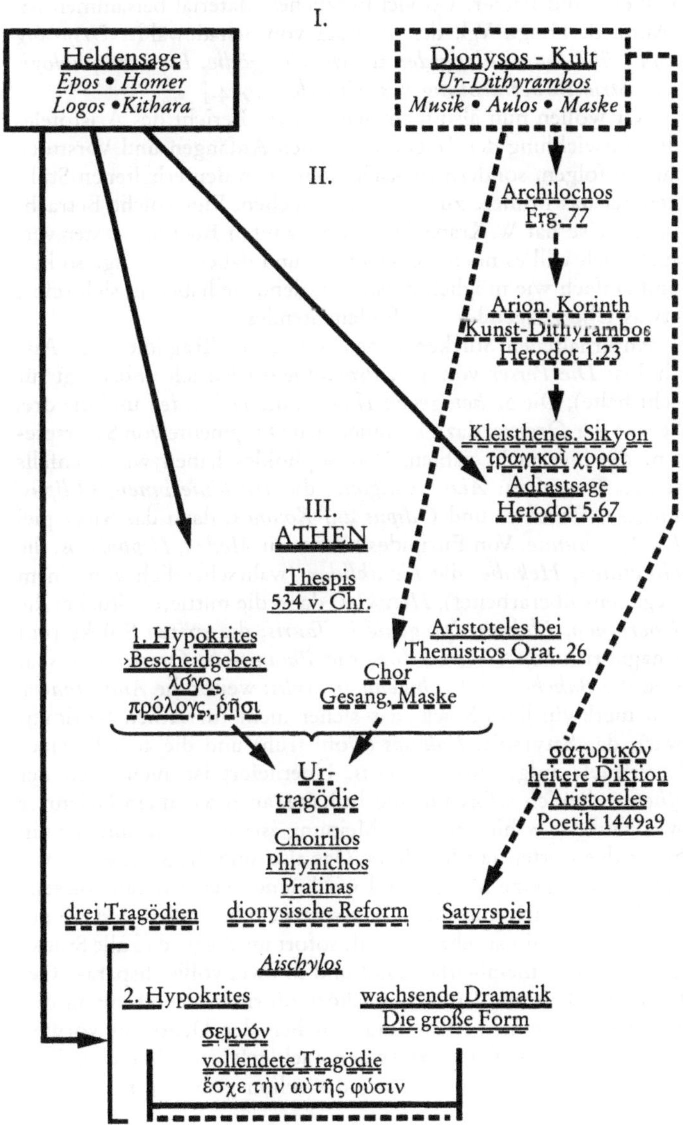

Euripides, 1968; und natürlich die schon genannten Bücher von Pohlenz und Patzer, wo viel nützliches Material beisammen ist. [Anm. d. Hrsg.: Vgl. den Aufsatz von Schadewaldt: *Ursprung und frühe Entwicklung der attischen Tragödie. Eine morphologische Strukturbetrachtung des Aischylos*, 1974.]

Wir wollen nun also nicht wie in dem Bericht des Aristoteles die Entwicklung der Tragödie von den Anfängen und Vorstufen aus verfolgen, sondern rückschreitend von den erhaltenen Stükken her das Frühere zu erschließen suchen. Eine solche Betrachtungsweise hat W. Kranz in dem genannten Buch als erster versucht; ich will es noch weiterführen und dabei die Dinge so klar und einfach wie möglich darstellen, denn sie haben in sich selbst etwas Überzeugendes und Einleuchtendes.

An erhaltenen Stücken haben wir sieben Tragödien des Aischylos: *Die Perser* von 472, *Prometheus* (den ich unbedingt für echt halte), Die *Sieben gegen Theben*, die *Hiketiden* und die drei Stücke der *Orestie*; dazu kommen neue Fragmente von Satyrspielen, die hier nicht zählen. Von Sophokles haben wir ebenfalls sieben Tragödien: *Aias, Antigone*, die *Trachinierinnen, Ödipus, Elektra, Philoktet* und *Ödipus auf Kolonos*; dazu das Satyrspiel *Die Spürhunde*. Von Euripides haben wir *Medea, Hippolytos*, die *Hiketiden, Hekabe*, die *Herakliden* (wahrscheinlich von einem Regisseur überarbeitet), *Herakles*; dann die mittleren Stücke: die *Troerinnen, Elektra, Iphigenie in Tauris*; die späten Stücke (mit Anagnorismós): *Helena, Ion*, die *Phoinissen, Orest*; sehr spät sind die *Bakchen* und *Iphigenie in Aulis*; weiter die *Andromache* (ein merkwürdiges Stück, das sicher nicht für Athen bestimmt war); das Satyrspiel *Kyklops* (wohl früh) und die anstelle eines Satyrspiels aufgeführte *Alkestis*. Überliefert ist auch noch der *Rhesos*, den ich selbst für unecht halte, auch wenn ein Gelehrter wie Paul Maas hier anderer Meinung ist; ich halte ihn für ein Stück des vierten Jahrhunderts. Das also sind die Stücke, die wir haben, eine ganze Menge, und wir können vieles daran ablesen.

Wenn wir uns nun dieser Masse gegenüberstellen und sie auf ihre Struktur hin ansehen, so fällt sofort ins Auge, daß alle Stücke in sich selbst uneinheitlich sind und in zwei völlig disparate Gebilde zerfallen: die Lyrik der Chöre (dorisch wenigstens in den Haupteigentümlichkeiten) und daneben der Dialog in vorwiegend iambischen Trimetern (wenn auch gelegentlich andere Formen daneben vorkommen, wie der schon genannte trochäische

Tetrameter). Wo gibt es irgendeine andere Kunstform, die zwei so verschiedene Hauptteile hat? Die Tragödie ist also eine einheitliche Form, in der zwei Stilgattungen verfugt sind und die darin ein Novum darstellt: die Gattung der Chorlyrik und die des Iambos. Der Iambos war seinem Wesen nach ein alter Spottvers, so noch bei Archilochos und Hipponax. Dann aber hat sich der Iambos von der Invektive gelöst und wird zum Vers für die fortlaufende Erzählung mit beliebigem Gedankeninhalt. In diesen beiden Formen stehen sich also gegenüber die Welt der Musik (zumal der Flöte) und die Welt des Logos, parallel entstanden zur Entwicklung der Prosa, die, wie Aristoteles erkannt hat, dem Iambos nahesteht.

Es sind also nicht nur zwei Formen, die uns hier begegnen, sondern zwei Welten und, ihnen zugeordnet, zwei Seelenhaltungen: die lyrisch-ekstatische und die rationale, klar bestimmte des Logos. Das zeigt, wie spannungsreich das Ganze ist, mehr als jede bis dahin bekannte Kunstform. Auf diesem Gegensatz baut bekanntlich Nietzsches Vorstellung vom Dionysischen und Apollinischen auf, wenn sie auch nicht ganz trifft: das Apollinische ist durchaus nichts rein Rationales. – Es ist klar, daß sich die Verschmelzung der beiden Formen einmal vollzogen haben muß, was auf ein bestimmtes historisches Ereignis zurückgeht. Und zwar stammt die Tragödie aus der Chorlyrik, der Iambos muß später hinzugetreten sein. Das Interessante ist, wie in der weiteren Entwicklung die ursprüngliche Form immer mehr zurücktritt und das dazugetretene Element immer stärker das Feld behauptet. Wir können das an den erhaltenen Stücken beobachten. Schon bei Aischylos treten in den späten Stücken die Chorpartien immer mehr zurück. Bei Sophokles hat der Chor noch große Bedeutung und hält dem Dialog die Waage, nimmt aber später an Umfang ab. Das geht weiter bei Euripides, wo das Chorische gelegentlich wieder aufleben kann, im ganzen aber doch zurücktritt und zum Intermezzo wird. In der Neuen Komödie, die Euripides fortsetzt, kommen nur noch am Ende eines Aktes ein paar Jünglinge herein, die Musik machen; es wird kaum noch komponiert oder gedichtet. Oft ist es nur noch eine Notiz am Aktschluß: *chorou*, ›des Chores‹, das heißt, hier kann eine musikalische Einlage gemacht werden. Das ist das Ende der lyrischen Urform.

6.

Schon bei der ganz allgemeinen äußeren Betrachtung hatten wir uns verdeutlicht, daß es sich bei der Tragödie um eine Mischform handelt, die Lyrisches und Dialogisches in sich vereinigt. Entstanden ist sie aus der Chorlyrik als ein Seitensproß, aber von solcher Stärke, daß er sich bald zu einem eigenen Gewächs entwickelt hat. Wir sahen, wie diese Entwicklung von einer Tendenz bestimmt wird, die das ursprüngliche lyrische Element immer mehr zerstört und das Dialogische zum eigentlichen Element des Tragischen macht. Auch in der Natur ist es ja so, daß der Keim die Frucht sprengt, aus der er hervorgeht, von der er sich nährt und die er aufzehrt.

Hier will ich kurz etwas über die Komödie einschalten, weil sich an ihr zum zweitenmal die Macht des Dramatischen zeigt, die im fünften Jahrhundert gewaltig und elementar gewesen sein muß. Wir kennen die Grundform der Komödie, auch Aristoteles spricht darüber. Es waren Spottaufführungen vermummter Gestalten; junge Burschen kamen herangezogen, stellten sich irgendwo auf, vielleicht schon auf einer Bretterbühne, und sangen ihre Spottlieder, in denen sie Mißstände in der Gemeinschaft geißelten. Diese Art der öffentlichen Rüge ist vielfach in der Welt bezeugt, in Deutschland etwa in der Form des Haberfeldtreibens und ähnlichem. Diese Form ist es, die wir in der Parabase der erhaltenen Komödien haben, dem ›Dranvorbeizug‹ oder Aufzug. Bei den bekannten Komödien steht das ungefähr in der Mitte des Ganzen. Ursprünglich hatten sich wohl kurze mimische Szenen daran angeschlossen. Daraus entwickelte sich, was man den Agón nennt: nach der Parabase wurde ein Streit vorgeführt, in dem die Dinge sehr lebendig werden. Noch bei Aristophanes ist der zweite Teil der Komödie oft davon bestimmt; in den *Fröschen* etwa ist es ein Dichterwettstreit zwischen Euripides und Aischylos. Weiter ergab sich die Notwendigkeit, vor das Spottlied des Chors eine Einleitung zu setzen; ein Prolog, Vorspruch schob sich davor. Man muß bedenken, daß die Tragödie ja schon da war und darauf eingewirkt hat, so hat sich die Komödie schnell entwickelt. Der Prolog wuchs sich dann mächtig aus und wurde das eigentliche Gefäß, wo die Dramatik eindringen konnte. Es mußte ja nicht notwendig nur einer sprechen, es gab Dialoge und kleine Handlungen. Mehr und mehr wurde so der Prolog zum Träger *der* Handlung der Komödie. Die ursprüngliche Grundform steht jetzt also, kaum noch als solche kenntlich, in der Mitte, daran schließen sich locker geordnete parallele Szenen, vorn schiebt sich vor den zur Handlung ausgeweiteten Prolog noch einmal ein Prolog. Diese Form findet sich noch in den *Fröschen*, nach dem Tod des Sophokles und Euripides geschrieben, aber auch etwa in den *Vögeln*. Im ersten Teil die eigentliche Handlung, die Gründung eines Vogelstaats; nach der Parabase die Ausmalung des erreichten Zustands in parallelen Einzelszenen. Wir sehen, wie die Macht des Dramatischen nun auch diese ursprünglich ganz andersartige Form erfaßt und damit die Komödie als Drama neben die Tragödie stellt.

Bei der Tragödie können wir nun ebenso verfahren wie bei der Komödie, denn die Dinge liegen sehr klar. Auch die Tragödie muß mit dem Einzug des Chors begonnen haben, der hier nicht Parabase genannt wird, sondern Párodos, ›Vorbeizug‹; ein anderes Wort mit fast der gleichen Bedeutung. Dieser Chor zieht also in den Bezirk des Dionysos ein, vermummt, wenn auch wohl nicht mehr in Bocksgestalt, zusammen mit dem Chorführer. Der kann etwas sagen, worauf der Chor wieder singt, jetzt ein ›Standlied‹, Stásimon, weil er Aufstellung genommen hat und sich nicht mehr bewegt. Bis dahin ist es dieselbe Form, die wir an dem Dithyrambos gesehen hatten. Nun aber kommt etwas entscheidend Neues dazu dadurch, daß ein Schauspieler ›hinzutritt‹ (nach diesem Hinzutritt ist das Epeisodion benannt), der in iambischen Versen etwas berichtet, wodurch der Chor erregt und zu einem weiteren Lied veranlaßt wird. In einer einfachen Handlung kann sich an das Chorlied ein Gespräch zwischen dem Schauspieler und dem Chor angeschlossen haben, der ihn genauer über das Berichtete befragt. Wir fassen diese Form noch bei Aischylos, wo der Chor kurze lyrische Verse singt und der Schauspieler in Jamben antwortet (*hypokrités*, ›Antworter‹ ist der griechische Name für den Schauspieler). Kranz nannte diese Form eines lyrischiambischen Wechsels epirrhematisch, wir sprechen heute von Kommos: ein halb gesungener, halb gesprochener Dialog. Was dann kam, mag verschieden gewesen sein. Vielleicht noch ein Chorlied, etwa eine Klage, und dann kann der Chor hinausgezogen sein. Es ist klar, wie schon mit einem Schauspieler sich diese Grundform beliebig erweitern ließ; er konnte während eines Chorlieds hinausgehen und in einer anderen Maske wiederkommen, wodurch ein weiteres Epeisodion entstand. Die Grundform wird also additiv erweitert, Akte bilden sich, die sich später als solche weiter entwickeln.

Die Einführung des ersten Schauspielers geht offenbar auf Thespis zurück, der, wie Themistios berichtet (orat. 26, 316d), den Prolog und die Rhesis erfunden habe. Für diese Angaben beruft sich Themistios auf Aristoteles, und ich sehe keinen Grund, daran zu zweifeln (dies gegen Patzer 27; vgl. Lesky [3]265 f.). Eine Inschrift bezeugt, daß dieser Thespis etwa um 536 bis 533 als erster an den Großen Dionysien eine Tragödie aufgeführt hat. Damit kommen wir zu dem historischen Ereignis, von dem ich zu Anfang gesprochen hatte, wodurch das Element des Logos mit dem ursprünglichen chorlyrischen Gebilde verbunden wurde und das wir als die eigentliche Entstehung der Tragödie bezeichnen können. Versuchen wir, uns die trockene Notiz bei Themistios lebendig zu machen, so kann man es sich so vorstellen, daß es also den Dithyrambos gab: das Aufmarschieren eines Chors, der sich an die Götter wendet und auch schon thematische Ausschnitte aus der Heldensage in gesanghafter Form vorgetragen hat. Nun ist einmal jener Thespis mit seiner Truppe nach Athen gekommen. Wir müssen ihn uns als eine Art Schauspieldirektor, Impresario vorstellen, und diese Leute sind ja darauf angewiesen, daß sie sich etwas einfallen lassen. Da hat dieser Thespis einen glänzenden Gedanken gehabt, der sich eigentlich aus dem Leben selbst ergab: er wollte einmal mit auftreten und vor dem Spiel das Publikum anreden; und damit war der Prolog da, natürlich als gesprochene Rede, Rhesis. Nun lag es nahe, daß er auch noch eine Maske nahm und zum Chor und Chorführer hinzutrat, um einen besonderen Effekt zu erzielen. So wurde er zum Hypokritês, zum ›Antworter‹ oder Deuter, Conferencier, wie wir sagen können, denn es ist klar, daß dabei das Erläutern und Verdeutlichen am Anfang stand. Der Schauspieler brachte nun in verständlicher Form das, was der Chor sang, und damit war die spannungsreiche Harmonie des gesungenen und gesprochenen Wortes der Tragödie geboren (s. Schema 2).

Damit haben wir die mimetisch-dramatische Urtragödie, deren Stoffe vom Epos kamen, das sich in dieser neuen Form eine neue Wirkungsmöglichkeit schafft. Man kann schon in der Entwicklung der Lyrik beobachten, wie nach Hesiod das Epos von den neu heraufkommenden Formen der Lyrik zunächst verdrängt

2. *Vorstufen und Urform der Tragödie*

I.
Ur-Dithyrambos

Vorsänger	Kultgemeinde
Anruf:	Einfallend:
›Komm, komm!‹	›Würdiger Stier, würdiger Stier!‹

Carm.popul. II 6 Frg. 46 Diehl.

II.
Arion

Kunstmäßiger Dithyrambos

Chorführer Chor

Sagengeschichte, balladesk

etwa nach Bakchylides 18 ›Theseus‹

III.
Kleisthenes von Sikyon
›τραγικοὶ χοροί‹

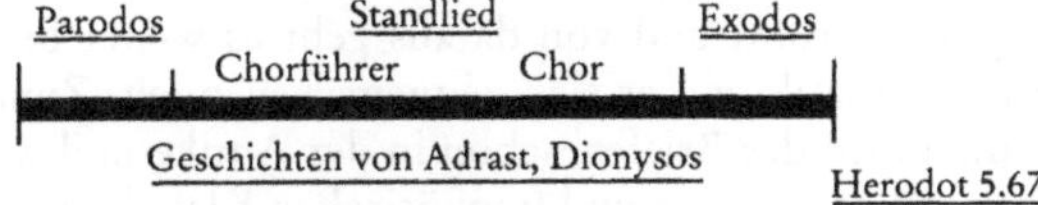

Herodot 5.67

IV.
Thespis. Athen
Ur-Tragödie

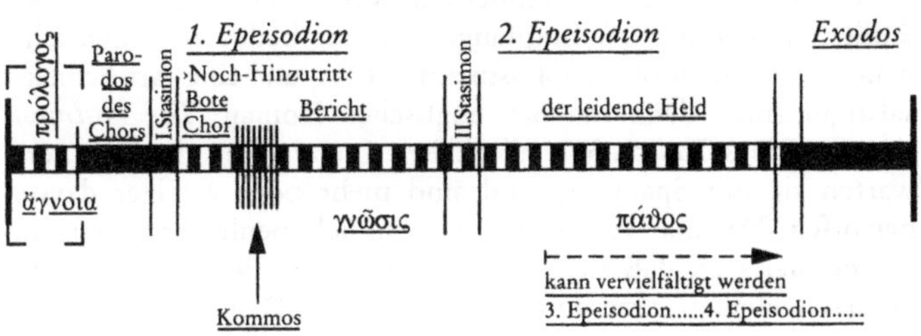

wird; Archilochos stellt sich ganz dagegen, auch bei Sappho und Alkaios gibt es kaum Episches. Dann aber dringt es in die lyrischen Formen wieder ein, zumal in der Chorlyrik. Stesichoros hat große Partien, in denen Stücke des Epos dargestellt werden, und für den Dithyrambos konnten wir ähnliches erschließen. Aber erst jetzt kann es eine entscheidende Rolle spielen und seine volle Form gewinnen mit der Einführung des Schauspielers, der nicht mehr singt, sondern spricht.

Und was spricht er? Das kann offenbar nur eins gewesen sein: ein Bericht. Wenn der Sprecher im Prolog die Situation charakterisiert hatte, in die hinein der Chor dann auftritt, so muß er bei seinem ›Hinzutritt‹ über das Ereignis, um das es geht, berichtet haben. Die Meldung ist die Urform des iambischen Elements, und die primäre Funktion des Schauspielers in der frühen Zeit war die des Boten. In der späteren Tragödie wird der sogenannte ›Botenbericht‹ ein beliebtes Einzelstück, bei Aischylos noch nicht fest formiert, bei Sophokles schon fester; es sind immer herrlichere Stücke in den späteren Tragödien, einer der schönsten in der *Elektra*. Bei Euripides, wo die Dinge strenger normiert werden, gewinnt er die ganz feste Form, meist nach der Katastrophe, über die er berichtet. Aber es ist nur ein Einzelstück innerhalb der Tragödie.

Hier sei angemerkt, daß der Botenbericht weit über die Antike hinaus eine Rolle spielt, zuerst in der Neuen Komödie, die auf Euripides beruht, und von da aus geht es weiter bis in die moderne Dramatik, wo er sich zeitgemäß wandelt. Zunächst haben wir die Form des Briefes, schon in der Antike und weiter besonders in der spanischen und französischen Klassik, und noch in der *Minna von Barnhelm* ist der Brief des Königs der antike, literarisch gewordene Bote. In modernen Stücken kann es auch das Telefon sein oder gar Radio und Fernsehen, aber in alledem lebt unzerstörbar der alte Botenbericht weiter. Das ist nichts nur Äußerliches. Botschaft-Empfangen ist eine bedeutende menschliche Grundsituation, der Postmann ist für uns eine Art Schicksalsfigur (man denke an den englischen Roman: *The Postman Always Rings Twice*). Wir alle haben Interesse an der Post, erwarten sie mit Spannung und sind mehr oder weniger davon betroffen. Das mag eine Anekdote von Schopenhauer bezeugen, der einmal sagt, daß sich der junge und der alte Mensch darin unterscheiden, wie sie auf die Ankunft der Post reagieren. Der eine sagt in freudiger Erwartung, der andere angstvoll resignierend: Jetzt kommt's! –

So wie wir beim Botenbericht eine Verfestigung und Normierung der Form beobachten können, könnten wir andererseits von einer Auflösung und Vervielfältigung der Formen sprechen. Neben dem eigentlichen Botenbericht gibt es verschiedene andere Formen der Berichtrede. So im *Ödipus* gleich zu Anfang der Bericht des Priesters; weiter die Ankunft Kreons von Delphi, der den Spruch des Gottes berichtet, dann der Bote von Korinth und so fort. Ebenso wird das epirrhematische System, der Block nach dem ersten Bericht des Boten, zur Keimzelle für den eigentlichen Dialog, der sich dann immer mehr ausdehnt und rein iambisch wird. Nun hatten aber die Griechen das Bestreben, diese Dinge nicht frei wuchern zu lassen, sondern immer wieder feste Formen zu schaffen. So entsteht aus dem epirrhematischen System die besondere Form der Stichomythie, nicht mehr halb lyrisch, halb iambisch, sondern ganz iambisch, Vers gegen Vers oder auch zwei Verse gegen zwei Verse: eine Wechselrede, wo es Schlag auf Schlag geht, wo man im Wort die Klingen kreuzt. Das ist die eigentliche Entlyrisierung dieser Partie. Ich verweise hierzu auf das genannte Buch von W. Jens. Bei Euripides wird diese Form immer strenger, er hat Freude daran, sie sich über große Partien hin entwickeln zu lassen, und wir müssen annehmen, daß auch seine Zuhörer Freude daran hatten. Die Teile der späteren Tragödie sind gleichsam ›Nummern‹ geworden, wie wir sie aus unserer Oper kennen, und der Hörer wußte sie als solche zu würdigen und zu genießen.

Zur Berichtrede tritt weiter hinzu die Reflexionsrede, die einen bestimmten Gedankengehalt in Redeform darlegt. Hier wirkt die Rhetorik hinein. Ferner entsteht, entsprechend der Stichomythie, der Redekampf, in dem nun eine große Rede gegen eine andere steht, sodaß ein Thema von verschiedenen Seiten entwickelt wird. Darauf folgt in der Regel die Stichomythie, beides verbindet sich zu einer neuen Form. Ich will jetzt nicht auf Einzelheiten eingehen, sondern nur vorgreifend darauf hinweisen, wie sich das dialogische Element immer mehr ausbreitet. Die Chorlieder werden durch diese Entwicklung der Epeisodien eingeschränkt und zu einem sekundären Element im Leib des Tragischen, der tragischen Handlung, wie wir sie kennen.

Von der Erfindung des Prologs hatten wir schon bei Thespis

gesprochen. Der sinngemäße Anfang war eigentlich der Einzug des Chors, der ja kommen mußte als die Hauptperson. Der Prolog ist nicht notwendig, die *Hiketiden* und die *Perser* des Aischylos haben keinen. Es begann mit dem lyrisch-anapästischen Einzugslied. Das befriedigte bald nicht mehr, der Prolog, der den Zuhörer über die Handlung orientierte, entsprach dem neuen rationalen Bedürfnis des Publikums. Ein solcher Prolog war in zwei Formen möglich: es gab die ›epische‹ monologische Form, in der eine Person die Einführung sprach, oder die dialogische, wo mehrere Personen auftraten und auch schon etwas tun konnten, wie im *Prometheus*. Das rückt nun vor die Parodos, die dadurch zum sekundären Element wird, zur zweiten, lyrisch-gefühlsmäßigen Vorbereitung nach der rationalen Einführung. Für den Prolog bevorzugt Sophokles die dramatische Form, Euripides die monologische, weil er unbedingt klar vorbereitete Zuhörer wünscht.

Soviel über die formale Entwicklung der Tragödie. Wir sahen, wie sie völlig bestimmt wird von der Tendenz zum Dramatischen, zunächst quantitativ vergrößernd, die Teile werden additiv zusammengefügt, dann folgen auch qualitative Veränderungen der Teile, und neue Formen werden entwickelt. Ich rate allen, die sich hier einarbeiten wollen, zur Vorbereitung das Buch von Kranz zu lesen und dann beim Lesen der Tragödien auf diese Dinge zu achten. Man kann auch heute noch hübsche Entdekkungen dabei machen. Es ist bewundernswert, mit welcher fast naturgesetzlichen Einfachheit sich die Dinge entfalten bis hin zu ihrer eigentlichen großen Form. Immer wieder sehen wir bei den Griechen, wie sich Bereiche des Geistigen in solch natürlicher Weise darstellen, vielleicht weil bei ihnen der Geist noch nicht ganz vergessen hatte, daß er seiner Herkunft nach selbst Natur ist.

7.

In unserem Kapitel über die Entstehung der Tragödie haben wir in einem ersten Abschnitt über die historische Entstehung gesprochen, in einem zweiten über die Formengeschichte, die wir unter dem Gesichtspunkt der Morphologie fassen können, und kommen nun zum dritten zu der Frage nach den treibenden inneren Kräften, die das ursprüngliche ›Oratorium‹ des Dithyrambos zur Weltform der Tragödie vorgetrieben haben.

Hier können wir anknüpfen an die These Nietzsches in seiner *Geburt der Tragödie*, dem genialen Frühwerk, das ihm so viel Leid eingetragen hat. Er hatte es als Professor in Basel unter dem Eindruck der Wagnerschen Musik geschrieben, und es ist für die Entwicklung unseres Griechenbildes bedeutsam geworden, auch abgesehen von der Frage der Tragödie, weil er damit in ganz neuer Weise gegenüber dem Klassizismus die dunkle Seite des Griechentums aufgedeckt hat, den Bereich des Triebhaften, der damals zu wenig beachtet worden war. So steht Nietzsche am Beginn unserer Eroberung des Vorplatonischen und Vorklassischen, zwar nicht ganz ohne Vorgänger, aber er hat doch als erster wirklich damit Ernst gemacht. Das müssen wir festhalten, wenn wir nun auf seine Theorie über die Entstehung der Tragödie zu sprechen kommen. Danach beruht die Tragödie auf dem Harmonieverhältnis von zwei polaren Mächten, die er Rausch und Traum nennt, wobei er den Rausch dem Dionysoskult zuordnet, den Traum dem Bereich Apollons; daher die bekannten Bezeichnungen des Dionysischen und Apollinischen. Diese Polarität wird dann in Harmonie gelöst.

Diese seine These wurde bekanntlich von der Philologie heftig abgelehnt, in weiteren Kreisen dagegen war die Wirkung eine ungeheure und ist es noch heute, wobei ihm allerdings oft genug die Worte einfach nachgesprochen wurden und man sich an ihrem Klang berauschte – wie ja überhaupt die tiefenpsychologischen Begriffe für viele etwas Rauschhaftes an sich haben. Interessant ist zu sehen, was die damalige Philologie dem entgegenzustellen hatte. Bekanntlich hat der junge Wilamowitz sofort mit einer Schrift *Zukunftsphilologie* geantwortet, der Anhänger Nietzsches alsbald eine *Afterphilologie* entgegenstellten (s. K. Gründer, *Der Streit um Nietzsches ›Geburt der Tragödie‹*, hrsg.). Uns mutet diese Streiterei etwas merkwürdig an, wie oft schon nach wenigen Jahren ein ernsthaft geführter Streit merkwürdig komisch wirkt. Man versteht den wilden Eifer nicht mehr, ist ja gescheit geworden durch die Irrtümer der Vorgänger. Es macht Wilamowitz Ehre, daß er im Alter von seiner Schrift sehr schön und ehrlich als von einer Jugendsünde gesprochen hat.

Wilamowitz hat in seiner Einleitung in die griechische Tragödie im Herakles-Kommentar die Frage nach der Tragödie neu gestellt und ist zu einer Definition gekommen, die sich neben der von Rausch und Traum merkwürdig ausnimmt: für ihn ist sie die dramatisierte Heldensage, dargestellt von einem attischen Bürgerchor. Dies unerhört nüchterne Wort hat oft Spott hervorgerufen, aber damit ist es nicht getan, man muß so ein Wort abklopfen auf seinen Wahrheitsgehalt. Die verschiedene Art, in der bei Nietzsche wie Wilamowitz gesprochen wird, beweist einfach, daß sie auch Verschiedenes gemeint haben, so verschieden, daß man darüber gar nicht in Streit geraten kann.

Bei Nietzsche also entsteht die Tragödie aus zwei Elementen: dem Dionysos zugeordneten Lied und dem rationalen Iambus, Apollon zugeordnet. Wieweit die Zuordnung stimmt, mag dahingestellt bleiben, weil es in eine religionsgeschichtliche Betrachtung gehört. Es ist eine Abstraktion, die, wie so viele Abstraktionen, den historischen Erscheinungen nicht gerecht wird. Natürlich ist das berühmte Körnchen Wahrheit dabei: Apollon ist ja der Sehergott und Dionysos der Gott der Metempsychose, dessen Symbol die Maske ist. Nur angemerkt sei hier, daß schon Hölderlin in ähnlicher Weise vom Junonischen und Apollinischen gesprochen hat (wobei das Apollinische gerade dem Ekstatischen entspricht), was Nietzsche natürlich kannte. – Sagen wir also lieber mit unseren Worten, die Tragödie bestehe aus der Zusammenfügung des Lyrisch-Musikalischen und des Rationalen. Nun ist es bei Nietzsche so, daß sich die Tragödie um so voller verwirklicht, je mehr eine Harmonie zwischen diesen Elementen besteht. Wo beides ausgewogen ist, ist für ihn der Höhepunkt der Tragödie; sie wird zerstört bei Euripides, als der Iambus überwiegt. Der angemessene Hörer des Euripides sei Sokrates gewesen. Damit fassen wir schon damals seinen wilden Haß gegen Sokrates, der sich später auch gegen Platon gerichtet hat im Zusammenhang mit seinem Vorstoß zu den Vorsokratikern. Natürlich meint er gar nicht Platon und Sokrates, sondern das Bild, das man damals von ihnen hatte.

Wenn wir nun die Frage stellen, inwiefern Nietzsches Begriffe Rausch und Traum das eigentlich Tragische erfassen, müßten wir zunächst untersuchen, was dieses Tragische ist. Wir hatten von Aristoteles gesprochen und seinem Satz über die Wirkung des tragischen Spiels. Hier ist keine Beziehung zu Nietzsches Deutung zu erkennen. Aber wir können von einer anderen Ecke herangehen, und dazu verweise ich auf das vorzügliche Buch von

Hans Bogner: *Der tragische Gegensatz* (1947). Bogner geht aus von einem Wort Goethes an Eckermann vom 28.3.1825: Die Tragödie beruhe auf einem unausgleichbaren Gegensatz. Wäre ein Ausgleich möglich, so wäre es eben keine Tragödie mehr. Auf den unauflöslichen Konflikt komme es an, der entstehen könne zwischen welchen Verhältnissen er wolle, wenn er nur einen echten Naturgrund hinter sich hat. – Es muß also ein Gegensatz sein, der in einem ›echten Naturgrund‹ wurzelt, wir würden sagen: im Seienden selbst; nicht in vorübergehenden Erscheinungen, sondern im Wesen des Menschen und der Wirklichkeit. Wir kennen diesen Gegensatz meist verengt auf einen Konflikt der Pflichten; es geht aber nicht um Pflichten, sondern ist viel umfassender. Es müßte empirisch geprüft werden, ob wirklich jede Tragödie auf einem solchen Gegensatz beruht. Ich glaube, daß es so ist. Der Mensch braucht nicht immer daran zu zerbrechen, er kann einen Ausgleich finden; ob das aber ein wirklicher Ausgleich oder nur eine Schlichtung ist, wäre die Frage. Ein wesensmäßiger Ausgleich ist wohl nicht möglich. Die Schlichtung aber setzt voraus, daß ein Konflikt nicht gelöst werden kann, sondern man einigt sich irgendwie. So am Schluß der *Orestie* des Aischylos, wo der Gegensatz zwischen Apollon und den Erinyen mit einer Schlichtung endet vor der Rechtsinstanz des Areopag. Ähnlich muß es auch im *Prometheus* gewesen sein. Auch bei Sophokles gibt es, wie ich meine, keinen wirklichen Ausgleich, wenn man nicht im weitesten Sinne den Schluß der *Trachinierinnen* dafür nehmen will: »In alledem ist nichts, was nicht Zeus ist.« Es ist das Geheimnis seiner Tragödien, daß in aller Vernichtung doch das Bewußtsein bleibt von dem unzerstörbaren Bestand des Göttlichen. Aber dennoch ist bei ihm der Gegensatz so scharf durchgetragen und ertragen worden, wie es nur denkbar ist. Euripides kennt andere Ausgleichsformen, etwa den *deus ex machina*, ebenfalls eine Art Schlichtung, für die charakteristisch ist, daß sie dem Leben gleichsam von oben zugeführt, verordnet wird, damit es weiterbestehen kann. Es scheint also, als ob der Gedanke eines unauflöslichen Gegensatzes für die Tragödie grundlegend ist, der, wie Goethe verlangt hat, nicht nur in Sitte, Moral und Konvention wurzelt, sondern im Wesen der Realität selbst.

Snell in seinem bekannten Buch *Aischylos und das Handeln im Drama* (1928), das wertvolle Anregungen gegeben, aber auch von Anfang an Widerspruch gefunden hat, macht den Versuch, das

Wesen der Tragödie auf dem Begriff des Dramatischen aufzubauen. Er meint, das Wort *drān* heiße nicht einfach ›tun‹ oder ›handeln‹, sondern im Wort liege immer schon der Gedanke einer Entscheidung. Es sei ein Handeln aus der Entscheidung, und zwar aus der als Entscheidung gewußten Entscheidung. Dabei geht er von der Bewußtseinsphilosophie aus, nach der eine Entscheidung aus dem Instinkt noch keine wirkliche Entscheidung ist. Snell glaubt, daß es bei Homer noch keine Entscheidungen gäbe. Wenn etwa Odysseus in bedrängter Lage standhält, weil er ein Edler ist und nicht fliehen mag, so sagt Snell dazu, es sei ihm passiert, daß er sich entschieden hätte. Das ist nun allerdings zu überspitzt, aber es ist richtig, daß man nur dann von Entscheidungen reden kann, wenn der Mensch um sie und um sich selbst als in der Entscheidung stehend weiß. Wer behaupten will, daß überall dort schon Entscheidung wäre, wo eine von zwei Möglichkeiten ergriffen wird, verkennt das Phänomen. Allerdings gibt es den Begriff der ›schönen Seele‹ (womit etwas hohes Sittliches gemeint ist), bei der es keine Qualen der Entscheidung gibt, sondern die das Gute tut aus einem So-gemacht-Sein heraus. Ich glaube, daß es sich auch dabei um echte Entscheidungen handelt, und ebenso in der Ilias, wo große Menschen sich aus ihrem Wesen heraus entscheiden. Richtig ist, daß Homer nicht das Leiden am Konflikt und an der Entscheidung kennt, das Ringen um den Entschluß, das tiefe Erleben des Konflikts. Das gerade zeigt die Tragödie. Was Snell neu gesehen hat, ist die Bedeutung des bewußt getragenen und durchgehaltenen Konflikts für die Tragödie, wenn er dies auch mit der modernen Bewußtseinsphilosophie in einen nicht adaequaten Aspekt rückt. Allerdings hängt das nicht am Wort *drān*, das einfach ›tun‹ heißt im objektiven Sinn. Sonst wäre auch unverständlich, daß etwa die kultischen Handlungen in Eleusis *drámata* genannt wurden, die nichts mit einer Entscheidung zu tun hatten. ›Drama‹ bedeutet einfach die vorgestellte Handlung. Entscheidend ist der Begriff des Konflikts, der in der Seele erlebt wird, aber nicht aus der Seele stammen darf, sondern heterogener Herkunft sein muß; der Mensch gerät in ihn hinein als etwas ihn Bedrängendes, das er dann aus eigener Kraft tragen und lösen muß.

Damit kommen wir wieder auf den tragischen Gegensatz. Ich glaube, daß dieser Begriff, der sich uns so von verschiedenen Seiten darbietet, richtig ist. Bei Aristoteles finden wir ihn angedeutet in der Forderung, daß die Verwicklung zwischen *phíloi*, Freunden spielen muß. Blicken wir auf die Tragödie als Ganzes, so zeigt sie schon in ihren Formen die Bedeutung des Gegensatzes. Wenn es bei der Handlung im engeren Sinne auf das ankommt, was auf der Bühne geschieht, so ist die antike Tragödie recht handlungsarm, etwa gegen Shakespeare. Man stößt sich nicht Dolche in die Brust oder tritt einem die Augen aus; dergleichen geschieht hinter der Bühne. Wir müssen den Begriff des Handelns offenbar anders fassen. Fragen wir uns, was in der Tragödie geschieht, so ist die Antwort einfach: es wird geredet. Die Tragödie ist Dialog, Gespräch. Aber es sind meist Gegeneinander-Gespräche, der Logos der Tragödie ist antilogisch. Wir sehen, wie Vers gegen Vers und Rede gegen Rede steht, einmal abgesehen von den rein berichtenden Teilen. Das antilogische Element ist charakteristisch für die Tragödie, viel stärker als im Epos. Auch dort können die Reden antilogisch sein, etwa im ersten Buch der Ilias, aber sie sind nicht so zugespitzt, so geschliffen. ›anti‹ bedeutet ein Waage-Verhältnis. Es muß nicht notwendig ein Gegeneinander sein, sondern muß sich nur irgendwie die Waage halten. Verschiedene Standpunkte werden im Logos vertreten, unvereinbare Standpunkte. Das ist bei Sophokles ein entscheidendes Element, darin ist er der Vollender der Tragödie. Er formt dies Antilogische zu Gestalten. In der *Antigone* sind es die Gestalten der beiden Schwestern, in ihren Charakteren entwikkeln sich Grundantithesen des Lebens selbst. Aber Ähnliches gibt es auch schon bei Aischylos und noch bei Euripides. Wieder ist es so, daß die Thesen nicht zufällig gesetzte sein dürfen, sondern, nach Goethe, in einem Naturgrund wurzelnde. Oder anders: die Antilogik der Tragödie setzt eine Antinomie des Seienden voraus, Gesetzlichkeiten, die unvereinbar nebeneinander stehen und im Wesen der Dinge selbst begründet sind. Bei Euripides ist das oft nicht mehr echt, sondern nur noch thesenhaft, eristisch. Bei den beiden anderen ist es immer ein echter Gegensatz, der bei Aischylos in heteronomen göttlichen Gewalten erscheinen mag.

Von hier aus klären sich entscheidende Partien der Tragödie. Das deutsche Wort für diese Antinomie ist der Streit, der nicht notwendig Kampf ist, aber sich gelegentlich auch zum Kampf versammeln und verdichten kann. In diesem Sinne ist die Tragödie der Vorläufer der dialektischen Philosophie Platons. Der Antilogik, in der die Dinge sich darstellen, liegt eine neue Erfahrung zugrunde von ganz neuer Härte und Schärfe: die Erfahrung der in der Wirklichkeit selbst liegenden tief inneren Widersprüche. Oder mit einem Fremdwort: in der Antilogik tritt uns die Erfahrung des Amphibolischen der Realität entgegen. Dies Amphibolische finden wir auch im Bereich des Geschichtlichen, wo wir das Geschehen nicht nach einem Sinn ablaufen sehen, aber es ist auch nicht Unsinn, sondern wir treffen auf den Schein des Unsinns, der in Wahrheit eben doch nicht unsinnig ist. Man kann auch sagen, daß der Sinn so verhüllt ist, daß man nur zu ihm durchbrechen und das Geschehen transparent machen kann durch das Leiden. Das geschieht in der Tragödie. Die Griechen hatten für dies Ineinander von Sinn und Sinnlosigkeit eine feste Vorstellung in der Religion: das Daimonische, Daimon im Gegensatz zu Theós, dem bestimmten Gott, den man erkennen und in seinem Wirken klar umschreiben kann. Das Daimonische ist eine Begegnungsart mit dem Göttlichen in plötzlicher, unkontrollierbarer, ungesetzlicher, unfaßbarer Form. Diese beiden Formen des Göttlichen lassen sich schon bei Homer unterscheiden. Aristoteles faßt diesen Bereich, wo er von der Kakodaimonie des Lebens spricht. Auch diese Weise der Begegnung mit dem Göttlichen weist auf einen unauflösbaren Gegensatz. Die spätere Religion hat um das Problem gerungen und den Teufel aufgerufen, den gefallenen Engel – wobei die Frage bleibt, warum Gott ihn duldet. Die persische Religion sprach von dem Dualismus zweier Bereiche, des Lichts und der Finsternis. Überall spürt man die Macht dieses Gegensatzes im Geschehen selbst und sucht ihn zu erklären. Die Griechen haben ihn ins Göttliche selbst verlegt und den Begriff des Daimonischen dafür geprägt, neben Theós für das Höherstehende, Reinere.

Die Tragödie hat es also mit dem Daimonischen zu tun. Sie zeigt die Antinomie, in die der Mensch gestellt ist und die er im Leid austragen muß. Das Leid ist für die Tragödie unabdingbar. Nicht die Vernichtung, aber das Leid ist das Letzte, über dem nur ein gewisser Horizont des Göttlichen noch bestehen bleibt. Ich habe mir unter diesem Gesichtspunkt neulich A. Millers *Hexenjagd* angesehen, unter den modernen immerhin ein hervorragendes Werk. Es zeigt historische Vorgänge und erregt Schrecken und Jammer, aber es fehlt die Katharsis. Unschuldige Menschen gehen rein am Teufel zugrunde, es fehlt der Bestand des großen göttlichen Horizonts. So wird man nicht erleichtert, sondern zerstört. Wir sehen, wie die antiken Kategorien einen Maßstab abgeben können auch für unsere so andere Welt, ganz objektiv, ohne damit ein Urteil sprechen zu wollen über besser oder schlechter.

Wenn mit den Begriffen Streit und Leid wichtige Grundzüge des Tragischen erfaßt sind und ein echter unauflösbarer Gegensatz für die Tragödie unabdingbar ist, so können wir nun fragen, ob mit Nietzsches Begriffen Rausch und Traum Mächte gefaßt sind, die einen solchen Gegensatz hervorrufen können. Ich glaube nicht. Er hat damit psychische Zustände gefaßt, die göttlich bedingt sein mögen, aber ich meine, daß damit das Wesen des Tragischen nicht konstituiert wird und daß alles, was in seinem Buch gesagt wird, nicht die Substanz des Tragischen berührt. Auch das Wesen des Dramatischen hat er nicht getroffen; aber wunderbar getroffen hat er das Wesen des Mimetischen. Diese drei Begriffe müssen klar unterschieden werden. Das Mimetische ist ganz umfassend der magische Bereich der Maske, der Metempsychose, wie sie noch heute der Schauspieler erlebt, der Verwandlung in den Anderen. Dieser Bereich umfaßt Tragödie wie Komödie und selbst noch den Film. Darin gibt es das Dramatische als engeren Bereich, aber auch er würde noch die Komödie mit umfassen. Erst in einem noch engeren Kreis ist das Tragische zu suchen, und wir werden zu fragen haben, wie diese drei Bereiche sich gegeneinander abgrenzen.

8.

Bei unserer Frage nach den konstituierenden Kräften des Tragischen waren wir zu dem Begriff des Gegensatzes gekommen, der ein unauflösbarer und in der Wirklichkeit selbst wurzelnder sein muß; jenes *nemo contra deum nisi deus ipse*, vorgebildet schon im Homerischen Götterstreit. In der Tragödie stellt sich dar das Offenbarwerden der Wahrheit des Seins, so scharf gefaßt wie bisher in keiner anderen Kunstform. Der Mensch, der diese Wahrheit erfährt, wird hinausgeworfen aus dem scheinbar so geordneten Dasein durch die Urkräfte der Realität selbst, denen er plötzlich gegenübersteht. In diesem Sinne wird die Tragödie nicht umsonst als Vorläufer der Philosophie bezeichnet. Einfach gesagt: die Tragödie hat es zu tun mit dem Streit im umfassenden Sinne, der vom Menschen nur ausgetragen werden kann durch das Leiden.

Hier zeigt sich auch das Andersartige, das die Philosophie erreicht hat. Auch Platon geht aus von jener Antinomie der Wirklichkeit, nur daß sie bei ihm nicht in Streit und Leiden ausgetragen wird, sondern den Menschen auf den Weg der Wahrheitssuche führt, der Suche nach der Phronesis, der Einsicht, die er von sich aus nicht erringen kann, die aber doch einmal hereinbrechen kann wie ein in der Seele aufgehendes Licht. Das ist für die Tragödie ausgeschlossen. Es ist klar, daß, wenn an einer Stelle im *Ödipus* diesem die Einsicht käme, die Tragödie aus wäre. Der Chor hat diese Einsicht irgendwie, nicht völlig, aber er ist doch ein Organ des göttlichen Wissens und damit der Einsicht, auch wenn sie sich meist nur im Ahnen, Fürchten, Besorgtsein offenbart. Insofern ist auch der Chor nicht eigentlich tragisch. Er steht neben dem Geschehen, wissend, aber tatenlos. Die Täter sind blind, nicht sehend, in einer Art edler Blindheit befangen, durch die sie in etwas hineingeraten, das sie dann zu vertreten haben – durch Leiden. Weil die Philosophie zur Einsicht führt oder wenigstens zur Möglichkeit der Einsicht, und weil sie eine Welt voraussetzt, die prinzipiell in der Einsicht begründet ist, hebt sie die Tragödie auf. Nach Platon gibt es keine Tragödie mehr. Er ist sich dessen auch ganz bewußt gewesen. Nicht nur, daß er die Tragödie wegen ihrer erzieherisch unerwünschten Folgen aus seinem Staat ausweist, es gibt auch eine Stelle (*Nomoi* VII 817 B), wo er die Dichter anspricht und etwa sagt: Auch wir, die wir den Staat bauen, sind Tragödienmacher, und zwar der schönsten und besten Tragödie, denn die ganze Staatsverfassung ist die Darstellung des schönsten und besten Lebens. So sind wir eure Rivalen in der Kunst um die Darstellung der schönsten Handlung, und die vermag allein der wahre, wirkliche, offenbare Nomos zu vollenden. – Daraus wird klar, daß auch für Platon die Tragödie ein Bild des Lebens ist – aber nicht des besten Lebens. Nachdem diese Darstellung des besten Lebens durch Platon offenbar geworden und damit begründet, in die Wirklichkeit eingetreten ist, wenn auch nur als Gedanke, ist damit die Aufhebung des Tragischen vollzogen: die Philosophie tritt an die Stelle der Tragödie. Ebenso aufgehoben wird das Tragische durch das sich an Platon anschließende Christentum; denn wenn die Tragödie nicht in Platons *Politeia* paßt, so noch viel weniger in die *Civitas Dei* Augustins. Im strengen Sinne kann es keine christliche Tragödie geben; wohl in einer christlichen Welt, aber nicht den Prinzipien nach.

Stellen wir nun die Frage – soweit man sie stellen kann – nach dem Woher dieser Beschaffenheit des Tragischen. Zunächst werden wir feststellen müssen, daß es das nicht erst seit der Tragödie im Griechischen gibt. Wenn wir sagen, daß schon bei Homer die Keime des Tragischen angelegt sind, so sagen wir damit nichts Neues; schon Platon hat Homer den ersten Tragödiengestalter genannt. Die Weise der Verstrickung des Achilleus, wie der Tod des Freundes auf seinen Zorn zurückgeführt wird, der so rückwirkend ihn selbst trifft; wie dieser Zorn, der doch ein edler ist, zur Handhabe des Schicksals wird, all das zeigt, daß Platon Recht hatte. Auch Aischylos hat es so gesehen, wie aus einem wichtigen Fragment seiner nach Homer gestalteten *Achilleis* (Fr. 139 Nauck) hervorgeht. Dort läßt er seinen Achilleus ein Gleichnis sprechen. Ein Adler, von einem Pfeil tödlich getroffen, wendet sich zurück und sieht, daß die Feder am Schaft des Pfeils eine Adlerfeder ist. »Nichts Fremdes also, unsre eigene Feder ists, daran wir sterben ...« Hier ist diese Rückbezüglichkeit wunderbar ausgedrückt. Aber das Bewußtsein und die Schärfe, womit das ausgesprochen wird, ist erst möglich in der attischen Tragödie. Das konnte Homer noch nicht, insofern ist er vortragisch.

Die Frage ist nun, ob das erstmalig bei Homer in die Erscheinung getreten ist. Wir wissen es nicht, weil alles Frühere verloren ist. Aber ich möchte es glauben und habe es auch öfter ausgesprochen, daß ich das für die Tat Homers halte, die auch dazu geführt hat, daß er allein erhalten geblieben ist und über alles Vorige den Sieg davongetragen hat. Natürlich kann man nicht leugnen, daß es Keime, Ansätze dafür gegeben hat. Wir müssen, wenn wir der Tragödie nachspüren, zu noch keimhafteren Anfängen zurückgehen, die im Mythos liegen. Damit läßt sich natürlich schwer operieren, und man kann nur mit gebührender Vorsicht von diesen Dingen reden. Wir sind dabei auf Extrapolationen angewiesen, das ist notwendig, aber unsicher. Es ist schlimm, daß wir über den Mythos keine klare ältere Überlieferung haben. Betrachten wir etwa die Herakles-Gestalt bei Homer, der sie in einer Weise verwendet, aus der ich sicher annehme, daß er sich hier auf Vorgefundenes bezieht, so können wir als vorhomerisch fassen eine Form des großen Leidens, erwachsen aus dem tieferen Streit der göttlichen Realität. Kurz, ich glaube, daß die Substanz des Tragischen nicht irgendwo entstanden ist zu irgendeiner bestimmten

Zeit. So etwas ›entsteht‹ nicht, sondern ist eine Grundwirklichkeit des Menschen und der Realität, zugleich mit dem Menschen gesetzt, wo immer er sich regt und weitere Schritte macht über ein dumpfes Dasein hinaus zu dem, was ich Freiheit nenne, die ihn erst als Menschen konstituiert. Auch das wird besonders deutlich in der Ilias. Es ist ähnlich wie mit der Philosophie, von der man auch nicht sagen kann, daß sie eines Tages mit einem bestimmten Menschen begonnen hätte. Nicht Thales steht am Anfang der griechischen Philosophie, aber auch nicht Homer; vor ihm sind Ansätze dazu im Mythos, und noch früher ist die Sprache selbst das Zeugnis einer genialen, unbewußten Weise, der Wirklichkeit zu begegnen und ihr objektive Aspekte abzugewinnen. Ein drittes Beispiel wäre die Geschichtsschreibung. Sie beginnt nicht mit Hekataios oder mit Herodot, sondern tritt nur bei Herodot in ihrer Wesensform in die Erscheinung – oder auch erst bei Thukydides, je nachdem, wie man den Begriff faßt –, so wie ein unterirdischer Flußlauf irgendwo als Quelle zutage tritt.

So ist es auch mit der Tragik. Sie ist längst irgendwie da; insofern der Mensch die Welt tief genial erfährt, muß er sie tragisch erfahren. Es gibt aber verschiedene Weisen, wie das offenbar wird. Die erste große Offenbarung des Tragischen ist Homer, und das ist der Grund, warum er für uns der Anfang ist: der freie Mensch ist bei ihm zum erstenmal offenbar geworden. Aber noch nicht in seiner schärfsten, nacktesten Form; das geschieht erst in der Tragödie. Die Frage nach den Ursprüngen muß sich ändern, man muß unterscheiden zwischen dem Tragischen und der Tragödie. Das Element des Tragischen ist älter und gründender. Wir könnten also von einer zweimaligen ›Geburt‹ sprechen, und was die Tragödie selbst angeht, müssen wir nach den Bedingungen fragen, die es vermocht haben, das Element des Tragischen in dieser Form gesammelt offenbar werden zu lassen. Natürlich kann man es nicht erklären, sondern wir müssen uns bescheiden, dem Phänomen als einem historischen gegenüberzustehen, wo die Erklärung immer mit der Beschreibung zusammengehen muß. Dazu müßte man das Geschehen im Zusammenhang sehen, im Gesamtkomplex des geschichtlichen Bildes der geistigen Entwicklung des Griechentums. Das kann ich jetzt nicht tun, und es ist wohl auch nicht nötig, einige Hinweise genügen.

Am Anfang steht also für uns Homer; alles Spätere ist, wie man gesagt hat, eine große *interpretatio Homerica*, eine Entfaltung, die sich auf allen Bereichen vollzieht. Homer ist für die Griechen etwas Ähnliches geworden wie für uns die Bibel. Die bildende Kunst ist von ihm abhängig, ebenso die Dichtung. Die Lyrik wendet sich zunächst gegen ihn in der neuen Weise, wie jetzt das Ich erwacht, die neue Gegenwärtigkeit, mit der der Mensch sich selbst und der Welt gegenübersteht. Und doch hängt auch die Lyrik überall von ihm ab, und es dauert nicht lange, bis in einer zweiten Welle immer stärker Homerisches wieder aufgenommen wird. Die Lyrik ist für die weitere Entwicklung wichtig, weil sie das Subjektive hat, nur sind die Begriffe nicht sehr klar. Der Mensch ist in neuer Weise wach geworden in seinem Bewußtsein für das, was er in sich selbst und um sich herum neu wahrnimmt. So hält Sappho die feinsten Empfindungen und Affekte fest, und Archilochos entdeckt neue Aspekte des soldatischen Lebens, die vom Epos draußen gelassen waren und die er höchst realistisch in seinen Gedichten zum Ausdruck bringt. Diese neue Weise des Bewußtwerdens des in der Umgebung des Menschen und in ihm selbst Liegenden ist die Voraussetzung für die Gegenwärtigkeit, mit der die Tragödie gestaltet.

Die Tragödie selbst ist aus der Chorlyrik hervorgegangen, aus jener besonderen Form, in der der Chor die Maske trägt. Dies Phänomen war in verschiedener Hinsicht für die Tragödie bedeutungsvoll. Einmal durch die Metempsychose, von der Nietzsche spricht. Es ist nicht mehr der Rhapsode, der in würdiger Kleidung und Haltung dasteht und die Dinge vorträgt. Auch er kann von dem Vorgetragenen ergriffen sein, wir hören bei Platon, daß dem Rhapsoden Ion die Tränen in die Augen treten oder die Haare zu Berge stehen, es mag also recht lebendig gewesen sein. Und doch bleibt der Rhapsode das Organ, der Mund des Gottes und wird nicht zu dem, wovon er spricht. Jetzt, indem der Spieler die Maske nimmt, wird er selbst unmittelbar zu einem anderen. Das Element des Mimetischen ist also kein nur äußerliches Phänomen. Was die Maske bewirkt, ist, daß sie die Helden des Epos leibhaftig vor uns stellt, agieren, sich bewegen, wirken, sprechen läßt, daß das Leiden dieser Menschen unmittelbar aus ihnen selbst zu dringen scheint. Damit tritt jetzt eine ganz neue Gegenwärtigkeit auf. Ich weise darauf hin, daß diese wichtige Erscheinung der Gegenwärtigkeit von Goethe für das Hauptelement des Dramatischen erklärt wurde gegenüber dem Epos (in den Briefen über epische und dramatische Dichtung). Diese neue Weise der Gegenwärtigkeit bringt auch eine neue Weise des Erlebens mit sich.

Das wirkt sich in verschiedener Weise aus. Einmal rein äußerlich auf die Länge der Tragödie. Das Epos konnte, als ganzes vorgetragen, etwa zweieinhalb Tage dauern. Seit aber die Helden selbst auftraten, brauchte es einen engeren Zeitablauf. Die Stücke mußten sich runden, die Handlung gerafft werden, die breitere Handlung des Epos mußte neu akzentuiert werden und damit eine neue Einheit entstehen. Diese Art von Einheit gibt es erst in der Tragödie. Man wird deswegen nicht so weit gehen, zu sagen, das Epos habe überhaupt keine Einheit (auch das ist behauptet worden!). Aber die strenge Einheit, die uns magisch-unmittelbar umfängt und mitreißt, in der ein bestimmter Kurvenablauf sich vollzieht und den Zuschauer in seinen Bann zieht, diese Art von Einheit kennen wir erst in der Tragödie. Von hier ist sie wiederum auf andere literarische Gattungen übertragen worden, aber nie in diesem Maße. Das lyrische Gedicht braucht natürlich auch eine gewisse Einheit und Geschlossenheit, aber wir haben bei Sappho und selbst Pindar doch nicht ein System derartiger Kräftekurven. Wir sehen also das Auftreten einer neuen Dynamik, die sich ergibt aus dem Phänomen der Maske und der dadurch bedingten Gegenwärtigkeit und letztlich zurückgeht auf Dionysos und den Bereich des Ekstatischen.

Weiteres tritt hinzu. Wenn der Held selbst vor uns spricht und handelt, ist es so, daß das Seelische das eigentlich Menschliche ist und das Äußere nur in seiner Projektion darauf Bedeutung gewinnt. Auch der Mensch wird mit neuer Schärfe gestaltet, ein Weg, der dann über Aristoteles hinführt zum Ausbilden einer Charakter-Psychologie, wenn sie bei den Griechen auch nie bestimmte Grenzen und Gesetze überschritten hat. Noch weitere Erscheinungen wären hier anzuschließen, aber ich gebe jetzt nur die Hauptbegriffe, die dazu dienen mögen zu zeigen, was als Zuständlichkeit äußerer Art die Bedingung dafür ist, daß sich in der Tragödie das tragische Element in neuer Gesammeltheit und Schärfe, Eindringlichkeit und Dramatik auftut; daß das antilogische Element, das schon bei Homer in den Reden vorgebildet war, jetzt das tragende Element wird; daß der Streit, wie ich ihn gefaßt hatte, zur Atmosphäre wird.

Und noch ein letztes. Droysen ist es gewesen, der in einem

Aufsatz (*Phrynichos, Aischylos und die Trilogie*, 1841) unterstrichen hat, daß, wenn auch Thespis unter Peisistratos aufgetreten war, die eigentliche Organisation des tragischen Spiels erst für die Zeit der Kleisthenischen Verfassung anzusetzen ist. Es ist die Zeit der Wiederherstellung oder richtiger: der ersten wirklichen Begründung der Polis, die zwar unter Solon vorgebildet, aber nicht zum Zuge gekommen war. Diese neue Form stand im Gegensatz zu der alten patriarchalischen Ordnung und auch zu den ersten Anfängen der Polis unter gemäßigter Adelsherrschaft. Das, was wir Polis nennen – der Begriff ist ja durch Burckhardt, der ihn gründlich herausgearbeitet hat, allgemein geworden –, gab es in Wirklichkeit nur in Athen, alles andere waren Nachbildungen, nach athenischem Muster eingerichtet. Wir treten damit in eine neue Lebensform ein, die es vorher noch nicht gegeben hatte, ein Gemeinwesen, in dem all die Kräfte des Lebens, die in der älteren Zeit Raum genug hatten, sich nebeneinander zu bewegen, zu einem strengen und doch elastischen Ganzen verbunden wurden. Man kann es als eine Art Kristallisationsvorgang auffassen, bei dem die vorgebildeten Teile zusammenschießen durch das Zusammenwirken gegensätzlicher Kräfte. So sind die Grundelemente des Lebens, die vorher verstreut waren, in der attischen Polis zusammengeschlossen zu jenem dichten Lebenssystem, in dem alles, was sich an triebhaften menschlichen Kräften regte, auf seine Gegenkräfte stoßen mußte und in dem jetzt erst der Streit zu etwas so Hartem, Nacktem und Furchtbarem werden konnte. In diesem Sinne ist also auch die Polis Athen eine Voraussetzung der Tragödie; nur hier hätte sie sich bilden können.

Sie sehen, es sind sehr komplexe Erscheinungen, die wir hier heranziehen müssen und von denen ich jetzt nur die wichtigsten angedeutet habe. Die Frage nach der Entstehung der Tragödie wird also verschiedene Antworten erhalten, je nach den Aspekten der Fragenden. Man könnte noch darauf hinweisen, daß wir parallel zur Entstehung der Tragödie unter dem Aspekt einer Homer-Renaissance auch das Aufkommen der großen Plastik in Hellas beobachten. All das deutet auf eine große Lebensbewegung von unerhörter Notwendigkeit, mit der sich im Griechischen die Grundform, sich mit der Welt und dem Leben auseinanderzusetzen, menschlich ›wahr‹ zu sein, immer mehr herausbildet und ihre eigene Wesensform gewinnt. Das Problem, das wir hier behandelt haben, gehört nicht zu denen, die ein für allemal

›gelöst‹ werden können, sondern es muß in immer neuen Ansätzen und Versuchen angegangen und – vielleicht – gefördert werden. Was ich jetzt entwickelt habe, ist das, was ich zu dieser Zeit darüber zu sagen habe, aber es ist wohl auch für mich noch nicht zu Ende.

1 Aischylos

1.

Nach der Einleitung über Wesen und Entstehung der Tragödie kommen wir nun zu der Geschichte der älteren Tragödie im engeren Sinne. Es ist schade, daß wir so wenig darüber wissen. Der Dichter, der auf Thespis folgt, ist Choirilos, von dem wir nur wissen, daß er einmal (499/496) mit Aischylos in Wettstreit getreten ist. Als Titel kennen wir bei ihm eine *Alópe*. Als dritter folgt dann Phrynichos, der ein sehr bedeutender Dichter gewesen sein muß. Er hat die schon erwähnte *Eroberung von Milet* aufgeführt, durch die das ganze Volk zu Tränen gerührt wurde, was dem Dichter eine Geldstrafe eintrug: es gehörte sich nicht, das Volk so aufzuregen. Weiter kennen wir dem Namen nach von ihm einige Stücke mit Themen, die auch Aischylos behandelt hat: *Danaïden*, *Perser* und/oder *Phoinissen*, benannt nach einem Chor phoinikischer Frauen. Auch der Alkestis-Stoff ist für ihn bezeugt und eine Tragödie über die Meleager-Sage, die wir aus Homers Ilias kennen: die bekannte Geschichte, wie die Mutter ein Holzscheit hütet, an dem das Leben ihres Sohnes hängt und das sie später, als er in der Schlacht ihre Brüder getötet hat, dann selbst verbrennt. Es ist ein weit verbreitetes Sagen- und Märchenmotiv, daß das Leben eines Menschen mit einem Ding oder auch einem Tier verbunden ist, durch dessen Vernichtung er zugrunde geht. – Auch sonst kennen wir noch einige Titel. Dieser Phrynichos hat einen großen Ruf gehabt; Aristophanes, der ihn sehr lobt, müßte ihn noch gekannt haben. – Über Pratinas hatten wir schon gesprochen, den Mann, der das Satyrspiel wieder eingeführt hatte. Neben Satyrspielen soll er auch Tragödien gedichtet haben.

Hier könnte man fragen, ob schon am Anfang der Tragödie die Trilogie stand. Aischylos hat sie in großer Form, Sophokles nicht, was tief mit seiner Auffassung vom Menschen und vom Schicksal zusammenhängt. Bei Aischylos sind es große Zeitläufte, Schicksale von Familien und Geschlechtern. Auch das ist nicht nur äußere Form, sondern hängt zusammen mit seiner Auffassung des Geschehens. Die Frage ist aber, ob die Form etwas Altes ist, in das Aischylos hineinwächst, oder ob sie vielleicht erst bei ihm aufgekommen ist. Dafür könnte sprechen, daß *Die Perser*, das älteste Stück, das wir von ihm haben, keine Trilogie war, sondern ein Einzelstück neben zwei anderen. Man wird es nicht sicher entscheiden können. Aber wenn man bedenkt, wie stark der trilogische Verband mit der speziell aischyleischen Auffassung eines Geschehens zusammenhängt, das Generationen überspannt, so möchte ich nicht glauben, daß das schon dagewesen ist, sondern daß es bei Aischylos eben durch seine Weltsicht erst heraufgeführt wurde (das ist auch die Meinung von Lesky, [3]282). Darum ist verständlich, daß sich bei Sophokles und seiner Art, alles um einen einzelnen Helden zu konzentrieren, auch die trilogische Form nicht mehr findet. Sie hatte sich erschöpft, die Individualisierung und Dramatisierung und damit die Konzentration des Geschehens ist so weit fortgeschritten, daß dieser Verband gesprengt wird. Wie gesagt, das kann man nicht beweisen und kann nur den Zusammenhang aufzeigen zwischen dieser Konzeption und der Weltsicht des Aischylos. Es ist eine reife, ernste, umfassende Weltsicht, eine Art religiöser Philosophie, in der diese Form konzipiert wird, und man kann sie nicht als abstrakte Form davon lösen. – Soviel über das, was zwischen den behandelten Anfängen der Tragödie und Aischylos liegt.

Damit kommen wir nun zu Aischylos selbst. Er wurde um 525 in Eleusis geboren. Ganz sicher weiß man bei antiken Menschen das Geburtsdatum nie, es gab ja noch keine Aufzeichnungen darüber. Der Mensch wurde nicht auf seine Geburt fixiert, sondern auf das, was er geleistet hatte, auf die Hauptleistung, *akmé*. Die setzte man auf das vierzigste Jahr an und rechnete für die Geburt einfach von da aus zurück. Das Todesdatum ist meist sicherer, bei einem bedeutenden Menschen merkt man sich das. Als weitere Datierungshilfe kommt hinzu, daß bei den Tragikern ihre Stücke als kultisch-staatliche Aufführungen festgehalten wurden in den Didaskalien, Aufführungslisten, die später von Aristoteles gesammelt wurden und die Grundlage für unsere Chronologie bilden. Da hören wir, daß Aischylos schon 499/96 zusammen mit Pratinas und Choirilos aufgetreten ist. Sein erster Sieg wird auf 484 datiert. Das früheste erhaltene Stück sind die *Perser* von 472. Dann ging er um 470 nach Sizilien, wo die *Perser* wiederaufgeführt wurden. Auch Pindar ist um dieselbe Zeit dort gewesen und hat das Gründungslied auf Hierons neue Stadt Aitnai gedichtet. 468 ist ein interessantes Datum: das erste Auftreten des Sophokles, wobei Aischylos dem jungen Dichter unterlag. 467 folgte die Aufführung der thebanischen Trilogie des Aischylos, von der wir das letzte Stück, die *Sieben gegen Theben*, haben. Ebenso sicher datiert ist die *Orestie* auf 458, und darauf folgte schon 456 der

Tod des Dichters, der also nicht so alt geworden ist wie die beiden anderen Tragiker, sondern nur etwa sechzig Jahre. Er starb in Gela auf Sizilien, von wo eine Grabschrift überliefert ist, die ihn bezeichnenderweise nicht als Dichter, sondern als Marathonkämpfer feierte.

Unsicher ist die Datierung der beiden übrigen erhaltenen Stücke. Die *Hiketiden* hat man lange für früh gehalten; jetzt hat sich durch einen Papyrusfund gezeigt, daß sie vielmehr sehr spät sein müssen, nach 468. Auch beim *Prometheus* ist die Datierung unsicher, und selbst die Echtheit wird heute noch von manchen bezweifelt. Ich möchte betonen, daß das für mich kein Problem ist, man müßte sonst geradezu einen zweiten Dichter wie Aischylos erfinden, und die Überlieferung schreibt es ihm auch eindeutig zu. Richtig ist, daß das Stück gegenüber den anderen Singularitäten aufweist, die man im einzelnen betrachten müßte. Was in der Naturwissenschaft das Messen ist, ist in der Philologie die Observation, und diese führt zu dem unausweichlichen Ergebnis, daß der *Prometheus* sprachliche wie metrische Singularitäten aufweist, ja man kann das noch steigern und sagen: der *Prometheus* als ganzer *ist* im Werk des Aischylos eine Singularität. Aber wenn darauf jetzt der Sprung folgt, daß man ihn darum für unecht erklärt, kann ich das nicht mehr mitmachen. Der Wert des Stücks ist ein so hoher, und andererseits haben wir mit den sechs weiteren erhaltenen Stücken so wenig Vergleichsmöglichkeiten, daß wir nicht mit Sicherheit sagen können, ob nicht auch diese Singularitäten sich einfügen würden in den Horizont der Aischyleischen Schaffensweise. Übrigens gibt es ein Stück bei Aischylos, das dem *Prometheus* recht ähnlich ist: die *Niobe*, von der ein Papyrus gefunden wurde und die man sehr schön rekonstruieren kann. Für jetzt nur soviel: es ist ein Gegenstück zum *Prometheus* dadurch, daß eine Person lange an einer Stelle gefesselt bleibt, Prometheus konkret an den Felsen, Niobe durch den Schmerz an das Grab ihrer Kinder. Die Handlung geht dann so, daß zu der unbeweglichen Gestalt im Zentrum immer wieder andere herantreten und sie zu etwas zu bewegen suchen. Das ist doch schon eine recht überzeugende Parallele. Weiter könnte man zeigen, daß der *Prometheus* überall Vorverweise enthält auf die beiden folgenden Stücke der Trilogie und daß manches zunächst Befremdende unter diesem Aspekt zu verstehen ist. So ist etwa die Zeusgestalt keine andere als sonst bei Aischylos, wie man gemeint hat, sondern es ist eben der junge Herrscher, der gerade erst zur Macht gekommen ist und dann zwar keine innere Entwicklung durchmacht, wohl aber mit der gewandelten Situation sich auch anders verhält. Es ist ein Vorgang, den man oft in der Politik beobachten kann. Wenn einer die Macht ergreift, zumal mit Gewalt, muß er zunächst mit allen Mitteln versuchen, sich durchzusetzen. Sitzt er einmal fest im Sattel, kann er dann großzügig sein. Das berühmteste Beispiel dafür ist Augustus. Es ist keine psychologische Entwicklung, sondern ein Wandel der Situation, in der er steht. So ist auch Zeus, als er seine Herrschaft ergreift, anders als später, nachdem er diese Herrschaft konstituiert hat, und diese Bewegung der Situation ist es, die die Trilogie schildert.

Damit habe ich vorgegriffen, aber mir lag daran, das Problem schon in den Blick zu bringen. Auch für die Datierung können wir etwas daraus entnehmen. Wenn wir ein Geschehen haben, das schließlich zu einer Konstitution der Zeusherrschaft führt, ein religiöses Weltgeschehen, hingezogen über Tausende von Jahren, in dem es auch um das Schicksal der Menschheit geht, so ist wohl klar, daß das kein frühes Stück sein kann, sondern in die Nähe der Orestie gehört. Was die sprachlichen Besonderheiten angeht, so hat schon Droysen eine sehr schöne Lösung gefunden, wenn er meint, daß das Stück wohl in Sizilien aufgeführt worden sei. Auch die Erwähnung des großen Ätnaausbruchs spricht dafür, den auch Pindar in seinem Festlied beschreibt. Der Ausbruch war damals noch frisch in der Erinnerung. Und da die metrischen und sprachlichen Singularitäten meist gegenüber den anderen Stücken eine Vereinfachung bedeuten, so erklärt sich das leicht durch die äußeren Möglichkeiten der Aufführung in Sizilien. Es ist ganz falsch zu meinen, daß sich ein Künstler um solche Dinge nicht kümmere. Selbst Mozart sagt einmal in einem Brief, daß etwas ›Effekt gemacht hätte‹. Aischylos hatte in Athen einen geübten Bürgerchor, der seit langem eine feste Einrichtung war und mit dem er auch die schwierigsten Chorlieder einüben konnte. Das hatte er in Sizilien nicht, und er konnte den Chor ja nicht mitnehmen, wie wir das heute könnten. Da wird er es ebenso gemacht haben wie Carl Orff, der einmal eine Kantate zu einem Sängerfest komponieren sollte und sagte, er habe sie recht einfach gemacht, damit die dreitausend Mann dabei zusammenbleiben könnten. Man kann auch vom Inhaltlichen ausgehen und fragen, was Hieron wohl daran besonders interessiert haben könnte. Wenn die

Perser dort wiederholt wurden, so wohl darum, weil der Kampf gegen die Perser ein Gegenstück war zu dem gleichzeitigen Kampf Gelons gegen die Karthager und kurz darauf Hierons gegen die Etrusker. Beim *Prometheus* wäre es möglich, daß diese Trilogie, die einen jungen, gewalttätigen Herrscher schildert, der dann milder wird, aus gewissen Hintergedanken heraus entstanden ist. Das würde sehr gut passen zu einem Mann, der von Athen kam und bestimmt nicht tyrannenfreundlich war. Auch bei der *Orestie* könnte man darauf hinweisen, daß diese Konstituierung des Areopags gerade in einer Zeit aufgeführt wurde, als der Areopag in seiner Macht stark beschränkt worden war. Man kann sich vorstellen, daß die neu heraufgekommene Welt Aischylos nicht sehr gefallen hat, und es mag nicht zufällig sein, daß er noch einmal nach Sizilien gegangen und dort gestorben ist.

Wir kommen nun zu dem ältesten erhaltenen Stück des Aischylos, den *Persern* aus dem Jahr 472. Dabei wollen wir uns zunächst mit dem Gang der Handlung vertraut machen und sodann nach der Morphologie des Stückes fragen und seinem Verhältnis zu der hypothetisch angesetzten Urtragödie.

Das Datum ist bezeugt in der Hypothese, der Vorrede des Stücks, die gut überliefert ist und auf sichere Quellen zurückgeht. Dort heißt es auch, das Stück sei nach den *Phoinissen* des Phrynichos gedichtet, von denen wir wissen, daß sie 476 aufgeführt wurden. Also nicht Aischylos ist der erste gewesen, der die Niederlage des Xerxes dargestellt hatte, sondern Phrynichos. Dieser hatte auch die schon erwähnte *Eroberung von Milet* geschrieben, ebenfalls ein historisches Thema; es lag also auf einer Linie, die er bereits beschritten hatte. Es wäre schön, wenn wir sein Stück hätten und die *Perser* damit vergleichen könnten. Aber es ist wohl später nicht mehr gelesen worden, und davon hängt ja die Überlieferung ab. Wir wissen nur, daß am Anfang ein Eunuch aufgetreten ist und die Stühle zurechtgerückt hat für eine Versammlung der ›Beisitzer der Herrschaft‹. Den Chor aber können diese Ratsmänner nicht gebildet haben, wenn das Stück nach dem Chor benannt war; es müssen Phoinikische Frauen gewesen sein, wohl Kriegsgefangene. Mit dem Eunuchen haben wir zum erstenmal eine Prologfigur, eine Domestikenrolle, wie man das später nennt, die dann in der Weltliteratur so vielfach weitergewirkt hat bis zur französischen Komödie und Hofmannsthal, auch gerade im Prolog (bei Aischylos gibt es eine ähnliche Figur: den Wächter im *Agamemnon*). Dieser Eunuch habe bereits von der Schlacht bei Salamis gesprochen. Das bedeutet, daß die Niederlage des Xerxes von Anfang an bekannt war, anders als bei Aischylos. Allerdings wird es keine breite Schilderung gewesen sein, sondern wohl eher eine kurze Mitteilung, so daß die Niederlage auch bei Phrynichos erst später zum vollen Bild geworden ist. Nach dieser Einleitung müssen die vorbereiteten Stühle auch in Funktion getreten sein, das heißt, man muß sich darauf gesetzt und beraten haben. Soviel läßt sich noch herauspressen, aber schon das Weitere, wie dann der Chor der Phoinissen hereingekommen ist, läßt sich nicht mehr entnehmen.

Bei Aischylos ist es der Chor der Würdenträger, der ›Bürgen‹, wie ich übersetzt habe. *pistoí* heißt nicht ›die Getreuen‹, sondern auch der treue Freund ist für die Griechen eben der verläßliche Freund. Diese ziehen also herein, stellen sich auf, singen das erste Stasimon und setzen sich dann auf den ›alten Bau‹, das Grabmal des Dareios, um zu beraten, wie es um das Heer stehen mag. Dann kommt die Königin, wird angeredet, und von einer Beratung ist keine Rede mehr, das Motiv ist völlig vergessen. Man sieht auch gar nicht, was für ein Rat das denn hätte werden sollen, man weiß ja noch nichts, erst muß der Bote kommen. Dies weist darauf hin, daß das Motiv ein Überbleibsel aus Phrynichos ist, fast wie ein Organ im Körper, das seine Funktion verloren hat; man würde es nicht vermissen, wenn es fehlte. Hinzu kommt noch eine Einzelheit, auf die man aber achten muß. Man befindet sich am Grabmal des Dareios, aus dem der Tote nachher beschworen werden soll. Wir kennen das Grab des Dareios, es liegt ziemlich weit ab von Susa, nicht nahe bei der Stadt und dem Palast, wie man aus den *Persern* vermuten würde. Darüber scheint Aischylos keine klare Vorstellung gehabt zu haben. Nun kann man sich zwar auf einen solchen Bau auch setzen, aber es ist doch nichts Gewöhnliches, daß man sich zur Beratung auf ein Grab setzt. Auch das Motiv ist also etwas merkwürdig im Vergleich mit der Situation bei Phrynichos.

Die äußere Handlung der *Perser* ist gering. Man befindet sich also in der Nähe der Hauptstadt Susa, und der Chor der Würdenträger tritt auf, in Sorge um das fortgezogene Heer und den König. Die Sorge wird verstärkt durch den Auftritt der Königinmutter und ihre Traumerzählung. Dann kommt ein Bote und berichtet die Niederlage des Xerxes bei Salamis, ein riesiges Stück, eigentlich ein großer zusammenhängender Bericht; aber da es ein Drama ist, wird dieser Bericht durchbrochen und gegliedert durch Zwischenreden, Fragen und Ausrufe. Nachdem sich so das Unheil immer mehr entfaltet hat, kommt die Klage, das zweite Stasimon, das genau im Zentrum steht und das Ganze in zwei Hauptteile gliedert. Hier an dieser bedeutsamen Stelle stehen die Worte, die das Kernstück der Tragödie bilden:

Denn die Völker der asischen Erde
lassen sich nicht mehr lange
nach Persischer Satzung regieren ...
noch fallen sie nieder zur Erde,
um sich befehlen zu lassen.
Denn wahrlich, die königliche, sie ist
ganz vernichtet, die Kraft!
Und nicht mehr in Gewahrsam
liegt die Zunge den Sterblichen.
Denn losgebunden ist das Volk,
um frei zu reden,
da gelöst ist das Joch der Macht.

Damit ist das Grundprinzip des griechischen Wesens ausgesprochen: das Prinzip der freien Rede. Mit diesen Worten genau im Zentrum des Stückes ist ein großer Einschnitt erreicht. Im zweiten Teil wieder ein Auftritt der Königin, die nun den toten Dareios beschwört. Er steigt auf aus dem Grab, erfährt, was geschehen ist, und weissagt die kommende Niederlage von Plataiai (der Spieler des Boten übernimmt dabei den Dareios). Was die Szene leistet, ist eine Enthüllung der Vergangenheit über die letzten Ereignisse hinaus wie auch der Zukunft und zugleich eine Art Bewertung der Tat des Xerxes. Es eröffnet sich ein riesiger Horizont, in dem Vergangenheit und Zukunft zusammentreffen in einer einzigen zeitlosen Gegenwart des Geschehens. So ist es sinnvoll, daß im dritten Stasimon der Chor einen Rückblick gibt auf die glücklichen Zeiten unter Dareios. Wieder ein scharfer Einschnitt, und dann die Exodos, in der als vierte Person Xerxes selbst erscheint. Man kann nicht sagen, wer ihn spielt, aber ich denke, es wird derselbe gewesen sein, der die Atossa dargestellt hat. Die Schauspieler wurden ja nach ihrer Stimme gern vom Dichter als Instrument betrachtet, verwandte Rollen darzustellen; der menschlich substantielle Träger wirkt irgendwie in die Rolle hinein, und demnach ist es klar, daß Atossa jetzt zu Xerxes geworden ist. Es ist eine richtige Exodos, in der man unter gewaltigen Klagen von der Bühne geht: nicht nur ein Klagelied, sondern ein in mannigfaltigen Formen durchgeführtes Klagegeschehen. Wir wissen wenig, wie die Chöre aufgeteilt waren, ob in Gruppen oder einzeln. Ich glaube, daß es eine sehr lebendige Bewegung gewesen sein muß.Wir können uns den soweit betrachteten Gang der Handlung an einem Schema verdeutlichen (s. Schema 3).

Wenn wir uns dieses Gebilde ansehen und mit der Grundform vergleichen, so können wir das Neue (schwarzweiße Linie) klar von dem Älteren abheben (dicke schwarze Linie). Alt ist die Parodos, der Einzug des Chors, und das erste Standlied. Interessant ist, daß der für die Urtragödie erschlossene Prolog fehlt, was nicht heißt, daß er noch nicht entwickelt wäre, sondern daß der Dichter auch Dinge fortlassen und auf Älteres zurückgreifen kann, wenn er will. Eine neue Form kann, aber sie muß nicht angewendet werden. Der Chor kommt also und stellt sich vor, und dabei mischt sich in das Faktische von vornherein ein Element der inneren Exposition, man kann auch sagen: der Stimmung. Hier ist es die Sorge um das Heer, die auch einen bestimmten Grund hat, nämlich die Jugend des Königs. Alt ist weiter der Botenbericht und das Wechselgespräch mit dem Chor. Und drittens – wenn man von der Verdoppelung des Epeisodion einmal absieht – ist alt die Exodos, allerdings riesengroß geworden und durch den Schauspieler getragen. Das Neue in diesen morphologisch alten Partien ergibt sich aus der Tatsache der Einzelpersonen und ihrer Schicksale, die die Form mit dem individuellen Gehalt erfüllen.

Die Erweiterung der Grundform besteht nun darin, daß vorn zwischen dem Chorlied und dem Auftritt des Boten die Atossa-Szene eingeschoben ist, über deren Funktion wir noch sprechen werden, und daß wir in einem zweiten Epeisodion gleichsam einen zweiten Botenbericht haben, das Erscheinen des toten Königs Dareios, der, wie der Bote im ersten Teil, ebenfalls eine Schlacht schildert. Beides tritt zusammen und ergibt das vollständige Bild vom Untergang der Perser. Der zweite Bericht ist kürzer und hat nicht so viele Einzelheiten, war auch wohl für die Athener nicht so interessant, weil bei Plataiai vor allem die Spartaner beteiligt waren.

3. Die Perser 472 v. Chr.

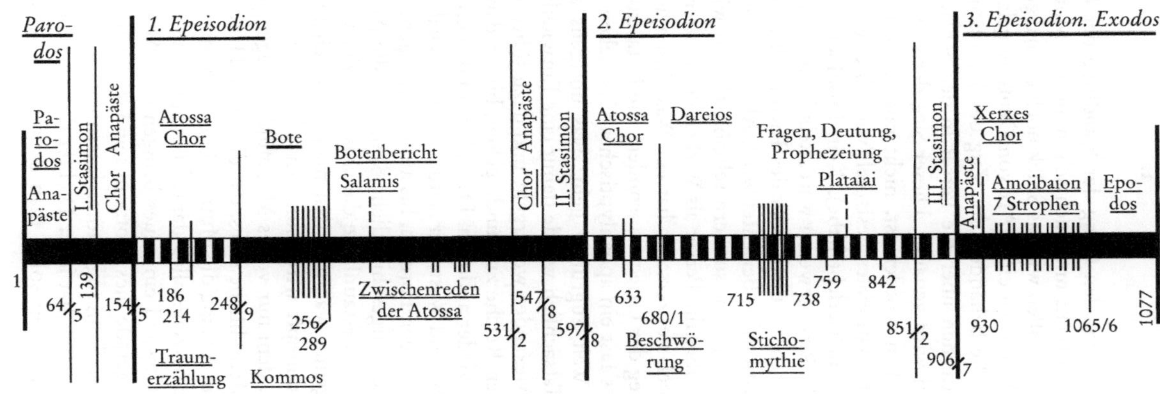

2.

Nachdem wir uns den Gang der Handlung der *Perser* an einem Schema verdeutlicht und auch schon auf die Morphologie abgehoben hatten, wollen wir das Stück noch einmal genauer betrachten und vielleicht zu einer Art von Deutung gelangen.

Die Tragödie behandelt den Zug des Xerxes und den großen Sieg der Griechen über die Perser in der Schlacht bei Salamis; auch Plataiai wird genannt. Dieser Sieg der Griechen wird aber, wie oft gesehen worden ist, nicht mit nationalem Hochgefühl behandelt, als nationales Festspiel (wie ich es einmal selbst unter dem Kaiser noch erlebt habe). Kein Frohlocken über den Sieg, wie das ja denkbar gewesen wäre, kein Name wird bei den Griechen genannt, nicht einmal der des Themistokles, obgleich dessen Leistung ausführlich berichtet wird. Alles wird weder persönlich noch national gefaßt, sondern religiös, ebenso wie bei Herodot, wo der Sieg über die Perser als Wirken der Götter gedeutet wird, deren Tempel sie zerstört hatten. Was Aischylos darstellt, ist nicht der Sieg der Griechen, sondern die Katastrophe der Perser. Man kann es fast ein apokalyptisches Geschehen nennen, wie da eine ganze Welt zugrunde geht; was übrigens auch historisch richtig ist. Tatsächlich wurde damit eine Entwicklung eingeleitet, die bis zu Alexander weitergeht und dazu führt, daß die großen orientalischen Reiche zugrunde gehen, bis sie dann später in anderer Form wieder aufleben. Das führt auf den großen Gegensatz zwischen Ost und West, der seitdem immer wieder aufgebrochen ist, in immer neuen Formen, bis auf unsere eigene Zeit. Es ist also wirklich eine weltgeschichtliche Situation, die Aischylos hier gepackt hat. Das Erstaunliche dabei ist, wie der Gegner, der doch gefährlich genug war und den man auch gehaßt hat, in keiner Weise verunglimpft wird, sondern wir erleben seine Niederlage als ein Leid, dem nur volles Mitgefühl entgegengebracht werden kann. Das Menschliche ist es, das die ganze Handlung trägt, etwa wie schon am Anfang die Mutter über den Sohn spricht, oder wie in der Dareiosszene alles darauf hinläuft, daß sie ihm für sein zerrissenes Gewand ein neues bringen soll. Wenn eine moderne Bearbeitung gerade dies Motiv in sein Gegenteil verkehrt, so daß die Mutter den Sohn sogar töten lassen will, ist das für mich völlig unmöglich. Gewiß hat jeder Dichter das Recht, den Stoff umzugestalten, aber dann sollte man es im eigenen Namen tun und nicht den Namen des Aischylos mit Dingen belasten, die seiner ganzen Art geradezu entgegengesetzt sind. – Soviel zur Gesamtdeutung.

Morphologisch sahen wir, wie das hypothetische Schema der Urtragödie von Aischylos in höchst sparsamer, aber auch höchst geistreicher Weise erweitert wird. Wesentlich ist dabei die Einführung des zweiten Schauspielers. Schon in der Urtragödie konnte es mehrere Rollen geben, aber der Sprecher hatte noch keinen neben sich, mit dem er sprechen konnte. Indem das nun aufkommt, ist die Grundlage für die Entwicklung echter Dramatik gelegt. Spannungen können entstehen auf der Bühne zwischen zwei Beteiligten, wie es der Chor in diesem Sinne nicht ist. Auch er hat seine Rolle, aber die eigentlich Betroffenen sind die beiden Sprecher. Das Gespräch wird jetzt zum wirklichen Dialog. So zwischen Atossa und dem Boten im ersten Teil und wieder zwischen Atossa und Dareios, während am Schluß Xerxes in alter Weise nur dem Chor gegenübersteht in der kultischen Form des Threnos, der Klage. Wie das im einzelnen gemacht ist, wollen wir nun als nächstes betrachten.

Nach der Selbstvorstellung des Chors und ersten Äußerungen der Sorge – das Herz wird ihnen bewegt als »ein schlimmer Seher« – folgt gleich in der Parabase eine große ›Truppenschau‹, wie sie sich in der Dichtung, wie auch in der historischen Wirklichkeit, oft am Anfang großer Ereignisse findet. Man denke an den Schiffskatalog der Ilias und die sogenannte zweite Truppenschau Agamemnons, wo nach der Exposition der reinen Mengen die Vorstellung der einzelnen Helden erfolgt, entsprechend dem Brauch dieser heroischen Welt. Ähnlich bei Herodot am Anfang des Xerxesunternehmens, herrlich ausgeführt, wie der König beim Anblick all dieser Menschen erst frohlockt und dann in Tränen ausbricht bei dem Gedanken, wie sie alle bald tot sein würden. Auch in der späteren Historiographie taucht das Motiv immer wieder auf. Seine Funktion ist, das kämpferische Geschehen durch die Menge der Beteiligten zu konkretisieren. So auch hier die Aufzählung mit der Fülle von Namen. Man hat versucht, diese Namen auf bekannte persische Namen zurückzuführen und echte von erfundenen zu unterscheiden. Bei einigen geht es, bei anderen nicht, wie das auch zu erwarten ist in dieser Zeit und Welt. Die Griechen hatten persische Namen gekannt und andere danach gebildet, und vieles uns Unbekannte mag trotzdem echt sein. Jedenfalls sind diese Namen großartige Gebilde. Bei Aischylos findet sich noch so etwas wie eine Magie der Namen. Er lebt in einer Welt, die noch durchwirkt ist von magisch-dämonischen Kräften und Gewalten; auch die Totenbeschwörung im zweiten Teil ist durchaus ernst zu nehmen. Bei Sophokles ist das alles wie weggeblasen. Man könnte auch vom Ästhetischen ausgehen und sagen, diese Namen verschlingen sich wie Arabesken und bilden gleichsam ein Gewebe. Ebenso noch einmal in der Botenrede und wieder in der Exodos, als der Chor nach ihnen fragt und diese ganze Gruppe zum drittenmal zusammentritt. Dabei ist es ganz bewußt so gemacht, daß sie beim erstenmal in Anapästen erscheinen, dann in iambischen Trimetern und schließlich in lyrischen Formen. Wir wissen, daß es bei Aischylos auch eine Magie des Dinges gibt, das Requisit ist bei ihm von höchster Bedeutung, während auch das später zurücktritt. Ein dritter Bereich des Magischen ist für ihn merkwürdigerweise das Geographische, auch das nimmt bei ihm breiten Raum ein. Als der Rückzug des Heeres geschildert wird, entfaltet sich das ganze nördliche Griechenland, und ähnlich bei dem Weg der Io nach Ägypten im *Prometheus.* Wir werden dieser Form vielleicht nicht so große Begeisterung entgegenbringen, und doch ist es sehr wirksam bei ihm, auch auf dem Theater. Diese Aufzählungen gehören in den Bereich der sogenannten Katalogdichtung, die man im neunzehnten Jahrhundert als undichterisch abgewertet hat, während sie doch in allen literarischen Frühformen zu finden ist: bei Homer, im Alten Testament wie auch im Germanischen, und sie kann dichterisch höchst wirksam sein. Ebenso hier bei Aischylos. Man muß die Dinge nur einmal laut lesen, um zu sehen, wie schön das ist. Was dabei geleistet wird, ist neben der faktischen Exposition die mächtige Vorstellung des Gewaltigen dieses Heeres. Mag auch die Form der Aufzählung alt sein, so sieht man doch überall, wie kunstvoll hier alles durchformt ist, architektonisch aufgebaut im Sinne immer größerer Steigerung, Entfaltung der Dynamik.

Es folgt das Standlied, das inhaltlich noch einmal dasselbe bringt. Es ist durchaus üblich auch noch in der späteren Tragödie, daß dieselbe Sache in einem anderen Formbereich wiederholt wird, auf einer neuen Terrainstufe, wo sie wieder andere Bedeutung gewinnt. Die Sprache wird hier schwieriger, gleichsam vergittert, und gewinnt einen neuen Kunstcharakter mit dem formalen Anspruch. Im Deutschen läßt sich das meist nicht wiedergeben in seinen Verschränkungen und kühnen Sperrungen. Auch das Sprachliche ist hier in seiner Form dem Magischen nahestehend. Als Aussage kommt hinzu, daß von einer alten göttlichen Bestimmung gesprochen wird, die den Persern die Herrschaft über den Kontinent zugewiesen hat. Wenn sie nun versuchen, auch über das Meer hin Krieg zu führen, wird das als Hybris, Übergriff gedeutet. Aus dieser religiösen Deutung – die natürlich eine Deutung des Aischylos ist – erklärt sich die Sorge, die Befürchtungen, die Stimmung des Düsteren, die sich immer stärker erhebt und die ganze letzte Strophe einnimmt.

Nach der alten Form würde man erwarten, daß nun ein Bote kommt. Statt dessen kommt zuerst die Königinmutter, die nichts eigentlich Neues meldet, sondern durch ihren Bericht über den bösen Traum und das Vogelzeichen nur die Stimmung der Sorge verstärkt. Wenn wir das Geschehen der Tragödie nach dem Wort des Aristoteles als einen Weg aus dem Nichtwissen, der Agnoia, zum Wissen betrachten, so haben wir am Anfang das völlige Nichtwissen. Der Bote bringt dann das Wissen, das vertieft und erweitert wird durch die Weissagung des Dareios und konkretisiert im Auftritt des Xerxes, in dem das Leid, von dem der Bote berichtet hatte, sichtbar vor uns Gestalt annimmt. Durch die Erweiterung vorn hat der Dichter es nun so gemacht, daß im Nichtwissen selbst noch eine Steigerung erreicht wird, indem sich die zuerst allgemeine Sorge des Chors durch Traum und Vogelzeichen verdichtet und verstärkt. Das einfache Geschehen wird so durch eine weitere Stufe bereichert und weiter gegliedert. Ob und wieweit er das bewußt getan hat, danach sollte man nicht fragen. Ein antikes Wort sagt, Aischylos habe seine Stücke ›im Rausch‹ geschrieben, und Sophokles, der sehr bewußt war in seiner Kunst, soll über ihn gesagt haben, er hätte das Richtige getan, aber ohne es zu wissen. Wie dem auch sei, Aischylos brauchte hier diese bestimmte Steigerung und hat darum die Erweiterung eingebaut.

Aber die Erweiterung hat noch eine andere Funktion. Nachdem der Chor die Königin beruhigt hat und sie sich schon zum Gehen wendet, kommt noch, wie eine Art Anhang, ein ganz neues Element: die Frage der Königin nach Athen. Der Dichter wollte also noch auf eine andere Exposition hinaus, bei der Athen schon im Hintergrund sichtbar wird. In diesem Teil haben wir übrigens nach der iambischen Traumerzählung wieder trochäische Tetrameter, ein irgendwie breiteres Maß. Was sich in diesem Wechselgespräch gegenübersteht, sind dieselben Vorstellungen, die auch Herodot bringt, an denen der innere Gegensatz der Kulturen und des gesamten Ethos sichtbar wird: Männerfülle, Reichtum und Befehlsgewalt auf Seiten der Perser, und demgegenüber das kleine Griechenland mit seinen bescheidenen Mitteln und seiner Idee der Freiheit. Die Dinge scheinen damals viel besprochen worden zu sein. Diese Exposition Athens, seines inneren Menschentums und all dessen, worauf man damals so stolz war, der Gedanke eines demokratischen Freistaats – all das tritt in diesem kurzen Wechselgespräch der gewaltigen Machtentfaltung gegenüber, die so breit dargestellt war. Ich glaube, daß diese Dinge auch historisch echt sind. Wir wissen, da war ein mächtiges Heer, eine ungeheure Übermacht, und all das wird aufgehalten bei den Thermopylen, bei Salamis, Artemision. Man muß sich einmal klarmachen, wie die Dinge historisch lagen. Was war das doch im Grunde für eine schöne Zeit, bevor die Griechen kamen! Es gab die großen Reiche, die einander abwechselten, aber es folgte doch immer wieder das gleiche: die Flüsse steigen und sinken, es gibt gute und schlechte Ernten, der König lebt fern von allen wie ein halber Gott, man hat herrliche Bauten – gewiß, auch damals wurde gemordet und gefoltert, aber im ganzen war es doch eine irgendwie behäbige Welt, in der man in den großen Weltbezügen sein ruhiges Dasein lebte. Und in diese Welt hinein kommen fast wie Ratten diese Griechen und bringen mit neuartigen und höchst bedenklichen Ideen die Unruhe in die Welt. Und es ist wirklich so, daß diese Unruhe seitdem nicht mehr aufgehört hat, wenn es auch gelegentlich einmal etwas stiller wird. Was die Griechen gebracht haben, sind gleichsam neue Waffen, gegen die die anderen Völker hilflos sind: der Logos, um es mit einem Wort zu sagen, dies neue Verhältnis des Denkens zur Welt, das darin besteht, daß der Mensch die Fähigkeit hat, eine Sache wahrzunehmen, wie sie ist, nicht gebrochen durch mythische Vorstellungen. Es gibt nun nicht mehr nur umfassende Sternbeobachtungen und einzelne Spekulationen, es gibt die Astronomie, die Mathematik; die Zahl selbst wird interessant. Und so auf allen Gebieten, im Staat, in der Gesellschaft, der Wirtschaft, der Ethik, überall kommt die Sache in den Blick, das *Es Selbst*, wie Platon es nennt, und das prinzipielle Denken kann die Elemente ins Auge fassen und zu den Archai, den Ursprüngen vordringen, wie das im sechsten Jahrhundert beginnt und wodurch sich das Verhältnis des Menschen zur Realität völlig verändert. Es ist eine ganz neue Weise der Weltbewältigung, die sich von der, wie sie seit der Steinzeit unternommen und geleistet wurde, grundlegend unterscheidet. Unsere ganze neuartige Technik ist letztlich der Vollzug dieses griechischen Logos, der heute überall hindringt und sich den ganzen Erdball unterwirft. Auch der Mensch selbst und der Staat wird nun in neuer Weise begründet. Man lebt nicht mehr nach der alten Rechtsprechung durch den Schiedsmann, der über Präzedenzfälle verfügt und danach entscheidet, sondern Gesetze werden aufgeschrieben, es geht um bestimmte Gesetzmäßigkeiten des Rechten. All das führt zu den Möglichkeiten einer freiheitlich organisierten Gesellschaft, wie sie bei den Griechen nun aufkommt und sich auswirkt auf die Weise, wie man lebt und sich verhält, Dinge, von denen die Perser keine Ahnung haben. Man könnte die Sache auch umgekehrt sehen: nicht die kleinen Griechen, die sich auf wunderbare Weise der persischen Großmacht erwehrt haben, sondern die Perser sind es, die in alter und gewohnter Weise ausgreifen und auf etwas stoßen, von dem sie keine Ahnung hatten und das höchst gefährlich ist. All das kommt wunderbar heraus in diesen Fragen und Antworten, in dem Staunen der Königin. *deinós* ist das Wort für etwas Wunderbares, Erstaunliches, mit dem Beiklang des Unheimlichen und Erschreckenden, was man auch etwa in dem überlegenen Können eines Menschen empfinden kann. Auch in dem angeführten Wort des Chorlieds klingt das an, dies Ungeheuerliche, wenn man es mit den Augen dieser alten Herrschaftsform sieht. Das ist es, was dem Stück des Aischylos die Aktualität gibt.

Wenn wir alles zusammenbündeln wollen, was die Interpretation auseinandergelegt hatte, so können wir sagen: das erste Epeisodion setzt nach Parodos und Standlied die Exposition auf neuer Stufe fort, so daß wir gleichsam in Stufen hingeführt werden zu dem im Hintergrund erscheinenden Bild Athens, das das ganze abschließt. Jetzt erst setzt das ein, was wir nach der Morphologie schon nach dem ersten Stasimon erwarten würden: ein Bote kommt und berichtet, was geschehen ist. Wir haben also statt des Erwarteten gleichsam eine Verschränkung der Exposition. Die zuerst ganz allgemeinen Befürchtungen, die nur darauf beruhten, daß man lange keine Botschaft gehört hatte, werden durch den Traum und das Vogelzeichen konkretisiert, auch für uns, die wir wohl nicht mehr so an Träume glauben, erst recht aber für den Griechen, der darin eine echte Kundgabe des Göttlichen sah. Und doch wirken diese Dinge auch auf uns, die wir in historisch wacheren Zeiten leben, weil auch wir noch mehrere Schichten des Bewußtseins in uns haben und uns, wenn wir uns den Dingen hingeben, gleichsam verwandeln können in Menschen der magischen Welt – oder richtiger: in Menschen dieser Welt des Übergangs von der umschlossenen Ruhe zu der neuen Bewegung. All das lebt auch in uns, und darum können die Dinge unmittelbar auf uns wirken.

Der nun folgende Botenbericht ist in Iamben gehalten, jenem schärferen Maß, das so andersartig ist als die Trochäen des Anfangs. Auch das Gedankliche war in ihnen breiter, schwerfälliger im Ausdruck. Wenn es jetzt darum geht, etwas Faktisches sichtbar zu machen, das Auge klar auf etwas zu richten, wie es gewesen ist, da ändert sich der Vers und wird iambisch. Es sind verschiedene menschliche Haltungen, die die Versmaße zum Ausdruck bringen: auf der einen Seite das Gefühlsbetonte, auf der anderen das klare rationale Denken des Logos. Auch von Athen wurde noch nicht eigentlich faktisch gesprochen, sondern fast mythisch, es erscheint als etwas Unglaubliches, Wunderbares und Gefährliches. Hier fällt uns einmal das Morphologische gleichsam in die Hand, weil das Stück, das metrisch durch die Iamben sich absetzt, auch innerlich die alte Form sprengt. Dasselbe werden wir auch in der Dareiosszene sehen. Die ersten Verse sind iambisch, er will offenbar Klarheit haben. Dann der Chor in Trochäen und ebenso Dareios in der ersten Reaktion auf das, was der Sohn getan hat. Als es aber zur Schilderung des Faktischen kommt, wird es iambisch, und hier geht die Szene auch iambisch zu Ende, kehrt nicht wieder zum Trochäischen zurück. – Sie sehen, wie man das Formale und das Inhaltliche als eine Einheit nehmen muß. Bei Sophokles wird dann das Vordringen des Logos immer stärker, so daß man fast erschrickt, wenn man von Aischylos her zu ihm kommt. In der älteren Tragödie haben wir zwar schon Schicksale, aber noch hineingenommen in die Seelenhaltung des Menschen, der von der Welt umschlossen lebt und dem die Realität gleichsam noch nicht so stark auf den Leib gerückt ist. Das geschieht eigentlich erst in Athen nach den Perserkriegen, wo die Seelenhaltung der Menschen sich ändert und damit auch die neue Form hochkommt, die nun alles trägt und sich schließlich ganz durchsetzt gegenüber dem älteren Element.

Natürlich ist es in gewissem Sinne eine entsetzliche Verarmung, daß das Musikalische dann ganz zurücktritt und die ›kahle Rede‹ alles trägt. Wenn man sich stark in die antiken Dinge hineinlebt, kommt einem das moderne Schauspiel nur wie etwas Halbes vor. Aber ein Spannungsverhältnis gewisser Art muß bleiben, wenn etwas auf Dauer wirken soll. Überall, wo die Tragödie wieder ihre große Form gewinnt, ist auch das Element des Lyrischen mit beteiligt. So bei Shakespeare und im Französischen vor allem bei Racine, der überhaupt in seiner Grundhaltung dem Lyrischen nahesteht. Es wäre Zeit, daß dieser große Dichter auch für unsere Bühne wieder gewonnen würde, was aber schwer ist, weil man die Verse nicht übersetzen kann und ohne sie das Beste verloren ist. Man kann auch an Goethe erinnern, der im *Faust* noch die beiden Elemente hat. Man hat ihm das ›Opernhafte‹ im zweiten Teil vorgeworfen, aber gerade das gehört dazu, und wenn man es richtig aufführen würde, könnten gerade diese Partien höchst wirksam sein; und nicht nur bühnenwirksam, sondern auch von höchster Weisheit. Die großen Geschehnisse, die sich hier vollziehen, sind nicht denkbar ohne diesen mythisch-musikalischen Charakter. Es geht also nicht darum, daß ein Chor auf der Bühne erscheint, sondern um dies Element des Musikalischen, Emotionalen und Elementaren, das mit dabei sein muß. Betrachtungen dieser Art bieten sich bei Gegenständen wie einer Tragödie des Aischylos von selbst an. Wir müssen uns immer wieder klar darüber werden, daß wir die griechischen Dinge als Menschen unserer Zeit lesen und mit den Augen eines modernen Menschen; darum müssen wir diese Perspektiven bewußt mit hineinnehmen.

3.

Wir waren in der Analyse der *Perser* bis zu dem großen Botenbericht gekommen. Von unserem Schema her ist das Stück alt, ich erinnere daran, daß wir den Boten als die Ur-Rolle des Schauspielers angesetzt hatten. Funktional gesehen ist er das Instrument, durch das räumlich wie zeitlich Entferntes in die Gegenwart hineinwirkt. Jede Art von Gegenwart, in der wir stehen, setzt voraus, daß Entferntes auf uns einwirkt, auf uns Bezug hat. Das Geschehen geht über den Raum der Bühne hinaus, auch wenn wir später den häufigen Szenenwechsel haben; ein Instrument des Rapports ist notwendig, und das eben ist die Botschaft. In dieser Funktion ist der Botenbericht notwendig ein Urelement des Dramatischen, das wir schon für den Dithyrambus aus den Zeugnissen erschließen konnten.

Wenn wir uns diesen Bericht nun ansehen, müßten wir eigentlich Herodot heranziehen und seine Schilderung der Schlacht von Salamis mit der des Aischylos vergleichen. Der Gedanke ist nicht neu, W. Marg etwa hat einen Aufsatz darüber geschrieben und auch andere, aber man könnte es trotzdem noch einmal neu analysieren. Das können wir nicht durchführen, ich will aber kurz die Ergebnisse einer solchen Betrachtung hier einschieben. Einmal ist es klar, daß Herodot Aischylos gekannt hat, er war ja in Athen, kannte auch Sophokles, der wieder von ihm beeinflußt ist; das geht hin und her. Aber Herodot ist auch sonst viel gereist und hatte gesammelt, was er konnte, und das so Gesammelte dann erzählt. Er hat also viel mehr Einzelnes, Namen werden genannt, die Hauptführer auf beiden Seiten. Was man aber Aischylos gegenüber bei ihm vermißt, ist die Dynamik und Steigerung, die straffe Einheit, die er seiner ganzen Art nach nicht haben kann; er erzählt ja in anderer Weise. Wir hatten schon gesehen, daß eine solche Art von Einheit erst mit der Tragödie in die Dichtung hineinkommt. Natürlich hat auch das Epos eine Einheit wie auch das lyrische Gedicht und überhaupt jede Art von Kunstwerk, aber es ist doch jeweils eine Einheit ganz anderer Art. Das Epos wurde, wie ich glaube, an mehreren Tagen vorgetragen. Man hatte Zeit, saß da und sah die Sonne aufgehen und über den ganzen Himmel wandern, und auch die Dichtung wanderte, immer wieder hineingeformt in den Tageslauf, großartig, aber doch irgendwie ruhig und still. In der Tragödie ist plötzlich die Zeit begrenzt, es gab drei Tragödien pro Tag, man mußte ja auch mit anderen konkurrieren. Ferner hat das Epos als Bericht eine andere Form, als wenn die Dinge handelnd dargestellt werden. All das verlangt stärkere Konzentration, und daraus erwächst die straffe, fühlbare, architektonische Einheit, auf der wieder die Wirkung beruht. Denn natürlich ist die dramatische Wirkung eine ganz andere als die epische. Die Tragödie brauchte eine viel straffere Seelenführung, denn die Wirkung ist nur dann gewährleistet, wenn der Zuhörer zwischendurch nicht ›abhängt‹, wie man beim Theater sagt. Ebenso bei der Gerichtsrede und der forensischen Rede. Die ganze Rhetorik ist nichts anderes als die Wissenschaft vom Wirksammachen des Worts; Platon nennt die Sophisten ›Werkmeister der Überredung‹. Nichts ist so wirksam bei der gesprochenen Rede wie die Form, in die sie gebracht wird: wie die Gedanken aufeinander folgen und die Akzente gesetzt werden. Damit also ist zum erstenmal der Gedanke dieser straffen Einheit in die Welt gekommen, die man heute überall fordert, im Roman wie in der wissenschaftlichen Abhandlung, wenn sie gut geschrieben sein soll. Diese Art von Einheit haben wir bei Aischylos, während sich Herodot wie ein Epiker ergehen und auch Einzelheiten bringen kann, die Aischylos nicht berücksichtigt. So die Geschichte von dem Mann, der zum Perserkönig kommt und ihn dazu bringt, den Sund zu sperren, damit die Spartaner nicht abfahren können. Bei Aischylos ist es ein Daimon, der das bewirkt hat; er legt mehr Wert auf den göttlichen Horizont des Geschehens, während es für Herodot einfach ein *mechánema* ist, ein kluger menschlicher Einfall, etwas, für das er viel Sinn hat. Und ein letztes. Aischylos erzählt überall so, daß man merkt, er war dabei, während Herodot nicht dabei war. Er spricht aus Quellen, die er treu überliefert und aus denen er ein umfassendes Bild gibt, aber bei Aischylos ist alles aus eigener Erfahrung gesprochen, auch was die Stimmung angeht, das Erleben der Gefahr. Beiden gemeinsam aber ist die Betonung der überlegenen Zahl der Perser und das Bewußtsein der göttlichen Hilfe auf der eigenen Seite. Bei Aischylos heißt es (346): »Götter retten die Stadt der Pallas, der Göttin«, wobei die Worte *theoí* und *theoú* den Vers wie ein Band umschließen. Dieser Satz ist der Höhepunkt der Schilderung. Ebenso auch bei Herodot, wenn auch nicht auf dem Höhepunkt der Schilderung. Immer wieder wird gesagt, die Götter hätten Griechenland gerettet – und nächst den Göttern die Athener. Das ist die fromme Überzeugung jener Zeit der Perserkriege, und sie war so stark, daß das auch überliefert wurde, und Herodot hat diese Auffassung übernommen. Bei den jüngeren Leuten ist es dann nicht mehr da.

Noch etwas über den Aufbau dieses Berichts, der höchst kunstvoll und wirkungsmächtig ist. Es beginnt gleichsam mit einem Höhepunkt: Xerxes lebt! Dann aber die Aufzählung der Gefallenen, dieselben Namen wie am Anfang, und aus der Aufzählung der Namen wird nun ein Katalog der Taten. Darauf die Klage der Königin, ihre Frage nach der Zahl der Schiffe, die er dann bringt, und das endet mit jenem Wort über die Götter. Nachdem der Katalog der Namen und Zahlen bis zu diesem Höhepunkt geführt worden ist, folgt nun der eigentlich epische Bericht, aufgegliedert durch Zwischenrufe und Fragen. Es wird erzählt, wie die Sache anfing, die Schlacht selbst, die sich mächtig steigert, bis die Nacht ihr ein Ende macht, und ein fast epigrammatischer Schluß:

> ... daß niemals noch an einem einzigen Tage eine Menge,
> So groß an Zahl, von Menschen starb!

Damit ist ein zweiter Höhepunkt erreicht. Eine kurze Stichomythie, dann eine neue Schilderung, der Untergang einer abgesonderten Schar der Besten, die furchtbar zugrunde gingen, und ein dritter Höhepunkt: »Da stöhnte Xerxes ...« Jetzt ist plötzlich Xerxes da. Wir wußten vorher gar nicht, wo er war, aber er hat das alles mit angesehen und stöhnt nun und zerreißt sein Gewand und schreit hell auf und gibt den Befehl zur Flucht. Die Szene ist ausführlicher als bei Herodot. Natürlich ist es nicht so gewesen, daß Xerxes wirklich das alles gesehen hat und dann sofort davongelaufen ist, er hatte ja auch noch ein mächtiges Heer. Aber hier ändert die Forderung des Dramatischen einmal die historische Richtigkeit, wobei das historisch Wahre allerdings erhalten bleibt: es ist schon der Moment, in dem Xerxes zusammenbricht. Als letztes die Schilderung des Rückzugs, wieder mit dem großen Akzent bei der Überschreitung des Strymon; ein ähnlich schreckliches Bild wie der Rückzug Napoleons bei der Beresina, wo auch alles einbricht und zugrundegeht. Und am Schluß des Ganzen noch einmal das Wort »der Gott«, *theós*, das den religiösen Rahmen angibt, in dem für Aischylos dies alles steht.

Noch etwas zur Gesamtkomposition des Berichts. Die Art, daß etwas thematisch an den Anfang gesetzt und alles andere dann nachgeholt wird, kennen wir auch aus Pindar und ebenso aus den Botenberichten und Kurzerzählungen bei Homer. Bei all diesen Formen ergibt es sich von selbst aus dem Interesse des Augenblicks, daß das Resultat am Anfang steht und dann die Erzählung folgt, die rückschreitend wieder zu diesem Punkt hinführt. Für diese kyklische Kompositionsform hat man den Namen ›Ringkomposition‹ eingeführt. Damit ist nichts Künstliches gemeint, sondern es ergibt sich aus dem Interesse der Handlung, daß das Bedeutungsvolle vorangestellt und das andere dann nachgeholt wird. Ebenso ›von selbst‹ ergab es sich, den großen epischen Bericht durch Fragen und Klagen aufzugliedern. Ein bekanntes Wort (Athen. 8, 347 e) sagt, die Tragödien des Aischylos seien Tranchierschnitten vom großen Braten Homers. Hier sehen wir einmal, wie ein solches Stück Braten sich wie von selbst tranchiert und so das Epische zum Dramatischen hinwendet. Es ist eines meiner Hauptanliegen, immer wieder zu zeigen, wie ein Mensch, den wir durchaus als schöpferisch bezeichnen können, nur etwas verwirklicht, das in der Sache selbst liegt. Das ist, wie ich glaube, die schönste Weise, wie jemand schöpferisch sein kann. Es gibt eine gewisse Nachdenklichkeit, die in den Dingen selbst liegt, und der Mensch kann diese Nachdenklichkeit mit vollziehen. Auf diese Weise entstehen gültige Formen, die zugleich lebendig sind und die Kraft haben, weiter zu wachsen. So ist auch hier bei Aischylos alles ›naturgemäß‹ und zeigt doch eine unverwechselbare künstlerische Gestaltung.

Nach diesem Bericht folgt notwendig die Klage, als Form alt an dieser Stelle, ursprünglich reiner Ausbruch der Emotion, des Affekts, hier aber auch schon höchst kunstvoll geformt: anschwellend gegenüber dem kurzen Wechsel am Anfang, mit starken Akzenten und refrainartigen Wiederholungen. Das Ganze ist sehr bewegt und wird gegen den Schluß hin ruhiger und leicht ins Spekulative übergehend.

Nur hinweisen möchte ich darauf, daß es in diesem Stück auch textlich schwierige Stellen gibt. Texte können korrupt sein, es wäre auch unmöglich, daß sie über eine so lange Zeit nicht gelitten hätten, wenn auch wieder nicht so schwer, wie manche meinen. Auch ich habe hier einige Konjekturen gemacht, wie Sie an meiner Übersetzung sehen können, will aber auf solche Einzelheiten jetzt nicht eingehen.

Nach dem überleitenden Chorlied kommen wir zur Dareios-Szene, die sehr Interessantes bringt für unsere Analyse der Formen. Hier haben wir zum ersten Mal so etwas wie Handlung, wenn man darunter versteht, daß auf der Bühne nicht nur geredet und zugehört, sondern etwas getan wird. Diese Handlung ist die rituelle Beschwörung des toten Dareios, vorbereitet durch den Rat des Chors im ersten Epeisodion, die Königin solle den Unterirdischen opfern. Die Beschwörung eines Toten, der dann auch erscheint, nicht als Geist – ein merkwürdig unbestimmter deutscher Ausdruck –, auch nicht eigentlich als Eidolon, um den griechischen Begriff zu gebrauchen, sondern es ist mehr, es ist er selbst. Der griechische Totenglaube ist ein kompliziertes und vielbehandeltes Thema, ich verweise nur auf E. Rohde und W. F. Otto. Es gibt verschiedene Aspekte des Toten, und erst kürzlich haben wir in einem Vortrag von Moulinier darüber gehört, daß man die verschiedenen Aussagen nicht harmonisieren könnte. Ein Aspekt, wie ein Toter erscheinen kann, ist das Eidolon, eigentlich ›Abbild‹, aber auch der Tote selbst kann wieder heraufkommen, und wenn er das tut, wird es meist unangenehm für die Lebenden; man denke an den weit über die Erde verbreiteten Glauben an Wiedergänger, Vampire und ähnliches. Wenn in den Personenbezeichnungen zu den *Persern*, die ja später sind, *eídolon* steht, ist das wahrscheinlich falsch; er ist es selbst, der heraufkommt, und er sagt ja auch, daß es nicht leicht war. Wieder kann man darauf verweisen, welchen Siegeszug dies Motiv seitdem durch die Literatur angetreten hat, über Seneca bis zu Mozarts *Don Giovanni* in der Komtur-Szene. Geistererscheinungen sind immer sehr wirksam, man muß nur die entsprechende Form finden, dann hat jede Zeit ihre Möglichkeiten dafür, und das Publikum merkt gar nicht, wie alt die Dinge sind.

Für Aischylos war es natürlich kein literarisches Motiv, sondern eine Realität. Reinhardt in seinem Buch *Aischylos als Regisseur und Theologe* hat schön gezeigt, wie sich bei ihm der Instinkt des Theatermanns mit den Dingen des Glaubens vereinigt. Der Titel klingt zunächst wie eine geistreiche Parodie, ist aber sachlich völlig berechtigt; bei Sophokles und Euripides könnte man ihn nicht gebrauchen. Das Ineinander von wirklichem Darinstehen in den Bereichen des Kults wie des Glaubens – man spricht mit Recht von seiner ›Zeus-Theologie‹ – und der sicheren Kenntnis des Theaters ist typisch für Aischylos und seine Art der Gestaltung. So ist auch diese Totenbeschwörung kein ›Theater‹ für ihn, sondern geglaubte Wirklichkeit, und doch sieht er in dieser Wirklichkeit etwas, das die Bühne braucht und das dem Stück die große Wirkung gibt, wie ich es selbst bei der Tübinger Aufführung von Gaugler erfahren habe.

Es wird also etwas getan auf der Bühne, die Beschwörung vollzieht sich vermutlich in den damals gebräuchlichen Riten, wenn auch dichterisch gestaltet: der Anruf des Toten, immer stärker gesteigert, der Boden wird geschlagen, ja gekratzt, der Tote soll auf magische Weise heraufgezwungen werden. Merkwürdige, wohl uralte Worte tauchen auf, Umschreibungen, Kenningar, wie wir sie aus dem Nordischen kennen. Aischylos, der gelegentlich den Reim hat, kennt auch den Stabreim und liebt die Alliteration an besonders wirksamen Stellen. Mit all diesen Mitteln wird immer stärker an jener anderen Sphäre ›gesogen‹, wie es im *Faust* heißt, wo die Erdgeistszene auch in der Nachfolge dieser Beschwörung steht. Es ist bemerkenswert, daß hier, wo uns zuerst Handlung in der Tragödie begegnet, es Handlung in Form einer kultischen Begehung ist. Wir hatten schon auf das Wort *drán*, handeln, im Zusammenhang der Mysterien hingewiesen. *drómena*, das Getane, könnte man auch mit ›Begehungen‹ übersetzen.

Formal gesehen ist auch die Dareiosszene wieder ein Botenbericht. Nur daß die Sprache gegenüber dem ersten Bericht eine gewaltig gesteigerte ist. So spricht eben ein Geist, der auch ein großer Mann und König ist; da hebt sich die Sprache zu äußerster Größe und Gewalt. Neben den Bericht, der hier in der Form einer Weissagung erscheint, tritt von Anfang an das Element der Deutung, bis hin zu dem großen Wort:

Wenn sich einer selbst beeifert,
Dann faßt auch der Gott mit an.

Es folgt die Geschichte der Dynastien, die ganze Reihe der Herrscher bis auf Dareios selbst, den großen – und all dem gegenüber steht nun Xerxes.

Das Besondere an diesem großen Bericht ist, daß auch Dareios ein Bote ist, nicht etwa aus dem Jenseits oder der Unterwelt, darüber sagt er wenig. Er ist vielmehr ein Bote aus der Zukunft, so widersprüchlich das klingt. Als er kommt, weiß er nicht, was geschehen ist, hat nur die Klagen gehört und muß sich von der Königin berichten lassen. Dann aber spricht er als ein über das Menschliche hinaus Wissender und erzählt die Schlacht von Plataiai, die noch gar nicht stattgefunden hat. Das sind Dinge, die sich jeder Dichter erlaubt, weil er weiß, daß es auf Wahrscheinlichkeit gar nicht ankommt, und erst die Philologen rechnen dann nach. Es ist höchst bedeutsam, daß dieser zweite Teil der Szene nicht aus einem faktischen Wissen heraus, sondern aus einer übermenschlichen Perspektive gesprochen ist, bis hin zu der großen Schlußdeutung, die in härtester Sprache noch einmal die Hybris des Xerxes herausstellt und damit die eigentliche, religiöse Bedeutung des Geschehens.

Das Chorlied, das darauf folgt, hat wieder die Magie der Namen und des Geographischen, aber in ganz hellem Sinn: man blickt zurück auf die Herrlichkeit des Friedens und die Erfolge des Dareios. Es ist ein dichterisch wunderbarer Gedanke, gerade an diese Stelle dies stille, ruhige, glückliche Lied zu setzen. Bei der Art, wie die Inseln angeredet werden, wird man unwillkürlich an Hölderlin denken und sein besonderes Verhältnis zu diesen Inseln. Er hat das Chorlied natürlich gekannt, und es mag für seine eigene Auffassung den entscheidenden Anstoß gegeben haben. Nur hat es bei Aischylos nicht die Weichheit und Sentimentalität des Modernen, alles ist ganz klar und fest, aber es ist doch eine bestimmte Weise, wie ein Mensch sich zu diesen Inseln verhält, die für ihn nicht nur Örtlichkeiten sind, festgelegt durch ein Maßsystem auf einer Landkarte, sondern Wesenheiten, erfüllt von Schönheit und Schicksal.

4.

Über den Schluß kann ich mich kurz fassen. Wir kennen die Exodos, den Auszug des Chors, als ein morphologisch altes Gebilde; auch daß der Held selbst auftritt, hatten wir für die Urform bereits als Möglichkeit erschlossen. Hier bricht mit der Person des Xerxes die ganze Gegenwart des Unheils noch einmal mit voller Kraft herein. Zum dritten Mal der Katalog der Namen der Perserführer. Das Fragen des Chors mag eine kultische Form sein; in der Odyssee gibt es eine Stelle, wo die gefallenen Gefährten dreimal mit Namen gerufen werden, ehe man weiterfährt. Xerxes und der Chor stehen sich antiphonisch gegenüber. Das geht so weit, daß Xerxes dem Chor gleichsam Anweisungen gibt: sie sollen sich die Brüste schlagen und das Gewand zerreißen, was er auch selbst tut. All das sind uralte Klageformen, die man sich ganz konkret vorzustellen hat. Es steigert sich, immer mehr Volk strömt auf die Bühne; Aischylos arbeitet gern mit viel Statisterie. Das alles versammelt sich in wilden Schreien, bis zu dem letzten großen Schrei des Xerxes, mit dem das abbricht. Hier haben wir die Klage in ihrer vollen entfesselten Form: wieder eine Art von Handlung, die den Charakter von Begehungen hat.

Was uns also in diesem für uns ältesten Stück an Handlung entgegentritt, ist kein irgendwie vom Individuellen her bedingtes Tun, sondern ein Handeln, das repräsentativen, zeremoniellen, kultischen Wert hat. Interessant ist dabei, daß etwas, das zum Dramatischen führen könnte, das nicht tut, sondern gleichsam steckenbleibt in diesem Älteren. Ich meine die Stelle am Schluß der Dareiosszene, als er die Königinmutter auffordert, ihrem Sohn ein Gewand zu bringen, da seine Kleider ›in Fäden zerrissen‹ seien; ein sichtlich von Aischylos zu dieser Stelle gebildetes Wort. Atossa nimmt das Motiv auf und sagt, daß sie gleich gehen und ein Gewand holen und es dem Sohn bringen will. Äußerlich gesehen, führt das zu nichts. Als Xerxes nachher kommt, trägt er bestimmt kein Prachtgewand, er muß sie also wohl verfehlt haben, wenn man nachrechnen will. Das Motiv ist damit erfüllt, daß es ausgesprochen wird. Es ist ein Wort, das in sich selbst Handlungscharakter hat, es braucht nicht wirklich ausgeführt zu werden. Man könnte sich eine danach gebildete Szene durchaus vorstellen, eine Begegnung von Mutter und Sohn, bei der sie ihm das Gewand überreicht. Wir sagten schon, daß Aischylos durchaus Sinn hat für die symbolische Bedeutung des Dinges, und das konkret überreichte Kleid könnte hier ähnlich bedeutsam werden wie etwa der rote Teppich im *Agamemnon.* Aber es kommt nicht dazu, das Motiv bleibt keimhaft, hat aber auch so seine Bedeutung. Nachdem alles ins Größte gegangen war und man den Gang des Schicksals über Dynastien hin verfolgt hatte, bis zu dem schrecklichen Untergang eines so gewaltigen Heeres, nach alledem zieht es sich zusammen auf etwas ganz Geringes, Einfaches: das Kleid des Xerxes ist zerrissen, und die Mutter soll ihm ein anderes bringen. Richard Harder hat in seinem Buch *Die Eigenart der Griechen* von der Bedeutung des Kleides bei den Griechen gesprochen, und ich selbst habe es in einem Aufsatz zum sechsten Buch der Odyssee, *Kleiderdinge*, ausführlich behandelt. Das Kleid ist ein Grundsymbol des Menschlichen; der Entblößte und Zerlumpte wird dadurch gleichsam als Mensch wiederhergestellt. So soll auch hier Xerxes in seiner Würde als Mensch wiederhergestellt werden, darum ist es so gemacht, daß sich das Geschehen auf dieses Motiv hin verengt, so daß es der tote Vater und die lebende Mutter sind, die daran denken und dafür sorgen. Das

Motiv bleibt zwar im Wort, aber es ist ein gleichsam faktisches Wort, und seine Bedeutung ist vollendet, ehe in der Exodos in geradezu apokalyptischen Formen die letzten Schrecken des Untergangs sichtbar werden.

Fassen wir zum Schluß das Gesagte noch einmal zusammen, so besteht das Stück unter einem Aspekt aus großen dynamischen Kurven, Kraftkurven. Wenn wir an die Aristotelischen Grundelemente des Schreckens und Jammers denken, ist das Ganze eine einzige große Bewegung, zweimal ansteigend und wieder absinkend: nach immer gesteigertem Schrecken ein Ruhigerwerden in der Dareiosszene und dem darauf folgenden Chorlied, nach dem sich dann der Jammer in einer neuen Kurve erhebt und alles mit dem klagenden Auszug des Chors endet.

Unter einem anderen Aspekt, wieder von Aristoteles her gesehen, ist die ›Handlung‹ der *Perser* ein Weg aus dem Nichtwissen zum Wissen. Wir hatten gesehen, daß das Stück in unserem Sinne kaum Handlung hat, es besteht eigentlich nur aus Berichten. Morphologisch ist diese Art der Handlungsführung eine Frühform, wenn auch die neueste Entwicklung bei uns wieder zum handlungslosen Spiel tendiert. Vielleicht ist es für das Verständnis gut, zwischen drei verschiedenen Dingen zu unterscheiden: Vorgang, Handlung und Geschehen. Vorgang ist das rein Äußere, das man überall erleben kann. Eine Handlung ist es, wenn in die äußeren Vorgänge Richtung und Zusammenhang hineinkommt. Die Begehung ist eine Form der Handlung, etwas in sich Geschlossenes von zeremonieller oder kultischer Bedeutung. Das Geschehen ist noch etwas anderes, das alles umgibt und trägt, und es ist das Kennzeichen des großen Dichters, daß er nicht bloß Vorgänge und Handlungen, historische Ereignisketten hat, sondern seine Handlungen so entwirft, daß durch sie hindurch das Geschehen faßbar wird. So gesehen führt die Abfolge der scheinbar handlungslosen Situationen der *Perser* zu einem Geschehen von höchster Spannung und Dramatik, eben jenem Weg aus dem Dunkel der Ahnungen und Befürchtungen zum immer helleren Licht des Wissens. Diese Bewegung wird auch für die entwickelte Tragödie von höchster Bedeutung bleiben. Man denke nur an den *König Ödipus* des Sophokles mit seiner doppelten Verkehrung: einmal ist der Stand des Nichtwissens zugleich der des Ruhmes und der Macht, aus dem der Aufstieg zum Wissen in einer die erste durchkreuzenden Linie in die völlige Vernichtung führt;

wobei es dann wieder so gemacht ist, daß der Mann in dieser Vernichtung doch größer ist als in aller Macht und Größe des vorigen Zustands. In den *Persern* haben wir noch nicht diese höchst kunstvolle mehrfache Verschränkung, es ist eine – wieder nach Aristoteles – einfache Handlungsführung, und doch ist diese Einfachheit nicht primitiv, sondern von höchster Architektonik. Die merkwürdige Bewegung in den sonst unbewegten Szenen ist, daß wir ein Geschehen haben, das wir nicht kennen, das sich irgendwie ankündigt und dann immer sichtbarer und gegenwärtiger wird. Es ist wie bei einer Wanderung im Nebel, der ja auch etwas Beängstigendes und Gefährliches hat und der sich allmählich lichtet bis zum vollen Hereinbrechen des Lichts. Oder man mag an ein Fernglas denken, das einen Gegenstand erst undeutlich zeigt und sich dann immer schärfer einstellen läßt. Das ist die eigentliche Bewegung in diesem Stück, dies Gegenwärtigwerden eines zunächst Verborgenen. An dem, was geschehen ist, ändert sich nichts, wir erleben es nur in immer stärkeren und deutlicheren Manifestationen. Dazu gehört auch die eigentümliche Weise, wie die Zeit behandelt wird, die ja Aischylos schon als vergangene überblickt, die sich aber vom Standpunkt der Atossa aus aufteilt in Vergangenheit und Zukunft. Die Zukunft konnte nur ein Seher berichten oder doch ein über das Menschliche hinaus Wissender. Und nun ist es großartig gemacht, wie sich aus den beiden Formen der Zeit, Vergangenheit und Zukunft, etwas herausschält, das vom Zeitlichen unabhängig ist, wenn auch nicht eigentlich überzeitlich: das Geschehen in seiner Unumstößlichkeit, seinem Schicksalhaften, wenn man Schicksal nicht als verhängtes Fatum versteht, sondern wie die Griechen als jenes große Ereignishafte. Was wir in alledem erkennen, ist eine andere Art von Dramatik als die uns gewohnte; ich möchte sie funktionale Dramatik nennen gegenüber einer nur oder auch äußerlich bewegten, und sie wird auch neben jener anderen Art in der Tragödie ihre Bedeutung behalten.

5.

Wir kommen heute zu dem nächsten Stück des Aischylos, das auf 467 datiert ist, sechs Jahre später als die *Perser*. Es gehört zu einer ›Thebanischen Trilogie‹, Thebaïs, deren Titel wir kennen: *Laios*,

Ödipus und die erhaltenen *Sieben gegen Theben*, dazu das Satyrspiel *Die Sphinx*, das sich dem Stoff nach gut anschloß. Es wäre schön, wenn wir eine Vorstellung gewinnen könnten von dem, was in den ersten beiden Stücken gestanden hat, aber das Material reicht nicht aus, um wirklich Sicheres darüber zu sagen (vgl. dazu Pausanias 9, 5, 11 und ein Scholion zu Euripides' *Phoinissen* V. 1760). Die Sage war bereits in einem Epenkreis behandelt worden, von dem wir aus Berichten wissen. Laios, der Sohn des Labdakos, hatte in seiner Jugend den jungen Sohn des Pelops entführt und sich an ihm vergangen (dargestellt wohl in dem *Chrysippos* des Euripides). Dafür war ihm offenbar vom Delphischen Orakel zur Buße bestimmt worden, daß er keine Kinder haben dürfe, weil ein Sohn ihn töten werde. Er zeugt aber doch einen Sohn, Ödipus, und so nimmt das Unheil seinen Lauf. Wie das im einzelnen gemacht war, können wir nicht sagen. Aus dem *Laios* haben wir ein Fragment *chytrízein*, ›eintopfen‹. Was so eingetopft wird, ist ein Kind, das, wenn man es aussetzt, in einen Tontopf gesteckt wird, wie das Scholion erklärt. Man hat eine Menge solcher Töpfe mit Knochen gefunden. Kinder wurden ausgesetzt, wenn der Vater sie nicht annahm, zumal wenn sie nicht ganz gesund waren. Hier ist wohl die Aussetzung des Ödipus gemeint. Aber diese Kindesaussetzung muß schon Vorgeschichte gewesen sein, die Tragödien bringen meist die entscheidenden Augenblicke. So ist es wahrscheinlich, daß das erste Drama den Tod des Laios behandelt hat. Er war noch einmal nach Delphi gegangen und auf dem Weg von Ödipus erschlagen worden. Man kann sich vorstellen, daß man auch hier zunächst besorgt war wegen seines langen Ausbleibens und daß dann ein Bote kam und über seinen Tod berichtete. Ob auch Ödipus schon aufgetreten ist, kann man nicht sagen; ich würde es eher für unwahrscheinlich halten. Das zweite Stück wird im wesentlichen dasselbe behandelt haben wie der *Ödipus* des Sophokles: Ödipus herrscht in Theben, und dann treten bedenkliche Zeichen auf, die die Aufdeckung des Mordes an Laios fordern. Es braucht noch nicht die Pest gewesen zu sein, vielleicht ein Orakel. Nur daß es bei Aischylos natürlich ganz anders gemacht war als bei Sophokles, nicht als leidenschaftlich vorangetriebene Fahndung nach dem Täter, die zur Selbstfahndung wird. Irgendwie muß es zur Anagnorisis gekommen sein. Bei Aischylos gibt es eine Anagnorisis in den *Choëphoren*, wo sich Elektra und Orest am Grab des

Vaters erkennen, in einer längeren Handlung: Elektra will opfern und sieht dabei die Locke, die Orest vorher dort niedergelegt hat, und auch seine Fußspuren, die den ihren ähnlich sind. Als drittes zeigt er ihr dann noch ein Gewand, das sie selbst gewebt und ihm mitgegeben hat. Wir wissen, daß Euripides die Stelle kritisiert hat aus dem neuen Geist seiner Zeit heraus. Wie könne man bei einer Locke und Fußspuren von Ähnlichkeit sprechen, und was kann nicht alles mit einem Gewand passiert sein! Es ist merkwürdig, wie hier aus dem *eikós*, dem Wahrscheinlichkeitsbegriff der Rhetorik, der alte Dichter kritisiert wird. Aischylos hat also mit solchen Kennzeichen gearbeitet, und man möchte glauben, daß es im *Ödipus* auch so handgreiflich gewesen sein muß; es gibt eine Version der Sage, bei der Gürtel und Schwert eine Rolle spielen. Aber all das muß Vermutung bleiben. Ebenso der Schluß des Stücks. Es gibt eine Stelle bei Homer im elften Buch der Odyssee, wo Odysseus in der Unterwelt auch Epikaste sieht (wie sie dort heißt), die ein ›gewaltiges Werk getan‹ und den eigenen Sohn geheiratet hatte. Alsbald aber hätten die Götter es ruchbar gemacht vor den Menschen, und dann hätte Ödipus zwar weiter in Theben geherrscht, sie aber hätte sich erhängt und ihm viele Übel zurückgelassen, wie sie die Fluchgeister der Mutter vollenden. Möglich also, daß auch bei Aischylos Ödipus zunächst weiter herrscht und dann Streit mit den heranwachsenden Söhnen bekommt, wie wir aus den *Sieben* wissen. Daß ein alter Vater von den Söhnen schlecht behandelt wird, ist ein Motiv, das zu den alten, noch fast bäurischen Verhältnissen paßt. Es heißt, sie hätten ihm schlechte Fleischteile beim Opfermahl gegeben, und er zürnt über diese Entehrung und verflucht die Söhne, sie sollten mit Eisen ihr Erbe teilen. Ich glaube nicht, daß das im zweiten Stück schon dargestellt war, weil es in den *Sieben* so stark betont wird, sondern daß es eher in die Zwischenzeit gehört. Worum es in allen drei Stücken geht, ist also ein über drei Geschlechter hingehendes Fluchgeschehen. Es beginnt mit dem Frevel des Laios. Mit ihm ist gleichsam eine daimonische Macht in die Welt gekommen, die dann weiterwirkt und das Geschlecht zu einem so unglücklichen macht, bis nur noch die furchtbare Amputation hilft, die der Wechselmord der beiden Brüder darstellt.

Das letzte Stück, die *Sieben gegen Theben*, setzt damit ein, daß der von seinem Bruder Eteokles vertriebene Polyneikes mit einem Heer von Argos kommt und die Stadt belagert. Das Stück ist, wie ich gleich sagen will, durch eine doppelte Tendenz charakterisiert. Einmal bringt es das Ende des Geschlechts des Laios und die Vollendung jener alten Flüche in dem Tod der beiden Brüder, die sich gegenseitig im Zweikampf töten, wodurch das ganze Geschehen zur Ruhe kommt, wie es auch öfter betont wird. Dies ist die absteigende Linie, die große Schicksalsbewegung der Flüche, der auch die letzten beiden zum Opfer fallen. Gleichzeitig aber ist die Handlung des Stücks auch die Bedrohung Thebens, bestürmt von den sieben Heerführern, die die Stadt vernichten und Polyneikes wieder einsetzen wollen. Eine zweite, die erste durchkreuzende Linie ist also die aufsteigende Bewegung bis hin zur Errettung der Stadt. Diese doppelte Bewegung hinauf und hinab ist etwas ganz Neuartiges gegenüber den *Persern*.

Gleich noch eine Einzelheit, den Schluß betreffend. Es gibt in der Wissenschaft einen Kampf, der bis heute nicht entschieden ist, darüber, ob dieser Schluß der *Sieben*, so wie er überliefert ist, echt ist oder nicht. Es ist so, daß sich in den großen Threnos am Ende plötzlich etwas ganz anderes hineinschiebt: ein Stadtbote tritt auf und verkündet das Verbot, den gefallenen Polyneikes zu bestatten, und gleich ist auch Antigone da, die darauf antwortet und sagt, daß sie sich diesem Verbot widersetzen werde. Manche Handschriften geben den beiden Schwestern die Rolle der Chorführerinnen schon ab v. 961, andere Herausgeber noch früher. Schon Wilamowitz hat 1903 Entscheidendes dazu gesagt, nämlich, daß jetzt, nachdem alles zum Schluß gekommen ist, nicht ein völlig neues Problem auftauchen kann. Man kann es sich so erklären, daß ein Regisseur bei einer späteren Wiederaufführung hinterher die *Antigone* bringen und so eine Verbindung herstellen wollte zu dem beliebten Stück. Der Streit ist weitergegangen, Regenbogen und andere haben widersprochen, ich habe eine Dissertation darüber machen lassen von P. Nicolaus. Jetzt will ich das kurz abmachen. Mit sprachlichen Mitteln läßt sich die Unechtheit des Stücks nicht beweisen. Es gibt strittige Fragen, die man einfach offenlassen muß; es kann so oder so gewesen sein. Es gibt aber auch Fragen, bei denen ich, nachdem ich sie gründlich überlegt habe, kaum noch meine Meinung ändern werde, und dazu gehört dieser Schluß, den ich auch in meiner Übersetzung fortgelassen habe. Ich will aber nicht verhehlen, daß etwa Professor Erbse fest von der Echtheit des Schlusses überzeugt ist, so daß es darüber zu einem Tübinger Bruderstreit kommen mag. –

Ehe wir nun auf das Inhaltliche eingehen, wollen wir uns wieder mit dem Formalen bekannt machen (s. Schema 4, S. 100). Da ist zunächst deutlich, wie bei einem so andersartigen Stoff das formale Grundschema dem der *Perser* doch recht ähnlich ist. Ein Prolog (der dort fehlte, aber nicht eigentlich neu ist), die Parodos mit Äußerungen der Befürchtungen und des Schreckens, hier ganz stark. Anschließend ein Teil, der formal auch alt ist, ein Kommos, in dem Eteokles die Frauen zurechtweist. Ein Stasimon, dann erst ein eigentliches Epeisodion, ein Botenbericht als Kernstück wie in den *Persern*, lang hingezogen und durch Zwischenreden aufgegliedert. Ein zweites Stasimon und ein zweiter Botenbericht über den inzwischen erfolgten Tod der Brüder, also ein Ereignis, das während des Chorlieds erst eingetreten war. Ein drittes Standlied und endlich die Exodos mit der Totenklage. Und doch werden wir sehen, wie innerhalb dieses Bekannten alles total anders ist. Überall neue Valeurs, stärkere Dramatisierung, ohne daß das Schema sich änderte, alles wird von innen heraus erneuert nach Prinzipien, die wir uns klarmachen müssen. In den *Persern* war die Handlung, wie wir gesehen hatten, ein Sich-Verschärfen und immer Näherkommen eines Geschehens teils im Bericht des Boten, teils in der Deutung des Dareios. Also eine innere Dramatik, die sich auf etwas Abgeschlossenes, Vergangenes bezieht, auch wenn Dareios von Dingen spricht, die von seinem Standpunkt aus noch in der Zukunft liegen. Das innerlich Neue in den *Sieben* ist, daß das Ereignis, um das es geht, nicht vergangen ist, sondern Gegenwart: der Kampf um Theben gleichsam hinter der Bühne. Weiter kommt dadurch etwas Zielstrebiges hinein, daß alles hinführt auf den Brudermord. Das war in der Vergangenheit angelegt durch das Fluchgeschehen, aber es ist eine Vergangenheit, die hindrängt auf eine Zukunft: der Fluch drängt zur Begleichung. Die Gegenwart schiebt sich zwischen eine Vergangenheit, die sich auswirkt, und eine Zukunft, die durch sie vorbereitet ist. Was die beiden Pole zusammenzwingt wie ein Flammenbogen, ist eben der Fluch. Indem diese Zielstrebigkeit in die Handlung hineinkommt und der Mensch mit seinem Handeln dazwischensteht, ergibt sich etwas ganz Neues. Der Zielstrebigkeit im äußeren, objektiven Geschehen muß etwas im Menschen entsprechen, und das ist, mit einem Wort, die Entscheidung. Wir werden sehen,

4. *Die Sieben gegen Theben 467 v. Chr.*

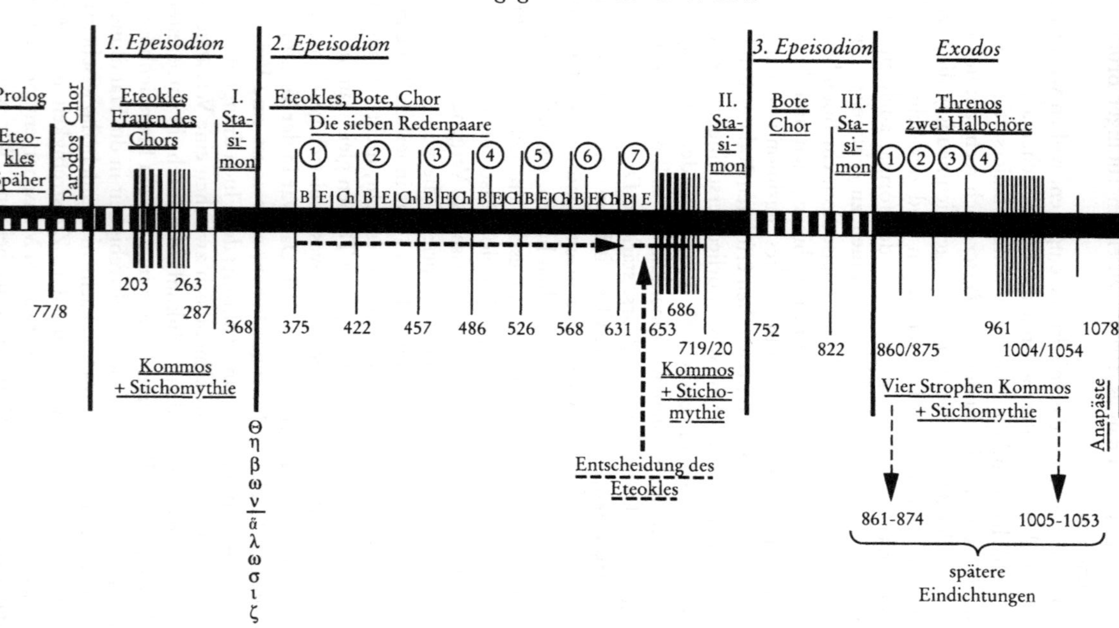

wie hier in ganz neuer Weise die Entscheidung heraufkommt, sich immer klarer herausschält im Aufzählen der einzelnen Kämpfer, die den Angreifern entgegentreten sollen, bis zur Entscheidung des Eteokles, sich selbst dem Bruder entgegenzustellen.

6.

Wir hatten von dem Fluchgeschehen gesprochen, das dramatisch die Funktion hat, Vergangenheit und Zukunft zu vereinigen. Wenn einer unter so einem Fluch lebt, so blickt er zurück auf die Verfehlung, ob es seine eigene war oder die seiner Vorväter, und blickt gleichzeitig voraus, lebt in Besorgnis, wann und wie das Unheil sich verwirklichen wird. Und wenn eine Handlung sich unter einem solchen Fluchgeschehen vollzieht, hat sie notwendig nicht nur die Ausrichtung auf die Vergangenheit, sondern vor allem auf die Zukunft, die die ganze Existenz des Menschen bestimmt. Auch in den *Persern* war die Rede gewesen von alten Sprüchen, die sich erfüllten; auch dort war der Untergang der Perser nichts Zufälliges, sondern Notwendigkeit. Diese Deutung nahm dem Geschehen das roh Faktische des Tatsachenberichts, wie man ihn heute so liebt. Man hat heute gern Tatsachen, handgreifliche Fakten, Dokumentationen – nur keine großen Hintergründe und Zusammenhänge. Die Griechen aber konnten nicht anders, als die Dinge in diese großen Zusammenhänge zu rücken. Der Mensch wie die Kunst lebt in und von dem religiösen Aspekt. Aber in den *Persern* war es für die Handlung selbst doch nur ein Nebenmotiv, so wichtig es ist für den Hintergrund des Geschehens. Dagegen gewinnt es für die Handlung der ganzen Laios-Trilogie eine signifikante Bedeutung und gibt ihr die Zielstrebigkeit, das Hingerichtetsein auf ein Ziel, unter dem sie steht.

Das zweite, das sich daraus ergibt, ist folgendes. Man hat schon in der Antike gesehen, daß unter den Stücken des Aischylos die *Perser* und die *Sieben* sich allen anderen gegenüber darin enger zusammenschließen, daß beide ›voll von Krieg‹ sind (Gorgias bei Plutarch, Quaest. conv. 715 e; Aristophanes *Frösche* 1021). Aber es ist doch ein großer Unterschied. Die *Perser* spielen im fernen Susa, der Bote braucht Monate, bis er mit seiner Nachricht hinkommt. Hier aber ist man in der Stadt, die belagert wird, die

Bedrohung steht vor den Mauern, in absoluter Gegenwärtigkeit. Diese neue Gegenwärtigkeit des Bedrohlichen ist ein gewaltiges dramatisches Element. Es ist nicht ein abgeschlossenes Geschehen, das immer deutlicher sichtbar wird, sondern ein sich vor unseren Augen erst entwickelndes Geschehen. Im Prolog sagt Eteokles, daß es *jetzt* darauf ankommt. Die Handlung vollzieht sich unter einem *kairós*, einem entscheidenden Augenblick. Damit kommt als dramatische Form etwas hinein, das wieder höchst folgenreich sein wird: der hinterszenische Schauplatz. Das Stück ist so gestaltet, daß zu dem, was vorn auf der Bühne geschieht, in der Phantasie ein zweiter, hinterszenischer Schauplatz hinzukommt, und die Handlung ist so geführt, daß von einem zum andern ein ständiges Kommen und Gehen stattfindet. Das gab es noch nicht in den *Persern*. Athen erschien im Hintergrund, aber doch ganz fern; hier erscheint das zum erstenmal als ein wichtiges dramatisches Mittel. Der Chor ist darauf bezogen in seiner Angst, man hört die Geschosse gegen die Mauern schlagen, das Geräusch ist gleichsam ein unbestimmter Bote. Die Antwort darauf ist nicht nur Furcht, sondern Entsetzen, was den Charakter des ersten Kommos völlig verändert. Später kommt der Bote, der die einzelnen Angreifer schildert, und die Verteidiger werden hinausgesandt, ihnen entgegen. Durch die Schilderung erfahren wir Näheres aus der Umgebung, hören von der Ebene, dem Flußufer, den Toren. Es ist ein ständiger Rapport des sinnlich Gegenwärtigen mit diesem Hinterszenischen, und dadurch vertieft sich das Bewußtsein von Raum und Zeit in diesem Stück. Wir sehen, wie ein neues Prinzip der dramatischen Handlung hier einströmt, das die alte Form trägt und zugleich zu etwas ganz Neuem macht. Beachten Sie, wie in den späteren Tragödien sich dieser Rapport immer mehr steigern wird. In der *Antigone* etwa ist der hinterszenische Schauplatz der Ort, wo der Tote liegt, und später ihre Felsengruft.

Durch diese neue Dramatisierung ist alles aufs stärkste verändert. Der Prolog ist nicht nur eine Rede des Eteokles an das Volk, sondern es kommt auch schon der Späher, der als Bote etwas mitteilt; zweifellos eine Erweiterung der alten Form. Und nachdem Eteokles gesagt hat, was zu tun ist, endet der Prolog mit einem Gebet. Ich habe in meinem Buch *Monolog und Selbstgespräch* zu zeigen versucht, daß bei Aischylos das Monologische noch nicht da ist im Sinne eines stillen Selbstgesprächs, sondern wenn ein Mensch für sich allein spricht, auch in Gegenwart von anderen, so wendet er sich an die Götter. Erst bei Sophokles kommt dann der andere Mensch hinzu. Hier wird neben Zeus und den anderen Göttern auch der Fluch, die Erinys des Vaters angeredet und gebeten, nicht die Stadt zu vernichten, die Hellas' Sprache spricht. Aischylos hat einen besonderen Sinn für die Sprache als eigene, als Muttersprache. Das Land soll als ein freies hervorgehen. Und nun argumentiert der Chor gleichsam mit den Göttern, wie man das tut in einfachen Formen der Religion: man macht den Göttern klar, daß sie auch etwas davon haben, wenn sie helfen. Im Alten Testament haben wir durchaus Ähnliches. Es ist die alte Aufgabe des Königs, mit den Göttern in dieser Weise zu verhandeln. Ein Gebet im rechten Augenblick ist in dieser Zeit eine politische Aktion des Königs, dessen sakrale Bedeutung sich im Griechischen länger gehalten hat als die politische; ähnlich beim lateinischen *rex*. – Die Erwähnung des Fluchs an dieser Stelle hat man meist nicht beachtet. Es ist aber wichtig, daß das Motiv nicht erst später hineinkommt, sondern von Anfang an da ist. So wird durch den Prolog gleichsam alles dramatisch aufgeladen. Wir können von dem Begriff der Spannung sprechen, der sich hier zum erstenmal in der Dramatik manifestiert.

Die Parodos ist noch der alte Aufmarsch des Chors, aber auch im Formalen aufs stärkste verändert. Der Einzug zunächst in Anapästen, dann beginnt der strophische Teil, der bei Aischylos meist drei Strophen umfaßt, ohne Epodos. Hier ist das Erstaunliche, daß wir von Anfang an Dochmien haben, jenes Maß der stärksten Erregung, das meist erst in der Exodos aufkommt: ⏑ –́ –́ ⏑ –́, wo zwei stark betonte Längen aufeinanderstoßen. Auch das entspricht der Besonderheit dieser Parodos. Furcht ist zwar eins der ältesten Elemente der Tragödie; meist ist es so, daß die zuerst unbestimmte Furcht sich im Lauf der Handlung verstärkt und vertieft. Hier aber wird sie nicht so sehr vertieft als dramatisiert. Der Chor ist in einer Art Ekstase der Angst. Es sind ja Frauen, die nun, ohne es wirklich zu sehen, das Herannahen des Heeres schon vor Augen haben. Die Form, daß etwas, das wir nicht sehen, in der Rede zur Handlung wird, haben wir schon bei Homer im dritten Buch der Ilias in der sogenannten Mauerschau, ein einfaches dramatisches Mittel vor allem für Kämpfe; so noch bei Shakespeare, bei Goethe im *Götz* und jene großartigste Mauerschau in der deutschen Dramatik, die ich kenne, in Kleists *Pen-*

thesilea. Nur daß es hier bei Aischylos keine reale Mauerschau ist, sondern eine visionäre. Der Chor ist offenbar aufgelöst in Einzelne; wenn man genau hinsieht, kann man noch merken, wenn jeweils ein anderer spricht. Meine eigene Einteilung in der Übersetzung ist nur Hypothese, aber daß es auch bei Aischylos irgendwie aufgelöst war, ist offensichtlich. So entsteht vor uns das Bild des heranströmenden Heeres, dazwischen immer wieder die Rufe an die Götter um Hilfe, die Frage, wer jetzt noch retten kann. Zeus wird angerufen, Kypris, Apollon, Poseidon, also die einzelnen Götter, die dort ihre Altäre haben, und wieder wilde Schreie, man hört das Dröhnen der Steine an Mauern und Toren.

Und dann der Auftritt des Eteokles, der hart und gefaßt die aufgelösten und unbeherrschten Frauen zurechtweist, wofür er meist sehr gelobt wird, wenn es sich auch im weiteren Gang des Stückes zeigt, daß es mit dieser seiner gepriesenen Männlichkeit doch nicht so ganz in Ordnung ist. Er spricht in Iamben zwischen ihren lyrischen Maßen. Es ist also der Form nach ein Kommos, aber er beginnt mit einer längeren Rede des Eteokles und endet schließlich in der Stichomythie, dem Wechsel Vers um Vers. Das Ganze ist eine große Kurve, natürlich im entsprechenden Tempo zu spielen. Der Kreis schließt sich: sie sollen beten, aber wie es sich gehört, nach griechischer Art. – Es gibt bei Aischylos noch einmal eine Situation, wo erregte Frauen einem Mann gegenüberstehen, der zur Vernunft rät: in den *Hiketiden*, den Schutzflehenden. Ich würde meinen, daß wir aus diesen beiden Stellen eine alte, sonst nicht bezeugte Form erschließen können: das Gegenüber eines erregten Chors und eines anderen, der zur Besonnenheit mahnt. Diese Form, die in den späteren *Hiketiden* viel einfacher ist, erscheint hier mit besonderer Großartigkeit abgewandelt ins Dramatische, der besonderen Handlung entsprechend, der geschichtlichen Situation dieser Stadt.

In dem folgenden Chorlied ist es vom Dichter so gemacht, daß das Bild einer Eroberung der Stadt heraufkommt, die nicht stattfindet, aber doch eine Möglichkeit ist, vor der sie stehen. So wird das hier hineingespiegelt, eingeblendet, wie wir heute sagen, ein scheinbar ganz modernes Mittel der Gestaltung, wodurch ein Hintergrund entsteht, auf dem das Wirkliche sich abhebt vom Möglichen. Man hat wohl richtig gesehen, daß hier eigene Erfahrungen der Perserkriege vom Dichter gestaltet sind. All das ist nichts Ausgedachtes, sondern Dinge, die man immer wieder erleben konnte, und zumal die Frauen sind es ja, die bei einer solchen Eroberung am meisten zu leiden haben. Als einzige Hoffnung bleibt schließlich das ›Ende der Nacht‹, *nykterón télos*, was natürlich nicht die Nacht des Todes heißt, sondern die Nacht, die ein Ende bringt nach all dem Schrecklichen dieses Tages, ein Ende der Plünderungen und des Mordens, denn auch die Eroberer werden einmal müde. Ich erinnere nicht gern an das, was wir selbst erlebt haben, aber ich mußte bei dieser Stelle doch an die erste Nacht nach der Eroberung von Potsdam denken, die auch das Aufhören der Schüsse brachte und der sinnlosen Zerstörung von Dingen, die man geliebt und gepflegt hatte. Daß es am nächsten Tag dann weitergeht, ist eine andere Frage. – Es war in der Sage vorgegeben, daß Polyneikes vertrieben wurde, nach Argos ging und von dort ein Heer heranführte und daß es zu jenem Kampf um Theben kam, wohl in mykenischer Zeit, als Theben das große Zentrum war. Aber letztlich ging es in der Sage doch um die Geschichte des Labdakidenhauses, im Epos wie auch bei Aischylos. Von daher wäre es also nicht nötig gewesen, das Kampfgeschehen so stark hineinzuziehen. Es war als Motiv da, hätte aber nicht so sehr dramatische Gegenwart annehmen müssen. Das aber ist die besondere Gestaltung des Aischylos.

Was die Gestalt des Eteokles angeht, so hat man immer wieder beanstandet, daß sie nicht einheitlich gezeichnet sei, ja daß es plötzlich einen ›Bruch‹ gäbe in seinem Charakter. Wenn es um die Befreiung Thebens gehe, sei er der perfekte König und Heerführer, wenn er sich aber selbst dem Bruder entgegenstelle, sei er der fluchbeladene Sohn des Ödipus, womit ein ganz anderes Motiv hineinkomme. Ich verweise gleich auf die wichtigste Literatur: Solmsen, *Die Erinys in Aischylos' Sieben*, 1937; Patzer, *Die dramatische Handlung der Sieben gegen Theben*, 1958; E. Wolff, *Die Entscheidung in den Sieben gegen Theben*, 1958; Lloyd-Jones, *The End of the Seven against Thebes*, 1959; Lesky, *Eteokles in den Sieben gegen Theben*, 1961; v. Fritz, *Die Gestalt des Eteokles in Aeschylus' Sieben gegen Theben*, 1962. Ich selbst habe einen Aufsatz geschrieben: *Die Wappnung des Eteokles*, 1961, auf den ich noch zurückkommen werde. Für jetzt will ich nur sagen, daß nach meiner Auffassung von einem Bruch keine Rede sein kann, weder in der Gestalt noch in der Handlung. Darum hatte ich darauf hingewiesen, wie schon im Prolog alles angelegt ist: Eteokles bereitet nicht nur die Verteidigung der Stadt vor, er weiß sich auch selbst unter dem Fluchgeist des Vaters und bittet diesen, die Stadt zu verschonen. Daß das, was ihn selbst angeht, erst kommt, wenn es an ihn herantritt, ist doch klar. Hier bei seinem Gespräch mit den Frauen verkörpert Eteokles den Gegensatz der Vernunft zum Elementaren, dem Schrecken der Frauen. Er dringt durch und fordert die Frauen zum Beten auf, aber nicht barbarisch schreiend, sondern nach griechischer Art. Der Gegensatz des Griechischen zum Barbarischen ist damals in den Perserkriegen ganz bewußt geworden und bildet auch die große Thematik der Geschichtsdarstellung des Herodot. Darum hat man solche Dinge sicher mit großer Aufmerksamkeit gehört. Die Frauen sollen beten, wie es Brauch ist in Hellas; es ist schon ein Opferschrei, aber doch kultisch gebunden gegenüber dem maßlosen Sich-Gehenlassen im Schrecken. Sie sehen, wie in der Gestalt des Eteokles als eines tatkräftigen, willensmächtigen Königs ein bestimmtes Persönlichkeitsideal vom Dichter gefaßt wird. Wir müssen mit solchen Behauptungen vorsichtig sein, nachdem Jaeger den Begriff der Paideia so ins Zentrum gerückt hat, daß er zum Inbegriff des ganzen griechischen Wesens wird, was wir ihm nicht abnehmen können. Aber es ist doch ein Faktum, daß die Tragödie wirklich erzieherisch gewirkt hat, und es war schon von großer Bedeutung, daß hier die Gestalt eines solchen idealen Politikers und Staatsmannes hingestellt wird. Aischylos kannte einen Themistokles, Miltiades, Kimon; es war eine Zeit großer Persönlichkeiten. Und so ist es bezeichnend, daß er in diesem Stück, wo die Gelegenheit sich bietet, eine solche Persönlichkeit hinstellt, die zweifellos auch wieder weitergewirkt hat.

Das setzt sich fort in der großen mittleren Szene, in der der Bote die Führer der Angreifer beschreibt und Eteokles jedem einen Mann aus den eigenen Reihen entgegenstellt. Von der Form her entspricht das dem großen Botenbericht in den *Persern*, nur daß dieser Bericht jetzt nicht durch kurze Fragen und Zwischenrufe gegliedert wird, sondern jeder Rede des Boten entspricht eine antwortende Rede des Eteokles, wobei der Akzent durchaus auf den Antworten liegt. Es sind gleichwertige Redepaare, in denen sich wieder zwei Welten gegenüberstehen: eine Welt des Siegenwollens um jeden Preis, des Machtstrebens, der Wildheit und Brutalität, und demgegenüber eine Welt der Ordnung, des Geziemenden, der Gerechtigkeit als eines objektiven Ordnungsprinzips, so wie ja auch bei Platon die Gerechtigkeit die Substanz des

Staates ausmacht. Nur einmal bildet drüben der Seher eine Ausnahme, die aber nur sichtbar macht, wie auch ein gerechter Mann in der Gesellschaft dieser Übermütigen dann mit ihnen zugrunde geht. Auch bühnenmäßig ist diese Gegenüberstellung äußerst wirksam. Entscheidend ist dabei, wie der Dichter diese inneren Dinge dadurch konkretisiert, daß er jeweils ausführlich auf die Schildzeichen eingeht, die Angreifer wie Verteidiger führen und in denen sich ihre innere Haltung deutlich ausspricht. Bei den Angreifern sind es meist furchtbare und drohende Zeichen, die apotropäische oder schreckende Bedeutung haben, ganz im alten magischen Sinn. Demgegenüber sind die Schildzeichen der Verteidiger Bilder jener ihrer anderen Welt. So wird im Bild verdeutlicht, was in den Reden gesagt wird, und beides zusammen schafft die plastische Kraft der Darstellung.

Noch etwas zum Äußeren. Ich nehme an, daß sich das alles wirklich in der Orchestra vollzieht, daß die genannten Verteidiger auf der Bühne anwesend sind. Wilamowitz hat schön gezeigt, daß wir zumal bei Aischylos mit viel mehr Statisten rechnen müssen, als man das meist tut. Wenn jeder der Männer nur drei Begleiter hat, sind das schon vierundzwanzig, es können aber auch noch mehr gewesen sein. Wenn wir zwischen den Redepaaren jeweils ein kurzes Chorstück haben, so scheint mir deutlich zu sein, daß das dazu dient, den Auszug der Kämpfer zu überbrücken. Ich betone das so sehr, weil man gemeint hat, das alles sei reine Imagination, die Sechs wären gar nicht da (etwa Fraenkel). Ich habe mich dazu in meinem Aufsatz geäußert, und Lesky hat mir beigestimmt. Ich denke, daß wir uns die Dinge bei Aischylos gar nicht farbig und konkret genug vorstellen können. Die Tragödien in Athen waren große Volksaufführungen, man hatte beliebig viele Statisten. Daß das später zurücktrat, ergab sich aus der künstlerischen Entwicklung. Heute hat man mit den Statisten meist Schwierigkeiten. Bei der Tübinger Aufführung war es darum so gemacht, daß man vor einer Mauer mit Durchblick spielte: jeweils drei Mann marschierten vorbei, setzten sich dann andere Helme auf und gingen hinten herum, um die nächste Abteilung zu bilden. Aber ich muß gestehen, daß ich es gern einmal erleben möchte, wenn die Bühne wirklich voll ist. Die dynamische Wirkung hängt nun einmal mit ab von der Menge der Menschen; es ist eine reale, elementare Kraft, die von diesen gewappneten Männern ausgeht.

Auf die einzelnen Reden will ich jetzt nicht weiter eingehen. Das Wichtige dabei ist, daß es sich in den Antworten des Eteokles jeweils um Entscheidungen handelt. Es hat Erörterungen gegeben unter den Philologen, ob diese Entscheidungen schon vorher gefallen waren oder erst jetzt vor unseren Augen. Eteokles hatte im Prolog (v. 282) gesagt, er wolle gehen und die Verteidiger bestimmen; und jetzt sagt er einmal ›ich beordere ...‹ und dann wieder ›ich habe beordert‹. Man kann es also nicht genau erkennen. Ich möchte sagen, daß ich die Frage für unwichtig halte. Man muß sich führen lassen von dem, was auf der Bühne geschieht. Entscheidend ist die Form der gültigen Berufung: der Mann *wird* erst zum Gegenkämpfer, wenn Eteokles das Wort ausspricht. Es muß ausgesprochen werden, um faktisch zu werden; ob und wann es überlegt wurde, ist ein psychologisches Problem und nicht wichtig für das Drama.

Das führt auf die Frage, ob Eteokles in seiner Entscheidung, sich dem Bruder entgegenzustellen, unter einem Wollen oder einem Müssen steht. Ich denke, daß dieser Gegensatz in Wahrheit keiner ist und nur in den Köpfen von Menschen lebt, die unbedingt die Dinge scheiden wollen. Die höchste und stärkste Weise des Wollens ist ein Nicht-anders-Können; überall, wo es um große Entscheidungen geht, kann man das sehen. Man mag an Augustin denken, an die heilige Johanna, die sich ständig getrieben fühlt und danach handelt. Ist das nun ein Wollen oder Müssen? Sie will, was sie muß, nicht anders als Luther mit seinem Wort: »Hier stehe ich, ich kann nicht anders.« So ist es immer und überall und zumal immer wieder in der griechischen Tragödie. Es gibt ein Wollen aus einem umfassenden Sein, in das der Mensch sich hineinstellt. So auch Eteokles. Es geht um die großen Entscheidungen, in denen er steht und die an ihn herantreten, die einen Zwang ausüben, aus dem heraus er dann auch wieder will. Er *muß* sich dem Bruder entgegenstellen, es hat sich so gefügt, und da soll man nicht fragen, ob er das gewußt und gewollt und sich für dies Zusammentreffen aufgespart hat. Polyneikes wird als letzter genannt, nur er ist noch übrig, so führt dies ganze Geschehen auf ihn zu. Und doch ist es deutlich, wie ihn eine mächtige Leidenschaft ergreift, mit der er auch wieder das Furchtbare *will*, wie der Chor es ihm vorwirft. Tragische Menschen stehen auch unter außergewöhnlichen Bedingungen. Es ist sogar sein Recht, wie er sagt, als Bruder gegen Bruder, Heerführer gegen Heerführer zu stehen. Indem er unter dem Fluch steht und danach handelt, handelt er zugleich auch als König. Das geht über enge Schulpsychologie und Moral weit hinaus, weil es eben in ungewöhnlichen Zusammenhängen steht. Alles ist völlig bruchlos, und doch ist es großartig so gemacht, daß sich zwei Handlungslinien überkreuzen: die eine aufsteigende von der größten Gefahr bis zur Errettung und zur Freiheit, die Linie der Stadt Theben, und eine zweite, die von der Höhe des Herrschers in die Vernichtung und den Tod hinabführt, und eben das ist die Befreiung der Stadt. Beides ist eine untrennbare Einheit. Nur so ist die Handlung, was sie ist, und wir haben kein Recht zu sagen, daß sie nicht so sein dürfte. Sie ist einheitlich in dieser Weise zweier sich ergänzender Schicksalslinien, die sich kreuzen und doch eng miteinander verbunden bleiben in ihrer verschiedenen Bewegungsrichtung.

Wichtig ist dabei, daß Eteokles nach seinem ersten großen Aufruf sich sogleich wieder faßt und von der Dike, der Gerechtigkeit her die innere Notwendigkeit seines Handelns begründet. Das sich vom Schicksal her Ergebende wird so im Sinne einer inneren Entscheidung, eines mit sich Zurategehens auch wieder sachlich gerechtfertigt.

Es folgt ein Kommos, eine Form, die wir schon kennen, aber mit einem ganz anderen Charakter als sonst, weil er nicht auf Vergangenes bezogen ist, sondern auf etwas, das kommen wird: den Wechselmord der Brüder, vor dem der Chor nun warnt und abmahnt. Eteokles weist das zurück und bekräftigt seinen Entschluß immer stärker. Da war es mir besonders wichtig und beglückend, als ich gemerkt habe, daß sich das nicht nur im Wort vollzieht, sondern daß etwas geschieht, und zwar eine Wappnung des Eteokles (wie ich meinen Aufsatz auch genannt habe). Ich bin davon ausgegangen, daß es merkwürdig und fast komisch wirkt, wenn die große Rede des Eteokles mit der Aufforderung endet, man solle ihm die Beinschienen bringen. Es ist ja immer so, daß man zunächst von einem Gefühl ausgeht, näher hinsieht und dann vielleicht sieht, daß auch andere Anstoß genommen haben. Hier waren es Wilamowitz und andere, die sich aber damit herauszureden versuchen, daß Eteokles bereits bewaffnet sei und nur die Beinschienen noch fehlen. Das ist ganz unwahrscheinlich, weil die Beinschienen immer das erste sind, das man anlegt, weil man sich später mit dem Panzer nicht mehr so gut bücken kann. Andere meinen, die übrigen Waffen müsse man sich eben hinzudenken. Ich bin der Meinung, daß wir im Text eine Lücke ansetzen müssen und daß auch die anderen Waffen genannt waren in der Reihenfolge, die wir aus den homerischen Wappnungsszenen kennen: zuerst die Beinschienen, dann folgt Panzer, Schwert und Helm, der Schild und ganz zuletzt der Speer. Daß man das Schwert nimmt, bevor man den Helm aufsetzt, erklärt sich damit, daß man es damals nicht an der Hüfte trug, sondern an einem Riemen um die Schultern, und es wäre schwierig gewesen, das über den Helm zu ziehen. Wenn also Eteokles nach den Beinschienen ruft, hat er bestimmt die übrigen Waffen noch nicht an. Man lief damals nicht gern bewaffnet herum, die Waffe war noch kein Standessymbol, und es gibt ein hübsches Beispiel bei Aristophanes, wie jemand lächerlich gemacht wird, weil er in voller Bewaffnung auf den Markt geht und sich die Eier gleich in den Helm schlagen läßt. Die Waffen werden dann angelegt, wenn man sie braucht. In den *Phoinissen* des Euripides werden die Waffen dem Eteokles beim Abgehen nachgetragen, aber da ist die Situation anders, der Kampf steht nicht wie hier unmittelbar bevor. Ich habe also eine Lücke angesetzt und auch die entsprechenden Verse gedichtet, wie man das als Philologe ja tun muß. Nicht weil ich glaube, daß es genauso bei Aischylos gestanden hätte, aber man muß wenigstens zeigen, daß es geht. Auf deutsch:

> ... Schnell! bringe mir
> Die Beinschienen, die Vorkehr gegen Lanzenwurf und Steine,
> Den Harnisch, meinen Leib zu bergen, Schwert und Schild,
> Den Helm, den sicheren, den Eisenspeer!

Es ginge auch in einem Vers: »... und die gesamte Bewaffnung des Leibes«, *panteuchía*, aber ich würde vorziehen, daß die Teile einzeln genannt werden.

Wenn das so ist, folgt nun ein zweiter Schritt, von dem ich glaubte, ihn als erster getan zu haben, aber wie ich sehe, tat ihn schon Rose in seinem Kommentar von 1957. Wenn Eteokles nach den Waffen ruft und sie ihm gebracht werden, muß er sie auch anlegen. Wie man in den Wechselreden erkennen kann, sind es gerade sechs Stationen, bei denen ihm ein Stück nach dem anderen angelegt wird – er tut es nicht selbst –, bis er zuletzt den Speer ergreift und hinausgeht. Darin, wie das Eisen so Stück für Stück seinen Leib umschließt, manifestiert sich ein immer stärkeres Umschlossenwerden von seinem Schicksal und zugleich das immer

Fester-Werden seines inneren Entschlusses, mit dem er das auf ihn Zukommende auch selber will. Wir hatten von der Kategorie des Dinglichen bei Aischylos gesprochen und seiner fast magischen Bedeutung. Es ist kein willkürlicher Symbolismus, sondern die Aischyleische Art, Äußeres und Inneres in eins zu sehen.

Es ist seltsam, daß es eine Szene bei Aischylos gibt, die geradezu ein Kommentar zu unserer Stelle ist, wo auch etwas getan wird, das der Handlung entspricht, ein Körper mit Eisen umschlossen wird: das ist am Anfang des *Prometheus* seine Fesselung an den Felsen. Der riesigen Gestalt – wohl eine Puppe – werden Handfesseln angelegt, Beinspangen um Füße und Schenkel, dann wird noch ein Keil durch die Brust getrieben, was den Unsterblichen nicht tötet. So wird er vom Eisen umschlossen und hilflos an den Felsen geschmiedet, während doch aus ihm die mächtige Kraft kommt, die das ganze Stück trägt. Seitdem ich mir das klargemacht hatte, kann ich mir auch diese Szene nicht mehr vorstellen, ohne daß das innere Geschehen im Wort begleitet wird von einem äußeren der Tat. Die große Szene, nach der Eteokles hinausgeht und nicht wiederkehrt, bekommt erst so ihre volle Kraft.

7.

Es wäre interessant, die Wappnungsszenen im Epos mit der so erschlossenen Wappnung des Eteokles zu vergleichen. Es gibt eine ganze Reihe solcher Szenen, die bei gleichbleibendem Grundschema je nach der Bedeutung des folgenden Kampfes abgewandelt und mehr oder weniger ausgestaltet werden können, etwa durch die Geschichte einer Waffe oder eine Beschreibung. Auch bei Homer sind diese Wappnungsszenen nicht nur dazu da, die für den Kampf benötigten Requisiten bereitzustellen; wie es wohl überhaupt keine Dichtung gibt, in der die aufgegriffenen Dinge des Lebens nur Requisiten wären. Und doch ist es etwas völlig anderes, wenn das nicht nur erzählt wird, sondern sich vor uns auf der Bühne vollzieht. Wieder zeigt sich das Neuartige, das das Drama bringt, im ganz Einfachen: das dichterische Wort rückt in die sinnliche Gegenwärtigkeit der Bühne. In dem Vorgang der Wappnung des Eteokles realisiert sich vor unseren Augen das Ungeheuerliche, wie ein Mensch im Schicksal steht und ihm zugleich willentlich entgegengeht.

Es folgt ein herrliches Chorlied, das noch einmal das ganze übergreifende Fluchgeschehen sichtbar macht. Auf Textkritisches will ich nicht eingehen, obgleich viel darüber zu sagen wäre. Manchem Satz muß man seinen Sinn erst abringen. Wieder ist es eine sehr kompakte, bildhafte und gleichzeitig seltsam verschränkte Sprache, die ich in meiner Übersetzung soweit es ging zu bewahren suchte. Eine Dichtung lebt in ihrer Sprachform, und das Deutsche ist zum Glück so reich an Möglichkeiten, daß man sehr viel wagen kann. Denn wenn man diese Sprachform nicht bewahren will, wozu dann das Ganze? Die Wortstellungen sind zum Teil im Griechischen genauso ungewöhnlich wie für uns, wir sollten sie also möglichst ebenso wiedergeben. – In dem großen Bogen dieses Chorlieds wird das Vergangene noch einmal zusammengesehen und auf die unmittelbare Gegenwart und Zukunft bezogen. Damit vollzieht sich der Tod der Brüder nicht vor unseren Augen, aber in jenem ›faktischen Wort‹, mit dem Ausdruck Hölderlins, der geradezu eine Kategorie bildet. Die Sphäre des Chorischen ist keine des Realen und Naturalistischen, sondern die eines höheren, ahnungsvollen Wissens, aus dem heraus der Untergang der beiden Brüder sichtbar wird. Ich betone das so stark, weil Von der Mühll in seinem Aufsatz *Der Zweikampf der Ödipussöhne* (1964) sich darüber gewundert hat, daß der darauf folgende Botenbericht sehr kurz ist. Er meint, ein längerer Bericht müsse wohl ausgefallen sein. Wir kennen die späteren Botenberichte bei Sophokles und Euripides, für die es charakteristisch ist, daß sie in epischer Weise erzählen, was sich begeben hat. Das geschieht bei Sophokles meist in großartiger Form, von dynamischen Spannungsbögen getragen, bei Euripides eher in Form großer Bilder, wie er überhaupt starke malerische Qualitäten hat. Die Frage ist, ob ein solcher episch-faktischer Bericht hier zu erwarten wäre. Ich denke nicht. Ein solcher Bericht gehört auf die Ebene des Realen, Veristischen und Naturalistischen. Hier aber ist das Geschehen immer auf dem Hintergrund des Fluchs gesehen, aus dem alles hervorgeht und in den es wieder einmündet. Das, was der Bericht funktional leisten soll, die Unterrichtung des Zuschauers, ist bereits von dem Chorlied geleistet in jener anderen Form. Die religiös-mythische, dämonische Bedeutung dieses doppelten Todes würde entwertet werden, wenn er herabgeholt würde auf die Ebene des Faktisch-Anschaulichen. Es folgt ja auch gleich noch ein Chorlied, das noch einmal das

Fluchmotiv entfaltet. Auch in dem kurzen Bericht liegt der Akzent mehr auf dem Walten des Daimon als auf dem eigentlichen Kampfgeschehen. Und wenn ein ausführlicher Botenbericht nicht notwendig ist, so ist er auch nach unserer morphologischen Betrachtung nicht zu erwarten. Er ist noch nicht herausgelöst als besondere Form, war es auch in den *Persern* nicht. Wir können sagen, der Bericht des Boten als die Ur-Rolle ist das Primäre, der ›Botenbericht‹ das Spezielle, auch in der Form Verfestigte, das in der entwickelten Dramatik seinen festen Ort hat. Das Epische wird eingeschränkt und zugleich bewahrt in einer besonderen Form, während es in der alten Urform gleichsam den Leib der Tragödie gebildet hat.

In der Stichomythie gibt es Probleme. Erbse hat darüber gehandelt in einem Aufsatz *Interpretationsprobleme in den Septem des Aischylos* (1964); ich weiche in einigem von ihm ab. Auf die Personenverteilung ist bekanntlich nie Verlaß, weil sie ursprünglich nicht dazugeschrieben wurde, sondern nur je ein Strich vor dem Vers kennzeichnet, wo ein anderer einsetzt. Wie leicht kann da einmal ein Strich verlorengehen und so eine Verschiebung eintreten. Daß irgendwo eine Lücke sein muß, ist klar. Ich würde sie nach v. 810 ansetzen und durch 805 ausfüllen, wie Sie das in meiner Übersetzung finden. Der Gegensatz, daß die Stadt gerettet wird, die Könige aber tot sind, gehört an den Anfang. ›Welche?‹ heißt dann natürlich nicht ›welche Könige?‹, sondern ist als emotionaler Ausruf zu verstehen. – Wenn in v. 820/21 noch einmal dasselbe steht wie vorn, so deutet das auf eine bestimmte Weise der Interpolation, auf die Fraenkel früh aufmerksam geworden ist. Immer wieder finden wir, daß am Schluß einer längeren Rede zwei Verse stehen, die das wiederholen, was bereits gesagt worden war. Wenn man mit dem Theater vertraut ist, sieht man, woran das liegt: man hat die Rede gestrichen, und weil ohne sie etwas fehlen würde, dichtet man zwei neue Verse, die das überbrücken. Eine andere, aber weniger wahrscheinliche Lösung wäre, die beiden Verse nach 804 zu stellen. Umstellungen gibt es immer wieder, oft aus dem Grund, daß man bei einer Kolumne, wenn man oben etwas ausgelassen hatte, es darunter schrieb mit einem Zeichen. Das wurde später weggelassen und alles hintereinander abgeschrieben, wie sich noch manchmal durch Auszählen nachweisen läßt. Auf solche philologischen Dinge will ich nur gelegentlich beispielhaft hinweisen.

Aus dem Chorlied geht es über in die Exodos, bei der die Toten gebracht werden. Hier ist der Threnos wirklich die Totenklage, während es oft nur ›Klage‹ bedeutet. Die Form dieser Totenklage ist die Antiphonik, wie wir sie auch aus dem christlichen Kult kennen: eine Stimme klingt auf und eine andere begegnet ihr, eine Art Widerhall; nicht Frage und Antwort – auch das ist möglich –, sondern ein Aufnehmen und Zurückgeben. Der Chor teilt sich dabei in zwei Halbchöre, beides Frauen, die ja auch sonst die Klage tragen. Am Schluß werden die Toten hinausgetragen, vielleicht nach verschiedenen Seiten, was ein symmetrisch schönes Bild ergeben würde. Wir hatten schon davon gesprochen, wie in dieses Stück sich etwas ganz anderes hineinschiebt: der Auftritt des Stadtboten und die beiden Schwestern Antigone und Ismene in der Rolle der Chorführerinnen. Ich meine, daß das Scharnier für die Eindichtung bei v. 861 ff. und wieder bei 883/4 liegt. Was damit geleistet wird, ist ein Doppeltes. Einmal die Individualisierung der vorher allgemeinen Halbchöre und ihrer Führerinnen. Daß bereits eine Zweiteilung vorlag, ergibt sich aus den Gestalten der beiden Brüder und ihrem verschiedenen und auch wieder gleichen Schicksal. Es sind ja Zwillingsbrüder, die in dieser Einheit wieder entzweit sind, und das führt zu der Zweiteilung auch des Chors. Diese Zweiteilung wird nun weiter individualisiert in den Gestalten der beiden Schwestern, darum mußten sie hier eingeführt werden. Das zweite ist die Vorbereitung des nächsten Einschubs, v. 1005-1053. Beim Schneiden kann man verschiedener Meinung sein, aber Fraenkel hat richtig gesehen, daß der ganze Schluß weg muß, vielleicht bis auf wenige Verse. Läßt man die Zusätze fort, so erhebt sich plötzlich alles in ganz herrlicher Sprache. Man muß sich ein sehr lebendig aufgelöstes Bild dabei denken, bunt und bewegt, nicht klassizistisch starr. Es wird immer leidenschaftlicher, die Glieder immer kürzer, es gibt Halbverse und kurze Absätze. Die Totenklage ist auch wieder ein daimonisches Wesen, das sich jetzt erhebt und ausbreitet. Die Kurve ist so geführt, daß es nach mächtigem Aufschwung wieder zur Stille kommt, wo der Daimon mit dem Tod endet. Damit ist das große Fluchgeschehen eingemündet in das Gegenwärtige und darin zur Ruhe gekommen. v. Fritz hat in seinem Buch *Antike und moderne Tragödie* gesehen, wie die Tragödien des Aischylos immer mit einer Wiederherstellung der Ordnung, des Kosmos enden, oft als Versöhnung und immer wieder mit einer institutionellen Einrichtung in Staat oder Kult. Es ist die Ordnung der Polis, die keine politische ist, sondern ein konkretes Ganzes von Menschen und Göttern, das man ebenso als Kirche verstehen mag wie als Staat; Kirche im alten Sinn als Gemeinschaft der zu einem Kult Gehörenden. Aischylos ist erfüllt von dem Wunder dieser Polis, die konstituiert wird durch Institutionen, Bräuche und Einrichtungen verschiedenster Art. Und zu zeigen, wie das gekommen ist, wie die Ordnung aus Kämpfen hervorgegangen, durch Kämpfe wiederhergestellt ist als heilige Ordnung, das ist immer wieder sein Anliegen. Anders als v. Fritz glaube ich, daß das auch in den *Sieben* so ist. Der Daimon kommt zur Ruhe, und der äußere Ausgleich ist eben, daß die beiden nun bestattet werden. Wenn wir uns die Wichtigkeit dieses Motivs überlegen, daß alles wenn nicht zur Versöhnung, so doch zur negativen Ruhe des Ausgleichs kommt, so liegt darin der letzte Beweis dafür, daß jetzt nicht eine Antigone-Handlung anfangen kann. Nicht weil überhaupt eine Handlung anfängt – was schon genug wäre –, sondern weil die Ruhe dieses Ausgleichs nicht gestört werden darf durch neue Unruhe, die auf kommende, ganz andersartige Verwicklungen hinweist. Der Gedanke der Einheit im Tod, der Vereinigung auch mit dem fluchbeladenen toten Vater ist ganz beherrschend für diesen Schluß. Es ist charakteristisch für die griechische Dichtung, mit welch unerhörter, fast mathematischer Logik die Motive durchgeführt werden. Heisenberg hat einmal geschrieben, man sehe deutlich, daß die griechischen Dichter zu dem Volk gehören, das auch die großen Mathematiker hervorgebracht hat. Nicht so, daß Zahlenverhältnisse eine besondere Rolle spielten, wie auch immer wieder einmal zu zeigen versucht wird. Aber wenn man auf die Gesetzmäßigkeit der Strukturen sieht, erkennt man, daß sie in der Dichtung dieselbe klare, bestimmte und rationale Durchzeichnung aufweisen, wie wir sie sonst aus der Mathematik und auch der Musik kennen, etwa bei einer Fuge. All das gipfelt in dem letzten Wort über Eteokles, der als Verteidiger der Stadt doch im Vordergrund steht:

Denn nach den seligen Göttern
Und der Kraft des Zeus hat *er* zumeist
Die Stadt der Kadmeer davor bewahrt,
Daß sie nicht ward um und umgekehrt
Noch von der Woge überschwemmt
Der fremdländischen Männer!

Ein Schlußepilog, den man sich gut als Grabschrift denken könnte.

8.

Wir kommen nun zu der Danaïden-Trilogie des Aischylos, von der wir das erste Stück haben: die *Hiketiden*, deutsch: Die Schutzflehenden. Dann folgten die *Aigyptioi* und die *Danaïdes* und das Satyrspiel *Amymone*. Text und Übersetzung finden Sie bei Walther Kraus, der das Übersetzen so betreibt, daß er bewahrt, was dasteht, entsprechend meinen eigenen Prinzipien. Weiter die Ausgabe von Oskar Werner, der auch die Fragmente der beiden nicht erhaltenen Stücke und des Satyrspiels zweisprachig bringt.

Das Hauptproblem bei dem Stück war die Frage der Datierung. Dazu Pohlenz, *Griechische Tragödie* II ²1954, 22 ff.; Lesky ³289 ff.; und Leskys Aufsatz *Die Datierung der Hiketiden und der Tragiker Mesatos*, 1954. Die alte Meinung war, die *Hiketiden* seien die altertümlichste Tragödie des Aischylos; Wilamowitz dachte sogar an eine Datierung vor Salamis oder gar vor 490. Diese Annahme stützte sich vor allem auf die reichen Chorpartien. Dann aber wurde diese allgemeine Ansicht, wie das in der Wissenschaft geschehen kann, umgeworfen durch einen Papyrusfund: Oxyr. XX 1952, Nr. 2256, fr. 3, die Abschrift einer Didaskalie, wo Aischylos mit der Danaïdentrilogie als Sieger genannt wird, als Zweiter Sophokles und als Dritter ein Mesatos. Damit war die Vorstellung von der hohen Altertümlichkeit des Stücks zerronnen wie Schnee in der Frühlingssonne. Denn Sophokles ist, wie wir wissen, zum erstenmal 468 aufgetreten, und zwar als Sieger. 467 hat zwar Aischylos gesiegt, aber mit der Labdakidentrilogie, und damit haben wir einen sicheren Terminus post quem. Leider ist gerade das Stück mit der Datumsangabe abgerissen; wenn der Archon-Name richtig ergänzt ist, kämen wir auf 463. Immerhin gibt es einen Lichtblick, der für das scheinbar hoffnungslose Geschäft der Philologie doch wieder hoffen läßt. Während fast alle Philologen einhellig das Stück für früh erklärten, hat Walter Nestle allein Bedenken dagegen geäußert, schon in seiner frühen Schrift über die Struktur der attischen Tragödie (1930) und später im Hermes und den Tübinger Beiträgen, wo er sagt, das Stück gehöre in die sechziger Jahre. In seiner Bearbeitung der Droysenschen Übersetzung datiert er es auf 462. Die Begründung dafür wollte er an einem anderen Ort geben, wozu es leider nicht mehr gekommen ist, weil er nach der Katastrophe auf einem einsamen Hof erschlagen wurde. Sein Ansatz beruhte auf Formuntersuchungen, also der Morphologie, und es ist wundervoll, wie hier ein Mensch die Nüchternheit bewahrt und seine Meinung gegen alle anderen vertreten hat. Denn man hat ihm natürlich nicht geglaubt, ihn gar nicht ernst genommen, und nun sind wir alle beschämt. Das wollte ich gerade wegen des Schicksals dieses Mannes hervorheben; es ist sehr traurig, daß er die Bestätigung nicht mehr erlebt hat. Damit kommen wir wieder zur Morphologie und betreten damit den Boden nicht nur des Meinens, sondern des Feststellbaren.

Aber zunächst einiges zum Ganzen der Trilogie, damit der allgemeine Hintergrund des Stücks deutlich wird. Es handelt also von den Danaos-Töchtern, eine Sage, die vor allem mit Argos zu tun hatte und dort auch tradiert wurde. Io wurde von Zeus geliebt und von der eifersüchtigen Hera in eine Kuh verwandelt, die von Argos, einem hundertäugigen Riesen, bewacht wurde. Hermes tötet den Wächter, aber Io wird nun von einer wieder von Hera gesandten Stechfliege verfolgt und in den Wahnsinn getrieben, der sie weit über die Erde führt. Das erfahren wir im *Prometheus*, wo sich diese beiden von Göttern Verfolgten begegnen und wo der Gefesselte der Herumirrenden den Weg und die Zukunft ansagt: in Ägypten werde Zeus sie ›berühren‹ und sie ihm einen Sohn gebären, der nach dieser Berührung Epaphos genannt wird. Und nun werden verschiedene Sagen zusammengeklittet, wie öfter in der Sagengeschichte. Epaphos hat einen Sohn Belos, dieser hat Zwillingssöhne: Danaos und Aigyptos, der eine Zwilling hat fünfzig Töchter, der andere fünfzig Söhne, und damit kommen wir zu unserer Handlung. Die Danaos-Töchter fliehen, als die Vettern Anstalten machen, sie zu heiraten, und kommen zurück in die Heimat ihres Geschlechts, nach Argos. Soviel zur Vorgeschichte, die man wissen muß, zumal sie ständig in Andeutungen mit hineingezogen wird. Die Sage wurde auch in einem kyklischen Epos behandelt, der *Danaïs*. Unser Stück heißt *Die Hiketiden*, weil das zentrale Stück eine Hikesie ist, eine kultische Handlung, in der ein Schutzbedürftiger Schutz erfleht und auch erhält. Sie werden aufgenommen von Pelasgos, dem Herrn des Landes, und als ein Herold der Ägypter erscheint mit Häschern, die die Mädchen ergreifen sollen, weist Pelasgos ihn zurück, und es endet damit, daß sie wirklich aufgenommen werden in der Heimat ihrer Urmutter Io. Das ist der einfache Hergang des Stücks, und das bringt uns auf eine interessante Betrachtung. Immer wieder heißt es, wenn wir von nichterhaltenen Stücken den Hergang nur ungefähr wissen, das könne doch nicht eine ganze Tragödie gefüllt haben. Aber wenn wir von den *Hiketiden* nur das wüßten, was ich eben als den Inhalt angegeben habe, dann wüßten wir auch nicht, was für eine Tragödie das sein könnte. Das wollen wir festhalten, zumal für das dritte Stück der Promethie. Der Dichter kann eben aus sehr wenig äußerer Handlung eine reiche innere Handlung gestalten, und dafür sind die *Hiketiden* ein schönes Beispiel. –

Für die anderen beiden Stücke haben wir nur wenige Fragmente und sind auf Vermutungen angewiesen. Die Sage wird erzählt bei Apollodor II 1, 4-7. Apollodor berichtet uns viele Sagen, und zwar oft in der Form, wie sie erst die Tragödie gestaltet hat, so daß wir ihn für die Rekonstruktion mit heranziehen können.

Ich will hier gleich vorwegnehmen, was das Satyrspiel angeht, weil wir uns damit wohl nicht weiter beschäftigen werden. Auch darüber wissen wir durch Apollodor und einige Fragmente. Es muß ganz entzückend gewesen sein, wie überhaupt die Satyrspiele des Aischylos, von denen wir nun durch Funde einiges kennen. Zum Satyrspiel gehört, daß es nicht komisch ist, sondern heiter, in einer ganz anderen Art als die Komödie. Die Komödie kommt letztlich von dem alten Aufzug des Chors, der vor das Volk tritt und die Schäden innerhalb der Gemeinschaft rügt; eine Form, die noch in der Parabase erhalten ist und erst im Gefolge der Tragödie allmählich eine Art Handlung gewinnt. Das Satyrspiel aber ist nicht Rüge, sondern Schwank, dionysischer Schwank, getragen von einem Chor von Satyrn, die von Silen angeführt werden und sich echt dionysisch benehmen, zumal wenn Nymphen in der Nähe sind, wie Vasenbilder zeigen. Das wird meist hineingebaut in eine kleine Handlung, in der in liebenswürdiger Weise das Plumpe, Schwankhafte, Naive zum Ausdruck kommt. Die Komödie hat keine Naivität, hier aber ist es die Grundhaltung. Wunderschön ist das in den *Netzfischern,* wo Danaë im Kasten bei der Insel Seriphos angeschwemmt wird. Die

Satyrn ziehen den Kasten an Land und staunen: ein Kastenfisch! Und staunen noch mehr, wenn der Kasten aufgeht und eine wunderschöne Frau herauskommt mit einem kleinen Kind an der Brust. Es ist die Perseussage aus der Sicht dieses harmlos Naiven. Das naive Staunen ist die Grundhaltung dieser einfachen Burschen, ganz fern der Komödie, wenn Aristophanes das gelegentlich auch mit hineinzieht. Es sind Elementarwesen, die da tanzen und sich freuen. So auch in der *Amymone*. In Argos gibt es kein Wasser; Poseidon hat sich geärgert, weil auf das Zeugnis des Inachos hin das Land der Hera zugesprochen wurde, und hat alle Quellen austrocknen lassen. Darauf schickt Danaos seine Töchter aus, um Wasser zu suchen. Eine von ihnen, Amymone, trifft auf einen Satyr, der seiner Natur gemäß aggressiv wird und sie in nicht erwünschter Weise liebhaben will. Poseidon kommt hinzu, befreit das Mädchen und prügelt den Satyr hinaus. Dann findet er aber auch, daß sie sehr anziehend ist, und was sie dem Satyr versagt hat, gewährt sie nun Poseidon: er legt sich zu ihr, und zum Dank dafür stößt er den Dreizack in den Boden und läßt eine Quelle aufsprudeln. Es ist klar, daß Amymone einen Sohn bekommt; aus solchen Verbindungen von Göttern und Menschen entstehen ja die großen Adelsgeschlechter. – Wie das im einzelnen gemacht war, kann man nicht wissen, aber Sie sehen, daß der Grundton derselbe ist wie in den *Netzfischern*. Es ist ein Jammer, daß man nicht mehr davon hat, so daß man es auch spielen könnte. Von Sophokles kennen wir aus Fragmentfunden die *Spürhunde*, ein Spiel, das die Einsetzung der Musik durch die beiden Götter Hermes und Apollon behandelte. Der kleine Hermes hatte die Leier erfunden, und als er dem Bruder Apollon die Rinder gestohlen hat, bietet er sie dem Erzürnten zum Ersatz. So empfängt jeder aus der Hand des anderen sein Eigenstes. Man müßte das Stück eigentlich ergänzen, wie ich es als Student einmal versucht habe. Kurz, es ist eine entzückende Welt, die wir im Satyrspiel vor uns sehen und die ich Ihnen bei dieser Gelegenheit doch kurz vorführen wollte. Schon bei Sophokles hat sie eine erhabenere Form gewonnen, wie sich aus dieser Einsetzung der Musik erkennen läßt. Bei Euripides geht es in das Schauspiel über, gelöst vom Mutterboden des Volkstümlich-Schwankhaften. Sein *Kyklops* hat nicht mehr die alte Kraft und ist gedanklich geworden wie alles bei ihm. Bei Aischylos aber ist es noch ursprünglich, und es muß sehr belebend gewesen sein, wenn nach der Tragödie mit ihrem ernsten und blutigen Geschehen dies heitere Spiel folgte. –

Was die anderen Stücke der Trilogie angeht, so ist es klar, daß das zweite Stück das bringt, was im ersten angedeutet ist, als der Herold zurückgewiesen wird: Krieg zwischen Argos und den Aigyptossöhnen, wie der König gefürchtet hatte. Ob Pelasgos fällt, ist unsicher. Die Ägypter müssen irgendwie die Oberhand gewinnen; es kommt zum Vergleich, und wahrscheinlich stimmt das Volk zu, daß die Mädchen heiraten sollen. Es ist auch schwer verständlich, warum sie das nicht sollten. Man hat sie als eine Art Amazonen gedeutet, andere haben das wieder bestritten. Nach allgemeiner griechischer Auffassung war es jedenfalls ganz natürlich, daß Mädchen heiraten; sie durften doch nicht weglaufen und sagen, sie wollten nicht. Sie werden also gezwungen, und so kommt es zur Katastrophe: der Vater gibt den Mädchen Dolche mit, und in seinem Auftrag erdolchen sie die Männer in der Brautnacht. Nach überwiegender Auffassung endet es damit, daß die Chöre abzogen mit Hochzeitsgesängen, so daß die eigentliche Ermordung zwischen den Stücken liegen würde (so auch Lesky [3]291 f.). Ich glaube das nicht, obgleich man so etwas schwer beweisen kann, und halte es für wahrscheinlicher, daß die Brautnacht vergeht und dann ein Bote kommt und die Ermordung meldet, worauf es mit einem Threnos endet. Die Tat ist also geplant und wohl in dem Stück auch schon ausgeführt.

Im dritten Stück wird gezeigt, daß eine von den Fünfzig den Mann nicht gemordet hat wie die anderen: das ist Hypermestra mit ihrem Gatten Lynkeus. Die Handlung ist nun so, daß ihr dafür geradezu der Prozeß gemacht wird, wie ein Zeugnis ausdrücklich sagt. Ob das eine richtige Gerichtsverhandlung war wie am Schluß der Orestie oder ob nur eine Verurteilung durch Danaos als Vater gemeint war, weiß man nicht. Dann aber ist Aphrodite erschienen und hat eine Rede gehalten (Fr. 55 oder 125 [Mette 1959]; Fr. 44 Radt): ›... Es strebt der reine Himmel, die Erde zu verwunden (in die Erde einzudringen); Eros erfaßt die Erde, daß sie teilhaft werde der Hochzeit. Der Regen, der vom Himmel herabfällt, befruchtet die Erde, und sie gebiert den Sterblichen die Würfe der Schafe und die Frucht der Demeter. Die Jugend der Bäume wird durch die Hochzeit wie ein Tau benetzt und vollendet, und alles dessen bin ich Ursache.‹ Also ein großes kosmisches Bild, wie Aphrodite die Welt durchwaltet und die heilige Hochzeit stiftet zwischen Himmel und Erde, aus der alles Leben hervorsprießt. Der Gedanke kann nur gewesen sein, daß, wenn das so ist, auch der Mensch sich fügen und die Frau also heiraten muß. Und so gut wie sicher ist, daß Hypermestra befreit wurde und man eine regelrechte Hochzeit ansetzte, vielleicht auch die Hochzeit der übrigen Danaiden mit anderen Männern, so daß es auch hier nach schweren Kämpfen zu einer Versöhnung kommt, die sich in einer Institution, der Institution der Ehe niederschlägt. So ist es immer wieder bei Aischylos, wie ich schon bei den *Sieben* betont hatte. Dieser Gedanke des Ausgleichs steht im Gegensatz zu der modernen Auffassung, die am Tragischen vor allem das Unauflösliche betont. Aber diese Tragik ist nicht Aischylos. Er kennt die großen Schicksalsbewegungen über Geschlechter und Jahrhunderte hin. Da sind die Mächte der Urzeit, die sich bekämpfen und dann doch zu einem Ausgleich gebracht werden, der sich sogar fruchtbar auswirkt, indem durch ihn neue Ordnungen gestiftet werden: Ordnungen des Staates, des Kults, des Rechtlichen wie des Religiösen. Auch das entspricht dem Geist der Generation, die die chaotischen Kämpfe der Perserkriege erlebt hatte und dann auch das Wunder, wie die Gefahr beseitigt wurde und eine neue Ordnung sich erhoben hat. Auch die innere Ordnung Athens, die ja immer als Grundlage auch des Geistigen gesehen wurde, ist jetzt nach dem sechsten Jahrhundert wieder erneuert und begründet nun alles weitere. Darum sind diese Ordnungen ein so wunderbares Erlebnis für den Menschen jener Zeit. Die Tiere fressen einander auf, wie Aischylos einmal sagt, die Menschen aber kennen das Recht. So steht auch hier am Schluß nach den Kämpfen zwischen dem männlichen und dem weiblichen Prinzip eine Versöhnung durch die Stiftung der Ehe, dieser großen kultischen Institution, die von Aphrodite selbst begründet wird. Wir kennen ein Stück des Euripides, den *Hippolytos,* in dem der Aphrodite ein anderes göttliches Prinzip gegenübertritt: Artemis, die die Keuschheit liebt. Dort stehen sich die beiden Göttinnen auch persönlich gegenüber, die eine am Anfang, die andere am Schluß, die Menschenhandlung umrahmend. Aber auch in den *Danaïden* wird das Auftreten der Göttin durch die Betonung eines Gegenprinzips vorbereitet gewesen sein. Dies Gegenüber zweier Prinzipien in der Gestalt göttlicher Mächte ist etwas, das die Griechen immer wieder aufgegriffen und auch in der Tragödie dargestellt haben.

Soviel über die Trilogie, die wir wenigstens in ihren Hauptgedanken noch fassen können. Wenn wir nun unser Stück, die *Hiketiden,* ansehen, wie es gebaut ist, werden wir daraus auch für die folgenden einiges gewinnen können. Wenden wir uns also dem Schema zu (s. Schema 5) und versuchen, dem Gerüst noch etwas Fleisch zu geben. Es beginnt in der alten Form, ohne Prolog, mit einer lang hingezogenen Parodos und einem Chorlied. Dann eine Rede des Danaos und ein Wechsel, aber diesmal rein iambisch, in dem Danaos, wie Eteokles in den *Sieben,* die erregten Frauen zur Besonnenheit mahnt. Das geht ohne Chorlied – wie in den *Persern* nach der Atossa-Szene – in den Auftritt des Pelasgos über, das erste Epeisodion: die Überredung des Königs und seine Entscheidung, die Flüchtigen aufzunehmen. Dann wird Danaos in die Stadt geschickt, die Aufnahme vorzubereiten, Pelasgos folgt, und der Chor singt ein Lied mit einem Gebet an Zeus. Ein kurzes zweites Epeisodion: Danaos kommt zurück und meldet die Bestätigung der Aufnahme durch das Volk. Der Chor singt ein Segenslied auf die Stadt. Hier ein starker Einschnitt; bis hierhin geht der erste Teil des Stücks.

Jetzt eine Wendung: Eigentlich müßte ein Bote kommen und berichten, daß die Ägypter nahen. Daß sie kommen werden, wissen wir von Anfang an; darauf bezog sich die Angst der Frauen im ersten Stasimon. Jetzt aber kommen sie wirklich, und das wird nicht von einem Boten gemeldet, sondern der Dichter verwendet wieder das Mittel der Mauerschau: Danaos sieht, wie die Schiffe herankommen. Dies Motiv, daß jemand in die Ferne schaut und sieht, was da herankommt, hat weitergewirkt bis in Wagners *Tristan,* wo ich übrigens glaube, daß Wagner die Szene dieser Stelle nachgebildet hat. Wagner kannte Aischylos ja genau. – Wieder ein lyrisch-iambischer Wechsel, dann geht Danaos, um Hilfe zu holen, und während er weg ist, kommt ein Herold der Ägypter mit Schergen, die sich auf die Mädchen stürzen und sie wegschleppen wollen. Es muß eine sehr bunte und bewegte Szene gewesen sein mit mächtiger Statisterie, bewegte Dramatik auf der Bühne wie selten in der Antike. Als es am schlimmsten ist, kommt der König mit Bewaffneten und weist den Herold in seine Schranken. Er zieht sich zurück, droht aber mit Krieg. Wieder eine Chorpartie, Anapäste und die Exodos in großem lyrischem Wechsel, wobei der Chor aufgeteilt ist in die beiden Halbchöre der Danaïden und ihrer Mägde.

5. Die Hiketiden ca. 463 v. Chr.

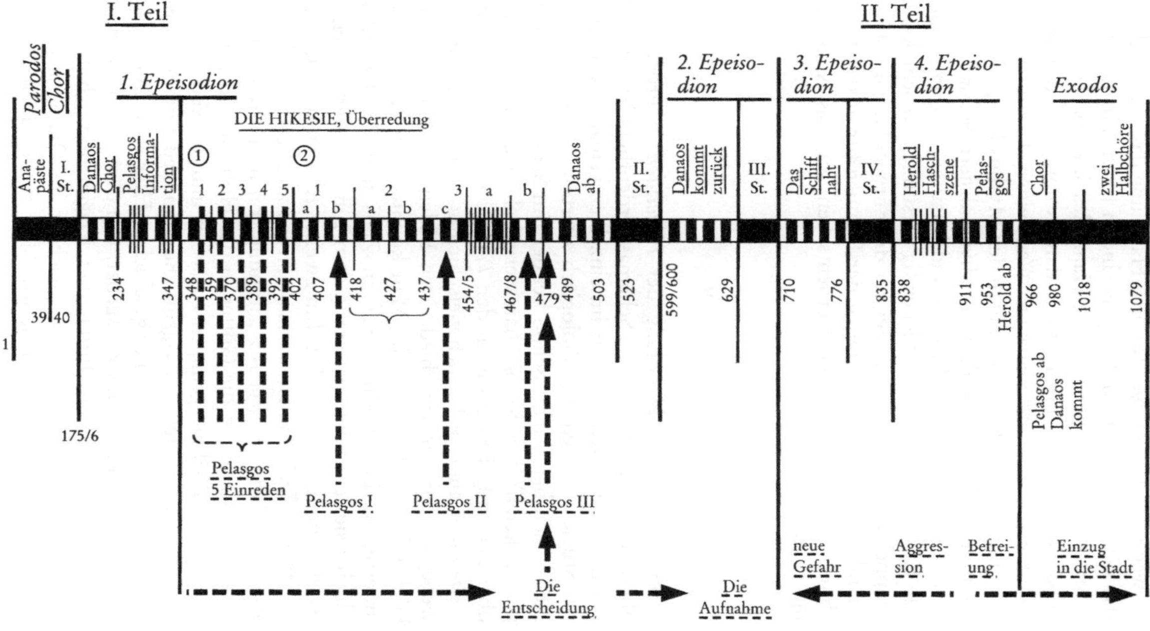

Wenn wir fragen, was für eine Handlung das ist, so sehen wir, das Ganze ist nichts anderes als eine in festen Formen durchgeführte Hikesie, woher auch der Name des Stückes genommen ist. Also eine kultische Form, die es damals immer wieder im Leben gab, wird hier in ganz neuartiger Weise einer Handlung zugrunde gelegt, einer Handlung, die durch den Mythos festgelegt war und die nun wieder diese Kultform individualisiert. So ist für die Tragödie eine neue menschliche Grundsituation gewonnen, und die alte Kultform füllt sich mit lebendig persönlichem Schicksal, eine Doppelheit, die immer wieder für die Entwicklung der Tragödie charakteristisch ist. – Damit ist der Rahmen für unsere Untersuchung geschaffen, und wir werden sehen, was das Neue ist, das ihn ausfüllt.

9.

Nachdem wir die Handlung der *Hiketiden* in großen Zügen überblickt und anhand eines Schemas verdeutlicht hatten, müßten wir nun betrachten, wie das im einzelnen gemacht war, wieweit das Stück in seinen morphologisch altertümlichen Formen ganz Neues sichtbar macht. Schon bei der (im Schema noch schwarz gezeichneten) Parodos ist charakteristisch, daß die Dinge gegenüber der einfachen Form in den *Persern* und auch noch in den *Sieben* hier außerordentlich vielschichtig sind. Es ist wie ein Gewebe, in dem die verschiedensten Fäden ineinanderlaufen; ein höchst kunstvolles Gebilde. Man könnte es in vier Abschnitte unterteilen. Zuerst ein Anruf an Zeus und der Grund ihrer Flucht: sie sehen ein Unrecht in dem Tun ihrer Vettern; ein Motiv, das immer wiederkehrt. Ein zweiter Abschnitt berichtet, wie der Plan aufgekommen ist, nach Argos zu fliehen, und die Begründung dafür in ihrer Abstammung von Io. Drittens eine neue Wendung: sie bitten die Götter in der Höhe wie in der Erdentiefe, die Aufnahme gelingen zu lassen und die Verfolger abzuwehren. Als viertes das eigentliche Standlied mit dem großen Überblick über die Stammesgeschichte. Hier steht in der vierten und fünften Strophe das Zeusgebet, von dem wir noch sprechen werden. Dann erneute Bitten und Klagen und schon hier die Drohung des Selbstmords, die nachher im Dialog wieder aufkommt. Die Götter werden, wie öfter in der alten magischen

Welt, geradezu gezwungen, indem man ihnen die Befleckung ihrer Altäre androht. Auch eine Art Vorwurf gegen Zeus kommt auf: wie hat er nur der Io so viele Leiden geben können, und was tut er jetzt wieder! Es ist das Problem der Theodizee, das das spätere Europa so umtreiben wird. Wir werden noch im *Prometheus* sehen, wie sehr Aischylos daran liegt, sich mit dem Problem auseinanderzusetzen, wie der Gott der Gerechtigkeit durch so viel Unrecht zur Herrschaft gekommen ist. Denn das war für ihn heilige Geschichte, die er nicht einfach umgehen konnte.

Besonders greifbar aber wird das in dem Zeusgebet, das wir nun genauer betrachten wollen. *hímeros* heißt eigentlich das Verlangen; hier könnte man es fast mit ›Wille‹ übersetzen. Man lebt noch in einer Welt, die Willensregungen vornehmlich als Triebe kennt. Ähnlich bei Homer, der noch nicht so scharf wie später Platon zwischen dem Triebhaften und dem Vernunftmäßigen unterscheidet, sondern Gut und Schlecht hängt eben ab von der Güte der Triebe. So auch hier. Das Verlangen des Zeus ist sein Wille, griechisch gab es kaum ein anderes Wort dafür. *bulé* ist der Ratschluß, was mehr auf das Inhaltliche geht. Dieser Wille des Zeus ist so gewirkt, daß er nicht leicht zu erjagen ist: man kann ihm nicht nachsetzen und ihn wie ein Wild erbeuten und zur Strecke bringen. ›Überall lodert er auf, auch in dunkler Finsternis, zusammen mit schwarzer Schickung den sterblichen Menschen, und er fällt ohne Wanken‹ – ein merkwürdiges Oxymoron! – ›und nicht auf den Rücken, wenn im Haupt des Zeus vollendet ist eine Sache, die unbedingt zuende kommt.‹ – Wir brauchen gar nicht von ›Vollendung‹ zu sprechen, sondern können ruhig bei ›Ende‹ bleiben. Beim Menschen sind es nur wenige Dinge, die er zum Ende bringt, und die sind meist nicht bedeutend. Der Gott denkt nichts, was nicht auch zum Ende kommt. – ›Denn durch das Dickicht und im Dunklen erstrecken sich hin die Pfade der Gedanken des Zeus, nicht so, daß man darauf hinweisen und sie erkennen und sehen kann.‹ – Hier ist das Geheimnis des Willens Gottes gesehen. – ›Und er stürzt von den hochgetürmten Hoffnungen die Menschen, daß sie ganz ins Verderben kommen, und rüstet doch keine Gewalt.‹ Alles, was Götter tun, ist mühelos – ein uralter theologischer Gedanke, den wir schon bei Homer und Xenophanes haben. Aischylos hat Xenophanes sicher gekannt, der von seinem neuen Gott gesagt hatte, daß er alles rein durch Nus, Geisteskraft bewegt. Das geht bekanntlich zurück auf die Homerstelle im achten Iliasbuch von der goldenen Kette, an der der Gott mühelos das Weltall schwingen läßt. So also auch hier. – ›Sitzend auf den erhabenen Sitzen, führt er seinen Gedanken aus von sich selbst her‹ (oder: ›von ihm selbst her‹) – das heißt, ohne daß er Mittel und Instrumente brauchte – ›von seinen heiligen Sitzen.‹ – Und nun die Bitte: er möge schauen auf die Hybris der Menschen und sich gegen ihre Feinde wenden und ihren rasenden Vorsatz, der wie ein Stachel ist, wo man erst hinterher den Trug erkennt, der in der Verblendung liegt.

Sie sehen, wie bedeutungsvoll dies Stück ist, fast für sich stehend im Zentrum der Parodos, auch in der Ponderation das eigentliche Kernstück. Es ist ein Stück Zeus-Theologie, ein Versuch des Dichters, sich des Wesens dieses großen Gottes zu bemächtigen, der immer mehr gerade *sein* Gott geworden ist. Ich habe schon öfter darauf hingewiesen, daß unter den verschiedenen griechischen Göttern nur zwei eine eigentliche Theologie entwickelt haben. Das ist einmal Zeus, beginnend mit der Dike-Spekulation des Hesiod, die bei Solon und Aischylos weiterentwickelt wurde, worauf vor allem Platon folgt, bei dem Zeus eine große Rolle spielt. In den Nomoi vollzieht sich das ganze Gespräch auf Kreta auf einem Weg, den man hinaufsteigt zur Geburtsgrotte des Zeus – ein gewaltiger Weg, wie man weiß, wenn man Kreta kennt –, und das ist nicht zufällig. Die andere Theologie ist die des Apollon, vor allem von Delphi her entwickelt, die mannigfaltig in Literatur und Dichtung hineingewirkt hat, bei Pindar, Sophokles und auch sonst. Hier haben wir es mit Zeus zu tun: eine Auseinandersetzung mit ihm als dem Gott, dessen Wille nicht erkennbar ist und doch überall aufflammend, der immer unbedingt zum Ende gelangt, der den Hoffärtigen demütigt und doch nie Gewalt braucht als Waffe, der ohne Mühe handelt, wie es die Art der Götter ist, der oben sitzt und von dorther aus sich selbst heraus seine Pläne verwirklicht. Dies ist das erste Beispiel für eine Zeusspekulation bei Aischylos. Das nächste, worauf dies kleine Stück vorausweist, ist der berühmte Zeushymnos im *Agamemnon,* ebenfalls in der Parodos, ein merkwürdig eingesprengtes Stück: ›Es gibt eine gewisse Huld der Götter, die da mit Gewalt sitzen auf dem erhabenen Verdeck ...‹ Also die Menschen rudern und die Götter sitzen auf dem Verdeck wie der Bootsmann auf dem Schiff. Aber indem sie so gewaltsam dasitzen, geht doch eine Art Charis von ihnen aus. Auf diese Affinität, die die

Hiketiden in die Nähe der Orestie rückt, wollte ich jetzt schon hinweisen.

Wir müssen noch einmal darauf zurückkommen, was die Hikesie, das Schutzsuchen, als menschliche Grundsituation bedeutet. Wir sehen, daß das Motiv immer wieder in Tragödien dargestellt war, etwa am Anfang des *König Ödipus*, aber es gab auch in späterer Zeit noch Stücke, die diesen Titel führten, wie das berühmte Stück des Euripides, das in damals aktuelle Verhältnisse hineinzielte. Es ging um eine Bittgesandtschaft, die die Bestattung der vor Theben gefallenen Sieben bewirken sollte, ging in Wahrheit aber auf eine Situation seiner eigenen Zeit, als man auch einmal die Herausgabe von Gefallenen verweigerte, die inzwischen allgemeine Sitte geworden war. Das Stück ist noch in unserem Jahrhundert wieder aufgeführt worden und hat sich als sehr wirksam erwiesen. Auch in den *Herakliden* des Euripides gab es eine Hikesie für die Aufnahme der Söhne des Herakles in Athen. Zumal Athen wurde gern als eine solche Schutzmacht dargestellt und hat sich auch selbst so gefühlt. Es war ein fester Grundsatz der athenischen Politik und Propaganda, aber ganz ernst gemeint: der Gedanke des Freistaats war zugleich der einer Freistatt für alle Verfolgten. Der *Ödipus auf Kolonos* des Sophokles ist ganz darauf aufgebaut, eine gleichsam gesteigerte Hikesie, wo der Flüchtling eingeht in eine heilige Sphäre und zum Heros wird. Die äußere Form einer solchen Bitte um Schutz war, daß man mit Binden und Wollfäden umwickelte Zweige in der Hand hielt und sie auf den Altar legte. Dann setzte man sich an den Altar, bis die Bitte gewährt war, worauf man die Zweige wieder mit sich fortnahm. Das hat man religionsgeschichtlich so gedeutet, daß die Zweige den Menschen selbst darstellen sollten, der sich gleichsam gefesselt darbietet; ein Analogiezauber, der eine Art Zwang bedeutete für den Angerufenen. Aber wie immer es zu verstehen ist, es war eine Form, die damals von größter Bedeutung war. Man muß sich einmal klarmachen, daß wir heute in einem Rechtsstaat leben oder doch wenigstens diese Auffassung haben, wo es genug Instrumente gibt, die man in Notsituationen für sich wirksam machen kann. Aber überall, wo noch lockere Rechtsverhältnisse herrschen, treten bestimmte Kultformen an diese Stelle. So gab es auch bei den Griechen Satzungen verschiedenster Art zum Schutz für Alte und Schwache, für Eltern, Kinder oder politisch Verfolgte. Aber es war kein Zwang, sondern nur eine mehr gesellschaftliche als ethische Verpflichtung, ähnlich wie im Feudalismus des Mittelalters. Seit dem Aufkommen des Absolutismus mit seinen strengeren rechtlichen Verhältnissen tritt das alles zurück. Das muß man sich vor Augen halten, um ein solches Motiv in seiner vollen menschlichen Bedeutung zu verstehen. Es kann sein, daß für den um Schutz Gebetenen ein Konflikt daraus entsteht, daß etwa Gründe der Staatsräson der Aufnahme widersprechen, wie hier in den *Hiketiden.*

Es wäre interessant, die moderne Poesie einmal daraufhin durchzugehen, wieweit auch sie wirkliche Grundsituationen und institutionelle Formen aufgreift. Ich habe das in meinem Aufsatz über Shakespeare und die griechische Tragödie getan und dabei festgestellt, daß Shakespeare solche Situationen fast durchgehend hat, auch Goethe, wenn es bei ihm auch oft nicht gerade die großen Haupt- und Staatsaktionen sind, während Schiller, soweit ich sehe, erst langsam dazu hinfindet. Am Anfang hält er sich weitgehend an die intimen Bereiche, was er auch später nie ganz losgeworden ist. So braucht er noch im *Wallenstein* das Liebespaar, das immerhin von Bedeutung sein mag als Gegenbild jugendlich heller Art. Aber wozu es auch im *Tell* noch da ist, läßt sich nicht einsehen. Es war mir sehr interessant, daß in einer modernen Aufführung der Versuch gemacht wurde, den *Wallenstein* ohne Frauen zu geben, und er gewann dadurch fast shakespearische Kraft. Vielleicht hätte sich Schiller im *Demetrios* davon befreit. Überhaupt hat man das Gefühl, daß mit dem *Demetrios* ein ganz neuer Stil beginnt, und wenn Schiller länger gelebt und gedichtet hätte, würde man heute vielleicht sagen, daß seine große Dramatik damit anfing. – Ich meine also, daß die Situationen, in denen ein Dichter gestaltet, von höchster Bedeutung sind für seine Kunst. Die Einzelhandlung wird hineingeformt in allgemeine Bezüge, wodurch sie neue Obertöne gewinnt, während das Intime beliebig ist. Bei dem großen Dichter sucht sich der Strom des Geschehens nicht beliebig seinen Weg, sondern wird in diesen Formen aufgefangen und gleichsam von Schale zu Schale weitergegeben, und es ließe sich zeigen, wie gerade darauf die Größe der Dramatik beruht. Man mag hierzu vergleichen, was Goethe über die Bedeutung der Sakramente für das menschliche Leben gesagt hat. Auch bei modernen Dichtern ist das Gefühl dafür noch da, etwa bei Brecht und Eliot, bei dem es ganz neue Ausprägungen gewinnt.

Die Hikesie ist eine solche menschliche Grundsituation von höchster Relevanz, und wir werden nun sehen, wie das vom Dichter gestaltet wird. Das ganze Stück ist nichts anderes als eine dramatisch durchgestaltete Hikesie. Es besteht aus zwei Teilen, wenn wir einmal die Parodos beiseite lassen, obgleich in ihr eigentlich der erste Teil schon beginnt. Dann aber kommt im ersten Epeisodion die eigentliche Hikesie, in verschiedenen Etappen, die wir noch betrachten werden. Sie ist zunächst einmal erfolgreich, der König verspricht Schutz und Aufnahme. Da aber die Stadt sich zwar als Königtum darstellt, aber doch als eine Art demokratisches Königtum, wie es auch in Athen ursprünglich gewesen ist, hat der König nicht die volle Verfügungsgewalt, sondern auch die Versammlung muß darüber beschließen. Also zwei Stufen der Aufnahme: einmal, daß der König sich überreden läßt, dann im zweiten Epeisodion, als Danaos wiederkommt und die Aufnahme durch die Volksversammlung meldet. Bis dahin also eine aufsteigende Handlung. Nun folgt der zweite Teil, in dem ein Gefahrenmoment aufkommt, retardierend für die Hikesie. Denn mit der rechtlichen Aufnahme ist die faktische Aufnahme noch nicht vollzogen; es kann immer noch etwas dazwischenkommen, und das geschieht auch mit dem Kommen der Ägypter. Die an sich rechtlich vollzogene Aufnahme muß nun realisiert werden, und das geschieht so, daß sich der König dem Herold als dem Anführer der Ägypter entgegenstellt. In dieser Auseinandersetzung muß der Herold weichen, nachdem er noch mit Krieg gedroht hat, vorausweisend auf das nächste Stück. Der Herold ist in der Tragödie meist unverschämt, zumal später bei Euripides; der König antwortet mit Würde. Und endlich der Schlußteil, in dem die Danaïden wirklich in die Stadt aufgenommen werden und ein Haus bekommen, gleichsam zu Bewohnern werden. Bisher waren sie noch draußen vor der Stadt, nun werden sie wirklich in den Bereich der Stadt aufgenommen. Noch einmal Aufrufe und Ermahnungen, vor allem zur Sittsamkeit – es sind immerhin viele hübsche fremde Mädchen, die da in die Stadt kommen, und das kann schon Aufregungen verursachen. Dann die Exodos, nicht als ein dritter Teil, sondern als Schluß, so wie das Ganze mit der Parodos begonnen hatte, und dazwischen die beiden Hauptteile der Handlung: die Aufnahme, die stufenweise immer mehr verwirklicht und vollendet wird.

Interessant ist, wie in der Exodos eine neue Ungewißheit hereinkommt, und dafür hat der Dichter ein ganz neues Mittel finden müssen. Von den Danaïden konnte die Ungewißheit nicht kommen, sie konnten nur noch danken und Segenslieder singen, wieder in festen kultischen Formen: Segenslieder gegen Krankheit, Aufruhr, Schaden an Feld und Vieh. Dabei konnten nicht neue Bedenken laut werden. Darum hat der Dichter sich eines neuen Kunstgriffs bedient: er spaltet vom Chor einen Halbchor der Mägde ab und läßt beide Chöre antiphonisch singen, und in dem Teil der Mägde können nun neue Bedenken aufkommen. Es ist bemerkenswert, daß hier in der Exodos, nachdem die Hikesie erfolgreich abgeschlossen ist, sich dies Neue regt, und die Leute, die den *Sieben*-Schluß für echt halten, haben auch darauf hingewiesen. Der Unterschied ist nur, daß es hier das erste Stück einer Trilogie ist und dort das dritte, wo Vorausverweise auf spätere Handlung nicht erwartet werden konnten.

Soweit die Gesamthandlung. Nicht das Motiv der Hikesie ist also das Neue, sondern das, was sich für Ausbau und Entwicklung der Handlung daraus ergibt. Einmal wird die Handlung zielhaft, noch stärker als in den *Sieben*. Dort waren die großen Doppelreden noch wie epische Blöcke; hier ist alles dramatisch aufgelöst, eine nach vorn strebende Bewegung, die alles bestimmt bis in die Einzelgestaltung. Die Handlung schreitet wirklich vorwärts. Es ist klar, wie damit die starke Auflösung der bisherigen Formen zusammenhängt. Der Kommos ist nicht mehr die Form, die den Bericht schließt oder einleitet, sondern steht mitten darin, und so ließe sich vieles zeigen. All das beruht darauf, daß es jetzt die Dramatik ist, die die Handlung bestimmt.

10.

Wir hatten gesehen, daß die zielstrebige Dramatik, wie wir sie kennen, keineswegs am Anfang der Tragödie stand, sondern erst im Lauf ihrer Entwicklung hineinkommt, dann allerdings fest mit ihr verbunden bleibt. Am Anfang stand eine andere Art von Dramatik, eine innere Dramatik, wie wir es genannt hatten: ein Weg aus der Unkenntnis zur Kenntnis. In den *Sieben* und noch stärker in den *Hiketiden* wird auch das äußere Geschehen bewegter und vollzieht sich auf der Bühne selbst. Das tritt später wieder zurück, die eigentlichen Taten vollziehen sich hinter der Bühne und werden nur im Wort sichtbar. Handlung braucht nicht unbedingt Bewegung zu sein. Hier aber sehen wir eine wild bewegte konkrete Handlung. Das war das eine Neuartige an diesem Stück.

Ein anderes wird uns wieder ins Innere hineinführen, und dazu wenden wir uns noch einmal dem Mittelstück zu, der eigentlichen Hikesie mit der Überredung des um Schutz Gebetenen. Damit kommen wir zu dem zweiten grundlegenden Motiv dieser Tragödie und des Dramas überhaupt: dem Motiv der Entscheidung. Ich hatte schon davon gesprochen, daß über dieses Problem viel geschrieben worden ist, zumal seit Snells Erstlingswerk: *Aischylos und das Handeln im Drama*, 1928. Noch einmal: ich glaube nicht, daß Snell Recht hat, wenn er meint, daß es bei Homer noch keine Entscheidung gäbe. Aber es ist richtig, daß bei Homer nicht vorgeführt wird, wie eine Entscheidung entsteht, wie ein Mensch darum ringt. Dies aber haben wir hier bei Aischylos. Es ist die erste Stelle, wo ein Mensch, der Verantwortung trägt, in einem Konflikt wesentlicher Art steht und vorgeführt wird in seinem Ringen, seinem inneren Erleben dieses Konflikts. Letztlich ist es, wie so viele Streitfragen, eine Sache der Terminologie. Snell kommt von der Bewußtseinsphilosophie her und nennt darum nur das eine Entscheidung, bei der sich der Mensch als Sich-Entscheidender weiß, die Qual des Konflikts sich ins Bewußtsein spiegelt. Es ist klar, daß es das bei Homer nicht gibt, wo alles mehr naturhaft vor sich geht, obgleich es durchaus Normen gibt, die durch Erziehung übermittelt werden: Odysseus hat ›gelernt‹, daß man als ein Edler nicht fliehen darf, und dafür entscheidet er sich auch gegen den unmittelbaren Instinkt der Selbsterhaltung. Ich denke, daß man sich bei diesen Dingen nicht so sehr um Bewußtseinsvorgänge kümmern sollte, und würde darum etwa den Entschluß des Achilleus, mit Hektor zu kämpfen, auch wenn das seinen eigenen Tod bedeutet, durchaus eine Entscheidung nennen.

Wie die Entscheidung aus einem Konflikt und einer Verantwortung heraus bei Homer noch nicht da ist, so auch noch nicht beim frühen Aischylos; auch die Entscheidung des Eteokles war nicht von dieser Art. Erst hier in den *Hiketiden* hat den Dichter die Genese einer Entscheidung so interessiert, daß er die ganze Szene danach aufgebaut hat und zeigt, wie ein Mensch ringt und aus diesem Ringen zur Entscheidung kommt, die dann auch äußerlich durch den Volksbeschluß legitimiert wird. Damit ist wieder etwas ganz Neues in die Tragödie hineingekommen, das von da an als wichtiges Moment jeder Dramatik weiterlebt. Aber es ist eben einmal hineingekommen, war nicht von Anfang an da. Wieweit es also zum Wesen der Tragödie gehört, müssen wir offenlassen. Die *Perser* und die *Sieben* sind doch auch Tragödien. Es kann also auch Tragödien geben, die anders angelegt sind. Begrifflich gesprochen: es ist ein wesentliches, aber nicht ein wesenbestimmendes Motiv der Tragödie. Wichtig ist für uns, daß mit dem Entscheidungsmotiv auch etwas am Menschen selbst neu entdeckt und dargestellt worden ist, etwas Persönliches und Individuelles, das schon in den Bereich der Psychologie hineinführt, wenn ich diesen Begriff auch lieber vermeide. Solche Dinge werden nicht irgendwann einmal frei erfunden, sondern verbinden sich mit bestimmten gegebenen Formen, wie hier mit der Kultform der Hikesie. Fest verbunden mit dieser Kultform war die Überredung, und zu dieser Überredung von Seiten des Schutzsuchenden gehört auf der Seite des Gebetenen die Entscheidung: er muß ja oder nein sagen. Der Konflikt ist ganz konkret die Situation, in der die Entscheidung sich vollzieht, eine Grundsituation des Handelns, der Ethik und des Schicksalhaften, wie es von hier ab in der Weltliteratur weiterlebt. Wieder haben wir das Ineinander von objektiver Form und ihrer neuen Erhellung im tragischen Bereich. Die Situation sagt sich selbst aus und wird erst dadurch wirklich geistige, bewußte Form. Dieser Vorgang wird um so wunderbarer, je genauer man ihn studiert. Alles wächst aus einer Notwendigkeit heraus. Der Dichter verfügt über die reiche Welt dieser Grundsituationen aus der Sage, und wenn er sie auf die Bühne bringt, greift er nach den gegebenen Formen, und aus der Vereinigung von beidem ergeben sich neue menschliche Motive und Situationen. Sie sehen die eigentümliche Notwendigkeit, mit der in dieser frühen Morphologie sich alles entwickelt.

Wenn man sich nun am Text ansieht, wie das realisiert wird, so sind es drei Blöcke von Reden, die die eigentliche Entscheidung tragen. Zuerst waren Informationen eingeholt worden, der König fragt, wer die Mädchen sind und was sie wollen; die Ursprungsgeschichte der Danaïden, aufgelockert durch Stichomythie. Dann die eigentliche Bitte in lyrisch-emotionalen Formen, der König entgegnet in Iamben. Er beginnt breiter zu sprechen, als es auf die Entscheidung hindrängt. Der Chor drängt mächtig nach, die Strophen sammeln sich. Nach dem zweiten Block in der Stichomythie nicht mehr Bitten, sondern Drohen: sie wollen sich an den Altären erhängen und so die Stadt beflecken. Darauf die letzte große Rede, in mächtigen Worten. Das Ganze ist ein wunderbarer Bau, ausgehend vom Kommos, dem Wechsel von Emotion und kühler Ratio des Politikers. Das hält sich erst die Waage, drängt auf die Entscheidung zu, das Drängen wird immer stärker, bis mit dem dritten Block der König nachgeben muß und die Entscheidung fällt. Sie sehen, wie das Stück sich ganz von den konventionellen Formen befreit und bedingt ist durch die innere Motivik und Dramatik, die dem Ganzen die neue Gestalt gibt.

Was das Metrische angeht, so sind auch das drängende Formen. Immer wieder Dochmien, jenes erregte Maß, das meist erst gegen den Schluß aufkommt. Einzelne Längen können aufgelöst werden, wenn auch nicht alle; das findet sich erst gelegentlich bei Euripides, bei dem die Formen manchmal gar nicht leicht zu erkennen sind. Und dem Lyrischen gegenüber immer wieder der kalte Iambus, so daß sich der innere Gegensatz schon in diesen rhythmischen Formen darstellt.

Kommen wir nun zum Inhaltlichen, so werden Sie sehen, wie der Gedankenaufbau sich natürlich und unwillkürlich diesen Formen einfügt. Das Entscheidende an diesem Stück Dichtung ist, wie überhaupt an der griechischen Dichtung, daß wir hier Formen haben, von denen wir nicht nur sagen können, daß sie schön und ausdrucksvoll sind, sondern sie sind Dokumentationen, so wie die Dichtung Dokumentation ist in dieser Zeit, in der es noch nicht Philosophie und überhaupt Prosa gibt. Was sich darin dokumentiert, sind Ereignisse geistiger Art, bestimmte Durchbrüche, neue Errungenschaften des Menschen auf seinem Wege, sich selbst kennenzulernen; und indem die Dinge so ausgesagt werden, sind sie auch erst eigentlich in der Welt. In diesem Sinne ist Griechenland die Grundlage Europas bis auf den heutigen Tag; ob man das weiß oder nicht, entscheidet nicht darüber, ob es so ist. Es sind die Grundkategorien, nach denen wir noch heute – bewußt oder nicht – leben.

Es beginnt damit, daß der Chor, nach einer ersten Vorstellung und Darstellung ihrer Lage, v. 348 den König anruft, wieder in festen Formen einer solchen Hikesie: Er soll hören, soll sie sehen ..., und er antwortet: Ich sehe ... Ein erstes Aufkommen der Furcht, daß der Stadt ein Streit aus dieser Sache entstehen könnte. Der Chor beruft sich auf Themis, die Göttin der Satzung und des

Rechts: Wer die Flehenden scheut, dem wird es gut gehen. Der König weicht aus: Er könne nicht allein entscheiden, ohne die Stadt. Antwort: Du bist die Stadt! Nun sieht er, Hilfe ist nicht möglich ohne Schaden, und doch kann er die Bitten nicht mißachten: Er ist ratlos: *amechanó,* ein ähnlich starkes Wort wie *aporía,* die Ausweglosigkeit. *mechánema* ist das Hilfsmittel; es gibt also kein Mittel, keinen Trick oder Kunstgriff, mit dem man die Lage meistern kann. In den zwanziger Jahren ist viel darüber geschrieben worden, Pfeiffer hat die Aporie geradezu für die Grundhaltung des tragischen Menschen gehalten, was ich nicht glaube. ›ratlos‹ wäre als Übersetzung zu schwach, aber ›mittellos‹ meint bei uns etwas anderes. Diese Amechanía hält jetzt den König, er weiß nicht ob er es tun soll oder nicht oder alles dem Zufall überlassen. Der Chor drängt stärker, und der König sucht einen neuen Ausweg: die Ägypter haben einen Rechtsgrund, als Verwandte können sie die Mädchen nach ägyptischem Recht als Frauen beanspruchen. Man kann öfter sehen, daß Leute, wenn sie in einer Diskussion nicht weiterkommen, juristisch werden; da gibt es immer noch Möglichkeiten. Der Chor geht nicht recht darauf ein, es scheint, daß hier wirklich Ansprüche vorliegen, die vielleicht im zweiten Stück zum Tragen kommen. Dann wäre das eine Vorbereitung für das Kommende. Die Mädchen berufen sich demgegenüber auf Dike, die Gerechtigkeit selbst. Und noch einmal beruft sich der König auf die Stadt, gipfelnd in einem Vers, der einen schweren Verstoß bringt gegen alle metrischen Gesetze: die Mittelzäsur, die den Vers, indem sie ihn genau durchteilt, als solchen zerstört. Das ist natürlich Absicht, ein spruchartiges Gebilde: Indem du Fremde ehrst, hast du die Stadt zerstört.

Und nun die drei großen Blöcke, die die eigentliche Entscheidung tragen. Es beginnt damit, daß in unglaublich intensiver Weise der Vorgang des Denkens selbst in den Blick kommt. Vorher gibt es das kaum, daß ein Mensch auf das Denken als solches aufmerksam wird. Und wenn ein solches Denken nun als tiefe Notwendigkeit sichtbar gemacht werden soll, wie kann das geschehen? Nun, in der Sprache, die die Ursprache überhaupt ist und die die Dichter bis heute als solche anerkennen, während sie sonst aus der Welt ziemlich verschwunden ist, seit man meint, daß die aufkommende Ratio die Dinge genauer beschreibt: die Sprache des Bildes, des Vergleichs. Es gibt eine Art Magie des Bildes bei Aischylos, wie es sie bei Homer nicht gibt, der das Bild nicht in dieser Weise gebraucht. So auch hier. »Es bedarf eines tiefen Denkens, das Rettung schafft, das in der Art eines Tauchers in die Tiefe steigt, sehenden Auges und nicht gar zu sehr vom Wein benebelt« – ›benebelt‹ ist im Deutschen kein schönes Wort, aber der Wein trübt ja bekanntlich den Blick. So faßt sich das in die Tiefe gehende Denken mit diesem Bild, als der Mensch in einer Situation steht, in der er dies Denken braucht. Dann der gedankliche Aufweis der Alternative, in der er steht. Der Chor stößt nach, wieder die Entsprechung in Anrede und Antwort: »Dies bedenke!« – »Ich habe es bedacht«, wobei das Perfekt griechisch ein Gegenwartstempus ist. Der Gedanke des Zwangs kommt auf, *anánke,* stärker als ›Notwendigkeit‹. Und wieder drängt das in dieser Sprache sofort zum Bild, weil das diesen bisher noch nicht entborgenen Sachverhalten gegenüber die einzig adäquate Weise der Beschreibung ist. Das Schiff wird in der Werft auf hölzernen Schienen zum Wasser geleitet. Auch bei uns ist der Stapellauf Bild eines Anfangs. Hier ist mit dem Bild des fertig gezimmerten und ins Wasser gebrachten Schiffs sehr intensiv gesagt, daß alles bereit ist für die Entscheidung und das Handeln. Immer wieder stellt sich das Handeln den Griechen unter dem Bild der Seefahrt dar, das ja auch sehr geeignet dafür ist. Die Seefahrt braucht den kundigen Steuermann, der das Schiff lenken kann, der Erfahrung hat mit Winden und Wetter, den Instinkt, den man braucht in dieser Welt und der auch heute noch nicht durch Instrumente ersetzbar ist; aber nicht alles hängt vom Können ab, es bleibt immer noch eine Sache des Glücks und der höheren Gewalten. Dies Ineinander von Können und äußeren Umständen ist bezeichnend für den Bereich des menschlichen Handelns überhaupt, wo ja immer noch Imponderabilien mitwirken. – Und wieder wird es auseinandergelegt, wie im ersten Block: »Wenn es auch Verluste gibt und sich um materielle Güter handelt, so kann man einen Ersatz finden mit der Gunst des Zeus, der der Spender ist. Wenn mit der Zunge Beleidigungen aufgekommen sind und es schmerzliche Wunden gegeben hat, auch da kann es Besänftigung geben. Aber damit nicht Blutschuld eintrete, Schuld an verwandtem Blut, da tut es not, daß man Opfertiere den Göttern an den Altären fallen lasse als Heilmittel gegen das Unheil... Ich aber will lieber unwissend als kundig im Üblen sein. Möge es sich gut fügen, gegen meine Meinung« – denn er erwartet nur Böses. Gemeint ist mit der letzten Wendung offenbar nicht das objektive Übel, sondern das, was man anrichtet, im ethischen Sinne. Fast könnte man übersetzen: lieber unkundig im Bösen als gewitzt im Schlechten. Mit diesem Bekenntnis ethischer Art schließt die Rede, und mit dem Segenswunsch, daß alles gut ausgehen möge. – Es folgt eine Stichomythie, in der der Chor mit der Befleckung droht, und nachdem das ausgesprochen ist, der dritte Block, der auf die Entscheidung führt, wieder in dieser bildhaften Sprache, die nicht Ornament ist, sondern die Sprache, in der etwas vor sich selbst gebracht wird, was vorher noch nicht entdeckt war. »Ja, von allen Seiten schwer niederzuringende Widrigkeiten! Von Übeln eine Menge wie ein Fluß kommt heran, ein grundloses Meer des Verderbens, was nicht leicht auf einem Pfad zu befahren ist, wo kein Durchkommen zu finden – in dieses bin ich da hineingeraten, und nirgends ein Hafen gegen das Übel!« Das wie ein Strom andringende Übel erweitert sich zum Bild des Meeres, und es gibt keine Möglichkeit, sich zu retten. So steht der Mensch im letzten Konflikt. Bei jedem der drei Blöcke also zu Anfang das Bild, das dann gedanklich ausgeführt wird. »Und dennoch ist es Zwang, den Groll des Zeus zu scheuen, der die Schutzflehenden beschirmt, denn er ist unter den Sterblichen die höchste Furcht.« Damit ist die Entscheidung erreicht für das Gebot der Religion und die Aufnahme, gegen die bloße Staatsräson.

Dies wichtige Stück wollte ich einmal als Ganzes vorführen. Wir sehen, wie durch das Motiv der Hikesie in die Tragödie die Möglichkeit zu Überredung und Entscheidung hineinkommt und wie diese Form wieder durch die Sage individualisiert wird, so daß beides eine Einheit bildet und eine neue Form in der Morphologie der Tragödie, die von allergrößter Tragweite gewesen ist. Von jetzt ab wird es immer wieder Entscheidungen geben.

II.

Wir wollen uns nun einigen verlorenen Stücken des Aischylos zuwenden, die man dank neuerer Papyrusfunde rekonstruieren kann. Sie finden die Fragmente des Aischylos in der Ausgabe von H. Mette, 1959. Mette hat weiter den Versuch gemacht, die Dinge einem breiteren Publikum nahezubringen: *Der verlorene Aischylos*, 1963, mit einer Übersetzung der meisten Fragmente; dort auch weitere Literatur. Wie Sie wissen, hat man schon früh versucht, verlorene Tragödien aus Zitaten bei anderen Schriftstellern zu ergänzen, die man seit der Renaissance herausgeschrieben und zusammengestellt hat. Es gibt noch weitere Möglichkeiten: man kennt den Stil eines Autors, hat da und dort eine Notiz; auch das, was wir bisher über die Morphologie herausgestellt hatten, gewinnt dafür neue Bedeutung.

Für die *Niobe* gibt es einen besonders glücklichen Fund, einen von Vitelli und Norsa veröffentlichten Papyrus von 22 Versen. Leider fehlt der linke Rand mit je fünf bis sieben Buchstaben. Man ahnt gar nicht, was gerade das für Mühe macht, und möchte die Göttin Tyche bitten, wenn sie uns schon einen Papyrus gibt, möge doch lieber der hintere Rand abgerissen sein, dann ist es viel leichter. Gleich nach der Veröffentlichung ist der Papyrus von verschiedenen Philologen behandelt worden: Latte, Pfeiffer, Körte, Maas und Reinhardt. Ich habe auch etwas dazu geschrieben (1934), und es hat mich gefreut zu sehen, daß meine Vorschläge von Mette in hohem Maße anerkannt werden. Auf die Textprobleme will ich hier nicht eingehen, sondern nur von dem Inhalt des Papyrus sprechen.

Sie kennen wohl die Geschichte von Niobe. Sie war die Tochter des Tantalos, ihr Mann war Amphion, König von Theben, Sohn des Zeus und der Antiope, deren Schicksal auch öfter in Tragödien behandelt wurde. Niobe war mit der Göttin Leto befreundet, hat sich aber einmal über sie erhoben, weil sie selbst vierzehn Kinder hatte und Leto nur zwei; worauf die beiden Kinder der Leto, Apollon und Artemis, alle vierzehn Kinder der Niobe töteten. Sie ist über diesem Kummer zu Stein geworden, und in einer Felsenklippe in Kleinasien in Gestalt einer Frau, aus der eine Quelle strömt, hat man Niobe erkennen wollen, die dort ewig weint. Dieser Mythos lag vor, und wir müssen nun sehen, wie Aischylos daraus eine Tragödie entwickelt hat. Sie begann offenbar nach dem Tod der Kinder, und in unserem Fragment (Mette 273; 154a Radt), das aus dem Anfang stammt, spricht jemand über Niobe und sagt, was sie in diesem Zustand der Trauer nun tut. Sie klagt über ihren Vater, der sie in diese unheilvolle Ehe gegeben hat, und sitzt nun schon den dritten Tag auf dem Grabhügel der Kinder, der also auf der Bühne gedacht ist. Dies Sitzen wird mit einem merkwürdigen Wort bezeichnet, das eigentlich bedeutet, daß jemand brütend auf Eiern sitzt. Während aber sonst Eier die Hüllen des Lebendigen sind und das Brüten

6. *Zwei Rekonstruktionen*

Niobe

Parodos Chor lydischer Frauen	I. St.	*1. Epeisodion* Vertraute (Antiope?) Chor	II. St.	*2. Epeisodion* Amphion Chor	III. St.	*3. Epeisodion* Tantalos Chor - Niobe	IV. St.	Unbestimmt →	*Exodos* Tantalos mit Niobe
Niobe verhüllt auf Grab der Kinder		Bericht		Zuspruch		Zuspruch			Abholung

Niobe schweigend ›bis zum dritten μέρος‹

Aristophanes Frösche 909. Vita

Achilleis

Die Myrmidonen

Szenar

Parodos Chor der Myrmidonen	I. St.	*1. Epeisodion* Achill-Aias (Odysseus?)	II. St.	*2. Epeisodion* Achill Antilochos	III. St.	*3. Epeisodion* Achill Patroklos	IV. St.	*4. Epeisodion* Bote: Patroklos' Sieg und Tod	V. St.	*Exodos* Achill an dem Leichnam des Patroklos. Thetis
Sorge um Achilles		Presbeia		Papyrus		Entsendung				Klage, Entschluß, Hektor zu töten.

Nereiden

Szenar

Parodos Chor der Nereiden	Thetis bringt neue Waffen	Versöhnung mit dem Heer	Auszug des Achilleus	Botenbericht Hektors Tod	Rückkehr A.' Totenklage um Patroklos

Phryger

Szenar

Prolog Hermes	Chor der Troer	Priamos Achilleus	Priamos Achilleus	Exodos Priamos Chor
Achilleus trauernd verhüllt schweigend.	Priamos Gefolge	Hikesie Überredung	Auslieferung Hektors. Der Tote wird gegen Gold aufgewogen.	Trauerzug mit Hektors Leichnam.

das Leben aus ihnen erweckt, ist hier in grauenvollem Bild das Hocken der Frau über den Leichen der Kinder gemeint. »Der Mensch aber, wenn er ins Unheil gelangt, ist nichts anderes als ein Schatten.« Jetzt wohl Personenwechsel; ich meine, daß vier Verse dem Chorführer gegeben werden müßten: eine Ankündigung, daß ihr Vater Tantalos kommen und sie – und wohl auch die Toten – fortschaffen würde nach Hause. Nun gibt es verschiedene Ergänzungen, am besten wohl die von Maas, daß es Phoibos ist, der in seinem Groll auf Amphion dessen Geschlecht mit der Wurzel entblättert. Und jetzt das berühmte Wort, das auch Platon zitiert (*Politeia* 380 A): »Der Gott läßt eine Ursache den Menschen wachsen, wenn er ein Haus ganz und gar vernichten will. In der Stille verborgen muß der Mensch den Segen, den ihm die Götter geben, bewahren und nicht kühnliche Worte reden.« Man soll sich also nicht überheben im Glück, wie das Niobe getan hatte. »Aber die, denen es gut geht, haben noch nie damit gerechnet, daß, wenn sie einmal zu Fall kommen, sie den Segen verschütten könnten, den sie haben. Auch diese hier ...« So pflegt man sich beim Sprechen nach einer allgemeinen Gnome wieder dem Gegenwärtigen zuzuwenden; auch das spricht dafür, daß Niobe zugegen ist. Nun wird erzählt, was sie getan hat. Hier bricht es ab.

Wir hatten schon in der Einleitung zu Aischylos darauf hingewiesen, daß für den Aufbau des Stücks ein Zeugnis bei Aristophanes wichtig ist. Er läßt in seinen *Fröschen* Aischylos und Euripides in der Unterwelt einen Agon aufführen, bei dem Euripides dem Älteren vorwirft, daß er das Publikum betrogen hätte (911-926): er habe nämlich eine verhüllte Gestalt, einen Achilleus und eine Niobe auf die Bühne gesetzt, nur eine Schaupuppe der Tragödie – ein Requisit, würden wir sagen –, die nicht gemuckst hätte, während der Chor vier lange Reihen von Liedern hintereinanderweg stampfte, sie aber schwiegen. – Daraus erfahren wir von einem, der das noch vor Augen hatte, daß in zwei Stücken des Aischylos die Hauptperson sehr lange verhüllt als trauernde dagesessen und geschwiegen hatte, wobei wir die Zahl von vier Chorliedern vielleicht nicht so genau nehmen dürfen.

Die Frage ist, wer diese Worte zum Chor gesprochen hat. Zunächst war die allgemeine Auffassung, es müsse eine Vertraute sein, wie man sie immer wieder in der Tragödie hat, oft eine alte Amme oder Kinderfrau, die zu der jüngeren Frau gehört, die zu ihr oder auch über sie spricht. Dagegen hat sich Reinhardt gewandt mit dem Argument, die Sprache wäre zu groß für eine so untergeordnete Rolle, es müsse eine Gottheit sein, vielleicht Leto selbst. Dabei geht er zumal von der Gnome aus, daß der Gott dem Menschen einen Anlaß wachsen läßt, gleichsam pflanzt, wenn er ihn ganz vernichten will. Wir wissen, daß Goethe einmal ganz ähnliche Gedanken über das Göttliche geäußert hat, in den bekannten Versen des Harfners im *Wilhelm Meister*: »Ihr führt ins Leben uns hinein, Ihr *laßt* den Armen schuldig werden. Dann überlaßt Ihr ihn der Pein. Denn alle Schuld rächt sich auf Erden.« Das ›lassen‹ entspricht völlig dem Wachsenlassen der Aitia bei Aischylos. Goethe kann das Wort nicht gekannt haben, und doch sind diese Verse der beste Kommentar zum Verständnis für das Ungeheuerliche dieser Gottesauffassung. Der griechische Gott ist nicht bloß gut, er kann in seiner Feindschaft sogar teuflisch sein, wie sich an vielen Stellen bei Homer wie in der Tragödie zeigen ließe. Darum also hat Reinhardt gemeint, Leto selbst müsse die Worte gesprochen haben. Das geht aber nicht, die Rede ist auch gar nicht als ganze in einer so großen Sprache gehalten, sondern eine einfache Mitteilung. Darum wurde dieser Ansatz allgemein zurückgewiesen.

Bleiben wir also dabei, daß es eine Frau ist, die etwas weiß und das dem Chor mitteilt. Daraus geht hervor, daß es nicht etwa ein Chor von Hausgenossen gewesen sein kann, sondern wahrscheinlich lydische Frauen, die mit Tantalos gekommen waren, um sie heimzuholen, und schon vorausgeeilt waren, um seine Ankunft anzukündigen. Darauf deutet auch ein anderes Fragment (Mette 277; 155 Radt): »Der Istros ist es, der solche Frauen erzeugt...« Wenn wir versuchen, das alles in das bekannte Schema einer Tragödie einzuordnen, so ist nicht klar, ob es einen Prolog gegeben hat. Jedenfalls die Parodos des Chors der Frauen, die ja kommen müssen und Auskunft über sich geben, die wohl auch schon einiges gehört haben und besorgt sind, was geschehen ist. Nach dem Standlied tritt eine Frau heraus, eine Vertraute oder die alte Antiope selbst, und hier setzt das Fragment ein. Das Problem ist, wie Niobe auf die Bühne gekommen ist. Wahrscheinlich auf dem Ekkýklema, einer herausrollbaren Bühne wie im *Aias* des Sophokles, wo auch erst über ihn gesprochen und er dann sichtbar gemacht wird. Wir wissen, daß Tantalos gekommen sein muß, und wenn der Chor wirklich vier Lieder gesungen hat, müssen auch noch andere Personen zu ihr getreten sein, wohl Amphion, ihr Mann, und vielleicht noch jemand. Sie alle versuchen, ihr zuzureden, daß sie von ihrem Schmerz ablassen soll. Bei Homer heißt es (Ilias 24, 602), sie hätte endlich von der Trauer abgelassen und wieder Speise zu sich genommen. Bei Aischylos scheint das nicht so gewesen zu sein. Sie hat alle reden lassen und nur dem Vater Tantalos schließlich vielleicht geantwortet. Aber von ihrer Trauer hat sie nicht abgelassen, denn wir wissen aus der Sage, daß sie schließlich versteinert wurde. Dies Faktum der Sage wird hier vom Seelischen her neu gedeutet als die innere Versteinerung im Schmerz, und es kann nicht anders gewesen sein, als daß sie schließlich zum Sipylos gebracht wurde, wo die Sage den Felsen als ihre Gestalt deutete, und dort auch wirklich versteinert ist.

Was das Stück also zeigt, ist, wie ein Mensch zu Stein wird durch das Leiden, unzugänglich allen gutmütigen Versuchen von außen, ihn durch Überredung davon abzubringen. Wir hatten schon darauf hingewiesen, daß es in einem bekannten Stück des Aischylos eine ähnlich angelegte Handlung gibt: im *Prometheus*, wo auch inhaltlich vieles ähnlich ist. – Wir können nun weiter fragen, ob es auch hier so ist, daß bei dieser Handlung bestimmte Formen des Brauchs in die Tragödie eindringen. Es brauchte nicht zu sein, wir dürfen einen Gesichtspunkt nicht übertreiben, aber es ist so. Was hier auftritt, ist die bekannte Form der Parainese, der Ermahnung, der Nuthetese, der verschärften Ermahnung, und der Protreptik, des ›Jemand-zu-etwas-bringen-Wollens‹. All das kennen wir als literarische Formen, beginnend mit der Gattung des Lehrgedichts bei Hesiod, mit der Anrede an einen Bestimmten. Bei Theognis ist es die Anrede an einen Geliebten, auch ein Vater kann zu seinem Sohn sprechen. Dazu verweise ich auch auf Gaisers Erstlingsbuch: *Protreptik und Parainese bei Platon.* Ich hatte das Thema gestellt, weil es mir seltsam vorkam, daß die Philosophie überreden wollte, statt zu beweisen. Aber Gaiser hat schön gezeigt, daß die ganze Weise des philosophischen Schreibens als Protreptik zu verstehen ist, nicht nach der Art der Sophisten, die verdienen wollten, sondern als Hinwendung zur Philosophie und zur Schau der Ideen. So weit kann das gehen, ähnlich auch in der hellenistischen Literatur und dann im Christlichen. Aber all diese Formen gibt es auch in ganz einfachen menschlichen Verhältnissen. Immer wieder gibt es Situationen, wo einer sich verhärtet, und dann kommen andere und sprechen ihm zu. Zumal auf dem Land spielt das eine große Rolle; wenn etwa eine alte Frau nicht zum Arzt gehen will, dann kommen die Nachbarinnen und reden ihr zu, sie soll doch vernünftig sein. Mir liegt daran zu zeigen, wie wenig ›intellektuell‹ diese Formen ursprünglich gewesen sind, sondern wie sie immer wieder im Leben vorgebildet waren. Zu der ›Trotzhandlung‹ gehört die Parainese und Protreptik. Das wird später zu einer der drei großen Gattungen der Rhetorik, die bekanntlich zerfällt in die epideiktische, aufweisende Rede, die forensische und die symbuleutische, das Zureden im umfassenden Sinne. Dort leben diese zuerst in der Dichtung greifbaren Formen im prosaischen Bereich fort.

Eine letzte Frage wäre, wo wir das Stück einzuordnen haben. Leider wissen wir nicht, welche Bedeutung die Entscheidung darin hatte. Niobe muß nach langem Schweigen schließlich gesprochen haben, aber was? Ist sie dem Vater gefolgt und hat sie das Grab freiwillig verlassen? Hat es einen Streit gegeben, und hat sie vielleicht in einer großen Rede gesagt, daß sie das Leben noch einmal auf sich nehmen wollte? Wir kennen eine solche positive Entscheidung aus dem *Herakles* des Euripides, wo zu dem völlig Gebrochenen der Freund Theseus kommt, und die Freundschaft ist die mächtige humane Kraft, die selbst Tod und Unheil überwinden hilft. Wir wissen nicht, ob es auch bei Aischylos so oder ähnlich gewesen ist. Nach der ganzen Handlungsführung wie auch der Sage würde man eher eine negative Entscheidung erwarten: daß sie auf ihrem Schmerz beharrt und jede andere Möglichkeit zurückweist. Aber das muß offenbleiben. Immerhin dürften die Überredungsszenen noch breiteren Raum eingenommen haben als in den *Hiketiden,* und das rechtfertigt die Behandlung an dieser Stelle.

12.

Wir verlassen nun die *Niobe,* von der wir nicht einmal wissen, ob es eine Trilogie gewesen ist – es sieht allerdings nicht so aus –, und wenden uns einer anderen nicht erhaltenen Dichtung des Aischylos zu: der *Achilleis,* einer Trilogie, zu der es reiche Fragmente gibt. Auch dazu gab es einen Papyrusfund (Mette 225 = 132c

Radt), veröffentlicht 1933 von Vitelli und Norsa, und ich habe einen Aufsatz darüber geschrieben (1936), so daß ich mich hier auf das Wichtigste beschränken kann. Den Text finden Sie dort und etwas verändert wieder bei Mette. Wir kennen die Namen der Stücke: *Die Myrmidonen*, also die Kampfgefährten des Achilleus, die im sechzehnten Iliasbuch vorgeführt werden; *Die Nereïden* nach der Szene im achtzehnten Buch, und drittens *Die Phryger*, ein Chor von Troern, wohl Begleitern des Priamos auf seinem Weg zu Achilleus.

Viele Tragödienstoffe stammen aus dem Epos, der Thebaïs oder dem sogenannten Kyklos, dem Epenkreis um den Troischen Krieg, der nachträglich in einen Zusammenhang gebracht wurde: Kyprien, Ilias, Aithiopis, Kleine Ilias, Nostoi und Odyssee. Das finden Sie in Bethes *Homer* Bd. 2, Anhang, wo auch die Fragmente zusammengestellt sind. Wir kennen das Wort, mit dem Aischylos seine Tragödien als Schnitten vom großen Braten Homers bezeichnet hat – nicht ›Brocken‹, das Wort kommt nicht von ›brechen‹, sondern von ›schneiden‹. ›Tranchierschnitten‹ können wir sinnvoll sagen, da sie dem Epos gegenüber klein sind und auf neue Weise aufgetragen werden. Nun muß man sich aber das Ungeheuerliche klarmachen, daß Aischylos hier einmal nicht nur eine Schnitte aufgetragen, sondern gewagt hat, *die* Ilias zu dramatisieren, was natürlich nur als Trilogie möglich war. Wo in der Weltliteratur finden wir das sonst, daß zwei große Dichter in ein solches Verhältnis zueinander getreten sind? Wie zittert und zagt etwa Goethe bei dem Gedanken, den Homer fortzusetzen, wie er es in seiner *Achilleis* gewollt hatte (vgl. meine Rekonstruktion in den *Goethestudien*). Er ist daran gescheitert und hat das Stück nicht fertig gemacht. Aischylos, der die viel schwierigere Aufgabe der Umsetzung des Epos in diese neue Form übernommen hatte, ist nicht gescheitert, sondern hat ein großes Ganzes daraus gemacht, von dem nur schade ist, daß wir es nicht haben und wirklich mit Homer vergleichen können. Immerhin können wir den Versuch machen, es zu rekonstruieren, was ich in meiner Abhandlung getan habe, ausgehend von dem neugefundenen Papyrus, der zufällig eine große Lücke in der Überlieferung füllt und ganz neue Sichten eröffnet.

Wieder ist der linke Rand abgerissen, immer breiter nach unten zu. Aber für die ersten 14 Verse ist alles ziemlich sicher. Schon der Anfang ist ganz überraschend, und man hätte nie gedacht, daß

Achilleus so etwas sagen würde: »Steinigen werden sie meinen Leib? Denke doch nicht, daß, wenn der Sohn des Peleus zerwalkt ist von Steinen, daß er dann den Troern den Untergang heraufschicken wird, ganz ohne Kampf!« Ganz ironisch: als Toter wird er den Troern bestimmt nicht mehr schaden. Dann Antilochos: »Das wird schon nicht sein. Bequemer kannst du haben, wie man so sagt, den Sorgenarzt der Menschen«, das heißt den Tod. Achilleus: »Aus Furcht vor den Griechen soll ich meine Hand an den Speer legen, die da rast vor Zorn wegen des üblen Völkerhirten, des Agamemnon? Aber wenn ich als ein Einziger eine solche Flucht bewirkt habe, ohne daß ich dabei war, so bin ich, dieser Mann, ja alles für das achaische Heer. Ich scheue mich nicht, ein so großes Wort zu sprechen. Keiner kann sagen, daß er edlere Führer und Fürsten des Heeres kennt als mich.« Nun muß ein Paradeigma gekommen sein. Ich habe ergänzt: ›Wie Kyknos, der als ein einzelner Mann schandbar an euch handelte, indem er euch in die Flucht schlug und euch auseinandertrieb. Wer anders als ich hat da euch alle gerettet?‹ Eine ganz ähnliche Sprache wie im *Prometheus,* die Sprache des Trotzes. Er weist darauf hin, was er damals getan hat: er und kein anderer. So ist das Gespräch noch weitergegangen. Die Personenverteilung ergibt sich ganz sicher, auch die Person des Antilochos, der bei v. 5 spricht, der neben Patroklos am meisten zu Achilleus gehört und dem er sehr zugetan ist. Er ist also gekommen und hat Achilleus gewarnt: wenn er nicht helfen will und es dem Heer weiter so schlecht geht, muß er erwarten, daß sie ihn steinigen. In der Ilias ist davon natürlich keine Rede, es gibt überhaupt keine Drohung gegen Achilleus. Das Motiv der Steinigung kommt vor in bezug auf Paris, aber eben in Troja. Das Heer als ein so geschlossenes Ganzes wäre bei Homer unmöglich. Man sieht, wie das hier bei Aischylos ganz anders aufgefaßt wird. Die Steinigung ist die Strafe einer Gemeinschaft gegen den von ihr Ausgestoßenen; so im Alten Testament und heute noch im Orient. Wir kennen die Schilderungen aus der Apostelgeschichte: der Ausgestoßene wird hinausgeführt, umstellt, und dann werden so lange Steine auf ihn geworfen, bis ein Haufen von Steinen über ihm liegt. Die Gemeinschaft ist es, die ein krankes Glied gleichsam amputiert. Eine solche Gemeinschaft ist hier vorausgesetzt, die feudale Welt der Herren vor Troja ist hineingenommen in die Welt der strengeren Verantwortung der Polis, und so nimmt auch der Streit zwischen dem Heer der

Griechen und Achilleus diese scharfen, in der adlig-patriarchalischen Welt undenkbaren Formen an. – Weiter können wir an diesem Stück sehen, daß es eine Situation gibt, wo Achilleus trotzt und ein anderer ihm einen Bericht bringt über die Stimmung im Heer, wogegen dann in mächtigen Worten der Trotz aufrechterhalten wird. Das war etwas, was man auch erwarten konnte, wenn überhaupt die Ilias dramatisiert werden sollte. Nur der Zorn des Achilleus kann sich dramatisch ausgewirkt haben. Wenn aber die Ilias das Gedicht vom *Zorn* des Achilleus war, so ist die *Achilleis* das Drama vom *Trotz* des Achilleus; eine Steigerung, die wieder zusammenhängt mit der stärkeren Dramatisierung und Intensivierung in der Tragödie. Soviel über dies Fragment und seine unmittelbaren Ergebnisse.

Es ist wohl gut, einen kurzen Überblick über die Ilias Homers vorauszuschicken. Die Komposition ist sehr klar. Es ist das Gedicht vom Zorn des Achilleus. Dieser Zorn beginnt im 1. Buch mit Achills Streit mit Agamemnon und endet im 24. Buch mit der Herausgabe von Hektors Leiche an Priamos. Zuerst Vorbereitungsbücher, Exposition der Kämpfer und Nachholen der Vorgeschichte, dann der erste große Schlachttag bis zu dem Turnier zwischen Hektor und Aias, das unentschieden endet. Dann ein neuer, gedrängter Schlachttag, an dem Zeus ein Kampfverbot an die Götter erläßt, und nun geht es ziemlich schlimm für die Griechen. Im 9. Buch in der Nacht eine Gesandtschaft an Achilleus, weil man sieht, daß man ohne ihn nicht auskommen kann, aber er gibt nicht nach. Das 10. Buch ist eine Einlage, ein Nachtstück, wie man es genannt hat. Dann der große Schlachttag vom 11. bis zum 18. Buch, das Mittelstück des Ganzen. Wieder eine Nacht als Einschnitt, dann der letzte Teil mit kleineren Unterteilungen. Vom 1. Buch an kämpft also Achilleus nicht, der Gesandtschaft gelingt es nicht, ihn umzustimmen. Nach den großen Rückschlägen tritt dann Patroklos zu ihm, mit besserem Erfolg. Er geht zwar nicht selbst, schickt aber den Freund in seinen Waffen, und der wird erschlagen. Darauf der große Zusammenbruch des Zorns, die öffentliche Versöhnung mit Agamemnon und Achills Kampf bis zur Tötung Hektors im 22. Buch. Im 23. die Leichenspiele für Patroklos, im 24. die Botschaft der Götter an Achilleus, er soll den Toten herausgeben, und die Auslösung durch Priamos in der Nacht. Das Ganze endet mit der Bestattung Hektors.

Es ist klar, daß Aischylos den ganzen Anfang der Ilias nicht hereinziehen konnte. Er mußte sich auf das konzentrierte Geschehen beschränken, daß Achilleus zürnt und man versucht, ihn umzustimmen. Dann muß es natürlich zu Hektors Tod gekommen sein und am Schluß zur Versöhnung. Das erste Stück heißt *Die Myrmidonen,* die in der Ilias erst im 16. Buch vorgeführt werden, als Achilleus sie mit dem Freund hinausschickt. Aus den Fragmenten gewinnen wir eine Parodos des Myrmidonenchors und verschiedene Vorwürfe an Achilleus. Nach dem Grundtypus einer Tragödie, wie wir ihn kennengelernt haben, ist es klar, daß zu dem zürnenden Achilleus verschiedene Leute herangetreten sein müssen und versucht haben, ihn umzustimmen. Das entspricht der Ilias, wo bei der Gesandtschaft erst Odysseus spricht, dann Phoinix und endlich Aias, der den größten Eindruck macht und ihn so weit umstimmt, daß er wenigstens nicht gleich heimfahren will. Patroklos wird dann noch etwas weiter kommen.

Wir wissen nicht, ob es bei Aischylos auch eine Gesandtschaft gewesen ist oder ob das aufgelöst war in Einzelversuche, eine Kette von parainetischen Situationen, wie manches bei Accius andeutet. Als letzter muß wie bei Homer Patroklos gekommen sein, den er statt seiner kämpfen läßt und der dann fällt. Dann hat wohl ein Bote seinen Tod gemeldet, und das Stück endete mit einer Totenklage. – Über die beiden anderen Stücke wissen wir nicht so viel, sie müssen aber etwa das behandelt haben, was sich in der Ilias anschloß. Achilleus hatte mit Patroklos auch seine Waffen verloren und brauchte neue. Ein Fragment aus dem Schluß des ersten Stücks brachte den Ruf: »Waffen! Waffen brauche ich!« (überliefert in einem Scholion zu der Anspielung des Aristophanes in den *Vögeln*: »Federn! Federn sind mir nötig!«) Diese Waffen bringt ihm die Mutter Thetis von Hephaistos, zusammen mit dem Chor der Nereïden, die dem Stück den Namen geben. Ob auch eine Versöhnung mit Agamemnon stattgefunden hat, ist nicht sicher. Jedenfalls ist Achilleus in den Waffen hinausgezogen, und es muß einen Botenbericht gegeben haben über Hektors Tod und am Schluß die Rückkehr des Achilleus mit dem Erschlagenen. Aischylos liebt, wie wir sahen, das Requisit, und es ist durchaus möglich, daß er Achilleus mit dem Wagen auf die Bühne gebracht hat. Dann wohl eine erneute Totenklage um Patroklos. – Das dritte Stück heißt *Die Phryger,* und hier brauchte Aischylos nur das letzte Iliasbuch zu dramatisieren. Hier war es, wo Achilleus zu Anfang verhüllt dasaß und schwieg, wie Aristophanes berichtet, wenn auch wohl nicht so lange wie Niobe. Dann muß Hermes aufgetreten sein, der ihm den Beschluß der Götter überbrachte, daß er Hektors Leichnam losgeben sollte. Und endlich Priamos selbst und das Zusammentreffen der beiden, vielleicht wie in der Ilias mit einem letzten gefährlichen Wiederaufgrollen des Zorns vor der endgültigen Versöhnung. Vom Schluß wissen wir, daß eine riesige Waage auf die Bühne gebracht und darauf Hektors Leichnam gegen Gold aufgewogen wurde; ein Realsymbol des Ausgleichs. Am Ende verließ der Zug mit Hektors Leiche die Bühne, wobei wohl Trauer- und auch Segenslieder gesungen wurden. Auch bei Homer endet alles versöhnlich. Dies dritte Stück ist stiller gegenüber den dramatisch bewegteren beiden ersten; auch das ist charakteristisch für Aischylos.

Auf die sehr reichen Fragmente kann ich jetzt nicht eingehen, obgleich jedes Wort von Bedeutung ist. Wir hatten schon das Bild des Adlers kennengelernt, der sieht, daß der Pfeil, der ihn getroffen hat, mit seinen eigenen Federn beflügelt ist; dies großartige Bild des neuen Bewußtseins des Tragischen und des tragischen Menschen. Noch einmal: die Tragik als solche ist bereits bei Homer da, daß Achilleus von dem Rückschlag seines eigenen Handelns getroffen wird. Aber es ist doch etwas anderes, wenn er selbst das jetzt in dieser Weise auch ausspricht. Auch ein anderes Wort können wir heranziehen, das Achilleus zu Antilochos sagt, als dieser ihm den Tod des Patroklos meldet: »Antilochos, beklage mich, den Lebenden, mehr als den Toten! Denn alles, was ich habe, ist dahin.« Auch das ist ein Zeichen jener Intensivierung gegenüber dem Epos. Das Ganze ist eine Homer gegenüber ›gesteigerte‹ Achilleis, nach dem Wort Goethes, sein Tasso sei ein gesteigerter Werther. Steigerung bedeutet hier eine innere Verstärkung und Versammlung von etwas in seinem ganzen Sein. Gesteigert ist auch das Freundschaftsverhältnis zu Patroklos, das bei Homer ganz frei ist von jeder Erotik. Bei Aischylos war es stark erotisch gefaßt, wie es der späteren Auffassung entspricht. Wir kennen die Bedeutung solcher Verhältnisse gerade auch in Heeresverbänden aus Sparta, so daß für den Menschen des fünften Jahrhunderts dies Verhältnis gar nicht anders verstanden werden konnte. Bei Homer spielt das keine Rolle, und bald wird sich auch bei Platon wieder die Kritik dagegen erheben. Hier aber ist es mit aller Kraft herausgearbeitet, wie es bei Plutarch überliefert ist: »... und scheutest nicht der Schenkel keusches Heiligtum, du

Undankbarer für die vielen Küsse...« (Mette). All das ist eine Steigerung gegen Homer – wo Patroklos noch dazu der Ältere war und niemals der Geliebte! –, ebenso, daß Achilleus ihn küßt und sagt: »Da sieh! ich küsse dich: ohne Ekel ist mir das.« Auch der Gedanke des Ekels wäre bei Homer unmöglich. Überhaupt ist das in der antiken Kunst ein Problem. In der modernen Dramatik ist es bekanntlich stark gesucht, immer wieder kommen solche Dinge auf.

13.

Wir wollen nun aus der Betrachtung der *Achilleïs* unsere Schlußfolgerungen für die Morphologie ziehen. Wie wir sahen, war es ein einzigartiger Fall, daß ein Tragiker versucht hat, die ganze Ilias zu dramatisieren. Mit diesem unerhörten Unternehmen waren auch ganz neue Bedingungen für die Gestaltung gegeben. Auch hier bleibt die alte Grundform der Tragödie bewahrt als der aufnehmende Rahmen, dem sich der neue Stoff einerseits fügen muß, den er aber andererseits mannigfaltig bereichert und variiert.

Was das erste Stück, die *Myrmidonen*, angeht, zeigt es den Typus einer Trotzhandlung, wie wir ihn schon aus der *Niobe* kennen. Damit ist funktional fest verbunden die Parainese, denn wenn getrotzt wird, muß auf der anderen Seite versucht werden, darauf Einfluß zu nehmen. Entscheidend ist weiter, daß eine solche Trotzhandlung die zielhafte Ausrichtung auf einen Entschluß, eine Entscheidung hat. Bei Achilleus ist kein Zweifel, daß er seinen Trotz aufgeben wird: halb bei der Aussendung des Patroklos und ganz nach dessen Tod. Das war in der Ilias vorgeformt und kommt einfach als Faktisches in die Tragödie hinein. Auch das eigentlich Tragische liegt bereits bei Homer vor, den schon Platon den ersten Tragiker genannt hat: wie Achilleus sich in der Konsequenz seines Zürnens zu sehr verhärtet, dann halb nachgibt und gerade dadurch den Freund verliert; und danach muß er die weitere Konsequenz der Rache auf sich nehmen, die seinen eigenen Tod nach sich zieht. Indem das in gestraffter Form in die unmittelbare Gegenwärtigkeit der Bühne übernommen wird, führt es dazu, daß nun die Tragik ihrer selbst bewußt wird, in jenem Wort des Adlers im Mund des Achilleus. – Im übrigen ist klar, daß der Tod des Patroklos berichtet werden mußte, er konnte nicht wie im Epos einfach gezeigt werden. Dieser Tod und der Kampf um die Leiche mußten verkürzt und zugleich intensiviert im Botenbericht erscheinen. Am Schluß wieder die alte Form der Totenklage.

Über den Aufbau des zweiten Stücks läßt sich wenig sagen (s. Schema 6). Es muß das Kommen der Nereïden in der Parodos gebracht haben, das Bringen der Waffen durch die Mutter Thetis, vielleicht eine Versöhnung mit Agamemnon, sicher aber das Anlegen der Waffen, entsprechend der Wappnung des Eteokles in den *Sieben,* den Auszug des Achilleus zum Kampf, den Bericht über diesen Kampf und die Tötung Hektors und wohl die Rückkehr des Achilleus mit dem Toten und wieder eine große Schlußklage.

Wenn Mette Recht hat mit seiner Vermutung, daß im dritten Stück Hermes bereits im Prolog aufgetreten ist, so hätten wir damit zum ersten Mal den Götterprolog, jene so folgenreiche Form, die bis in die Neue Komödie weitergewirkt hat. Ferner haben wir mit dem Kommen des Priamos wieder die Hikesie, diesmal nicht die einer Gruppe wie in den *Hiketiden,* sondern eines Einzelnen, wenn auch gestützt vom Chor der Phryger, die ihn begleiten. Überhaupt ist es so, daß die Trilogie alles, was wir bisher an Formen der Tragödie kennengelernt hatten, wieder aufnimmt. Dem Dichter stand gleichsam ein großes Instrumentarium zur Verfügung, auf dem er nun frei spielen konnte, gegenüber dem verhältnismäßig kleinen Instrumentarium der älteren Tragödie. Auch die Versöhnung am Schluß gehört dazu, ein für Aischylos typisches Element, das sich vor unseren Augen in den erhaltenen Tragödien entwickelt. In den *Persern* haben wir es noch nicht und auch nicht eigentlich in den *Sieben,* wo zwar mit dem Tod der Brüder ein Ausgleich geschaffen wird und ein Ende des Fluchs, aber keine wirkliche Versöhnung, so wie sie in den späteren Stücken zur Begründung staatlich-kultischer Institutionen führt. In diesem Zusammenhang steht die *Achilleis* an einer bestimmten Stelle, vielleicht von Homer beeinflußt, dessen Ilias auch mit einer Versöhnung endet. Diese Konzeption hat sich hier vermählt mit dem, was Aischylos als Grundidee in sich trug und wollte. So erscheint der Gedanke der Versöhnung hier zwar nicht zum erstenmal bei ihm, hat aber wohl durch das Vorbild der Ilias seine Bestätigung gefunden.

Wir schließen diese morphologische Besinnung ab, indem wir sagen: die Dramatisierung der homerischen Ilias muß für die Entwicklung der Tragödie von epochaler Bedeutung gewesen sein. Hier hat sich Homer in einer besonderen Weise als Lehrmeister der Tragödie erwiesen, die nun in ihre große, reife Form eintritt. Wir wissen leider nicht die genaue Zeit, aber wir sehen, daß die Epoche der frühen Tragödie damit abgeschlossen ist. Nach allem denke ich, daß die *Achilleis* nicht früh sein kann, bestimmt nicht vor den *Sieben*, also 467, und dasselbe gilt für den *Prometheus*, zu dem wir jetzt kommen werden. Die Morphologie zeigt hier bestimmte Züge, die einfach nicht umkehrbar sind. Die *Achilleis* wie der *Prometheus* gehört in die Nähe der *Orestie*.

Ich verweise noch darauf, daß Aischylos auch die Odyssee dramatisiert hat, und es ist ein Jammer, daß wir davon noch weniger wissen, wenn nicht neue Funde eines Tages helfen. Es war eine Trilogie: *Psychagogoí, Penelope* und *Die Knochensammler,* mit einem Satyrspiel *Kirke.* Das muß ganz reizend gewesen sein, weil sich auch der Stoff hervorragend für ein Satyrspiel eignet. Es ist merkwürdig, wie bestimmte Stoffe ihre Valeurs in sich tragen. In einem Stück von herrlichster Poesie hat Calderon den Stoff behandelt, auch mit durchaus komischen Zügen: *Über allem Zauber Liebe,* das in der Inszenierung von Sellner hier aufgeführt worden ist. Ich weiß nicht, ob Calderon von dem Titel bei Aischylos gewußt hat, aber es ist interessant, wie die beiden sich hier vom Stoff her berühren. – Über die einzelnen Stücke der Trilogie läßt sich wenig sagen (vgl. Mette, *Der verlorene Aischylos* 127/29; Fr. 475-490; Radt Fr. 273-278, 187, 179-180, 113a-115). Aus den Notizen scheint klar zu sein, daß das erste Stück die Unterweltfahrt behandelte mit der Befragung des Sehers Teiresias, wobei auch die *Telegonie* hineingezogen wurde, die Schilderung seines Untergangs durch den eigenen Sohn. Also nicht wie bei Homer, daß Odysseus landeinwärts ziehen sollte bis zu solchen Menschen, die das Meer nicht kennen, um dort einen Kult des Poseidon zu gründen; sondern der Sage nach begegnet ihm sein Sohn von Kirke, Telegonos, der ihn nicht kennt, und verwundet ihn mit einem vergifteten Rochenstachel: das tragische Vater-Sohn-Motiv, das wir aus der Hildebrandsage kennen. Da wir wissen, daß Aischylos Beziehungen zu den Mysterienkulten hatte, können wir uns vorstellen, daß ihn die Unterweltfahrt besonders angezogen hat. – *Penelope* kann nur das behandelt haben, was wir aus den letzten Gesängen der Odyssee kennen: die Wiedererkennung zwischen Penelope und Odysseus. Es gibt ein Fragment, das sichtlich aus einer Trugrede stammt, wo sich Odysseus als ein Kreter darstellt. Auch die Fußwaschung mag dabei gewesen sein, die auch Gegenstand einer Tragödie des Sophokles war, die *Niptra*, wie auch der Nebentitel des neunzehnten Odysseebuchs lautet. Wieweit auch die Bogenprobe und der Freiermord hineingezogen war, können wir nicht wissen. Das dritte Stück ist klar nach dem letzten Odysseebuch gemacht: die Angehörigen der getöteten Freier kommen und machen einen Aufstand, den Odysseus mit den Seinen niederschlagen muß, bis es am Schluß mit Hilfe der Götter zur Versöhnung kommt. Diese große Versöhnungshandlung ist zweifellos von Aischylos übernommen worden. Es scheint, daß am Schluß eine große Bestattung der Freier stattfand, wie die Bestattung Hektors in der Ilias. Der Chor bestand im ersten Stück aus den Gefährten des Odysseus, in der *Peneolope* war es ein Frauenchor, im dritten Stück die Gefährten und Verwandten der Freier, die dann nach altem Brauch die Gebeine der Verbrannten aus der Asche lesen und in Urnen beisetzen. Mehr ist nicht zu fassen, aber es zeigt doch, wie auch hier die Trilogie am Schluß auf eine Versöhnungshandlung hinausläuft.

Kommen wir nun zum *Prometheus*, so werden wir sehen, daß das Stück eine höchst merkwürdige Struktur hat (Schema 7). Einzelne Teile sind sehr altertümlich, stehen aber in Kombination mit außerordentlich modernen, fortentwickelten Partien. Dies Ineinander von alter Grundform mit modernen Erweiterungen ist geradezu ein Charakteristikum des Stücks. Die Fragmente finden Sie wieder bei Mette, der allerdings auch sehr Unsicheres dazuordnet. Was die Echtheitsfrage angeht, hatte ich schon gesagt, daß das für mich keine Frage ist. Gerade die morphologische Betrachtung wird zeigen, daß vieles scheinbar Anstößige den übrigen Stücken gegenüber singulär ist, aber von da bis zur Unechtheit ist es doch ein weiter Sprung. Wir haben ja auch nur sieben Stücke, da kann man streng genommen nicht einmal von Singularität sprechen. Es ist ein Stück von einer derartigen Bedeutung und Größe und in jeder Beziehung so aischyleisch, daß man der Tradition, die es ihm einhellig zuschreibt, doch folgen wird.

Das erste, was beim Lesen des Stücks auffällt, ist, daß es so schön zu lesen ist. Ich rate Anfängern immer wieder zu den *Per-*

7. Prometheus um 460 v. Chr.?

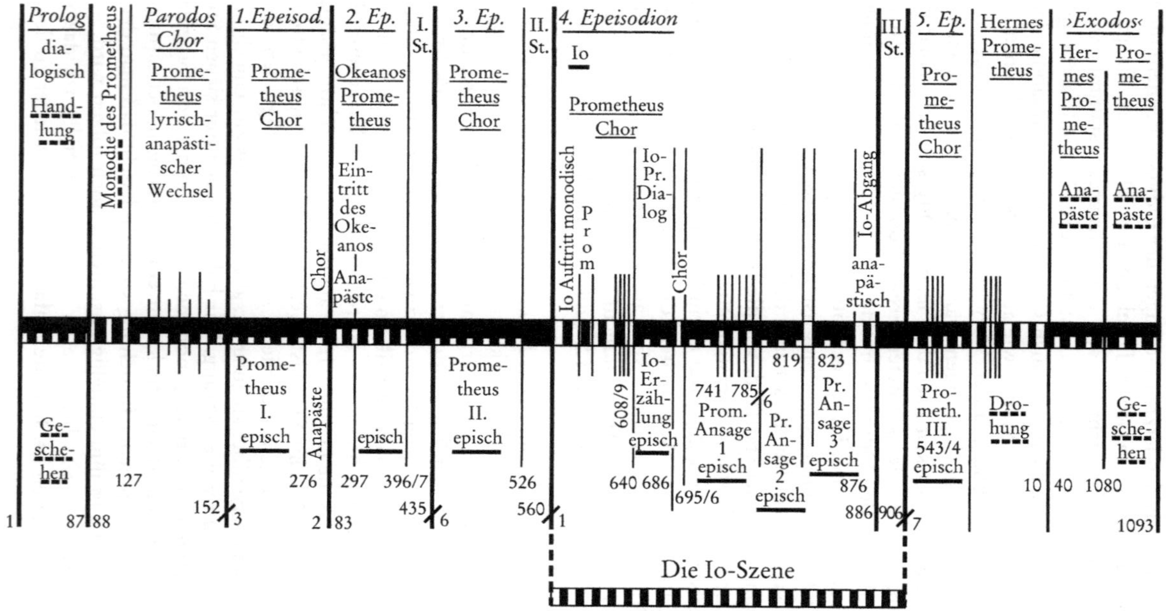

Prolog dialogisch Handlung — Geschehen — 1, 87

Monodie des Prometheus — 88, 127

Parodos Chor Prometheus lyrisch-anapästischer Wechsel — 152

1. Epeisod. Prometheus Chor — Prometheus I. episch — Chor — Anapäste — 3, 276, 2

2. Ep. Okeanos Prometheus — Eintritt des Okeanos — Anapäste — episch — 83, 297, 396/7, 435

I. St.

3. Ep. Prometheus Chor — Prometheus II. episch — 6, 526, 560

II. St.

4. Epeisodion Io — Prometheus Chor — Io Auftritt monodisch — Prom — 1 — 608/9 — Io-Pr.-Dialog — Io-Erzählung episch — 640, 686 — Chor — 695/6 — 741 Prom. Ansage 1 episch — 785/6 Pr. Ansage 2 episch — 819 — 823 Pr. Ansage 3 episch — 876 — Io-Abgang — anapästisch — 886

III. St. — 906

5. Ep. Prometheus Chor — Prometh. III. 543/4 episch — 7

Hermes Prometheus — Drohung — 10

›Exodos‹ Hermes Prometheus — Anapäste — 40, 1080 — Prometheus — Anapäste — Geschehen — 1093

Die Io-Szene

sern und dem *Prometheus*, weil diese beiden die am leichtesten zu lesenden sind. Gerade zu den *Persern* bestehen auch sonst große Ähnlichkeiten, vor allem das starke epische Element. Wir hatten gesehen, daß in der Urform der Tragödie ein Stück Epos in dramatisch aufgeteilten Berichten vorgeführt wurde, wie noch in den *Persern* die Schlacht von Salamis und der weitere Verlauf des Krieges. Im *Prometheus* haben wir im ersten Epeisodion den großen Bericht des Prometheus über den Titanenkampf, in dem er Zeus geholfen und damit seine Herrschaft mit begründet hatte. Als dann die Zeusherrschaft feststand und alles neu geordnet war, wollte Zeus die Sterblichen vernichten und ein neues Geschlecht schaffen. Es ist höchst interessant, wie politisch das alles ist. In Athen war man ja erfahren mit politischen Machtkämpfen, und die Weise, wie hier Zeus zur Herrschaft kommt, ist ganz in diesem politischen Aspekt gesehen. Da ist eine Gruppe an der Macht, die ganz bestimmte Entwürfe hat. Einer davon ist nicht damit einverstanden und hilft dem jungen, aufstrebenden Herrscher, der so zur Macht kommt und dann das tut, was viele neue Herren in solchen Fällen tun: er will erst einmal tabula rasa machen und alles Vorige auslöschen, er braucht keine Leute, die noch Erinnerungen daran haben, wie es früher war. Aber Prometheus will das nicht, er liebt die Menschen, hat Mitleid mit ihnen, und also hilft er ihnen und bewahrt sie vor der Vernichtung. Soweit das erste epische Stück, das wir E 1 nennen können. Das setzt sich fort im dritten Epeisodion V. 435 und schließt genau da an, wo er aufgehört hatte in seinem großen Bericht der Kulturentstehung. Die Menschen haben zunächst einfach dahingelebt, und alles fehlte ihnen, wie Ameisen in Erdhöhlen, ohne Sonnenlicht, ohne zu begreifen, beladen und stumm – und nun ist er gekommen und hat ihnen die einzelnen Technai gebracht, die verschiedensten Errungenschaften des Wissens und des Tuns. Das schließt wie mit einem Epigramm: »Alle Technai sind den Menschen aus Prometheus gekommen.« Das ist E 2. Das dritte auf Prometheus bezogene Stück folgt im fünften Epeisodion, wo die Geschichte weiter fortgeführt wird und er sein Geheimnis zwar nicht verrät, aber doch die Richtung andeutet, in der es liegt. Dazwischen liegt noch die Io-Szene, in der Io ihre Geschichte erzählt und er darauf antwortet; ein lang hingestrecktes episches Stück, das wir E 4 nennen können, weil es sich nicht unmittelbar auf Prometheus selbst bezieht. In diesen großen Partien, die einfach erzählt werden, haben wir eine scheinbar sehr altertümliche Form der Tragödie. Aber wenn eine solche Form einmal da ist, kann der Dichter sie auch später wieder aufgreifen und nach Belieben verwenden. Die Frage ist, *wie* er sie verwendet, und da muß die morphologische Betrachtung erkennen, daß die äußerlich alten Formen in höchst andersartiger Einbettung erscheinen.

Wir fangen am besten wieder mit dem Anfang an. Wie wir gesehen hatten, können wir den Prolog schon für Thespis erschließen, offenbar in der Form, daß eine einzelne Person noch vor der Parodos auftrat und Angaben zum folgenden machte. Daneben kennen wir die Form des dialogischen Prologs, wo nicht einfach etwas gesagt wird, sondern wo noch eine zweite Person da ist und das Stück gleich mit einer Art Handlung beginnt. So schon in den *Sieben* des Aischylos, wo der König zuerst eine lange Rede hält, aber dann gleich der Späher kommt; eine Art Zwischenform vom monologischen zum dialogischen Prolog. Aber ein Prolog wie im *Prometheus,* in dem es derart hin und hergeht, noch dazu verbunden mit einer solchen Handlung, das finden wir nur hier. Es ist etwas höchst Modernes, das in dieser Vereinigung von Dialog und Handlung auch für die folgende Tragödie etwas Einmaliges bleibt, das eigentlich nicht fortgesetzt wird. Noch dazu ist diese Handlung eine Hinrichtung, eine Art Kreuzigung, die wir hier auf der Bühne erleben, auch wenn es ein Gott ist, der dabei nicht stirbt. Man hat gesagt, etwas so Modernes könnte nicht Aischylos sein – aber wer sonst? So etwas kommt doch in der ganzen Tragödie nicht wieder vor, soviel wir sehen, ist ganz herausentwickelt aus der Besonderheit des Stükkes. Auch dies war nichts Erfundenes, sondern in der Sage überliefert und vollzogen in den auch sonst üblichen Formen der Kreuzigung, wie wir sie aus der Literatur kennen und wie sie damals im Leben durchaus angewendet wurde. Also wieder eine Form, die diesmal aus dem Rechtsbereich in die Tragödie eingeht. Das kann ebenso durch Aischylos geschehen sein wie durch einen Unbekannten etwa fünfzig Jahre später. Aber es ist allerdings ein Zeichen für das unerhört Fortgeschrittene der Form, entsprechend diesem einzigartigen Stoff aus der Göttergeschichte.

Kommen wir von hier zur Parodos, so können wir nur staunen. Gar kein Chor zunächst, sondern eine große Monodie des Prometheus, die Umsetzung des Monologischen in den Gesang. Eine Mischung von Versen, gesprochenen Iamben, Ausrufen,

Bakcheen – alles Maße, die wir auch sonst kennen, aber wo kommt so etwas in dieser Verbindung vor? Wieder iambische Trimeter, Anapäste. Dann der Chor der Meeresjungfrauen, in den anmutigsten Versen, die man sich vorstellen kann; und das nach der furchtbaren Szene der Folterung. Das Element des Weiblichen, das bei den Griechen immer wieder zusammen gesehen wird mit dem Element des Wassers und des Meeres, das kommt jetzt gütig und mitleidig zu dem angeschmiedeten Titanen. Es ist eine Parodos, die zugleich ein Kommos ist, ein Wechselgesang, wobei der Schauspieler aber nicht in Iamben spricht, sondern Prometheus redet in Anapästen, und sonst kommen alle Arten von Versen vor. Auf die Metrik will ich jetzt nicht eingehen. Also eine ganz besondere Form der Parodos nach dieser seltsamen Monodie, auch das ganz einzigartig.

Was von den Formen gesagt wurde, gilt auch für die Handlung. Es gibt eben sonst keinen derartig angeschmiedeten Halbgott. Was er in seiner Monodie vollzieht, ist etwas, das auch sonst als feste Form bekannt ist: er ruft Zeugen an für das, was ihm geschieht, erhebt den Notruf, griechisch *boé*, etwas, das wir auch im Deutschen und überhaupt im ganzen indogermanischen Bereich kennen. Das geschieht in der bekannten Form: »Seht mich...« Wie etwa, wenn einer mißhandelt oder beraubt wird und er die Nachbarn zusammenruft: Seht mich! Seht, was mir da passiert ist! Sie müssen es sehen, gleichsam dokumentieren. Die Wendung ist also nicht zufällig, sondern stammt aus dem Bereich dieser frühen Rechtsformen. Aber wenn einer ganz allein ist und niemand da ist, den er anrufen kann, was dann? Dann erhebt er diesen Ruf an die Elemente, von denen er ja umgeben ist, wie Prometheus das tut. So ist aus der Einmaligkeit der Situation eine wunderbare neue Form geboren. Es wäre unsinnig zu meinen, daß hier bereits eine vorsokratische Elementenlehre vorläge. Umgekehrt ist klar, daß die spätere Elementenlehre auf der Vierheit der großen Bereiche basiert, die dem Menschen seit Homer gegenwärtig waren. Wir können das jetzt nicht im einzelnen interpretieren.

Soweit die Partie, ehe der erste epische Bericht einsetzt. Nach diesem Bericht folgt die Okeanos-Szene, eine Parainese, wie wir sie aus der Trotzhandlung kennen. Etwas völlig Neues aber ist die Einschaltung der Io-Szene. Die Form ist episch: sie erzählt breit ihre Schicksale und erhält ebenso ausführliche Antwort von Prometheus, der ihren weiteren Weg voraussagt und das Schicksal ihres Geschlechts bis zur Rückkehr der Danaïden nach Argos, die wir aus den *Hiketiden* kennen. Fragen wir, was für eine Form das ist, so können wir es eine Konfrontation nennen. In einzigartiger Weise werden hier zwei Gestalten und zwei Schicksale miteinander konfrontiert. Io ist ein Mensch, der ähnlich wie Prometheus von den Göttern verfolgt wird. Vorgreifend will ich schon sagen, daß sich diese Form der Konfrontation im zweiten Stück wiederholt, wo eine andere Gestalt in genau der gleichen Weise vor Prometheus tritt und von ihm den Weg erfragt: Herakles auf seinem Weg zu den Hesperiden. Nur daß diese Form im zweiten Stück zu einer Handlung führt, über das Epische hinaus, denn am Schluß erschießt Herakles den Adler und tut damit den ersten Schritt zur Befreiung des Prometheus.

14.

Wir hatten gehört, wie Prometheus im Titanenkampf dem jungen Gott Zeus geholfen hat, dann aber in Konflikt mit ihm geraten ist, wie das bei solchen Revolutionen oft geschieht, und aus der Geschichte wissen wir, daß der Helfer dann sehr schnell beiseite geschafft wird. Auch Zeus würde Prometheus einfach vernichten, wenn dieser nicht ein Machtmittel hätte: er kennt die Frau, die einen Sohn hervorbringen wird mit einer mächtigeren Waffe als der des Vaters. Das heißt, wenn Zeus sich mit dieser Frau verbindet, wird der eigene Sohn ihn stürzen. Diese Frau ist, wie wir wissen, Thetis, die Mutter des Achilleus. In einem der folgenden Stücke wird das Geheimnis preisgegeben, und die Götter vermeiden das Unheil, indem sie Thetis einem sterblichen Mann, Peleus, zur Frau geben und ihr selbst die Hochzeit ausrichten, wie das oft erzählt und dargestellt wurde. Prometheus hat also dies Wissen, und nun kann er zwar nicht getötet werden, aber er wird in einen qualvollen Zustand versetzt: an den Felsen gefesselt, und ein Keil wird ihm durch die Brust getrieben. Er aber nimmt alle Leiden auf sich und verharrt in seinem Trotz. Die Struktur des Stücks ist also wieder eine Trotzhandlung mit den entsprechenden Parainesen. Aber das ist nur das Formale, und wir müssen sehen, was diese Trotzhandlung innerlich füllt.

Da haben wir einmal die in Etappen gegebene Selbstdarstellung des Prometheus in den epischen Partien, die wir betrachtet hatten. Diese ausführliche Selbstdarstellung und der Bericht über die Vorgeschichte beweist übrigens, daß es wirklich das erste Stück der Trilogie war und daß nicht, wie Droysen glaubte, ein Stück über den Feuerraub vorangegangen war. Das erste Stück verlangt immer eine breitere Exposition. Aber damit wäre noch keine eigentliche Handlung in dem Stück. Der dramatische Fortgang der Handlung ist dadurch gegeben, daß versucht wird, Prometheus sein Geheimnis zu entreißen. Die Parainesen laufen darauf hinaus, daß man ihm rät, dem Zeus nachzugeben, und daß er es nicht tut. Das beginnt V. 520 mit einer ersten Andeutung des Geheimnisses, ausführlicher V. 908 ff., und die dritte Stufe ist das Auftreten des Hermes mit dem Befehl des Zeus, es zu enthüllen. Es ist sehr bedeutsam, wie etwas, das so wenig Raum einnimmt, doch das eigentlich tragende dramatische Element ist.

Von der Problematik der Zeusgestalt hatten wir gesprochen. Schon Wilamowitz hat richtig gesehen, daß das Stück eben in einer Zeit spielt, wo der Gott noch jung war. Lesky ([3]294) hat sich dagegen gewendet und will nur an »die andere Seite einer polaren Wesenheit« glauben. Aber der Dichter sagt es ja selbst (V. 310): »Jung ist auch der Herrscher unter den Göttern«, *týrannos*, was zwar nicht ganz unserem Tyrannen entspricht, aber doch den Gewaltherrscher bedeutet gegenüber dem rechtmäßigen König, Basileus, wie Zeus sonst meist genannt wird. Noch einmal: im Verlauf der Trilogie ändert Zeus sich nicht im Sinne einer inneren Entwicklung, sondern was sich ändert, ist die politische Situation, und so kann er nach einer ersten Zeit der Selbstbehauptung übergehen zu einer Politik der Befriedung und Versöhnung. Dies ist, wie ich glaube, das einfache Thema der Trilogie. Hier aber ist es der junge Zeus, der seine Herrschaft befestigen und den Gegner, der ein so gefährliches Geheimnis weiß, mit allen Mitteln zum Sprechen bringen muß. Nur daß dieser Gegner demgegenüber auch etwas aufzuweisen hat: die unvorstellbare Kraft des Leidens. Er hält das alles aus, nicht nur die erste Fesselung, sondern auch daß er am Schluß in die Unterwelt geworfen wird, und dann kommt der Adler, der alles noch schlimmer macht. Aber er erträgt das alles mit seiner unerhörten Kraft des Leidens. Das heißt, die Trotzhandlung wird zur Tragödie des aktiven Leidens, und die Macht eines solchen aktiven Leidens gerade im politischen Bereich wird mit größter Intensität herausgearbeitet. Diese Kraft ist es, die auch die Menschheit erst doppelt rettet: zuerst vor der Vernichtung und weiter in ein Leben der Kultur in menschenwürdiger Form. Und weil Zeus ihn nicht kleinbekommt, muß er allmählich seine Politik ändern. Da die Entzweiung zwischen ihnen nicht gelöst und der andere nicht mit Gewalt gebeugt werden kann, muß ein Vertrag geschlossen werden. In diesem Vertrag zwischen den beiden großen Potenzen der Urzeit kommt das zustande, was die heute bestehende Weltordnung ist. Wenn diese Weltordnung der Dike, der Gerechtigkeit, vor unseren Augen in einer Trilogie entsteht, können wir gar nicht erwarten, daß Zeus schon im ersten Stück derselbe wäre wie am Ende. Es ist nicht so, daß er dem sonstigen Bild des Zeus widerspricht, sondern dies Zeusbild wird erst jetzt konstituiert, die Ordnung der Welt entsteht aus chaotischen Kämpfen, nach dem Grundgedanken des Aischylos. Im Hinblick auf den großen Weltkontrakt, auf den die ganze Trilogie hinzielt, müssen wir alles andere sehen und auch das Negative aus dieser Sicht betrachten.

Was das zweite Stück angeht, den *Befreiten Prometheus*, so kann man in bezug auf die Rekonstruktion recht zuversichtlich sein, es gibt auch reiche Fragmente. Ein Chor der Titanen tritt auf, die aus der Unterwelt befreiten Brüder des Prometheus. Auch er ist aus der Unterwelt wieder aufgestiegen und hängt nun im Kaukasus gefesselt, also an einem anderen Ort als im ersten Stück. Das erste Epeisodion brachte vermutlich einen Dialog zwischen Prometheus und dem Chorführer, aus dem wir ein Stück in der Übersetzung von Cicero haben, wohl über Accius; ich will auf diese Dinge nicht eingehen. Wieder die typische Form: »Seht mich!...«, und die Schilderung, wie der Adler an seiner Leber frißt. Die Handlung ist nun wohl wie im ersten Stück so vor sich gegangen, daß noch andere zu ihm herangetreten sind. Es sieht so aus, als ob auch Gaia, seine Mutter gekommen wäre, auch sie hat vielleicht zum Nachgeben geraten. Kein Zweifel aber, daß Herakles kam und es wieder eine große Konfrontation der beiden Gestalten und Schicksale gegeben hat, während Prometheus ihm den Weg zu den Hesperiden wies und auch den Rat gab, Atlas statt seiner zu schicken. Dann die Erschießung des Adlers, womit die erste Tat der Lösung vollbracht war. Mette meint, daß noch eine andere Gottheit herangetreten sein müßte. Fragt man, welche das gewesen sein könnte, so möchte ich annehmen, daß es die war, die wir auch aus der Sage kennen und auf die

Hermes im ersten Stück hingewiesen hatte (V. 1026ff.): Nicht früher dürfe er ein Ende seiner Qualen erwarten, ehe nicht einer der Götter bereit wäre, für ihn als Stellvertreter in den Hades zu gehen. Dies war, wie wir wissen, Chiron, der Kentaur, das ›freundliche Halbtier‹, wie Pindar ihn nennt, der Erzieher des Asklepios, Iason, Achilleus. Bei Apollodor wird erzählt (2, 5, 4, 4), daß Herakles ihn besucht und dabei durch einen unglücklichen Zufall mit einem vergifteten Pfeil verwundet hatte. Die Wunde ist unheilbar, aber als ein Gott kann er nicht sterben, und so ist es für ihn eine Erlösung, für Prometheus den Tod auf sich zu nehmen. Ich würde also annehmen, daß im vierten Epeisodion Chiron aufgetreten ist und Prometheus durch seine Bereitschaft, statt seiner in die Unterwelt zu gehen, vollends gelöst hat, so daß er am Schluß mit den anderen Titanen hinausziehen konnte. Dramatisch hat das den Vorteil, daß die Lösung sich nicht auf einmal vollzieht, sondern in mehreren Etappen, entsprechend der Trotz- und Leidenshandlung des ersten Stücks.

Über das dritte, den *Feuerträger*, ist nur wenig zu sagen. Ich will nur darauf hinweisen, daß Reinhardt in seinem großen Aufsatz *Prometheus* und wieder in einem Hermesaufsatz 1957 eine sehr geistreiche Theorie entwickelt hat. Die Titanen – die also auch hier den Chor gebildet hätten – wären gekommen und hätten Prometheus schmiedend gefunden und gefragt, was er da tue. Es beginnt also, ähnlich wie in den *Netzfischern*, mit einem Rätsel. Dann sei unter den Hammerschlägen Pandora aus der Erde aufgestiegen, gleichsam herausgehämmert worden. Für Reinhardt war das wichtig, weil für ihn nach der modernen Auffassung Prometheus das Urbild des Künstlers war. Das ist auch richtig, aber nicht im modernen, romantischen Sinn (vgl. B. Schweitzers Arbeit über den bildenden Künstler und den Begriff des Künstlerischen in der Antike, 1925). Die Griechen haben nicht zwischen Künstler und Handwerker unterschieden; den Künstler, wie wir ihn kennen, gab es damals gar nicht, allenfalls mit Ausnahme des göttlich inspirierten Dichters. Die Darstellungen einer aus der Erde aufsteigenden Pandora beziehen sich meist auf Satyrspiele, wie auch Reinhardt zugibt. Überhaupt scheint das Motiv des Rätsels am Anfang, des fragenden Staunens und der aus der Erde gehämmerten schönen Frau in den Bereich des Satyrspiels zu gehören; für die Tragödie glaube ich das nicht, und Reinhardts Theorie hat sich auch nicht durchgesetzt.

Mit Sicherheit können wir über das dritte Stück nur sagen, daß es mit einem Fackellauf und der Begründung der Prometheia geendet hat, einem Festspiel zu Ehren des Prometheus, also wieder einer großen kultischen Institution. Prometheus war für die Griechen mit der geraubten Gabe des Feuers der große Begründer der Kultur. Die Griechen haben immer wieder über diese Dinge nachgedacht, überall fragt man nach dem ›Erfinder‹ von etwas. Wir kennen eine Fülle von mythischen Gestalten, die dies oder das erfunden haben: Palamedes, Daidalos und viele andere, vor allem aber Prometheus. Kein Zweifel, daß Aischylos seine *Promethie* so gestaltet hat, daß er das große Geschehen zur Ruhe kommen läßt mit der Hineinbegründung der Kultur in den Kosmos und die Menschenwelt.

Die Frage ist, ob in dem Stück noch mehr geschehen ist, was wir uns nicht so recht vorstellen können. Aber auch bei der *Orestie* könnten wir uns kaum vorstellen, was im letzten Stück wohl geschehen sein könnte, wenn wir es nicht hätten. Ich will aber doch eine Vermutung vortragen, die ich dazu habe, wenn es auch Vermutung bleiben muß.

Es muß ein neues retardierendes Element hinzukommen, und da würde ich auch an Pandora denken, und zwar so, wie die Sage bei Hesiod (Erga 54 ff.) faßbar wird. Prometheus hat den Göttern das Feuer gestohlen und den Menschen gebracht, und Zeus will nun den Menschen großen Schaden bringen, und so befiehlt er dem Hephaistos, eine Frau zu bilden aus Lehm und Wasser, der alle Götter dann gewisse Gaben geben. Prometheus hat den Bruder Epimetheus gewarnt, keine Geschenke von den Göttern anzunehmen, aber er wird von der schönen Frau bezaubert und nimmt sie auf. Sie aber hat ein großes Faß mitgebracht, in dem alle Übel sind, das macht sie auf, und so kommen alle Leiden und Krankheiten heraus und über die Menschen. Nur die Hoffnung, die das alles noch ein wenig mildern könnte, läßt sie nicht heraus. Elpís heißt eigentlich nicht sosehr die Hoffnung als vielmehr die Illusion, und die Griechen haben sie in der alten Zeit für ein Übel gehalten, etwas, an das man sich nur dann halten darf, wenn sonst keine Rettung abzusehen ist, weil sie auch in auswegloser Lage noch eine Art Kraft gibt. – Wenn man das vor Augen hat, führt das in eine sehr andere Richtung als die Vorstellung von künstlerischem Schöpfertum. Zeus unternimmt noch einmal etwas gegen die verhaßten Menschen. Er muß Zugeständnisse machen und kann sie nicht vernichten, sie behalten auch die Dinge, von denen Prometheus sagt, daß er ihr Leben damit dem der Götter irgendwie angenähert hat – aber nicht uneingeschränkt. Sie haben nicht nur Kultur und Fortschritt, sondern auch Übel, Krankheiten und Schwächen aller Art, Hunger, Not und Krieg. Auch das gehört zur menschlichen Existenz und muß hinein in die Ordnung, die nun von Prometheus ausgehandelt wird. Ich meine also, daß das dritte Stück das Kommen der Pandora gebracht hat, vielleicht auch Epimetheus, der sie aufnimmt, als Hermes sie zu ihm bringt. Prometheus rät vielleicht ab, und es kommt zu einem Redestreit, aber dann geht alles wie bei Hesiod, und ein Botenbericht schildert, was passiert ist: jenes Märchenmotiv, wie sie das Faß öffnet und all die Unheilsgeister herausflattern und sich verteilen. Erst dann kommt es zum letzten Akt des Stücks, wo die Versöhnung wirklich ausgehandelt wird. Daß Zeus selber dabei aufgetreten ist, glaube ich nicht, aber es gibt viele Möglichkeiten für einen solchen Schluß. – Diese Spekulation, die sich aber im Rahmen der Tradition hält, wollte ich Ihnen nicht vorenthalten. Vielleicht wird sie noch einmal durch einen Papyrus widerlegt – oder auch bestätigt.

Soviel zum Umkreis der *Promethie.* Zum Schluß noch etwas über die aus den wenigen Beispielen doch ableitbare Veränderung der Trilogie bei Aischylos. Zusammengefaßt: die Trilogie ist, wie ich glaube, nichts, das wir für den Anfang der Tragödie voraussetzen müssen; bei Phrynichos und noch in den *Persern* gibt es sie nicht. Fragen wir uns, was es war, das dazu geführt hat, so behaupte ich, es war die große Sage. Es ist ja viel schwieriger, so große Stoffe auf ein einziges Stück zu konzentrieren. Zunächst war es also der große Sagenzusammenhang, der die Trilogie zusammenhielt. Der nächste Schritt wird schon bei Aischylos faßbar: der Schritt vom Sagenzusammenhang zum Schicksalszusammenhang. Jetzt ist es nicht nur ein Stoff, sondern ein Schicksal, zumal ein Fluch, der sich verwirklicht. So in der Labdakidentrilogie, wo es ganz deutlich wird. Das ist die strengere Einheit gegenüber der bloßen Sage. Das dritte scheint nun die Einheit einer Handlung zu sein, und das fassen wir in der *Achilleis.* Der Einbruch Homers in die Tragödie führt dazu, daß eine andere Art der Trilogie entsteht als in der Thebanischen. Auch die Odyssee scheint eine solche Handlung gewesen zu sein, ganz deutlich aber die *Promethie.* Hier ist es nicht nur Sagen- und Schicksalsgeschehen, sondern von individuellen Personen getragene Handlung. Auch die *Orestie* ist eine solche einheitliche Handlung, ähnlich die – nicht erhaltene – Aias-Trilogie, wo das dritte Stück, der *Teukros,* wieder sagenmäßig angeschlossen wurde. Diese drei Stufen glaube ich deutlich zu fassen. Und nun ist klar, daß in dem Augenblick, als die Trilogie schon eine Einheit der Handlung darstellte, der nächste Schritt dann die Konzentration auf das Einzelstück sein mußte. Das geschieht bei Sophokles. Nun hat man genug geübt und kann den Stoff konzentrieren, das heißt, der nächste kann es, der die Tradition fortsetzt.

15.

Wir haben nun noch die *Orestie* zu besprechen, was nur skizzenhaft geschehen kann. Aber nachdem wir das alles soweit aufgebaut haben, darf ich dabei wohl kurz sein. Sie haben die sehr eingehenden Schemata (8-10), an denen Sie das dann verifizieren können. An Literatur verweise ich zumal auf den Kommentar zum *Agamemnon* von Fraenkel. Zum zweiten Stück, den *Choëphoren,* habe ich selbst einen Aufsatz geschrieben (1932), auf den ich zum einzelnen verweisen kann.

Wenn wir von den *Persern* von 472 zur *Orestie* kommen, die 458, zwei Jahre vor dem Tod des Dichters aufgeführt wurde, so ist das nur ein Zeitraum von vierzehn Jahren, und doch ist es ungeheuerlich, wie sich die Landschaft, in der wir uns bewegen, verändert hat. Bisher war es immer so gewesen, daß wir noch ohne Mühe die alten Formen erkennen konnten, die bewahrt und im Bewahren erneuert wurden und bestimmte Einschaltungen und Veränderungen zeigten. Nun aber stehen wir vor einer Fülle gleichsam gelöster Formen. In den Schemata ist die unterbrochene Linie jetzt fast durchgehend und dominiert selbst dort, wo sie noch streckenweise von der schwarzen begleitet wird. Das heißt, die Handlung ist in diesem Spätwerk des Aischylos so gut wie frei entwickelt, rein nach den dramatischen Forderungen des Geschehens. Fragen wir, was für ein Formentypus das ist, der uns hier verglichen mit dem früheren entgegentritt, so können wir ihn mit einem Wort als Altersstil bezeichnen. Diese Art, wie Formen sich steigern, auflockern, mischen und vertauschen, so daß sich figurenreiche Gesamtgemälde erheben, ist über die Tragödie hinaus ein Charakteristikum aller Kunststile; ich glaube, daß Ihnen sofort Parallelen einfallen werden auf den verschiedensten Gebieten. Man mag an die Spätwerke Michelangelos denken, in der Dichtung an Shakespeare und Goethe zumal in seinem *Zweiten Faust,* in der Musik an den späten Beethoven, um nur einige zu nennen. Überall in scheinbarer Auflösung eine Vermischung und Vervielfältigung, ein Bunt- und Intensivwerden, ein unendliches Gedränge. Diese merkwürdige Erscheinung in so verschiedenen Bereichen, die scheinbar nichts miteinander zu tun haben, ist offenbar eine Struktur, die in der Entwicklung des Menschen und der Kunst selber liegt.

Auch eine Fülle vorgeprägter Formen aus Kult, Brauch und Rechtsleben dringt neu in die Tragödie ein, Formen, die dann bei Sophokles und Euripides aufgenommen und weiterentwickelt werden. Auch diese Formen sind gegenüber allem Früheren in ihrer Intensität gesteigert, wie etwa die große Gerichtsszene des Areopag gegenüber der Verurteilung der Hypermestra im dritten Stück der Danaïden-Trilogie, die wir doch wohl im engeren Rahmen der Familie zu denken haben. Gesteigert ist die ganze Dramatik und vor allem das Individuum. Denn wenn auch eine Linie zu erkennen ist von der Gestalt der Atossa hin zur Klytaimestra, so ist die Steigerung doch so gewaltig, daß diese Klytaimestra wie ein Wesen ganz anderer Art erscheint, unendlich hintergründig und gar nicht auszuloten.

Wenn wir das wenigstens noch kurz an den einzelnen Schemata betrachten wollen, so sehen wir im *Agamemnon* (s. Schema 8) neben der durchbrochenen Linie eine schwarze, die bis zum Beginn des vierten Epeisodions durchgeht, fast genau bis zur Hälfte des Ganzen. Diese Partie umfaßt den Prolog eines Wächters, die Parodos und ein Standlied von sechs Strophen, alles das gewohnte Maß überschreitend. Darin wird die Vorgeschichte nachgeholt, in alter Weise durchsetzt von Ahnungen und Befürchtungen, trotz des doch glücklichen Feuerzeichens, das gleichsam als ein mechanischer Bote die Eroberung Trojas meldet. Klytaimestra schildert in einem ersten Auftritt, wie das vor sich geht. Überall auf den Berggipfeln sind Holzstöße errichtet und Wächter postiert, von denen jeder, sobald er das Licht des anderen sieht, seinen eigenen anzündet, so daß die Botschaft in sehr kurzer Zeit von Troja nach Argos gelangt. Der erste Telegraph also, wenn auch nur in bezug auf eine einzige Nachricht. Aischylos, der einen starken Sinn für

8. Orestie Agamemnon 458 v. Chr.

Prolog	*Parodos*	I. St.	*1. Epeisodion*	II. St.	*2. Epeisodion*	III. St.	*3. Epeisodion*	IV. St.	*4. Epeisodion*					*5. Epeisodion*	*6. Epeisodion*
Wächter	Chor		Klytaimestra Chor / Chor Anapäste		Klytaimestra / Chor / Herold Bote / Klytaimestra ab 614		Chor Anapäste / Agamemnon Klytaimestra / Purpurteppich / Agamemnon ab 957		Kly. Kassandra / Kly. ab 1068 / Amoibaion Kassandra / Dialog Kassandra Chor	Chor Anapäste	Ag. Stimme aus dem Haus	Chor. Die einzelnen Choreuten		Klytaimestra Chor / Amoibaion / Kommos	Aigisthos
1 39	40	103/4	257/8 354/5	366	487/8 503 680/1	781/2	810 974/5	1034	1072 1177/8 1330/1	1342	1347		1371/2	1406 1448 1576	1648/9 1673
										ia. Trimeter	troch. Tetrameter				troch. Tetrameter

schlimme Ahnung — Bote — Held — ähnlich: Io, Prometheus tief neu erfüllt — DIE TAT — Rechtfertigung der Tat

Alte Form, stark erweitert und neu erfüllt

die noch ungeborene Tat — Prolepse der Tat — Vision der Tat

diese technischen Dinge hat, sieht sie zugleich merkwürdig daimonisch; so schon die Hellespontüberquerung des Xerxes in den *Persern*. Der alte Gedanke der Botschaft erscheint in diesem Bild der Flammenpost doch mit sehr anderen Valeurs. Der Chor erlebt darauf in einer Art visionärer Schau, was sich in der eroberten Stadt wohl abspielt. Dann in einem zweiten Stasimon, unverhältnismäßig groß gegenüber dem ersten von kaum hundert Versen, der Auftritt des Herolds, der erst jetzt, bei V. 503, berichtet, was sich wirklich zugetragen hat. Auch das nächste Chorlied ist noch von Furcht getragen. Dies Ineinander von Freude über die gute Botschaft und innerer Besorgnis ist charakteristisch für diesen Chor. Im dritten Stasimon der Auftritt Agamemnons, der im Wagen auf die Bühne kommt mit Kassandra und vom Chor in Anapästen begrüßt wird, die in diesem Stück auch innerhalb der Handlung ständig das Maß sind, in dem der Chor spricht. Sehr lange Reden zwischen Agamemnon und Klytaimestra, die sich auf jenen merkwürdigen Streit um den ausgelegten roten Teppich konzentrieren, auf dem Agamemnon schließlich ins Haus geht. Dieser ganze erste Teil mit Parodos, Auftritt der Königin, des Boten und schließlich des ›Helden‹ selbst war das, was in den *Persern* die ganze Handlung des Stücks getragen hatte. Hier ist es nur die Eröffnung des Dramas.

Es folgt ein kurzer Dialog zwischen Klytaimestra und Kassandra, die auf der Bühne geblieben ist und jetzt ganz in den Vordergrund tritt. Nach Klytaimestras Abgang ein Wechsel zwischen ihr und dem Chor, der nach sieben Strophen wieder in Dialog übergeht. Stichomythien sind an verschiedenen Stellen einfach dazwischengeschoben, etwa an der berühmten Stelle V. 1268, als Kassandra ihren Stab zerbricht und ihren eigenen Tod voraussieht, erst lyrisch, dann in der Rede, bis sie diesem Tod mit klarem Bewußtsein entgegengeht. All das ist unendlich breit angewachsen und in dieser Mischung von den alten Formen her nicht mehr zu verstehen, inhaltlich entfernt vergleichbar der Io-Szene im *Prometheus*. Die visionäre Prolepsis der Tat, wie wir das nennen können, war in der Dareios-Szene der *Perser* schon vorgebildet, wird hier aber doch in ganz anderer Weise greifbar und konstituiert das Seherische und die Gestalt des Sehers für die Tragödie, die dann bei Sophokles und Euripides eine große Rolle spielen wird, ein entscheidendes Mittel der späteren Dramatik. Noch eine große Chorpartie, wieder mit Anapästen, dann dringt der Todesschrei Agamemnons aus dem Haus. Der Chor reagiert aufgeregt und zieht die Schwerter, eine Sache, die es noch nie gegeben hat und auch später kaum gibt: daß der Chor plötzlich anfängt, Person zu sein, die auch handelnd eingreifen könnte. Das Erscheinen Klytaimestras bringt keine neue Wendung, sondern es geht einfach ineinander über, wir können kaum ein neues Epeisodion abscheiden. Auch die alte feste Form der Aktabsetzung ist also durchbrochen. Eine Art Kommos, in dem sie redet und der Chor in lyrischen Maßen antwortet, meist Dochmien, die in ihrer Gestoßenheit eine starke Erregung zum Ausdruck bringen. Dann überwiegen Dialogpartien, durch kürzere Gebilde gegliedert. Wieder eine große Chorpartie, dann spricht plötzlich Klytaimestra in Anapästen. Ohne irgendwelche Abscheidung tritt Aigisth auf, alles ist ein einziges Epeisodion. Fast kommt es zum Kampf zwischen ihm und dem Chor, aber Klytaimestra wirft sich dazwischen, und so kommt es denn zu einer Art Frieden, der aber doch nur der Anfang sein wird von neuem Schrecklichen. Das Ganze endet in kurzem tetrametrischem Wechsel ohne Exodos.

Das war es, was ich noch unmittelbar vorführen wollte, um zu zeigen, wie neuartig das alles ist. Es gibt noch die alten Elemente: Monolog, Chorlieder, Botenbericht, Reden, Kommos – aber es ist, als ob sie gleichsam durch die Luft gewirbelt werden, und alles ergibt dann die neue großartige Gesamtform, die ganz von der Handlung bestimmt ist, oder besser: vom Geschehen. – Ähnlich auch im zweiten Stück, den *Choëphoren* (s. Schema 9), was ›Träger der Opfergüsse‹ bedeutet. Auch hier im ersten Teil noch erkennbare alte Formen mit Prolog, Parodos, dem Auftreten der Elektra und danach des Orest, mit der Wiedererkennung und der gemeinsamen Beschwörung des toten Vaters, die aber gegenüber der Beschwörung des Dareios in den *Persern* als innerliche Vorbereitung des Muttermordes eine neue seelische Bedeutung gewinnt. Die Kräfte der Unterwelt werden gleichsam in die Handlung hinein entbunden und bleiben weiter in ihr wirksam. Dann aber, nach dem Szenenwechsel, wieder in der Mitte des Ganzen, ein schnelles Kommen und Gehen verschiedener Personen, die Tötung des Aigisth und dann der Klytaimestra hinter der Bühne und die Rechtfertigung des Orest, dem plötzlich, für die anderen unsichtbar, die Erinyen erscheinen, die ihn in die Flucht treiben. Also wieder statt einer Exodos am Ende ein neuer dramatischer

9. *Orestie Choephoren 458 v. Chr.*

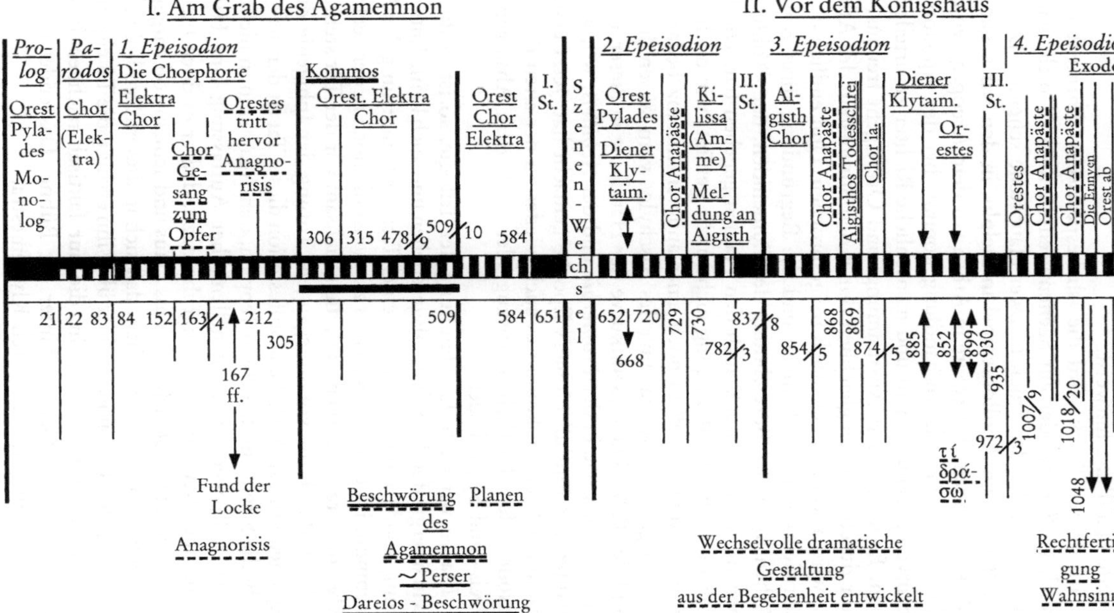

Akzent, der auf eine über das Stück hinausgreifende, neu einsetzende Handlung hinweist.

Im dritten Stück wird die ›shakespearische‹ Formenbuntheit noch größer. Wieder ein Szenenwechsel, diesmal nicht ganz in der Mitte, der das Stück in zwei Hauptteile scheidet. Der erste spielt vor dem Apollontempel in Delphi, in den wir sogar Einblick gewinnen, der zweite in Athen vor dem Areopag, wo es zu der großen Gerichtsverhandlung kommt, bei der Apollon den Erinyen gegenübersteht und menschliche Richter zu urteilen haben. Es kommt zur Abstimmung, und Orest geht frei aus, aber nur durch Stimmengleichheit durch den Stimmstein der Athene, er wird also nicht eigentlich freigesprochen. Und endlich die Beschwichtigung der Erinyen und die Begründung ihres Kults in Athen unter der Bezeichnung der Eumeniden, der ›Wohlgesonnenen‹, die dem Stück auch den Namen gegeben hat. Die Idee, daß die kultische Reinigung nicht mehr genügt, wie doch sonst immer, sondern daß es noch einer anderen Instanz bedarf, entspricht ganz der Auffassung des Aischylos vom Wesen der Dike und der Polis. Die Gesamtkurve der Handlung in dieser Trilogie verläuft also wie in der *Promethie* und der *Achilleis*, wo, wie ich glaube, der Einfluß Homers Epoche gemacht hat. Jetzt erst, am Ende des Ganzen, kommt es auch wieder zu der alten Form der Exodos, dem feierlichen Auszug aller unter dem Absingen von Preis- und Segensliedern.

Fragen wir nach der Handlung der Trilogie, so ist es diesmal kein übergreifendes Schicksalsgeschehen und auch keine Entscheidung, sondern die Geschichte einer Tat: der Ermordung des Agamemnon. Im ersten Stück ist es zunächst die noch in der Seele der Klytaimestra verborgene Tat, die gleichsam vor der Tür steht, begründet durch die vorausgegangene Tötung der Iphigenie durch Agamemnon. Äußerliche Manifestation dieser Tat ist der tief symbolische Streit um den roten Teppich, den Agamemnon nicht betreten will, weil das nach hellenischer Auffassung eine Hybris wäre, aber Klytaimestra bringt ihn dazu, daß er es doch tut und über diesen blutroten Teppich ins Haus und seinem Tod entgegenschreitet. Es ist längst gesehen, daß sich in diesem Symbol und in dem Sieg, den Klytaimestra hier über ihn erringt, die Tat eigentlich vor unseren Augen vollzieht, die nur faktisch nachgeholt wird durch seine Erschlagung hinter der Bühne. Das endet mit der Rechtfertigung der Tat durch Klytaimestra.

10. Orestie Die Eumeniden 458 v. Chr.

I. Delphi. Vor dem Apollon-Tempel.

›*Prolog*‹
Prophetis Seherin Rede

Erinyen Orest Apollon Hermes

Schatten der Klytaimestra Weckruf

›*Parodos*‹
Chor erwacht Klage Drohung

Apollon Chor

Chor ab

Ap. ab

Leere Bühne

II. Athen. Vor dem Pallas-Tempel.

Orestes zum Altar Chor verfolgend

Chor Dochmien

Orest. Chor

Chor Anapäste

I. Stasimon

Athena Chor Orest.

II. Stasimon

III. Areopag

Gerichtsverhandlung Athena Herold Richter Volk Orestes Chor Apollon

Orest. Rede ab

Kommos
Chor Athena

Amoibaion Chor Athena

ia. Trimeter

Exodos Chor Athena Richter Diener Volk (Geleit)

1 33 34 63 93 117-130 140 179 197 231 234 235 254 276 306 320 396/7 488/9 565/6 743 782 777 891 915 916 1020 1031/2 1047

710

geht ins Innere und kommt entsetzt wieder

Seherin ab. Tor geht auf. Im Inneren die Erinyen auf Sesseln schlafend. Orest, Apollon, Hermes

Apollon sowie Hermes mit Orest ab

Gestöhn des Chors

treibt Erinyen fort

Chor ab

Ap. ab

Bühne wird für das Gericht umgebaut

Abstimmung

Zählung der Stimmsteine

Freispruch

Apollon ab.

feierlicher Auszug mit Fackeln.

Die alten Formen überwachsen von der nun dominierenden Dramatik

Aber die Tat wirkt weiter und zieht notwendig die Rache nach sich, die im zweiten Stück entsprechend den alten Vorstellungen vollzogen wird, wie es der Gott befohlen hat. Die Tat des Muttermords ist nicht psychologisch gefaßt, und es braucht auch keinen Entschluß dafür, sondern sie ist als feste Gegebenheit von Anfang an da und wird nur in den verschiedenen Szenen immer gegenwärtiger und wirklicher, bis hin zu der Ermordung selbst und wieder der Rechtfertigung dafür. Aber damit ist die Tat immer noch nicht am Ziel, auch das muß wieder in Ordnung gebracht werden, weil andere göttliche Forderungen dadurch verletzt wurden, und so mündet alles in jene gerichtliche Aktion, durch die alles, was die Tat und ihre Folgen aufgerührt hatten, nun beruhigt und zum Ausgleich gebracht wird. Bei diesem Ausgleich geht es nicht um den Seelenzustand des Orest oder sein Leben, nicht einmal um das Schicksal dieser Familie, sondern eben um die Tat, die dazu geführt hat, daß ein Streit unter den Göttern aufbricht und die alten göttlichen Ordnungen in Frage gestellt werden; und der Areopag ist es, der schlichten kann, was die Götter selbst nicht lösen können. So werden die alten Gottheiten der Blutrache und der unbedingten Vergeltung aufgenommen in den Kult und damit in die Ordnung des Rechtsstaates der Polis. Das ist es, was hier von Aischylos konzipiert worden war und was er nicht so in den alten Formen hätte darstellen können. Also auch hier wieder eine Entsprechung zwischen Form und Inhalt, die natürlich erst in einer Zeit möglich war, als der Dichter schon frei mit den Formen schalten konnte.

Soviel in aller Kürze über die *Orestie*, zum Abschluß unserer Formengeschichte der attischen Tragödie und zum Beweis, wie in der scheinbaren Auflösung der Formen in Wahrheit eine neue Erfüllung vorliegt und neue Möglichkeiten. Diese große Spätform des Aischylos steht für sich, es gab keine Fortsetzung und kein Darüber-hinaus, sie konnte nicht Grundlage werden für das weitere. Sophokles wird nicht an diese aufgelöste, reiche Form anknüpfen, sondern an die ältere, einfache; er wird im Gegenteil eine neue, strenge Konzentrierung der Form bringen in dramatisch freierer Weise. Euripides wird in gewissem Sinne zur typisierten und regulierten Form zurückkehren. Aber das ist ein anderer Logos.

II Sophokles

1.

Wir wollen uns diesmal mit Sophokles beschäftigen, dem zweiten großen griechischen Tragiker. Er lebte etwa von 496 bis 406 v. Chr. Wenn wir bedenken, daß das rund 2400 Jahre her ist, so ist es doch bemerkenswert, daß ein Dichter, der vor so langer Zeit gelebt und Stücke aufgeführt hat, auch heute noch gegenwärtig ist und eine erhebliche Wirkung auf ein modernes Publikum ausübt.

Zunächst müssen wir uns klarmachen, was diese abstrakten Zahlen bedeuten, was es für eine Epoche ist, in der Sophokles gelebt hat. Es ist also das fünfte vorchristliche Jahrhundert, von dem wir sagen, daß es das eigentlich große ist in der griechischen Kultur. Wenn wir das Ende des sechsten Jahrhunderts mit dazunehmen, so sehen wir, wie alle bedeutenden Werke der Dichtung, der bildenden Kunst, Plastik und Malerei – wohl auch der Musik, die uns nicht mehr greifbar ist –, die Grundlagen der Geschichtsschreibung, die Anfänge des Denkens damals in erstaunlicher Geschwindigkeit geleistet worden sind. Davor liegt die Epoche, in der vor allem die griechische Lyrik ihre Blüte erreicht hatte mit Dichtern wie Archilochos, Sappho und vielen anderen. Und wieder ein Jahrhundert zurück kommen wir in die Zeit Homers, mit dem für uns die griechische Literatur beginnt, obgleich vor den niedergeschriebenen Epen noch eine mündliche Tradition liegt, die weit zurückgehen mag. Wenn sich also im achten Jahrhundert der griechische Geist für uns zum erstenmal manifestiert, so ist Sophokles demgegenüber drei Jahrhunderte später. Nach unten hin folgt im vierten Jahrhundert die Blüte der Philosophie mit Platon und Aristoteles; die Poesie tritt zurück, bis auf Menander, der weiter auf das moderne Schauspiel gewirkt hat. Damit ist die große Zeit der griechischen Kultur abgeschlossen, und es beginnt die Zeit der sich zurückbeugenden Aufnahme des Eigenen, von der wir öfter gesprochen hatten. Natürlich gibt es auch weiterhin griechische Literatur, es gibt neue Formen des Epos, eine Reihe von bekannten Einzeldichtern wie Theokrit und anderen, aber das alles ist nicht mehr Dichtung, in der sich wirklich das Wesen der Zeit zum Ausdruck bringt. Dann kommen die Römer und erobern in zwei Jahrhunderten die griechische Welt, und in Rom setzt die Tradition sich fort mit einer Dichtung, die auf der griechischen basiert, aber zu ganz neuen Formen führt.

Dies also ist der Epochenbereich, und hier hat Sophokles seine

Stellung im Verlauf des ganzen fünften Jahrhunderts und ist einer der glanzvollsten Repräsentanten dieser großen Zeit. – Wenn ich eben sagte, daß das so lange her ist, können wir doch in anderer Hinsicht sagen, daß die rein faktische Zeit nicht so entscheidend ist. Die Tradition überbrückt solche Zeiträume ohne weiteres. Die Geschichte verläuft nicht so, daß die Nähe oder Ferne von Zeitepochen sich nach der rein mathematisch zu berechnenden Zeit bestimmt, sondern hier wirken andere Gesetzlichkeiten, eben die Bedeutung der einzelnen Jahrhunderte. Es kann durchaus sein, daß etwas, was gestern war, viel überlebter ist als etwas vor zweitausend Jahren. Die geschichtliche Struktur ist nicht abstrakt zeitlich, sondern eine Struktur von Wirkungen und Funktionen. Dies wollte ich vorausschicken, ehe wir uns dem Mann selbst zuwenden und der Zeit, in der er gelebt hat.

Bevor wir das Leben des Sophokles betrachten, ist es wohl gut, wegen der besonderen Bedeutung dieser Biographie eine Einleitung zu geben in die antike Biographie überhaupt. Es ist auch notwendig, dies einmal ausführlich zu behandeln, weil es sich um eine wichtige Form der literarischen Erfassung eines Menschen handelt, seines Lebens und seines Wesens. Bekanntlich hat diese Form in den letzten zweihundert Jahren, etwa seit der Aufklärung, immer mehr das Interesse auch breiterer Kreise gewonnen. Dieses Interesse und auch diese Neugier, mit der man fremdem Leben und gerade den seelischen Intimitäten begegnet, hat es in der Antike nicht gegeben. Das Merkwürdige dabei ist, daß die Grundprinzipien dieser Form zwar bei den Griechen selbst aufgekommen sind, aber eben nicht zu einer solchen Erfassung des Lebens eines Menschen geführt haben.

Wenn man sich über die heutige Biographie klar zu werden sucht, sind besonders zwei Begriffe entscheidend. Einmal das Individuelle, gerade im Sinne des *ineffabile,* des Unerfaßbaren daran. Jeder kennt wohl aus eigener Erfahrung das Interesse am Individuellen und auch das Interesse des Individuums an sich selbst. Es ist eine Tatsache innerhalb des modernen Individualismus, daß man unter jede Leistung seinen Namen setzen und damit bekannt werden will. Aus der Antike kennen wir viele große Leistungen, die entweder keinen Namen tragen oder bei denen wir nicht wissen, ob der Name stimmt, und selbst wenn wir den Namen kennen, wissen wir nichts über die Persönlichkeit, die dahinter steht. Das ist für unser heutiges Denken unfaßbar. Der zweite Begriff, der hinzukommt, ist der einer Entwicklung dieses Individuums. Es wird im Werden erfaßt, in seiner zeitlichen Erstreckung. Man möchte beobachten, wie es sich durch Kindheit, Jugend und das ganze Leben hindurch entfaltet. Wir kennen das aus dem sogenannten Erziehungs- und Entwicklungsroman, aber das Interesse daran geht auch heute noch nicht zurück.

Diese beiden Begriffe stammen letztlich aus dem Griechischen. Individuum ist die Übersetzung von *átomon*: das Unteilbare, so wie auch wir den Begriff aus der Atomphysik kennen. Bei Demokrit und den Atomisten sind es kleinste materielle Einheiten, aber man kann auch mathematisch von unteilbaren Größen sprechen. Wieder in anderem Sinne spricht Platon vom *átomon eidos*, als er seine Methode der Ideen-Dihairese entwickelt. Hier ist es die letzte Einheit, die bei immer weiterer Unterteilung eines Allgemeinen noch übrigbleibt. Aber niemals wurde dieser Begriff auf die Erfassung eines Menschen angewandt. Dafür gab es andere Vorstellungen. Die individuelle Wesensform wurde nicht, wie bei uns, vom Menschen und seinem Inneren her verstanden, sondern als eine Macht, die ihn gestaltet und die griechisch Daimon genannt wird. Der Mensch hat seinen Daimon, der sein Wesen wie sein Schicksal bestimmt, was damals noch in eins gedacht war. Daneben gibt es dann noch die Tyche, den Bereich der äußeren Einflüsse in ihrer ganzen Zufälligkeit, der zwar in sich zusammenhängend sein mag, aber dort, wo er unseren Weg kreuzt, nicht faßbar ist. Das entspricht dem, was wir die Macht der Umstände nennen, des Milieus, dem der Mensch ausgesetzt ist. Und was wir Entwicklung nennen, führt auf den Begriff der Entelechie, den wir bei Aristoteles vor allem im Bereich der Biologie und Tierkunde kennen: eine bestimmte Wesensform in ihrer Genesis, ihrem lebendigen Phasenwandel, oder mit Goethe: »Geprägte Form, die lebend sich entwickelt.«

Aber wenn auch die Grundbegriffe auf griechische Vorstellungen zurückgehen, so ist doch klar, daß die moderne Biographie eine ganz besondere Weise darstellt, wie der Mensch sich selbst erfaßt und zu sich selbst steht. Die *Confessiones* Augustins sind der erste selbstbiographische Versuch dieser Art, der für die moderne Selbsterfassung von entscheidender Bedeutung war, weil es sich im christlichen Bereich um die Erhaltung des Individuums handelt, gerade in seiner Einzigartigkeit, in der es von Gott bedingt, gewollt oder verworfen wird. Man kann in diesem Interesse an seiner eigenen Weiterexistenz eine gewisse Schwäche sehen und demgegenüber in der griechisch-römischen Haltung eine Form von Lebensstärke, daß sich die Menschen weniger um sich selbst gekümmert, sondern einfach aus sich heraus gelebt, gewirkt und in die Welt eingegriffen haben. Aber solch allgemeine Auffassungen geben immer nur Aspekte; wir wollen nicht werten, sondern nur die Besonderheit charakterisieren, die hier vorliegt.

Es ist bemerkenswert, daß sich in der Antike das Interesse am Biographischen, soweit überhaupt vorhanden, auf bedeutende Menschen beschränkt. Man wäre kaum auf die Idee gekommen, einen gewöhnlichen Menschen biographisch interessant zu finden. Erst in der Neuzeit beginnt das Interesse am Menschen überhaupt und damit letztlich an sich selbst. So entsteht die heute so beliebte Form der Selbstbiographie, die es vor Augustin in der Antike nicht gegeben hat und nicht geben konnte, weil die Voraussetzungen dafür fehlten. Nachtragen könnte man noch, daß eine neue wichtige Form des Gedankens der Individualität bei Leibniz auftaucht. Seine Monadenlehre ist in eigentümlicher Weise platonisch, andererseits auch wieder von der ins Geistige übertragenen Atomlehre der Naturwissenschaft her bestimmt. Aber letztlich hat er doch das Individuum in seiner Vereinzelung gesehen, wie es der moderne Mensch erlebt, und hat dieses Erlebnis in Beziehung gesetzt zu der großen Tradition des Platonismus. Die Strukturanalyse der Dinge, die hier zusammenwirken, müßte einmal von einem gemacht werden, der die antiken Dinge wirklich kennt.

Wenn wir sagen, daß es das Interesse am Individuellen in der Antike nicht gegeben hat, so ist gleich wieder eine Einschränkung geboten. In der wirklichen Welt sind die Dinge vielgestaltig, und wenn eine allgemeine Aussage richtig ist, so sind doch Einzelaussagen möglich, die wieder anderer Natur sind. Selbstverständlich ist bei den Griechen seit ältesten Zeiten ein bestimmter Sinn für den Charakter da. Wer Homer kennt, weiß, daß die einzelnen Helden durchaus charakterisiert sind, und auch die großen Frauengestalten in Ilias wie Odysee. Ebenso in der Tragödie. Wenn wir in einer Beziehung sagen müssen, daß sie nicht im modernen Sinne auf die Charaktere gestellt ist, so sind ihre Gestalten doch unverwechselbar geprägt. Man sollte hier zwischen Charakter und psychologischer Charakterzeichnung unterscheiden. Dennoch ist es etwas Besonderes, wenn sich am Ende des fünften Jahrhunderts der Blick darauf wendet, bestimmte Zeitgenossen so zu betrachten und darzustellen. Xenophon dürfte wohl der erste gewesen sein, der uns solche Miniaturporträts gegeben hat. Nicht in der *Kyrupädie,* in der es ihm um das Typische geht, sondern in der *Anabasis,* wo er eine kurze Würdigung der Feldherrn gibt nach ihrer Ermordung. Auch über Sophokles gibt es einen durch Zufall erhaltenen schönen Bericht des Ion von Chios, auf den wir noch zu sprechen kommen werden.

Und doch ist es richtig zu sagen, daß das Interesse am Individuellen bei den Griechen nicht das Entscheidende war. Wenn wir die Begriffe herauszuheben suchen, die für die antike Biographie wichtig sind, so ist es einmal das *kléos*, die Kunde, der Ruhm. Die Form, in der das Bild eines Menschen weiterlebte, war der Bericht dessen, was er getan und was er gelitten hatte, was ihm geschehen war. Der alte Begriff der Areté umfaßt beides: das Kollektiv der Taten eines Menschen, aber darüber hinaus auch etwas von seinem Wesen. Dazu gehört Stärke an Körper, Seele und Geist, Mut und Tatkraft, Schönheit, auch humane Eigenschaften wie Milde und Güte – das Ganze, das den Menschen ausmacht, wird bewahrt im *kléos.* Schon bei Homer können wir sehen, wie sich das an einem bestimmten literarischen Ort fixiert hat: der Totenklage. Es wird nicht nur leidenschaftlich in rituellen Formen geklagt, sondern die Menschen sagen zu dem Toten: Du warst so ..., du warst ›der‹ ..., und dabei treten solche Züge des Lebens auf, wie sie später den Grund des Biographischen bilden.

Von den Begriffen des *kléos* und der *areté* gelangt man mit einem weiteren Schritt zu dem platonischen *eídos. eídos,* eigentlich ›Aussehen‹, ist nichts Vergängliches, sondern die Form, wie etwas wesenhaft und unveränderlich aussieht, die einfache Form eines Seins, das nicht unter dem Gesichtspunkt des Werdens betrachtet wird. Dieser Eidos-Begriff ist es, den wir überall fassen, wenn wir die antike Biographie betrachten. Nur könnte durch diesen Begriff leicht ein idealistischer Zug hineinkommen, und darum sollte man vielleicht besser von *týpos* sprechen. Ich würde allerdings den richtig verstandenen Eidos-Begriff für sachlich entsprechender halten.

An Literatur will ich noch auf die älteren, aber immer noch grundlegenden Bücher von Ivo Bruns und Friedrich Leo verweisen, weiter Wolf Steidle, der darauf aufbaut. Weiteres finden Sie bei Lesky ([3]777f.). – Um nun die Hauptzüge herauszuarbeiten, ist es gut, wenn wir hinüberblicken auf eine Erscheinung, die eng damit zusammengeht: das bildnerische Porträt. Hier ist ein Feld, wo sich die Notwendigkeit einer vergleichenden Betrachtung geradezu aufdrängt und wo man auch Erfolg erwarten kann. Es ist eine bestimmte Weise des Interesses am Menschen, die auf beiden Gebieten verschiedene Ausdrucksformen findet, und auch zeitlich geht das Aufkommen des literarischen Porträts zusammen mit dem in der bildenden Kunst. Dazu verweise ich auf die Bücher von B. Schweitzer und G. Pasquali, der zumal die Problematik des Häßlichen behandelt hat. Das Häßliche erscheint in der Kunst zunächst nicht im Bereich des Menschlichen, sondern bei den urtümlichen Gestalten der Kentauren, Silene und anderer Halbtiere, wo es seinen legitimen Ort hat. Bei der Darstellung des Menschlichen ging es gerade nicht um das Individuelle, sondern um das Eidos. Die Statue eines Siegers zeigt nicht etwa die wirklichen Züge eines Mannes, sondern er mußte als der erscheinen, der Großes getan hatte, ähnlich wie in der Dichtung bei Pindar, der nichts Persönliches schildert, sondern immer wieder das Wunder, wie Menschenkraft zusammenwirkt mit göttlicher Fügung, damit dies Große entsteht, was wir sonst nur bei den Heroen finden. Wenn man sich einmal in diese Vorstellungsart hineinversetzt, kann einem von da aus das heutige Verlangen, die nackte Realistik darzustellen, geradezu schrecklich vorkommen.

Es kam also vorläufig nicht zum Porträt im heutigen Sinne. Die Statue des Anakreon zeigt ihn als einen Menschen mit herrlichem Körper, singend den Kopf erhoben, die Leier in der Hand. Er war ein Sänger und wurde also in seinem Tun, seiner Arete dargestellt. Ebenso wie Perikles. Wir wissen, daß er von der Komödie verspottet wurde, weil er einen Zwiebelkopf hatte, aber das hätte kein Bildhauer dargestellt. Er erscheint als Stratege in heroischer Haltung mit dem typischen Attribut des Helms. Bei Homer finden wir das Häßliche allein bei Thersites. Der Dichter ist herabgestiegen in eine niedrigere Sphäre, und dort hat auch das Individuelle seinen Ort. Wir sehen daraus, daß dies vom Typischen abweichende Individuelle bei den Griechen ebenso negativ beurteilt wurde wie bei uns positiv. Zu dem, was wir Porträt nennen, kommt es, trotz gewisser Annäherungen (vgl. das Buch von K. Schefold), bei den Griechen nicht, und nicht einmal bei den Römern, obgleich hier die Totenmaske schon näher heranführte.

Interessant ist nun, daß es einen besonderen Menschen gibt, vielleicht den einzigen Menschen im ganzen Griechentum, bei dem das Gesetz, daß das Individuelle nicht gefaßt werden durfte, einmal durchbrochen ist: Sokrates. Auch hier ist es nicht zur wirklichen Biographie gekommen, aber die unerhörte Geprägtheit, mit der er bei Platon und auch Xenophon vor uns steht, hat immer wieder dazu herausgefordert. Platon hatte nicht die Absicht, ihn biographisch darzustellen; es ging ihm um den Philosophen, und dazu brauchte er das Bild dieses Mannes. Im *Symposion* haben wir den berühmten Silenvergleich. Diesen daimonischen, halbtierischen Wesen also stand er seiner äußeren Erscheinung nach nahe; das plastische Porträt hat sich dann dem literarischen angeschlossen. Ich will gleich den Begriff herausheben, der zum Anlaß geworden ist für diese individuell-porträthafte Beschreibung: die *atopía* des Sokrates. *tópos* bezeichnet den Ort, wo etwas steht, und dementsprechend ist *átopos* etwas, das keinen Ort hat, das man nicht unterbringen, nicht einordnen kann, das ›aus dem Rahmen fällt‹, wie wir sagen. Kurz, es ist die Daimonie des Sokrates, die im Bild des Silens mitschwingt und dazu führt, daß dieser Mann nicht anders gesehen werden kann als in seiner persönlichen Eigenart im Gegensatz zu allem, was sonst als menschlich hervorragend galt. Dies alles war es, was ihn den jungen adligen Herren seltsam und unvergeßlich machen mußte und was man nicht übergehen konnte, als man ihn im Kunstwerk festhielt. Es genügte nicht, einen Sokrates darzustellen, der nur diesen Namen trug, sondern man mußte den ganzen Menschen mit hereinholen. Es gibt keine zweite solche Darstellung in der Antike, auch bei den Römern nicht. Allerdings gibt es dort eine Gestalt, die wir auch menschlich erfassen können: Cicero. Durch die vielen Briefe, die er nicht nur geschrieben, sondern auch ediert hat, besitzen wir so umfassende Zeugnisse wie über keinen anderen Menschen der Antike. Es ist unverständlich, daß eine wirkliche Cicerobiographie bis heute nicht geschrieben ist. Vielleicht liegt es daran, daß bei uns die Römer so stark zurückgedrängt wurden durch die einseitige Liebe zu den Griechen. Dann ist auch Mommsen mit seinem bösen Blick darüber gekommen und hat einen Hansnarren aus ihm gemacht, ein Bild, das längst abgebaut ist. Der letzte Grund mag sein, daß heute an eine Biographie enorme Anforderungen gestellt werden: es müßte nicht nur ein guter Philologe sein, sondern zugleich ein Historiker, der sich auch in der Rechts- und Philosophiegeschichte auskennt. So bleibt die Aufgabe weiter bestehen. – Ein höchst individueller Mensch, der sich so auch in seinem eigenen Dichtwerk abgebildet hat, ist Horaz. Zumal in den Satiren und Briefen erfahren wir selbst solche Kleinigkeiten wie, daß er klein war und ein Langschläfer. Das beruht darauf, daß die so realistisch gefaßte Individualität dieses Mannes von ihm selbst als ein sachliches Anliegen verstanden wurde. Denn das alles tritt auf in der Form einer unergründlichen Ironie, was nicht eine Weise ist, die Dinge komisch darzustellen, sondern ein bestimmtes Instrument des geistigen Abstands, auch von sich selbst. Es ist nicht zufällig, daß der Begriff der Ironie auch für Sokrates ganz entscheidend ist.

2.

Nach einer allgemeinen Einleitung in das Phänomen der Biographie kommen wir nun zur Entstehung der antiken Biographie im engeren Sinne. Das beginnt erst in der Nachfolge des Aristoteles. Er hatte die großen Wissensbereiche konstituiert, gleichsam Provinzen abgegrenzt, darunter auch die Ethik. Man kann dabei nicht anders, als bestimmte Grundformen des Lebens herauszuarbeiten und abzugrenzen, etwa die bekannten drei Hauptformen des genießenden, handelnden und betrachtenden Lebens. Theophrast schrieb ein Büchlein ›Charaktere‹, in dem er bestimmte Menschentypen entwickelt. Ein neues Interesse am Menschlichen kommt auf, auch in der Komödie Menanders. Dikaiarch schreibt eine Art Kulturgeschichte unter dem Titel ›Leben von Hellas‹. *Bíos* heißt Leben, aber dem mehr physischen Leben, *zoé,* gegenüber das geformte Leben, die Lebensform, gelegentlich sogar der Beruf. Weitere Peripatetiker wenden sich dann der Biographie im besonderen zu: Klearch, Aristoxenos, Chamaileon und später Hermippos, Satyros, Hieronymos und Neanthes, Namen, die in den überlieferten Viten immer wieder auftauchen.

Das Charakteristische bei diesen Darstellungen von ›Herkunft und Leben‹, *génos kai bíos,* wie es in den Handschriften meist genannt wird, ist, daß sie einerseits auf wirklich gewußten Tatsachen beruhen, andererseits aber, da dies Wissen sehr spärlich war, viel Unbestätigtes, ja frei Erfundenes enthalten. Hier wirkte der Einfluß der Mittleren Komödie weiter, in der große Gestalten der

Vergangenheit mit fiktiven privaten Erlebnissen ausgestattet wurden. So hat man Sappho Verhältnisse mit Männern angedichtet, die entweder viel älter oder zu ihrer Zeit noch kleine Kinder waren, und zumal Chamaileon hat dergleichen in seinen Biographien verwendet. Es ist das Unglück der antiken Biographie, daß sie so stark in dies belletristische Fahrwasser geraten ist. Auch bei uns gibt es ja diese Bücher, die im wesentlichen darauf aus sind, einen bedeutenden Menschen von den Seiten zu zeigen, wo er nicht bedeutend war. Diese Art Biographien aus der Kammerdienerperspektive sind ganz lustig zu lesen, aber ob sie würdig sind, ist eine andere Frage. Auch Künstlern wie zumal Goethe werden immer wieder Immoralitäten oder sonst Negatives nachgesagt, ebenso Richard Wagner und anderen, das ›Entlarven‹ oder Entmythologisieren ist fast zu einer anerkannten Richtung geworden. Große Persönlichkeiten haben eben das Unglück, daß sie im Mittelpunkt des Interesses stehen, und bei dem allgemein menschlichen Interesse für Skandalöses fragt man dann, ›wie einer sonst gewesen ist‹. In der neueren Zeit dominiert gegenüber dem früher beliebten biographischen Roman die Form des ›Tatsachenberichts‹ (ein Wort, in dem das Eingeständnis enthalten sein mag, daß es auch Berichte gibt, die nicht auf Tatsachen beruhen), aber auch die sind meist nicht tatsächlich, sondern irgendwie frisiert. Aber all das ist noch zurückhaltend gegenüber der antiken Biographie, weil heute immerhin die Urkunden da sind und man nicht einfach mit der Phantasie herangehen kann.

Wenn sie die Dinge nicht selbst erfanden, bedienten sich die Biographen einer Methode, die wirklich diesen Namen verdient und die auch wir heute noch anwenden: man versucht, aus den Werken der Dichter und Schriftsteller Biographisches zu erschließen. Allerdings kommt es auch da zu seltsamen Dingen. So soll Sophokles in hohem Alter eine Hetaire mit dem Namen Theoris geliebt haben. Beweis dafür ist der Vers: ›Lieb ist mir die – Betrachtung‹, (was *theorís* hier doch wohl heißt). Zumal die Todesart ist es, die die Phantasie in Gang setzt. Fast nie ist jemand einfach gestorben, sondern meist ist ihm etwas Schreckliches oder Absonderliches passiert. Bei Sophokles gibt es gleich zwei Geschichten. Entweder sei er an einer mit greisenhafter Gier zu hastig verschlungenen Weinbeere erstickt oder ihm sei bei einer Vorlesung seiner *Antigone* nach einer besonders langen Periode der Atem ausgegangen. Von dieser Art ist wohl vieles. Und doch bin ich gerade bei der Sophokles-Vita der Meinung, daß erstaunlich viel darin richtig und gut ist. Das mag damit zusammenhängen, daß er sich von seiner ganzen Erscheinung her den Zeitgenossen so stark eingeprägt hat, und das hat sich erhalten, bis es niedergeschrieben wurde (wohl sicher nicht gleich nach seinem Tod). So meine ich, daß die Kritik des neunzehnten Jahrhunderts zu weit gegangen ist, und wir werden vieles wieder in die Darstellung einbeziehen, was man damals für Lüge oder allenfalls legendarisch gehalten hat. Übrigens finden Sie die Sophokles-Biographie am besten in der *Elektra*-Ausgabe von Otto Jahn. Dort ist nicht nur die Biographie abgedruckt, sondern unter dem Strich auch die Parallelzeugnisse und Zitate aus Schriftstellern, kurz zusammengeschrieben aus der großen Literatur. Ferner ist kürzlich ein Buch erschienen, das von größter Bedeutung ist für die Sophokles-Biographie: *Sophokles und Perikles,* von dem Historiker V. Ehrenberg, dem ich einige ganz neue Gesichtspunkte verdanke.

Die antike Biographie, wie sie dann zumal in Alexandria geformt wurde, folgt einem Grundschema, das im einzelnen variieren kann, aber die Dinge doch in einer bestimmten Reihenfolge bringt. 1. Name und Herkunft, Name des Vaters. 2. Datum und Ort der Geburt. 3. Erziehung, Lehre und Lehrer (oft erfunden, weil ein Mann mit berühmten Vorgängern in Beziehung gesetzt wird). 4. Siege und sonstige Ehren, auch Ämter. 5. Tod und Todesart. 6. Bestattung, Lage des Grabes, Inschrift, bei Sophokles die Tatsache seiner Verehrung als Heros. 7. Zahl der Stücke. 8. Sonstige literarische Angaben, Konkurrenten. 9. Neuerungen. 10. Stil. Es fängt also konkret an, schließt die Dinge vernünftig zusammen und endet mit einer Betrachtung seines Stils; das würde man heute nicht viel anders machen. Ich will nun anhand dieses Schemas die Biographie des Sophokles mit Ihnen durchgehen.

Es beginnt mit Angaben zum Vater, Sophillos, und schon im zweiten Satz ist man mitten in der Polemik: er sei *nicht* Handwerker gewesen, Zimmermann oder Schmied, sondern hätte zufällig einige in der Waffenherstellung ausgebildete Sklaven erworben. Sie sehen, der dies geschrieben hat, steht in einer Tradition, kennt verschiedene Versionen und wendet sich gegen einige davon, auch mit Argumenten: sonst hätte ihn die Komödie sicher damit verspottet, wie es Euripides geschehen war, dessen Mutter eine Hökerfrau gewesen sein soll. Wir können also wohl sagen, der Vater des Sophokles ist Unternehmer gewesen, er hat eine Art

Waffenfabrik gehabt, die in jenen unruhigen Zeiten auch etwas eingebracht haben mag. Sophokles ist also in Wohlstand und günstigen Verhältnissen aufgewachsen. Er stammt aus dem Demos Kolonos, darüber mag es Urkunden gegeben haben, auch der Grabstein war ja noch zu sehen. Die Zahlenangaben über seine Geburt können nicht stimmen. Ich will nicht darauf eingehen, einzelne Buchstaben sind leicht verdorben. Man ist heute der Ansicht, daß die einundsiebzigste Olympiade gemeint sein muß, also 494, was stimmen mag. Das Geburtsdatum ist schwierig festzustellen in einer Zeit, als man die Geburt eines Menschen noch nicht urkundlich festlegte, es kam auch nicht so genau darauf an, und so entwickelte man zwei Methoden, das Alter zu ermitteln oder einprägsam festzuhalten. Die eine ist das Akmé-Prinzip. *akmé* heißt Schärfe, Gipfel, Kulminationspunkt, bis zu dem das Leben aufsteigt. Das war nach griechischer Meinung das vierzigste Jahr. Darauf setzte man also das bedeutendste Werk und rechnete von da aus vierzig Jahre zurück. Eine andere Methode ist die des Synchronismus: man greift bekannte Dinge heraus und setzt sie damit in Beziehung. So heißt es bei Sophokles in der Vita, er sei älter als Euripides gewesen und jünger als Aischylos, leider ohne Angabe von Zahlen. Aber eine hübsche Geschichte berichtet, bei der Schlacht von Salamis 480 habe Aischylos mitgekämpft, Euripides sei geboren und Sophokles habe beim Siegesfest den Reigen angeführt, er mag also vierzehn Jahre alt gewesen sein.

Über seine Erziehung heißt es, er sei musikalisch und sportlich ausgebildet worden, was auch selbstverständlich war. Von Lampros habe er die Musik, von Aischylos das Schreiben von Tragödien gelernt. Das ist eine jener typischen Verknüpfungen mit einem berühmten Vorgänger und ist daher bestritten worden. Aber es ist wichtig, sich klarzumachen, daß er das Dichten ›gelernt‹ hat. Bei uns wird nur Musik gelernt und wohl auch die bildenden Künste, Dichten kann man offenbar von selbst. Griechisch war das anders. Ob aber Aischylos wirklich sein Lehrer war oder nur das große Vorbild, sei dahingestellt. Es werden noch hübsche Einzelheiten erzählt. So habe er in seinem Stück *Die Wäscherinnen*, das Odysseus bei den Phaiaken zeigte, selbst die Nausikaa gespielt, weil er so gut im Ballspiel war. Auch seinen Thamyris, den Zitherspieler, habe er selbst dargestellt. Beides braucht nicht notwendig ausgedacht gewesen zu sein. Sophokles war offenbar besonders anmutig und musikalisch. Die Dichter mußten ja auch die Musik zu ihren Stücken schreiben; von Euripides wird berichtet, daß er darin nicht so begabt gewesen wäre. – Hier wird auch schon von einer Neuerung gesprochen: Sophokles hätte zuerst mit der Tradition gebrochen, wonach der Dichter zugleich der Hauptschauspieler war, angeblich, weil er eine zu dünne Stimme gehabt hätte. Die Begründung mag sekundär sein, das Faktum ist sicher richtig, wohl weil damals an den Schauspieler schon bestimmte Anforderungen gestellt wurden.

Hier können wir gleich die in der Vita erst später genannten Neuerungen hinzunehmen, es sind nicht wenige. So habe er die Zahl der Choreuten von zwölf auf fünfzehn erhöht, die Gesamtzahl für je vier Stücke also von achtundvierzig auf sechzig. Wir sehen die typische Weiterentwicklung des Instrumentariums, wie wir das auch aus der modernen Musikgeschichte kennen. Die Erhöhung der Zahl entspricht also einem fortgeschrittenen Stadium der Tragödienentwicklung. Dahin gehört auch die Einführung des dritten Schauspielers; bisher waren es nur zwei gewesen. So kommt es zu dem Schema, das wir kennen: erster, zweiter und dritter Schauspieler, Chorführer und Chor. Der Protagonist war der erfahrenste und beste, spielte meist auch nur eine Rolle. Der zweite übernahm die nächstbesten Rollen, der dritte alles übrige. Es ist interessant, sich nach diesem Schema die Rollenverteilung bei den einzelnen Stücken durchzurechnen. Diese Neuerung des dritten Schauspielers hat übrigens Aischylos in seiner *Orestie* von dem Jüngeren übernommen. – Weiter wird berichtet, Sophokles habe die Trilogieordnung des Aischylos aufgelöst und Einzeldramen geschrieben. Ging bei Aischylos das Geschehen über große Zeitläufte und Geschlechterfolgen hin, so konzentriert sich jetzt die Dramatik auf den Einzelnen; das Daimonische verknüpft sich mit einem Einzelschicksal, der Mensch als Träger des Tragischen rückt ins Zentrum und wird gleichsam Partner des Gottes. Damit schließt das Drama sich stärker zur Einheit zusammen, wird ein geschlossener Kurvenablauf.

Weiter habe Sophokles die Szenenmalerei erfunden, eine Angabe, die uns nicht recht greifbar wird, weil wir zu wenig darüber wissen. Die Hinterwand der Bühne bildete die Bretterbude des Bühnenhauses, wohl irgendwie bemalt oder durch Versatzstücke verkleidet. Man beginnt heute wieder zu erkennen, daß stärkste Wirkungen davon ausgehen können, wenn die Dinge nur angedeutet und nicht illusionistisch dargestellt werden. Bei den Griechen war das Bühnenbild sicher sehr zurückhaltend, aber der Bedarf nach irgendwelcher Darstellung bestand doch. Im *Philoktet* etwa wäre es schwierig gewesen, die Leiden der Einsamkeit auf der wilden Insel vor einem Haus darzustellen; man hat wahrscheinlich eine Kulisse davorgeschoben. Ebenso bei dem Ortswechsel im *Aias.* Man weiß, daß ungefähr um diese Zeit in der großen Malerei die Terrainlinien aufgekommen sind, etwas davon werden wir wohl auf die Szenenmalerei übertragen dürfen. – Bei Istros findet sich die Nachricht, Sophokles habe den Kothurn erfunden, was nicht wahrscheinlich klingt. Wichtiger ist die Nachricht, daß er einen Thiasos begründet habe, einen Musenverein, der also irgendwie künstlerisch bestimmt war, wenn wir auch nichts Näheres darüber sagen können.

Wie es der Abstammung und den Familienverhältnissen nach zu erwarten war, hat Sophokles auch an der Politik teilgenommen und wichtige Ämter bekleidet. Im Samischen Krieg ist er zum Strategen gewählt worden, aufgrund des Erfolgs seiner *Antigone,* wie es heißt. Das ist so eine Notiz, die man früher beiseite geschoben hat: warum sollte ein Bühnenstück dazu führen, jemand ein hohes politisches Amt anzuvertrauen? Ich glaube, daß wir das durchaus ernst nehmen müssen. Das Stück ist voll von politischer und religiöser Gesinnung, und wir dürfen annehmen, daß man es in Athen nicht nur als rein ästhetisches Drama sah, sondern durchaus verstand, das politische Ethos darin zu erkennen. Wir müssen es uns aus der Zeit heraus klarmachen, wo die Bühne nicht nur Theater war, sondern religiöses Fest und eine Vereinigung des ganzen Volkes zur Teilnahme an diesem Fest. Da mag man sehr wohl die innere Einheit gesehen haben zwischen dem Wesen dieser Dichtkunst, insofern sie eine ganz bestimmte menschliche, religiöse und politische Gesinnung verkörperte, und dem, was man von einem Politiker verlangte. Es dürfte die Vertrauenswürdigkeit des Sophokles gewesen sein, die ihn zu diesem hohen Amt geführt hatte. Weiter ist überliefert, daß er Schatzmeister des attischen Seebunds war in dem politisch wichtigen Jahr 443/2, als entscheidende Umgestaltungen in der Finanzpolitik durchgeführt wurden. Die Bundeskasse war nach Athen gebracht worden, und von da an wurde der Bund nicht mehr nur zentral geleitet, sondern von Athen beherrscht. Damals also war er Finanzminister, wie wir sagen können. 427 soll er noch einmal Stratege gewesen sein, was stimmen mag. Wichtiger ist, daß er in dem Notjahr 413 einer der Probulen war, die eine Art verfassunggebenden Ausschuß bildeten. Obgleich er damals schon fast achtzig Jahre alt war, ist er doch noch in dies oberste staatliche Gremium gewählt worden; das zeigt, welches Vertrauen er genoß.

Daß Sophokles Stratege, Feldherr war, bedeutet nicht, daß er Offizier gewesen sein muß, sondern die Strategen bildeten die Regierung. Bei Ion von Chios heißt es, er habe sich in der Politik nicht besonders hervorgetan, sondern ›nur eben wie ein Athener vom rechten Schlag‹, und Perikles selbst hätte von ihm gesagt, das Militärische würde ihm weniger liegen. Was ihm lag, war offenbar das Verhandeln, das Diplomatische, und wir werden glauben, daß ein Mensch wie er für diplomatische Missionen besonders geeignet war, durch seine Vertrauenswürdigkeit wie auch die Anmut seines Wesens. Auf einer solchen Mission hatte ihn jener Ion damals auf Chios getroffen, eine Geschichte, die nach meiner Überzeugung den Charakter der Wahrheit an sich trägt; so etwas erfindet man nicht. Ich habe sie an anderer Stelle übersetzt und ausführlich behandelt (H. u. H. I 405 f.; s. a. Tüb. Vorl., Bd. 2, 59-62): eine Situation beim Mahl, wo literarische Gespräche von hohem Rang geführt werden und Sophokles dem schönen Knaben, der den Wein schenkt, einen Kuß ablistet. Also eine erotische und zugleich geistige Atmosphäre, wie sie auch Platons Dialoge bezeugen und wie wir sie später aus der Renaissance kennen. Wenn man an den Fürstenhof von Florenz denkt in seiner besten Zeit, so kann man das mit dieser athenischen Welt damals vergleichen. Darum ist diese Stelle auch historisch wichtig, weil sie einmal einen solchen Einblick gibt in eine Zeit, aus der wir sonst nur immer von Kriegen und Volksbeschlüssen hören. Ob das wirklich Historische nicht vielleicht gerade dieses Menschliche ist? In neuerer Zeit hat Huizinga gezeigt, wie wichtig das Menschliche für die Geschichte ist, ›menschlich‹ in einem tieferen Sinne verstanden. Aber allgemein ist diese Auffassung unter Historikern wohl noch nicht.

Wenn Sophokles mit Perikles zusammen Stratege gewesen ist und ihm auch sonst nahegestanden hat, so bedeutet das nicht, daß er ein bloßer Gefolgsmann und Parteigänger des Perikles war, der das alles einfach mitgemacht hätte. Hier hat Ehrenberg die Dinge zurechtgerückt. Es ist von größter Bedeutung für das Verständnis des Sophokles als Mensch wie als Dichter, daß er gleichsam zwei Welten angehörte. Einmal müssen wir das fünfte Jahrhundert in Athen verstehen als ein Jahrhundert der stärksten, leidenschaftlichsten Fortschrittstendenzen. Thukydides hat gezeigt, wie unheimlich das den Spartanern war und letztlich zum Krieg führen mußte. Die Athener hatten sich auf die Schiffe geworfen, damals eine ganz moderne Waffenart. Sie hatten damit auch wirklich die Perser besiegt, den Seebund gegründet und ihn dann in ein straff geleitetes Reich verwandelt, wie wir es schon nennen müssen, und damit eine ganz moderne Form der Verwaltung geschaffen. Überhaupt ist alles getragen von einem unerhörten Unternehmungsgeist, der *tólme,* die damals fast zum Schlagwort wurde. Das zeigt sich auf allen Gebieten des kulturellen wie politischen Lebens. Es führt zu Machtkämpfen und weiter zu einer immer stärkeren Radikalisierung der Demokratie, die schon unter Perikles sehr weit geht, so daß sie nur von ihm noch zusammengehalten werden konnte. In dieser Welt lebt Sophokles, und kein Zweifel, daß er fasziniert ist von diesem mächtigen Fortschrittsgeist.

Aber das ist doch nur die eine Seite seines Wesens. Entscheidend war, daß daneben auch das andere in ihm lebte: ein Sinn der Frömmigkeit, des Maßes, der Selbstbeschränkung, ein Sinn der Ehrfurcht. Wir können vielleicht sagen, daß sein Dasein auch schon in jener großen Zeit Athens bestimmt war von dem Ineinander dieser beiden Tendenzen in seiner Seele. So war der tragische Gegensatz keimhaft in ihm selbst angelegt, und diese Spannung war es, die seine Kunst in neuer Weise beeinflußte, insofern man sie von äußeren Dingen herleiten kann. Die Zeit pflegt den Menschen zu öffnen, ihm Organe zu schaffen für das Erfassen solcher Dinge. In keiner Zeit konnte wohl die Amphibolie des Menschen, seine Mächtigkeit und Gefährdung so dargestellt werden wie damals von diesem Mann, der tief ergriffen war von ihrem Schwung und doch in sich das Bewußtsein hegte von ›unwandelbaren Gesetzen‹, wie in einem Chorlied des *Ödipus* gesagt wird. Dies Ineinander hat er offenbar immer stärker erfahren, und darauf beruht seine Darstellung des Menschen als Träger des Tragischen. Man lese daraufhin einmal das berühmte Chorlied der *Antigone,* das das Ungeheure des Menschen schildert, der so viel erfunden hat und eigentlich nur noch den Tod als Grenze kennt, wo das Wort *tólme* an der entscheidenden Stelle steht, ehe der Umbruch kommt.

Diese andere Seite des Sophokles bezeugt sich auch in manchem, das aus seinem Leben überliefert wird. Gewiß ist heute der Biographismus vom Anfang des Jahrhunderts überwunden, als man das Werk eines Dichters oder Denkers aus seinem Leben herleiten wollte. Aber umgekehrt kann man, wenn wir das Werk vor Augen haben, doch seine Wurzeln auch im Leben des Menschen erkennen. Da hören wir einmal, daß Sophokles Priester eines Heilheros gewesen sei, Halon (wie doch wohl richtig überliefert ist). Nun sagt man, das hätte nicht dieselbe Bedeutung wie später in der christlichen Welt. Jeder konnte damals ein solches Amt versehen, wenn er bestimmte Kulthandlungen treu wahrnahm. Und doch möchte ich das gerade bei Sophokles für nichts nur Äußerliches oder Beiläufiges halten.

Weiter erzählt Istros, Sophokles habe nach dem Nikiasfrieden im Jahr 420 den Gott Asklepios nach Athen geholt und ihm ein Heiligtum gestiftet und ihn in seinem eigenen Haus aufgenommen. Er hat also offenbar in seiner Eigenschaft als Priester einen Antrag für die Aufnahme des Gottes gestellt, den man dann unter bestimmten Riten eingeholt und im Haus des Sophokles beherbergt hatte, bis das Heiligtum fertiggestellt war. Für diese Tat hat man Sophokles nach seinem Tod als ›Dexíon‹ (der Aufnehmende) heroische Verehrung erwiesen, eine Ehre, die sonst nur Städtegründern oder Männern der Tat zuteil wurde. Es ist nicht unwichtig, daß Sophokles gerade mit solchen Göttern des Heilens und der Reinigung verbunden war. Das Motiv der Reinheit wie auch der Befleckung wird uns in seinen Stücken vielfach begegnen.

Auch sonst wurde Sophokles ›gottgeliebt‹ genannt, und ich glaube, daß damit ein entscheidender Wesenszug an ihm getroffen ist. Damit hängt eine andere Geschichte zusammen, die man meist für unglaubwürdig gehalten hat. Als einmal aus dem Tempel des Herakles ein goldener Kranz gestohlen wurde, habe Sophokles einen Traum gehabt, in dem Herakles ihm den Täter genannt habe, der dann auch ergriffen wurde und geständig war. Für die Belohnung habe Sophokles dann einen Altar des Herakles gestiftet. Mag hier auch alles einzelne unsicher sein, so ist die Geschichte doch wertvoll, weil sie auf jene andere Seite des Dichters hinweist.

Die allgemeine Beliebtheit des Sophokles zeigt sich auch in der großen Zahl seiner Siege. Wenn es richtig ist, daß er hundertzwanzig Stücke gedichtet hat, je vier für eine Aufführung, so bedeutet das, daß er zwischen seinem dreißigsten und seinem neunzigsten Lebensjahr etwa alle zwei Jahre aufgetreten sein muß. Dabei habe er achtzehnmal den ersten Preis bekommen und niemals den dritten. All das zeigt, daß die Persönlichkeit wie auch die Kunst des Sophokles etwas Hinreißendes gehabt haben muß, wie es sonst selten in der Welt vorkommt. Ich kenne nur wenige Beispiele aus der Weltliteratur, daß ein Künstler einen so unmittelbaren Erfolg gehabt hat und so vom Glück getragen war. Man denke, daß Euripides nur vier Siege hatte und einen nach seinem Tod!

Seine Beliebtheit zeigt sich auch darin, daß die Komödie ihn ungeschoren gelassen hat, während sonst fast jede prominente Persönlichkeit vorgenommen wird. Nur einmal wird er bei Aristophanes ein wenig gezaust, *Frieden* 695 ff. Da fragt einer, was Sophokles macht, und die Antwort ist: *eudaimonei* (was offenbar sprichwörtlich für ihn war und weit stärker als ein bloßes ›Dem gehts gut!‹). Aber dann heißt es, er habe sich in einen Simonides verwandelt und schiffe auf einer Matte. Simonides galt als geizig, und darauf geht auch das Bild, daß einer statt mit einem Schiff auf einer Matte in See sticht. Wenn wir das – nach Art der antiken Biographen – mit seinem Amt als Finanzminister zusammennehmen, so würde das bedeuten, daß er sehr gut verstanden hat, mit Geld umzugehen. Aber das ist doch harmlos gegen das, was Euripides und auch Perikles von der Komödie hören mußten. – Charakteristisch ist eine Stelle in den *Fröschen* (786-790). Die Hauptpersonen sind Aischylos und Euripides, zwischen denen es in der Unterwelt zu einem Wettstreit kommt, wer der bessere Dichter sei. Scheinbar ist Sophokles damals gerade gestorben und so mit hineingekommen. Aber während Euripides sich schlecht benimmt und Aischylos den Ehrenplatz streitig macht, weicht Sophokles ihm freiwillig, ja er gibt ihm die Hand (damals eine Geste großer Verbundenheit) und setzt sich neben ihn. Auch hier zeigt sich jene Liebenswürdigkeit, von der der Biograph einmal sagt: die Anmut seines Wesens sei so groß gewesen, daß allenthalben alle Welt ihn liebte.

All das wird zusammengefaßt in dem Wort, das nach seinem Tod der Lustspieldichter Phrynichos über ihn gesagt hat:

Seliger Sophokles! Er lebte lange Zeit
Und starb als ein beglückter, feiner Mann.
Er machte viele schöne Tragödien
Und endete schön und erfuhr kein Leid.

Darin liegt die ganze Eudaimonia und Theophilia, von der wir gesprochen hatten. Man sollte sich das merken, denn nicht jeder große Mensch ist auch ein guter Mensch. Die Erscheinung des Sophokles gewinnt so einen ganz besonderen Platz, zumal unter den Griechen, wo das unbedingte Gutsein nicht so verbreitet war.

3.

Nachdem wir die Hauptlinien im Leben des Sophokles nachgezogen haben, müssen wir noch einen Blick werfen auf das, was in der Vita oder sonst an Anekdotischem und Apophthegmatischem von ihm überliefert wird. Beides gehört fest in die antike Lebensbeschreibung hinein, und oft ist gerade das erfunden, oder es sind Wanderanekdoten, die von einem auf den anderen übertragen werden. Wie schon gesagt, bin ich der Meinung, daß es bei Sophokles nicht so ist, sondern daß wir hier einmal höchst wertvolles echtes Material haben. Wenn ein Mensch sich so stark wie er mit dem, was er sagt und tut, anderen einprägt, dann wird das auch weiter überliefert.

Zum Bereich des Erotischen gehört, daß Sophokles offenbar sein ganzes Leben lang den Schönen zugetan war. Als er einmal in einer wichtigen Beratung nach einem Knaben schaute, habe Perikles zu ihm gesagt, ein führender Mann müsse nicht nur die Hände, sondern auch die Augen reinhalten. Eine andere Geschichte erzählt Platon am Beginn der *Politeia*. Als Sophokles schon recht alt war, wurde er einmal gefragt, ob er wohl noch einer Frau beiwohnen könnte. Worauf er scherzend auffährt und antwortet: Um Gottes Willen! Ich bin glücklich, diesem wilden, wahnsinnigen Herrn entflohen zu sein. In diesen Bereich gehört auch sein Wort über Euripides, den man einen Weiberhasser nannte: Ja, auf der Bühne – aber nicht im Bett! Pointiert geschliffene Worte dieser Art sind typisch für die Gesprächskultur dieser Zeit. Weiter gibt es Dikta, die einen wachen Kunstverstand erkennen lassen, der für Sophokles so charakteristisch war wie etwa für Mozart. So sagt er einmal über Aischylos, dem man nachsagte, er hätte seine Tragödien im Rausch geschrieben: Er treffe schon das Richtige, aber ohne es zu wissen. Wer das sagt, hat selbst sehr bewußt gearbeitet, wenn auch natürlich nie ganz bewußt. Bewußtes und Unbewußtes wirken immer zusammen beim künstlerischen Schaffen. Aber man wird doch sagen können, daß in der Gemeinschaft von Pferd und Reiter, die der Künstler darstellt, der Reiter das Ausschlaggebende war. Oder ein anderes Wort: Er selbst stelle die Menschen dar, wie sie sein sollten, Euripides, wie sie sind. Eine feine Abhebung: Euripides war realistischer. Sophokles war nicht das, was wir idealistisch nennen, aber er sah die Menschen doch mehr in ihrem eigenen und letzten Sein-Sollen, das vielleicht wirklich ihr Sein ist. Bei solchen Dikta, die in die damalige Kunsterörterung in Athen hineinführen, wird es wohl richtig sein, daß er eine Schrift *Über den Chor* geschrieben hat, was einfach heißen kann ›Über die Tragödie‹. Auch auf den von ihm gegründeten Musenverein fällt von daher ein neues Licht. Es mag eine Gemeinschaft von Dichtern und Künstlern gewesen sein, in der auch Gedanken über Kunst ausgetauscht wurden. – Was Freundschaft betrifft, wird von seiner Beziehung zu Herodot gesprochen, die sich auch an bestimmten Stellen seiner Dichtung widerspiegelt. Daß er ein bis ins letzte liebenswürdiger Mensch war, zeigt sich auch darin, daß er beim Tod des Euripides seinen Chor unbekränzt auftreten ließ zum Zeichen der Trauer. Und als bei einer Beratung der Probulen der Feldherr Nikias ihn als den Älteren zuerst abstimmen lassen wollte: Er sei zwar älter, aber nicht würdiger; ein fast unübersetzbares Wortspiel mit den beiden Worten *palaióteros* und *presbýteros*. Und schließlich jenes Wort, das Aristoteles in der Rhetorik überliefert und das mich immer besonders bewegt hat, über das Alter: Als ihm einmal ein Mensch vorwarf, er zittere ja, aber er tue nur so, antwortete Sophokles, er sei nicht freiwillig achtzig Jahre alt.

Über die Bestattung des Sophokles wird noch berichtet, daß er in dem Familiengrab in Dekeleia beigesetzt wurde, elf Stadien vor der Stadtmauer. Athen war damals gerade von dem Spartaner Lysandros belagert und stand kurz vor der Eroberung. Als aber Lysandros vom Tod des Sophokles erfuhr, hat er trotz der scharfen Belagerung dem Dichter die Ehrfurcht erwiesen und seinem Leichenzug freies Geleit bewilligt. Wir werden nicht glauben, daß

Dionysos ihm dies in einer Traumerscheinung befohlen habe, wie die Legende will, sondern es zeigt, wie Sophokles' Name längst über die Grenzen Athens hinaus bekannt und geachtet war.

All das, was das literarische Porträt des Sophokles zeigt, ist auch in die plastische Darstellung hineingekommen. Ich denke an die Statue im Lateran (abgebildet in *Sophokles und das Leid*, H. u. H. 1 400). Wie er aufrecht dasteht, elegant den Mantel um sich geschlungen, ist er ein Mann, der in seiner körperlichen Erscheinung dasselbe verwirklicht wie auch im Geistigen: den Typos des *kalós kai agathós*, des rechten und guten Mannes. Der Kopf ist überarbeitet, aber es gibt noch einen älteren Abguß. Er war natürlich nicht nach dem Leben gemacht, aber doch nach der Weise, wie man sich den Menschen in seinem Wesen vorstellte. Und da zeigt sich die besondere Charis dieses alten Mannes – er ist ungefähr mit sechzig Jahren dargestellt –, in dem sich das eigentümlich Naive des Genies vereinigt mit einer tiefen Leiderfahrung. Darüber habe ich damals gehandelt und will das hier nicht wiederholen.

Nachdem wir so in der Biographie die Daten dieses Lebens kennengelernt haben, müssen wir uns am Schluß verdeutlichen, was diese Daten bedeuten, wenn er um 494 geboren wurde, mit etwa fünfzig Jahren Stratege gewesen ist, wenn er den Anfang des Peloponnesischen Krieges erlebt hat mit über sechzig Jahren und etwas später den Tod des Perikles, mit achtzig Jahren die Katastrophe in Sizilien, wonach er noch einmal zu einem hohen Amt erhoben wurde, und wenn er schließlich zwar nicht die Einnahme Athens erlebt hat, aber doch starb, während es belagert wurde und das Ende schon abzusehen war. Wir müssen also versuchen, das, was wir sonst von Sophokles wissen, hineinzuformen in das, was wir aus der Geschichte wissen von dem Schicksal der Zeit. Beides braucht nicht identisch zu sein. Man kann auch in unglückseliger Zeit irgendwie sein kleines privates Glück genießen. Aber im ganzen wird es doch so sein, daß der Einzelne mit dem Schicksal der Zeit in Beziehung steht, zumal bei einem Mann wie Sophokles, von dem es in der Vita heißt, daß er wie kein anderer mit Athen verbunden war.

Da können wir sagen, daß seine Lebenskurve zunächst unerhört angestiegen ist. Wir haben gesehen, daß er die Perserkriege schon bewußt erlebt hat: das Herannahen des riesigen Xerxeszugs, das Verlassen der Stadt, Brand und Vernichtung der alten

Tempel. Und dann der Sieg bei Salamis und der unerhörte Aufschwung, den auch Aischylos und Herodot bezeugen, das neue nationale Bewußtsein damals in Athen, nicht im Sinne des heutigen Nationalismus, sondern letztlich religiös begründet. Er ist dann hineingewachsen in die große Zeit Athens. Nach dem Sturz des Areopags war er ein Mann von etwa dreißig Jahren. Um das fünfzigste Jahr steht er ganz auf der Höhe durch seine Wahl zum Strategen und seine Nähe zu dem höchsten Mann der Zeit. Und dann sehen wir, wie nach den herrlichen Erfolgen eines Lebens in Sicherheit und Wohlstand sich dies Leben zwar noch lange hinzieht, wie aber die Kurve immer mehr absinkt, es immer düsterer und schwieriger um ihn wird. Der Anfang dieses Absinkens war sicher nicht der Beginn des Krieges, sondern jener Umschwung, den Thukydides beschreibt: die Pest, die zweimal in Athen auftrat und der auch Perikles erlegen ist. Man muß das bei Thukydides lesen, weil man es braucht für das Verständnis dessen, was damals geschehen ist. Es war nicht nur die Krankheit, die Athen gewaltig getroffen hat, sondern vor allem ihre moralischen und religiösen Folgen und weiter auch der Umschwung der Demokratie, im Keim durch Perikles selbst vorbereitet, der es aber vermocht hat, durch seine Persönlichkeit alles zusammenzubändigen. Nach seinem Tod drängen mit Kleon Privatinteressen sich vor, bis um die verhängnisvolle Gestalt des Alkibiades Gegensätzlichkeiten aufbrechen, die zum Scheitern der sizilischen Expedition führen, was den völligen Untergang nach sich zieht.

Diesen Untergang einer ganzen Welt hat Sophokles miterlebt, und kein Zweifel, daß er dabei etwas erfährt, wie man es auch von Shakespeare berichtet: eine Verdüsterung seines Lebens, die auch in seiner Dichtung faßbar wird. So im großen mittleren Chorlied des *Ödipus*: Wenn solche Dinge nun aufkommen, was soll man dann noch Tragödien dichten? (»Wozu Dichter in dürftiger Zeit?« sagt Hölderlin.) Und das berühmte Wort: »Hin geht das Göttliche«. Einen Hingang des Göttlichen und damit ein Sinnloswerden des eigenen Tuns hat er damals zweifellos empfunden. Aber es ist kein ›Bruch‹, wie man es genannt hat. Es ist eine romantische Neigung, bei Künstlern immer wieder so etwas wie ein Damaskus zu postulieren, als ob ein Mensch erst dann wertvoll wäre, wenn er irgendwann sein ganzes bisheriges Leben und Tun als nichtig erkennt und ganz von vorn anfängt. Auch bei Platon hat man so etwas erkennen wollen. Bei großen Künstlern trifft das meist nicht zu. Nicht daß ihre Kunst ein dem äußeren Dasein abgesparter Privatbereich wäre. Aber wenn man recht hinsieht, erkennt man, daß sie in ihrem eigentlichen Auftrag so fest sind, daß sich bei allem, was sie erfahren, der innerste Kern unberührt entfaltet. Ein scheinbar beiläufiges Wort im *Ödipus auf Kolonos* kann vielleicht dafür symbolisch sein. V. 726 sagt der Chor: »Sei getrost! Denn bin ich auch ein alter Mann, so lebt doch ungealtert dieses Landes Kraft.« Wenn er das sagen konnte im Jahr 406, in einer Zeit, als Athen so bedroht war und solche Schicksalsschläge hingenommen hatte, so zeigt sich darin doch ein trotz allen äußeren Erlebens tief inneres sicheres Vertrauen auf die Kraft dieses seines Landes. Und ich meine, es zeigt auch die Zugehörigkeit dieses Mannes zu jenem anderen Bereich, den wir gerade in diesem letzten Stück fassen: den Bereich des Göttlichen als die Quelle, aus der er die ganze Kraft seiner Substanz gezogen hat und die nie versiegt ist.

4.

Wir haben noch über den Stil des Sophokles zu sprechen, den letzten Punkt der Vita. Es ist ein interessanter Bereich. Die antike Literaturwissenschaft arbeitet typologisch. Sie pflegt, nachdem sie bestimmte Typen und Gattungen herausgestellt hat, den einzelnen Schriftsteller dadurch zu charakterisieren, daß sie ihn in dies Schema einordnet. Ich will nicht alle Zeugnisse vorführen, sondern nur einiges herausgreifen.

Entsprechend der Charis seiner Persönlichkeit wird auch seinem Stil das Entsprechende zugeordnet: die Süßigkeit und Buntheit (die keine wirre, sondern eine erfreuliche Buntheit ist), auch *tólme,* die Kühnheit, und sogar *anomalía,* das, was vom gewöhnlichen Wege abweicht. Wegen der Süßigkeit seines Stils wird er auch ›Biene‹ genannt. Polemon, ein guter Kritiker, sagt von ihm, er sei der tragische Homer. Diese Nähe zu Homer ist, wie ich glaube, mit Recht hervorgehoben. Weiter, daß er Aischylos und Euripides gegenüber ganz einzigartig sei. Vor allem wird ihm die wichtige Stileigenschaft der *eukairía* zugeschrieben. *kairós* ist der richtige Augenblick, aber in ganz umfassendem Sinne, und *eukairía* ist die Fähigkeit, das richtige Wort zur rechten Zeit an richtiger Stelle zu bringen, also eine besondere Form des *prépon,* der

Angemessenheit. Er habe es verstanden, den Kairos und die Pragmata einander anzumessen, in ein richtiges Maßverhältnis zu bringen. Ich meine, daß das eines der edelsten Stilmerkmale ist, die es geben kann, für alle Zeiten. Weiter das oft zitierte Wort, Sophokles habe die Fähigkeit gehabt, mit einem Halbvers oder einem einzigen Wort einen Charakter darzustellen. Das ist bemerkenswert, weil etwa Tycho v. Wilamowitz geleugnet hat, daß Sophokles überhaupt Charaktere dargestellt habe. Inzwischen ist längst gesehen, daß das alte Urteil das richtige war. Für Homer ist übrigens dasselbe behauptet worden.

Außer diesen Angaben der antiken Stilistik haben wir aber auch ein Wort von Sophokles selbst über seinen Stil, überliefert bei Plutarch (quomodo quis sent. prof. virt., Moralia, 79 B). Plutarch spricht darüber, wie man merkt, ob man Fortschritte macht, und kommt darauf hinaus, man merke es daran, daß man aus dem Panegyrischen und Künstlichen herabgestiegen sei zu einer Redeweise, die das Pathos und das Ethos in sich hineinnimmt. *páthos* ist nicht das Pathetische, sondern es ist ein Stil, der in richtiger Weise auf das reagiert, was man erfährt; und *éthos* meint, daß er abgestimmt ist auf die Charaktere der Dinge, mit denen man es zu tun hat. Dazu führt er das Sophokles-Wort an: Nachdem er zunächst einmal den Schwulst (besser: den Prunk) des Aischylos durchgespielt habe und dann auch das Bittere und Gekünstelte seiner eigenen Zurichtung (der äußeren Stilform), sei er drittens übergegangen zu derjenigen Art der Sprache, die die ethischste und beste sei.

Dies wichtige Zeugnis, das von K. Reinhardt wohl zum erstenmal wieder in seiner Bedeutung gewürdigt wurde, kennzeichnet drei Perioden der Sophokleischen Stilentwicklung. Die Frage ist, ob wir das an den erhaltenen Stücken noch erkennen können, und ich glaube, man kann es. Das führt auf die Datierung der Stücke. Der *Aias* ist das älteste, das wir haben, wahrscheinlich aus den fünfziger Jahren. Dann die *Antigone,* durch die Verbindung mit seinem Strategenamt auf 442 datiert. *Ödipus* muß vor 425 sein, wo Aristophanes in den *Acharnern* darauf anspielt; ich denke, man kann es bald nach 429 ansetzen, nach dem Tod des Perikles. *Elektra* muß etwa 413 sein (die Begründung gebe ich später). Der *Ödipus auf Kolonos* wurde kurz vor seinem Tod gedichtet und 401 posthum aufgeführt. Weniger sicher sind die *Trachinierinnen,* die viel hin und her geschoben wurden, bis zum Ende der zwanziger Jahre (Wilamowitz). Dann aber, nachdem es im angelsächsischen Bereich längst gesehen war, hat auch Reinhardt den frühen Ansatz befürwortet, wobei er allerdings zu weit geht, wenn er sie dicht an den *Aias* heranrücken will. Ich meine jetzt, daß es nach 438 sein muß, weil man die Beziehungen zur *Alkestis* des Euripides nicht leugnen kann (vgl. meinen Aufsatz: *Alkmaion in Psophis*, und Lesky [3]323).

Wenn das also die Chronologie der Stücke ist, so zeigt sich daran sehr klar die Periodik, von der das Selbstzeugnis spricht. Der *Aias* hat noch in vieler Hinsicht Aischyleisches, eine gewisse Fülle, wie man *ónkos* auch übersetzen kann. Ebenso klar ist, daß die letzten Stücke eine eigentümliche Flüssigkeit des Dialogs zeigen und der Art, wie die Menschen sich aussprechen. Dazwischen liegen zwei Stücke, *Antigone* und *Ödipus*, wo das Mittlere ganz klar ist, wie ich aus eigener Erfahrung sagen kann. Denn wenn man bei irgend etwas den Stilcharakter eines Werks so genau kennenlernt, daß man ihn gleichsam am eigenen Leibe spürt, so ist es beim Übersetzen. Da ist mir gerade beim *Ödipus* und bei der *Antigone* dies ›Bittere und Gekünstelte‹ stark entgegengetreten. Ganz anders ist es von der *Elektra* an, wo der deutsche Ausdruck viel leichter folgt.

Hier will ich auf etwas hinweisen, das man sich einmal klarmachen sollte. Wenn wir von Stilentwicklung reden und davon, daß der *Aias* ein frühes Stück sei, so gehört dies ›Frühwerk‹ in die Zeit, als Sophokles über vierzig Jahre alt war. Seine ›reife‹ Zeit geht dann bis in seine siebziger Jahre, und mit etwa achtzig entwickelt er noch einen Altersstil. Was sich daran zeigt, ist nicht nur die Fähigkeit der Griechen, sehr alt zu werden, sondern daß man dabei doch erstaunlich jugendlich bleiben kann. Das bedeutet, daß sich die Jugendlichkeit noch eine lange Zeit im Leben mit der Erfahrung vereinigen kann, und durch diese Mischung entstehen dann diese erstaunlichen und großartigen Werke. Wir sind gewohnt, das Frühwerk eines Künstlers etwa in den zwanziger Jahren anzusetzen, ja es gibt andere, die mit kaum dreißig schon fertig sind und alle Epochen bis zum Spätstil hinter sich haben. So bei Mozart und Schubert oder Van Gogh. Bei den Griechen ging es offenbar langsamer. Das mag damit zusammenhängen, daß man lange lernte. Es gibt kein ausgezeichneteres Merkmal der Jugend, als daß sich einer lange als Lernender weiß, daß er, nach dem Wort des Solon, die Fähigkeit hat, immer weiter ein Lernender zu sein. Auch Goethe hat darum gewußt und einmal gesagt, man sollte sich möglichst lange als Lehrling, Geselle, höchstens als Altgeselle fühlen und nicht gleich als Meister. Durch langes Lernen werden die Grundlagen geschaffen, auf denen sich das reife Werk erhebt, und daraus wieder kommt die Kraft, sich noch im Alter zu neuen Formen zu entwickeln, wenn nach heutiger Auffassung der Mensch eigentlich schon längst ins Grab gehört.

Aber noch etwas können wir aus dieser Abfolge der Epochen bei Sophokles entnehmen, was nicht auf äußere Stilformen geht, sondern auf die innere Problematik der Stücke. Wir sehen in *Aias* und *Antigone*, wie große, unbedingte Menschen dargestellt sind, nicht der Einsicht geöffnet, aber in dieser Blindheit edel, durch große Anlagen bestimmt, durch die sie in Verstrickung geraten mit der Gegenwelt. Bei Aias ist es der Gedanke der Ehre gegenüber der Welt des Heeres vor Troja, in die er nicht mehr hineinpaßt. In der *Antigone* ist Kreon die Gegenwelt, sie selbst wurzelt in den ungeschriebenen Gesetzen, daß die Toten anders bewertet werden müssen als die Lebenden. So tritt sie für den Toten ein, mit dem sie auch blutsmäßig verbunden ist, gegenüber der Staatsräson, die zwar auf ethischen Prinzipien beruht, aber zu falschen Schlußfolgerungen führt. In den *Trachinierinnen* und im *Ödipus* ist eine Gegenwelt in diesem Sinne nicht mehr da. Die Gestalten gehen gleichsam an sich selbst zugrunde, durch Irrtum und daimonische Verstrickung. Wir können diese Art von Tragik die daimonische nennen. In der *Elektra* und im *Philoktet* ist es nicht eigentlich eine Gegenwelt, sondern ›die‹ Welt, und darin die tiefste Vereinsamung des großen Menschen. Elektra kann gegen die verpestete und verdorbene Welt nur die Stimme erheben und protestieren und das Leid daran auf sich nehmen. Auch im *Philoktet* steht der Einzelne vor dieser Welt der Zwecke, wie sie nun einmal ist, und alles wäre verfahren, wenn nicht hier auch Sophokles einmal den *deus ex machina* gebraucht hätte als Ausflucht aus dem unlösbaren Konflikt. Der große Mensch steht gegen eine Welt, aus der sich die Götter zurückgezogen haben und höchstens noch aus der Ferne wirken. Dies Motiv geht weiter im *Ödipus auf Kolonos*, wo diese große Gestalt am Ende des Lebens noch einmal Objekt werden soll der Zwecke und der Politik. Ödipus verflucht diese Welt und tut sie von sich ab, worauf er von dem Gott in eine höhere Sphäre berufen wird, in der er dann als Heros aus dem Grab wirken wird.

All das hängt zusammen mit dem, was wir uns am Leben des Sophokles klargemacht hatten. Es ist deutlich, wie er nach der Pest und dem Tod des Perikles anders, düsterer in die Welt blickt und aus einem Gefühl der Bedrohtheit seine Stücke schreibt, dem Gefühl der Vereinsamung in einer entgöttlichten Welt. Wir wissen, daß er damit etwas Wahres gesehen hat. Der Untergang Athens war der Untergang dieser ganzen Welt. Es beginnt eine neue Zeit und Welt, in die Platon und Demosthenes noch hinüberreichen, die aber doch eine andere ist und eine andere geblieben ist bis auf den heutigen Tag. Von diesem Bewußtsein, daß etwas zugrunde geht, das ihn erfüllte und das er in seiner Kunst dargestellt hatte, ist Sophokles bewegt gewesen, und wir spüren es noch im *Ödipus auf Kolonos* an der Härte, mit der Ödipus den eigenen Sohn verflucht, ehe er in eine höhere Welt übergeht. Wir werden die Stücke bald selbst betrachten, wollen aber diese große Kurve im Auge behalten, die im Zusammenhang steht mit dem Aufstieg und Verfall der Zeit.

5.

Man könnte, anknüpfend an das über den Stil Gesagte, noch etwas nachtragen über die Stellung des Sophokles in der Entwicklung der Tragödie zwischen Aischylos und Euripides. Für uns, die wir das rückblickend sehen, ist alles ›klassisch‹. Man gewinnt aber allmählich ein Auge für den großen inneren Unterschied in der scheinbar gleichartigen Form. Der Schritt von Aischylos zu Sophokles ist ungeheuer: eine total andere Welt. Vielleicht könnten wir das am besten von der Sprache her fassen. Ich will nur auf eine scheinbar unbedeutende Einzelheit hinweisen: nur Sophokles kann am Ende des iambischen Trimeters ein Wort so hinstellen, daß es mit dem Beginn des nächsten Verses verschliffen werden kann. Das gibt es weder bei Aischylos noch bei Euripides, und diese Tatsache beweist, daß das Wesen des Verses bei Sophokles völlig anders aufgefaßt wird. Bei Aischylos sind die Verse geschlossene Blöcke, und wenn sie auch bei Euripides behender werden, so bleibt doch bestehen, daß sie wirkliche Einheiten bilden. So ist es bei Sophokles auch, aber er hat immer wieder die Möglichkeit, einen Vers mit dem nächsten zusammenzunehmen. Das heißt, die Sprache bewegt sich anders im Vers, schneller, behender, eiliger.

Die Sprache des Sophokles als ganze ist ein Problem, vor dem wir heute noch stehen. Wir haben den Kommentar von Jebb, den ich immer wieder rühmen muß, wo auch viel zur Sprache gesagt wird. Einiges gibt es im Anhang zu Bruhn, aber viel zu wenig. Wir brauchten eine Darstellung von jemand, der ein Organ hat für Probleme der Sprache und des Stils, so wie das Dornseiff für Pindar getan hat. Da würde sich, wie ich glaube, deutlich zeigen, wie Sophokles abseits steht von einer Entwicklung, die von Aischylos zu Euripides geht. Es ist schade, daß wir so wenig von anderen Tragikern haben, aber er wird wohl auch ihnen gegenüber eine Sonderstellung einnehmen.

Ich hatte schon von der Schwierigkeit des Übersetzens gesprochen. Immer wieder stößt man auf Dinge, die merkwürdig der Umgangssprache nahestehen und bei Aischylos und Euripides nicht zugelassen werden. Dazu Idiomatisches, Dinge, die von der Einzelstelle aus nicht zu verstehen sind ohne weitere Beispiele. Man denke an die moderne Wendung: etwas ist ›nicht drin‹, was in einem Text ganz unverständlich bliebe. Hier wie in anderem zeigt sich eine gewisse Nähe zur Komödie, die nur Sophokles hat. Das muß mit der *tólme*, der Kühnheit gemeint sein, von der die Stillehre spricht, seiner *anomalía.* Damit hängen andere Neuerungen des Sophokles zusammen: der Dialogvers wird schneller, die Szenenform mannigfaltiger, ebenso die Szenenfolge. Es gibt Umschwünge innerhalb der Szene, Spiegelungen, Verzögerungen, Parallelführungen, die Stichomythie wird in ganz besonderer Weise entwickelt, der seelische Ausdruck unendlich verfeinert – kurz, wo man auch ansetzt, überall stellt sich Neues dar, das immer in eine Richtung führt, die außerhalb der eigentlichen Entwicklung liegt, die von Aischylos zu Euripides geht, was das antike Wort von der Einzigartigkeit des Sophokles bestätigt.

Man könnte das Neuartige vielleicht so ausdrücken, daß gegenüber der statischen Sprach-, Handlungs- und Szenenform des Aischylos, die Euripides dann weiterführt, Sophokles eine Sprach- und Handlungsform geschaffen hat, die bis ins letzte funktional ist. Nur ein Beispiel dafür: der Prolog. Aischylos hat verschiedene Formen, bei Euripides wird es normiert auf den großen monologischen Prolog, wo die Dinge klar entwickelt werden. Sophokles hat durchweg den dialogischen Prolog, er läßt gleich die Handlung anlaufen, verlangt sofort das Dramatische und das Funktionale.

Dasselbe läßt sich zeigen für den Gesamtaufbau der Stücke. Man könnte vielleicht fragen: wenn alles in Fluß kommt, behende, beweglich, dynamisiert wird, wo bleibt dann die Einheit? Es ist charakteristisch für Sophokles, daß, während überall die festen einzelnen Elemente bei ihm ins Funktionale aufgelöst werden, etwas hinzukommt, mit dem sich wieder die größte Strenge über alles legt, und das ist der Aufbau. Auch bei Aischylos ist die Architektonik von großer Bedeutung, aber es ist nicht so wie bei Sophokles, wo wir bei jedem von seinen Stücken eintreten in ein ganzes System von einander durchkreuzenden, überlagernden dynamischen Kurven verschiedenster Art. Ein spannungsgeladenes Gesamtgefüge, bestehend aus untergeordneten Einzelgefügen, das ist es, was mit dem griechischen Wort Harmonia bezeichnet wird. Wir werden bei der Interpretation sehen, daß das auch auf das Innere der Handlungen zutrifft, bis auf die Weise, wie sie im Raum des Religiösen stehen, dem Horizont, der die Handlung fest umschließt und ihre Einheit trägt.

Hier will ich auf das schon öfter genannte Buch von K. Reinhardt eingehen. Ich habe dazu eine ausführliche Besprechung geschrieben (DLZ 58, 1937; H. u. H. 1 496 ff.), darum kann ich das jetzt kurzmachen. Es gibt in der Wissenschaft Bücher, von denen man sagt, daß sie die Forschung fördern. Andere sind dadurch wertvoll, daß sie große Forschungsmengen zusammenfassen und einen Überblick geben, so vor allem in der englischen Philologie. Aber es gibt auch Bücher, die eine Art Erdstoß bewirken und dadurch alles auf eine neue Ebene heben. Von dieser seltensten Art ist das Sophoklesbuch von Reinhardt, das mit dazu beigetragen hat, das Interesse an Sophokles in weiteste Kreise zu tragen. Das Beste daran läßt sich nicht referieren, die Interpretation, das, was von Seite zu Seite gesagt ist, zu einem einzelnen Vers, einer Szene, dem Aufbau ganzer Stücke oder dem Wesen der Tragik. Aber das Interessante ist, daß Reinhardt es verstanden hat, die Interpretation in bestimmte Richtungen und Horizonte zu ordnen. Da sind es im wesentlichen drei Dinge. Einmal hat Reinhardt als erster, von dem Selbstzeugnis des Sophokles ausgehend, eine wirkliche Stilentwicklung sichtbar gemacht, an die vorher niemand gedacht hatte. Die Kategorien, die er dabei anwendet, sind die des Monologischen und Dialogischen, in einem ganz bestimmten Sinn. Er versteht unter monologisch nicht nach der Schuldramatik den Monolog auf der leeren Bühne. Ich hatte in meinem Buch ›Monolog und Selbstgespräch‹ den Begriff schon weiter gefaßt als die innere Form der Selbstäußerung eines Menschen, die auch in Gegenwart anderer stattfinden kann. Reinhardt geht noch weiter und unterscheidet zwei Formen nicht nur des Sprechens, sondern des ganzen menschlichen Seins. Es gibt eine Weise, in der die dramatischen Personen mehr nebeneinander als zueinander reden, sie sprechen gleichsam frontal ins Theater hinein. Das Dialogische ist dann so zu verstehen, daß sie eine Neunziggradwendung machen und nun wirklich zueinander sprechen. Das sind die Kategorien, die Reinhardt aufstellt und nach denen er die Stücke betrachtet. Da ist klar, daß das Miteinander die zweite Form ist, von der *Elektra* ab ausgebildet. Im *Aias* haben wir die monologische Form, nach Reinhardt auch in den *Trachinierinnen,* die er bald danach ansetzt. Eine mittlere Form findet er in der *Antigone* und dem *Ödipus*, in der die Menschen weder einander zugewandt sind noch ganz auf sich selbst stehen, sondern der Bezug vollzieht sich in der Gemeinsamkeit des Daimon, der das Bewegende ist und die Handlung trägt. Man sieht, daß die Prinzipien klarer herausgearbeitet sind für die frühe und wieder für die späte Zeit. Das Große und Bedeutende paßt, wie gewöhnlich, weniger in feste Kategorien.

Das zweite ist der Begriff der Situation, den Reinhardt wohl als erster so in die klassische Philologie eingeführt hat, und ich bekenne, daß ich hier viel von ihm gelernt habe. Es geht darum, daß auf der Bühne in dem, was wir die Szene nennen, in Wahrheit eine Situation gefaßt wird, die szenisch ganz verschieden gestaltet sein kann. Formal könnte man von logischen, linearen oder kyklischen Situationen sprechen, weiter von positiven oder negativen oder auch von humanen Situationen. Es wäre interessant, das auch auf die moderne Dramatik anzuwenden. Reinhardt spricht im Sinne seiner Grundkategorien von monologischen und dialogischen Situationen und einer mittleren Form. Das Entscheidende ist, daß nach Reinhardt die Situation in der Kunst des Sophokles das Gegenteil von dem ist, was wir humane Situationen nennen. Es geht gerade nicht um das allgemein Menschliche, sondern um das Verhältnis von Gott und Mensch.

Damit sind wir bei dem dritten: dem Horizont des Göttlichen, in dem das menschliche Geschehen steht. In der ersten Periode ist der Mensch gleichsam vom Daimon, der eigenen Schicksalsform, eng umschlossen, so daß aus diesem Umschlossensein der

Mensch notwendig monologisch redet. In den mittleren Stücken ist der Mensch zwar noch nicht dem anderen Menschen geöffnet, aber er ist ganz bezogen auf den Gott. So ist im *Ödipus* Apollon ständig gegenwärtig, und das, was sich auf der Bühne vollzieht, ist in Wahrheit göttliches Geschehen. In der *Antigone* ist es weniger ausgeprägt; aber auch hinter dem, was Antigone und Kreon tun, spüren wir, wie sich in merkwürdiger Weise ein stummes Geschehen vollzieht von waltenden Göttern. Von der *Elektra* an wird deutlich, daß das Geschehen zwar nicht herausfällt aus dem Bereich des Göttlichen, aber daß sich der göttliche Horizont nun in eine letzte Ferne zurückgezogen hat. Die Götter geben noch den Anstoß, erweisen sich aber im menschlichen Geschehen nicht mehr ummittelbar als wirksam. Was sich auf der Bühne vollzieht, ist die Intrige, das Handeln des sich selbst überlassenen Menschen, das nur neues Leid schafft. In diesen drei Hauptlinien sehe ich die wichtigsten Ergebnisse des Reinhardtschen Buchs. Jede Interpretation ist ja ein Neusprechen mit eigenen Worten, aber es sind doch wohl seine Gedanken. Es ist großartig, wie wir dabei von einer scheinbar äußeren Weise des Sagens hingeführt werden zu einer Entwicklung der Religiosität des Sophokles, die wieder ihren Höhepunkt im *Ödipus* hat. Anderes kommt dazu, wie die Deutung des *Ödipus* als eines Weges vom Schein zum Sein, womit sicher ein wesentlicher Aspekt des Stückes gefaßt ist.

Von der Darstellung des Positiven müssen wir nun zur Kritik übergehen, die man der großen wissenschaftlichen Leistung schuldet. Um beim Äußerlichsten anzufangen, muß gesagt werden, daß das Buch bei aller Geballtheit der Sprache doch teilweise manieriert ist bis zur Koketterie. Auch die Denkstruktur ist gelegentlich davon erfaßt, und wenn es auch in großer Form geschieht, so ist es doch ein leichter Schleier, der vor der Sache liegt. Eine weitere Tatsache, die auf den ersten Blick verwunderlich ist: die Chöre werden in dem ganzen Buch nicht behandelt. Es ist wahr, daß sie in die dramatische Situation, um die es ihm geht, nicht eigentlich hineingehören. Wenn aber das Buch gleichzeitig eine Untersuchung sein will über das Verhältnis von Gott und Mensch, so würden sie doch wohl hineingehören, sie behandeln ja ständig dies Verhältnis. Ferner haben wir bei Reinhardt, wie ich glaube, eine gewisse Überbewertung des Wie vor dem Was. Nun können wir allerdings auf eine Betrachtungsweise zurückblicken, die nur auf das Was achtet und von dem Eigentlichen der Kunst überhaupt nicht spricht, bei Winckelmann etwa, aber man kennt das auch von Laienbeurteilungen zumal der Malerei, wo lediglich darauf gesehen wird, was dargestellt wird. Man könnte sich denken, daß Reinhardt gerade in Ablehnung einer solchen Betrachtung den Hauptakzent auf das Wie verlagert. Nur führt das dazu, daß er die höchste dramatische Form darin sieht, daß alles in dramatische Funktion verwandelt wird. Nach diesem Gesichtspunkt kommt es zu höchst negativen Urteilen. Im *Aias* etwa ist der ganze zweite Teil ein Beispiel für die noch nicht bewältigte Form, und in der *Elektra* spricht er sogar von ›gespielter Tragik‹; ein Wort, das mich sehr aufgebracht hat, denn ich gestehe, daß ich die *Elektra* immer besonders geliebt habe und für eins der herrlichsten Stücke halte, wie auch seine Fortwirkung in der Weltliteratur beweist. Wir werden bei der Interpretation noch darauf zurückkommen. Es ist doch so, daß in großen Zeiten, wo die Kunst noch fest aufruht auf breiten Schichten des Lebens, der Wert der Kunst nie rein aus dem Wie herzuleiten ist. Es ist die Manifestation einer großen Lebensfülle, und es wäre viel zu einseitig, wenn man nur den reinen Kunstcharakter behandeln wollte.

Und noch ein letztes. Es war gut und richtig, daß Reinhardt die unglaublich banale Interpretationsart verlassen hat, die wir etwa bei Bruhn-Radermacher finden, Erörterungen über die Charaktere, die Schuldfrage und anderes. Schon Tycho v. Wilamowitz hatte den ersten Bruch damit vollzogen und – wieder in einseitiger Form – hingewiesen auf die Tatsache des gespielten Spiels. Reinhardt tut den nächsten Schritt, indem er eine ethisierende wie psychologisierende Betrachtungsweise vermeidet und auf das im höchsten Grade Objektive der Gestaltung des Sophokles hinweist. Das sieht er in jenem Göttlichen oder Daimonischen, das sich in den drei verschiedenen Formen darstellt. Als dann mit der *Elektra* doch wieder Subjektives hochkommt, zugleich mit dem Stil, den Sophokles selbst den ethischsten und besten nennt, sieht er darin wieder etwas Negatives. Dabei hütet er sich zwar, in den Begriff des Schicksalsdramas zurückzufallen vom Anfang des Jahrhunderts, wo man zumal den *Ödipus* so interpretiert hatte. Aber die Weise, wie nun das Schicksalhafte hineinkommt, wird bei ihm, dem Zug unserer Zeit folgend, das Existentielle. Er sieht, daß die Existenz des Ödipus nicht zu verstehen ist als Subjektivität oder als Marionette des Schicksals, sondern als eine tiefe Vereinigung von Daimon und Ethos, Charakter und Schicksal. Aber auch das führt in der Überbewertung zu absurden Dingen, wenn er von Ödipus sagt: »Ein Aufdeckertum gewaltigen Ausmaßes ergreift ihn«. Gemeint ist, daß er nicht hingerissen wird von seinem Drang, sondern es soll eine feste Kategorie gegeben werden. Aber damit ist nichts gewonnen. Es ist doch nicht zu leugnen, daß Sophokles in seinen Gestalten wirkliche Menschen dargestellt hat, ausgestattet mit einem Instrumentarium von Fühlen, Wollen und Denken, keine Wellenbündel von Dynamiken, die durch sie hindurchgehen und sie bilden. Man hat früher Sophokles in übertriebener Weise als den Humanen gesehen, und dagegen wendet sich Reinhardt. Der Existentialismus ist immer antihuman eingestellt gewesen, in Philosophie wie Theologie. Aber die Tatsache bleibt bestehen, daß der Mensch sich bei Sophokles aufs tiefste als Mensch darstellt, der auch zu anderen Menschen hingewandt ist oder doch zu anderen Wirklichkeiten wie einem Land oder der Natur. Dafür gibt es die herrlichsten Stellen, so wie auch Hölderlin diese Art des Anredens kennt. Dies ›Ethische‹, wie man es nennen mag, das Widerspiel von Wesen zu Wesen, das ist Sophokles und hebt ihn ab von Aischylos und Euripides. Das ist bei Reinhardt vollständig verschwunden. Alles ist ganz auf die Situation gestellt, und wo Beziehungen aufkommen, werden sie negativ bewertet. – Trotz dieser wohl notwendigen Einschränkungen bleibt das Buch von Reinhardt eine der großartigsten Interpretationsleistungen, die es im Deutschen gibt, nicht nur im Hinblick auf die Antike, sondern auch in der neueren Literaturwissenschaft, und so wird es auch allgemein anerkannt.

6.

Wir wollen heute zum *Aias* übergehen, dem frühesten Stück des Sophokles, das wir haben, etwa um 450. Sophokles war also ein Mann von etwa fünfundvierzig Jahren und hatte schon seit achtzehn Jahren Tragödien aufgeführt, seit 468, wo sein erstes Auftreten mit einem Sieg über Aischylos bezeugt ist. – Wenn wir uns über das Wesen einer solchen Tragödie klarwerden wollen, müssen wir drei Dinge unterscheiden: einmal die Begebenheit, zweitens die dramatische Gestaltung und drittens das eigentlich tragische Geschehen. Eins ruht dabei auf dem anderen auf, ist aber nicht damit identisch.

Die Begebenheit ist das, was sich irgendwann einmal ereignet hat. Indem ein solches Ereignis berichtet wird, wird es ja immer zugleich auch irgendwie geformt, selbst in einem Zeitungsartikel. Aber für den Dichter, der das übernimmt, kommt es dabei rein auf das Faktische an, das, was wir auch den ›Stoff‹ nennen. Dieser Stoff war für den tragischen Dichter die Heldensage. Die Handlungen der Tragödie werden nicht frei erfunden, das gibt es nur in der Komödie. Es gibt auch einige historische Tragödien, wie die *Perser* des Aischylos oder die *Eroberung von Milet* des Phrynichos, aber auch dabei ist es so, daß das Geschehene bereits aufgenommen ist in jene große Vergangenheit. Die Sagenüberlieferung ist nicht davon abgetrennt, sondern beides ist Geschichte, Überlieferung einer großen Vorzeit und darum Wahrheit. Der Dichter will nichts Neues machen – was er natürlich ständig tut; wir werden noch sehen, wie etwa die *Antigone* im Rahmen der Sage fast freie Erfindung ist. Aber im ganzen können wir sagen, daß die griechische Dichtung – und ähnlich auch die Plastik – eine einzige große Interpretation der Sage darstellt. Dies Interpretieren ist ein immer neues Vermitteln, Vergegenwärtigen, ein Vermählen der großen Archetypen mit dem Zeitgeist, und muß auch produktiv aus der eigenen Zeit heraus geleistet werden.

Die Sage, wie sie dem tragischen Dichter vorlag, war in epischer Form gegeben in den Gedichten des sogenannten *Kyklos,* dem großen Sammelbecken, in das viel Älteres eingeflossen war, das bis in mykenische Zeit zurückging, gruppiert um die großen Ereignisse des Kampfs um Theben und des Troischen Krieges. Von alledem ist uns nur die homerische Ilias und die Odyssee erhalten, aber wir kennen die anderen Epen aus dem Bericht des Proklos (vgl. Bethe, *Homer* Bd. II, wo auch die Fragmente besprochen werden). Die Geschichte vom Waffenstreit und dem Tod des Aias stand in der *Aithiopis* und der *Kleinen Ilias.* Nachdem Achilleus gefallen war, kam es zum Kampf um seine Leiche, in dem sich Aias und Odysseus besonders auszeichneten. Odysseus hatte die Abwehr übernommen und den Rückzug gedeckt, während Aias den Leichnam auf seinen Schultern aus dem Kampf trug. Bei den Leichenspielen wurden die Waffen dem als Preis bestimmt, der am meisten zur Rettung des Toten beigetragen hatte. Ein Richterkollegium wurde eingesetzt, auch Zeugen wurden verhört, und schließlich fiel die Entscheidung zugunsten des Odysseus, was teilweise offenbar so gedeutet wurde, als ob es dabei nicht mit rechten Dingen zugegangen wäre. Aias fühlt sich jedenfalls zu Unrecht zurückgesetzt und schwer in seiner Ehre gekränkt, und so bricht er in der Nacht auf, um sich an Odysseus und den Atriden zu rächen. Aber Athene verwirrt ihm den Sinn, so daß er im Wahnsinn über das Herdenvieh herfällt und ein Blutbad anrichtet, ja er nimmt sogar einen Widder, den er für Odysseus hält, mit in sein Zelt, um ihn dort zu geißeln. Als er aus dem Wahn erwacht, sieht er, daß er – nach damaliger Auffassung – seine Ehre verloren hat: alle würden über ihn lachen. So bleibt ihm nichts übrig, als sich zu töten, und er stürzt sich in sein Schwert.

Diese Geschichte wird von Sophokles umgesetzt in dramatische Handlung, wobei sie einerseits entfaltet, andererseits auch wieder begrenzt wird, wie es das Drama verlangte. Das, was eigentlich geschehen war, der Waffenstreit und das nächtliche Rasen, wird dabei zur Vorgeschichte. Was auf der Bühne gezeigt wird, ist nur das letzte Stück, vom Erwachen des Aias aus dem Wahnsinn bis zu seinem Tod und weiter zu seiner Bestattung. Wie das im einzelnen gemacht ist, werden wir noch betrachten. Schon hier will ich darauf hinweisen, daß vor allem der letzte Teil mit dem Streit um die Bestattung für die Philologie zum Problem geworden ist, auch noch für Reinhardt, der eigentlich nichts damit anfangen kann. Ein zweites Problem ist die sogenannte Lügenrede des Aias. Beides wurde bereits in einem frühen Aufsatz von Welcker behandelt, weiteres finden Sie wie immer bei Pohlenz Bd. II und bei Lesky.

Was in diesem letzten Stück der Geschichte, das im Epos wohl nur ganz kurz erzählt war, von Sophokles gestaltet wird, könnte überschrieben werden: Der Weg des Aias zu seinem Tod. Eine solche Handlung, die sich an verschiedene Gestalten oder Begebenheiten hängt, hat die Weltliteratur immer wieder beschäftigt. Bei Sophokles selbst ist es noch einmal dargestellt im *Ödipus auf Kolonos.* Auch dort ist es so, daß von Anfang an feststeht, daß der Mann, der die Handlung trägt, nun sterben wird und auch sterben will, und die Handlung besteht darin, daß Widerstände sich dazwischenschieben: das Leben drängt sich noch einmal an ihn heran, gegen das er sich wehren und unbeirrt seinen Weg gehen muß. Davon ist, wie ich glaube, Hölderlins *Tod des Empedokles* stark beeinflußt. Wenn man die verschiedenen Entwürfe prüft, so ist deutlich dieser Weg des Empedokles zu seinem Tod die Form, die festgehalten und zu immer größerer Klarheit gesteigert wird. Ich kann jetzt nicht darauf eingehen, die Kenner sind darüber verschiedener Meinung. Ich will nur darauf hinweisen als ein bedeutungsvolles Motiv, das immer wieder aufgegriffen wurde, weil an solch einem letzten Lebensstück unendlich viel Bedeutsames sich offenbaren kann. Die Frage ist nur, wie das dann jeweils durchgeführt wird. Im *Aias* ist es nicht so, daß Widerstände die entscheidende Rolle spielen, obwohl auch das hineinkommt: zuerst der Widerstand der Frau, die in ihrer Liebe ihn von seinem Entschluß abbringen will und hart zurückgewiesen wird; im zweiten Teil der Widerstand der Atriden gegen die Bestattung des Toten.

Es ist wohl gut, wenn wir uns zunächst die Handlung anhand eines Schemas verdeutlichen, abgeteilt nach den Verszahlen des griechischen Originals. Meine Übersetzung finden Sie jetzt in dem Artemisband ›Sophokles‹ von 1968. – V. 1-133 der Prolog vor dem Blockhaus des Aias: Odysseus nach Spuren suchend, Athene tritt zu ihm und sagt, was geschehen ist. Sie ruft Aias heraus, der im Wahnsinn erscheint und sich seiner vermeintlichen Rachetat rühmt. Und dann das bedeutsame Wort des Odysseus über ihn, das schon den Schluß vorbereitet: »Er dauert mich, wenn er auch mein Feind ist, der Arme, wie er da zusammengejocht ist mit einem bösen Unheil: nicht daß ich dabei nur sein, sondern auch mein eigenes Schicksal bedenke. Denn ich sehe, daß wir nichts sind als Schattenbilder, die wir leben, und flüchtige Schatten.« 134-171 die Parodos, der Auftritt der Kriegsgefährten des Aias, in unruhiger und besorgter Stimmung. 172-262 ein Kommos, ein lyrischer Wechsel zwischen dem Chor und der kriegsgefangenen Frau des Aias Tekmessa. Das wird, wie oft am Anfang eines Stückes, in gesprochener Form fortgesetzt, 263-332, wo Tekmessa in geschlossener Rede berichtet, was sich ereignet hat. Wir hören, daß Aias aus dem Wahnsinn erwacht und nun ein völlig gebrochener Mann ist. Dann Aias selbst, zuerst bei V. 333 seine Stimme aus dem Haus: Klagerufe, Rufen nach dem Sohn, dem Bruder Teukros. Bei 347 öffnet sich das Haus, und Aias wird auf einer Art Podium, dem *ekkýklema,* herausgerollt, wie er dasitzt unter den erschlagenen Tieren. 348-429 ein herrlich aufgebautes lyrisches Stück, in dem Aias im Wechsel mit dem Chor und Tekmessa singt. Man kann sagen, daß in dieser lyrischen Form der ganze Weg des Aias zum Tod sich schon einmal voll

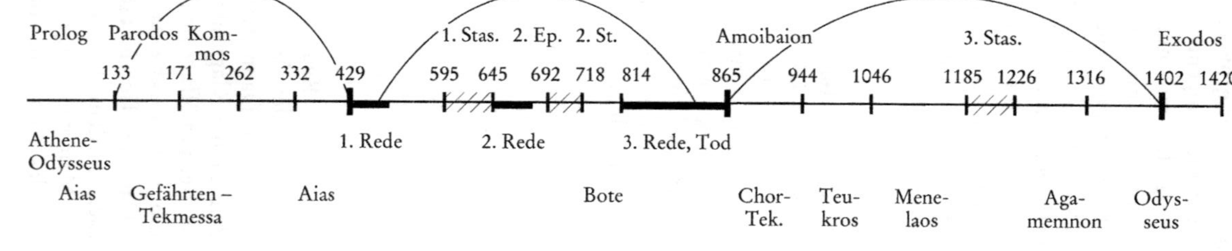

Aias
I. Lyrische Exposition
II. ›Erwachen‹ des Aias
III. Streit um die Bestattung
Prolog
Parodos
Kom-mos
1. Stas.
2. Ep.
2. St.
Amoibaion
3. Stas.
Exodos
133
171
262
332
429
595
645
692
718
814
865
944
1046
1185
1226
1316
1402
1420
Athene-Odysseus
1. Rede
2. Rede
3. Rede, Tod
Aias
Gefährten – Tekmessa
Aias
Bote
Chor-Tek.
Teu-kros
Mene-laos
Aga-memnon
Odys-seus

rundet. Dieser Wechsel von lyrisch-musikalischer Sprach- und damit auch Seinsform und iambisch gesprochener Form ist für die Tragödie von größter Bedeutung. Es sind zwei völlig verschiedene Sphären, in denen der Mensch sich darstellt: die emotionale Sphäre der Musik und die rationale des klar bewußten Wortes. Immer wieder machen es die Dichter so, daß sie beides sauber voneinander trennen und Dinge zuerst im emotionalen Fluidum sichtbar machen, aus dem sich dann das Rationale erhebt in seiner Klarheit und Bestimmtheit. Darum können wir hier einen größeren Einschnitt machen und sagen, daß sich bis hier die Tragödie schon einmal irgendwie erfüllt hat.

Jetzt beginnt die eigentliche Handlung, aufgebaut auf drei großen Reden, der Mittelteil des Stücks. Wenn wir das Bisherige zusammenfassen als Teil I, kommt jetzt also der zweite Teil und nach dem Tod des Aias der dritte. II beginnt mit der ersten großen Rede des Aias 430-480, anschließend die Szene mit Tekmessa und seinem kleinen Sohn, 481-595. Es folgt ein Chorlied 596-645, dann die zweite große Rede des Aias, die vielbehandelte Trug- oder besser Täuschungsrede. Aias will allein weggehen, um sich in sein Schwert zu stürzen, und muß die Gefährten täuschen, weil sie ihn sonst wohl daran hindern würden, 646-692. Wieder ein Chorlied, freudig bewegt, eine Art Tanzlied, weil die Gefährten denken, daß Aias dem Leben zurückgewonnen sei, 693-718. Dann ein merkwürdiges Zwischenstück, 719-814, der Bericht eines Boten über die Ankunft des Bruders Teukros und eine Prophezeiung, daß Aias in höchster Gefahr sei. Der Chor und Tekmessa verlassen die Bühne, um ihn zu suchen. Hier haben wir einmal etwas, das kaum je in einer griechischen Tragödie vorkommt; ein Szenenwechsel, bei dem auch der Chor von der Bühne geht. (Aischylos hat etwas Ähnliches in der Orestie.) Aias tritt auf an einem einsamen Ort im Gebüsch und hält seine dritte große Rede, den Todesmonolog, 815-865, dann stürzt er sich in sein Schwert.

Damit beginnt Teil III, Tekmessa tritt auf und der Chor, geteilt in zwei Halbchöre, die ihn suchen und schließlich auch finden, 866-973, eine Chorpartie mit Klagen in strenger Responsion. Dann der Auftritt des Teukros, auf den schon im ersten Teil immer wieder hingewiesen wurde, und seine große Klagerede, 974-1046. Und nun der eigentliche Schlußteil, wo 1047 zuerst Menelaos auftritt, dann 1226 Agamemnon und endlich 1316

Odysseus, unterbrochen von einem Chorlied 1185-1222, dem dritten Stasimon, wenn wir das nach der Parodos nicht mitzählen. Menelaos und dann in dramatischer Steigerung Agamemnon stehen Teukros feindlich gegenüber und wollen die Bestattung des Toten verhindern, es kommt zu immer heftigerem Streit, bis Odysseus hinzukommt, der zur Versöhnung redet und gegen Agamemnon die Bestattung durchsetzt, weil er zeigt, daß der Tote nicht mehr Feind sein kann, sondern einem anderen Bereich angehört. Es ist die gleiche Haltung, die Odysseus schon am Ende des Prologs bekundet hatte mit seinem Mitleid für den Feind, wodurch eine deutliche Klammer gebildet wird über das ganze Stück hinweg. Es folgt noch ein Schlußgespräch zwischen Odysseus und Teukros, 1374-1401, dann die Exodos, in der Teukros, Tekmessa und der Chor abziehen und den Toten zur Bestattung tragen, die alte Form des Threnos, der Totenklage, 1402-1420.

Damit ist der Aufbau des Stückes wohl klargeworden. Drei Hauptteile. Im Mittelteil die große Stufung in den drei Aiasreden. In ähnlicher Weise war bereits der Anfang dreifach gestuft, in dem Aias uns erst hörbar wird, sich dann im Lyrischen darstellt und zuletzt auf der rationalen Stufe der drei Reden. Entsprechend am Schluß die Dreiheit Menelaos, Agamemnon und Odysseus. In anderer Weise können wir auch wieder von einer Zweiteilung des Ganzen sprechen, zuerst bis zum Freitod des Aias und wieder bis zur Gewährung der Bestattung, wobei zu zeigen wäre, wie beide Teile einander entsprechen und übersteigern. Je länger man ein solches Diagramm betrachtet, desto mehr kann man davon ablesen. Wenn man das so vor Augen hat, kann doch nicht geleugnet werden, daß das Stück außerordentlich architektonisch gebaut ist, kunstvoller als andere Stücke des Sophokles, obgleich bei ihm die ›Gebautheit‹ im Sinne jener Harmonie immer das Entscheidende ist. Sie sehen daran, was die Struktur für eine griechische Tragödie bedeutet. Sie ist wie ein Musikstück, nicht nur in dem Sinne, daß ihre Gesamtatmosphäre durch den Chor bestimmt ist, sondern als ein lebendiges System von Verhältnissen und Bezügen, von Proportionen, die aufeinander wirken. Viel stärker als Aischylos ist Sophokles ein bis ins letzte musikalischer Künstler.

Es ist wohl das beste, wenn wir die Besprechung dessen, was in alledem das eigentliche Geschehen ist, noch aufsparen. Aber einen Hinweis will ich doch geben. Unter den vielen Möglichkeiten, wie ein solcher Weg eines Menschen zu seinem Tod gestaltet werden konnte, hat Sophokles es so gemacht, daß er dies Geschehen als ein geistiges Geschehen deutet, und zwar das Geschehen eines Erwachens. Der Wahnsinn ist im Griechischen gedeutet als ein Nicht-bei-Sinnen-Sein, *áphron.* So tritt uns Aias im Prolog entgegen, entstellt, blutbefleckt, der Unmensch. Dann hören wir im Bericht der Tekmessa von einem ersten Erwachen, zunächst im physischen Sinne, seelisch ist noch alles ein Chaos. Er ist wieder ›bei Sinnen‹, *émphron,* wie das in ähnlicher Situation der Herakles des Euripides auch von sich sagt. Und indem er erwacht ist, ist er doppelt unglücklich, wie ganz rechnerisch durchgeführt wird: vorher war er es, hat es aber nicht gewußt; jetzt weiß er es, und dadurch wird das Unglück verdoppelt. Dieser Zustand der ratlosen Erschütterung stellt sich dar in seiner Klage und dem emotional mächtig bewegten lyrischen Kommos. Und darauf erhebt er sich aus dieser unendlich leidenschaftlichen Erschütterung zu immer größerem Wachsein in den Stufen der drei großen Reden, in denen das *phroneín* immer stärker hervortritt. Das Wunderbare an diesem griechischen Begriff ist, daß er sowohl das einfache Wach- und Beisinnensein bezeichnen kann wie auch eine letzte und höchste geistige Klarheit. Bei Platon wird die Phrónesis das Organ der Ideenschau. Es ist das Eigentümliche des Sophokles, wie er den Weg des Aias zum Tod verstanden hat als immer größere innere Helligkeit über das Notwendige dieses Geschehens, das nicht als ein dumpf Unvermeidliches abläuft, sondern in höchster Klarheit erlebt wird. Das ist wie bei Homer, der zumal in der Odyssee eine Fülle von geistigen Begebenheiten hineinbringt, wo man sieht, daß ihm das inzwischen wichtiger geworden war als die alten, rein physischen Abenteuer.

7.

Wenn wir zuletzt von der Homernähe des Sophokles gesprochen hatten, so ist vielleicht noch kurz nachzutragen, daß Sophokles nicht nur den Stoff seiner Tragödie dem Epos entnommen hat, sondern auch die Gestalt des Aias war von dorther bereits irgendwie geprägt. Wir kennen Aias aus der Ilias, den mächtigen, wortkargen, nicht unbedingt sympathischen Mann, der immer dann in Erscheinung tritt, wenn schwere Arbeit zu leisten ist. Die schwerste und niederdrückendste ist der große Rückzug der Achaier im elften Buch. Aias ist der typische Rückzugskämpfer, und es wird wunderbar geschildert, wie er langsam zurückweicht und sich immer wieder umwendet und steht und wie der Schild auf seinem Rücken gespickt ist mit Pfeilen und Speeren. Er wird mit einem Esel verglichen, auf dessen Rücken die Hütejungen ihre Stöcke zerschlagen, aber er kümmert sich nicht darum und nimmt immer noch ein Maulvoll Futter; das heißt, Aias erlegt immer noch einen Verfolger. Ähnlich mag es auch beim Tod des Achilleus in der *Kleinen Ilias* gewesen sein, als er sich den riesigen Leichnam auf die Schultern lud und Odysseus hinter ihm den Rückzug deckte. Oder man denke an seine Rolle im neunten Iliasbuch bei der Gesandtschaft der Achaier an Achilleus, wo seine kurzen Worte doch eigentlich den Ausschlag geben und ein erstes Nachgeben des Erzürnten bewirken. Aus dieser und anderen Stellen entnehmen wir das Bild dieses großartigen, massigen, schwerblütigen, irgendwie düsteren und in seiner Größe tief gefährdeten Mannes, und dazu stimmt, was weiter über ihn berichtet wird: daß er sich einem Schiedsgericht nicht fügt, wild aufgrollt, über dem vermeintlichen Unrecht brütet; da ist etwas in ihm, das ihn zu dem nächtlichen Racheakt zwingt und in den Wahnsinn umschlägt. Aias ist der Mann, der nicht vergessen kann. So auch in der Odyssee, als Odysseus ihm im Hades begegnet und ihm noch einmal zuspricht, aber ohne ein Wort wendet er sich ab und geht über die Asphodeloswiese davon. Man braucht wohl nicht ins Psychologische zu gehen, um sagen zu können, daß für einen Menschen solcher Art die Disposition zum Wahnsinn irgendwie gegeben war. Wir kennen eine zweite ähnliche Gestalt aus der Antike: Herakles, der ebenfalls diese Affinität zur Umnachtung hat. In dem Stück des Euripides wird gezeigt, wie der Wahnsinn über ihn hereinbricht, so daß er die eben noch befreite Frau und seine Kinder tötet. All das sind nicht Charakterschilderungen, aber doch große geprägte Gestalten, die auch schon Prägungen eines bestimmten Seelentums darstellen. So ist das Bild des Aias schon in der Sage und zumal bei Homer aus einem Guß, und so lebt es vor dem inneren Auge des Sophokles. Nicht zufällig hat Reinhardt gerade am *Aias* diejenige Sprach- und Daseinsform entwickelt, die er die monologische nennt und einem Frühstil des Sophokles zuordnen will, für den es sonst eigentlich keine Bezeugungen gibt (wenn man von den *Trachinie-*

rinnen absieht, für die es, wie ich glaube, nicht zutrifft). Aias ist seinem Wesen nach der Wortkarge, Abseitige, Unzugängliche. Was Reinhardt über ihn sagt, ist sicher richtig gesehen, aber ich meine nicht, daß man es in dieser Weise verallgemeinern kann auf eine Stilepoche des Sophokles und eine entsprechende Entwicklung. –

Wenn das, was Sophokles aus diesem ›Stoff‹ gemacht hat, rein äußerlich beschrieben werden kann als der Weg des Aias zu seinem Tod, so hatten wir schon gesehen, wie dieser Weg unter dem Aspekt eines Erwachens, Bewußtwerdens dargestellt ist, aristotelisch: ein Weg aus der Agnoia zur Gnosis. Aber das ist noch nicht das letzte, und ich gestehe, daß ich Jahre gebraucht habe, um auf den entscheidenden Begriff zu kommen. Was sich uns in dem Stück darstellt, ist der Weg der Wiederherstellung eines Zerstörten.

Dies Motiv ergibt auch die Einheit des Stückes, die gar nicht so leicht zu sehen ist, wenn man den Horizont nicht richtig ansetzt. Aias ist am Beginn des Stückes der Zerstörte, zerstört durch den Wahnsinn und die Tat, die er getan hat. Und nun ist das ganze Drama nichts anderes als die stufenweise Wiederherstellung dieses zerstörten Menschen in seiner Existenz. Die Griechen würden es anders nennen und von seiner Ehre, *timé,* sprechen, aber das gehört ja zu den Wörtern, die heute außer Kurs gekommen sind. Wir sprechen statt dessen von Prestige oder, noch schöner, vom Image eines Menschen. Man muß nur ab und zu eine Sprachregelung vornehmen, die Dinge bleiben dabei die gleichen. Es geht also darum, daß dieser Mensch, der das verloren hat – sein ›Gesicht‹, wie man im Osten sagen würde –, es in Stufen wieder gewinnt. Dazu gehören zwei Hauptdinge. Das eine ist, so seltsam es klingen mag, der Freitod, in dem er sein Dasein vernichtet, aber durch diese freie Vernichtung die Existenz gewinnt. Das zweite ist die Bestattung, und das ist es, was man in der Philologie lange nicht verstanden hatte: erst in der Bestattung, die rituell, mit allen Ehren und Opfern vollzogen werden muß, ist die volle Wiederherstellung der Existenz zum Schluß gekommen. Das Ganze ist nicht eine Tragödie im Sinne des Trauerspiels, wie wir es nennen, sondern eine Geschichte, die durchaus einen Aufstieg hat, der ganz positiv zu verstehen ist. Oder genauer: es ist ein charakteristisch tragischer Aufstieg, der sich mit dem rein lebensmäßigen Abstieg überkreuzt und damit verbunden ist.

Hier könnte man einen Blick werfen auf andere Formen des Selbstmords in der großen griechischen Sage. Er ist nicht selten. Iokaste, die Frau des Ödipus, erhängt sich, als sie erfährt, daß sie den eigenen Sohn geheiratet hat. Antigone erhängt sich in ihrem Felsengrab, Haimon ersticht sich, als er den Tod der Braut erfährt. Aber die jeweiligen Motive sind doch sehr verschieden. Bei Euripides gibt es in sehr interessanter Weise den idealen Freitod; meist sind es jugendliche Gestalten, die aus solchem Idealismus ihr Leben hingeben. Bei Aias ist der Selbstmord letztlich die Konsequenz seiner Schande. Seine Geltung, sein Ruf unter den Menschen ist zerstört, und der Tod ist die einzige Möglichkeit der Wiederherstellung, die ihm noch bleibt. Hier ist es vielleicht gut, sich zu verdeutlichen, wie anders so etwas in moderner Zeit, etwa bei Schiller, erlebt wird. Ich hatte gerade Gelegenheit, mich mit der *Braut von Messina* zu beschäftigen und mir am Freitod des Don Cesar den Unterschied klarzumachen (1969; H. u. H. II 144 ff.) Dort geht bekanntlich das fluchbeladene Geschlecht dadurch zugrunde, daß die beiden feindlichen Brüder die gleiche Frau lieben, und erst nachdem der eine den anderen getötet hat, erfährt er, daß es die eigene Schwester war. Bei alledem werden stark die rächenden Göttinnen herausgearbeitet, für die Schiller einen besonderen Sinn hatte, ebenso wie auch für den rächenden Gott des Alten Testaments. Aber als es sich zu der großen Schlußszene erhebt, wo Don Cesar gegen den Zuspruch der Mutter wie auch der Schwester und Geliebten den Freitod beschließt, da geschieht es nicht etwa wie bei Aias aus einem mit sich Zurategehen: wie er danach noch leben, wie er dem Volk entgegentreten kann, aber auch nicht aus emotionaler Verzweiflung und dem Bewußtsein, daß er ein Brudermörder ist, sondern es geschieht in ganz anderer Motivierung: daß die Kette des Geschicks nur gebrochen werden kann durch eine absolut freie Tat. Der Freitod ist hier die Manifestation dessen, was Schiller immer für das Höchste gehalten hat: der Freiheit. In seinem Freitod vollzieht sich beispielhaft eine Manifestation dieser Freiheit, auf der nach Schiller die Existenz des Menschen überhaupt beruht. Sie sehen, wie anders das ist als bei Sophokles. Gewiß ist der Gedanke der Freiheit als Konstituente des Menschen überhaupt von den Griechen von Homer an in die Welt gebracht, wie es auch immer wieder dargestellt worden ist, und auch die Aias-Handlung läßt sich unter diesem Aspekt verstehen. Aber es bleibt doch so, daß der Mensch als menschliches Wesen nun einmal eingebettet ist und umschlossen von den Göttern und den göttlichen Kräften des Lebens, von der Gesellschaft, in der er lebt, dem Heer, der Familie. Don Cesar kann sagen, daß er etwas tun will, das höher ist als alles, was die Götter tun können: daß der Mensch über sich selbst verfügt und damit über der Kette des Geschicks steht. Dieser Gedanke einer absoluten Freiheit des Menschen ist ganz ungriechisch. –

Wir müssen uns jetzt das Stück, das wir bisher erst in seinem Aufbau betrachtet haben, noch genauer ansehen, wobei ich vieles übergehen muß und nur die Hauptlinien herausheben will. Der Prolog steht für sich, eine unendlich ergreifende, furchtbare Szene, wie der Umnachtete und Entstellte sich auf der Höhe seines Triumphes glaubt und die Göttin als Freundin anredet, die ihn so vernichtet hat. Man hat gesagt, daß die Göttin hier geradezu teuflisch handele. Aber wir müssen unsere christlichen Vorstellungen von einem allgütigen und allweisen Gott hier durchaus fernhalten. Die griechischen Götter sind gestalthafte Mächte, die bei aller Größe und Schönheit auf ihre Ehre bedacht sind. Diese Ehre kann von einem Menschen verletzt werden, und dann straft ihn der Gott, was nicht moralisch zu verstehen ist, sondern als etwas ganz Persönliches zwischen ihm und diesem Menschen. Nur daß der Gott in seiner größeren Macht natürlich der Überlegene bleibt und der Mensch zugrunde geht. So wird es mit aller Härte hier am Anfang gezeigt und auch ausgesprochen: auch der beste und stärkste Mensch ist dem Gott gegenüber nichts als bloßer Schatten.

Dann beginnt der erste Teil, den wir als die Exposition bezeichnet hatten. Das ist so aufgebaut, wie wir es auch bei Aischylos kennen, daß am Anfang zunächst Ungewißheit besteht. Ahnungsvolle Sorge ist die charakteristische Form von Tragödienanfängen in der alten Zeit. Die Exposition besteht dann darin, daß es sich immer mehr aufklärt. Der Chor der Schiffsleute des Aias weiß nicht, wie es mit Aias steht. Tekmessa berichtet, was in der Nacht geschehen ist, und das gipfelt in dem Erscheinen des Aias und seiner ersten großen Klage. Bis hierher ist eigentlich noch nichts geschehen, sondern die Handlung besteht darin, daß man gleichsam etwas zuerst undeutlich aus der Entfernung sieht und dann das Teleskop immer schärfer einstellt. Das Bild ist von Anfang an da, rückt aber immer mehr heran, wird durch Einzelheiten bereichert und tritt in immer schärfere Gegenwart. Es ist also nicht so, wie es vielleicht in einem modernen Stück gemacht wäre, daß der Entschluß zum Selbstmord in Aias aufkommt und er erst mit sich ringt, bis er schließlich immer fester wird. Für einen solchen psychologischen Vorgang, wie ein Entschluß zustande kommt, hatten die Griechen kein Interesse. Der Entschluß ist von Anfang an da, und wir erleben, wie das Bild dieses Entschlusses immer schärfer herausgestellt wird. Das Ganze verläuft nicht linear, sondern es ist eine eigentümlich totale Dramatik, die mindestens ebenso spannend und bewegend ist wie eine fortschreitende Handlung.

Wir hatten gesehen, wie sich in der lyrischen Klage des Aias die Kurve des Geschehens zum erstenmal rundet, wobei in der letzten Antistrophe mit ihren Anrufungen der Natur und des Landes sichtlich Motive vorweggenommen werden, die in der dritten Rede, dem Abschiedsmonolog aufkommen. Dann erhebt sich das Geschehen aus der emotional verhüllenden lyrischen Form in den drei Reden stufenweise zu immer größerer Klarheit.

Die erste Rede verkörpert einen in der Tragödie charakteristischen Redetypos, in dem ein Mensch mit sich zu Rate geht, griechisch *symbuleúesthai*, und danach spricht man von einer symbuleutischen Rede. Dabei werden ganz rational die Chancen berechnet und die Schlußfolgerungen daraus gezogen. Der erste Akt des Erwachens und der Selbsterkenntnis vollzieht sich dabei in merkwürdiger Weise in einem Bewußtwerden der Bedeutung des eigenen Namens, Aias, in dem er den Klageruf ai ai! erkennt und sieht, daß er durch diesen Namen vorbestimmt ist zum Leid. Es ist eine frühe Art der Etymologie, wie wir sie im Griechischen häufig fassen, bei der man nicht wissenschaftlich nach den Wurzeln der Wörter sucht, sondern nach einer ursprünglichen Bedeutung. So wird in der Odyssee Odysseus als ›Zürner‹ gedeutet; bestimmt falsch, aber darauf kommt es nicht an. Im Namen faßt man nach naivem Glauben auch etwas von dem Wesen, und so ist damit eine erste Form der Selbsterkenntnis gewonnen. Und nun die Grundfrage des tragischen Menschen: Was soll ich tun? Wir können sagen, der tragische Mensch ist der, der diese Grundfrage stellt: Wer bin ich? Wie steht es um mich? Dem folgt ein Rechenschaftgeben: den Göttern ist er verhaßt, dem Heer, den Troern, dies ganze Gefilde haßt ihn. Was tun? Nach Hause gehen? Das wäre eine Möglichkeit. Aber wie dann dem Vater entgegentreten? Nicht zu ertragen – damit ist gleichsam der erste Punkt abgetan.

Eine zweite Möglichkeit: er könnte gegen Troja gehen und im Kampf fallen. Aber damit würde er den Atriden, seinen Feinden, Gutes tun, und auch das kann nicht sein. Und eine dritte Möglichkeit: eine Erprobung suchen, die dem Vater zeigt, daß er doch von rechter Art ist. Schmählich ist es, sich ein langes Leben zu wünschen, wenn es keinen Ausweg gibt. Würdig leben oder würdig sterben geziemt sich für den Edlen, ›das ist meiner Rechnung Schluß‹, wie wir sagen könnten.

Darüber kommt es zum Streit mit Tekmessa, die ihm entgegentritt. Es ist deutlich, wie sich in diesem Streit zwei Welten entgegentreten, die Welt des Mannes und die der Frau, zu der auch das Kind gehört. Die Frau will, daß der Mann lebt. Sie hängt an dem einfachen Dasein; ob er die Ehre verloren hat oder nicht, ist der Liebe gleichgültig, sie begreift nicht die Unausweichlichkeit der Ehrforderungen. Es ist längst gesehen, daß der Gegensatz dieser beiden Welten und Sphären bereits bei Homer entfaltet war im sechsten Iliasbuch bei der Begegnung von Hektor und Andromache. Ich habe das behandelt in *Von Homers Welt und Werk* und will das hier nicht wiederholen, so interessant es ist für die verschiedene Art des epischen und des tragischen Menschen, die man wunderbar studieren kann an einem Motiv, das als solches gleich ist. Bei beiden Dichtern endet es mit einem Vermächtnis des Vaters an seinen Sohn. – Noch eine Stichomythie, in der er noch einmal hart jeden Versuch zurückweist, ihn bestimmen zu wollen; damit endet die Szene.

Das zweite ist die sogenannte Lügenrede, von der ich gesagt hatte, daß sie von der Forschung vielfach und widersprüchlich behandelt worden ist. Das beginnt mit einem Aufsatz von Welkker in der Goethezeit, *Über den Aias des Sophokles*. Ich selbst hatte es behandelt in einem frühen Aufsatz *Aias und Antigone*, der nicht glücklich war und darum auch nicht in den Sammelband aufgenommen wurde. Zwei Meinungen standen sich gegenüber. Die einen glauben, daß Aias eben lügt, weil er von der Bühne kommen mußte. Als ob ein Dichter dafür nicht auch andere Möglichkeiten gefunden hätte! Dagegen meint Welcker, daß ein Mann wie Aias seinem ganzen Wesen nach unmöglich so lügen kann. Also sagt er klar die Wahrheit, und es ist nur die Schuld der Hörer, wenn sie ihn mißverstehen. Aias wird also von einem Vorwurf gereinigt, so wie Welcker das auch für Sappho versucht hat. Natürlich haben die Philologen dem sofort entgegengehalten, daß bei den Griechen immer gelogen wurde. Auch Odysseus lügt und bleibt trotzdem ein großer Held. So geht es wohl nicht, die moralische Sphäre ist nicht die der Tragödie. Umgekehrt hat Tycho v. Wilamowitz es wieder ganz von den Erfordernissen der Bühne gefaßt und gesagt, die Lüge sollte ihn eben von der Bühne bringen, da dürfe man nicht nach seinem Charakter fragen. Demgegenüber hatte ich gemeint, es wäre keine reine Lüge, aber auch nicht die reine Wahrheit, die nur mißverstanden wird; das wäre nicht interessant. Es ist schon so, daß Aias die Wahrheit sagt, aber daß er sie nicht direkt sagt, sondern in verhüllter Form, ›durch die Blume‹, wie wir sagen. Dafür gibt es in der Rhetorik den Terminus der *oratio figurata,* der figurierten Rede, griechisch *lógos eschematisménos.* Aias erscheint bei diesem zweiten Auftritt als ein irgendwie Gewandelter, worunter natürlich keine Änderung seines Wesens zu verstehen ist. Aber der Mensch kann doch zu Erkenntnissen kommen und damit auch seine Haltung ändern. Und es ist eine andere Haltung, aus der heraus er jetzt spricht und – nun, man muß schon sagen: philosophiert. Daß ein Mann wie Aias philosophiert, ist nicht so ungewöhnlich, wie es zunächst scheint. Bei den Griechen kann jeder philosophieren, *Es* philosophiert gleichsam aus dem Menschen heraus, weil die ganze Atmosphäre davon geschwängert ist. Bei Aias bedeutet es in diesem Aufstieg zu immer klarerer Bewußtheit eine zweite Stufe des Erwachens. Und worüber er philosophiert, ist das Wesen der Zeit. Diese Zeit hat Aias jetzt verstanden, er, der vorher in seinem Drang des rein Tätigen nie daran gedacht hatte. Der tätige Mensch denkt nicht an die Zeit, sonst wird er gehemmt und kommt nie zur Tat. Die Tat entsteht immer aus der Zeitlosigkeit, und es ist eine Stufe des Erwachens der Existenz des Menschen, wenn er beginnt, die Zeit wahrzunehmen. So ist es hier. Dieser Charakter im höchsten Sinn des Wortes sieht, daß er dem Zeitlichen unterworfen ist. Alles unterliegt dem Wandel, auch die stärkste Versicherung, der Eid, und der starre Sinn. Das wendet er nun auf sich selbst an. Eben noch war er so hart zu der Frau, jetzt sagt er, daß sie ihn jammert – wohlgemerkt, er sagt nicht, daß er darum von seinem Entschluß ablassen will. Aber er bekennt sich doch zu irgendeiner Wandlung, und ich glaube nicht, daß das eine Lüge ist. Die Frage ist nur, was die Konsequenz dieser Wandlung sein wird. Weiter spricht er davon, daß er gehen will, um sich zu reinigen, daß er das Schwert in der Erde verbergen will, all das in merkwürdig doppelsinnigen Worten, die aber doch sehr klar andeuten, was er eigentlich meint. Eben das ist der Reiz einer solchen figurierten Rede. Und weiter über die Atriden: sie sind Herrscher, da muß man sich doch fügen. Das ist natürlich ironisch, und doch, so hätte er früher nicht sprechen können. Er sieht, es gibt Autoritäten. Das hat er früher nie gewußt, sondern er war ein Mann, der stand, wo er stand, und sich um anderes nicht kümmerte. Jetzt sieht er, daß es das gibt und daß man sich fügen muß. Die innere Erhellung geht so weit, daß er dies Gesetz nun auch im Kosmos erkennt. Auch dort gibt es übergeordnete Verhältnisse, und in allem Wechsel ist es so, daß immer das Dunkle dem Hellen weicht: der Winter dem Sommer, die Nacht dem Tag, der Sturm der Ruhe. Daß Schlafen und Wachen am Schluß dieser Reihe steht, ist bedeutungsvoll genug für unsere These, daß es um das Phänomen eines Wachwerdens geht. Wir wissen, daß dies Motiv bei den Griechen immer wieder gefaßt wurde, in der Dichtung wie auch in der Philosophie bei Heraklit und zumal bei Platon, bei dem der unwissende Mensch der Schlafende ist. Und wenn man ihn weckt, tut er das, was auch sonst Menschen tun, wenn sie geweckt werden: er schlägt um sich und wehrt sich, und dem ist Sokrates schließlich zum Opfer gefallen. Auch Aias ist ein Mensch, der bisher gleichsam im Schlaf gelegen hat und nun erwacht ist, und darum ist das, was er darüber sagt, nicht unwahr oder nur Mittel der Täuschung – nur ist es nicht so, daß er sich in diese Welt, die er nun erkannt hat, auch einfügt. Das zeigt sich deutlich da, wo er bitter-ironisch davon spricht, daß es nichts Verläßliches gibt in dieser charakterlosen Welt, in der man den Freund verraten soll und eigentlich auch den Feind, denn auch der Feind wird geehrt, wenn man ihn als Feind anerkennt. In dieser Welt ist kein Raum für einen Mann von der Art des Aias. Aus dieser Erkenntnis heraus wird der Todesentschluß nur noch mehr vertieft und verstärkt. Zuerst war er das Resultat einer Aufrechnung der eigenen Situation, jetzt erwächst er aus der Erkenntnis des Wesens der Zeit und des Gesetzes dieser Welt, der er in seinem tiefsten Kern nicht angehört und die er darum verlassen muß. So verstanden ist diese Rede eines der großartigsten Gebilde der tragischen Poesie, in ihrem Wechsel der Töne von ruhiger Erkenntnis und immer wieder aufbrechender Bitterkeit, und wenn man sie auf der Bühne hört, hat man auch nirgends das Gefühl, daß hier irgend etwas nicht stimme.

Es folgt das jubelnde Tanzlied des Chors, dann ein schneller Umschwung, der charakteristisch ist für die Technik des Sophokles. Ein Bote tritt auf, ein Kriegsmann. Beachten Sie, wie dieser einfache Soldat geschildert wird in einer Drastik, die sich der Komik nähert. Bei Aischylos haben wir so etwas nur einmal in der Gestalt der Amme in den *Choëphoren,* dann gibt es das wieder bei dem späten Euripides. Bei Sophokles aber ist dies Element des Komischen in der Tragödie von entscheidender Bedeutung. Man denkt natürlich sofort an Shakespeare. Nur daß es bei Sophokles keine Rüpel und Clowns sind, sondern kleine Leute im Kontrast gegen die vornehmen Hauptgestalten. Merkwürdig, wie stark überhaupt nach antiker Auffassung das Komische zusammenhängt mit der Welt der kleinen Leute. Die Tragödie hat es mit Königen und großen Menschen zu tun, die Komödie mit den kleinen. Die Verbindung zwischen beiden haben wir in dem Begriff der Drastik. Der kleine Mann ist drastisch in seiner Kantigkeit, Unbeholfenheit und auch Frechheit, wie etwa der Wächter in der *Antigone,* dadurch kommt das komische Element von selbst hinein. Ich glaube, daß es eine große Weisheit ist, die hier Sophokles mit Shakespeare verbindet. Der Ernst und das Dunkel der Tragödie verlangt als Folie das Komische und wird dadurch nur noch mehr vertieft. So können wir es bei Sophokles überall beobachten. Typisch für den einfachen Mann sind auch die Weisheitssprüche, die oft sehr banal sind, hier: man muß eine Sache dem sagen, den sie angeht – unbezweifelbar. In diesem Gesamtcharakter bildet die Szene den schärfsten Gegensatz zum vorigen, das Nüchtern-Unverhüllte zu dem Verhüllten der Aiasrede. Die Dinge kommen in dieser Drastik mit größter Schärfe und Konkretheit vor Augen. Wir hören, was der Seher gesagt hat, und überhaupt wird der Hintergrund des ganzen Geschehens aufgerollt. Wir erfahren, daß Aias sich den Zorn der Göttin zugezogen hatte durch seine *hýbris,* ein Wort, das meist mit Übermut übersetzt wird, aber die Grundbedeutung ist Übergriff in einem ganz juristischen Sinne: wenn einer übergreift aus seinem eigenen Rechtsbereich in den eines anderen. Von hier aus wird es dann zu jeder Art von Vermessenheit und Überheblichkeit, wenn einer sein Maß nicht einhält. Gleich wird auch gesagt, daß solche ›übermäßigen Leiber‹ (Leib, *sóma* ist das griechische Wort für Person) von den Göttern ins Unheil gestürzt werden, wenn einer, der als Mensch geboren ist, nicht auch nach Menschenmaße denkt. Also die delphische Forderung des Maßhaltens in der Erkenntnis der eigenen Sterblichkeit. Auch das ist nicht ethisch gemeint. Die Götter sind stolze Wesen, die stark darauf bedacht sind, daß sie entsprechend respektiert werden. Und wenn ein Gott spürt, daß dieser Respekt verletzt wird, der ihm gebührt als einem großen Herrn, dann schlägt er zurück. Das ist die einfache Grundvorstellung, die implizit schon die Ethik der Menschlichkeit enthält, die sich dann immer mehr daraus entwickelt.

Aias hat sich also, wie wir jetzt erfahren, in dieser Weise überhoben. Einmal seinem Vater gegenüber, der ihn ermahnte, immer mit dem Gott zu siegen: mit den Göttern könne auch ein Kraftloser siegen, er aber wolle auch ohne sie Ruhm gewinnen. Und einmal Athene selbst gegenüber, als sie zu ihm trat und ihn antrieb zu kämpfen: Herrin, stehe bei anderen! Wo ich stehe, bricht niemals die Schlacht. Man hat von diesen Worten aus das Stück in die übliche Schuld-Sühne-Schematik einordnen wollen und eine Handlung konstruiert, die mit dieser seiner Hybris beginnt und mit der Strafe der Göttin endet, eine sehr schöne moralische Handlung. Nur vergißt man dabei, daß man dem Gang eines Stückes folgen muß, wie es sich vor unseren Augen entwickelt, und es nicht wie der Historiker aus den Quellen konstruieren darf. Wenn Sophokles das gemeint hätte, so hätte Athene im Prolog die Verschuldung des Aias leicht erwähnen können. Hier aber ist alles ganz anders geführt, wir erleben zuerst das Leid und die Zerstörung dieses großen Menschen, und erst jetzt kommt der Gedanke an die frühere Hybris mit hinein. Es ist ein Zug, der nicht fehlen darf; die Natur des Aias ist gleichsam prädisponiert zum Unheil. Aber dem Dichter liegt nicht daran, ein moralisches fabula docet zu statuieren, sondern er bringt es einmal, um auch die Göttin in ihrer Grausamkeit verständlich zu machen. Es ist eine bestimmte Schattierung in dieser Szene, die als ganze die Handlung weitertreibt, indem sie die Freunde dafür wach macht, daß Aias gefährdet ist.

Hier folgt der Szenenwechsel, eine sehr seltene Situation in der griechischen Tragödie, zumal auch der Chor von der Bühne geht. Meist ist es so, daß auch ›einsame‹ Reden in der Gegenwart von anderen gehalten werden. Es ist schon etwas Besonderes, wenn sich die Einsamkeit eines Menschen auch in der Situation ausdrückt, die ihn umgibt. Ich hatte von Reinhardts Interpretation gesprochen, nach der Aias ›monologisch‹ sein soll, in seiner Existenz völlig vom Daimon umschlossen und darum ganz für sich. Je länger ich mich damit beschäftigt habe, um so deutlicher sehe ich, daß das nicht stimmt. Gerade in Aias ist ein Mann geschildert, der in ganz besonderem Maße an andere gebunden ist. Das zeigt sich schon in der Szene, wo er seinen kleinen Sohn auf den Arm nimmt und ihm sein Vermächtnis hinterläßt. Vor allem aber zeigt es sich in seiner großen lyrischen Klage zu Anfang, wo er das Land und die Ströme von Troja anruft. Es ist ganz einzigartig in dieser Zeit, daß ein Mensch diese Verbundenheit mit der Natur hat. Natürlich ist die Natur als göttlich und beseelt verstanden, aber das, was wir Naturgefühl nennen, tritt selten auf. Der Mensch lebt als Handelnder in der Gemeinschaft und tritt nur selten unmittelbar vor die Natur. Sokrates kann sagen, die Natur interessiere ihn wenig, sondern die Menschen. Die Natur spielt gelegentlich eine Rolle bei Aristophanes, der einen gewissen Sinn dafür hat. Das hängt zusammen mit seiner Kritik an Staat und Zivilisation. So wird die Natur in den *Vögeln* zum Gegenbereich dafür, zum Urbereich der Reinheit und Freiheit des Lebens. Wenn bei Homer in der Odyssee die Natur eine Rolle spielt, so darum, weil sie der Partner des Menschen auf seiner Irrfahrt ist, etwas, mit dem er es zu tun hat und das gegen ihn handelt. Naturgefühl im modernen Sinne kommt erst im Hellenismus auf und weiter bei den Römern, wo die Natur im Gegensatz zur Stadt idealisiert wird.

Wenn Aias hier dies besondere Verhältnis zur Natur hat, so charakterisiert ihn auch das als einen vielfältig Gebundenen. Der Todesmonolog ist sein Abschied von dieser Welt, mit Gedanken an Vater und Mutter, die Heimat, und zuletzt im lyrischen Teil ein Sich-Zuwenden der ihn unmittelbar umgebenden Natur, von der er Abschied nimmt. Entscheidend für ihn ist gerade nicht das Abgeschlossene und in sich Eingeschlossene, sondern im Gegenteil: das Entscheidende ist, wie ein Mensch, der mit tausend Fasern des Herzens und der Seele gebunden ist an die Familie, die Kriegsgefährten, die Heimat und die Natur, wie dieser Mensch sich hier in der Einsamkeit zeigt als der letzte Ausgestoßene. Die Ausgestoßenheit eines in seiner ganzen Existenz nach Verbundenheit strebenden Menschen ist die besondere Note der Tragik des Aias. Beides bedingt sich gegenseitig: Sophokles will nicht einen naturverbundenen Menschen zeigen, sondern einen, der die Qual der Ausgestoßenheit erlebt, nicht nur aus dem Heer, sondern aus der ganzen lebendigen Welt, die ihn umgeben hat. Das müssen Sie vor Augen haben, wenn Sie diese Rede lesen.

8.

Es bleibt noch der zweite Teil des *Aias* zu besprechen, der so wichtig ist, daß wir noch etwas Zeit darauf verwenden müssen. Ich hatte schon gesagt, daß der Gedanke der Wiederherstellung es ist, der die beiden Teile zur Einheit zusammenschließt. Daß das wirklich so ist, hat sich mir ganz überraschend gezeigt, als ich das Stück kürzlich in einer Aufführung erleben durfte. Da hat der Regisseur Heyme es fertiggebracht, die blutüberströmte Leiche des Aias wirklich auf der Bühne zu lassen, und der Streit vollzog sich unmittelbar über diesem Leichnam. Diese Gegenwart des Toten war so konkret, daß keiner daran dachte, daß hier etwas auseinanderfällt. Aber die Philologen hatten sich eben nie klargemacht, was es für das Drama bedeutet, wenn so der Tote zugegen ist und gleichsam mitspielt. Ich muß immer wieder betonen, daß die Texte nur wie Partituren sind, angewiesen auf die Verwirklichung durch die Aufführung, und man kann eigentlich nur darüber urteilen, wenn man die Totalität von Wort, Bewegung, Bild und Musikalischem vor Augen hat. Hier also hat das Bild klar bewiesen, daß auch der zweite Teil zur Aias-Handlung gehört und daß Aias auch hier das dramatische Geschehen durchgehend trägt, wie als Lebender, so als Toter. –

Nachdem sich also Aias in sein Schwert gestürzt hat, wird er von Tekmessa und dem Chor gefunden. Der Bruder Teukros kommt hinzu und hält eine wundervolle Klagerede über ihn. Auch das ist ein festes Stück dieser Kunst, die nicht eigentlich realistisch ist, sondern darin eher unserer Oper vergleichbar. Das kann so weit gehen, daß so ein Stück heraustritt aus dem eigentlichen dramatischen Geschehen, und entsprechend wird es auch vom Publikum aufgenommen. Auch das Bild ist von entscheidender Bedeutung. Man muß sich vorstellen, daß Tekmessa und ihr kleiner Sohn zusammen mit dem toten Aias eine Gruppe bilden, die während des Streites unbeweglich bleibt. Indem sich um den Toten diese Gruppe bildet in der Haltung der Schutzflehenden, ist das für diese Zeit auch wieder eine Art Machtfaktor. Es wäre ein Vergehen gegen rituelle Satzungen, sie dort wegzureißen. Zuerst kommt also Menelaos und des weiteren Agamemnon, der unerhört pompös, brutal und grob die Bestattung verweigert. An einem solchen Stück sehen wir, daß man wirklich nicht behaupten kann, Sophokles wäre Klassizist gewesen. Es ist ein konkret realistischer Stil mit Formen des Umgangsattisch und sehr kräftigen Ausdrücken. Und nun, wo beide Seiten unversöhnlich gegeneinanderstehen und man nicht weiß, wie es weitergehen könnte, das völlig Überraschende mit dem Auftritt des Odysseus. Wir können uns vorstellen, daß erst Sophokles das hineingebracht hat, in der Vorlage kam es wohl nicht vor. Schon im Prolog hatten wir gesehen, wie er Mitleid empfand beim Anblick des Unglücklichen. Aber es ist doch höchst überraschend, wie er jetzt für den toten Feind eintritt. So stellt er sich Agamemnon entgegen und sorgt dafür, daß die Wiederherstellung dieses unglücklichen großen Menschen vollendet werden kann.

Was sich hier vollzieht, ist eine ganz neue Wertung der Dinge. Es ist ein uralter Gedanke, daß man den Feind auch im Tod noch verfolgt: er bleibt der Feind, und man frohlockt über ihn, indem man seinen Leichnam schändet. Das wird allerdings schon bei Homer korrigiert, wenn die Ilias versöhnlich ausgeht und der tote Hektor dem Vater zurückgegeben wird zur Bestattung. Man hat mit Recht gesagt, daß damit in der Literatur ein erster großer Akt der Humanität vollzogen wird. Aber im Volk lebt die alte Auffassung noch weiter, und noch im Jahr 425 haben wir den Fall, daß die Spartaner die Auslieferung der Gefallenen verweigern. Auch sonst wurde Persönlichkeiten, die als Verräter galten, wie Themistokles, die Bestattung in der Heimaterde versagt.

Das greift Sophokles hier auf, wenn er Odysseus sagen läßt, daß die Feindschaft im Leben ihren Ort hat, daß aber durch den Tod eine neue Situation geschaffen wird. Der Tod ist der, der alles ausgleicht und reinigt. Was bleibt, ist das Bild der Tüchtigkeit eines Menschen. Es ist völlig richtig gesehen, daß mit dieser Odysseusgestalt ganz neue Maßstäbe gesetzt werden gegenüber einer noch primitiven Gesellschaft: Maßstäbe des Menschlichen. So ist in diesem Stück eine Thematik angelegt, die auch weiter für Sophokles entscheidend sein wird. Der Gedanke des Menschlichen ist neben dem der Freiheit einer der wichtigsten im griechischen Denken, wenn auch die Begriffe für beides erst später gebildet werden.

Dieser Schluß des *Aias* ist auch noch aus anderen Gründen

interessant, weil er nämlich den Keim enthält für ein anderes Drama des Sophokles. Wenn kein Odysseus aufträte und die Schlichtung durchführte und wenn die Atriden kraft ihrer Herrschgewalt die Bestattung des Toten verbieten und unter Strafe stellen würden, so wäre Teukros oder Tekmessa in derselben Lage wie Antigone. Es ist interessant, wie in einem Drama keimhaft bestimmte andere Handlungen vorbereitet sein können; ein schönes Beispiel dafür, daß sich der Mythos und die dichterischen Motive nicht zu decken brauchen, sondern daß für gewisse Motive erst ein anderer Mythos gefunden werden mußte, damit sie sich entfalten konnten.

Mit der *Antigone* kommen wir in den thebanischen Sagenkreis. Man könnte aus den Stücken des Sophokles geradezu eine Trilogie zusammenstellen, die anfangen würde mit dem *Ödipus,* dann käme der *Ödipus auf Kolonos* und als drittes die *Antigone.* Ich glaube, es hat sogar Aufführungen in dieser Reihenfolge gegeben. Aber es ist keine Trilogie, die Stücke stehen für sich und sind auch zu ganz verschiedenen Zeiten entstanden. Auch der Geschlechterfluch, der in der Thebanischen Trilogie des Aischylos das Verbindende ist, spielt bei Sophokles keine so große Rolle. Wie beim *Aias* war auch dieser Stoff in den kyklischen Epen enthalten: der *Oidipodeia,* der *Thebaïs* und den *Epigonoi.* Die Geschichte geht weit zurück. Am Anfang steht Laios, der sich an einem schönen Knaben vergeht und sich dadurch den Zorn der Götter zuzieht. Ein Orakel sagt ihm, wenn er einen Sohn haben werde, so werde dieser ihn töten. Er bekommt trotzdem einen Sohn, und dieser wird ausgesetzt, und so kommt es zu der Geschichte des Ödipus, der seinen ihm unbekannten Vater erschlägt und seine Mutter Iokaste heiratet. In der Ödipus-Tragödie sehen wir, wie alles sich enthüllt und Ödipus daran zugrunde geht. Aber er hat nun diese vier Kinder: die Söhne Eteokles und Polyneikes und die Schwestern Antigone und Ismene. Eteokles, als er herangewachsen ist, vertreibt den Bruder, der nach Argos geht und das berühmte Heer der Sieben zusammenbringt. Der Angriff wird abgeschlagen, und beide Brüder töten einander im Zweikampf. Kreon als der Nächstverwandte übernimmt die Macht, und hier beginnt die *Antigone*-Handlung.

Es ist eine in der Forschung viel behandelte Frage, ob und wieweit auch diese Handlung in der Sage bereits vorgebildet war.

Soweit die Überlieferung zeigt, gibt es keine Anzeichen dafür. Pindar, der die thebanischen Epen gekannt hat, spricht Olympien 6 von sieben Scheiterhaufen für die sieben vor Theben gefallenen Heerführer. Keine Rede davon, daß Polyneikes nicht mit bestattet worden wäre. In der Hypothesis zur *Antigone* wird einiges über Ismene berichtet, aber nichts über Antigone, von der offenbar nichts weiter bekannt war; nur die etwas rätselhafte Nachricht, sie sei zusammen mit Ismene von dem Sohn des Eteokles im Hera-Tempel verbrannt worden, in den sie sich geflüchtet hätten. Trotzdem hält man meist an der epischen Herkunft des Stoffes fest oder will eine lokale Sage oder gar eine Prosanovelle annehmen. Aber es ist doch mißlich, eine solche Quelle erst postulieren zu müssen, nur um dann Sophokles davon herleiten zu können. Ich will das kurz abmachen und sagen, daß ich das nicht glaube. Gewiß, die Handlungen der Tragödie sind nicht frei erfunden. Aber die Sage war ja gegeben, die Namen der Beteiligten und die Situation nach dem abgeschlagenen Angriff der Sieben gegen Theben. Auch bei Pindar können wir immer wieder sehen, wie der Dichter gleichsam in die Ritzen und Fugen des alten Mythos seinen Samen hineinstreuen kann, der dann mächtig aufgeht und zu einem ganz neuen eigenen Geschehen heranwächst. Das ist nach griechischer Auffassung keine freie Erfindung, sondern eine legitime Form der Ausdeutung und Weiterbildung, für die man auch in der Tragödie Beispiele genug finden könnte. Zwei Dinge kommen also von verschiedenen Seiten her zusammen, die darauf hindeuten, daß die Antigone-Geschichte von Sophokles erfunden war. Einmal, daß es keinen Hinweis auf eine ältere Sage gibt, und zum anderen, daß die Ausgangssituation der *Antigone* bereits im Schlußteil des *Aias* vorbereitet war. Dort wurde der Konflikt abgebogen, weil er nicht zentral war, jetzt wird er voll ausgetragen in einer neuen Tragödie. Daß ein Motiv zunächst keimhaft angelegt ist, dann vielleicht jahrelang ruht, bis es sich schließlich in einer anderen Dichtung voll entfaltet, kennen wir bei Goethe, Hölderlin und anderen modernen Dichtern. Daß wir es auch in der Antike einmal fassen, ist für uns ein fast einzigartiger Fall, darum wollte ich hier darauf hinweisen. Weiter ist es aber auch von Interesse für die Anteilnahme, die Sophokles gerade diesem noch damals aktuellen Problem der Bestattung entgegengebracht hat.

Jetzt wollen wir uns der dramatischen Handlung zuwenden

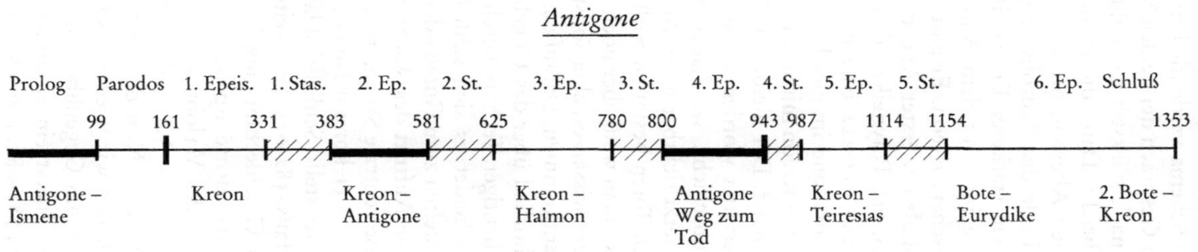

Antigone

Prolog — Parodos — 1. Epeis. — 1. Stas. — 2. Ep. — 2. St. — 3. Ep. — 3. St. — 4. Ep. — 4. St. — 5. Ep. — 5. St. — 6. Ep. — Schluß

99 161 331 383 581 625 780 800 943 987 1114 1154 1353

Antigone – Ismene

Kreon

Kreon – Antigone

Kreon – Haimon

Antigone Weg zum Tod

Kreon – Teiresias

Bote – Eurydike

2. Bote – Kreon

und sie uns an einem Schema verdeutlichen. V. 1-99 der Prolog, wieder dialogisch, ein Gespräch der beiden Schwestern Antigone und Ismene, in dem nach stärkster anfänglicher Gemeinsamkeit alsbald der Streit aufbricht. Dann die Parodos, der Auftritt des Chors der thebanischen Ältesten, die das neue Licht des Tages begrüßen nach dem Ende der Bedrohung durch das feindliche Heer, 100-161. Hier ein stärkerer Einschnitt, nach dem die eigentliche Handlung beginnt mit dem Auftritt und der großen Rede des neuen Herrschers Kreon. Er gibt die Prinzipien seiner Herrschaft kund, und als ein erster Akt, der das unterstreichen soll, kommt der Erlaß, daß Polyneikes als Feind der Stadt nicht zu bestatten sei. Darauf 211-222 eine merkwürdig zurückhaltende Antwort des Chors, und im gleichen Epeisodion der Auftritt des Wachtmanns, den Kreon mit anderen zur Bewachung des Leichnams eingesetzt hatte. Der meldet, daß der Tote von einem unbekannten Täter bestattet worden sei, symbolisch, durch Bedecken mit einer Staubschicht. Wir haben also ein hinterszenisches Geschehen, das jetzt sichtbar wird. Antigone hatte im Prolog gesagt, daß sie den Toten bestatten wolle, und nun erfahren wir, daß er bestattet ist, man weiß aber noch nichts Genaues. Das heißt, wir als Zuschauer wissen es, aber sonst niemand, der Täter ist unerkannt wieder entkommen. Darauf das erste Stasimon 332-383, das berühmte Chorlied über das Ungeheure des Menschen, das die Probleme der heutigen Technik bereits vorwegnimmt. Bei allem Fortschritt entscheidet es sich schließlich daran, ob der Mensch seine Möglichkeiten zum Guten oder zum Bösen anwendet. Es folgt der zweite Auftritt des Wachtmanns, der Antigone bringt; das ist die große zentrale Szene, in der sich Antigone und Kreon gegenüberstehen. 531 kommt Ismene hinzu, die sich nun ganz neben die Schwester stellt. Schließlich läßt Kreon die Frauen binden und geht ins Haus. 582-625 das zweite Stasimon von dem Schicksal, das über die Geschlechter hingeht und dem keiner entrinnen kann. Darauf das dritte Epeisodion, das Kommen des Kreon-Sohnes Haimon, des Verlobten der Antigone, und seine Auseinandersetzung mit dem Vater, 626-780. Das dritte Stasimon, das Eroslied, 781-800. Nun der letzte große Auftritt der Antigone. Auch hier haben wir wieder das Gesetz der Dreiheit: einmal im Prolog, dann das Gegenüber mit Kreon und jetzt ihr Abschied vom Leben. Zuerst ein Kommos, Antigone singend, der Chor in Anapästen, 781-882. Dann kommt Kreon hinzu; eine große Abschiedsrede der Antigone, noch ein kurzer Wechsel zwischen Kreon und dem Chor und 944-987 das vierte Chorlied, das drei Exempla aus der Sage bringt, Spiegelungen ähnlicher Schicksale der Vergangenheit: von Danaë, Lykurgos und von Kleopatra und ihren Söhnen. Es war bei der Aufführung von Heyme sehr wirksam, daß Antigone dabei noch auf der Bühne war und das mit anhörte. Immer wieder wurde sie ein Stück weitergeführt und blieb dann wieder stehen, bis sie am Schluß stumm abgeht: es ist ihr Weg zum Tod.

Jetzt ein starker Einschnitt, der zu dem führt, was man die *katastrophé,* den Umschwung nennt, mit dem Auftritt des Sehers Teiresias 988-1090. Die eigentliche *katastrophé* bildet dabei die Kreonrede 1033-1047, sein letzter wilder Ausbruch zwischen der Warnung des Teiresias und der großen Prophezeiung. Hier können wir fast platonisch sagen, daß die *doxa* weicht, wozu ganz fest die *taraché,* die Erschütterung gehört. »Ich bin erschüttert im Sinn...« Nach einem kurzen Wechselgespräch mit dem Chor geht er schnell ab und will alles rückgängig machen. Ein dionysisches Chorlied, 1115-1154. Auch das ist eine feste Form, daß immer dann, wenn die Katastrophe bereits eingetreten ist, der Chor noch einmal ein Jubellied singt. So schon im *Aias* und wieder im *Ödipus,* das ist offenbar notwendig in der Stimmungskurve des Ganzen. Und endlich der sechste Akt oder die Exodos. Zuerst der Auftritt des Boten, der vom Tod der Antigone und des Haimon berichtet, wobei 1183-1243 der Auftritt der Frau des Kreon, Eurydike, hineinkommt. Dann kommt Kreon mit dem Leichnam des Sohnes auf den Armen. 1277 meldet ein zweiter Bote aus dem Haus den Tod der Eurydike, die stumm hineingegangen war. Und nun die große Pathos-Szene, wie sie immer am Schluß der Tragödie steht. Das endet mit dem Wort des Chors, daß das Höchste am menschlichen Glück das *phroneín* sei und Ehrfurcht gegen die Götter.

Wenn wir dies Schema betrachten, können wir zwei Feststellungen treffen, die für die Struktur nicht unwichtig sind. Einmal ist es ein Zweifigurendrama. *Aias* war ein Einfigurenstück, ebenso der *Ödipus* und auch die *Elektra.* Hier sind es zwei Träger des Geschehens, Kreon und Antigone. Und zwar muß Kreon der Hauptschauspieler gewesen sein, der fast das ganze Stück hindurch auf der Bühne war. Und doch ist nicht Kreon der ›Held‹ der Tragödie – wie man gelegentlich gemeint hat –, sondern Antigone; ihre Rolle ist zwar kürzer, aber die gewichtigste. Und das ganze Stück ist der Kampf dieser beiden Menschen, die noch dazu Blutsverwandte sind, Oheim und Nichte. Also nicht ein Kampf zweier Prinzipien, wohl aber der eines Mannes, der das Staatsprinzip vertritt (oder zu vertreten glaubt), mit einem Mädchen, das für die ungeschriebenen Gesetze der Religion eintritt. Der Kampf geht so, daß Kreon der Überlegene ist, der in seiner Macht Antigone in den Tod schickt, die aber darin die Überlegene bleibt, während der überlebende Kreon geschlagen und zerbrochen ist. Was wir schon an der Aias-Linie gesehen hatten, zeigt sich hier dramatisch verflochten an zwei Geschehenslinien, die sich überkreuzen: daß die scheinbar aufsteigende in Wahrheit die absteigende und die absteigende die aufsteigende ist.

Der zweite Aspekt, unter dem wir das Stück sehen müssen, ist, daß es ein Widerstandsgeschehen darstellt. Kreon vertritt zunächst durchaus vernünftige Prinzipien. Er ist nicht ein Tyrann oder ein Bösewicht, sondern ein Mensch von einem tiefen Staatsethos, das er erzieherisch durchsetzen will, wenn er sich auch in den Mitteln vergreift. Sofort nach seiner Regierungserklärung, wie wir das nennen können, erhebt sich der erste Widerstand, das Befremden der Ältesten, ihr Zurückweichen und sehr reserviertes Verhalten. Und es geht so weiter, daß der Widerstand gegen Kreon von Szene zu Szene wächst. Erst der Wachtmann, der in seiner Art als einfacher Mann dem Herrscher frech kommt; dann das Gespräch mit Antigone. Kreon ist ihr gegenüber der Schwache, besorgt um sein Mann-Sein, wie er einmal ausspricht. Überall zeigt sich die letztlich schwache Seele dieses Mannes. Grundsätze sind gut, aber es gehört zu ihrem Wesen, daß man sie befolgen kann oder auch nicht – das ist es, was man human nennt. Kreon ist von seinen Grundsätzen besessen mit dem schlimmsten aller Fanatismen, den es gibt und der auch immer wieder unerhörtes Unheil anrichtet: dem Fanatismus der Pedanterie. Fanatismus bei einem Kraftmenschen geht noch an, bei einem Pedanten wird er ganz schlimm. So verhärtet er sich immer mehr. Je mehr man ihm zuredet, um so weniger kommt er zur Besinnung. Statt zu hören, was ein anderer sagt, ist jedes Wort ihm nur der Beweis, daß man gegen ihn ist, und er versteift sich noch mehr. Für diese Haltung hatten die Griechen eine feste Vorstellung; sie sahen sie als daimonisches Wirken, das sie Ate nannten. Es ist eine Art von innerem Erstarren, das darin besteht, daß einer von diesem Geist der Beirrung ergriffen wird, der ihn immer mehr verblendet. So geht es weiter: Antigone, Ismene und endlich der eigene Sohn, wo der Gegensatz mächtig aufbricht, bis zu seinem endgültigen Befehl, Antigone zum Tode zu führen. Als Kreon damit nun ganz in der Ate und ganz im Unrecht ist, was er zu Anfang nicht war, kommt als letzter Teiresias, der Seher, der ihm zuspricht und ihn warnt. Aber selbst dies ist für ihn ein letzter Widerstand, der die Ate noch einmal steigert – bis nach der furchtbaren Weissagung Kreon zusammenbricht, psychologisch gesprochen: als der typisch Schwache, der sich stark gemacht hatte, und das Ende ist nur noch der Vollzug. Er will alles gutmachen, aber es ist zu spät.

9.

Noch etwas über die Verteilung der Rollen auf die drei Schauspieler. Man kann immer wieder bei Sophokles sehen, daß die Verteilung nicht zufällig ist, sondern abgestimmt auf den Schauspieler, je nachdem, ob es eine helle oder dunkle Stimme ist, oder auch im Gesamtcharakter. Für die *Antigone* gibt es eine Notiz, daß der Tyrann vom dritten Schauspieler gesprochen wurde, was nicht richtig sein kann, rein nach dem Umfang der Rolle. Kreon war also der Protagonistes. Dann aber sind verschiedene Kombinationen möglich. Ich glaube, daß der Darsteller der Antigone auf jeden Fall auch Haimon gesprochen hat, ebenfalls ein junger Mann mit heller Stimme. Wahrscheinlich hatte er auch die Rolle des ersten Boten, der über den Tod beider berichtete. Möglich wäre auch eine Kombination mit der Rolle des Teiresias, aber dann bliebe sehr wenig Zeit zum Umkleiden, wenn Antigone während des Chorlieds noch auf der Bühne war. Ich glaube, daß es auch aus inneren Gründen nicht so gut wäre. Dann hätte der dritte Schauspieler Ismene, den Wachtmann, Teiresias, Eurydike und den zweiten Boten gespielt, wobei vorausgesetzt wäre, daß die tote Eurydike als Puppe oder als Statist auf die Bühne gebracht wurde. –

Zum Schauplatz ist zu sagen, daß die Handlung der Tragödie meist so entworfen ist, daß sich das Geschehen auf einem festen Schauplatz auf der Bühne vollzieht (der *Aias* ist hier die Ausnahme) und daß die Handlung dadurch räumliche Tiefe gewinnt, daß zumal bei Sophokles gewöhnlich noch ein hinterszenischer

Schauplatz da ist, der nur in der Phantasie des Hörers sichtbar ist, aber schon früh so fest eingeprägt wird, daß die Handlung einen ständigen Bezug auf diesen Schauplatz hat. Das ist in der *Antigone* ganz deutlich. Vorn der Platz vor dem Haus des Königs, wo auch Beratungen abgehalten werden. Der hinterszenische Schauplatz ist draußen vor der Stadt, wo der Tote liegt und die Wachen aufgestellt sind, bei einer Bodenschwelle, die ganz deutlich beschrieben wird. Nicht weit davon entfernt ist auch das Felsengrab zu denken, in das man Antigone einschließt, so daß diese beiden Stellen dramatisch zu einer einzigen verschmelzen. Dieser zweite Schauplatz begleitet die ganze Handlung, die dadurch ihre Tiefe gewinnt, daß ein ständiges Kommen und Gehen stattfindet zwischen dem vorderen und dem hinteren Raum. Antigone geht dorthin am Ende des Prologs, der Wachtmann kommt von dort und geht wieder zurück, Antigone wird dorthin gebracht, Kreon geht nach der Teiresiasszene ebenfalls dorthin, der Bote kommt von dort und schließlich auch Kreon. Also ein ganz lebendiger Bezug zwischen der Handlung auf der Bühne und dem in der Phantasie des Zuschauers fixierten Raum dahinter. Wichtig ist nicht, daß überhaupt irgend etwas dahinter ist, sondern eine bestimmte Örtlichkeit, so daß das Hin und Her zwischen Vorder- und Hintergrund eine plastische Vorstellung erweckt. Die sogenannte Einheit des Raumes in der Tragödie ist also etwas sehr Äußerliches, in Wahrheit ist es nicht ein einziger Raum, sondern er ist vielgestaltig, und er kann sehr groß sein.

Wichtig ist weiter, wie die Tragödie in den Tagesablauf eingefügt war. Die *Antigone* beginnt noch vor Tag, während in der Parodos die Sonne aufgeht. Es ist bemerkenswert, daß wir öfter in dem ersten der drei aufgeführten Stücke den Sonnenaufgang haben. Die Griechen pflegten früh aufzustehen, und auch das Theater begann sehr früh am Morgen. Es ist längst gesehen worden, daß die Dichter ihre Dramen hineingestaltet haben in die lebendige Tageszeit, die die Hörer erlebten. Das letzte Stück endete oft bei Fackelschein, wie etwa in Aischylos' *Orestie.* Ähnliches könnte man auch bei Homer beobachten, wenn wir einmal überlegen, wie etwa die Ilias vorgetragen wurde. Da sind es deutlich drei Tage, die ebenfalls in den natürlichen Tagesablauf hineingeformt sind. Darauf wollte ich doch hinweisen, um zu zeigen, wie anders das damals war als bei modernen Theaterstücken, die ja nach dem Tagesablauf stattfinden, wenn man eigentlich müde ist und sich nur noch erholen will: im Dunkeln, bei künstlichem Licht und meist dumpfer Luft. Damals hat die Kunst anders auf den Menschen gewirkt, und es ist schön, daß in Tübingen seit einigen Jahren in Bebenhausen Festspiele stattfinden, wo man erleben kann, wie das ist, wenn man solch ein Stück in natürlicher Umgebung sieht, wo es Wind, Vögel und Wolken gibt. Das Umgebende schafft im Menschen eine andere Stimmung, als wenn er sich nach des Tages Arbeit und Geschäftigkeit ermüdet dem ›Kunstgenuß‹ hingibt. Damals war es kein Kunstgenuß, sondern eine einfach natürliche Sache, die zum Leben gehörte. Natürlich hatte die Antike wohl auch Möglichkeiten, so etwas wie einen Sonnenaufgang auch szenisch sichtbar zu machen, wie es in dem Chorlied ja auch geschieht.

Ehe wir nun die bisherigen Deutungen des Stücks besprechen, noch einige Literaturangaben. Pohlenz I 183; II 78. Lesky ^{3}320-323. Reinhardt, *Sophokles* 73 ff. Ich selbst habe meine Meinung darüber gesagt in der *Einleitung zur Antigone* für die Aufführung von C. Orff. Weiter nenne ich die vorzügliche Arbeit von H. Diller, »Göttliches und menschliches Wissen bei Sophokles«, in: *Gottheit und Mensch in der Tragödie des Sophokles*, 1963, wo er Wesentliches zum Problem der *Antigone* sagt. Ein neuer Kommentar von G. Müller geht in der Deutung so eigene Wege, daß ihm kaum jemand folgen wird.

Die *Antigone* ist seit langem, schon seit der Goethezeit und vorher, das bekannteste und beliebteste Stück des Sophokles gewesen und wohl auch bis heute geblieben. So hat es auch eine Fülle von Deutungen hervorgerufen, auf die wir kurz eingehen müssen, weil uns diese Dinge immer wieder begegnen. Ich glaube, es ist gut, das nicht im einzelnen vorzuführen, sondern nach den Hauptgruppen zusammenzufassen. Da gibt es einmal die Ebene der banal moralischen Deutung, eine eindeutige Antithetik von Schwarz und Weiß, Recht und Unrecht. Alles Licht ist dabei auf Antigone versammelt, sie ist die Heldin und absolut im Recht, und Kreon ist absolut im Unrecht und ein ›typischer Tyrann‹. So noch Pohlenz in seinem Buch, das als gelehrte Leistung vorzüglich ist, in seinen Deutungen weniger. Antigone geht demnach völlig unschuldig zugrunde, und der schuldige Kreon wird entsprechend bestraft, so daß man am Schluß voll befriedigt nach Hause geht. Es ist klar, daß diese allzu vereinfachte Deutung dem Stück des Sophokles nicht gerecht wird.

Eine andere Ebene ist die des Rechtlich-Moralischen, und hier liegen die Dinge nicht so einfach. Es steht nicht mehr Recht gegen Unrecht, sondern beides wird irgendwie problematisch. Ich hatte schon gesagt, daß Kreon zu Anfang durchaus nicht ganz im Unrecht ist. Polyneikes war ja ein Landesfeind, der nicht nur die Menschen der Vaterstadt töten und in die Sklaverei führen wollte, sondern auch die Tempel der Götter verbrannt hätte. Kreon stellt in seiner großen Rede, die er als eine Art Regierungsprogramm vorlegt, klar, daß er Polyneikes nicht als persönlichen Feind verfolgt, sondern als Feind des Staates und der Gesellschaft. Wenn er an ihm ein Exempel statuieren will, so ist das noch kein Verbrechen. Antigone wieder, die zwar im Recht ist, wenn sie für den Bruder eintritt, hat auch wieder nicht ganz Recht, denn sie vergeht sich dabei gegen ein – wenn auch mit Unrecht erlassenes – Staatsgesetz. Sie sehen, hier wird es interessant und berührt eine Problematik, die immer wieder in verschiedenen Jahrhunderten heraufgekommen ist: die Frage, wieweit man berechtigt ist, indem man für ein Recht eintritt, ein Gesetz zu verletzen. Ein Gesetz ist seinem Wesen nach eine Manifestation, eine Realisierung des Rechts. Aber es kann vorkommen, daß es an sich selbst oder durch die Entwicklung des Lebens auch einmal Unrecht ist. Und doch steht der, der dagegen auftritt, unter dem Gesetz und muß es erleben, daß er dafür zur Verantwortung gezogen wird. Beispiele dafür liegen in unserem Jahrhundert nicht fern. Hier haben wir die eigentümliche Problematik, daß Recht und Gesetz in Widerstreit geraten und ein hoher Mensch es auf sich nimmt, das Recht gegen das Gesetz zu verfechten, ein echtes Problem, das auch oft die Juristen beschäftigt hat unter der Rubrik des ›Überzeugungsverbrechers‹. ›Verbrecher‹ ist nicht das richtige Wort dafür, aber wir nennen es nun einmal so, wenn ein Mensch aus Überzeugung gegen ein Gesetz verstößt, wobei er seine Bestrafung vielleicht schon mit eingerechnet hat bei seiner Entscheidung. Kein Zweifel, daß diese Probleme in der *Antigone* des Sophokles angelegt sind. Es ist also nicht, wie bei der ersten Deutung, eine unzulässige Vereinfachung, sondern eine Frage der Ausdrücklichkeit, ob gerade das die Akzente sind, die Sophokles vor allem betont hat. Richtig ist, daß wir in Antigone wohl die faszinierendste Darstellung eines solchen Überzeugungsverbrechers haben, und ich glaube, daß die große Beliebtheit des Stückes damit zusammenhängt.

Eine weitere Ebene wäre die des prinzipiellen Denkens in einem ganz umfassenden Sinn. Hier ist an die großartige und unerhört wirksame Deutung der *Antigone* von Hegel zu erinnern, in den Vorlesungen über Ästhetik (Glockner Bd. 14, 550f. u. 556). Ich möchte bemerken, daß diese Vorlesungen für den Literarhistoriker sehr wichtig sind; sie handeln von Poesie, Malerei und Musik und sind eigentlich ein ganzes Buch. Es ist merkwürdig, wie die Schriften eines Menschen in einer Gesamtausgabe zwar wunderbar bewahrt, aber gleichzeitig auch eingesargt werden, man kennt sie nicht mehr. Darum sollte man diesen Abschnitt über die Dichtung einmal gesondert herausbringen. An Hegel denkt heute die Öffentlichkeit wenig, aber es ist durchaus möglich, daß er stärker beachtet würde, wenn die Dinge leichter zugänglich wären. Im Zusammenhang mit der Tragödie kommt er auch auf die *Antigone.* Man müßte eigentlich etwas weiter ausgreifen, damit Sie sehen, wie das auch sprachlich großartig ausgedrückt ist und wie das zur *Antigone* Gesagte im Zusammenhang des Ganzen fundiert ist. Das Hauptelement dem Chor gegenüber seien die »konfliktvoll handelnden Individuen«. Was zu einem Konflikt führt, ist nicht einfach Schlechtigkeit, sondern hat den Grund in einer »sittlichen Berechtigung« zu einer Tat. Das Böse an sich hat weder Wahrheit, noch ist es von Interesse, ebensowenig eine Tat, die bloß auf der Subjektivität eines Charakters beruht. Was sich im gegensätzlichen Handeln der Individuen ausdrückt, muß eine im Grund des Seins wurzelnde Antinomie sein. In der *Antigone* ist es der Gegensatz »des *Staats,* des sittlichen Lebens in seiner Allgemeinheit, und der *Familie* als der natürlichen Sittlichkeit«. Die Harmonie dieser beiden Bereiche wäre die vollständige Harmonie des sittlichen Daseins. Antigone ehrt die unteren Götter, die für die Bande des Bluts stehen und wohl auch für das Weibliche, Elementare, das dem Unterirdischen, Erdhaften verwandt ist. Kreon verehrt Zeus, der hier denselben Charakter hat wie Jupiter bei Hölderlin: Hypostase des öffentlichen Lebens und der Macht. All diese Dinge wurden zu Anfang unseres Jahrhunderts in übertriebener Weise immer wieder nachgesprochen, in einer Art von Spätromantik. Bei Hegel selbst ist alles ganz präzise und scharf. Und noch einmal zur *Antigone*: Am besten sei es, wenn die streitenden Individuen in ihrem konkreten Dasein jedes als Totalität auftreten, Repräsentant eines ganzen Bereichs, der aber im Bereich des anderen lebt, gegen das er verstößt. Wie die Familie und Antigone im Staat lebt, so unterliegt Kreon seinerseits den Verpflichtungen der Blutsverwandtschaft. Hier ist der Konflikt zu einem dialektischen Konflikt gesteigert: jeder wird an dem gebrochen, was zum Kreis seines eigenen Daseins gehört. Darum sei die *Antigone* »das vortrefflichste, befriedigendste Kunstwerk«. – Man könnte noch das hinzunehmen, was Hegel über das Problem der tragischen Schuld sagt und was einfach großartig ist gegenüber den immer wieder auftauchenden Behauptungen, der tragische Held müsse eine Schuld haben und dann schlimmer dafür büßen, als er sich verfehlt hatte. All diese Vorstellungen von Schuld und Unschuld muß man nach Hegel beiseite lassen. Der tragische Held sei ebenso schuldig wie unschuldig. Er handelt nicht aufgrund einer Wahl, sondern aus seinem ganzen Sein heraus, er *ist* das, was er will und vollbringt. Nur der Schwache hat, gerade aufgrund seiner Schwäche und Unentschlossenheit, die Möglichkeit, nach Willkür zu entscheiden, weil bei ihm »Charakter, Willen und Zweck nicht absolut in eins gewachsen« sind. Das Handeln aus dem Sein heraus kann dann allerdings zu schuldhaften Taten führen. Aber die tragischen Menschen wollen ja selbst nicht etwa unschuldig sein. Ödipus ist es wahrhaftig, kein Richter würde ihn verurteilen. Und doch nimmt er die Tat voll auf sich, weil er sie getan hat. »Was sie getan, wirklich getan zu haben, ist ihr Ruhm« ... »Es ist die Ehre der großen Charaktere, schuldig zu sein.« Diesen vielzitierten Satz muß man in seinem Zusammenhang verstehen.

Über diese Thesen Hegels hat einer seiner Schüler, Hinrichs, ein Buch geschrieben, das er Goethe überreicht hat, der darüber am 21. u. 28. 3. 1827 zu Eckermann spricht (Grumach 262 ff.). Ich kenne das Buch nicht, aber es wird so gewesen sein wie öfter, daß ein Schüler die Lehren des Meisters übertreibt und vereinseitigt. Goethe nennt die Grundidee Hegels, den Gegensatz von Familie und Staat, gut und fruchtbar. Aber es sei nicht die beste oder gar die einzig richtige für die tragische Kunst. »Es kommt im Grunde bloß auf den Konflikt an, der keine Auflösung zuläßt, und dieser kann entstehen aus dem Widerspruch welcher Verhältnisse er wolle, wenn er nur einen echten Naturgrund hinter sich hat und nur ein echt tragischer ist.« Das sind die berühmten Worte, die ich schon in der Einleitung (o. S. 54 f.) herangezogen hatte, als wir über den tragischen Gegensatz gesprochen hatten. Weiter wendet sich Goethe dagegen, von einem Dichter anzunehmen, er sei von einer Idee ausgegangen, womit er völlig Recht hat. Ein Kunstwerk mag dazu anregen, Ideen zu suchen, es läßt sich aber nicht auf eine Idee reduzieren. Es gibt so wenig ›die‹ Idee einer Tragödie, wie es die Idee eines Gewitters oder einer Rose gibt. Schließlich bemerkt Goethe richtig, daß Kreon durchaus nicht den Bereich des Staates repräsentiert, sondern auch hier im Unrecht ist, was man darin sehe, daß er alle gegen sich hat: die Ältesten, den Seher, seine eigene Familie – also das, was wir das Widerstandsgeschehen genannt hatten. Man könne nicht etwas eine Staatstugend nennen, das gegen die Tugend im allgemeinen geht. Das ist es auch, was man bis heute immer wieder gegen Hegel eingewendet hat. Ich würde sagen, daß die Problematik, die er gesehen hat, zwar auch in dem Stück liegt, das unendlich vielgestaltig ist, daß es aber nicht der entscheidende Aspekt ist. Und wenn er von Parität zwischen Kreon und Antigone spricht, so irrt er einfach.

Zuletzt müssen wir noch von der Deutung Hölderlins sprechen, die von größter Bedeutung ist, aber schwer zu verstehen. Ich habe meine Interpretation in dem Fischerbändchen gegeben, in dem seine Übersetzungen des *Ödipus* und der *Antigone* mit den dazugehörigen Anmerkungen abgedruckt sind, in einer großen Einleitung, auf die ich dafür verweisen kann (H. u. H. II 275 ff.). Wenn wir bisher eine moralisch-rechtliche und eine prinzipiell-philosophische Ebene der Deutung unterschieden hatten, so müssen wir für Hölderlin den neuen Horizont des Religiösen oder richtiger des Göttlichen hinzufügen. Es handelt sich bei ihm nicht um den Gegensatz von zwei Prinzipien, sondern um zwei Weisen der Religion oder des Glaubens. Diesen Gegensatz nennt er das Organische und das Aorgische, wobei er im Aorgischen das Chaotische, Elementare, Formlose, die fruchtbaren und fließenden Untergründe des Lebens sieht und im Organischen gerade nicht das Lebendige, sondern das Werkzeughafte, Starre, Geprägte, Organisierte. Diese beiden Formen sind es, in denen der Gott in die Welt hineinwirkt. Es gibt eine unförmliche, unmittelbare Weise, sich zum Göttlichen zu verhalten, zumal bei denen, die er ›Ketzer‹ nennt, die sich aus vollem Herzen zu Gott hindrängen. Dem steht eine förmliche, konventionelle, von Kirche und Staat bereits geregelte Weise der Gottesverehrung gegenüber. Kreon ist nicht etwa ein Feind der Götter, sondern vertritt diesen förmlichen Aspekt und dient damit dem Gott weniger richtig als Antigone. Aber auch wer sich wie sie dem Gott allzusehr hingibt, erlebt einen Rückstoß des Göttlichen, das sich nicht nahetreten läßt. Das wird von Hölderlin in immer neuen Bildern dargestellt. Er spricht von einem Land, das sich in üppiger Fruchtbarkeit zu sehr dem Sonnenlicht öffnet und dadurch wüst und dürr wird. Oder von der Bahn des Kometen, der von der Sonne mächtig angezogen und dann zurückgeschleudert wird in die Kälte und Dunkelheit des Raumes. All das sind Dinge, die Hölderlin selbst erlebt hatte und die sich ihm nun an der *Antigone* darstellen. Beide, Kreon und Antigone, gehen zugrunde. Aber indem sie zugrunde gehen, wird das Göttliche gerettet und etwas Neues gestiftet, eine neue Vernunftform aller Dinge, wie Hölderlin sagt: eine neue Wertewelt, in der das Göttliche sich wieder mitteilt. Das betrifft auch das Volk und den Staat und führt zu einer neuen demokratischen Verfassungsform. Die neue Welt wird also auch im Politischen manifest. – Ich glaube, daß mit dieser Deutung Wesentliches gesehen ist. Aber sie ist zu esoterisch und auch zu gedacht. Wenn wir unmittelbar zu Sophokles zurückkommen, so ist bei ihm, wie überhaupt bei den Griechen, alles ganz konkret, ganz öffentlich und verständlich. Da ist Zeus, da sind die oberen Götter, da die unteren, da die Lebendigen, da die Toten, da ist die Stadt (nicht einmal der Staat!). All diese Verhältnisse erscheinen im Griechischen so unerhört konkretisiert. Wir nähern uns den Dingen immer begrifflich, und wenn wir die Begriffe dann ausgebildet haben, sind es eben doch nur Begriffe gegenüber den einfach und naiv erlebten Dingen. Dazu kommt das Einsame, Private, Abseitige der Hölderlinschen Auffassung, das in geradem Gegensatz steht zu Sophokles, der in lebendigstem Kontakt stand mit dem griechischen Leben und der griechischen Gesellschaft. Man kann fast sagen, Hölderlin steht in einem dialektischen Gegensatz zu Sophokles. So ragt seine Deutung weit hinaus über alle, die wir sonst haben, aber wenn wir Sophokles verstehen wollen, werden wir versuchen müssen, ganz vom Konkreten her zu fassen, worum es hier geht.

Um auch noch auf die Deutung Reinhardts hinzuweisen, so fällt auf, daß er kaum Gebrauch macht von Hölderlin. Das mag daran liegen, daß damals die Anmerkungen zu den Übersetzungen noch zu wenig erschlossen waren. Reinhardt lehnt die moralischen und prinzipiellen Deutungen ab und kommt auf folgendes hinaus: Auch die *Antigone* ist der Idee nach kein Konflikt der Normen, sondern »die Tragödie zweier im Wesen getrennter, dämonisch verbundener, im Sinne des Gegenbildes einander folgender menschlicher Untergänge«. Das ist zwar richtig, aber wieder sehen Sie, unter welchem Aspekt hier die Tragödie gesehen ist. Alles ist vollständig entstofflicht und in reine Funktion verwandelt, und zwar existentialistische Funktion. All das, was wir sonst vom Menschen her fassen, wird projiziert auf allgemeine dynamische Kategorien. Von Religion wird wohl gelegentlich gesprochen, aber es ist nicht der Horizont, aus dem er Sophokles interpretiert.

Ich will jetzt nicht den soweit betrachteten Deutungen eine neue, eigene als *die* Deutung gegenüberstellen. Wie schon gesagt, es gibt nicht die Idee, den Sinn eines Kunstwerks. Jeder Begriff führt letztlich doch irgendwie auf ein Aussagbares, Rationales, Begrenztes, das zu eng ist für das, was eine Tragödie ist. So habe ich mich daran gewöhnt, nicht mehr von Sinndeutung zu sprechen, sondern von Aspekten, die wir dem Kunstwerk abgewinnen können. Aspekt ist ein Begriff, der besagt, daß jede Deutung begrenzt und zeitlich gebunden ist und auch wieder wechseln wird, daß eine Pluralität von Sichten eines Kunstwerks möglich ist, die sich nicht ausschließen. Nur daß es allerdings einen Horizont gibt, außerhalb dessen sie einfach falsch sind; dann spricht man besser nicht von einem Aspekt, sondern von einem Irrtum. Aber innerhalb dieses Horizonts gibt es doch die Möglichkeit verschiedener Aspekte, so wie ich eine Stadt, die in einem Tal liegt, umwandern und eine unendliche Zahl von Sichten darauf gewinnen kann, die alle richtig sind – wenn ich mich nicht gerade auf den Kopf stelle. Ich glaube also, daß man sich bescheiden muß, sauber und klar Aspekte herauszuarbeiten und zu versuchen, sie nebeneinander zu stellen, wobei man sich bewußt sein muß, daß man nicht der letzte ist, der einen solchen Aspekt von der *Antigone* oder sonst einer Tragödie entwickelt.

Da können wir einmal auf die Kreonhandlung zurückgreifen, die wir bisher unter dem Gesichtspunkt des Widerstandsgeschehens betrachtet hatten. Noch einmal: ich bin der Meinung, daß Kreon zu Anfang nicht durchaus im Unrecht ist, wenn wir von seiner ersten großen Rede ausgehen. Er gibt zuerst eine kurze Zusammenfassung der Lage: die Stadt ist gerettet, und er hat als Nächstverwandter des Königshauses jetzt die Regierungsgewalt übernommen. Dann Sätze allgemeiner Art, daß man die Gesinnung eines Mannes erst erkennen kann, wenn er ein Amt hat. Wir können sagen, ein Mensch zeigt sich erst dann als der, der er ist, wenn er Verantwortung zu tragen hat. Auch daß es echte Freundschaften und Bindungen nur innerhalb der Stadt gibt und nicht mit Gegnern dieser Stadt, ist ganz vernünftig. Dann kommt er auf Polyneikes: er ist als Feind gekommen, der die Stadt vernichten, die Bürger töten und die Tempel der Götter verbrennen wollte; ein solcher Mensch dürfe nicht gleiche Ehren erhalten wie ein Verteidiger der Stadt. Was sich in alledem darstellt, ist kein Prinzip, sondern das, was wir die politische Zweckwelt nennen können, in der wir alle leben und die in den verschiedensten Bereichen unser Leben sichert. Dazu gehört auch, daß Verbrechen bekämpft und Verbrecher bestraft werden. Es ist ganz berechtigt, daß ein Staatsmann im Sinne dieser Zweckwelt handelt und von solchen Maximen ausgeht, wie Kreon es tut. Man braucht diese Maximen nicht zu teilen, aber sie sind jedenfalls verständlich und nicht verbrecherisch – zunächst. Daß jemand staatspolitisch wirken will und zu diesem Zweck, um eine unbedingt patriotische Haltung zu erzielen, zu harten Maßnahmen greift, fällt durchaus unter die Möglichkeiten dieser Zweckwelt, und dazu gehört auch das abschreckende Exempel.

Aber hier wird es anders, weil das Exempel sich nicht gegen einen Lebenden richtet, der ebenfalls dieser Zweckwelt angehört, sondern gegen einen Toten. Damit steht gegen die Zweckwelt ein anderer Bereich auf, der Bereich des Todes mit den unterirdischen Göttern, die für ihn eintreten, und das ist ein unantastbarer Bereich. Ich glaube, es gibt solche unantastbaren Bereiche, auch noch in unserer Welt des Fortschritts, der Wissenschaft und der Technik, wo man Möglichkeiten gefunden hat, selbst den Menschen zu verändern, sei es psychologisch, durch Drogen oder gar durch Genmanipulation. Damit ist der Mensch völlig einer bestimmten partiellen Zweckmäßigkeit unterworfen, und ich wende mich entschieden gegen all solche Eingriffe und sage, daß hier die menschliche Ganzheit und damit die Sphäre des Unantastbaren berührt wird. Oder man denke an das Problem der Euthanasie in der jüngsten Geschichte. Aus Gründen der Zweckmäßigkeit kann man sagen: wozu wertloses Leben erhalten? Es kostet Geld, und der Mensch selbst ist so übel dran, daß man ihn am besten befreit von seinen Qualen. All das ist bekannt genug. Hier geht es um die Unantastbarkeit des Lebens. Aber es hat auch Erörterungen gegeben, ob es zweckmäßig sei, die Toten zu bestatten, oder ob man nicht lieber die Fülle von Materialien verarbeiten soll, die sich da ergeben. Wenn man das Sterben nur als ein Verenden versteht, dann kann man freilich die Leichen noch nützlich verwenden, und vielleicht kommt es noch einmal dazu.

Ich würde also sagen, daß hinter dem Stück des Sophokles der Gegensatz steht jener Welt der menschlichen Zweckmäßigkeiten, die ihre eigenen Gesetze und Maximen hat, und anderer Weltbereiche, die diesen Gesetzen nicht unterworfen sind. Hier ist es die Welt des Todes mit der Unterwelt und ihren Göttern, die die Toten und ihre Rechte schützen. Kreons Irrtum besteht darin, daß er einen Toten in die Zweckwelt einbezieht und ihren Maximen unterwirft. Das ist es, was den Widerstand hervorruft, der immer stärker wird, bis in Teiresias seine gültige Stimme vernehmbar wird. Das ist die eigentliche Grundthematik der *Antigone,* der Horizont, der im höchsten Maße adäquat ist, soweit man das aus dem Stück selbst herausholen kann.

10.

Auch für den nächsten Aspekt können wir wieder vom Strukturellen ausgehen. Wir hatten gesehen, daß die *Antigone* ein Zweifigurendrama ist. Es war also irgendwie auf den Gegensatz gestellt, nicht nur den Gegensatz der Welten, sondern auch der Gestalten. Ich spreche dabei nicht von den Charakteren, die zu Anfang des Jahrhunderts eine große Rolle in den Kommentaren gespielt haben, sondern ganz konkret von den Personen, wie der Dichter sie darstellt. Für Sophokles ist es charakteristisch, daß er seine Handlungen nach Kontrastfiguren entwickelt. Ich glaube kaum, daß das bei Aischylos eine solche Rolle spielt. Gegensätze sind natürlich überall da, die Handlung der Tragödie beruht darauf. Aber Sophokles braucht den Kontrast in besonderer Weise; das hängt mit dem Funktionalen seiner Dichtung zusammen, von dem wir gesprochen hatten. Hier ist es besonders greifbar: der Hauptkontrast Kreon–Antigone, die Nebenkontraste Antigone und Ismene zu Anfang, dann Kreon und der Sohn Haimon, Kreon und Teiresias, aber auch wieder der Kontrast Kreon und der Wachtmann, der seinerseits im Kontrast zu Antigone steht. Die Handlung ist so angelegt, daß überall gleichsam Kraftzentren entstehen, wo die Gestalten kontrastierend aufeinander bezogen sind.

Wir hatten schon bei der Botenszene des *Aias* von der kontrastierenden Wirkung des komischen Elements in der Tragödie gesprochen, wie es sich darstellt an den kleinen und gemeinen Leuten. Das mag zunächst als etwas Äußerliches erscheinen, ist aber sehr bedeutungsvoll. Das Realistische des Lebens selbst, des Lebens in seiner Alltäglichkeit, wie es uns umgibt, ist unter dem Gesichtspunkt der Dichtung gesehen eigentlich das Abnorme, während die Norm das Edle, das Hohe ist.

Es gibt eine Fülle von Theorien über das Komische, aber es ist wohl richtig, daß es irgendwie auf dem Abnormen beruht, etwas, das uns eigentlich erschreckt, wobei das Lachen eine Ablösung des Schreckens ist. Wenn nun das Alltägliche, Niedere in eine Welt des Hohen gestellt wird, gewinnt es von selbst Züge des Komischen, was sich wie bei Shakespeare auch bei Aristophanes zeigen ließe. Auch der englische Roman in seiner starken Realistik gehört schon in die Nähe des Komischen; wir freuen uns über diese Charaktertypen. So auch hier bei der Figur des Wachtmanns. Man könnte es bis in die einzelnen Worte und Verse hinein verfolgen, gleich bei seinem ersten Auftritt: »Herr! Ich sage nicht, daß ich vor Eile atemlos komme, leicht den Fuß hebend...« Man muß sich daran erinnern, daß die Boten in der Tragödie meist schnell gelaufen kommen. Das war so vertraut, daß Aristophanes es in den *Vögeln* persiflieren kann: »Wo wo wo wo ist...« (1122). Ich meine, daß bereits hier Sophokles persifliert. Dazu gehört auch, daß man 231 die Variante *tachýs* ›schnell‹ lesen muß statt des auch überlieferten *bradýs*, ›langsam‹, was mit *scholé*, ›mit Muße‹, eine Tautologie wäre. So aber ist es ein Witz: ›Ich ging gemächlich schnell‹, wie unser ›Eile mit Weile‹. Sie sehen, wie hier die Auffassung einer Gestalt zu einer textkritischen Entscheidung führt. Wie hätte es auch zu dieser Variante kommen sollen, wenn es nicht überliefert war. Komisch ist auch die Personifizierung der eigenen Seele, die zu ihm spricht, und der Bericht darüber, wie sie das Los geworfen hatten, wer die Sache melden sollte. Und bei seinem zweiten Auftritt, als er Antigone bringt: Wenn man selbst den Übeln entronnen ist, das ist doch das Erfreulichste. Zwar schlimm, wenn man Freunde ins Unheil bringt, aber das alles ist doch nicht so wichtig wie das eigene Heil. Hier bricht dies Gemeine mit aller Kraft durch in der brutalen Art, wie sich einer zu seinem Vorteil bekennt. Es ist eine wichtige Stufe innerhalb des Widerstandsgeschehens, wie dieser

Mensch bei aller Furcht sich dem Herrscher gegenüber Frechheiten herausnimmt – und damit davonkommt, so daß er fast als Sieger die Bühne verläßt.

Ein anderer ist der vielbehandelte Gegensatz der Schwestern, wie er im Prolog aufbricht. Das wird meist so verstanden, daß auf der einen Seite die ›Heldin‹ steht (mit der sich die Interpreten fast zu identifizieren pflegen) und daneben die schwache Schwester, die den Tod scheut und darum nicht auf besonders hoher Stufe steht. Das erinnert an Romane des neunzehnten Jahrhunderts, wo der Heroine gewöhnlich auch eine schwächere Kontrastfigur beigegeben wird. Aber es geht nicht darum, daß Ismene die schwache Schwester ist neben der starken – das wäre dramatisch auch wenig interessant –, sondern daß sie einen objektiven Standpunkt vertritt. Das erste Wort ihrer Rede ist: *phróneson*, bedenke, besinne dich... Wieder ist daran zu erinnern, daß das auch das letzte Wort der Tragödie sein wird: Das *phroneín* ist die erste Grundlage der menschlichen Eudaimonie, und wer sich wie Kreon dagegen überhebt, den lehren es schwere Schicksalsschläge im Alter. Immer wieder ist es bei Sophokles so gemacht, daß auf der einen Seite der Held steht (um es einmal so zu nennen), der aus einer unerhörten Blindheit handelt, dessen Auge betäubt ist vom Glanz seines Auftrags, so daß er nichts anderes sieht und seinen Weg geht, ohne an sein Leben oder seine Rettung zu denken. All diese großen Gestalten des Sophokles sind irgendwie besessen, und das *phroneín* ist nicht ihre Sache. Aber darum ist es doch ein hoher Wert. Wir hatten von der Welt der *sotería*, des Lebenerhaltenden gesprochen, auf das die Politik hinausläuft. Bei den Griechen war das ethische Denken nur eine Abart des politischen Denkens, beides gelenkt vom *phroneín*. Auf dieser Seite steht Ismene, und was sie sagt, ist irgendwie berechtigt. Sie denkt an das Leid ihres Hauses, wie die Eltern gestorben sind und nun die Brüder. Nur sie beide sind noch übrig, die sollen doch nicht auch noch umkommen. Sie sind nur Frauen, die anderen sind stärker, und so kann sie nur zu den Göttern beten, daß sie ihr verzeihen mögen, weil sie nicht helfen kann. Wer gezwungen wird, hat Anspruch auf Verzeihung, das ist ganz richtig gedacht. Diese Gesetzlichkeit, der der einzelne wie der Staat untersteht, geht auf das Leben, das weiterleben will. Dies ist der Bereich, in dem wir Ismene sehen müssen, um sie zu verstehen, und zugleich ist es ein Gradmesser für das unerhört Überwüchsige der Antigone, das in der griechischen Ethik (die von Delphi her eine ›Maßethik‹ war) als negativ empfunden wurde. Mit ihr kommt etwas ganz anderes. Die Welt, die nur auf die Vernunft gestellt wäre, würde zwar wunderbar laufen wie eine Maschine, aber sie würde letztlich leerlaufen. Sie ist darauf angewiesen, daß neben und über ihr noch etwas anderes besteht und immer wieder in sie hineinbricht, daß sich das Göttliche hineinmanifestiert in diese Wohlfahrtsanstalt. Das geschieht nicht auf dem Weg der Phronesis, die ein unproduktives Prinzip ist (bei Platon, wo sie zum Organ der Ideenschau wird, ist das anders). Die bürgerliche Vernunft ist unproduktiv. Damit sich Produktives ereignen kann, bedarf es der großen Tat und des Täters, jenes anderen Menschen, der in Verstrickung gerät, indem er seinen Auftrag erfüllt. Er muß sich notwendig vergehen gegen diese Welt des Phronein und der Soteria, so hat es wenigstens Sophokles gesehen.

Der Hauptkontrast aber zeigt sich in den Gestalten des Kreon und der Antigone. War Kreon der bei aller äußeren Macht doch innerlich schwache, um seine Geltung besorgte Mann, so steht ihm in Antigone die tief elementare weibliche Naivität gegenüber, aus der heraus der ungeheure Fanatismus spricht. Ich glaube, daß ihre Gestalt ganz aus dieser Art von Naivität verstanden werden muß, nicht als eine Heroin, die von Prinzipien ausgeht. Für diese Auffassung gibt es eine auch textkritisch bedeutsame Stelle, 519, in der Stichomythie zwischen ihr und Kreon. Auf den Einwand, daß der eine Bruder als Verteidiger, der andere als Feind der Stadt gefallen sei, antwortet sie: »Gleichwohl! Hades erfordert einmal *diese* Bräuche.« Und Kreon: »Der Rechte aber nicht die gleichen wie der Schlechte!« Da ist ›diese‹ Bräuche, *toútous,* einheitlich überliefert, bis auf eine von einem Scholion notierte Variante, die auch eine Konjektur sein kann: ›gleiche‹ Bräuche, *ísous,* was die meisten Herausgeber und Übersetzer in den Text nehmen. Und doch ist es ein sehr bemerkenswerter Unterschied. Bei *ísous* würde sie prinzipiell und intellektuell sprechen, bei *toútous* spricht sie naiv, aus jener Naivität, zu der zumal Frauen fähig sind. Antigone weiß nur, daß es diese beiden Welten gibt, die Welt der Lebenden und die Welt der Toten, und der Tote gehört zu den unteren Göttern unter die Erde, das muß so sein, das gehört sich so. Da kann kommen, was will, einer kann Verbote erlassen und Gesetze aufstellen – Hades erfordert nun einmal *diese* Bräuche.

Wenn man die Gestalt der Antigone aus diesem Zentrum heraus versteht, so glaube ich, daß damit auch einige Anstöße verschwinden, die der Interpretation immer wieder zu schaffen gemacht haben. Das eine ist der sogenannte Wandel der Antigone, den man als einen Bruch in ihrem Charakter hat deuten wollen. Als sie wieder erscheint und zum Tode geführt wird, ist sie offenbar eine andere. Vorher war sie die absolut Entschlossene, Starre, Harte, Trotzige, jetzt ist sie auf einmal ein weiches Mädchen, das am Leben hängt und ihren Tod beklagt. Unsere Vorstellung vom Bühnenhelden ist so sehr vom Idealismus her bestimmt, dessen Hauptvertreter Schiller war, daß man in dieser Wandlung nur einen Absturz sehen konnte von der heroischen Höhe. Man darf diese Dinge aber nicht zurückprojizieren auf die Griechen, die niemals die Vorstellung eines idealistischen Helden hatten, der sein Leben ablegt wie einen Überrock in der Garderobe; dafür dachten sie zu real. »Das Leben ist der Güter höchstes nicht« – aber es ist immerhin ein sehr hohes Gut, und wenn es zum Sterben kommt, dann geht das nicht so leicht. Daß ein Mensch zunächst gewaltig will und kräftig handelt und daß ihn dann doch einmal die Schwachheit überkommt, sehen wir ja an dem allergrößten Beispiel. So ist es auch hier, und keiner, der das Stück sieht, stößt sich daran. Reinhardt hat ganz richtig gesehen, daß die objektive Stimmungskurve es verlangt, daß sie in diesem Kommos als die im tiefsten Vereinsamte erscheint: »nicht unter Lebenden, nicht unter Toten heimisch.« Aber alles wird ganz einfach, wenn wir sie als dies tief naive Wesen verstehen, als das sie nun vor der unmittelbaren Nähe des Todes gleichsam erwacht: erwacht zu nichts anderem als dem, was sie ist, eine Frau, ein Mensch, der sie immer gewesen ist, nicht ›auch noch‹, neben dem Heroischen. Das ist nichts Psychologisches und auch keine innere Wandlung, sie ist nicht wankend geworden in ihrem Entschluß. Aber ein Mensch kann sich fest innerlich durchhalten in seinem eigentlichen Wesen und doch verschiedenen äußeren Weisen überantwortet sein, wie er sich darstellt. Der Mensch ist nicht homogen, sondern ein komplexes Wesen, und das Leben bleibt Leben, wenn es auch Existenz ist.

Der andere Anstoß ist das berühmte Räsonnement 904 ff. in ihrer großen Rede. Dort sagt sie, daß sie mit der Bestattung den Bruder ›für alle Denkenden recht geehrt‹ hätte; also ein Appell an das Denken. Und dann legt sie ganz rational dar, warum sie dasselbe weder für eigene Kinder noch für einen Gatten getan hätte. Wenn ein Mann stürbe, könnte sie ja einen anderen finden und ebenso andere Kinder von einem anderen Mann bekommen, wenn sie die ersten verloren hätte. Einen anderen Bruder aber könnte sie nicht mehr bekommen, wenn beide Eltern tot sind. Das geht bekanntlich auf eine Stelle bei Herodot zurück, III 119, aber dort ist die Sache anders: eine Frau darf einen Gefangenen freibitten und wählt mit eben diesen Argumenten den Bruder. Wenn der Bruder wie hier bereits tot ist, ist das Argument eigentlich unlogisch, wie immer wieder hervorgehoben wird. Gewiß, Sophokles hat mit dem Zitat Herodot ehren wollen, aber es wird immer wieder kritisiert: es passe nicht, es wirke kalt im Mund der Antigone, und noch Goethe wünschte sich einen tüchtigen Philologen, der ihm die Unechtheit dieser Stelle beweisen könnte (Eckermann, 28. 3. 1828). Aber es wird sofort verständlich und wunderschön, wenn man es von dieser Naivität her faßt, ganz einfach gesprochen. Auch naive Menschen sind ja nicht nur emotionell, sondern können sehr verständig argumentieren, auch wenn das Denkerische bei ihnen nicht das Primäre ist.

So gesehen ist die Rolle der Antigone merkwürdig statisch. Sie bleibt von Anfang bis zum Ende der Mensch, der sie ist, auch wenn dabei verschiedene Seiten ihres Wesens nacheinander hervortreten. Die Kreonrolle ist demgegenüber nicht statisch, sondern zeigt eine deutliche Entwicklung. Es ist interessant, daß solche Entwicklungen eines Charakters griechisch gerade am Negativen gezeigt werden, nie am Positiven. Wir hatten gesehen, wie Kreon immer mehr von der Ate erfaßt wird, die als daimonische Gewalt über den Menschen kommt, bis dann die Erschütterung einsetzt und er aus der Ate erwacht, aber zu spät. Darin haben wir ein bedeutungsvolles Motiv der Sophokleischen Tragik, großartig im *Ödipus*, ein eigentümlicher Vorgang des Dunkels, des Beirrtseins und des Wach- und Hellwerdens, wie wir ihn schon bei Aias kennengelernt hatten. Auch bei Kreon ist es so, daß er in der letzten großen Pathosszene, als das Furchtbare über ihn hereingebrochen ist, nicht nur abgestraft wird und jammert, sondern er wächst im Leid über sich selbst hinaus, wächst aus der Starrheit des Pedanten und Prinzipienreiters in Größeres hinein. Ich will nicht den Fehler begehen, von einer ›Läuterung‹ des Kreon zu sprechen. Es ist ganz erstaunlich, wie stark es nach Meinung der Interpreten die Dichter interessiert haben soll, daß ein Mensch geläutert wird, etwa im *Faust* oder in Racines *Phädra* und sonst. Immer wieder ist es der moralische Aspekt, der interessiert, während es der Dichter meist mit anderen Dingen zu tun hat. Moralische Vorgänge haben ihre Würde, reichen aber nicht heran an das, worum es in der Tragödie geht. Aber wenn das Leid so von einem Menschen bezeugt und getragen wird, erhebt es ihn auch wieder. So kann es nicht anders sein, als daß wir in Kreons großer Klage eine Art Katharsis erleben, nicht als seelische Reinigung, sondern objektiv, daß wir ihn nach so vielen sich steigernden Verfehlungen doch erleben als den groß Leidenden. So steht seine Pathosszene in gewissem Rapport zu dem Kommos, mit dem Antigone die Bühne verläßt. Kreon ist nicht von der Würde und Höhe der Antigone, er bleibt immer abgesetzt davon. Und doch muß man diese objektive Erhebung im Leid wohl anerkennen. Nur so wird die Tragödie in ihrem Kurvenablauf zu dem Gesamtgebilde, das die Forderung des Aristoteles erfüllt, daß nach allem, was in Schrecken und Jammer durchlitten wurde, doch eine Befreiung eintritt und man spürt, daß eine große Ordnung sich wieder herstellt.

II.

Wir hatten von verschiedenen Aspekten gesprochen, unter denen man die *Antigone* betrachten kann. Dabei waren wir in großen Zügen verfahren und hatten nur die Hauptlinien herausgehoben. Das ist natürlich berechtigt. Man muß sich aber darüber klar sein, daß das alles nur Hinweise sein können für das eigene Lesen. Ein solches Stück wird nicht erfaßt, indem man hier und da hineinschaut und sich die Gedanken klarmacht, sondern indem man sich die Abfolge der Bilder vor Augen führt. Es wird immer wieder vergessen, daß der tiefste Gehalt der Dichtung im Sinnlichsten, im Bild in die Erscheinung tritt, und so bleiben die Betrachtungen entweder im Oberflächlichen, Formalen stecken oder wenden sich sofort dem tiefsten Gehalt der Sache zu. Beide verfehlen das Phänomen, denn das Kunstwerk ist weder nur Oberfläche noch etwas rein Gemeintes, sondern das Eigentliche liegt dort, wo sich der Flammenbogen spannt vom hintergründigen Gehalt zur Sphäre der sinnlichen Erscheinung. Denn natürlich ist mit ›Bild‹ nicht die reine Anschauung gemeint, sondern das Erscheinungwerden der Verhältnisse und Bezüge. Dies Eigentliche zeigt sich nur, wenn man sich ihm Vers für Vers und Wort für Wort hingibt. Das können wir hier nicht tun, aber um wenigstens ein Beispiel zu geben, lese ich Ihnen jetzt den Prolog in meiner Übersetzung vor...

Wenn wir den Streit und das Leid als die Grundelemente der Tragödie überhaupt angesetzt hatten, so geht schon aus dem bisher Gesagten hervor, daß die *Antigone* noch mehr als andere Tragödien auf den Streit gestellt ist. Aber das Entscheidende ist, daß der Streit sich hier aus der tiefsten Verbundenheit erhebt. Antigone und Ismene sind Schwestern, so wie es ja auch der Bruder ist, um den es geht. Also blutsmäßige Verbundenheit, die engste Form der Philía, die es gibt. Es ist wundervoll, wie Sophokles es versteht, fast mit einer Art dichterischer Mathematik, diese Dinge bis ins sinnliche Wort hinein Erscheinung werden zu lassen. So in dem fast unübersetzbaren ersten Vers, Antigones Anrede an die Schwester. ›Haupt‹ bedeutet eine besonders innige Anrede, schon bei Homer, wo Achilleus den Freund Patroklos ›liebes Haupt‹ nennt. Dieses Haupt wird ›schwesterlich‹ genannt, aber noch durch ›selbst-‹ oder ›eigen‹, *autós,* verstärkt. Und dazu kommt noch *koinós,* ›gemeinsam‹: »Gemeinsames, der eignen Schwester, o Ismenes Haupt!« Und nun, als leidenschaftliche Frage, die Erinnerung an das bisherige Unheil. Man beachte, wie sich dabei die Negationen häufen: ›nicht‹, *ouchí, oudén, out', ou,* mit dem dunklen U-Laut, siebenmal in drei Versen. Man hat an dem ›nichts ohne Unheil‹, *átes áter* herumgedeutelt, weil die doppelte Negation das Gemeinte eigentlich aufhebt. Aber der Drang des Negierens ist hier soweit vorgetrieben, daß der Dichter selbst das *ater* in die Negation hineinnehmen kann. Dem entspricht die dreifache Negation in der Antwort Ismenes. Und doch sind auch dabei die Reden verschieden abgetönt. Bei Antigone geht es um die überwältigende Fülle des Schmerzlichen: was ist noch nicht geschehen? Bei Ismene geht es auf den Grad des Nichtwissens. Sie ist die noch Ahnungslose, während die andere im umfassenden Wissen steht. Antigone ist nicht nur überwältigt von der Menge der Übel, sondern in ihrem Wissen ergreift sie sie und macht sie erst gültig. So steht sie nun da und streckt gleichsam die Hand aus nach der Schwester, damit sich die Gemeinschaft neu schließe in der gemeinsamen Tat. Aber eben daran bricht der Gegensatz auf, nicht nur der Gestalten, sondern der Normbereiche, wie wir gesehen hatten. Nur daß dieser Normbereich einem

Wesen wie Antigone so fremd ist, daß sie ihn gar nicht sieht. So schlägt es um, und mit ungeheurer Heftigkeit stößt sie die Schwester von sich. Es ist die Besessenheit des großen Menschen, von der wir gesprochen hatten. Bei Ödipus wird es erst später dazu kommen, in Antigone ist es von Anfang an da.

Man könnte in dieser Weise das ganze Drama Wort für Wort durchgehen. Ich habe es kurz gemacht, aber das Wort des Dichters sollte doch nicht ganz verloren sein. – Ich will noch darauf hinweisen, wie dieselbe Kurve sich in der Haimon-Szene wiederholt. Auch bei diesem Streit zwischen Vater und Sohn steht am Anfang die stärkste Betonung der Gemeinsamkeit, der Liebe des Sohnes, der Ehre, die er dem Vater erweist. Hier ist es Kreon, der in seiner wachsenden Verblendung den Sohn von sich stößt. Nur daß sich in diesem Streit nicht zwei Normbereiche gegenüberstehen, denn man kann wirklich nicht sagen, daß Kreon hier ein Prinzip des Staates vertritt. Im Gegenteil ist es Haimon, der gegen den überzogenen Herrschaftsanspruch Kreons v. 737 das berühmte Wort sagt: »Ein Staat, der *einem* Mann gehört, das ist kein Staat!« Hier steht wirklich nur noch Recht gegen Unrecht, klares Denken gegen die Beirrung, die Kreon in allem nur den Widerstand spüren läßt. Offenbar ist hier eine Macht am Werk, die ständig scheidet und auflöst, wo Einigkeit sein sollte, bis alles auseinanderbricht.

Weiter könnte man das Stück im Hinblick auf die Forderung des Aristoteles betrachten, daß die Handlung einer Tragödie Schrekken und Jammer durchlaufen und schließlich mit einer Katharsis enden sollte. Von der Katharsis hatten wir im Zusammenhang mit Kreon gesprochen. Aber auch sonst ist deutlich, daß die *Antigone* diese Forderungen vollkommen erfüllt. Am Anfang herrscht zumal der Schrecken: Schrecken über das Gebot des Kreon, die Tat der Antigone, ihren Widerstand gegen Kreon, bis in ihrem Kommos die Linie des Jammers und der Rührung einsetzt, die weitergeht in dem Pathosgeschehen des Schlusses, nachdem mit Teiresias noch einmal der Schrecken aufs höchste gesteigert war. Auch in dieser Hinsicht ist das Stück wunderbar gebaut, wie die Kurven sich nacheinander erheben und das Ganze formen.

Und doch ist auch hier im Ähnlichen das Verschiedene der beiden Schicksalslinien zu beachten. Bei Kreon ist es ein wirklicher Umschwung vom Glück ins Unglück, vom Nichtwissen ins Wissen und damit in das Leiden. Von einem solchen Umschlag könnte man bei Antigone nicht sprechen, auch nicht bei ihrer sogenannten Wandlung. Sie ist von Anfang an die Wissende und in ihrem Entschluß Feststehende. Darum hatte ich von einer gewissen Statik der Rolle gesprochen gegenüber einer inneren Bewegung bei Kreon. Mit der Gestalt der Antigone ist das Leid von Anfang an fest verbunden. Daher ihre unerhört wilden Ausbrüche, aber auch das unerwartet Stille und Zarte, das immer wieder aufkommt, wo sie dann plötzlich ganz anders spricht als vorher: So muß man wohl die letzten Worte des Prologs verstehen: »Allein, so laß denn mich und meinen Unverstand dies Schreckliche erleiden ...« Und noch klarer in der großen Streitszene mit Kreon. Da hatte sich die Schwester ganz auf ihre Seite gestellt und ihr Schicksal teilen wollen, war aber wieder hart zurückgewiesen worden. Doch dann sagt sie zu ihr als letztes Wort (559/60): »Sei guten Muts! Du lebst! Doch meine Seele ist lange tot. So mag sie den Gestorbenen dienen.«

Noch ein Wort zu dem letzten Auftritt der Antigone, an dem man viel herumgerätselt hat. Er ist deswegen so merkwürdig, weil auch der Chor plötzlich seine Position geändert hat. Bisher stand er ganz auf der Seite der Antigone, jetzt ist er die Stimme, die ihr antwortet, sie tröstet und sich zugleich doch wieder von ihr absetzt. In der ersten Strophe des Kommos ihre Klage in der typischen Form des Zeugenanrufs: »Seht mich ...!« Darauf antwortet der Chor damit, daß der Gedanke des Ruhms gegen den der Klage gestellt wird, die Einzigartigkeit eines solchen Geschicks. In der Antistrophe spricht sie von Niobe und vergleicht damit ihr eigenes Schicksal. Und wieder der Chor: Niobe war eine Göttin und göttlichen Geschlechts. Aber es ist doch ruhmvoll, wenn man mit Gottgleichen das Schicksal teilt. Als sie das nun zweimal gehört hat, fühlt sie sich verspottet und ruft nicht mehr die Bürger, sondern die Stadt und das Land selbst zu Zeugen an für das, was ihr geschieht. Darauf der Chor: »Vorschreitend bis zum Äußersten der Kühnheit, bist an der Dike hohem Sockel du tief gefallen, o Kind...!« Und die rätselhaft großartigen Worte: »Ehrfurcht üben *ist* eine Ehrfurcht *(eusébeia)*. Obmacht aber, wem sie auch gegeben ist, die ist auf keine Weise zu überschreiten. Dich hat vernichtet dein eigenwilliges Streben.« ›Eigenwillig‹ heißt griechisch *autógnotos*, eigentlich ›selbsterkennend‹, eine Erkenntnis, die sie für sich beansprucht. Griechisch stehen oft Begriffe des Erkennens, wo wir von Wollen sprechen. – Von diesen Worten ausgehend, hatte ich in meinem frühen Aufsatz noch nach einer ›Schuld‹ bei Antigone gesucht. Das war falsch; und doch kann man es nicht anders verstehen, als daß durch das, was der Chor sagt, Antigone irgendwie eingeschränkt werden soll. Man hat das wegdeuten wollen, aber ich sehe nicht, wie man es anders verstehen kann, wenn man überhaupt einen Zusammenhang hineinbringen will. Antigone ist zu weit gegangen und darum gestürzt am Sockel der Dike, der Göttin der Gerechtigkeit. Sie hat Ehrfurcht geübt, und das war gut. Aber es gibt auch die Tatsache der Macht, gegen die man nicht eigenwillig angehen kann. Was hier aufkommt, ist einmal das Problem des ›Überzeugungsverbrechers‹, von dem wir gesprochen hatten: daß ein edler Mensch, indem er eine neue Ordnung begründet, doch gegen die bestehende Ordnung verstößt und dafür zugrunde geht. Aber es ist noch mehr als das. Was hier sichtbar wird, ist die Vorzeichnung gewisser göttlicher Normen, wie wir sie zumal von Delphi her kennen. Das ist wichtig, wie ich glaube. In der griechischen Religion sind den Menschen grundlegende Realitäten entgegengetreten, die in ihrer Unauflösbarkeit dieselben sind, wie jede Religion sie kennt und an die die einfachen Gesetzlichkeiten unserer Rechts- und Gesellschaftsordnung nicht heranreichen. Da kann es geschehen, wie Nietzsche einmal sagt, daß der Mensch für seine Tugenden bestraft wird. Die Sphäre des Tragischen ist es, wo diese letzte Realität aufbricht, die von uns nicht mehr harmonisierend verstanden werden kann, sondern als tiefe Seinsantinomie. Hier ist es, wo Hölderlin Recht behält: Damit das Leben nicht dumpf wird und in festen Formen erstarrt, müssen immer wieder Menschen kommen, die gegen die Gesetzlichkeiten dieser Welt verstoßen, große Unverständige, deren Wollen ein ›nicht anders Können‹ ist, wie etwa auch bei der heiligen Johanna und allen großen religiösen Gestalten. Und da ist es nicht so wie in unserer technischen Welt, wenn irgendwelche Neuerungen eingeführt werden, und das klappt dann auch. Alles muß aus dem Grund neu bezeugt werden, und das vollzieht sich durch die Tat und das Leiden. Nur so wird die neue Bezeugung glaubhaft. Antigones Tat war ein rechtsetzender Akt, und es war eine Tat der Ehrfurcht gegen die Götter, und keine Rede, daß sie damit irgendeine Schuld auf sich geladen hat. Und doch ist diese ganz leise Einschränkung in dem, was der Chor hier ruhig und weise sagt, ein Akzent, der im Ganzen nicht fehlen durfte.

Das Drama heißt *Antigone,* und man hat immer wieder daran Anstoß genommen, daß darin eigentlich mehr von Kreon die Rede ist. Ich behaupte dagegen, das Stück handelt nur von Antigone. Denn wenn wir von dem Widerstand gesprochen haben und der Wirkung, die er in Kreon auslöst: was ist das, was da widersteht? Was sonst, wenn nicht Antigone? Das ist in der Haimonszene auch äußerlich klar, er steht ja zu ihr. Aber es wäre falsch, das als eine Einzelheit zu betrachten. Sie beherrscht irgendwie schon diese Welt. Was sie durch die Tat durchsetzen will, fühlen alle, selbst der Wachtmann, der als gemeiner Mensch diesem großen Geschehen ganz fern steht. In seiner Erzählung von dem Sturm wird doch etwas sichtbar, das ihr zu helfen scheint. Auch der Chor deutet an, daß es ein Werk der Götter sein könnte, und dieses Gefühl wird dann bei Teiresias in schärfster Form Wort. So heißt das Drama mit Recht *Antigone,* weil wir ihre Gestalt nicht nur da wahrnehmen, wo sie vor uns steht, sondern sie durchdringt als dynamisches Wirken die Welt und äußert sich in der Gegenwirkung gegen Kreon. Sie stirbt auch nicht durch ihn, er wagt ja nicht einmal, sie zu töten, aber er geht an ihr zugrunde.

Und noch ein letztes kommt hinzu, das wohl am schwersten für uns zu fassen ist, obwohl es langsam wieder faßbar zu werden scheint. Wenn wir das Stück richtig lesen und die Bilder auf uns wirken lassen, spüren wir überall ein geheimes Walten – ich drücke mich absichtlich so unbestimmt aus. Der Widerstand ist nur der Ausdruck dieses Waltens, das sich sofort nach Kreons Ankündigung zu regen beginnt und das ganze Stück hindurch fortwirkt. So besonders in der Schilderung des Sturmes, der ganz daimonisch verstanden wird, und wieder im Mund des Teiresias, der als Seher zuständig ist für den Verkehr mit diesen Mächten. Das ist es, was oft verkannt wird und schwer zu fassen ist und doch das eigentliche Geschehen ausmacht. Nicht die Gestalt ist das wichtigste, sondern der Raum des Daimonisch-Göttlichen, in dem sich das vollzieht und in dem auch Antigone steht. Im *Ödipus* wird es Apollon sein, der, im Altar auf der Bühne gegenwärtig, der eigentliche Motor des Geschehens ist, der Gegenspieler des Ödipus und auch wieder nicht, weil Ödipus ganz in seinem Sinne handelt. Hier ist es der unterirdische Zeus, auf den Antigone sich beruft, oder überhaupt jenes Göttliche, das will, daß der Tod alles ausgleicht, und das sich durch die Gestalt der Antigone bezeugt und darüber hinaus durch den Widerstand in der ganzen Handlung, der Kreon entgegensteht. Erst wenn das spürbar wird – und es sollte eigentlich auch in einer Aufführung spürbar werden –, ist die *Antigone* wirklich verstanden.

12.

Zu den *Trachinierinnen* hatten wir schon gesagt, daß Reinhardt sie nahe an den *Aias* heranrücken wollte, weil er darin dieselbe Rede-, Seins- und Schicksalsform zu erkennen meinte. Eine weitere Ähnlichkeit sah er in der Zweiteilung des Stücks und in dem Vergleich der sogenannten Lügenreden des Aias und der Deianeira. Im ganzen kommt er zu folgenden Formulierungen, die sich gut einprägen: Das Stück behandelt das Schicksal von Mann und Frau, aber nicht ein gemeinsames Schicksal zu zweien (wie in *Romeo und Julia*), sondern vielmehr zwei Schicksale in einem.

Ehe wir darauf eingehen, möchte ich zunächst mit Ihnen das Stück einfach durchgehen. Es ist in alter Weise bezeichnet nach dem Chor, der ja früher der eigentliche Träger der Handlung war. Das wirkt sich hier noch aus, während andere Stücke schon nach den Hauptpersonen benannt sind; gelegentlich haben wir diese Titelform aber noch bei Euripides. Der Chor besteht also aus Frauen von Trachis. – Zunächst ein Prolog, eine Rede der Deianeira, der Frau des Herakles, in dem sie ihre Lage beschreibt, 1-93. Das erinnert fast an euripideische Prologe, die in monologischer Form eine klare Disposition geben. Aber auch hier geht die Rede dann über in ein Gespräch mit der Amme und dem Sohn, so daß die sophokleische Form nicht eigentlich verlassen wird. Es ist sehr schön, wie das Schicksal dieser leiderfahrenen Frau gezeigt wird, thematisch entwickelt an dem Gegensatzpaar *péma–chará*, dem Wechsel von Leid und Freude des Lebens, wobei aber doch das Leid überwiegt. Aber jetzt wird es noch verschärft, weil Herakles ungewöhnlich lange ausgeblieben ist und ihr auch beim Abschied eine Schrift hinterlassen hat, die Böses ahnen läßt. Mit dem Auftritt des Sohnes kommt etwas Neues: man erfährt, daß Herakles in Euboia ist und dort die Stadt des Eurytos belagert. Neue Besorgnis: es gibt Göttersprüche, die sich gerade auf dieses Land beziehen. Der Inhalt ist doppeldeutig: entweder wird er nun das Ende seines Lebens erreichen oder nach diesem Kampf

Trachinierinnen

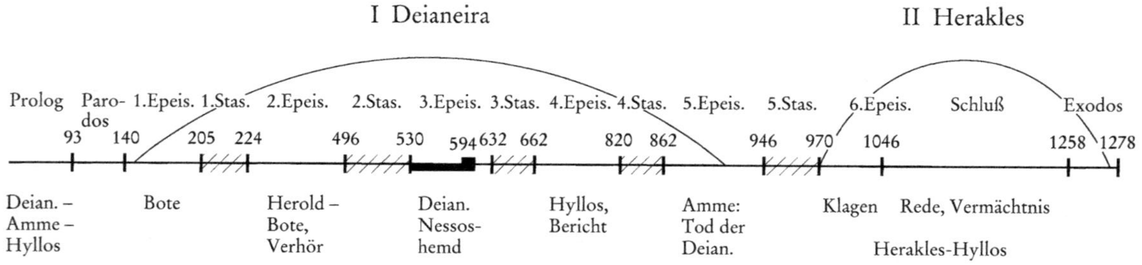

künftig glückselig sein. Also eine Alternative. Die Handlung ist so angelegt, daß wir vor einem Entweder–Oder stehen, in einem schicksalhaften Moment vor dem Ausschlagen der Waage nach der einen oder der anderen Seite. Der Schluß wird zeigen, daß es in Wahrheit keine Alternative war, sondern beides fällt in eins zusammen: Herakles erreicht das Ende seines Lebens und damit die höchste Glückseligkeit.

Nun der Auftritt des Chors, 94-140, der das Schicksal der Deianeira beklagt, ihr aber auch tröstend zuspricht. Auch das Unglück werde wieder einmal umschlagen und Zeus werde seinen Sohn nicht ganz verlassen. Wieder stehen *péma* und *chará* V. 129 ganz thematisch. Damit ist die Grundlage geschaffen, und nun beginnt das Geschehen zu laufen. Ein Mann aus der Stadt kommt als Bote und meldet die Ankunft eines Herolds, Lichas, der den Sieg und das Kommen des Herakles berichtet. Es scheint, daß sich wirklich das Leid zur Freude gewandelt hat. Nach einem kurzen Chorstück 205-224 erscheint Lichas selbst und mit ihm ein großer Zug stummer Personen, Gefangener, darunter ein Mädchen, die wir uns wie eine der verhüllten Frauengestalten denken müssen, die wir von Grabstelen des fünften Jahrhunderts kennen, geneigten Hauptes, stumm, in edler Haltung. Der Herold ist in der Tragödie oft nicht positiv charakterisiert. Er ist in dieser Heldenwelt etwa das, was wir als den Manager kennen. In dieser Eigenschaft übernimmt er allerhand Aufträge seines Herrn und dient ihm mit großer Zungenfertigkeit, die, wie es in dieser Berufsrichtung zu sein pflegt, nicht immer mit unbedingter Wahrhaftigkeit vereint werden kann – mit einem Wort: er lügt. Wir werden es gleich sehen. Aber einstweilen ist alles ganz in der Stimmung der Freude. Der Bote wird ausgefragt und berichtet, gibt den typischen Botenbericht. Der Chor spricht darauf ein paar Verse, die gleichsam einen Strich darunter setzen. Es ist wunderbar, wie das alles gerundet und geballt ist, wie sich die einzelnen Partien fast nummernartig aneinanderreihen.

Jetzt weiß der Hörer, daß etwas Neues kommt. Deianeira wird aufmerksam auf das stumme schöne Mädchen, und es folgt eine wunderbare Szene, wie sie unter den Tragikern nur Sophokles gestalten konnte, den man mit Recht den homerischsten genannt hat. Sie redet die Fremde liebevoll an, fragt sie, wer sie ist. Es ist herrlich, wie die Statistenrolle – sie konnte ja technisch gar nicht antworten! – ausgenutzt wird für dies so bedeutsame Schweigen.

Nun fragt sie Lichas, dem es peinlich ist, und er antwortet ungefähr: Was weiß denn ich! Irgendein Erzeugnis (ein niederes Wort) nicht von den Niedrigsten dort. Ich will nicht ins einzelne gehen und nur hinweisen auf diese Situation mit dem schweigenden Mädchen, dem lügenden Herold und diesem Interesse, das Deianeira bereits an dem Wesen nimmt, das sich Herakles zur Frau erwählt hat.

Dann geht der Herold ins Haus, und mitten in der Szene folgt ein Umbruch. Der Mann aus der Stadt ist ja noch auf der Bühne; hier sind es bereits drei Sprecher, die wirklich zusammen handeln. Der enthüllt nun die Lüge des Lichas. Die Szene ist also zweigipfelig, eine rückläufige Bewegung, mit der aus der Freude wieder der Umschlag ins Leiden kommt, der sich aber im Geheimen schon angekündigt hatte. Alles kommt heraus, der Chor ist entsetzt, Deianeira fassungslos. Das Glück, daß der so lange ersehnte Mann zurückkommt, bricht plötzlich furchtbar zusammen. Und die nächste Wendung: Lichas kommt wieder heraus in bester Laune, er ahnt ja noch nicht, was geschehen ist. Und nun beginnt zwischen ihm und dem ersten Boten eine Verhörszene, etwas, das als Grundtypik wichtig ist und uns im *Ödipus* wieder begegnet. Lichas wird überführt, und es ist köstlich gemacht, wie er sich windet, ganz charakteristisch für diese Rolle. Auch der andere ist offenbar aufgeräumt, heiter und dienstbereit, beide sind elementare und volkstümliche Gestalten, die sich hier gegenüberstehen. Aber der Dialog ist dabei nicht plump, sondern recht spitzfindig, wieder ein Beispiel für die Charakterisierungskunst des Sophokles. Da geht nicht alles auf hohem Kothurn, wie es meist bei den Übersetzern herauskommt, sondern die Sprache geht nahe an das Alltagsgriechisch heran.

Sie sehen, welche Umbrüche in dieser großen Szene vorliegen, wie sich der Wechsel der Grundthematik von Leid und Freude darstellt und auch sonst alles auf Gegensätzen beruht. Denn wenn dies Gegenüber der beiden fast das Burleske streift, so ist doch mitzudenken, wie die stumme Deianeira dabeisteht und das mit anhört. Diese Kontraste auf der Bühne sind von großer Bedeutung. Vorhin war es die schweigende Iole, jetzt die tief verstörte und bekümmerte Frau, und in ihrer schweigenden Gegenwart vollzieht sich dies gewitzte Spiel von Verhör und Überführung der kleinen Leute. So steht auch diese realistische Episode nicht, weil der Dichter daran Freude hatte, sondern als Kontrast zu dem

Leiden der stumm dabeistehenden Frau. Außer den Umbrüchen der Handlung ist also auch die Szene in sich selbst gespannt von diesen Gegensätzen. Es ist so, als ob wir eine doppelte Thematik in einem Musikstück haben, eine dunkle Untermalung, vor der sich diese Klopffechterei abspielt.

Und wieder eine großartige Wendung. Lichas hat nur noch ein Mittel: ›Der Mensch soll abtreten, Herrin!‹, und man weiß nicht recht, wie es weitergehen soll – da spricht Deianeira, ganz still, ganz ruhig, besonnen, überlegen, milde. Das ist keine Lügenrede, ebensowenig wie es im *Aias* eine war, und es ist unglücklich, wenn sich einmal ein solcher Name über ein Gebilde legt. Der sitzt dann so fest, daß er nicht loszubringen ist und den Blick in eine verkehrte Richtung lenkt. Es bedarf dann wieder großer Anstrengungen, sich von diesen schlagwortartigen Begriffen zu befreien und die Sache selbst zu sehen. Es ist keine Lüge, sondern Wahrheit, diese Frau ist ihrem Wesen nach so, daß sie die Dinge so ruhig sehen kann, in tiefster Besonnenheit. Sie ist keine unedle Frau und keine, die die menschlichen Dinge nicht kennt, und sie weiß – wieder die Grundthematik des Ganzen –, daß nicht alle Zeit die gleichen Menschen sich freuen. Das ist ein Grundgesetz, dem man sich fügen muß. Und wer kann dem Eros widerstehen? Sie weiß, welche Macht er über Herakles hat, so will sie nicht darüber grollen, wenn es ihn wieder einmal wie eine Krankheit ergriffen hat. Und auch der jungen Frau will sie nicht zürnen, die ja nicht schuld daran ist und selbst Eltern und Heimat verloren hat. All das ist vollkommen wahr und richtig, und sie ist wirklich entschlossen, nach dieser Erkenntnis auch zu handeln. Es ist ja immer wieder so, daß wir Erkenntnisse in uns tragen, durchdrungen sind davon und sie als Notwendigkeiten des sittlichen Handelns anerkennen. Wenn aber der Augenblick kommt, der die Entscheidung verlangt, dann bedarf es schon eines Entschlusses dazu; der Mensch ist von Natur kein sittliches Musterwesen. So ist es klar, daß auch Deianeira sich, indem sie sie ausspricht, erst hineinstellen muß in diese Wahrheit. Als Lichas sieht, daß sie so vernünftig ist, ist er natürlich hoch erfreut. Er lobt sie, daß sie ›als Sterbliche Sterbliches denkt‹ – ein Wort, das in seinem Mund zur Banalität wird –, und will nun die ganze Wahrheit sagen. Wieder Gegensätze: die tief betroffene Frau und der geschwellte Herold, dem ein Stein von der Seele gefallen ist und der nun die Dinge anbringt. Noch einmal betont sie, ihre Gesinnung ist so, daß sie nicht zu ihrem Unglück gegen Götter ankämpfen will. Dann gehen beide ins Haus. – Dies war der lange erste Akt, unendlich spannungsreich, erfüllt mit einem Wechsel gegensätzlicher Situationen, davon jede wieder gegensätzlich in sich selbst. Man hat gesagt, die *Trachinierinnen* wären ein schlechtes Stück: Sie können jetzt selbst urteilen, welcher Art es ist und daß es selbst heute noch wirken würde, wenn man es aufführte. [Anm. d. Hrsg.: *Die Frauen von Trachis* in der Übersetzung von W. Schadewaldt sind posthum 1976 von Heyme in Köln aufgeführt worden; erschienen als Bühnenmanuskript bei Suhrkamp, Frankfurt/Main 1971.]

Es folgt ein Chorlied über die Macht der Aphrodite, und es ist wunderschön gemacht, daß gerade die junge Deianeira als Beispiel dafür genannt wird und der Kampf des Herakles um sie mit dem Flußgott Acheloos, mit dem alles begonnen hatte, 497-530. Im nächsten Epeisodion kommt Deianeira heraus und spricht wieder zu dem Chor. Sie hat sich nicht gewandelt, und es ist auch nicht so, daß sie nun ihre wahre Gesinnung enthüllt, sondern beide Reden kommen aus der gleichen Grundform ihres Wesens. Es ist die gleiche Haltung der duldenden Sophrosyne, sie will dem Mann nicht grollen – aber sie kann nicht im selben Haus zusammenleben mit der jungen Frau. Das ist ganz großartig geschildert in der Art der antiken Tragödie, die ohne zergliedernde Psychologie doch erstaunlich psychologisch sein kann, wenn es zum Aufbau einer Gestalt notwendig wird. Sie weiß, welch große Macht die Jugend und Schönheit ist, daß sie bei der jungen Frau zunimmt, bei ihr aber hinschwindet. So will sie sich zwar nicht widersetzen, aber vielleicht gibt es ein Mittel, das eine Lösung bringen könnte. Und so erzählt sie die Geschichte, wie der Kentaur Nessos sie als jungvermählte Frau über einen Fluß getragen und dabei unverschämt betastet hat, worauf Herakles ihn mit einem Pfeil getötet hatte. Sterbend hatte ihr Nessos den Rat gegeben, das vergiftete Blut seiner Todeswunde als einen Liebeszauber aufzubewahren. Mit diesem hat sie nun nach seinem Rat ein Gewand getränkt, das sie Herakles senden will, das bekannte Nessoshemd der Sage.

Und nun folgt eine Stelle, die für die Tragik in diesem Stück besonders wichtig ist (582-594). Nachdem sie das erzählt hat, sagt sie: ›Auf böse Verwegenheiten möchte ich mich nicht verstehen und es nicht lernen, und die Frauen, die das tun, verabscheue ich.

Falls es aber möglich wäre, daß wir dieser jungen Frau den Rang ablaufen könnten mit einem Liebeszauber, dann ist das nun geplant – wenn ich nicht etwa scheinen sollte, damit etwas Leeres zu tun (*mátaion* heißt leer, eitel, nichtig, fast im Sinne von Illusion). Wenn aber doch, dann soll es damit beendet sein.‹ Der Chor antwortet sehr vorsichtig und fragt, ob Verlaß bei dem ist, was sie tun will (*pístis* heißt nicht Treue, sondern Zuverlässigkeit). Wenn ja, dann sei sie nicht schlecht beraten. Sie antwortet, das *dokeín* sei gegeben, der Anschein, der bloße Eindruck. Eine *peíra* habe sie noch nicht gemacht. Das Wort heißt ursprünglich nicht ›Versuch‹, sondern die Fühlungnahme mit etwas, das Darangehen. Hieran knüpft die griechische Vorstellung der *empeiría,* einer Weise des Wissens, die entsteht beim unmittelbaren Umgang mit etwas, Grundlage für alles weitere Wissen, aber in sich selbst irgendwie dunkel, noch nicht klar. Darüber steht, zumal bei Platon, die *epistéme,* das Wissen, das sich selbst als Wissen weiß. Empirie ist die instinktive Sicherheit dessen, der sich mit den Dingen befaßt hat, so wie der Tischler die Holzarten kennt, aber nicht ›weiß‹, was Holz ist. Davon also kommt *peíra,* das dann weiter auch heißen kann, daß man einen Versuch macht, fast ein Experiment. Es ist erstaunlich, wie nahe diese Stelle der Philosophie steht; die ganze Begrifflichkeit, mit der hier gespielt wird, finden wir dort wieder. Also *doxa* ist da, aber keine Empirie. Und darauf der Chor, zurückhaltend, aber deutlich mahnend: Man muß aber wissen, *eidénai,* als Handelnder. Der Anschein genügt nicht; um Kenntnis, *gnóma,* zu haben, muß es erprobt sein. Wenn es bei Sophokles so rational, ja prinzipiell wird, muß man aufhorchen. Meist sind es Augenblicke, in denen sich etwas bewegt, das Geschehen in Gang kommt. So ist auch hier die Situation in der Schwebe, es ist eine Stimmung der Entscheidung, wo der Mensch das Bestreben zeigt, so sicher wie möglich zu gehen. Hier, wo diese fünf Begriffe – *dokein, pistis, peira, gnoma, eidenai* – nebeneinander gestellt sind, hier fällt die Entscheidung. Es geht darum, was der Mensch nun tut, ob er sich entschlossen auf die Seite des Wissens stellt und also abläßt oder ob das andere, Dumpfe im Menschen, hier das Glücksbedürfnis der Frau und ihr Wille, ihr Dasein zu behaupten, stärker sein wird. Und da sagt sie die Worte, die über ihr und Herakles' Schicksal entscheiden werden: »Nun, gleich werden wir es wissen!«. Ja, gleich wird man es wissen, aber dann ist es zu spät.

Es ist eine großartige Stelle, wie das Daimonische sich spiegelt in einem rationalen Gespräch, das die Grundlagen des Handelns so klarmacht wie selten in der Tragödie. Bei Aias und Antigone ist alles dumpf, sie handeln als Nichtwissende. Nur hier ist einmal der Weg des Tragischen so nahe an das Wissen herangeführt, daß das tragische Geschehen aufgehoben würde, wenn man den Konsequenzen folgte. Es ist ein Musterfall für das, was Aristoteles als die Schuldform des tragischen Menschen bezeichnet, *hamartánein,* ein Verfehlen, so wie es auch Hyllos in seiner Entschuldigung der Mutter sagen wird: Sie, die das Rechte erstrebte, hat sich verfehlt. Nur darin besteht die Verfehlung, daß sie sich leicht hinwegsetzt über die Warnungen des Chors. Denn schon kommt Lichas aus dem Haus, sie gibt ihm das Opfergewand, und damit endet der Akt.

Wieder, wie typisch an dieser Stelle der Handlung, ein freudiges Chorlied, das die erwartete Heimkehr des Herakles besingt, 633-662. Dann beginnt das nächste mit etwas, das auf dem Theater sehr gewirkt haben muß: unmittelbar, nachdem sie es getan hat, machen sich Vorzeichen bemerkbar, die Schrecken und Befürchtungen erwecken, denen dann in erstaunlich kurzem Dreischritt der Handlung die Bestätigung folgt, wieder mit ständigen Umschwüngen dargestellt. Deianeira kommt und erzählt, was sie gesehen hat, wie eine übriggebliebene Wollflocke des Gewandes in Feuer aufgegangen ist. Auch der Chor ist bedenklich. In diesem Augenblick kommt Hyllos, und sie, die doch alles so überlegt hat, muß hören, sie hätte bessere Vernunft haben sollen. Ein Bericht, wie es Herakles ergangen ist mit dem Gewand, wie er nun leidet. Wieder ist es ein Bericht, bei dem der am meisten Betroffene stumm dabeisteht, und ebenso stumm verläßt sie, als die Rede geendet hat, die Bühne. Das scheint die Anklage des Sohnes zu bestätigen.

13.

Wir hatten gesehen, daß die Tragik dieses Stücks auf einem Handeln beruht, das zwar nicht aus voller Klarheit, aber doch in Klarheit sich vollzogen hat, Klarheit erstrebt hatte, also nicht aus der edlen Dumpfheit einer großen Natur getan ist, sondern aus einer eigentümlichen Helligkeit des Bewußtseins, und wie dieses

Handeln ebenfalls vom Daimonischen ergriffen wird. Das ist das Andersartige gegenüber allen anderen Stücken des Sophokles. Hier wird einmal derjenige innere Sinn des Menschen, der seine eigentliche *aretḗ* bildet, zur Handhabe des Daimonischen. Sonst ist es menschliche Überwüchsigkeit oder die Gebundenheit in die Gesetze der Götter, der große Auftrag, dem die menschliche Seele sich hingibt; es ist der mächtige Wille des Ödipus, der zur Reinheit strebt, oder der dumpfe Sinn der Elektra für Reinheit und Gerechtigkeit, aus dem sie lebt und den sie nur im Protest behaupten kann gegen eine Welt, aus der beides verschwunden ist. Ähnlich auch im *Philoktet* und im *Ödipus auf Kolonos.* Überall ist es die große Wesensrichtung eines großen Menschen, ein Letztes, Unbedingtes in ihm, das ihn zu einem tragisch Ausgesetzten macht. Hier ist es einmal die Sophrosyne, die Helligkeit, Vernünftigkeit, die sonst Sache des Chors ist und also untragisch, denn wo Vernunft waltet, gibt es keine Tragik. Das ist hier einmal tragisch wirksam gemacht. Die Sophrosyne lebt in Deianeira als ein echtes Ethos, aber sie wird fragwürdig, als ihr ganzes Glück und Dasein als Frau auf dem Spiel steht. Man könnte das Tragische hier vielleicht verstehen in dem Aufweis der tragischen Fragwürdigkeit der Sophrosyne selbst. Das ist das Interessante an diesem Stück, vielleicht veranlaßt durch die Darstellung von Frauen ganz anderer Art bei Euripides.

Nach einem Chorlied 821-862 folgt das letzte Drittel des Stücks. Wir erfahren über den Tod der Deianeira durch den Bericht der Amme. Dann eine große Zäsur, und die eigentliche Herakles-Handlung beginnt. Man bringt ihn auf einer Bahre herein, schlafend. Der Vergleich dieser Schlafszene mit der des Euripides ist für die Datierung herangezogen worden, was aber keine Abhängigkeit für Sophokles ergeben hat. Wie sollte er denn auch anders erscheinen? Wenn sein Schmerz sich nachher so entsetzlich äußert, muß es doch einen Anstieg geben. Da ist es auch dramatisch richtig, daß er zunächst stillgelegt wurde, und dafür war das Mittel der Schlaf. Es ist nicht so, daß die Dramaturgie den Vorrang hätte, aber bei großen Künstlern hält sich Form und Gehalt die Waage. Es ist großartig, wie der Schlafende hereingebracht wird, ein Motiv, das mächtig Schule gemacht hat in der Weltliteratur, das wir bis in die Oper hinein verfolgen können: man läßt jemand schlafen und andere über ihn sprechen.

Aber dann folgt das Erwachen, erste lyrische Klagen und

Schmerzanfälle mit wilden Schreien. Ich bin der Meinung, daß das auch in den Aufführungen gewahrt werden sollte, es ist höchst wirksam und zeigt den elementaren Charakter, wie die Griechen das Phänomen des Schmerzes gesehen haben. Das darf nicht abgeschwächt werden zu den üblichen Wehe-Rufen. – Und wie im *Aias* erhebt sich auch hier aus dem Lyrischen die Rede, wo nun im Logos das gleiche Elementare gespiegelt wird. Dann wieder der Krampf mitten in der Rede, neue Schmerzausbrüche. Herakles ist ganz eingefangen in der Dumpfheit seiner Schicksalsbetroffenheit, wie sie sich zumal im Schmerz zeigt, denn dabei ist der Mensch in stärkster Weise auf seine Ichheit konzentriert, wie man schon am Zahnschmerz erkennen kann: wir kennen nichts mehr als diesen Schmerz in uns, der uns aus der Welt herausreißt und in uns versperrt in tiefster Selbstbefangenheit und Dumpfheit. So auch Herakles. Er verflucht die Frau, die ihm das getan hat, und versteht nicht, wie der Sohn sagen kann, sie hätte doch Rechtes gewollt. Dann aber fällt das Stichwort: Nessos. Und nun ist es wundervoll gemacht: während er bisher in dieser Selbstbefangenheit des Schmerzes war, ohne einen Blick auf anderes um ihn, trifft ihn das Wort mit der Macht eines ›Stichwortes des Schicksals‹ (wie es im *Ödipus auf Kolonos* einmal heißt). Mit diesem einen Wort löst sich schlagartig die Dumpfheit, das Licht bricht ein, und alles wird offenbar. Von jetzt ab ist er ein Gewandelter, steht er in der Offenheit des eigenen Schicksals. »Jetzt sehe ich klar, wo ich im Schicksal stehe!« Von dieser Klarheit ist der Schluß beherrscht. Er erkennt den Zusammenhang mit einem früheren Orakel, und wie er vorher dumpf war, ist er jetzt voller Sicherheit und gibt sein Vermächtnis an den Sohn, der nichts begreift. Aber Herakles weiß, wenn er es auch nicht sagt, seine Verbrennung bedeutet, daß er ein Gott wird. Jetzt zeigt er keinen Schmerz mehr, er steht in und damit über seinem Schicksal, nimmt es auf sich und erfüllt es. Das letzte Wort des Chores, als er davongetragen wird, heißt: »... und in alledem ist nichts, was nicht Zeus ist.« Mit diesem berühmten Wort, das für die Tragödie des Sophokles überhaupt entscheidend ist, endet dies großartige Stück.

Es ist wohl nötig, alles bisher einzeln Verfolgte noch einmal ins Enge zu ziehen, um den Charakter des Stückes deutlich zu machen. Das eine, was schon äußerlich ins Auge fällt, ist das, was man die Zweiteilung des Stückes genannt hat. Ähnlich war es im

Aias und auch in der *Antigone*, und beide Male hatten wir gesehen, daß es im Wesen eigentlich keine Zweiteilung war. So auch hier. Herakles erscheint im letzten Teil, nachdem zuerst unbestimmt, dann immer genauer von Anfang an von ihm die Rede war. Nun ist alles vollzogen, er kommt, und wir erleben sein Ende. Alle weiteren Stücke des Sophokles gruppieren sich eindeutig um einen Träger der Handlung. Man könnte vielleicht sagen, daß hier Aischylos weiterwirke, bei dem die Handlung auch auf mehrere Personen verteilt ist. Aber man muß da vorsichtig sein, wir haben ja nur wenige Stücke. Weiter ist richtig, daß die Berichtform in den *Trachinierinnen* eine große Rolle spielt; es ist ganz erstaunlich, wieviel hier berichtet wird, man sieht es schon beim Durchblättern. Da nun die Berichtform zu den alten Formen der Tragödie gehört, könnte auch das ein Argument sein für die Nähe zu Aischylos. Die Handlung braucht deswegen nicht weniger gekonnt zu sein, Feststellung des Alters einer Form ist noch kein Qualitätsurteil. Wir hatten ja gesehen, daß das Stück trotz dieser alten Formen höchst vollendet ist, von künstlerisch hohem Rang. Dennoch werden wir sagen können, daß Sophokles sich hier zur Verwirklichung des Geschehens altertümlicher Formen bedient hat, stärker als in der *Antigone*. Was das Monologische angeht, so muß ich gestehen, daß ich das bei Deianeira nicht sehe. Die Berichtform ist ihrem Wesen nach monologisch, weil sie ein Geschehen sichtbar macht, das sich außerhalb der vordergründigen Handlung auf der Bühne zugetragen hat. Aber etwa in der Szene, wo das Problem des Handelns erörtert wird, ist das Dialogische so stark wie selten, ebenso der Streit zwischen den beiden einfachen Männern in der Verhörszene mit ihrer zugespitzten Realistik. Auch stehen die beiden Schicksale der Deianeira und des Herakles nicht unverbunden nebeneinander. Im Gegenteil können wir sagen, daß Herakles von Anfang an abwesend anwesend ist in dem Sehnen und Sorgen der Frau.

Andererseits glaube ich, daß die *Trachinierinnen* stärkste Beziehungen haben zu einer Gruppe von Stücken des Euripides, die auf 438 datiert sind: *Alkmaion in Psophis, Kressai, Telephos, Alkestis.* Das führt auf die Frage der Datierung, auf die ich jetzt kommen werde.

Ich verweise dazu auf den Aufsatz von Johanna Heinz im Hermes 1937, deren Argumente ich für so schwerwiegend halte, daß sie noch nicht umgestoßen sind. Das gewichtigste Argument scheint mir der Vergleich zwischen dem Bericht über die Sterbeszene der Alkestis 157 ff. und der Deianeira 896 ff. Alkestis hat den Tod stellvertretend für ihren Mann Admet auf sich genommen. Und nun schildert die Dienerin den Abschied dieser Frau, die entschlossen ist zum Sterben, nicht aus einem Affekt, sondern aus dem festen Entschluß ihrer Liebe. Was sie nun tut, sind Begehungen ihres letzten Tages, denn ihr Tod ist ja eine Art Opfer. Sie hat sich gewaschen, ein schönes Kleid und Schmuck angelegt, hat an den Altären im Haus gebetet und sie bekränzt. Dann ist sie in ihr Schlafgemach gegangen, hat das Bett angeredet und geweint. Dann der Abschied von den Kindern, die sich an sie hängen und weinen, ein echt euripideischer Zug. Auch die Hausleute weinen, und wem von ihnen sie begegnet, dem gibt sie die Hand und spricht ihn an. Und auch dann folgt nicht gleich der Tod, sondern sie tritt aus dem Haus und bestellt ihr Vermächtnis. – In den *Trachinierinnen* ist es ein plötzliches Hereinbrechen des Todes. Deianeira geht stumm in tiefster Erregung hinein, als sie hört, was sie angerichtet hat. Nun ist es merkwürdig, daß, obgleich der Tod nicht aus ruhigem Entschluß, sondern in tiefster Erregung gesucht wird, in dem Bericht der Amme Elemente auftauchen, die den Begehungen der Alkestis sehr ähnlich sind. Sie geht zu den Altären, berührt alles Hausgerät, das sie sonst gebraucht hatte, irrt hierhin und dorthin, und wenn sie einen von den Hausleuten sieht, so weint sie. Als sie damit fertig ist, stürzt sie plötzlich in ihr Schlafgemach, redet ähnlich wie Alkestis das Ehebett an und nimmt sich dann das Leben. Die Ähnlichkeit fällt ins Auge. Natürlich sind die Dinge auch hier sinnvoll. Aber für ihre Lage wäre eher das Gegebene, daß sie wie Iokaste im *Ödipus* nur kurz das Bett anredet und sich umbringt, ohne noch jemand anzusehen.

Weitere Beziehungen kommen hinzu, zumal zum *Alkmaion in Psophis*. Hier habe ich, ausgehend von einem neugefundenen Papyrusbruchstück, eine Rekonstruktion versucht, die auch Pohlenz für richtig hält und anstelle seiner früheren aufgenommen hat. Ich verweise auf meinen Aufsatz darüber im Hermes 1952. Da sehen wir in Alkmaion eine ähnliche Gestalt wie Herakles, den ungetreuen Mann, zu dem die Frau offenbar dennoch hält. Nur daß er nicht dem Eros wie einer Krankheit verfällt aus der Vollkraft seiner männlichen Natur, sondern ein Elender ist, wie alle ›Helden‹ dieser Trilogie. Euripides zeigt in höchster Realistik den Menschen als Produkt der Zufälle und Verhältnisse. Diese so gepriesenen Helden sollen nur einmal richtig ins Unglück kommen, dann wird man ja sehen, was sie tun. Mal sehen, wenn einer den Tod vor Augen hat wie Admet, ob er dann nicht das Opfer der Frau annimmt. Euripides sieht die Helden der Sage desillusioniert, im Elend und entwürdigt, und zwar mit großer Kraft. Ganz Athen war schockiert, Aristophanes spottet über diese Helden, die äußerlich in Lumpen gingen und innerlich auch. Die Gestalt ist also anders getönt als Herakles, aber der Typos ist doch ähnlich. Auch wie die Frau mit in seinen Untergang hineingezogen wird, von ihrem Vater getötet oder von den Brüdern in die Sklaverei verkauft. Diese Verbindung ist bei Euripides nicht begründet aus der gleichen Daimonie des Geschehensablaufs; das Verbindende ist das Ethos der Frauen. Ich finde all diese Beziehungen so stark, daß ich das Stück des Sophokles nicht vor 438 datieren möchte, sondern bald danach. Dabei müssen wir allerdings vorsichtig sein, denn ein Dichter kann Motive jahrelang mit sich herumtragen. Aber eine gewisse Wahrscheinlichkeit spricht doch dafür, daß das Stück in die Mitte der dreißiger Jahre gehört.

Weiter verbindet eine Fülle von Einzelheiten die *Trachinierinnen* mit dem *Ödipus.* Ganz handgreiflich das Verhör des Lichas und das des Hirten durch den Mann von Korinth. Ich hatte es dort einmal für ursprünglich gehalten, weil es richtiger in die Situation paßt und das ganze Stück stärker vom Juristischen her bestimmt ist. Ödipus war ja als König zugleich auch Richter. Man meint, wo etwas besser zu passen scheint, müsse es darum auch früher sein. Aber dies Motiv ist so verbreitet, daß man daraus wohl nichts entnehmen kann; schon bei Aischylos gibt es Verhörszenen. Aber es sind immerhin starke Ähnlichkeiten, in der Struktur wie auch im Ton. – Weiter die Bedeutung der Orakel in beiden Stücken. Die *Trachinierinnen* beginnen mit einem Orakel; von einem zweiten hören wir, als der Name Nessos fällt, und dadurch wird auch das erste erklärt. Dieselbe Art haben wir auch im *Ödipus.* Auch im *Philoktet* und im *Ödipus auf Kolonos* ist ein Orakel gegeben, und die Handlung bewegt sich darauf zu. Und doch ist es ein Unterschied. In den Spätstücken hat sich, wie Reinhardt gezeigt hat, das Göttliche zurückgezogen, wartet in der Ferne ab und überläßt Welt und Menschen sich selbst. Das Orakel ist nur Wegweiser, aber die Handlung ist nicht erfüllt vom Wirken des Daimonischen. Im *Ödipus* und in den *Trachinierin-*

nen ist das Orakel nicht nur der Wegweiser, die Bezeugung des unfehlbaren göttlichen Willens, der sich durchsetzt trotz aller menschlichen Klugheit und List. Hier steht das Menschliche nicht gegen das Göttliche, sondern wird selbst zur Handhabe, durch die das Daimonische wirksam wird. Bei Deianeira hatten wir gesehen, wie gerade die klare Überlegung des Menschen, allerdings durchkreuzt von seinen Trieben, zum Werkzeug des Daimonischen wird. Das verbindet diese beiden Stücke, wenn es auch im *Ödipus* großartiger erscheint. Auch im *Aias* und in der *Antigone* war es anders. So steht in fünf von sieben Stücken des Sophokles dem Helden eine Gegenwelt gegenüber, zunächst von Werten getragen, dann nur noch von Zwecken und Absichten beherrscht. In den *Trachinierinnen* und im *Ödipus* fehlt diese Gegenwelt. Ödipus wie auch Herakles gehen an sich selbst zugrunde, oder auch durch Einwirkung des Daimonischen, aber das ist dasselbe. Das Daimonische wirkt überall durch den Menschen und seinen Charakter, aber es ist nicht damit identisch, sondern darüber hinausgreifend. Die Weise, wie Deianeira zugrunde geht, ist ein Irren, aus dem Trieb der Frau, glücklich zu sein und den Mann zu behalten. Aber vom Orakel her zeigt sich, daß das Ganze doch noch etwas anderes ist, nicht nur, daß ein bloßer Irrtum verderblich sein kann. Die Orakel, die über der Handlung stehen, zeugen von der unmittelbaren Gegenwart des Göttlichen, das die Handlung erfüllt. Sie sehen, wie auch in diesem Wesentlichen diese beiden Stücke eng aneinanderrücken.

Und noch ein Letztes. Ich hatte auf den Wandel in der Stimmung des Herakles hingewiesen, wie er beim Namen des Nessos plötzlich alles durchschaut. Jetzt gibt es keinen Schmerzausbruch mehr und keine Selbstbeklagung, sondern ruhiges Vermächtnis, Anordnung seiner Verbrennung, die für ihn die Vergottung sein wird. Diese Weise, durch das Leid hindurchzukommen, in der Vernichtung zur Klarheit zu erwachen und dann ruhig dazustehen und Anordnungen zu treffen, diesen großen Akt der Freiheit zu vollziehen, entspricht dem Schluß des *Ödipus*. Dort kommt es nicht so plötzlich, sondern beginnt viel früher in der dramatischen Handlung. Aber am Ende der Verhörszene, als alles klar ist, verhält er sich dann ganz ähnlich. Das geht bis in punktuelle Ähnlichkeiten, etwa bei seinem Aufschrei oder auch bei der Frage, durch wen Deianeira oder Iokaste gestorben sei, und der Antwort: Sie selber durch sich selbst. Wenn sich solche Stellen dort finden, wo sich der Dichter auch in ähnlichen Bereichen bewegt, deutet das doch auf eine gewisse Nähe.

Aber über alle Einzelheiten hinaus ist das Wichtigste, wie in beiden Stücken die Vernichtung des menschlichen Glücks doch nicht die Vernichtung des menschlichen Seins bedeutet. Ödipus dominiert am Schluß wie am Anfang, ja mehr noch, jetzt ist er erst richtig zu sich selbst gekommen. Indem er die delphische Forderung des ›Erkenne dich!‹ erfüllt, tritt er dadurch über sich selbst hinaus. Da er Vatermörder und Blutschänder ist, bedeutet diese Erkenntnis die Vernichtung seines Glücks, aber dabei eine um so größere Gewinnung seiner selbst in der Freiheit. Ebenso Herakles. In der Abfolge von Schlafen, Toben, Zornausbruch und der plötzlichen Wandlung haben wir es deutlich vor Augen.

14.

Wir kommen nun zum *König Ödipus*, dem wohl bekanntesten Stück unter allen griechischen Tragödien, die auf uns gekommen sind, ein Stück, das unerhörten Ruhm gefunden und ungeheure Wirkung in der Weltliteratur gehabt hat – und bezeichnenderweise bei seiner Uraufführung in Athen nur den zweiten Platz bekommen hat. Es ist ja oft so, daß der Wert eines Kunstwerks nicht auf den ersten Blick gesehen wird, daß erst Zeit vergehen muß, ehe sich die neuen Wertskalen richtig eingependelt haben. Das Stück wurde dann neu und weitergedichtet von Seneca, dessen *Oedipus* ich gern mitbehandeln würde, wenn wir mehr Zeit hätten. Im übrigen ist es so, daß ein solches Stück nicht leicht nachgemacht oder in Neugestaltungen übertroffen werden kann. Es gibt eine lange nicht erkannte, aber deutliche Umgestaltung ins Komische in dem *Zerbrochenen Krug* von Kleist, von dem man sagen könnte, es ist eigentlich ein konvertierter, invertierter *König Ödipus*. Äußerungen von Kleist machen das ganz deutlich, es ist auch ziemlich handgreiflich und läßt sich bis ins einzelne durchverfolgen. Ich habe das in einem Aufsatz behandelt (H. u. H. II 333 ff.), und es führt zu sehr interessanten Ergebnissen für das Verhältnis von Tragödie und Komödie. Alle guten Komödien beruhen ja darauf, daß sie bis dicht an die Tragödie herangehen. Man könnte auch an ein neueres Stück erinnern, in dem ein unbekannter Täter gesucht wird und der fahndende Staatsanwalt entdecken muß, daß er es selbst ist: *Der Maulkorb* von H. Spoerl. Da ist der *Ödipus* charmant umgegossen in eine richtige Humoreske. – Weiter ist bekannt, wie das Stück die Gestaltung von Schillers *Braut von Messina* beeinflußt hat, wo er den Stoff frei – wenn auch nicht ganz frei – gebildet hat. Man hat längst gesehen, wie stark er zumindest die Technik vom *Ödipus* übertragen hat, aber es ist auch deutlich, wie das Stück des Sophokles an bestimmten Stellen durchscheint. Schiller ist es gewesen, der das grundlegende Wort von der tragischen Analysis gesprochen hat, die der *Ödipus* darstelle. Das heißt, es ist ein Stück, in dem die eigentliche Handlung, der Mord am Vater und die Ehe mit der Mutter, abgeschlossen ist, und das Stück besteht in einer Analysis dessen, was bereits geschehen ist. Dies Wort ist auch auf die *Braut von Messina* anwendbar und mag uns als eine Art Scheinwerfer dienen, der in einem bestimmten Bereich wesenserhellend ist, wie das Schillers Art war in seinen großartigen Erkenntnissen. In neuerer Zeit hat C. Orff den Text der hölderlinschen Übersetzung vertont. Man muß noch darauf hinweisen, daß das Stück geradezu als *die* Tragödie betrachtet wurde, ähnlich zentral unter den griechischen Tragödien wie im angelsächsischen Bereich der *Hamlet,* so daß gerade vom *Ödipus* her vielfach auch die Theorien über das Tragische gebildet wurden. Die Romantiker haben sich besonders damit abgegeben; ich werde das noch berühren bei den verschiedenen Deutungen.

Kein Zweifel, daß hier nicht nur ein großer Dichter ein vorzügliches Stück gemacht hat, sondern zwei Dinge kamen noch hinzu. Einmal ein hervorragender Stoff, der in der Sage bereits vorlag und schon von Aischylos gestaltet worden war. Und das zweite ist etwas, das bei einem Werk des Geistes oder der Kunst ebenso dabeisein muß wie bei der sportlichen Leistung: der *kairós,* der richtige Augenblick, die gute Stunde, als Sophokles diesen Stoff ergriffen hat in der Zeit seiner größten Reife. All das kam zusammen, um diese großartige Tragödie zu erzeugen.

Die Datierung ist nicht genau überliefert, läßt sich aber einigermaßen sicher erschließen. Einmal muß es ein Werk der mittleren Zeit sein, aus der Stilperiode, die Sophokles selbst die harte und künstliche genannt hat. In dieser Beziehung gehört der *Ödipus* zur *Antigone.* Anderes kommt hinzu. An einer berühmten Stelle in seinem Streit mit Kreon ruft Ödipus aus: »O Stadt! Stadt!« (629). In dem frühesten erhaltenen Stück des Aristophanes, den

Acharnern von 425, sitzt der Bauer Dikaiopolis im Prolog traurig da und klagt über die athenische Politik, den Krieg, die korrupte Diplomatie, und auch er ruft am Beginn aus: O Polis! Polis! Nur zwei Wörter oder eigentlich nur eins, aber ich glaube doch, daß dieser so eindrucksvolle Ruf, den wir in der ganzen griechischen Dichtung nur an diesen beiden Stellen haben, zusammenhängt. Man kann es nicht beweisen, aber hier sind sich einmal fast alle Philologen merkwürdig einig. Wenn das stimmt, muß der *Ödipus* kurz vor den *Acharnern* aufgeführt worden sein, damit es noch im Ohr war. – Am Anfang des *Ödipus* wird von der Pest gesprochen, die in der Stadt ausgebrochen ist und gegen die der König helfen soll. Nun war kurz vorher auch in Athen die Pest ausgebrochen, mit einem Höhepunkt um 429, als auch Perikles daran gestorben war. Thukydides schildert, wie durch diese Seuche die Moral und das ganze Leben Athens verwüstet war. Es wäre doch seltsam, wenn das Stück, das so mit einer Pest anfängt, nicht Bezug auf diese reale Pest hätte, zumal es sehr wirksam war, wenn es mit etwas begann, das die Athener so genau kannten. Mit alledem kommen wir auf die Zeit zwischen 429 und 425, was doch recht genau ist.

Vom Stoff, wie er in der Sage vorlag, hatten wir schon bei der *Antigone* gesprochen. In der Odyssee (11, 271 ff.) haben wir eine Erwähnung der Frau des Ödipus, Epikaste, wie sie hier heißt, und einen kurzen Abriß: sie hat ihren Sohn geheiratet, der seinen Vater getötet hatte. Als die Götter das ruchbar gemacht hatten, habe sie sich getötet, Ödipus aber habe weiter in Theben geherrscht. Dann gibt es noch einige Erwähnungen bei Pindar, die aber nicht weiterführen. Wir wissen, daß Aischylos 467 eine Oidipodie als Trilogie aufgeführt hat, deren drittes Stück, die *Sieben gegen Theben,* erhalten ist. Die beiden ersten Stücke waren *Laios* und *Ödipus,* und es wäre schön, wenn wir wüßten, was sie behandelt hatten. Aber wir wissen es leider nicht und können wie Lesky in seiner Literaturgeschichte ([3]285/86) nur sagen, daß wir es nicht wissen. Die *Sieben* setzen voraus, daß Ödipus weiter in Theben lebte und von seinen Söhnen schlecht behandelt wurde; sie hätten ihm schlechte Stücke vom Opferfleisch gegeben und er hätte sie dafür verflucht: sie sollten mit Eisen ihr Erbe teilen. Aber ob das bei Aischylos wirklich dargestellt oder nur berichtet war, kann man nicht sagen, wir haben nicht einmal wie bei anderen Stücken einen Späteren, der die Handlung nacherzählt. Weiteres über die Vorgeschichte in der kommentierten Ausgabe von Bruhn und bei C. Robert, *Oidipus*, 1915.

Wir wollen gleich dazu übergehen, die Handlung an einem Diagramm zu verdeutlichen. 1-150 der Prolog, unterteilt bei 87. Eine Bittgesandtschaft mit einem Priester hat sich vor dem Haus des Ödipus versammelt, Ödipus kommt heraus und hört die Schilderung der Leiden und die Bitte um Abhilfe. Er antwortet, daß er schon den Schwager Kreon deswegen nach Delphi gesandt habe, um nachzufragen, was zu tun sei. Kreon kommt hinzu und bringt die Antwort des Orakels: der Totschlag an dem früheren König Laios sei noch nicht gesühnt, und man müsse den Mörder finden; worauf Ödipus sofort die Fahndung übernimmt. Es ist ein Prolog, der in zwei Stufen aufsteigt durch eine neu eingeführte Person und zum Ausgangspunkt des Geschehens führt. Das ist rein technisch fortgeschrittener als noch in der *Antigone*. – Nach dem Prolog die Parodos 151-215, die Ältesten von Theben, die, von der Not der Pest ausgehend, einen Hymnus singen und in großartiger Steigerung die Götter anflehen.

216-462 das erste, sehr lange Epeisodion, unterteilt bei 297/300. Zuerst, ähnlich wie in der *Antigone*, eine Proklamationsrede des Königs, gipfelnd in einer großen Verfluchung des unbekannten Täters. Es ist eine Rede, in der bereits das wirksam ist, was wir die tragische Ironie nennen: eine bestimmte Weise des Sagens, die sich überall da ergibt, wo ein Mensch in daimonischen Zusammenhängen steht und mit den Worten, die er gebraucht, mehr und Wahreres sagt, als er selber weiß. Das geht hier ständig durch, und nicht zuletzt darauf beruht die außerordentlich wirkungsvolle Handlung. – Ein kurzes Gespräch mit dem Chor, bei dem er weiteres erfährt: Laios sei von Räubern erschlagen worden. Man rät, den Seher Teiresias zu befragen. Ödipus hat selbst schon daran gedacht, er erscheint immer als der überlegene, kluge Mann. Im zweiten Teil der Szene kommt Teiresias, und so, wie wir im ersten Teil einen Gipfel in der Verfluchungsrede hatten, so hat auch dieser Teil mehrere Höhepunkte und darin eine große Steigerung bis zum Schluß. Es verläuft so, daß der Seher zunächst nicht antworten will, daß Ödipus immer mehr in ihn dringt und ihn beleidigt, bis er erst einen Teil der Wahrheit nennt und schließlich die große Weissagung gibt, mit der er dann abgeht. Der eigentliche Motor des Geschehens in dieser Szene ist der Zorn. Ödipus wird sehr schnell in Zorn versetzt und treibt ihn so

König Ödipus

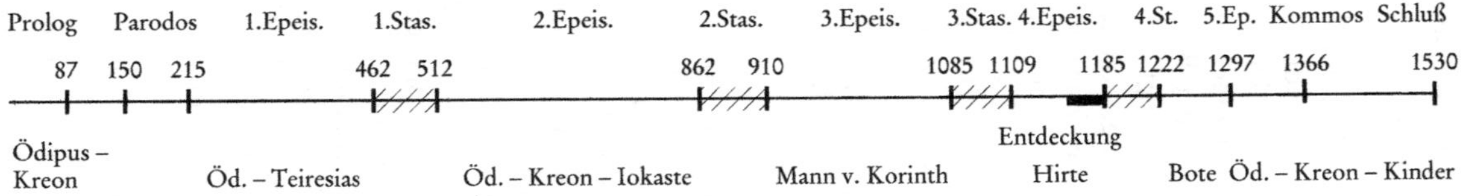

Prolog Parodos 1.Epeis. 1.Stas. 2.Epeis. 2.Stas. 3.Epeis. 3.Stas. 4.Epeis. 4.St. 5.Ep. Kommos Schluß

87 150 215 462 512 862 910 1085 1109 1185 1222 1297 1366 1530

Entdeckung

Ödipus – Kreon Öd. – Teiresias Öd. – Kreon – Iokaste Mann v. Korinth Hirte Bote Öd. – Kreon – Kinder weit, daß wieder der Seher zürnt, so daß auch er, der sich zurückhalten wollte, genötigt wird, die Wahrheit zu sagen.

463-512 ein Chorlied, in dem der Chor fragt, wer der Täter sei. Er kann sich nicht vorstellen, daß es Ödipus ist; sein enges Verhältnis zu ihm wird sehr lebendig bekundet. – Darauf das zweite Epeisodion 513-862. Kreon, der plötzlich von Ödipus beschuldigt worden war – kein Wunder: als Fremder, der eingeheiratet hat, muß er erwarten, daß der Bruder der Frau gegen ihn intrigiert –, kommt und rechtfertigt sich. Wieder setzt der Zorn sich fort und trägt die Handlung, jetzt der Zorn gegen Kreon. Irgendwie wird Ödipus durch den Zorn in eine merkwürdige, fast gehobene Stimmung gebracht, über sich selbst hinausgehoben; er nimmt in höherem Maße teil an dem daimonischen Geschehen. Kreon ist wie in der *Antigone* charakterisiert als der Korrekte, der Mustermensch, der unbedingt Zuverlässige. Seine große Rechtfertigungsrede hat leichte Züge des Komischen. Aber danach geht der Streit noch mächtig weiter, bis zu dem Wort des Ödipus, daß er ihn töten will. Hier ist auch diese Szene zweigeteilt, denn bei dieser schärfsten Zuspitzung des Streits kommt Iokaste, die ihn zu schlichten versucht. Auch der Chor greift ein, in einem Kommos 649-696. Es scheint eine rituelle Form zu sein, daß die Ältesten den Fürsten anflehen, und offenbar ist es so, daß er dann nachgeben muß, was er auch tut. 677 geht Kreon von der Bühne. Aber Iokaste fragt jetzt nach den Gründen des Streits, und das führt dazu, daß die Aufklärung Ödipus neu in die tiefste Erschütterung wirft. Iokaste will ihn trösten und beruhigen und erzählt ihr eigenes Schicksal, wie auch Laios einmal ein Orakel erhalten habe, aber dann von Unbekannten an einem Dreiweg erschlagen worden sei – ein leicht hingesprochenes Wort, das blitzartig in Ödipus die Erinnerung wachruft an einen Totschlag, den er etwa um die gleiche Zeit an einem Dreiweg verübt hat. Er fragt genauer nach, und immer deutlicher zeigt sich, daß es stimmen könnte. Ein einziger Trost bleibt, daß ein Mann, der dabei war, davon sprach, daß es mehrere Männer gewesen seien, Räuber. An diesem Unterschied zwischen Einzahl und Mehrzahl hängt nun alles.

863-910 das große mittlere Chorlied, in dem der Chor – oder der Dichter selbst – voraussieht: wenn der Glaube erschüttert ist, dann ist auch das Geschäft des tragischen Dichters aufgehoben und hat keinen Sinn mehr. – 911-1085 das dritte Epeisodion.

Iokaste kommt und will Opfer darbringen, tief beunruhigt über die Unruhe des Ödipus. Der Mann von Korinth kommt hinzu, und es ist so, daß dieser Mann, der seinen Vorteil haben und Ödipus Glück bringen will, zweifellos eine heitere Figur, daß gerade er das Unglück bringt. Ödipus kommt und befragt ihn: Polybos von Korinth ist tot, und er soll dort König werden. Und als er des Orakels wegen Bedenken hat, erfährt er, daß Polybos und Merope gar nicht seine Eltern waren. Da merkt es Iokaste, die 1071 die Bühne verläßt und sich drinnen erhängt. Ödipus aber erhebt sich noch einmal zu mächtiger Euphorie in einer Rede, in der er sich als Sohn der Tyche versteht, vielleicht einfach geboren, aber dennoch groß geworden – wieder tief tragisch-ironisch. 1086-1109 ein dionysisches Chorlied, wo sich der Chor von der Zuversicht des Ödipus anstecken läßt und noch einmal tanzt, bevor das Unheil sichtbar wird und Ödipus zusammenbricht. Das geschieht im vierten Epeisodion, 1110-1185: das Verhör des Hirten bis hin zur Entdeckung. 1186-1222 das Klagelied des Chors über die Nichtigkeit des Sterblichen, das den Hauptteil der Handlung abschließt. Dann kommt ein Diener aus dem Haus und meldet in einem großen Botenbericht den Tod der Iokaste und die Blendung des Ödipus.

Nun geht es über in die Exodos. 1297-1366 der Kommos zwischen dem geblendet erscheinenden Ödipus und dem Chor. Die alte Form war natürlich, daß der Chor singt und der Schauspieler spricht. Hier, in der späteren Tragödie, kann es auch einmal umgekehrt sein; man muß spüren, wie die hart gesprochenen Iamben in das Lyrische hineinschlagen. Es kommen auch statt dessen Anapäste vor, wie im Abschiedskommos der Antigone, da ist die Differenz nicht so groß. Bei 1369 geht das über in die drei großen Reden des Ödipus, in denen eine Art Rechtfertigung gegeben wird; auch das eine wichtige Form der Tragödie. 1422 kommt Kreon hinzu, und ein weiterer Einschnitt 1471, als die Kinder gebracht werden. 1515 bricht Kreon den Abschied kurz ab. Hier ändert der Dichter die Form in trochäische Tetrameter, ein durchlaufender Vers, der später ganz zurücktritt, hier aber mit großem dichterischem Takt gebraucht ist. Das endet damit, daß Kreon in größter Brutalität den schwer Getroffenen gleichsam noch einmal niederschlägt. Es ist seltsam, daß in früheren Deutungen und auch auf der Bühne Kreon immer möglichst human gegeben wird. Aber daß er ihm die Hand reicht, ist nicht sentimental und geschieht wohl auch nur zögernd. Und bezeichnend das Wort am Schluß: ›Wolle nicht in allem die Oberhand behalten! Denn auch das, was du in deine Gewalt bekommen hast, ist dir nicht durch das Leben nachgefolgt!‹ Hier, wo er ihm die Kinder nimmt, zeigt sich seine ganze Brutalität, die man auch herausbringen muß und die für Kreon hier wie auch in der *Antigone* bezeichnend ist. Es ist ein mächtig gewaltsamer Schluß, nach dem Ödipus wohl auch gebrochen ins Haus geht. Den Abschluß bildet wieder ein kurzes Wort des Chors, eine Art Epilog, der gleichsam das Fazit des Ganzen zieht: Was war dieser Ödipus für ein Mann, und wie ist er nun ins Unheil gekommen! Darum soll man keinen glücklich preisen, ehe er nicht ans Ende des Lebens gekommen ist, unberührt von Leid.

15.

Wir hatten den Aufbau der Handlung kennengelernt und auch schon davon gesprochen, daß die Handlung gegenüber den früheren Stücken mit gesteigerter Meisterschaft entwickelt ist, ähnlich wie in der späteren *Elektra* und dem *Philoktet.* Ich hatte mehrfach darauf hingewiesen, wie eine merkwürdige Bewegung und Gegenbewegung die Szenenform bestimmt. Vor allem im dritten Epeisodion mit dem Mann von Korinth, wo die äußere Bewegung in die eine Richtung geht und gleichzeitig die Gegenbewegung in die andere: er meldet Gutes, und gerade das Gute ist in Wahrheit das Schlimme. Auf die Verhörszenen und die Kontrastwirkung der kleinen Leute will ich hier nicht mehr eingehen. Aber diese fortgeschrittene Dramatik und kunstvolle Verflochtenheit der Handlungsführung mußten noch einmal hervorgehoben werden. – Heute wollen wir von den Problemen des Geschehens und damit der Tragik des *Ödipus* sprechen. Da ist es wieder am besten so, daß wir zurückblicken auf die Geschichte der Deutungen seit hundertfünfzig Jahren. Dazu kann ich auf meinen Aufsatz verweisen: *Der ›König Ödipus‹ des Sophokles in neuer Deutung*, dessen Hauptpunkte ich hier kurz wiederhole. Eine solche Geschichte der sich wandelnden Deutungen ist ja auch interessant für die verschiedenen Zeiten, in denen sie aufkamen.

Die bekannteste Deutung, die sich in merkwürdiger Zähigkeit bis heute durchhält, stammt aus der Zeit unserer Klassik vom

Beginn des vorigen Jahrhunderts und besagt, daß der *Ödipus* ein Schicksalsdrama wäre. Der Gedanke des Schicksals spielte in der damaligen Dramatik eine große Rolle, in Grillparzers *Ahnfrau* und bei den Romantikern, für die der *Ödipus* geradezu ein Vorbild gewesen ist. Es ist längst gesehen, daß diese Deutung falsch ist, weil die Griechen die Vorstellung eines fatalistischen Schicksalszwanges nicht kannten; das ist eher römisch, wo auch das Wort *fatum* aufkommt. Wir hatten öfter von der griechischen Schicksalsauffassung gesprochen und gesehen, daß das Schicksal nicht etwas von außen über den Menschen Kommendes ist, wogegen er völlig hilflos wäre. Diese Art von Schicksalszwang, *anánke*, beginnt erst im Hellenismus eine Rolle zu spielen. Ganz undenkbar vom Griechischen her wäre es, den *Ödipus* so zu verstehen wie in der modernen Nachgestaltung in Cocteaus *Machine infernale*, wo das Schicksal im Sinne einer Höllenmaschine dargestellt ist. Mit Sophokles hat das nichts zu tun. Man könnte sich ein solches Stück ja leicht vorstellen, das beginnen könnte mit jenem Gastmahl in Korinth, als Ödipus seine unbekannte Herkunft vorgeworfen wird, über das Orakel in Delphi, die Tötung des Laios, die Besiegung der Sphinx und die Heirat mit der Mutter – bis in einem fünften Akt der jetzige *König Ödipus* folgte und die Aufklärung brächte. Das wäre dann wirklich ein Drama, das das Walten des Schicksals zeigte, dem der Mensch mit aller Kraft und Klugheit zu entfliehen sucht und dem er doch gerade dadurch in die Arme läuft. Aber das ist es ja nicht, was wir auf der Bühne erleben. Der Gedanke einer absoluten Vorbestimmung und die Frage, wie man dem entrinnen könnte oder nicht, beginnt etwa zu Anfang des neunzehnten Jahrhunderts eine Rolle zu spielen. Zumal die Romantiker interessieren sich für das Problem der Ohnmacht des Geistes oder der Reflexion, unter dem außer dem *Ödipus* zumal der *Hamlet* gesehen wurde: Hamlet kommt nicht zum Handeln, weil er zuviel denkt. Man vergleiche die Äußerung Goethes, daß der Täter immer ›gewissenlos‹ sei, nicht zuviel denken dürfe, sonst kommt es nicht zur Tat. Nun ist diese Deutung nicht ganz falsch, aber die Akzente sitzen falsch, wenn man das zum Hauptnenner der Deutung macht. Ebenso auch im *Ödipus*. Es war eine sehr bedeutungsvolle Auffassung, wenn sie auch mehr das Hintergrundgeschehen faßt als das Geschehen des Stückes selbst. Eine solche Deutung kann durchaus produktiv sein. Falsch wird sie nur, wenn man sie über die Zeiten hinschleppt.

Eine andere Deutung ist das alte Schema von Schuld und Sühne, von dem wir schon öfter gesprochen hatten. Aber was ist denn die Schuld des Ödipus? Der Totschlag war reine Notwehr, den Vater hat er nicht gekannt und den Inzest mit der Mutter unwissentlich und unwillentlich begangen, kein Richter würde ihn verurteilen. Aber der Philologe will ihm durchaus eine Schuld anhängen, und so ist man denn in Deutschland bis zur Metaphysik gegangen und hat eine metaphysische Wesensschuld gefunden – was immer das sein mag. Ich meine dazu, daß wir auch bei Ödipus von einer unschuldigen Schuld sprechen müssen. Schuldig ist er, wenn man unter Schuld das objektiv Getane versteht, unschuldig, weil er es nicht gewußt hat.

Wieder andere gehen bei der Deutung von den Charakteren aus, für die man sich im neunzehnten Jahrhundert so sehr interessierte, bei Ibsen, Strindberg oder Gerhart Hauptmann. Aber weil ein Stück gute Charakterzeichnungen hat, ist es noch kein Charakterstück im Sinne des Naturalismus. Diese Deutung hat keine große Rolle gespielt, weil man sehr bald gesehen hat, daß die Charaktere allein noch keine dramatische Handlung ausmachen. Schon Aristoteles hat gesagt, daß es nicht auf die Charaktere ankomme, sondern auf das Geschehen, und ich glaube, daß er damit Recht hat. – Über die Deutung von Wilamowitz brauchen wir kaum zu sprechen. Er hat das Stück auf die Formel gebracht, es zeige den Untergang des befleckten Menschen, über den die Wahrheit Gottes triumphiere: in maiorem Dei gloriam. Diese zu einseitige religiöse Emphase kann der mächtigen Fülle des Geschehens und des Leidens des Ödipus wohl kaum gerecht werden.

Großartig wieder der Vorstoß von Reinhardt mit der bekannten Formel eines Weges aus dem Schein zum Sein. Danach steht Ödipus zu Anfang ganz im Schein und auch im Glanz des Scheins. Er ist ein König auf der Höhe seiner Macht und Kraft. In dies glückliche Schicksal bricht nun das herein, der Gott der Wahrheit gibt den Anstoß dazu, daß er aus dem Schein herausgeführt wird in eine Vernichtung, in der sein eigentliches Sein an den Tag kommt. Das ist ein Aspekt, der sehr viel an dem Stück verdeutlichen kann und ungeheuer gewirkt hat, wenn auch wohl nicht der letzte. – Fast als eine Absonderlichkeit kann man noch die Deutung des sehr um die Tragödie bemühten H. Weinstock berühren in seinem späteren Buch über den Humanismus, wo der

König Ödipus aus einer Mischung von Heideggerscher Angst und Alttestamentlichem gedeutet wird. Man kann Ödipus mit Hiob allenfalls in dem weitesten Sinne der Hinfälligkeit des Menschen vergleichen, kann diese Dinge aber nicht zur Deutung heranziehen.

Wir wollen auch hier von dem Versuch einer Gesamtdeutung absehen und uns an das halten, was wirklich auf der Bühne geschieht. Da lassen sich zunächst ganz einfach bestimmte Dinge feststellen, von denen man sagen kann: das ist so. Dazu gehört einmal das, was Schiller die tragische Analysis genannt hat und was wir mit Reinhardt nennen können ein Entdeckungs- oder Enthüllungsdrama. Das ist es, was die Atmosphäre des Stücks bestimmt, das Aufdecken von etwas, in einem höchst dramatischen Sinn. Man kann sagen, daß der *Ödipus* die erste detective story ist und daß auf diesem kriminalistischen Akzent seine Bühnenwirkung beruht. Nur muß man gleich hinzufügen: eine detective story von erhabenster Art. Was bei Kriminalstücken interessiert, ist ja eben die Enthüllung. Es ist etwas Wunderbares, daß etwas sich enthüllt, ein Phänomen, das von den einfachsten menschlichen Dingen bis ins höchst Geistige hinaufreicht. Vielleicht darf ich hier einmal von einem persönlichen Erlebnis sprechen, wo mir das deutlich wurde. Es war auf einer Bergwanderung im schlesischen Riesengebirge, im März, es lag noch Schnee, als ich in tiefen Nebel hineinkam. Und ich kann mich genau erinnern, was in mir vorging, als dieser Nebel sich plötzlich lichtete und der Berg vor mir sich zeigte. Es gibt kaum etwas Beglükkenderes, als wenn diese Beengnis sich öffnet, der Nebel zerreißt und statt dessen Helle und Klarheit entsteht und die Welt, die gegenwärtige Welt wieder da ist. Dies Phänomen kann man auch erleben, wenn man um einen Entschluß ringt, oder in der Wissenschaft, wo man immer wieder vor einer Fülle von Ungeordnetem steht, das auch wie ein Nebel ist, bis es sich plötzlich lichtet und man die Sache sieht. Die Griechen hatten einen ausgesprochenen Sinn für solche geistigen Abenteuer, in der Philosophie wie auch in der Dichtung. Bei Homer haben wir die Schilderung, wie des Patroklos Leiche zurückgetragen wird und Zeus einen Nebel über die Schlacht legt, und Aias spricht das berühmte Gebet: »Zeus, Vater! rette aus dem Nebel die Söhne der Achaier! Schaffe Himmelshelle und gib, mit den Augen zu sehen! Im Licht magst du uns dann auch vernichten, wenn es dir so lieb ist.« (Ilias 17,

645 ff.) Da haben wir diesen Nebel, der ein physischer Nebel ist und noch etwas anderes, der Druck auf dem Herzen dieser Männer, die den schweren Rückzugskampf bestehen müssen. Oder im dreizehnten Buch der Odyssee, als Odysseus heimgekehrt sein Ithaka nicht erkennt, weil ein Nebel darüber liegt. Und dann erscheint ihm Athene, die Göttin, und es wird ganz einfach geschildert, wie sie ihm nun alles zeigt: Da ist der Hafen, da die Nymphengrotte, da das Neritongebirge – und da lichtet sich der Nebel, und alles wird sichtbar, und er erkennt sein Land. Kleinknecht hat die Stelle behandelt und die Bedeutung der Enthüllung gezeigt als Grundmotiv des Menschlichen, ein Urhumanum. Hier kündigt sich Platonisches an: die Göttin ist wie die Sonne bei Platon, durch die die Dinge sichtbar und eigentlich seiend werden.

Darum ist auch der *Ödipus* so erregend als dies urmenschliche Erlebnis eines Offenbarwerdens von Wirklichkeit. Pointiert könnte man sagen, es ist das Erlebnis eines Ereigniswerdens der Wahrheit. Damit haben wir Reinhardts Formel von Schein und Sein schon etwas konkretisiert. Dieser Vorgang hat eine subjektive und eine objektive Seite. Einmal haben wir in Ödipus eine Gestalt, die, trotz allen Ahnens des Furchtbaren, bestimmt ist durch ein fast daimonisches Wissenwollen um jeden Preis. Das hat Hölderlin sehr schön erfaßt. Er spricht von der ›zornigen Neugier‹ des Ödipus, und darauf geht wohl auch das rätselhafte Wort: »Es hat der König Ödipus ein Auge zuviel vielleicht.« Kein Zweifel, daß sich hier etwas sehr Europäisches zeigt in dieser Neugier des Wissenwollens um jeden Preis. Immer wieder steht man in der modernen Entwicklung der Wissenschaften vor dem Problem, ob es nicht eine so hinreißende Entwicklung des Fragens und Suchens gibt, daß sie eines Tages den Menschen selbst zerstören mag. Wir alle stehen in diesem Müssen des Wissenwollens, wie man es nennen kann, das auch wieder unser Stolz ist.

Aber in Wahrheit ist auch das nichts nur Subjektives. Was in diesem Wissenwollen, diesem Zorngeschehen wirksam ist, das ist der Gott. Irgendwie ist es so, als ob Apollon der unmittelbare Mitspieler, ja der Hauptspieler in dem Stück sei. Apollon ist der Gott der Wahrheit, der nicht dulden kann, daß ein Verbrechen unentdeckt bleibt, der verlangt, daß die Dinge an den Tag kommen und offenkundig werden, bis sie gesühnt sind. Gerade die Leidenschaft, mit der Ödipus die Wahrheit sucht und sich nicht abhalten läßt vom Suchen, trägt dazu bei, daß die Forderung des Gottes sich am Ende erfüllt.

Noch ein weiteres kommt hinzu. Apollon ist als Gott der Wahrheit auch der Gott der Reinheit. Wir hatten gesehen, wie die Idee der Reinheit auch im Leben des Sophokles bedeutsam gewesen sein muß, wenn er der Priester eines Heilheros war und den Heilgott Asklepios in seinem Haus aufgenommen hatte. Diese Idee ließe sich in allen Stücken durchverfolgen, in der *Antigone* etwa in der Teiresiasrede, als er beschreibt, wie die ganze Stadt und die Altäre der Götter durch den unbegrabenen Toten verunreinigt werden. Im *Ödipus* aber ist sie ganz zentral. Immer wieder ist von Befleckung, *míasma* oder *ágos*, die Rede. Entscheidend ist das furchtbare Wort des Ödipus über sich selbst in seiner großen Rede am Schluß (1396), wo er sich bezeichnet als »eine Schönheit, von Übeln unterschwärig«, ganz konkret: Eiterbeulen unter einer glatten Haut. Es ist die Tragik des Ödipus, daß er selbst ein Mensch von höchstem Reinheitsbewußtsein ist, darin steht er ganz auf Seiten des Apollon. Man muß sich vorstellen, was es bedeutet, wenn das Unheil nicht wie sonst von außen über den Menschen kommt, sondern er es verborgen in sich selber trägt. Es ist merkwürdig, wie Hölderlin – auf dessen *Ödipus*-Deutung ich noch einmal ausdrücklich hinweisen möchte – auch das gesehen hat. »Doch das ist auch ein Leiden, wenn mit Sommerflecken ist bedeckt ein Mensch, mit manchen Flecken ganz überdeckt zu sein! Das tut die schöne Sonne: nämlich die ziehet alles auf... Die Leiden scheinen so, die Ödipus getragen.« In diesem scheinbar harmlosen Bild der Sommersprossen, wie wir es nennen, stellt sich ihm dies Geschehen dar. Die Sonne zieht die verborgenen Flecken aus dem schönen Gesicht hervor. Für Hölderlin war Apollon der Sonnengott, und so sah er in ihm die göttliche Kraft, die die Befleckung ans Licht zieht, die aus dem Menschen selbst kommt. Ich selbst habe unter diesem Aspekt das Geschehen des *Ödipus* öfter verglichen mit einem göttlich reinigenden Gewitter. Es beginnt mit der Pest: die ganze Atmosphäre ist gleichsam verpestet und vergiftet. Als Kreon mit der Botschaft von Delphi kommt, ist es wie ein erstes, noch entferntes Donnergrollen, das Ödipus zuerst nicht beachtet, es wird noch vom Zorn übertönt. In der Teiresiasszene noch stärker; und mit dem Wort vom ›Dreiweg‹ beginnt es immer mächtiger und düsterer aufzuziehen, bis zu dem furchtbaren Blitzschlag, der erst Iokaste trifft, als sie alles schon durchschaut, und dann Ödipus selbst bei seinem Schrei: Alles ist klar heraus! Das ist der Augenblick, wo die Vernichtung hereinbricht, wo aber auch die ganze Atmosphäre der Unreinheit plötzlich geklärt ist, so daß von jetzt an wieder Reinheit herrschen kann, die sich zumal in der Schlußszene, als Ödipus über sich selbst verfügt, aufs stärkste manifestiert.

In diesem Geschehen einer Reinigung ist Apollon von Anfang an zugegen. Es gibt kein Stück des Sophokles, in dem die eigentümliche Anwesenheit des Gottes so stark ist wie hier. Apollon ist ständig da, äußerlich manifestiert in seinem Altar auf der Bühne, zu dem die Schutzflehenden zu Anfang ihre Zuflucht nehmen, an dem Iokaste betet und opfert; aber er ist ebenso anwesend in der Pest selbst, dem Orakel, der Weissagung des Teiresias wie auch im Zorn, den dämonischen Entladungen. Nur daß die Reinigung von dem betroffenen Menschen ebenso gewollt und herbeigeführt wird wie von dem Gott; hier ist Ödipus ganz eins mit Apollon in seinem Wollen des Reinen. Er will als Geschlagener dasselbe, was er als König wollte, als er den Täter verfluchte.

Und noch ein letzter Aspekt, vielleicht der umfassendste, gegeben in den wenigen Schlußversen, die der Chor noch spricht und womit er das Ganze doch irgendwie deutet: man darf keinen Sterblichen vor seinem Tod glücklich preisen. Die prinzipielle Gebrechlichkeit der menschlichen Existenz ist es, die der delphische Apollon immer wieder einprägt und die auch Sophokles immer wieder aufgegriffen hat in seinen Stücken. Von dieser Hinfälligkeit handelt das große Chorlied des *Ödipus* nach der Katastrophe. Wir hatten aber auch von jenem anderen Chorlied in der *Antigone* gesprochen, über die Mächtigkeit des Menschen. Zwischen diesen beiden Polen, der dialektischen Identität von Mächtigkeit und Nichtigkeit des Menschen, bewegt sich die Tragödie des Sophokles. Immer wieder Beispiele dieser so mächtigen Gebrechlichkeit des Menschen, dieses sonderbaren Wesens, wie es die spätere Philosophie sieht: zwischen Tier und Gott stehend, der Mensch, der in seiner Sterblichkeit so Unglaubliches fertigbringt, der in seiner Armseligkeit nicht nur so liebenswert, sondern auch so unerhört ist. Diese Doppelheit ist es, von der in den Schlußversen gesprochen wird. Ödipus ist das größte Beispiel dafür, weil in ihm sich ein in jedem Sinne mächtiger Mensch und großer König doch in dieser letzten Ausgesetztheit und Hinfälligkeit zeigt.

All dies: Wahrheit, Reinheit und die Sterblichkeit des Menschen als die condition humaine sind legitime Aspekte und führen uns auf den umfassenden Horizont der delphischen Religion. In diesem Horizont ist der Sophokleische *Ödipus* zu verstehen, nicht eigentlich als Drama oder überhaupt als Kunstwerk, sondern eher als das große Beispiel einer althellenischen Passion, die uns deswegen so bewegt, weil sie uns immer noch betrifft, weil ihre Person der Mensch selbst ist. Darauf mag die bleibende Wirkung dieser Tragödie beruhen.

16.

Mit der *Elektra* treten wir aus der Epoche der Reifezeit des Sophokles, der der *Ödipus* angehört, in die des sogenannten Spätwerks, von etwa 415 bis zu seinem Lebensende. Den besonderen Stil dieser Epoche können wir gerade an der *Elektra* gut erkennen, in jeder Hinsicht: sprachlich, technisch, dramaturgisch wie auch weltanschaulich. Vorausschicken muß ich, daß die *Elektra* nicht so berühmt ist wie die *Antigone* und der *Ödipus*, daß Elektra als Gestalt aber zu den bekanntesten und beliebtesten der ganzen dramatischen Kunst gehört, eine geistige Schwester der Antigone auch in der Hinsicht, daß auch sie ganz auf den Bruder bezogen ist. Zumal in dem Stück des Sophokles ist diese Beziehung das eigentlich tragende menschliche Verhältnis. Diese Elektragestalt ist so großartig, weil sie als ein bis ins letzte vereinsamter Mensch in einer verpesteten Welt lebt, in dem durch den Mord an dem Vater verpesteten Haus, wo die Mutter zusammenlebt mit dem Mann, mit dem zusammen sie ihren ersten Mann getötet hat. In dieser Welt ist Elektra der einzige Mensch, der ständig dagegen protestiert, unbekümmert darum, was sie dafür zu leiden hat. Sie lebt verstoßen, wie eine Sklavin im schlechten Kleid, und Schlimmeres wird ihr angedroht; aber sie läßt nicht ab, die Tat den Mördern immer wieder entgegenzuhalten. Dieser Überzeugungsmut, dies Einsamsein in einer feindlichen Welt tritt als zweiter Hauptzug der Gestalt neben das Ersehnen des Bruders, hängt aber damit eng zusammen, denn sie ersehnt ihn ja als den Rächer. Sie hatte ihn damals bei der Ermordung des Vaters gerettet als ein Kind von vielleicht zehn Jahren und ihn ins Ausland bringen lassen. Von dort hat er ab und zu Botschaften gesendet, und nun ist ihre einzige Hoffnung daran geknüpft, daß er kommt und das Haus reinigt und die Herrschaft antritt. In dieser Hoffnung lebt sie als ein Mensch, der nicht vergessen, sich nicht fügen kann – eine neue Spielart dieser großen tragischen Existenzen des Sophokles.

Was die Geschichte angeht, so stammt sie aus dem Kreis der Sagen um das Geschlecht der Atriden von Mykene, eines jener großen und bedeutungsvollen, aber gleichzeitig verbrecherischen und fluchbeladenen Geschlechter, von denen die Sage berichtet. Das beginnt mit dem Stammvater Tantalos und geht durch, über Pelops, Atreus und Thyest und weiter Agamemnon und Orest. Agamemnon war der Führer der Griechen auf dem Zug gegen Troja. Seine Frau war Klytaimnestra oder richtiger Klytaimestra, aber die andere Form hat sich nun einmal eingebürgert und hat damit auch ein gewisses historisches Recht. Klytaimnestra kann es dem Gatten nicht verzeihen, daß er die Tochter Iphigenie getötet hat. Denn als das Heer in Aulis versammelt war, um nach Troja zu fahren, da wehte kein Fahrwind, und Kalchas, der Seher, verkündete, daß Agamemnon einmal die Göttin Artemis beleidigt habe, die nun zur Sühne das Opfer der eigenen Tochter verlangte. Sie wird nach der Sage im letzten Augenblick entrückt, aber da sie verschwunden ist, gilt sie doch als geopfert. Wir wissen, daß sie nach Tauris entrückt wurde, was Euripides behandelt hat und später Goethe, wo sie von Orest gefunden und zurückgeholt wird. – Klytaimnestra sinnt also auf Rache und läßt sich darum mit Aigisth ein, und als Agamemnon zurückkehrt, töten ihn beide – aus Rache, wie sie sagt, während ihr Elektra vorhält, sie hätte es vielmehr wegen ihres Liebesverhältnisses mit Aigisth getan. So werden verschiedene Züge aus der Sage herausgesponnen. Dies sind die Umrisse, in denen das Stück steht.

Sophokles beginnt mit jenem Zustand, wo Elektra allein im Haus ihre wilden Klagen um den Vater und Anklagen gegen seine Mörder erhebt. Wie sich dann die Handlung entwickelt, lehnt sich an das große Vorbild an, das wir zum Glück haben: die Trilogie des Aischylos von 458, die *Orestie*, sein letztes großes Werk. Das erste Stück, *Agamemnon*, schildert seine Rückkehr und wie er getötet wird. Das zweite behandelt, wie Orest nach seiner Rückkehr am Grab des Vaters betet und den Plan für den Muttermord entwickelt, den der Gott Apollon befohlen hat. Dann tritt der Chor der Frauen hinzu, geführt von Elektra, die ein Opfer darbringen will, wonach das Stück auch benannt ist: *Choëphoren,* die Weihgußtragenden. So treffen sich beide am Grab des Vaters, es kommt zur Wiedererkennung und zu dem berühmten Kommos, den ich in einem Aufsatz behandelt habe (H. u. H. 1 249 ff.). Orest und Elektra stehen in unmittelbarem Kontakt mit dem Toten, der ganz gegenwärtig gedacht ist und gleichsam magisch die Rächer mit seiner Kraft erfüllt für ihre Aufgabe. Dann kommt es nach einem Szenenwechsel zur Tötung des Aigisth und der Mutter, und am Schluß des Ganzen der Wahnsinn: die Erinyen treten auf und treiben Orest von der Bühne als die Göttinnen, die den Muttermord rächen. Das ganze Problem ist darauf hingespielt, daß der Gott Apollon den Mord an der Mutter befohlen hat, daß aber auch die Mutter Göttinnen auf ihrer Seite hat, also ein Gegensatz in der Götterwelt selbst. Die großartige Lösung des Aischylos haben wir im dritten Stück, wo Orest nach seiner Reinigung in Delphi nach Athen versetzt wird vor den Blutgerichtshof des Areopag. Es gibt eine große Verhandlung auf der Bühne, wobei die menschlichen Richter Orest mit einer Stimme Mehrheit verurteilen, aber die Göttin Athene mit ihrem Stein die Stimmengleichheit herstellt, womit das Problem rechtlich-mathematisch gelöst ist: Orest ist nicht freigesprochen, aber er geht frei aus, und so kann das Leben weitergehen. Dies rechtliche Problem war es, was Aischylos interessiert hatte. Er ist ganz erfüllt davon, daß es nun eine Rechtsinstanz gibt, die Konflikte, die bis in die Götterwelt hineinreichen, so schlichten kann, daß es zu einem Ausgleich kommt. Die Rachegöttinnen werden als die Wohlgesonnenen, die *Eumeniden,* am Burgberg angesiedelt und erhalten dort Kult und Verehrung.

Elektra tritt bei Aischylos also auf, aber doch nur als fast beiläufige Gestalt, eben als Schwester des Orest, der den Dialogpartner brauchte, um zu entwickeln, was ihn bewegt, und damit das Wesen des Muttermords zu exponieren. Es ist eine Technik, die man immer wieder finden kann bis in modernste Stücke, daß man zum Zweck des Exponierens einen Dialogpartner schafft, dessen einzige Existenzberechtigung es ist, daß der Held nicht zu monologisieren braucht. In der *Elektra* des Sophokles ist es umgekehrt: Orest ist der Bruder der Elektra, wie man zugespitzt sagen könnte. Auch bei Aischylos war es eine großartige Szene, wie sich dort am Grab des Vaters die Geschwister treffen, wiedererkennen und beide dann ringen um die Hilfe und die Kraft des Toten, in immer erneuten Klagen und Gebeten in alten magisch-rituellen Formen. Sophokles hat das alles unbeachtet gelassen, und sein Auge ist nur auf die Gestalt dieser Schwester gefallen, die zwar auch bei Aischylos nicht blaß, sondern schon mit großer Intensität gezeichnet war, aber doch nur in großen Zügen angelegt. Sophokles hat wirklich das Bild eines Menschen daraus gemacht, eine Gestalt, die bestimmt ist durch ihr Leid, ihr Warten und Hoffen auf den Bruder und ihren Widerstand gegen die Welt, in der sie leben muß.

Alles andere ist ganz ähnlich wie bei Aischylos. Der Mord an Agamemnon ist vor langer Zeit geschehen, Orest kommt zurück. Die Handlung spielt vor dem Königshaus in Mykene, das Grab des Vaters bleibt im Hintergrund als der hinterszenische Schauplatz, auf den die vordergründige Handlung bezogen ist. Orest kommt also und plant eine Intrige, und die besondere Art des Planens ist es, die die Handlung hervorruft. Es endet wie bei Aischylos damit, daß Orest und Elektra sich erkennen und dann erst Klytaimnestra und darauf Aigisth getötet werden – bei Aischylos war es umgekehrt – und das Haus befreit wird. In diesem Rahmen aber ist nicht nur Elektra eine großartig plastische Gestalt geworden, sondern die Handlung hat ganz andere Akzentuierungen bekommen. Sie sehen, wie glücklich es ist, daß wir hier einmal das Stück besitzen, das der Vorläufer war, und nun beides vergleichen können.

Diese Elektra ist, ähnlich wie Antigone, zu einem Begriff geworden, einer der beliebtesten Gestalten der Weltliteratur. Hofmannsthal etwa hat in seiner Jugend ein Elektradrama geschrieben, sehr psychologisierend, aber doch eine großartige Dichtung, die das Glück hatte, daß der jüngere Richard Strauß sie vertont hat, wodurch sich die spätere lange Zusammenarbeit der beiden ergeben hat. Ein vielleicht ähnlich bedeutendes Stück ist das moderne Orest- oder Elektradrama des Amerikaners O'Neill, *Trauer muß Elektra tragen.* Da ist das Geschlecht der Atriden umgesetzt in eine Familie der Südstaaten, eine großartige Erneuerung, wie sie vielfach in der englischen und französischen Literatur vorgenommen wurde, so daß der antike Stoff transparent wird durch ein Geschehen unserer Gegenwart. Weitere Nachdichtungen bei Cocteau, Giraudoux, Anouilh und anderen. Auch die *Elektra* des Sophokles ist immer wieder aufgeführt worden, kürzlich in meiner Übersetzung in Mannheim.

Noch etwas kommt hinzu, was diesem Stück eine besondere Aktualität verleiht. Als der Pädagoge vom Tod des Orestes berichtet, schildert er einen Wettkampf in Delphi, dem zweiten großen Ort der Festspiele neben Olympia, und berichtet mit allen Einzelheiten von einem Wagenrennen, das mit dem Sturz und Tod des Orest endet. Es ist der erste klassische Sportbericht, von dem moderne Reporter sich ein Stück abschneiden könnten. Ich kann bezeugen, daß das auf der Bühne großartig wirkt, heute ebenso wie damals bei den sportbegeisterten Griechen. Auch eine solche Einzelheit ist beachtenswert neben der einzigartigen Schönheit und Bedeutung des Stücks, auf der seine starke Weiterwirkung beruht.

Noch ein Wort über die Frage der Datierung. Wir haben nicht nur die *Elektra* des Aischylos, sondern auch die des Euripides, und kein Zweifel, daß die Stücke des Sophokles und Euripides in enger Beziehung zueinander gedichtet sind, nur daß es seit mehr als hundert Jahren zu keiner Einigung darüber kommt, welches das frühere ist. Ich habe mir natürlich eine Meinung gebildet und glaube, daß die Sophokleische *Elektra* früher ist. Das Hauptargument dafür ist, wie schon Wilamowitz gesehen hat, daß in dem Redekampf zwischen Mutter und Tochter bei Euripides Klytaimnestra bereits auf das anwortet, was Elektra ihr bei Sophokles entgegenhält. Aber man kann es nicht beweisen, und es ist im Grunde auch gleichgültig. Die Beziehungen bestehen, sonst sind es völlig verschiedene Stücke, und es hat wenig Sinn, weiter darüber nachzudenken. Beide gehören jedenfalls in dieselbe Zeit, Euripides kurz nach 413, wie die allgemeine Meinung ist, weil die Dioskuren auftreten und sagen, sie müßten sich um die Schiffbrüchigen bei Sizilien kümmern. Das kann wohl nur auf den Untergang der athenischen Expedition von 413 gehen, muß also unmittelbar danach gewesen sein, obwohl es Leute gibt, die auch das bestreiten und meinen, es müßten irgendwelche anderen Schiffbrüchigen gemeint sein. Die *Elektra* des Sophokles muß kurz davor gewesen sein, etwa um 415. Entscheidend ist, daß sie zum Spätstil gehört. Nur dafür ist ja die Datierung wichtig, wenn sie etwas hergibt für die Physiognomie des Stückes. So möchte ich dies philologische Problem mit allem Respekt hier beiseite lassen.

Es ist sehr interessant, auch das Stück des Euripides kurz zu betrachten. Zunächst bleibt er bei der Geschichte, wie sie auch sonst erzählt wird: der Mord an Agamemnon ist geschehen, und jetzt erwartet man Orest, der dann kommt und Rache übt. Zum Schluß erscheinen die Dioskuren und bringen alles in Ordnung: Elektra bekommt Pylades, den Freund des Orest, zum Mann, Orest wird gereinigt und kann seine Herrschaft antreten. Und doch ist die ganze Situation und die Problematik vollkommen verändert gegen Aischylos und Sophokles. Dazu auch Lesky [3]434 ff. Ich hebe nur folgendes hervor:

Die Handlung spielt nicht in Mykene vor dem Königshaus, sondern an der Grenze von Argos, auf dem Lande. Elektra ist zwangsweise verheiratet worden; die Mörder wollten die Tochter aus dem Haus haben, nicht nur weil sie andauernd Unruhe gestiftet hat (was auf die *Elektra* des Sophokles zurückverweisen dürfte!), sondern weil sie nicht einen Rächer gebären darf. Darum wird sie mit einem gewöhnlichen Landmann verheiratet und lebt nun als Bäuerin. Der Mann ist ein braver und edler Mensch, der selbst bei Euripides mit seinen sozialen Gedanken noch von adliger Abkunft ist, so daß die Konvention gewahrt bleibt. Er rührt Elektra nicht an, aber es wird realistisch geschildert, wie sie arbeiten und sich mühen muß. Sie sehen, wie hier ein Horizont eröffnet wird, den Euripides auch sonst liebt: der Horizont des Sozialen, mit dem ein ganz neuer Aspekt des Menschlichen in den Blick fällt. Man denkt darüber nach, daß eigentlich alle Menschen gleich sind, daß auch der Sklave ein Recht als Mensch hat; all das sind Problematiken, die Euripides zum erstenmal sieht und auf die Bühne bringt, die bei ihm nicht nur Schaubühne ist oder Kultraum, sondern Tribunal im Sinne Schillers, Ort der Dokumentation und Diskussion von Tagesfragen. Darum ist diese Verheiratung Elektras an einen Bauern nicht genrehaft zu verstehen, sondern steht im Sinne dieser Tendenz.

Die Handlung will ich nicht im einzelnen schildern. Orest kommt, es gibt lange Gespräche und eine Wiedererkennung, wo Aischylos kritisiert wird: Haare, Fußspuren, Gewebe – danach kann man doch keinen Menschen wiedererkennen nach so langer Zeit. Es ist eine neue, strengere Forderung der Wahrscheinlichkeit, mit der hier der ältere Dichter geradezu veralbert wird. Dann die Intrige, an der Euripides besondere Freude hat. In anderen Stücken wie etwa dem *Orest* ist es ein wahres Gangsterstück, an dem die Verderbtheit dieser Heldenwelt gezeigt wird und eine Negierung aller Werte, die schon existentialistisch ist. So weit geht es noch nicht in der *Elektra*, weist aber doch schon in diese Richtung. Klytaimnestra wird richtig in die Falle gelockt. Man läßt ihr mitteilen, daß Elektra ein Kind erwartet, worauf die Mutter natürlich zum Kindbett kommt. Sie ist nicht so böse wie bei Sophokles, sondern hat durchaus menschliches Empfinden, und so sucht sie nun die Tochter auf, auch mit dem Stolz der Großmutter, die ihren Enkel pflegen will. Es kommt zu einem Redekampf, und sie wird getötet. Dann aber etwas ganz Neues gegen Sophokles und zumal gegen Aischylos, wo die Probleme ganz objektiv sind. Hier werden sie ins Subjektive gespiegelt und damit zu Problemen des Schuldbewußtseins, der Reue und der Belastung durch eine Tat. Damit kommt zum erstenmal der Begriff des Gewissens auf, den wir sonst bei den Griechen nicht kennen; ähnlich auch im *Orest* und in der *Iphigenie in Aulis*, großartige Schilderungen, wie ein Mensch von schweren Taten belastet ist. Auch in der *Elektra* brechen die Geschwister fast zusammen unter dem, was sie getan haben; wir hören die Klagen aus der Seele eines Menschen, der seine eigenen Taten nicht verwinden kann. Aus dieser Situation gibt es nur noch eine Lösung: den Deus ex machina, hier die Dioskuren, die alles lösen und die Zukunft voraussagen. – Das ist die *Elektra* des Euripides, ein interessantes Stück, in dem die alte Handlung ausgebaut wird mit dramatischen Neuerungen und modernen Problemen wie dem des Sozialen, des Weltanschaulich-Pessimistischen und vor allem der Art, wie nun die Schuld in den Menschen hineinschlägt, nicht als objektive Verstrickung, sondern als ausgetragene Schuld, wenn sie auch durch die Götter dann einfach wieder weggewischt wird.

Nachdem wir so gleichsam die Vergangenheit des Stückes und das nach oder neben ihm betrachtet haben, wollen wir jetzt an das Stück selbst herangehen. Ich sagte schon, es handelt sich um ein Stück der Spätzeit und des späten Stils, den wir hier zum erstenmal antreffen, und man muß wissen, daß Sophokles damals immerhin an die achtzig Jahre alt gewesen ist. Das müssen wir bedenken, wenn wir es lesen, und müssen das ganz Neuartige in allen Schichten und Gestaltungsformen hervorheben, wie das vor allem Reinhardt herausgearbeitet hat. Wir haben drei Tragödien aus dieser Epoche, *Elektra*, *Philoktet* und *Ödipus auf Kolonos*, und alle drei haben deutlich Gemeinsames. Einmal den Sprachstil, bei dem wir eine immer stärkere Auflösung und Entwicklung zum Konventionellen beobachten. Sophokles selbst hat ihn den ethischsten und besten genannt, das heißt, am meisten der Weise der redenden Menschen entsprechend. Es ist eine ganz neue lebendige Sprache im Hin und Her des Dialogs, nicht hart wie noch im *Ödipus*, sondern geschmeidig, aus dem Wesen des Menschen geformt. Und wir können sagen, daß diesem Stil auch ein neuer Sinn für das Menschliche zugeordnet ist, ohne daß bereits eine psychologische Zerfaserung einsetzt. Wir sehen, wie die Menschen sich mehr einander zukehren, sich gleichsam ansehen, wirklich aufeinander bezogen sind, zueinander sprechen, und wie in ihren Äußerungen auch die Gefühle unmittelbarer zueinander strömen. Bestimmte Weisen des Menschlichen treten jetzt erst ein in den Sprachstil der Tragödie. Auch musikalische Neuerungen gehören dazu, die wir nicht fassen können, von denen wir aber aus Berichten wissen. Wir sehen etwa, wie hier gleich am Anfang die Monodie der Elektra steht, wo sonst die Parodos ist, wie die Handlungsführung auch innerhalb der Einzelszenen Umschwünge und Umbrüche hat, wie eine Art Drehmoment in die Szene hineinkommt, was früher noch nicht so gekonnt war.

Wichtiger ist etwas anderes, das mehr in die Sache selbst hineinführt: die Bedeutung, die jetzt die Intrige gewinnt. Ich sagte schon, daß sie vor allem Euripides eingeführt hat als das überlegte Planen einer Handlung, listig, auch böswillig, was man eben Intrige nennt. Ob er es als erster eingeführt hat, weiß man nicht. Jedenfalls bestand ein starkes Interesse daran, und auch Sophokles hat in seinen späten Stücken diese Intrige, wie sie vorher bei ihm nicht denkbar gewesen wäre. Die Intrige wird zu einem wichtigen Faktor der Handlung. Die Handlungen bei Sophokles sind immer Leidenshandlungen, in allen Stücken. Es geht aber um die Verursachung des Leidens, und da ist wohl richtig gesehen worden, daß ein Unterschied besteht zwischen den Stücken der mittleren und der späten Zeit, insofern sich die Weise, wie das Leiden entsteht, nicht mehr notwendig aus dem ergibt, was bei den Griechen eine übergreifende Einheit ist: Charakter und Schicksal, mit der sie vom Daimon eines Menschen sprechen können. Da kann es so sein wie bei Ödipus oder auch bei Aias, daß ein Mensch von einer bestimmten Beschaffenheit des Wesens notwendig in das Unheil kommt, das er dann als inneres Leiden austrägt. Für das Spätwerk ist charakteristisch, daß das nicht mehr so ist, sondern das Leiden ergibt sich eigentlich fast zufällig, fast sinnlos – fast, nicht ganz. So auch in der *Elektra*. Elektra leidet zunächst an der Verderbtheit des Hauses, dem unbestraften Mord an dem Vater. Aber was dies Leiden dann zur Verzweiflung steigert, ist die Intrige des Orest. Er plant, um sicher ins Haus zu kommen, daß der Pädagoge seinen Tod melden soll. Diese Meldung hört Elektra, und indem sie hineingerissen wird in die Täuschung, steigert sich ihr Leiden zu jener Verzweiflung, die eigentlich eine Verzweiflung um nichts ist, hervorgerufen durch das allzukluge menschliche Planen.

Das führt uns auf den religiösen Aspekt, von dem wir einleitend schon gesprochen hatten. Während in den früheren Stücken das Göttliche sich in einer eigentümlichen Gegenwart darstellt, die Handlung durchdringt, wenn auch nicht führt, so haben sich jetzt die Götter gleichsam an den Rand des Geschehens zurückgezogen und den Menschen die Dinge selbst überlassen. Nur ein Orakel gibt zu Beginn noch den Anstoß. Man hat das etwas übertrieben, es ist nicht so, daß bei Sophokles das Göttliche ganz neutralisiert wird und verschwindet; er hat diese Dinge nie ganz aufgegeben. Aber richtig ist, daß jetzt die Problematik aufkommt: was wird aus dem sich selbst überlassenen Menschen? Er wendet all seine Klugheit auf, ist findig, verschlagen, durchschaut die Dinge, ist mißtrauisch, tatkräftig und scheut vor nichts zurück – dies letztere zumal bei Euripides, Sophokles geht nicht ganz so weit. Aber auch bei ihm zeigt sich, daß dieser sich selbst überlassene Mensch nur Unheil anrichtet, sich selbst schadet und Leiden über sich bringt. Wenn dies Spiel der Klugheit eine Weile gegangen ist, kommt vielleicht ein Gott, der eingreift und die Dinge wieder in Ordnung bringt. Das ist die tiefere Bedeutung des oft nur als technisches Mittel betrachteten Deus ex machina, der auch bühnentechnisch sehr wirksam ist. – Noch ein Wort zu Reinhardt. Als er in seinem Buch zur *Elektra* übergeht, ist es merkwürdig, wie stark er darauf hinauskommt, dies alles sei eigentlich gar keine Tragik mehr, sei ›gespielte Tragik‹. Hier spiele nicht mehr die Gottheit mit dem Menschen, sondern nur noch der Dichter mit seinen Geschöpfen. Diese Dramen seien nur noch Virtuosenstücke. Der Dichter treibe mit der eigenen früheren tragischen Form sein Spiel. Dem muß ich nun scharf widersprechen. Weil jene andere Tragik, die auf dem unmittelbaren Walten des Daimon beruht, nicht mehr da ist, soll es überhaupt keine Tragik mehr sein? Das scheint mir eine unzulässige Verengung des Begriffs von Tragik, wenn er die bedeutendsten Erscheinungen nicht mehr erfaßt. Auch von den Romanzen Shakespeares hat man behauptet, daß das alles nur noch Spiel sei, und das wurde vielleicht auf Sophokles übertragen. Aber auch bei Shakespeare ist es nicht so. Für die *Elektra* hoffe ich zeigen zu können, daß diese Auffassung nicht richtig ist.

Nun wollen wir uns das Stück wie immer anhand eines Schemas verdeutlichen. 1-85 der Prolog, Orest tritt auf und Pylades als stumme Person mit dem Pädagogen, der sie begleitet. Gleich in den ersten Versen wird die Exposition der Intrige mitgeteilt, der Plan entwickelt: der Alte soll ins Haus gehen, den Tod des Orest melden und auskundschaften, wie es drinnen steht, während Orest mit der vermeintlichen Totenurne nachfolgen will. Wichtig ist, daß V. 70 das Wort ›Reiniger‹, *kathártes*, fällt. V. 76 wird aus dem Haus die Stimme der Elektra hörbar, in einem lang hingezogenen qualvollen Schrei: *Io! moi! moi!* Schon in diesem Schrei ist die Gegenwart der Elektra in ihrem ganzen Leid unerhört plastisch geworden. Dann gehen die drei ab, und wo sonst die Parodos war, haben wir nun die neue Form der großen Monodie der Elektra, zu der die Frauen hinzutreten. Die Frauen fragen, Elektra antwortet, ein herrliches lyrisch-musikalisches Gebilde. Dann beginnt die Handlung im ersten Epeisodion, 251-471. Was eben lyrisch gegeben war, wird jetzt wiederholt in der gesprochenen Form; nach der lyrischen Exposition die logische, wie wir das schon seit dem *Aias* kennen. Bei 328 mitten in der Szene der Auftritt der Schwester Chrysothemis, die die Mutter mit Totenspenden für den Vater geschickt hat, weil sie einen schlimmen Traum gehabt hat, und nun geht sie damit zum Grab, dem hinterszenischen Schauplatz. Die Handlung ist so entwikkelt, daß erst der Gegensatz der beiden Schwestern dargestellt wird, bis zur Erwähnung des Traumes und Elektras Ausruf: »Ihr väterlichen Götter! jetzt steht bei!« Damit wendet sich das Geschehen, sie bringt es fertig, die Schwester umzustimmen, so daß sie die Güsse wegschüttet und statt dessen von ihr selbst eine Locke und einen Gürtel darbringt, die der Vater wohl lieber annehmen werde als die Gaben von dem verhaßten Weib. Damit haben wir einen ersten Sieg der Elektra. Es folgt ein Stasimon 472-515, dann das sehr lange zweite Epeisodion, 516-1057. Hier erscheint Klytaimnestra selbst, und man kann wohl sagen, daß sie gegenüber dem großartig daimonischen Charakter bei Aischylos und dem labilen bei Euripides hier bei Sophokles erscheint als das

Elektra

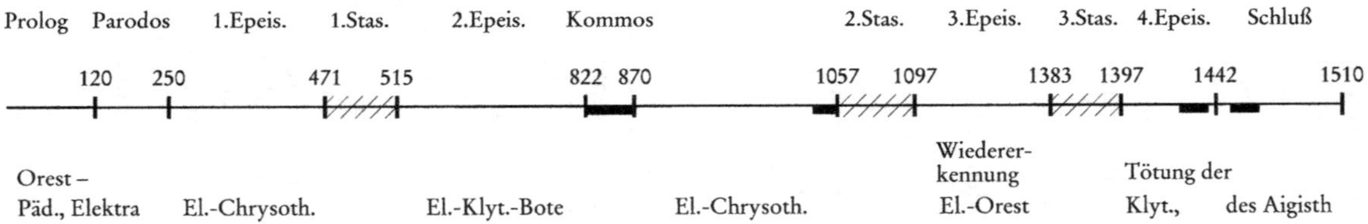

Prolog Parodos 1.Epeis. 1.Stas. 2.Epeis. Kommos 2.Stas. 3.Epeis. 3.Stas. 4.Epeis. Schluß

120 250 471 515 822 870 1057 1097 1383 1397 1442 1510

Orest –
Päd., Elektra El.-Chrysoth. El.-Klyt.-Bote El.-Chrysoth. Wiedererkennung El.-Orest Tötung der Klyt., des Aigisth

in jedem Sinne böse Weib. Wir erleben sie in der großen Rede in ihrer ganzen Bosheit gegen die Tochter, auf die Elektra antwortet und nun zum zweitenmal siegt, indem sie die Mutter regelrecht mundtot macht, so daß sie nur noch fast kläglich sagen kann: Willst du mich nicht einmal opfern lassen? Denn sie will gerade am Altar des Apollon opfern, ähnlich wie Iokaste im *Ödipus.* Und ebenso wie dort scheint es, als ob ihr Gebet erhört wird, denn jetzt kommt der Pädagoge mit der Nachricht vom Tod des Orest. Hier steht der ›Sportbericht‹, von dem wir gesprochen hatten, 680-773, ein großes ekphrastisches Gebilde. Darauf triumphiert Klytaimnestra unverhohlen und geht ab. Hier haben wir die Niederlage, den völligen Niederbruch der Elektra, die zurückbleibt und in ihrer Klage bezeugt, wie jetzt ihr Leben verdorrt ist. 822-870 ein Kommos. Nun ist der bloße Trug so mächtig geworden, daß die gegnerische Partei aufs höchste erhoben, Elektra aber in die tiefste Verzweiflung gestürzt ist. Und wieder ein solches Drehmoment: Chrysothemis kommt vom Grab, begeistert und freudig, denn sie hat die Güsse und Haarspenden dort gesehen und sofort richtig geschlossen: Orestes ist da! Und nun ein merkwürdiges Spiel, daß die Wahrheit weichen muß vor der Macht des Trugs. Chrysothemis erscheint als leere Törin gegenüber Elektra, die die Wahrheit zu haben meint. Sie sehen, wie bestimmte philosophische Probleme hier hereinspielen, die dann bei Platon weitergeführt werden. Auch die Schwester wird nun immer mehr in den Trug, in Klage und Leiden hineingezogen, während sich Elektra mächtig erhebt zu einem Entschluß der Verzweiflung: sie selbst will die Mörder töten, und die Schwester soll dabei mithelfen. Es ist die Antigone-Situation, Sie sehen, wie Partielles später wieder auftaucht. Chrysothemis weigert sich, versucht, ihr zuzureden, und das endet damit, daß Elektra entschlossen ist, die Tat allein zu wagen.

Das zweite Stasimon, 1058-1097, dann das dritte Epeisodion, in dem Orest selber auftritt als Bote seines eigenen Todes, mit Leuten, die die Urne tragen. Nun die große Szene der Konfrontation von Bruder und Schwester, wo er sie zunächst nicht erkennen kann in dieser armseligen Gestalt. Aber während ihrer großen Klage wieder ein Drehmoment: Orest erkennt sie, und es kommt zur Wiedererkennung in einer Stichomythie, an die sich ein Wechselgesang anschließt, in dem der übermächtigen Freude Elektras auf Seiten des Orest Vorsicht und eine gewisse Zurückweisung gegenüberstehen. Dann folgt das unmittelbare Planen, zu dem auch der Pädagoge hinzutritt und berichtet, wie es drinnen steht, daß Aigisth nicht im Hause ist. Eine zweite Wiedererkennung Elektras mit dem alten Diener. Das endet mit einem Gebet Elektras, während die anderen hineingehen. Ein kurzes, aber großartiges Chorstück, das wir noch betrachten werden, 1384-1397. Dann das letzte Epeisodion, wo wir die Ermordung der Klytaimnestra miterleben durch ihre Schreie aus dem Haus, während Elektra draußen lauscht und auf den Todesschrei der Mutter mit größter Leidenschaft ruft: »Schlag zu, wenn du die Kraft hast, zum zweitenmal!« In diesem Schrei drückt sich nicht nur ein Gefühl aus, sondern dadurch wird Elektra virtuell zur Mittäterin. – Was noch folgt, läßt sich schnell beschreiben. Orest kommt heraus, leicht bedrückt, aber Sophokles geht dem nicht nach wie Euripides. 1442 kommt Aigisth, und nun ein großartiges dramatisches Spiel: Orest spielt den Boten, Klytaimnestra wird als Tote herausgetragen, und Orest zwingt Aigisth, die Leiche aufzudecken, worauf er ihn erkennt und sieht, daß er verloren ist. Ein glänzender Dialog. Aigisth klagt und wird auch wieder unverschämt, wie solche Leute gern selbst vor der Hinrichtung noch ihre Charakterstärke beweisen. Er wird hinausgebracht und hinter der Bühne getötet, worauf mit einem kurzen, aber wichtigen Spruch des Chors 1508-1510 alles endet.

17.

Wir müssen heute noch auf das Problem eingehen, welche Bedeutung der Muttermord in der *Elektra* des Sophokles hat. Man hat gemeint, er sei nun einmal im Stoff angelegt gewesen, aber Sophokles hätte alles getan, um ihn möglichst an den Rand des Geschehens zu drängen und zu neutralisieren, so daß er ganz amoralisch wirke, Bestandteil des Stoffes, aber unwichtig gegenüber dem Seelendrama der Elektra. Demgegenüber hatte ich schon hingewiesen auf das Wort der Elektra 1415: »Schlag zu, wenn du die Kraft hast, zum zweitenmal!« Es ist doch keine Neutralisierung des Mordes, wenn die Tochter auf der Bühne so etwas schreit, sondern vielmehr stärkste Aktualisierung, so daß Elektra auf diese Weise zur Mittäterin wird. Weiter kommt hinzu, daß wir bei V. 1427 eine Lücke haben, die wohl nicht zufällig ist: es sieht aus, als habe hier jemand absichtlich gestrichen. Es sind nur wenige Verse, aber ich meine, daß hier das Problem kurz aufgeklungen sein mag, wenn auch nur einen Augenblick aufleuchtend und gleich wieder verschwindend. Elektra fragt, wie es drinnen steht, und Orest antwortet: Gut – wenn denn der Gott recht den Spruch getan hat. Darauf muß sie noch etwas geantwortet haben, wie die Responsion zeigt, was, wissen wir nicht. – Das Entscheidende aber ist der ganz kurze Chorgesang, der die Rächer begleitet, als sie zur Tat ins Haus gehen, 1384-1397:

Seht, wie sich weidend voranbewegt,
Blut schnaubend, gegen das nicht anzuhadern,
Ares!
Hineingeschritten eben sind
Unter des Hauses Dach
Sie, die da nachsetzen den schlimmen Freveltaten,
Die unentrinnbaren Hunde:
Die Erinyen!
...
Herangeführt eben wird
Der Unterirdischen Rächer
Mit listigem Fuß
Unter das Dach
In des Vaters uralt reiche Sitze,
Frischgeschliffenen Mord in Händen.
Der Sohn der Maia,
Hermes, führt ihn,
List in Dunkel verhüllend,
Bis grad' ans Ziel
Und wartet nicht mehr.

Es ist doch deutlich, was dies Chorlied besagt. Nicht zwei Menschen sind in das Haus gegangen, um jemand umzubringen, sondern Ares und die Erinyen, und die Rächer werden von Hermes geführt, dem Gott der listigen Tat wie der Toten. Durch dies knappe, aber eindrucksvolle Chorlied ist der Mord erhoben in die Sphäre des Mythischen und Magischen. Es bleibt auch hier dabei, daß das ganze Stück ein Geschehen der Reinigung ist, ebenso wie im *Ödipus*. Orest hatte schon zu Anfang in seinem Gebet gesagt, daß er als Reiniger des Hauses komme, und das letzte Wort des Chors darüber sagt, daß nun das Geschlecht des Atreus nach so vielen Leiden hinausgelangt sei zur Freiheit, *eleutheria*. Das letzte

Wort, das Elektra spricht, heißt Entsühnung, *lytérion*. Im ganzen Stück war von der Befleckung, dem Frevel die Rede. Der Muttermord ist die furchtbare Amputation eines Gliedes, das zum eigenen Körper gehört, aber er ist notwendig, damit diese Freiheit und Entsühnung erreicht wird. Das ist sophokleisch. Es ist also nicht nur eine Leidenshandlung, sondern die Tat gehört dazu, wenn sie auch den strömenden, breit entwickelten Klagen gegenüber ganz kurz und hart dargestellt wird. Aber in der Thematik hängt beides fest zusammen und kann nicht voneinander gelöst werden.

Dies also ist die neue Form der Tragik des Sophokles, die anders, aber darum nicht weniger groß ist als die frühere. Und nicht einmal das stimmt, daß die Welt nun bis auf den göttlichen Befehl am Anfang ganz entgöttlicht wäre. Denken wir nur an das nächtliche Schreckgesicht der Klytaimnestra, von dem sie doch schwer erschüttert ist, und wie Elektra, als sie davon hört, sofort ein Wirken der ›väterlichen Götter‹ darin erkennt. Und weiter, wie Klytaimnestra dann opfert und betet und scheinbar die Erhörung folgt, die der Zuhörer aber schon als den Anfang des Strafgerichts erkennt. Ebenso das Gebet des Orest am Schluß seines Planens und wieder jenes Chorstück, das den Muttermord in die Sphäre des Mythisch-Religiösen erhebt. Bei alledem kann man eigentlich nicht sagen, daß die Atmosphäre nicht mehr vom Wirken des Göttlichen bestimmt wäre. Sophokles hat nach dem Erlebnis der Pest und dem Tod des Perikles eine Verdüsterung der Welt erlebt und darin auch eine Art Entgöttlichung. Aber er hat weitergedichtet und große Bilder hingestellt des menschlichen Leidens, Hoffens und Untergangs, die sich doch vollziehen auf diesem in die Ferne gerückten Horizont des Göttlichen. Dem kann man wohl den Begriff der Tragik nicht absprechen.

Die Datierung des *Philoktet* ist ganz sicher: wir haben eine Notiz, er sei 409 aufgeführt worden; Sophokles war damals fünfundachtzig Jahre. Wieder der Altersstil, den wir charakterisiert hatten: ein plastischer Dialog, eine höchst flüssige Handlungsführung, bei der die Epeisodien immer länger werden, durchbrochen durch neue Auftritte, einmal mitten im Vers. Neu ist auch, daß zwei im Gespräch auf die Bühne treten, wie später in der Komödie. Auch die Handlungssituation ist die gleiche. Nur daß sich das Göttliche gegenüber der *Elektra* noch stärker aus der Welt zurückgezogen hat zum äußersten Horizont und von dort aus Weisungen gibt. Hier steht am Anfang wieder ein Orakel, das alles in Gang bringt. Und als sich am Ende die Handlung unlösbar verstrickt hat, kommt nicht nur eine Weisung, sondern eine göttliche Gestalt tritt auf und bringt alles wieder ins Rechte: der zum Gott erhobene Herakles, der frühere Freund des Philoktet, der ihm den Bogen gegeben hatte. Dazwischen die sich selbst überlassene Menschenwelt mit ihren Zwecken und Absichten, den sogenannten Realitäten des Lebens, Forderungen des Tages, politischen Forderungen, die gemeistert werden mit dem klugen Planen, der Intrige. Man müßte einen Überblick geben über die Entwicklung des politischen Lebens in Athen, wo die Formen der Politik, der Diplomatie und auch der politischen Manipulation immer reicher und differenzierter werden. Die Politik, ursprünglich getragen von religiösen Bindungen, ist nun säkularisiert, und damit geht zusammen das Spekulieren und Manipulieren, Dinge, die zum Wesen der praktischen Politik gehören. Das dringt auch in die Tragödie ein und wurde von den Athenern sicher mit größtem Interesse angesehen in einer Zeit, in der selbst der Ernst einer Parlamentssitzung zum Spektakel wurde. Das steht nun bei Sophokles ganz im Zentrum, die Problematik der Intrige ist noch stärker vorangetrieben als in der *Elektra.*

Der Stoff des *Philoktet* stammt wieder aus den kyklischen Epen, den *Kyprien* und der *Kleinen Ilias.* Die Griechen waren auf der Fahrt nach Troja auf einer Insel gelandet, und da ist es dem Philoktet passiert, daß er von einer Schlange gebissen wurde, nicht tödlich, aber es ist eine Wunde, die schrecklich eitert, und der Gestank ist so grauenhaft, daß die Männer es auf dem Schiff nicht aushalten und ihn schließlich auf Lemnos aussetzen und ohne ihn weiterfahren. Nach Jahren erhält man ein Orakel, daß Troja nicht ohne seinen Bogen eingenommen werden könne, und man schickt eine Gesandtschaft nach Lemnos, die ihn holen soll. Er ist natürlich verbittert, zumal gegen Odysseus, der damals seine Aussetzung veranlaßt hatte, und die Frage ist nun, wie man ihn und seinen Bogen nach Troja bringt. Wie kann man einen Mann, der so schändlich behandelt wurde, so hinbiegen, daß die politischen Ziele erreicht werden? Wie Menschen immer wieder als Objekte der Politik behandelt werden, werden wir auch im *Ödipus auf Kolonos* sehen, und auch, wie stark Sophokles das mißbilligt hat. Und doch muß es am Ende dazu kommen, daß Philoktet nach Troja geht und die Stadt dann eingenommen wird.

Hier haben wir etwas sehr Interessantes. Der Stoff ist von allen drei Tragikern behandelt worden, und zwar von Sophokles zuletzt. Wir wissen nicht, wann das Stück des Aischylos war, jedenfalls vor 456. Das des Euripides ist sicher datiert auf 431, zusammen mit der *Medea.* Und zweiundzwanzig Jahre später schreibt Sophokles seinen *Philoktet.* Nun haben wir zwar nicht die Stücke der beiden anderen, aber wir haben etwas, das an ihre Stelle treten kann. Es gibt einen hervorragenden kaiserzeitlichen Rhetor, nicht von der Freiheit Plutarchs, aber doch ein geistreicher und gebildeter Mann: Dion von Prusa, genannt Chrysostomus. Er ist wahrscheinlich um 40 n. Chr. geboren, wurde 87 verbannt, dann ist er von Nerva zurückgeholt worden, hat auch Trajan nahegestanden und ist um 102 wieder nach Prusa gekommen, wo er dann im hohen Alter gestorben ist, am Beginn der hadrianischen Zeit. Von diesem Dion haben wir eine beträchtliche Anzahl von Essays, wie wir das nennen können, Reisebeschreibungen und anderes, und die zweiundfünfzigste Rede (der Artemisausgabe) berichtet, daß er einmal, während er sich von einer Krankheit erholte, alle drei Stücke gelesen habe, und gibt einen Vergleich der Handlungen. Etwas Besseres können wir uns nicht wünschen. Es ist nicht ganz genau, aber doch so, daß wir den Unterschied der Konzeption erkennen und das, was bei Sophokles das Besondere war. Ich muß das kurz wiedergeben; es wäre sehr reizvoll, diesen frühen Essayisten einmal selbst zu lesen, breit und behäbig der modernen Art gegenüber, aber sehr interessant.

Bei Aischylos wie Euripides bestand der Chor aus Männern von Lemnos. Bei Aischylos ist er wahrscheinlich einfach aufgetreten. Bei Euripides gibt er eine Erklärung für sein Kommen (so immer wieder bei ihm, er hält das offenbar für nötig): sie müßten ihn um Verzeihung bitten, weil sie sich nicht recht um ihn gekümmert hätten. Weiter tritt Odysseus auf, bei Euripides zusammen mit Diomedes, der in der Ilias öfter mit ihm zusammen genannt wird. Damit Philoktet den Odysseus, auf den er besonders erbittert ist, nicht gleich erkennt, wird er von der Göttin Athene verwandelt, ähnlich wie in der Odyssee. Euripides pflegt gern die ungenaue Art des Aischylos zu kritisieren; bei ihm war er also offenbar nicht verwandelt, er war wohl listig, aber nicht eigentlich ein Schurke. Die Handlung ging dann so, daß bei Aischylos Philoktet seine Geschichte erzählt hat, dann hat Odysseus ihn zu überreden versucht, und am Schluß ist es vielleicht wirklich zu einer Art Versöhnung gekommen, wie Aischylos es liebt. Wenn man diese wenigen Daten hineinprojiziert in das, was wir von Aischylos wissen und der Art, wie er seine Stücke baut, so ist völlig deutlich, wie das Stück ausgesehen haben muß, nämlich ähnlich wie der *Prometheus* und die *Niobe*, die wir gut rekonstruieren können. Demnach war Philoktet die zentrale Gestalt, die ähnlich wie Prometheus in langen Reden ihre Geschichte erzählte. In dieser frühen Dramatik, die fast noch episches Theater war, können wir beobachten, daß der epische Zusammenhang einfach in Personen aufgeteilt wird, noch in den *Persern*, wo die Geschichte der Perserkriege in großen Komplexen erzählt wird. So muß auch der *Philoktet* gewesen sein. Dann geht es so, daß andere Personen hinzutreten und ihm zusprechen, während er unzugänglich bleibt. Ich habe das bei Aischylos die ›Trotzhandlung‹ genannt. Es ist ja auch nicht zu erwarten, daß dieser so schändlich behandelte Mann nun einfach mitgeht. Die Trotzhandlung ist immer verbunden mit der Parainese, man redet ihm zu, versucht, ihn zu bewegen, wobei immer neue Gestalten auftreten. Wie das im *Philoktet* gemacht war, können wir nicht sagen, aber die Grundstruktur dürfen wir erschließen.

Euripides ist, wieder unter Heranziehung dessen, was wir sonst von ihm kennen, zunächst einmal auf Wahrscheinlichkeit bedacht. Odysseus darf nicht so unverhüllt kommen, er muß verwandelt werden, und auch der Chor muß um Verzeihung bitten. Dion sagt öfter, Euripides sei genauer als die anderen, *saphés*, und mehr der biographischen Realistik entsprechend. Das Wichtigste aber ist, es gibt zwei Gesandtschaften: eine der Griechen und eine der Troer, die auch von dem Orakel gehört haben. Wir können uns nun vorstellen, wie Philoktet zwischen diesen beiden Parteien steht, wie große Reden gehalten werden, Redekämpfe in schönster rhetorischer Manier, wo alle Argumente ins Feld geführt werden, ganz rational, wie Euripides das liebt. Ferner hat er eine ausgeprägte nationale Tendenz, so wie überhaupt Tendenzen für seine Kunst charakteristisch sind. Ähnlich war es bei der *Iphigenie in Aulis*, wo sie schließlich den Opfertod für Hellas auf sich nimmt. Dieser hellenische Gedanke gegenüber dem troischen war sicher im *Philoktet* sehr effektvoll in einem großen Rededuell durchgeführt. Es muß ein sehr wirksames Stück gewesen sein, aus seiner besten Zeit, zusammen mit der *Medea*.

Wenn wir dies vor Augen haben – wobei das Stück des Euripides natürlich damit endet, daß sich Philoktet für die Sache der Hellenen entscheidet –, dann ist es ungemein charakteristisch, wie anders es Sophokles macht. Ich wüßte kaum einen anderen Fall, wo die Art des Sophokles so deutlich zu erkennen wäre, gerade weil er all den Möglichkeiten der beiden anderen aus dem Wege geht und eine ganz andere Richtung einschlägt. Das geschieht durch zwei entscheidende Erfindungen, die seine eigenen sind. Einmal, daß er die Insel Lemnos, auf der Philoktet ausgesetzt wurde, zu einem unbewohnten Eiland macht. Der Chor, das sind bei ihm die Schiffsgesellen des Odysseus. Das heißt, die Situation des Leidens ist gesteigert zu der eines antiken Robinson, der auf einer einsamen Insel sein Leben fristen muß, noch dazu mit dieser furchtbaren Wunde am Fuß: ein elendes Leben. Das ist ein tief sophokleischer Gedanke. Immer wieder hat er Menschen, die verstoßen, ausgesetzt, beiseite gerückt sind, wie Elektra es im eigenen Hause war. Das Motiv dient also dazu, die Leidenshandlung und die Leidensgestalt des Philoktet zu vertiefen. – Das zweite ist die Einführung des Neoptolemos. Der Spießgeselle des Odysseus ist im allgemeinen Diomedes, schon im zehnten Gesang der Ilias (der unechten sogenannten Dolonie). Sophokles bringt statt dessen den jungen Neoptolemos, den Sohn des Achilleus. Es ist eine besonders hübsche Geschichte, wie der ganz junge Achilleus in Mädchenkleidern unter Mädchen gesteckt wird, um ihn seinem Heldenschicksal zu entziehen, was natürlich schief geht. So entsteht denn dieser Sohn, und als Achilleus vor Troja gefallen ist, holt man diesen blutjungen Menschen, weil ein Orakel das verlangte. Der wird nun dem Odysseus beigegeben. Das ist einerseits ein glänzendes Mittel, die Intrige in ganz neuer Weise durchzuspielen, die es bei Aischylos wohl kaum gegeben hat, bei Euripides mit dem äußeren Mittel der Verwandlung. Bei Sophokles versteckt sich Odysseus hinter Neoptolemos. Dieser Sohn des Achilleus, der junge Mensch, absolut gerade in seinem Charakter, wird vorgeschickt als Instrument der Intrige. Damit ist für das ganze Stück die Handhabe gewonnen für die innere Dramatik. Neoptolemos, seinem Vater ähnlich und in seiner Jugendlichkeit idealistisch und von einer unendlichen Redlichkeit, wird gegen seinen Willen und gegen seine Natur hineingezogen in die Welt der Politik und der Zwecke, eben die Welt des Heeres vor Troja. Diesen Gegensatz der bloßen Zweckwelt und einer Welt der inneren Wahrheit hatten wir schon öfter bei Sophokles getroffen und werden ihn im letzten Stück noch einmal finden. Hier ist es ganz deutlich. Neoptolemos läßt sich durch Überredung und zumal durch den Ruhmgedanken, der eine große Rolle spielt im griechischen Denken, zunächst verlocken, daß er die ihm zugedachte Rolle übernimmt.

Es ist also keine Trotzhandlung im Sinne des Aischylos, es gibt keine zwei Gesandtschaften mit nationalen Ideen, sondern eine Leidenshandlung, die durch die Einsamkeit aufs äußerste gesteigert ist. Die Intrige ist auf zwei Träger verteilt: Odysseus, der die Zweckwelt vertritt, und Neoptolemos, dem sie aufgenötigt wird. Damit rückt die Handlung in eine ganz andere Sphäre. Es geht nicht um bloßes Überreden oder um Redekämpfe und patriotische Entscheidung, sondern es geht um ein menschliches Problem, auf beiden Seiten. Auf Seiten des Philoktet jenes unendliche Leiden und die Möglichkeit, davon befreit zu werden, denn Neoptolemos verspricht ihm zu Anfang, er wolle ihn nach Hause bringen. Dann die furchtbare Enttäuschung, als er die Wahrheit erkennt und ihm auch noch der Bogen genommen wird, und der letzte Trotz, der nicht mehr gebrochen werden kann. Auf Seiten des Neoptolemos aber ist das, was sich da vollzieht, eine Bewegung und eine Gegenbewegung in eins. Die eine Bewegung ist die Intrige, die sehr schnell gelingt, die andere ist das aufkommende Mitleid mit Philoktet, das gleichzeitig mit dem Gelingen der Intrige wächst. Indem Neoptolemos das Vertrauen des kranken Menschen und damit immer mehr Macht über ihn gewinnt, gewinnt der andere Macht über ihn eben durch dieses Mitleid. Das ist großartig zugespitzt dadurch, daß Philoktet mitten im Stück einen Anfall bekommt, Krämpfe irgendwelcher Art, nach denen er in einen lethargischen Schlaf sinkt, wobei er vorher dem Neoptolemos selbst seinen Bogen gegeben hat. Nun hat er ihn in der Hand, der Mann liegt da, er braucht ihn nur aufs Schiff zu bringen, dann ist alles in Ordnung. Und in diesem Augenblick der triumphierenden Intrige und der vollständigen Ohnmacht und Hilflosigkeit des Leidenden – da ist Neoptolemos gebunden. Sie sehen, das reicht bei Sophokles in eine ganz andere Welt, das Problem ist in völlig anderer Weise entwickelt durch diese einfachen Änderungen an dem Grundschema.

Dann geht es so weiter, daß, als Philoktet wieder aufwacht, Neoptolemos ihm die Wahrheit sagt, daß er ihn nicht in die Heimat, sondern nach Troja führen will, wogegen Philoktet mit aller

Kraft und allem Trotz rebelliert und ihn beim Wort nimmt: er soll ihn nach Hause bringen, wie er es versprochen hat. Jetzt bricht die schon zu Anfang bestehende Schwierigkeit, die auch zur Intrige geführt hatte, von neuem auf, Odysseus wirkt hinein und droht, man werde den Bogen ohne ihn nach Troja bringen und ihn hilflos zurücklassen. Das Orakel scheint irgendwie doppeldeutig gewesen zu sein, es ist nicht klar, ob es nur den Bogen braucht zur Eroberung Trojas oder auch den Mann selbst. Gerade solch doppeldeutige Orakel waren für die Tragödie besonders fruchtbar, weil dabei die menschliche Interpretation von größter Bedeutung ist. So auch in den *Trachinierinnen* und in gewisser Weise im *Ödipus*. – Hier, wo alles in der Schwebe ist, die herrlich komponierte Klage des Philoktet. Dabei vollzieht sich hinter der Bühne das Entscheidende: Neoptolemos kommt zurück, mitten in einem Wortwechsel mit Odysseus, und will den Bogen zurückgeben, was er auch tut; Odysseus muß fliehen. Damit ist Philoktet ganz in die Freiheit der eigenen Entscheidung hineingestellt, und selbstverständlich sucht der andere ihn noch einmal zu überreden: er möge doch an seinen Ruhm denken, an die versprochene Heilung, die große Aufgabe der Eroberung Trojas. Man könnte sich einmal überlegen, wie das im idealistischen Sinne gelöst werden könnte. Es wäre doch herrlich, wenn Philoktet aus seiner neu gewonnenen Freiheit heraus sich nun entscheiden würde, mit nach Troja zu fahren. Solche Vorstellungen sind uns von Schiller her so vertraut, daß ich, als ich das Stück in meiner Jugend zum erstenmal las, die Lösung des Sophokles als unbefriedigend empfunden habe; bis ich mir klarmachte, was hier vorliegt. Nichts kann den Trotz des Philoktet brechen, auf jede Überredung kann er nur mit nein antworten. So handeln wirkliche Charaktere, aus der inneren Geprägtheit ihres Seins und Lebens, nicht nach irgendwelchen Vorstellungen, daß der Mensch sich über sich selbst erheben müsse. Es ist entscheidend, daß bis zuletzt die Intrige zu einem Nein führt, dazu, daß der vom Schicksal gewollte Weg des Philoktet nach Troja restlos verbaut ist. Damit ist eigentlich das Stück zu Ende. Aber Sophokles konnte damit natürlich nicht aufhören. Er stand in der Tradition der Sage, nach der der trojanische Krieg nicht nur stattgefunden, sondern auch mit einem Sieg der Griechen geendet hatte. Also mußte ein Zurechtrücken erfolgen, und das konnte nur geschehen durch den Deus ex machina. Als alle sich so verrannt haben, daß man keinen Schritt mehr weiter kann, da erscheint Herakles und verkündet den Machtspruch des Gottes, der die Geschichte zurückbiegt auf das vorbestimmte Ziel. Ich sagte schon, daß wir dies scheinbar äußerlich technische Mittel nicht zu leicht nehmen dürfen. Ich habe es selbst erlebt bei einer griechischen Aufführung der *Andromache*, wo am Schluß Thetis erscheint. Wenn man dasitzt, und plötzlich erscheint da oben diese große Gestalt, und auch der Chor steht plötzlich mit dem Rücken zum Publikum, und alles blickt hin zu der Göttin, so daß Zuschauer, Chor und Schauspieler eine Gemeinschaft bilden, bezogen auf diese Gestalt, die da erscheint – dann ist das ein ganz starker Eindruck, der die Dinge in einem neuen Licht erscheinen läßt. Kein Zweifel, daß Sophokles das Stück zunächst so konstruiert hatte, daß es mit dem Nein des Philoktet endet und daß vom Menschen aus kein Weg zurück führt. Sie sehen hier gegenüber Aischylos und Euripides die ganz neue Problematik des inneren Verhaltens, für das die Griechen den Ausdruck *éthos* haben. Immer wieder sind es Grundformen des Verhaltens, die Sophokles im Blick hat und an seinen Gestalten zeigt. So ist das Stück herausgenommen aus den Zusammenhängen des Epos und auch der Rhetorik und hineinprojiziert in diese Problematik der menschlichen Verhaltensformen, bei Philoktet wie auch seinem Gegenspieler Neoptolemos. Auch das erinnert an das Wort des Sophokles, daß er in der Spätperiode schließlich hingefunden habe zu dem Stil, der der ›ethischste‹ ist, das heißt, der am meisten der inneren Verhaltensweise der Menschen entspricht.

Ich könnte noch darauf hinweisen, daß wir von einer bestimmten Zeit an plötzlich den Jugendlichen auf der Bühne haben. Es gab immer junge Menschen in der Tragödie, aber es ist doch etwas anderes, wenn jetzt ausdrücklich die Gestalt und die Problematik des Jugendlichen auf der Bühne erscheint. Ich glaube, Euripides ist es gewesen, der in seiner mittleren und späten Zeit den Jugendlichen als solchen in seinen Stücken eingeführt hat. In den *Herakliden* ist es das Mädchen Makaria, die sich opfert und dabei solch jugendlichen idealen Hochsinn zeigt; in den *Phoinissen* ist es Menoikeus, der Sohn des Kreon. Auch Iphigenie ist ein ganz junges Mädchen, das ins Feldlager nach Aulis geholt wird, angeblich, weil sie Achilleus heiraten soll; dann hört sie, daß sie geopfert werden soll, damit die Göttin besänftigt wird und einen guten Wind gibt. Es gibt einen großen Konflikt, die Mutter wirkt hinein, auch Achilleus ist sehr jugendlich verliebt in sie und will sie gegen den Willen des Heeres retten. Dann kommt der große Umschwung: sie sieht ein, daß sie sich opfern muß, Achilleus gibt nach, und es endet damit, daß sie geopfert – das heißt eigentlich gerettet wird. Wir kennen das Stück in Schillers Übersetzung. Auch sonst sind diese jugendlichen Gestalten bei Euripides überall da. Diese Linie geht letztlich zurück auf die Odyssee Homers, Nausikaa und zumal Telemachos bei dem späteren Dichter, der, wie ich glaube, schon ganz ähnliche Tendenzen hatte wie Euripides. Es ist ganz deutlich, wie Sophokles mit der Gestalt seines Neoptolemos davon beeinflußt wird; wir können solche Einflüsse des Euripides bei ihm gelegentlich fassen. Aber der Einfluß wird immer produktiv verarbeitet, er schafft durchaus Eigenes. Man darf wohl sagen, daß sein Neoptolemos nicht nur der Typ des Jugendlichen ist, sondern so, wie die Gestalt gefaßt ist, haben wir doch wieder jenes tief Gründende, das wir das Ethos genannt hatten, ein Grundverhalten, in dem er eben der Sohn des Achilleus ist und so stark der Wahrheit verhaftet, daß sie fast gegen seinen Willen in ihm wirkt.

18.

Noch nachtragen möchte ich einen Hinweis, daß es unter den vielen Neubearbeitungen antiker Stücke durch progressive junge Dramatiker jetzt auch einen *Philoktet* von Heiner Müller gibt, der ihn nicht nur bearbeitet, sondern völlig umgebaut hat. Ich kenne das Stück nicht, es scheint aber beachtlich zu sein. Nicht von allen Neubearbeitungen bin ich sehr überzeugt, halte aber etwas von Müller wie auch von Peter Hacks. Was all diesen neueren Dramatikern besonders am Herzen liegt, ist zumal die Problematik der Einordnung des Einzelnen in die Gesellschaft. Diese Begriffe habe ich bewußt vermieden; ich gehöre einer anderen Generation an, und Sie würden es wohl unangemessen finden, wenn ich diese Terminologie übernehmen würde. –

Nun wollen wir an das Stück herangehen, wieder mit Hilfe des Schemas, das bei den Alterswerken immer länger wird. Der Prolog, wieder dialogisch, 1-134, Odysseus und Neoptolemos treten zusammen auf. Sophokles liebt es offenbar, die Situation sichtbar zu machen durch ein Zeigen (in der *Elektra*) oder ein Aufspüren

Philoktet

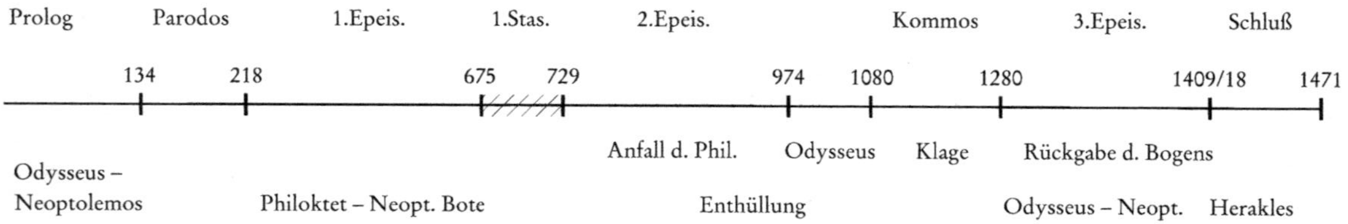

Prolog Parodos 1.Epeis. 1.Stas. 2.Epeis. Kommos 3.Epeis. Schluß

134 218 675 729 974 1080 1280 1409/18 1471

Anfall d. Phil. Odysseus Klage Rückgabe d. Bogens

Odysseus – Neoptolemos Philoktet – Neopt. Bote Enthüllung Odysseus – Neopt. Herakles (im *Aias*). Hier sind sie vor der Höhle des Philoktet, die auch schon mit szenischen Mitteln dargestellt sein konnte, und nun sucht man nach Spuren dieses elenden Mannes und findet, daß er nicht zu Hause ist. Schon hier ist eine erste Form der Anwesenheit des noch Fernen gegeben. Odysseus gewinnt Neoptolemos für seinen Plan und geht ab. Dann die Parodos der Schiffsleute, vermischt mit einem Kommos mit Neoptolemos, 135-218. 219-675 das erste Epeisodion, der Auftritt des Philoktet, der auf der Jagd war; er muß ja sein Leben fristen. Eine herrliche Szene mit der Freude des Einsamen, daß er Menschen sieht, die griechische Stimme wieder hört. Das hat Sophokles großartig gestaltet, wie er solch einen Menschen auftreten läßt, das Ethos dieses Leidenden, jahrelang Vereinsamten. Es geht nun so, daß Neoptolemos immer mehr das Vertrauen des Philoktet gewinnt, dem er zunächst eine Lügengeschichte erzählt: er sei nach einem Streit mit dem Heer vor Troja abgefahren; und nun verspricht er ihm, er wolle ihn mitnehmen und in die Heimat bringen. Bei 539 ein starker Einschnitt, eine dramatische Einlage, wie wir das nennen können. Ein Händler tritt auf, der in Wahrheit von Odysseus geschickt wurde, um die Handlung vorwärts zu treiben. Er sagt die Wahrheit, nämlich daß Odysseus ausgeschickt worden sei, um Philoktet nach Troja zu holen. Auf diesem Umweg soll er gleichsam an die Wahrheit gewöhnt werden. Ein stärkster Haßausbruch des Philoktet, der dann mit Neoptolemos in die Höhle geht.

Nach einem Chorlied 675-729 das zweite Epeisodion, obgleich wir bei dieser fortgeschrittenen Entwicklung kaum noch von Epeisodien im alten Sinne reden können; in Wahrheit ist eine ganz neue Form entstanden. Neoptolemos und Philoktet kommen aus der Höhle und wollen aufbrechen; dann der Anfall der Krankheit, bis Philoktet in Schlaf verfällt, wobei ihm der Chor gleichsam ein Schlaflied singt, ein Anruf an den Schlaf. Im zweiten Teil des Epeisodions, nach dem Erwachen des Kranken, will Neoptolemos, der den Bogen noch in der Hand hält, ihm beibringen, daß die Fahrt nicht nach Hause, sondern nach Troja gehen soll. Ein riesiges Stück, in dem sich die Klage des Philoktet immer stärker aufstuft, ein immer tieferes Ergriffenwerden des Neoptolemos, bis zu dem typischen Wort der Aporie: Was soll ich tun? Bei 974 erscheint plötzlich Odysseus aus einem Versteck, mitten in einem Vers, was früher undenkbar gewesen wäre, und als Neoptolemos eben den Bogen zurückgeben will, bewirkt er eine dramatische Gegenbewegung. Ein Dreiergespräch und eine neue Klage des Philoktet, als er sieht, daß er einfach das Objekt in der Hand seiner Widersacher ist. 1080 gehen Odysseus und Neoptolemos mit dem Bogen ab; sie wollen zum Schiff und hoffen, daß sich Philoktet, allein gelassen, eines besseren besinnen wird.

Nun die dritte Klage, am breitesten entwickelt, Kommos mit dem Chor, das zentrale Stück. 1280 der zweite Umschwung: Neoptolemos und Odysseus kommen mitten im Gespräch. Neoptolemos hat inzwischen zurückgefunden zu seiner wahren, eigenen Art und sich entschlossen, nichts Gemeines zu tun, sondern diesem fremden Mann, der ihm so nahegekommen ist, den Bogen zurückzugeben. Das geschieht, Odysseus muß fliehen, weil Philoktet ihn mit dem Bogen bedroht, die Intrige ist jetzt endgültig gescheitert. Nun, nachdem Philoktet wieder in seine Freiheit gestellt ist, ein letzter Versuch, ihn zu überreden – also die Handlung, die bei Aischylos wohl das Ganze gefüllt hatte –, und die Entscheidung: das große Nein. Damit ist der Punkt erreicht, wo die Handlung sich totgelaufen hat. Hier erscheint nun plötzlich Herakles als Deus ex machina mit einer großen Rede an Philoktet, 1409-1418, und die letzten anapästischen Schlußworte -1471.

Sie sehen wohl, wie schön das alles entwickelt ist, eine sehr dynamische Weise der dramatischen Kunst: lange Reden, daneben lockere Handlungsführung, genrehafte Dinge, die hineingenommen werden, lockere Formen des Chorgesangs, und all das herrlich architektonisch gebaut, in kunstvoller Verzahnung von Bewegung und Gegenbewegung. Ich glaube, es ist eines der schönsten Stücke, die Sophokles gemacht hat, das es auch verdiente, wieder aufgeführt zu werden. Ich habe mir auch vorgenommen, es zu übersetzen [Anm. d. Hrsg.: ist inzwischen geschehen und wird demnächst in einer Gesamtausgabe des Sophokles erscheinen. Aufgeführt in Trier 1972; Bühnenmanuskript Suhrkamp 1972.]. Buschor hat es sehr schön gemacht, aber hier kann man gleich ein Beispiel geben, wie durch ungenaues Übersetzen fast das Entgegengesetzte herauskommen kann. Auf den Befehl des Herakles, mit nach Troja zu gehen und bei der Eroberung Trojas mitzuwirken, heißt die Antwort bei Buschor: »Ersehnte Rede sendest du mir...« Das ist klar falsch, weil es so klingt, als ob er eigentlich selbst hätte nachgeben wollen und der Auftrag ihm deswegen ersehnt käme. Aber griechisch heißt das nur, daß ihm nach dieser langen Zeit die Stimme des Herakles ersehnt kommt. Es geht also nur auf das Verhältnis Philoktets zu Herakles als einem Freund, nicht auf den Auftrag. Und am Schluß Buschor: »Und freudig folg' ich dem Worte.« Da steht nichts von ›freudig‹, sondern »ich werde nicht ungehorsam sein dem Wort«. Wer hier versteht, daß Philoktet der Auftrag ersehnt kam und er ihm freudig folgt, der hat die ganze Gestalt ausgestrichen. – Man könnte sich überlegen, was Philoktet nun noch weiter hätte sagen können. Wenigstens jetzt noch könnten ja nationale Gefühle aufkommen: wir werden Troja erobern und dabei großen Ruhm gewinnen, oder so ähnlich. Was aber ist das letzte Wort des Philoktet bei Sophokles? Es ist ganz erstaunlich, wie notwendig das ist und wie schwer man es doch hätte erdenken können. Die letzten Worte sind ein Abschied von dem Land, dieser elenden Insel, die die ganze Quelle seiner Leiden war, die er aber nun doch irgendwie als sich zugehörig empfindet:

So gehe ich denn und grüße das Land.
Lebe wohl, du Felsdach, das mit mir gewacht!
Und ihr Nymphen der Quellen, der Wiesen,
Und der tiefdröhnende Wogenschlag
An der Klippe des Meers,
Wo so oft mein Haupt in dem Winkel
Der Höhle benetzt ward vom Peitschen des Süd,
Wo so oft meiner Stimme Stöhnen
Des Hermes Gebirge im Widerhall
Mir zurückwarf, dem Unheilumstürmten...

Eine ähnliche Verbindung zwischen einem Menschen und seiner Umgebung hatten wir auch bei Aias, als er die Luft, das Licht, den Skamander und das troische Gefilde anrief vor seinem Tod. Immer wieder besteht zwischen dem Leben des Menschen und seiner Umgebung eine enge Beziehung. So umfaßt Philoktet jetzt noch einmal dies ganze Eiland:

Lebe wohl, o du
Lemnos, du vom Meer umgebenes Land,
Und entsende mich mit guter Fahrt
Ohne Harm dorthin, wohin mich führt
Das große Geschick und der Freunde Rat
Und der allesbezähmende Daimon,
Der auch dieses so vollendet hat.

Das heißt bei Buschor: »...der mächtige Geist, der dies alles weise gefügt hat.« Das erregt doch wieder in uns die Vorstellung der Bejahung einer weisen göttlichen Fügung, die alles zum Besten lenkt. Aber griechisch steht nichts von ›weise‹. Die Rede ist von der großen Moira und dem *pandamátor daimon,* eine griechisch ganz seltene Verbindung. Der Schluß ist also unendlich hart. Er geht auf die Fahrt, weil die Moira und der allbezwingende Daimon es so wollen. Hier wird fast schon eine Religiosität sichtbar, die wir später im Hellenismus kennen, wo die große Macht der Notwendigkeit zum erstenmal erfahren wird, während in der alten Zeit mehr die konkreten Götter wirken. Aber daß hier neben die große Notwendigkeit jener unbestimmte Gott, der Daimon tritt, der dies gewaltsam, über den Menschen hinweg, so bestimmt hat, ist doch höchst wichtig. Kein Sich-Ergeben, freudiges Mitgehen, sondern die Gestalt bleibt sich selber treu bis zum letzten Wort als der Mensch, der letztlich doch nur der inneren Wesensart folgt und im Trotz verharrt – im Bereich des Menschenmöglichen. Wenn aber eine Macht an ihn herantritt, die ihn herausreißt aus den Möglichkeiten des eigenen Handelns, dann kann er in ihr nur diese Moira sehen und den alles beugenden Daimon.

19.

Wir haben noch von dem letzten Drama des Sophokles zu sprechen, dem *Ödipus auf Kolonos.* Äußerlich bietet es keine Probleme. Es wurde als das letzte Stück des etwa Neunzigjährigen 407/6 geschrieben, aber nicht mehr aufgeführt. Athen befand sich ja in den letzten schweren Jahren des Peloponnesischen Krieges, der 404 mit dem Untergang Athens endete. Es ist klar, daß nach der Katastrophe zunächst das Leben der Stadt daniederlag, sich dann aber langsam wieder erhob, und dann wurde 401 auch dieses Stück aufgeführt von einem Enkel des Sophokles, der den gleichen Namen trug. Literatur finden Sie Lesky [3]335 ff. [Anm. d. Hrsg.: Schadewaldts Übersetzung erschien als Bühnenmanuskript Suhrkamp 1968.] Weiter verweise ich auf das letzte Kapitel des Sophoklesbuchs von Tycho von Wilamowitz, das nicht er selbst mehr geschrieben hat, sondern sein Vater, weil er inzwischen gefallen war. Und natürlich K. Reinhardt, der hier nicht mehr zensiert, sondern es sind wieder volle, klare Töne, so daß dies Kapitel einen zweiten Höhepunkt seines Buchs bildet.

Das Stück ist, als Ganzes gesehen, ein Abschied: Abschied vom Leben, von der Stadt Athen, von der so lange geübten Dichtkunst und schließlich, wie man wohl sagen kann, von dieser Kulturperiode, die wir die klassische nennen und die hauptsächlich durch die Tragödie gekennzeichnet ist, wenn auch Philosophie, Geschichtsschreibung, Rhetorik und vieles andere hinzukommt. Diese Periode ist, wie wir heute historisch sehen, mit dem Tod des Sophokles endgültig zu Ende, und damit hat etwas geendet, was auch nie wiedergekommen ist. Gewiß, Athen hat sich wieder erholt, aber es war doch eine andere Welt, wo zum Beispiel in der Politik etwas im Vordergrund steht, das vorher nie so da war: Wirtschaft und Industrie. Daraus entstehen neue Formen auch im literarischen Bereich, vor allem die verschiedenen Typen der Neuen Komödie: der Geschäftsmann, der Manager, der Geizige und andere. Die Komödie des Menander ist noch sehr bedeutungsvoll, aber die Zeit, in der die Dichtung der entscheidende Ausdruck war für das, was die Menschen zu sagen hatten, ist seitdem vorbei bis auf den heutigen Tag. Dies Bewußtsein, daß etwas unwiederbringlich endet, hat auch der Komödiendichter Aristophanes gehabt in dieser Zeit und vor allem in seinen *Fröschen* ausgedrückt, mit denen auch für seine Kunst ein Einschnitt erreicht war. Die wenigen Stücke, die wir danach noch von ihm haben, sind ganz anders. Er bezeugt dies Bewußtsein damit, daß er einen Dichter aus der Unterwelt heraufholen läßt, weil die noch lebenden alle schlecht seien. Sophokles hat es in anderer Weise ausgedrückt und in seinem *Ödipus auf Kolonos* eine Art Mysterienspiel geschaffen.

Was den Stoff angeht, gehört er zu dem thebanischen Sagenkreis, der Ödipussage, von der wir gesprochen hatten und an den auch die *Antigone* sich noch anschließt. Allerdings treten noch zwei weitere Elemente hinzu. Das eine ist eine Lokalsage aus dem attischen Demos Kolonos, einer Gemeinde auf einem für heilig gehaltenen Hügel. Dort war der Bezirk der Eumeniden, das Grab eines Heros und das des Ödipus. Also eine an engstem Raum haftende Lokalsage, die auch Euripides in den *Phoinissen* bezeugt; man kann also annehmen, daß sie in Athen nicht ganz unbekannt war. Das zweite, was hinzukommt, ist der Theseus-

Mythos und damit verbunden der Mythos von Athen. Ich kann auf die Theseussage nicht näher eingehen, es ist sichtlich eine Art Pendant zur Heraklessage und nach dieser ausgestaltet. Im fünften Jahrhundert ist Theseus eine Art Idealgestalt eines gerechten Herrschers, der Athen nicht beherrscht, sondern in freier Weise leitet und dabei eintritt für alle Verfolgten und ungerecht Behandelten, die sich an ihn wenden. Wir haben zwei Stücke des Euripides, die in die gleiche Richtung gehen: die *Herakliden* und die *Hiketiden*. Einmal sind es die verfolgten Kinder des Herakles, die in Athen Asyl suchen und auch finden; in den *Hiketiden* wird den gefallenen Sieben von Theben die Bestattung versagt, die Theseus auf Bitten der Verwandten mit einem Heer durchsetzt. Beidemal ist es also die Idealgestalt des Theseus, die entscheidend einwirkt. Dies sind die einfachen Elemente des Stücks: die umfassende thebanische Sage, die attische Lokalsage und der Theseus-Athen-Mythos.

Über den Stil brauchen wir jetzt nicht mehr zu sprechen. Es ist jener Spätstil, vor allem durch Auflockerungen charakterisiert, die ein Charakteristikum jedes Altersstils zu sein scheinen, sowohl bei malerischen Werken wie auch in der Dichtung. Auch der späte Euripides zeigt ähnliches. Bei Sophokles ist es teilweise ganz überraschend, wie er nicht nur den Dialog geschmeidig gestaltet, sondern auch ein starkes Hervortreten des Musikalischen zeigt in den Einzel- und Wechselgesängen und überhaupt teilweise etwas fast Opernhaftes hat. Auch die merkwürdige Betonung des Genrehaften, das man bei ihm nicht erwarten würde. Nur ein Beispiel. In der Zeit der strengeren Form pflegt eine neu auftretende Person allenfalls durch einige Verse des Chors eingeleitet zu werden, um zu sagen, wer es ist, der da kommt. Beim Kommen der Ismene aber ist es eine entzückend genrehafte Szene, wie Antigone die Frau beschreibt, die da auf einem sizilischen Pferd geritten kommt, einen Thessalerhut auf dem Kopf, und wie sie aufgeregt fragt: Ist sie's? oder ist sie es nicht? Ja, sie winkt fröhlich, es ist keine andere als Ismene! Wenn das nicht opernhaft ist, dies Erkennen und Fragen, das an etwas gewendet wird, was gar nicht weiter bedeutungsvoll ist. Man ist ja immer geneigt, nach irgendwelchen tieferen Gründen zu fragen, warum ein großer Dichter etwas macht. Aber hier muß ich gestehen, ich weiß es wirklich nicht, man kann es nur einfach feststellen. Es gibt noch manches dieser Art in dem Stück, das so gar nicht zu passen scheint zu seinem Charakter als heiliges Festspiel. Man könnte an Shakespeares *Sturm* erinnern, mit dem man das Stück mit einem gewissen Recht immer wieder verglichen hat.

Wenn wir nun von der Handlung sprechen, so ist es in seiner Thematik ebenso wie im *Aias* der Weg eines Menschen zum Tod. Dort war es ein immer tieferes Innewerden der Notwendigkeit des Freitods, immer größere Helligkeit der Gestalt in ihrem Wissen über sich selbst und ihre menschliche Bedingtheit in dieser Welt. Hier ist es anders. So ist es in großer Dichtung: ein Motiv kann so oder so gewendet werden, und jedesmal gibt es die herrlichsten Dinge her. Die Beschränkung der griechischen Dichtung auf wenige Grundmotive und die Fähigkeit, ihnen immer wieder Neues und Fruchtbares abzugewinnen, ist ein Beweis für die Kraft dieser Dichtung, während andere immer wieder neuen Motiven nachlaufen müssen. In diesem Stück ist der Weg des Ödipus zum Tod so gestaltet, daß dieser Tod das vorbestimmte, geweissagte Ziel ist. Dieses Ziel ist eigentlich gleich am Anfang erreicht, als Ödipus erkennt, daß er zum Hain der Eumeniden gelangt ist. V. 42 fällt das bedeutsame Wort vom ›Losungswort meines Schicksals‹. Jetzt weiß er, daß er am Ziel angelangt ist. Man fragt sich, was da noch für eine Handlung entstehen kann, wenn einer schon ganz zu Anfang diese Sicherheit hat. Nun, einmal bewegt sich die Handlung in einem bestimmten, letztlich kultischen Rahmen, der wieder (um den beliebten Ausdruck der Theologie zu gebrauchen) seinen ›Sitz im Leben‹ hat. Es ist das Motiv einer Hikesie, wie wir es bereits kennen und das schon zur festen Form geworden war: Aufnahme eines Schutzflehenden, der an einen heiligen Ort, meist einen Altar, geht und einen Mächtigen – einen einzelnen oder wie hier eine Stadt – um Aufnahme und Hilfe bittet. Der *Ödipus auf Kolonos* ist eine Hikesie, der schutzsuchende, irrende Bettler, dieser Blinde, sucht Schutz im Kolonos, nachdem ihm die Götter dieses Ziel gewiesen haben.

Die Hikesie tendiert hin zu einer Aufnahme (*dexíoma*, 619), und die Handlung entfaltet sich in der Weise, daß es gleichsam eine doppelte Aufnahme ist. Einmal die Aufnahme in den Schutz Athens, das sich als Asyl aller Verfolgten fühlte, so daß der König Theseus den Fremden aufnimmt und ihm seinen Schutz zusichert. Aber darüber hinaus ist es die Aufnahme in die Erdentiefe, wo er als Heros weiterleben wird: die Aufnahme nicht nur im irdischen Athen, sondern unter den Göttern. So stuft sich die

Handlung als der Weg zum Tod in diese doppelte Aufnahmehandlung.

Nun ist es so, daß das Motiv der Hikesie erst dadurch seine volle dramatische Kraft gewinnt, daß die Aufnahme nicht leicht vonstatten geht, sondern daß sich Widerstände einstellen. Das heißt, die Aufnahmehandlung wird durchkreuzt von einer Widerstandshandlung. Man will den Verfluchten nicht ohne weiteres aufnehmen. Erst ist es der Fremde, der vor ihm zurückschreckt, dann der Chor der Einwohner des Kolonos, der ihn fortjagen will, aber er bittet, daß man einen Boten zu Theseus sendet, der dann auch kommt und ihn aufnimmt. Er hat ja auch etwas zu bieten, nämlich daß nach dem Orakel sein Leib nach seinem Tod Segen spenden wird und Sicherheit gegen Theben. Von einem Heros erwartet man, daß er für das Land, in dem er ruht, Wohlfahrt bringt, daß er wohl gar in Gefahrenzeiten aus dem Grab kommt und Hilfe bringt, wie von der Schlacht bei Marathon berichtet wird. Als dieser Teil der Aufnahmehandlung vollzogen und Ödipus scheinbar in Sicherheit ist, treten neue Widerstände auf. Kreon kommt von Theben (wie Ismene schon angekündigt hatte), der sich dieses Orakels wegen des Ödipus bemächtigen will. Er versucht erst, ihn zu überreden, dann ihn in brutalster Weise zu zwingen, indem er die Töchter gefangennimmt und versucht, ihn mit Gewalt fortzuschleppen. Theseus kommt hinzu, und dieser Widerstand wird abgewiesen. Aber nachdem der gewaltsame Versuch mißlungen war, kommt eine andere Form des Widerstands. Es gibt noch etwas, das sich hindernd auswirken kann auf einem solchen Weg zum Tod, das ist die Kraft des Mitleids. So tritt als nächster Polyneikes an ihn heran, der von Theben vertriebene Sohn des Ödipus, der als Hilfesuchender vor den Vater tritt und ihn bittet, daß er auf seine Seite treten möge, da ihm Unrecht geschehen ist. Während also die vorigen Szenen, aristotelisch gesprochen, vom *phóbos*, dem Schrecken beherrscht waren, folgt jetzt *éleos*, die Rührung. Aber Ödipus erwehrt sich auch dieses Sohnes mit größter Härte und Bitterkeit, er verflucht ihn sogar. Und als auch dieser dritte Widerstand, der ihn hätte zurückziehen können in die Welt als Faktor der Politik und des menschlichen Machtsinns, zurückgewiesen ist, da folgt die zweite Aufnahme: der große Schlußteil, wo die Götter, die alles so bestimmt hatten, nun selbst ihren Ruf an ihn erheben und ihn zum Grab rufen. Da geschieht das Großartige, daß der Blinde sich erhebt und selbst zum Führer wird und vorangeht. Nur Theseus darf ihn begleiten, alles ist ins Geheimnis gehüllt. Als ein Bote das gemeldet hat, folgt noch die Klage der Töchter, ihr Gespräch mit Theseus und der letzte Ausblick auf die Furchtbarkeit alles dessen, was noch aussteht.

Was die moderne Nachwirkung des Stückes angeht, möchte ich nur auf zwei Erscheinungen hinweisen. Einmal hat Eliot das Stück nachgebildet in seinem *Verdienten Staatsmann*, wo es gar nicht so leicht zu erkennen ist, obgleich es bis in die Einzelheiten geht, aber metamorphosiert oder, wie man heute sagt, umfunktioniert ist. Eine andere Nachbildung, die noch kaum als solche erkannt ist, ist der *Empedokles* Hölderlins, für den ich das einmal herausgearbeitet habe (*Die Empedokles-Tragödie Hölderlins*, H. u. H. II 261 ff.). Es gibt bekanntlich verschiedene Fassungen: einen frühen Plan mit fünf Akten, auf den ich nicht weiter einzugehen brauche; der typische Gegensatz von Held und Welt. Dann die Ätna-Fassung, die ich für die zweite halte (meist wird sie für die letzte genommen), ein Chordrama, das zum Teil auf dem Ätna spielt. Empedokles hatte sich der Überlieferung nach in den Krater des Ätna gestürzt, weil er sich vereinigen wollte mit den elementaren Mächten und Kräften der Natur. Das hat Hölderlin hier aufgegriffen. Wenn man sich das Stück ansieht, findet man, daß es fast identisch ist mit dem *Ödipus auf Kolonos.* Zu Anfang ein Monolog und das Zusammensein mit dem Schüler Pausanias, der der Antigone entspricht. Dann Widerstände: der Ägypter Manes, der König (die geistliche und die weltliche Macht), später ersetzt durch den Priester als den Vertreter der konventionellen, erstarrten Religion gegenüber dem flutenden Aorgischen des Empedokles. Und noch stärker der Widerstand gegen seinen Vorsatz in der Schwester, die ihn bewegen will, daß er zurückkommt. Auch hier also erst die reine Zweckwelt, dann die Liebe. Endlich die Gesandtschaft des Volkes, das ihn bittet, zu ihm zurückzukehren; ein sehr starkes Motiv. Aber auch hier ist es so, daß Empedokles gegen alle Anfechtungen hart bleibt, und nachdem er alle abgewiesen hat, geht er seinen Weg hinauf und stürzt sich in den Ätna, worauf am Schluß, ähnlich wie bei Sophokles, eine Klage folgt, die Klage der beiden Frauen, die ihn lieben, und des Freundes und Schülers Pausanias. In dieser Form ist das Stück auf der Unterzeichnung des *Ödipus auf Kolonos* entworfen und eine der bedeutendsten Nachwirkungen. Darauf wollte ich wenigstens hinweisen, da aus einem Kolleg ja auch Anregungen zu spontaner eigener Tätigkeit kommen sollen.

Noch ein Problem muß ich berühren, weil es immer wieder auftaucht und ein bezeichnendes Licht darauf wirft, wie die Philologie mit diesen Dingen umgeht. In dem genannten Kapitel bei Wilamowitz finden wir die Behauptung, das Mittelstück – also der Auftritt des Kreon mit dem gewaltsamen Versuch, ihn wegzuschleppen, und der andere Versuch des Sohnes – müsse sekundär sein, denn das alles sei doch nicht notwendig für die Handlung. Das Argument findet sich immer wieder, und man fragt sich, welche Notwendigkeit denn damit gemeint ist. Eine realistische? In diesem Sinne ist die ganze Geschichte nicht notwendig. Andere meinen, es sei zwar nicht notwendig, Sophokles hätte aber diese Szenen später eingefügt, um die Handlung lebendiger zu machen. Wieder andere halten sie zwar nicht für später, meinen aber, sie wären gleich zur ›Lebendigmachung‹ verfaßt worden. Ich glaube, wenn man sich einmal klarmacht, wie das Widerstandsgeschehen bereits zur Grundthematik der Hikesie gehört, sind all diese Spekulationen einer nachträglichen Dramatisierung damit erledigt. – Soviel über diese Präliminarien.

Nun will ich das Schema zeichnen und dabei die Handlung als solche erläutern. Der Prolog 1-116, wieder zwei Personen, Ödipus und Antigone, die ihn führt. Man erkennt Athen, aber noch nicht den genauen Ort. Ein Fremder tritt hinzu, durch den man es erfährt, und hier fällt jenes »Losungswort meines Schicksals« (46). 116 beginnt die Parodos in der alten Form, aber sehr bewegt. Es sind Leute aus dem Gau, die ihn nach seinem Namen fragen, darauf Erregung, und sie wollen ihn fortjagen. Eine herrliche Bitte der Antigone und eine Rede des Ödipus, in der auch die Schuldfrage erörtert wird und er jede Schuld zurückweist, weil er jene Taten unwissentlich begangen habe. Daraufhin wollen sie ihn dulden und die Ankunft des Theseus erwarten. Erst jetzt bei 310 beginnt der erste Teil mit der Ankunft der Ismene, die einen Bericht gibt über die Verhältnisse in Theben, wie der eine Bruder den anderen vertrieben hat, der nun ein Heer gegen die Stadt führt. All das dringt nun herein in die Gegenwart. Auch hier die schon bekannte Polarität der Schauplätze: im Vordergrund Athen und auf der anderen Seite Theben, das wohlwollend Aufnehmende und das Bedrohende. Ismene gehört zu dem Motiv ›Theben‹, der Widerstand dringt zunächst als Drohung heran, wenn

Ödipus auf Kolonos

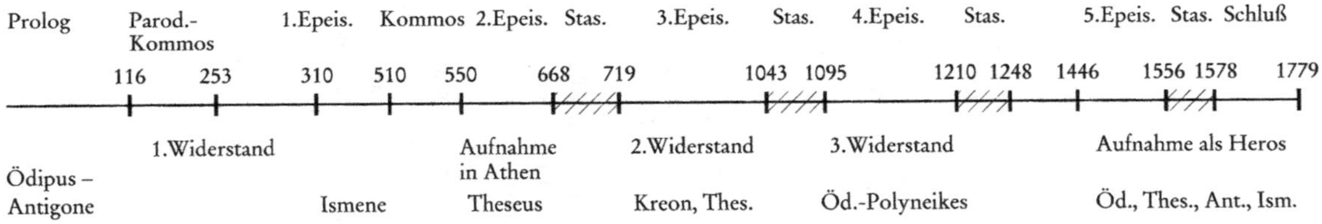

Prolog — Parod.-Kommos — 1.Epeis. — Kommos — 2.Epeis. — Stas. — 3.Epeis. — Stas. — 4.Epeis. — Stas. — 5.Epeis. — Stas. — Schluß

116 — 253 — 310 — 510 — 550 — 668 — 719 — 1043 — 1095 — 1210 — 1248 — 1446 — 1556 — 1578 — 1779

1.Widerstand — Aufnahme in Athen — 2.Widerstand — 3.Widerstand — Aufnahme als Heros

Ödipus – Antigone — Ismene — Theseus — Kreon, Thes. — Öd.-Polyneikes — Öd., Thes., Ant., Ism.

sie das Kommen Kreons voraussagt. Der Chor rät zu einem Opfer, und Ismene geht, es auszurichten. Die Opferhandlung wird sehr schön beschrieben, Sophokles setzt gern rituelle Szenen als Höhepunkt einer Klimax. 510-550 ein Wechsel zwischen Ödipus und dem Chor, dann kommt Theseus, der ihn aufnimmt und ihm Schutz verspricht, und darauf 668-719 das berühmte Chorlied mit dem Lob Athens, wo das Wesen ›Athen‹ gegenwärtig wird. Auf dies leuchtende und helle Lied folgt mit dem Auftritt des Kreon der Widerstand, zunächst mit List, dann als offener Angriff. Antigone und Ismene werden fortgeschleppt, er will auch Ödipus fassen, alles sehr dramatisch und lang hingezogen, bis 887 Theseus zum zweitenmal kommt. Die Tendenz der Aufnahme geht weiter, Kreon wird gedemütigt, die Mädchen befreit. 1044-1095 ein zweites Stasimon, das die Befreiung überbrückt, und dann die sehr schöne Szene, als ihm die Töchter zurückgegeben werden. 1156 wird Polyneikes angekündigt, der dritte Widerstand. Es gibt einen Streit darum, ob Ödipus ihn überhaupt empfangen will, Antigone gewinnt ihn in langer Rede. 1211-1248 ein kurzes Chorlied über die Leiden des Alters, das immer wieder als ein Beispiel des griechischen Pessimismus angeführt wird. Aber es ist das Lied eines sehr alten Mannes und bezieht sich auf den sehr alten Ödipus. Dann der vierte Teil mit dem Auftritt des Polyneikes, der in langen Reden den Vater anfleht, der zunächst schweigt und ihn schließlich verflucht, worauf Polyneikes fort- und seinem Schicksal entgegengeht.

Hier nach 1446 eine starke Zäsur und über die ganze Handlung hin der Anschluß an das, was am Anfang stand: die Aufnahme des Ödipus durch die Götter. Theseus wird wieder gerufen und kommt, ein Gewitter kündigt an, daß die Zeit des Endes gekommen ist. 1555 entfernt sich Ödipus zusammen mit Theseus und den Töchtern. Ein viertes Stasimon, 1556-1578 – die große Länge des Stücks ist auch bezeichnend für diesen Spätstil –, dann kommt ein Bote, der die geheimnisvollen Vorgänge berichtet, soweit er sie wahrgenommen hat. Darauf folgt 1667 die Exodos, Theseus tritt wieder auf, Kommos, Klage der Töchter und die letzten Chorverse 1777-1779:

> So endet denn. Und nicht länger mehr
> Weckt Totenklagen. Denn vollgültig
> Stehn diese Dinge in Kraft nun.

Wieder sehen wir, wie sich das Ganze trotz einer gewissen Breite und Lockerheit der Formen wie ein Musikstück aufbaut. Das Ziel, am Anfang schon fast erreicht, wird sich erst ganz am Ende vollenden. Dazwischen die Aufnahme in drei großen Komplexen, denen je eine Widerstandshandlung entgegenwirkt, bis die Aufnahme vollendet ist. So übersichtlich und deutlich ist das, eine Architektur von innerer Gewachsenheit und außerordentlicher Schönheit.

Eine letzte Frage ist, wie dies ganze Geschehen zu deuten ist, die geheimnisvolle Erhöhung dieses geplagten, blinden, alten Mannes, eines Mannes, der Furchtbares getan und ebenso Schweres erlitten hat. Auch hier hat man eine moralische Läuterung sehen wollen, was bestimmt falsch ist. Wenn man die großen Reden liest, die Verfluchung des Sohnes, so kann man wohl nicht sagen, daß sein wildes, düsteres Temperament eine Läuterung erfahren hat. Übrigens ist diese Entwicklungsvorstellung, daß der Mensch immer besser wird, nicht griechisch; sie kannten wohl große Menschen zu gut, als daß sie mit so etwas rechneten. – Eine andere Deutung ist, daß Ödipus durch seinen langen Leidensweg als Bettler die Götter dazu gebracht habe, sich seiner zu erbarmen. Aber es geht nicht darum, daß eine Art Ausgleich stattfindet, daß sich einem, der lange gelitten hat, am Ende die Götter zuneigen, sondern es geht um das, was wir im christlichen Bereich die Gnade nennen und wofür wir im Griechischen ruhig *cháris*, Huld oder Gunst, einsetzen können. Es gibt eine solche Charis der Götter, wie Aischylos einmal sagt. In den verschiedensten Religionen ist es charakteristisch, daß die göttliche Huld nicht nach Verdienst berechnet werden kann, sondern frei schaltet, unerforschlich, unfaßlich. Sie kann auch den Schuldigen und Befleckten erwählen und von ihm einen Segen ausgehen lassen für das Land.

Man könnte darauf hinweisen, was Goethe darüber gesagt hat in der *Nachlese zur Aristotelischen Poetik* von 1827 (Grumach I 267). »... es gibt wohl keine höhere Katharsis als der Ödipus von Colonus, wo ein halbschuldiger Verbrecher, ein Mann, der durch dämonische Constitution, durch eine düstere Heftigkeit seines Daseins, gerade bei der Großheit seines Charakters, durch immerfort übereilte Tatausübung ... sich selbst und die Seinigen in das tiefste, unvorstellbarste Elend stürzt und doch zuletzt noch aussöhnend ausgesöhnt und zum Verwandten der Götter, als segnender Schutzgeist eines Landes eines eignen Opferdienstes wert, erhoben wird.«

Das ist sichtlich im Hinblick auf seinen *Faust* gesagt, von dem, wie ich glaube, der zweite Teil vom *Ödipus auf Kolonos* beeinflußt ist. Auch Faust ist nicht geläutert, sondern genauso bitter, herrschsüchtig und rücksichtslos, wie er immer war, als er zuletzt noch das Leben der beiden Alten zerstört. Ich glaube nicht, daß Goethe mit Katharsis eine Besserung gemeint hat, sondern daß er es so versteht wie ich: das Geheimnis der göttlichen Erwählung, bei der sich keine moralische oder sonstige Kausalität herstellen läßt. Klar ist nur, daß dieser leidende, heftige, unendlich düstere Ödipus bei allem Unheil doch eins hat: Größe. Man denke an das Wort des Kent zu König Lear: »Es ist etwas an euch, das ich Herr nennen möchte.« So etwas gibt es eben, diese Art von Größe, die in moralische Kategorien nicht paßt. Auch das ist natürlich nicht der Grund, *warum* dieser Mensch erhoben wird. Aber es besteht doch ein tief inneres Korrelationsverhältnis zwischen dem inneren Sein eines Menschen und der Auserwählung, wie man mit aller Vorsicht wohl sagen darf.

Ich glaube aber, daß noch etwas anderes hinzukommt, das mit dem zusammenhängt, was ich am Anfang gesagt habe: daß das Stück ein Abschied ist. Ein Abschied des Ödipus, in dem er die Welt hinter sich läßt, die bei Sophokles immer die Gegenwelt des hohen Menschen gewesen ist, die Zweckwelt, die sich darstellt in den an sich notwendigen Formen des Politischen und der Gesellschaft, wo die Frage ist, wieweit sich das alles letztlich zum Wohl der Menschheit gestalten läßt. Platon hat die Grundformel dafür gefunden: daß es notwendig sei, daß entweder die Philosophen Könige oder die Könige Philosophen würden. Also die Frage, wie sich Macht und Einsicht vereinigen lassen, wie Macht zur Einsicht werden oder Einsicht Macht gewinnen kann. Sophokles denkt nicht wie der Philosoph an Vereinigung, sondern bei ihm ist es der Gegensatz der großen Gestalten, die nicht in die Zweckwelt eingehen, die sich gegen sie wenden, sie negieren müssen. Das ist die Grundthematik, die durch alle Stücke durchgeht bis zu diesem letzten. Hier aber kann man vielleicht noch weitergehen. Wenn dieser Mann, der maßlos gelitten hat, nun auf seinem Weg diese Widerstände überwindet und zuletzt in die Erdentiefe und damit in eine andere Sphäre eingeht, so ist es, als ob mit ihm zugleich diese ganze Welt versinkt, die doch so groß und bedeutungsvoll war. Immer wieder scheint es mir, als habe Sophokles mit sicherstem historischen Sinn in diesem Aufgenommenwerden des Ödipus in seinem Grab als Heros uns gezeigt, wie auch Athen mit der ganzen Dichtung und Kultur dieser großen Zeit damals ins Grab eingegangen ist, aber nicht begraben und abgetan, sondern wie einer, der als Heros von dort nun seine heilsamen Kräfte spenden kann. Das ist die Gesamtsituation des Griechentums bis auf den heutigen Tag. Es ist tot, wie viele meinen. Aber das stimmt nicht, sondern es ist immer noch lebendig und wirksam in dieser Weise eines Heros, der natürlich einen Unterschied macht zwischen denen, die noch von ihm wissen, und solchen, die nichts von ihm wissen oder wissen wollen. Das letzte ist meine persönliche Deutung, aber doch aus der Situation des Stückes heraus, und wenn sie nicht richtig ist, so ist sie doch sicher nicht ganz falsch.

III Euripides

1.

Dies ist das erste Mal, daß ich ein Kolleg über Euripides lese, und das ist eigentlich merkwürdig. Denn Euripides ist der Autor, dem ich in meinem Studium am frühesten begegnet bin, in Berlin, wo ich in einem Mittelseminar bei E. Fraenkel eine Arbeit über den Gryphos, kenningartige Formen, bei Euripides gemacht habe. Zu diesem Zweck habe ich ihn damals so intensiv gelesen, daß es wohl keinen griechischen Autor gibt, den ich genauer kenne. So ist es fast paradox, daß ich nun in meinem einundachtzigsten Semester zum erstenmal über den Dichter lese, den ich eigentlich am besten kenne. Hinzu kommt, daß ich ihn bisher auch niemals übersetzt habe. In meinem Buch *Griechisches Theater* gibt es Übersetzungen von Aischylos, Sophokles, Aristophanes und Menander, aber nichts von Euripides. Man hat mir deswegen Vorwürfe gemacht in den Besprechungen: Euripides gehöre doch auch zum griechischen Theater. Darauf konnte ich nur antworten, daß ich doch keine Muster geben wollte von allem, was zum griechischen Theater gehört, sondern daß ich eben zusammengefaßt hatte, was ich bis dahin übersetzt hatte. Ich möchte auch hier bekunden, daß ich durchaus nichts gegen Euripides habe. Im Gegenteil, ich sehe in ihm einen ganz großen Dichter, dem meine tiefe Bewunderung gehört, und darüber hinaus eine der interessantesten literarischen Erscheinungen der Weltliteratur. Darum würde ich den Gedanken, ihn neu zu übersetzen und auf die Bühne zu bringen, sehr begrüßen, ob ich nun selbst noch dazu komme oder ein anderer es tut. Doch wenn man den Spruch bedenkt, daß die Kunst lang und unser Leben kurz ist – nun, man kann nicht alles tun, und es gilt wohl nicht nur für die Politik, sondern auch für das eigene Leben, daß man nach Prioritäten handeln muß. Diese persönlichen Bemerkungen wollte ich vorausschicken, weil ich immer wieder Mißverständnissen ausgesetzt war. Übrigens halte ich Euripides auch für schwerer zu übersetzen als Sophokles und Aischylos. [Anm. d. Hrsg.: Als einziges Stück des Euripides hat Schadewaldt *Die Bakchen* übersetzt; Bühnenmanuskript Suhrkamp, Frankfurt/Main 1972.]

Es ist nun so, daß Euripides heute immer noch als problematisch gilt, und in gewisser Weise ist er es wohl auch. A. Lesky hat ein Buch: *Die griechische Tragödie* geschrieben; fast die Hälfte davon behandelt Euripides, und auch dort wird von seiner Problematik gesprochen, den Antinomien, die ihn erfüllen, dem Gegensatz von alten Formen, in denen er befangen bleibt, zu dem Neuen, das er bringt, von Spannungen, ja von Zerrissenheit. Auch bei Lesky gilt Euripides als ›Dichter der Aufklärung‹, wie er schon sehr früh verstanden worden ist, in England von Verrall, der ihn ganz rationalistisch dargestellt hat, und etwa der alte Wilhelm Nestle aus Stuttgart hat in seinem Buch diese Richtung fortgesetzt. Euripides wird dabei nicht als Dichter betrachtet, sondern als Denker und Philosoph. Demnach erscheint Aischylos als Dichter der Frühform der Tragödie, Sophokles der glänzende Dichter der Reifezeit, und Euripides, der doch nur wenig jünger war, ist der Modernist, halb Sophist halb Rhetor, und von diesen beiden Richtungen abhängig, so wie er sie auch wieder mit bestimmt hat.

Ich will gleich sagen, daß mir diese Art der Betrachtung nicht gefällt. ›Dichter der Aufklärung‹ – das ist eine von den Formeln, die ebenso falsch wie richtig sind und die Gefahr in sich bergen, daß man einen Begriff, der zu einer anderen Zeitepoche gehört, eben der Aufklärung des achtzehnten Jahrhunderts, auf die alte, ganz anders strukturierte Zeit überträgt. Es gibt natürlich im Ablauf der Weltgeschichte immer wieder Zeiten, in denen sich ähnliche Züge finden und die man deshalb vergleichen kann; etwa die attische Zeit mit dem England Elisabeths oder in mancher Hinsicht auch mit der Frührenaissance. Vergleichen ist gut, aber nur zur Illustration, wenn man in einem schnellen Hinblick etwas ins Licht setzen will. Es ist bedenklich, wenn es zur Methode wird, denn gerade das ist das Wesen der Geschichte, daß sie sich nie wiederholt. Es gibt Arbeiten über unseren Begriff der Aufklärung. Da wird schön gezeigt, wie aus der christlichen Orthodoxie ein ganz neuer freier Blick erwächst, der sich wieder mit dem Pietismus vereinigt und dem, was daraus hervorgeht. Dazu gehört auch die aufkommende Klassik, der neue Griechenglaube, also gerade nicht rationale oder rhetorische Dinge. Damals ist zwar eine Bibelkritik aufgekommen, aber keine neue Rhetorik. Der Vergleich stimmt also hier und da, aber ebensooft stimmt er auch wieder nicht, und wenn man ihn zum Etikett macht, verhüllt er mehr, als er erklärt.

Weiter ist zu sagen, daß Euripides eine ungeheure Wirkung gehabt hat in der Weltliteratur. In seiner eigenen Zeit war die Wirkung geringer, er ist auch stark bekämpft worden, etwa von

Aristophanes. Aber gleich nach seinem Tod beginnt die große Wirkung. Wenn wir die Wirkungsgeschichte überblicken, in der uns doch auch irgendwie das Wesen und der Wert einer Erscheinung entgegentritt, so kann man sagen, daß gerade er und nicht Sophokles oder Aischylos es ist, der zum Modell des Dramas geworden ist. Euripides zusammen mit der Komödie des Menander ist zum Modell geworden für das Schauspiel der europäischen Literatur, über die Römer, die spanische Tragödie und das große französische Drama eines Corneille und Racine, während Shakespeare hier ganz für sich steht. Die Wirkung geht dann weiter in Deutschland, vor allem über Voltaire; überall ist es gerade Euripides, auf den wir stoßen.

Ich will dafür nur auf eins hinweisen, das merkwürdigerweise sehr spät aufgefallen ist, wie man oft Selbstverständlichkeiten erst spät sieht. Wie wir schon aus der Schulzeit wissen, finden sich überall im Drama schöne Tiraden, Worte, die man herausholen und ins Stammbuch schreiben kann, zumal bei Schiller. Wenn wir Sophokles daraufhin ansehen, so finden wir kaum etwas davon, auch nicht bei Aischylos. Es ist ganz erstaunlich, wie arm diese beiden an solch verwendbaren Zitaten sind. Aber bei Euripides ist es dann da: »Einfach ist der Wahrheit Wort« und vieles andere. Es gibt eine Anthologie der Spätantike von Stobaios, und für den war Euripides eine Fundgrube. Dies rhetorische Element, das in einer individuellen Handlung danach strebt, die Worte so zu führen, daß die Leute Allgemeinheiten reden – und zwar jeder, auch der einfache Mann und der Sklave –, das wurzelt bei Euripides und kommt von da in die moderne Dramatik.

Der große Umschwung in der Bewertung des Euripides, der dann folgt, wird geradezu historisch manifest in einer Vorlesung von A. W. Schlegel, in der, wie man sagen kann, Euripides zum erstenmal geradezu abserviert wird. Schon Aristoteles hatte einmal von Euripides gesagt, er hätte keine so gute Oikonomie in seinen Stücken; andererseits nennt er ihn aber doch den ›tragischsten‹, worauf wir noch zurückkommen werden. Jetzt aber, im Kampf gegen die französischen Dramatiker, wird er wirklich abserviert, so daß das Interesse des ganzen neunzehnten Jahrhunderts sich vorwiegend Sophokles zuwendet. Es ist der ›klassische‹ Sophokles, der ›harmonische‹, der dann bald ziemlich vergipst und zur schönen Grimasse wird; aber er ist es doch, der zuerst in der Grundgestalt aufgeführt wird unter Friedrich Wilhelm IV. in der Übersetzung von Donner (vgl. dazu meinen Aufsatz *Antike Tragödie auf der modernen Bühne*). Sophokles ist dann weiter über die Bühnen gegangen und groß durchgedrungen und hat den Weg bereitet für andere antike Dichter.

Der zweite große Schlag gegen Euripides kommt in Nietzsches *Geburt der Tragödie*. Es ist gar nicht zu sagen, wie dies Verdikt sich ausgewirkt hat, ähnlich wie andere Meinungen Nietzsches. Er sieht bekanntlich die Tragödie primär aus dem Dionysischen entstehen und sich in der vollkommenen Harmonie des Dionysischen und Apollinischen vollenden – und dann kommt der böse Euripides, der Rationalist, und durch die nun aufkommende Ratio wird die Tragödie vernichtet. Der Lebensphilosoph Nietzsche kämpft gegen den Rationalismus. Nach ihm hätte Euripides nur einen einzigen begeisterten Zuhörer gehabt, der an dieser Art Produktionen hing, und das sei Sokrates gewesen: Sokrates, der Zersetzer des alten griechischen Geistes – auch das ein Vorurteil Nietzsches, das sich mächtig ausgewirkt hat, bis ins Unsinnige. Dieser Rationalismus hätte dann auch den Platon verdorben. Euripides also wäre der Henker der großen Tragödie gewesen.

Etwa in der gleichen Zeit kommt nun aber ein etwas jüngerer Mann, der als erster wieder den Euripides propagiert: Wilamowitz. Ich hatte schon öfter darauf hingewiesen, daß er bei seinem ersten Auftreten dem damals allmählich gipsern und hohl gewordenen Klassizismus gegenüberstand. Und da Wilamowitz außerordentlich aggressiv war, kommt nun Nietzsche gegenüber eine Form des neuen, individualistischen Historismus hoch, der sich gegen die starren Wertungen wendet und überall gleichsam Fenster aufreißt und frische Luft hereinläßt. Damit wirft sich Wilamowitz nun auf Euripides, schon in seiner Dissertation und dann in dem Kommentar zum *Herakles*, der seinen Ruhm begründet hat. Dieses große Werk ist eine Einleitung in die griechische Tragödie, die wir heute noch gebrauchen. Er hat auch eine Fülle seiner Stücke übersetzt, daneben freilich auch zumal Aischylos, da inzwischen das Interesse am Archaischen aufgekommen war, über das Klassische hinausgehend bis zurück ins Elementare und Primitive. Während also Wilamowitz sein Weg einerseits zu diesen Dingen führte, kam er auf der anderen Seite zu Euripides. Dann ist bekanntlich Werfel aufgetreten und hat die *Troerinnen* des Euripides aus dem Geist des Impressionismus wunderbar übersetzt (Leipzig 1915).

Auch heute ist es so, daß wir wieder eine Art Aufklärung erleben, vor allem bestimmt durch Technologie und Wissenschaft, denn wir alle sind seelische und geistige Träger dieser Bewegung. Darum sollte es mich nicht wundern, wenn sich das Interesse wieder auf Euripides richten würde, zumal auch wir heute dabei sind, rücksichtslos zu entlarven und zu entrümpeln: bestimmte Dinge des Standesmäßigen, der Bigotterie, der Heuchelei. Es sind nicht erst moderne Bühnendichter, die an ein solches Entlarven gegangen sind, sondern das hatte bereits Euripides getan. Wenn man auf die Literatur blickt, gibt es große Ähnlichkeiten zwischen seiner Zeitlage und der heutigen.

Man könnte noch anderes nennen, worin sich Euripides mit Modernem berührt, etwa die Bedeutung des Grotesken, Widerwärtigen, Ekelhaften, Absurden (ich erinnere nur an die *Bakchen,* wo die Mutter den Kopf des eigenen Sohnes auf dem Thyrsos trägt). All das ist heute von ernster Bedeutung. Ich denke an Günther Eichs Latrinengedicht, gut besprochen von Werner Weber. Vor allem aber verweise ich auf einen Dichter, bei dem das Ekelhafte, Banale und Widerwärtige in großartiger Form aufgegriffen ist: Eliot, in dem *Wüsten Land,* den *Hohlen Männern,* dem *Aschermittwoch* und den darauffolgenden Dramen, bedeutungsvolle Dokumentationen unserer Zeit. Es ist das Inferno der Trivialität, für das er die dichterischen Symbole findet und das er in ganz einfacher Sprache darstellt (vgl. dazu meinen Nachruf auf Eliot, H. u. H. II 411 ff.). Diese Hinweise gebe ich nicht nur als Zeitparallelen, sondern um Euripides darin auch zu charakterisieren. All diese Dinge, die in merkwürdiger Weise immer wieder anziehen und abstoßen, machen die eigentümliche Grundwirkung des Euripides aus seit der Zeit, in der er selbst gelebt hat. Auch das gehört zu den ›Antinomien‹, die Lessing nennt.

Wenn das das Problem des Euripides ist und wenn andererseits die weltweite Wirkung über die Zeiten hin doch bestätigt, daß er ein ganz großer Dichter war, dann werden wir uns nicht so schnell denen anschließen, die ihn kritisieren oder einfach als Aufklärer abstempeln. Wir müssen schon herangehen an eine solche Erscheinung und versuchen, sie ernsthaft zu rezipieren, um einen Ausgangspunkt zu finden für unsere Betrachtung.

2.

Wir hatten einleitend versucht, die besondere Problematik der Gestalt des Euripides zu charakterisieren und vielleicht zu einer gewissen Begrenzung dieses Problems zu kommen, die zeigen mag, in welchem Horizont die Lösung zu suchen ist. Das will ich heute fortsetzen.

Man kann sagen, daß das Urteil über Euripides schwankend gewesen ist seit seinen Lebzeiten, daß der Ablehnung aber immer eine gewaltige, ausgedehnte Wirkung gegenübergestanden hat. Auch das ist in gewissem Sinne ein Erfolg, und nicht alle Erfolge sind zufälliger oder gar unberechtigter Natur. Wenn wir sein Leben betrachten, werden wir derselben Doppelheit begegnen. Er hat stets Anstoß erregt und gleichzeitig auch wieder angezogen, hat Fehler gehabt, wie schon Aristoteles hervorhebt, denen aber auf der anderen Seite diese große Wirkung gegenüberstand. Ich hatte schon hingewiesen auf den Mann, der diese Fehler in einer geradezu klassischen Weise herausgearbeitet hat: A. W. Schlegel in den Vorlesungen über dramatische Kunst und Literatur von 1808, zuerst dreibändig erschienen, dann in der kritischen Ausgabe von G. V. Amoretti 1923, zwei Bände mit ausführlicher Einleitung, auf die ich besonders verweise. Euripides wird in der fünften Vorlesung behandelt, 1 94 ff. Wenn man das heute liest, ist es überraschend, wie wenig tief eindringend, ja geradezu banal die Begründungen sind, mit denen er Euripides als den hinstellt, der verantwortlich gewesen wäre für den Verfall der Tragödie. Schlegel sieht es so, daß in der Kunst und Poesie ein steiler Weg hinaufführe – in der Tragödie mit Aischylos und Sophokles – und auf der anderen Seite wieder hinab, eben bei Euripides. Dazu hat er noch einen besonderen Grund, »die Ausschweifungen dieses Dichters ohne Schonung zu rügen; nämlich daß unser Zeitalter an ähnlichen Gebrechen krankt...« Also seine Kritik an Euripides ist zugleich eine Abrechung mit den Schwächen der eigenen Zeit. Man hält Schlegel bekanntlich für einen Romantiker, ohne definieren zu können, was denn Romantik eigentlich ist. Die Kategorien, an denen er Euripides mißt, sind jedenfalls sehr klassizistisch. So beruft er sich auf das Wort des Sophokles über ihn, er sei nur auf der Bühne ein Weiberfeind gewesen, aber nicht im Bett – was nicht unbedingt gegen ihn als Dichter spricht. Weiter bringt er Vorwürfe von Platon und natürlich Aristophanes. »Im

Euripides finden wir das Wesen der alten Tragödie nicht mehr rein und unvermischt...«, er hätte den Begriff des Schicksals verdorben; von der moralischen Schlechtigkeit seiner Personen ist die Rede, und was die Götter und Heroen angeht, so nimmt er »sich gleichsam Vertraulichkeiten mit ihnen heraus«. Der Chor sei bei ihm nur noch ein unwesentlicher Schmuck, oft episodisch und ohne Bezug auf die Handlung. »So hat dieser Dichter zugleich das innere Wesen der Tragödie aufgehoben und in ihrem äußern Bau das schöne Ebenmaß verletzt.« Man muß es eigentlich ganz wörtlich vorführen, um zu zeigen, wie so ein Urteil aussieht. Es geht noch weiter über das Gefühlsbetonte bei Euripides, das Sophistische und andererseits wieder das Moralische. »Verführerische Einladungen zum Genusse sinnlicher Liebe sind dem Euripides schon von den Alten vorgeworfen worden...« Also Euripides geradezu als eine Art mentaler Kuppler! Dann noch eine Besprechung einzelner Tragödien, immer wieder abgehoben gegen Sophokles, der in diesem Lob merkwürdig verzeichnet erscheint.

Ich habe das angeführt, weil das Werk Schlegels große Wirkung gehabt hat, auch über seine Zeit hinaus, es ist auch vielfach übersetzt worden. Heute ist es wohl nicht mehr so bekannt, aber gerade dann fängt ja etwas an, interessant zu werden, und ich empfehle es deshalb, weil wir dadurch in die ganze Zeitlage und diese Art der Kritik hineingeführt werden. Aber man muß es kritisch lesen, und da kann man wohl sagen, daß es außerordentlich enge Maßstäbe sind, die hier auf die Kunst angewandt werden. Ein Mann wie Goethe hat Euripides demgegenüber immer in Schutz genommen. Die Haupstelle dafür ist bei Eckermann am 1.5.1825 (Grumach, *Goethe und die Antike* 1 286 ff.). Es geht darum, was verantwortlich war für den Verfall der Tragödie. Goethe sagt, daß niemals ein einzelner verantwortlich sein kann für den Verfall ganzer Gattungen, und weist darauf hin, was für eine große Zeit die des Euripides doch noch gewesen sei. Aber er packt das Problem ganz nüchtern und einfach an: der Mensch sei ein einfaches Wesen, das den Kreis seiner Zustände bald durchlaufen hat, und bei der Fülle der Produktion damals seien eben die Stoffe und Gehalte allmählich erschöpft gewesen. Wie auch ein fruchtbarer Boden sich erschöpft, wenn man ihn nicht einmal in Ruhe liegen läßt, so ist auch die griechische Sage durch die riesige dramatische Produktion gleichsam ausgelaugt worden und hat schließlich nichts mehr hergegeben. Das sei der wahre Grund für den Untergang der Tragödie gewesen, die zwar noch weiter betrieben wurde, aber in unbedeutender Form. – Das hängt zusammen mit der Bedeutung, die Goethe als Dichter dem Gegenstand beigemessen hat. Immer wieder spricht er davon, daß man sich nicht im Stoff vergreifen dürfe, daß man mit einem guten Stoff auch schon alles hätte: der Dichter redigiert gleichsam nur, wie er einmal im Alter sagt. Ich meine, daß damit Wesentliches gefaßt ist. Goethe hat einmal gesagt, er habe die Natur oder die Wirklichkeit immer für genialer gehalten als sein Genie. So war für ihn im Stoff eine Genialität der Natur selbst niedergelegt, die kein Mensch ›erfinden‹ kann. Unter den vielen Sagen sind es auch nur bestimmte Stoffe, die immer wieder behandelt worden sind, die aber für eine bestimmte Kultur nur eine begrenzte Möglichkeit von Aspekten enthalten. Wenn etwa der Stoff der *Orestie* oder der *Antigone* in der Gegenwart wieder die Möglichkeit hat, Dichtung hervorzubringen, so ist es eben eine neue Kultur und Zeit, in der auch eine neue Seelenlage vorausgesetzt werden muß. Dieser Grund für den Verfall der Tragödie ist also einer, den wir uns merken müssen, wenn es auch nicht der einzige war.

Wieder zu Eckermann am 28. 3. 1828: Euripides habe Fehler gehabt, und wenn er nicht den hohen Ernst seiner Vorgänger hatte, sondern als ›Theaterdichter‹ die Dinge läßlich nahm, so wußte er eben, daß das für seine Zeitgenossen der rechte Ton war. Ein Dichter aber, der so bewundert und von der Stadt betrauert wurde, der mußte doch etwas sein. »Wenn ein moderner Mensch, wie Schlegel, an einem so großen Alten Fehler zu rügen hätte, so sollte es billig nicht anders geschehen als auf den Knien.« Und am 23. 11. 1831 in einem Brief an Zelter über eine neue Ausgabe der *Iphigenie in Aulis* von Hermann, durch die er »wieder auf diesen unschätzbaren griechischen Dichter« hingewiesen worden sei: »Sein großes und einziges Talent erregte zwar wie sonst meine Bewunderung, doch was mir diesmal hauptsächlich hervortrat, war: das so grenzenlose als kräftige Element, worauf er sich bewegt. Auf den griechischen Lokalitäten und auf deren uralter mythologischer Legenden-Masse schifft und schwimmt er wie eine Stückkugel auf einer Quecksilber-See und kann nicht untertauchen, wenn er auch wollte. Alles ist ihm zur Hand ... Ich werde nicht von ihm ablassen diesen ganzen Winter.« Ein herrliches Bild und überhaupt eine wichtige Stelle; in dieser Kürze ist

Wesentliches gesagt. Wenn wir das von einem Mann wie Goethe hören, der so empfindlich war gegen alles Pathologische und Abartige, so sollte uns das doch zu denken geben. Übrigens hat er sich besonders im Alter für ihn interessiert, als er selbst mit der Phaëthonsage beschäftigt war und versuchen wollte, das Stück des Euripides aus den Fragmenten zu rekonstruieren. Wir kennen die Sage aus Ovid, wie der Sohn des Sonnengottes den väterlichen Wagen fährt und dabei fast den ganzen Himmel in Brand steckt. Wenn man Goethe kennt, ist es klar, warum ihn gerade dieses Stück besonders interessiert hat. Auch die *Bakchen* hat er eingehend behandelt. Man sieht, wie in Goethe ein praktischer Dichter den anderen spürt, wie er sieht, was der andere hat, was er damit machen kann und wie er es macht. Das kann er anerkennen, ohne dabei in die konventionelle Art der Verehrung der französischen Klassik zurückzufallen, die es ist, wogegen Schlegel eigentlich wettert.

Nun können wir nicht leugnen, daß wir mit Euripides in einen Bereich kommen, in dem die stärksten Antithesen und Antinomien walten, von denen ich wenigstens einige herausstellen will. Es ist ersichtlich, daß, während Aischylos und Sophokles nicht in dieser Weise auflösbar sind, bei Euripides alles in Gegensätzlichkeiten auseinandertritt, von denen man oft gar nicht begreift, wie sie in einem Menschen oder einem Kunstwerk zusammengehen können. Der klarsten Rationalität steht die stärkste Betonung des Irrationalen gegenüber, des *thymós,* wie in dem Wort der Medea: »Der Thymos ist stärker als meine *buleúmata*«, mein Denken, wie man es übersetzen könnte. Dodds hat in seinem Buch über das Irrationale bei den Griechen diese Stelle herangezogen. Es gibt eine innere Glut bei Euripides, die wir in dieser Form bei Aischylos und Sophokles nicht kennen. Und es ist klar, daß jedes der Extreme den Gegensatz des anderen gleichsam fordert und verschärft. Weiter haben wir einerseits durchgehend bei Euripides eine letzte Klarheit des nüchternen, wachen Geistes – Walter Ludwig hat eine Arbeit über die Saphéneia bei Euripides gemacht; diese durchsichtige Klarheit macht ihn für den Anfänger auch leichter zu lesen als die beiden anderen Tragiker –, und daneben hat er das Elementare in einer Kraft, die wir wieder nicht bei Aischylos und Sophokles finden: das reine, gelöste Elementare an sich. Und ein Drittes: Euripides ist auf der einen Seite entscheidend bestimmt durch das Denkerische, auch im Hinblick auf die neuen Bewegungen der Zeit, sowohl in der Naturbetrachtung – man denke an Anaxagoras – wie auch der Betrachtung des Menschen und der menschlichen Verhältnisse. Dazu gehört auch die neue Aufmerksamkeit auf das Sprechen des Menschen, das nun von Sophistik und Rhetorik als große Macht entdeckt wird. Kein Zweifel, daß zwischen Euripides und diesen Richtungen eine Verbindung besteht, wobei ich die Frage der Priorität ganz offenlasse; die Wechselwirkung ist das Entscheidende. Und auf der anderen Seite ist Euripides der eigentliche Theatermann. Das waren die beiden anderen natürlich auch, das Handwerkliche mußte damals gekonnt sein, wenn die Stücke aufgeführt werden sollten. Sophokles wurde von Goethe der ›Bretterkundige‹ genannt, und Reinhardt hat ein Buch geschrieben über Aischylos als Regisseur und Theologe. Aber bei Euripides ist die Weise, wie er das Theater ›kann‹ und überhaupt erst zum Theater macht, doch noch etwas anderes und Neuartiges, und hier liegt eine seiner stärksten Weiterwirkungen. Das griechische Theater vollzog sich im Kultbereich des Dionysos – wenn es auch nicht so ist, daß die Tragödie deswegen ein Kultspiel im eigentlichen Sinne war. Das Theater kommt bei den Griechen vom Kult her, ist aber nicht mehr durchaus kultisches Theater. Und doch ist es erst bei Euripides so, daß sich dieser Bezirk zu der Weltmacht Theater verwandelt, die wir kennen, mit all den eigentümlichen Verbindlichkeiten, die es noch heute hat: Dokumentation der Zeit, ›moralische Anstalt‹, wo die menschlichen Dinge vorgeführt werden und dem Laster der Dolch ins Herz gestoßen wird, nach Schiller. Also die richterliche Funktion der Bühne. Das Theater wird nun zum Raum, wo auch Zeitprobleme abgehandelt werden bis ins einzelne, in einem ganz vordergründigen Sinn, was vorher nicht der Fall war. In dem Wort ›zeitgemäß‹ liegt ja immer eine doppelte Bedeutung: einmal das, was in einem tieferen, gründenden Sinne der Zeit gemäß ist, und das, was dem Wechsel des Tages unterworfen ist, die Gestrigkeit, Heutigkeit. Die Frage ist immer, in welchem Sinne man zeitgemäß sein will. Lukrativer ist es, wenn man sich der vordergründigen Zeit zuwendet. Diese vordergründige Zeit ist es, die von Euripides auf der Bühne diskutiert wird, manchmal fast aus der Illusion des Spiels heraustretend. In meinem Schilleraufsatz (H. u. H. II 127 ff.) habe ich auf starke Ähnlichkeiten zwischen Schiller und Euripides hingewiesen. Die Gestalten sind idealische Masken, die Bühne ein idealer Schein, der irgendwie die Wahrheit spiegelt. Auch Schiller kannte den Zwiespalt zwischen Regel und Anschauung, technischem Kopf und Genie. All das sind Dinge, die Euripides mit unserer Zeit in Verbindung bringen. Er greift nach neuen Valeurs des Gedankens, auch soziale Probleme werden aufgegriffen wie etwa die Gestalt und Stellung des Sklaven. Weiter kommt etwas hoch, das man schon hellenistisch nennen kann, ein Kosmopolitentum in ersten Ansätzen. Daß die alten Götter bezweifelt werden, ist durchgehend charakteristisch für ihn. Das war längst vorbereitet durch Xenophanes, der die Moral der homerischen Götter kritisierte. Entscheidend ist aber, daß daneben bei Euripides etwas anderes steht, ein neues Göttliches, *theíon,* von dem man nicht recht weiß, was es ist. Weiter kann man beobachten, daß bei ihm immer stärker das aufkommt, was später zur Tyche wird, ein Glaube, der bis in die mittelalterliche Poesie geht und selbst die Geschichtsschreibung durchdringt. Diese Fortuna-Tyche ist noch nicht als volle Gestalt da, aber deutlich in ihrem Gepräge.

Man sieht, wie dies alles die Grenzen der alten Polis sprengt, wie der Mensch nun anders gesehen wird. Und noch ein Dualismus: Kein Dichter hat so wie Euripides den jungen Menschen in seiner Idealität dargestellt. Überall sind bei ihm solch junge Menschen, die in einer eigentümlichen Weise bessere Menschen sind als die älteren – und dem steht gegenüber der ausgemachte Bösewicht. Das gibt es nicht bei Homer, auch nicht bei Aischylos und Sophokles. Auch das vereinigt Euripides mit Schiller, der eine verruchte Kenntnis des Bösen hatte und die Fähigkeit, den Bösewicht auch glaubhaft darzustellen. Auch Shakespeare hat das, wenn auch weniger als Typus, sondern weil es damals wirklich noch eine Zeit war, in der ein Mensch eine besondere Kraft hatte, böse zu sein. Bei Euripides stehen sich Idealität und Bosheit dialektisch gegenüber in Stücken, die auch die größte Theaterwirksamkeit haben. In diesem Sinne hat Aristoteles gesagt, daß Euripides der ›tragischste‹ sei, weil er nämlich am meisten Jammer und Schrecken erregt hat. Andererseits ist wieder seine dramatische Kunst aufs stärkste aufgeschlüsselt und disponiert in einzelnen ›Nummern‹.

Die Folge davon war, daß bei Euripides die Tragödie zu einem höchst instruktiven Modell entwickelt wurde, wie man Tragödien macht. Das war der Grund seiner riesigen Wirkung über die ganze Erde. Weder Sophokles noch Aischylos haben solch instruktive Modelle hingestellt. Auf Euripides folgt dann Menander und die Neue Komödie. So ist er im Grunde der Erfinder des Dramas gewesen, seiner Form und all seiner Möglichkeiten.

Ich will die Dinge nicht weiter ausführen, habe wohl das Wesentliche entwickelt. Um aber noch auf die Möglichkeit einer Lösung zu kommen, könnte man es etwa so ausdrücken. Kein Zweifel, daß im fünften Jahrhundert, etwa um 430, nach der Pest, in Athen etwas zu beobachten ist, was wir eine große Kultur- und Zeitkrise nennen können. Es gibt Zeugnisse für diese Krise, die alles erfaßte: Philosophie, Religion, Denken, Sitte, Staat, das Leben des Einzelnen. So bei Thukydides II 47 ff. und 50-54, der klar entwickelt, wie durch die Pest damals sämtliche Ordnungen gelöst wurden und wie das dann weiter ausgreift. Das geht weiter im dritten Buch, wo er ein deutliches Bild gibt, wie es nun zugeht. Die beste Deutung des Thukydides ist, daß er nicht als Historiker des großen Krieges verstanden wird, sondern als Pathologe Athens, der die Geschichte seines Zerfalls schreibt. Ähnlich bei Sophokles in einem berühmten Chorlied des *Ödipus* (863): Wenn das alles so ist, »was soll ich noch Reigen führen?«, das heißt: Wozu noch Tragödien schreiben? Und weiter: »Hingeht das Göttliche.«

Das sind nur zwei Zeugnisse für die Tatsache dieser Krise, die auch sonst überall bezeugt wird. Und nun würde ich sagen, um das Bisherige abzurunden: die Größe und zugleich die Schwäche des Euripides liegt darin, daß er der Dichter dieser Krise gewesen ist, jener großen, umfassenden griechischen Welt- und Zeitkrise. Es ist wunderbar, wie er – und nur er – dieser Krise den wahren Ausdruck gegeben hat, wie er sie als wahrhaftige Erscheinung gepackt und auf die Bühne gebracht hat, womit er nur das Werk des tragischen Dichters tut, so wie es ihm vorschwebt. Damit erklärt sich all das, was man an seiner Kunst als negativ empfindet. Das zweite Große ist, daß er dies Pathologische doch auf ›gesunde‹ Art schildert, mit einem Ausdruck Goethes: der Dichter hat es mit dem Pathologischen zu tun, aber er muß es auf gesunde Art darstellen. So hat Euripides es getan, hat das Krankhafte gezeigt wie einen faulen Fisch, den man nicht balsamieren soll. Das ist wohl auch heute noch die Aufgabe der Kunst. Euripides hat es mit Wahrhaftigkeit angepackt und in großartige Form gebracht. Und noch ein Letztes: er hat es verstanden, dies Pathologische *in* der Kunst *zur* Kunst und *durch* Kunst zu bewältigen, was wir noch näher charakterisieren werden. Dabei entsteht eine neue, eigentümliche Art von Wert, der immer dann sichtbar wird, wenn ältere Werte zusammenbrechen: eine gewisse Menschlichkeit. So wird der Dichter der Krise auch zum ersten Dichter der Humanität – nicht Sophokles, bei dem alles noch im Religiösen lebt. Damit ist jetzt eine neue Plattform erreicht. Das andere Große, das ihn charakterisiert, ist, daß nun zum erstenmal bei ihm die Kunst als Kunst da ist, poésie pure, und daß herrliche Kunstgebilde sich zum erstenmal auch als solche fühlen und wissen und mit der ganzen großen Macht des reinen Kunstgebildes ihren Weg in die Zukunft antreten.

3.

Wir hatten den ersten Teil der Einleitung abgeschlossen, in dem wir, nach Vorführung der Problematik, versucht hatten, einen Horizont zu finden, in dem sich die Gegensätzlichkeiten der Erscheinung doch einheitlich darstellen ließen, und hatten gesagt, Euripides sei zu verstehen als Dichter der athenischen Krise. Diese Krise hat er, als der große Künstler, der er ist, so ergriffen, daß er zwar das Pathologische als seinen Gegenstand darstellt, aber in einer Form, die immer mehr zur reinen Kunstform wird. So war er ganz der Zukunft zugewandt, während er in seiner eigenen Zeit weniger beachtet wurde: er hat die Weltmacht Theater begründet so wie auch die ›reine Kunst‹, poésie pure. Nur in scheinbarem Gegensatz dazu hat er auch die Dokumentation von Zeitproblemen, doch auch darin ist die reine Gestaltung aufs stärkste betont. Charakteristisch ist, was er einmal über sich selbst sagt, in einem Chorlied des *Herakles* (637 ff., bes. 673): ›Ich werde nicht aufhören, die Chariten mit den Musen zu vereinigen (also: die Anmut zu suchen in der Dichtung), die süßeste Gemeinschaft. Ich möchte nicht leben in Musenlosigkeit ...‹ Dann spricht der Chor von seinem Alter – es sind ja alte Männer –, daß er aber dennoch singen will: ›Noch nicht wollen wir stillegen die Musen, sie, die mich den Reigen führen lassen‹.

Es ist klar, wie dieses Bekenntnis, das Euripides seinen Chor sprechen läßt, auch sein eigenes, persönliches ist, entsprechend dem Wort des Sophokles: »Was soll ich noch tanzen?«, dem er damit entgegentritt. Dem melancholischen Bewußtsein der Krise, das bis dicht heran an die Verzweiflung führt, stellt gerade Euripides das Gelöbnis des Dichters gegenüber, dessen Geschäft verstanden wird als das Vereinigen der Göttinnen der Anmut und des Gesangs, und er sagt, daß er nicht leben will im Musenlosen.

Sie sehen, wir sind hier ganz im Bereich der Ästhetik, des Schönen, der eigentlichen poésie pure, die ein Bereich der Zuflucht wird, in dem er noch eine volle Möglichkeit des Lebens findet, wenn dem auch jene Zerrissenheit von Staat, Glaube und Sitte gegenübersteht, die er nur in grauenhaften Bildern schildern kann. Beides: die Wahrhaftigkeit gegenüber den Auflösungserscheinungen der Zeit, die dokumentarisch festgehalten werden, und das Bekenntnis zur reinen Kunst, hängt zusammen. Und wenn aus dem Zusammenbruch der alten Religion und Staatslehre dann die Humanität hervorgeht, wie wir sie bei Menander finden und in den philosophischen Systemen, die nun folgen, so ist es wieder Euripides gewesen, der diese Humanität (die freilich längst in der Delphischen Religion angelegt war) in ihrer eigentümlichen Abgesondertheit ausgeformt hat zu einer umfassenden Denkweise, an der man sich nun orientieren kann. Das andere ist also, daß ein Bewußtsein der reinen Kunst entsteht, die zu einem Bereich des unschuldigen Tuns wird, in dem der Mensch noch eine Lebensmöglichkeit findet. Ansätze zu einer solchen poésie pure haben wir schon bei Bakchylides und anderen, aber doch nie so ausgesprochen; das setzt eben die Krise voraus. Um eine Parallele anzuführen, erinnere ich nur an Horaz, der immer wieder sagt, daß die Musen auch schützen können, daß man in ihrem Bereich aufgehoben ist; ein sehr schöner Glaube, der, seit die große Einheit verlorengegangen ist, immer wieder von Dichtern bezeugt wird. So spricht etwa Hölderlin von dem ›unschuldigen Geschäft‹ des Dichtens. Diese Weise, einen Bereich der Unschuld auszugrenzen und sich ihm zu verschwören, ist für Euripides charakteristisch, so daß der Schluß dieses Chorlieds auch zugleich als Abschluß unseres Vorblicks dienen mag.

Diese von mir vorgetragene Auffassung habe ich in der Literatur noch nirgends gefunden – bis auf Karl Reinhardt in seinem großartigen Aufsatz: *Die Sinneskrise bei Euripides.* Er kommt nicht zu den Konsequenzen, von denen ich gesprochen hatte, dem Ausblick auf die Humanität und die poésie pure, versucht auch nicht, von der Krise die Einheit seines Dichtertums zu charakterisieren, sondern beschränkt sich auf die Darstellung der

Krise als solcher, wobei er ausgeht von modernen Erscheinungen wie Kafka, Benn und der jungen amerikanischen Dichtung, die stark diesen Nihilismus aufgegriffen hat. Dann gibt er einen Überblick über Europa und sagt sehr treffend, daß es für eine Krise, wie wir sie in der Gegenwart haben, in der Antike nur wenige Beispiele gibt, und dazu gehört eben diese Zeit zwischen 450 und 400, für die Euripides der eigentliche Vertreter ist. Sehr schön, wie sich dann alles sammelt in der Interpretation des *Orest.* Ich rate dringend, diesen Aufsatz zu lesen.

Damit sei dieses Einleitungskapitel abgeschlossen, und ich wende mich zunächst der Biographie des Euripides zu. An Literatur verweise ich auf die glänzend geschriebene kurze Einleitung von W. Jens (Opuscula 21), meisterhaft in der Schärfe und Vielseitigkeit, vielleicht eine seiner besten Arbeiten. Dann der Artikel von R. Schwinge im Lexikon der Alten Welt, knapp und übersichtlich, etwa sechs Spalten. Weiter Lesky ³409-461 sowie sein Büchlein über die griechische Tragödie. Pohlenz, *Die griechische Tragödie* I u. II. Schließlich das schon genannte Herakles-Buch von Wilamowitz mit Kommentar und Einleitung. Im übrigen gibt es eine fast unüberschaubare Literatur; Sie finden das Wesentliche bei Lesky und Schwinge. –

Was die Biographie angeht, hatte ich öfter darauf hingewiesen, daß das in der Antike eine heikle Angelegenheit ist. Man hat die Gattung von vornherein nicht als Wissenschaft aufgefaßt, sondern als Unterhaltung; die Gestalten werden mehr bedichtend als verbürgt dargestellt, wobei eine Fülle von Klatsch hinzukommt. Bei Euripides ist es deutlich, wie der Spott der Komödie, zumal des Aristophanes, als Quelle benutzt und das dann weitergesponnen wird. Besonders die Todesarten haben die Phantasie angezogen, und wenn wir von Euripides lesen, daß er in Makedonien, wo er sich damals aufhielt, von Molosserhunden zerrissen worden sei, so hält man das gewöhnlich auch für reine Fiktion. Aber ich weiß nicht: die Hunde in Griechenland sind auch heute noch sehr gefährlich, zumal die Hirtenhunde, und man kann schon etwas mit ihnen erleben. Wilamowitz hat in Italien einmal seinem Schwiegervater Mommsen das Leben gerettet, als er in so ein Rudel hineingeraten war, wobei er mächtig um sich schlagen mußte als der große, kräftige Mann, der er war; und auch von anderen habe ich ähnliche Geschichten gehört. Warum soll es also nicht so gewesen sein, daß auch Euripides von solchen Hunden angefallen wurde und dabei den kürzeren gezogen hat? Wenn auch das meiste über ihn erfunden ist, so doch nicht alles, und wir dürfen die Dinge nicht einfach abtun, sondern müssen jede Angabe prüfen. In der Sophoklesbiographie liegt, wie ich meine, eine vorzügliche Überlieferung vor. Bei Euripides ist es nicht so, er war offenbar nicht ein Mann, der sich mit seinen Worten den Leuten leicht einprägte. Aber einiges ergibt sich natürlich doch.

Wir haben vier Quellen für sein Leben. Einmal die Angaben der Hypothesis, die in der alexandrinischen Ausgabe gestanden haben und die bis ins vierte Jahrhundert hinaufgehen können. Zweitens ein in neuerer Zeit gefundener Papyrus (Oxyr. IX 1176), eine Biographie des Satyros, den wir auch sonst kennen. Drittens der Artikel in der Suda über Euripides, in späterer Zeit kompiliert. Und viertens eine Stelle bei Gellius (15, 20), der eine Fülle von einzelnen Stücken zusammenstellt, meist recht gut fundiert. Das will ich kurz vorführen, weil es zeigt, wie sich dafür eine feste Reihenfolge gebildet hatte mit bestimmten Punkten, die sich in allen Biographien finden. Seine Mutter soll eine Grünkramhändlerin gewesen sein, wie Aristophanes in den *Acharnern* sagt: bestimmt eine Erfindung des Klatsches. Der Vater hat ein Gut gehabt, wie viele reiche Athener, und seine Frau wird sich um die Wirtschaft gekümmert haben; daraus entsteht dann so etwas und geht durch die ganze Tradition. – Dann ein besonderer Umstand bei seiner Geburt: ein Orakel hätte gesagt, er werde ein Sieger in Agonen werden. Das hat der Vater falsch verstanden, er hat es auf sportliche Agone bezogen und ihn also zum Athleten machen wollen, aber das ging nicht so recht. Immerhin soll er in lokalen Kämpfen einen Kranz gewonnen haben. Aber er sei nicht besonders sportlich gewesen, darum hätte er sich dann anderen Studien zugewandt, um seinen Geist zu bilden. Wie üblich werden Lehrer genannt, der Naturwissenschaftler Anaxagoras und der Redner Prodikos, als dritter wird sogar noch Protagoras genannt, und schließlich sei er ein ›Hörer‹ des Sokrates gewesen. Mit den Tragödien hätte er mit zweiundzwanzig Jahren angefangen, sein erster Sieg scheint früh gewesen zu sein. Auf Salamis gab es eine große Höhle, darin hätte er meist seine Tragödien geschrieben. Zu dem düsteren Geist und Grübler, der er war, gehört eben auch die einsame Höhle, wo er mit dem Blick auf das Meer seine Tragödien dichtet. Mit den Frauen soll er besonderes Glück gehabt haben, was Aristophanes verspottet. Andererseits hätte er einen Hausgenossen Kephisophon gehabt, der ihm nicht nur gelegentlich beim Dichten geholfen hätte, sondern auch im Bett. All das sind Geschichten, wie sie in der Komödie aufkommen und dann in die Biographien eingehen. Bei Euripides kommt hinzu, daß er nun einmal so schreckliche Frauen auf die Bühne gebracht hatte wie keiner vor ihm, eine Medea oder Phaidra. Weiter hübsche Einzelzeugnisse: er hätte das Lachen gehaßt und wäre nicht einmal beim Wein freundlich gewesen; aber das, was er geschrieben hatte, sei wie Honig gewesen. Um 407 sei er nach Makedonien gegangen auf einen Ruf des Königs Archelaos, der stark von der griechischen Kultur beeinflußt war und verschiedene Dichter eingeladen hatte, um eine Art Musenhof zu bilden. Viele Dichter sind damals solchen Einladungen fremder Fürsten gefolgt: Aischylos, Pindar, Simonides, Bakchylides und andere. Auch Euripides war vorher nach Epirus gegangen, für das er sogar ein Stück, die *Andromache*, geschrieben hatte, und dann nach Makedonien geholt worden, wo er mit dem König vertrauten Umgang gehabt haben soll, bis er dann bei der Heimkehr von einem Gastmahl von Hunden zerfleischt wurde. Sein Grab war in Pella, auch die Inschrift ist überliefert. Athen hat die Leiche zurückverlangt, was der König aber abgelehnt hätte; so hat man ihm in Athen an der Straße zum Peiraios ein Kenotaph errichtet.

Soweit Gellius. Das Datum der Geburt ist nicht bekannt, es wird meist nach dem Akme-Prinzip erschlossen oder durch Beziehungen auf Zeitereignisse. Hier ist es die Schlacht bei Salamis 480, bei der Aischylos mitgekämpft hätte, Sophokles hätte beim Siegesfest den Reigen der Jünglinge angeführt und Euripides sei geboren worden. Wenn das auch nicht aufs Jahr stimmt, gibt es doch ungefähr die Zeit an, und die Abfolge der drei Tragiker ist charakteristisch. Aischylos steht als erwachsener Mann in den Perserkriegen, Sophokles hat immerhin noch selbst etwas davon erlebt, Euripides aber ist in einer Zeit herangewachsen, als das alles überstanden war, ist nicht mehr berührt von der Stimmung jener Zeit. Diese Dinge sind es, die wichtiger sind für die Persönlichkeit als das Datum der Geburt. An Jahren war er also nicht viel jünger als Sophokles und ist sogar früher gestorben. Aber es ist nicht so, daß Zeitgenossen auch in der gleichen Zeit leben; zehn Jahre können genügen, um einen Menschen von einem anderen zu trennen, so daß er einer ganz anderen Generation angehört.

Das ist hier der Fall. Euripides und Sophokles waren im wesentlichen Zeitgenossen, und doch verwirklichen sie in sich ganz verschiedene Zeiten. Euripides ist ganz der Krise geöffnet; die große Einheit des Glaubens, in der Sophokles immer noch lebt, ist für ihn gespalten, und er hat Neues zu suchen. – Daß er 406 gestorben sei, dürfte richtig sein.

Dann gibt es noch einige feste Daten. 455 ist er zum erstenmal aufgetreten mit den *Peliastöchtern*; noch ziemlich jung, wenn er um 480 geboren ist. Das nächste sicher datierte Stück ist die *Alkestis* 438, 431 die *Medea*, 428 der zweite *Hippolytos*, 415 die *Troerinnen*, 412 *Helena*, 408 der *Orest*. Weiter ist sicher, daß er drei Stücke in Makedonien geschrieben hat, die erst posthum in Athen aufgeführt wurden von seinem Sohn oder Neffen: die *Bakchen*, die *Iphigenie in Aulis* und der nicht erhaltene *Alkmaion in Korinth*. Der *Alkmaion in Psophis* ist ein frühes Stück, gleichzeitig mit der *Alkestis*; der zweite also sehr spät. Die Gesamtzahl der Stücke war etwa 88, wenn er zweiundzwanzigmal aufgetreten ist. Gesiegt hat er aber nur viermal und noch einmal nach seinem Tod. – Was seine ›Lehrer‹ angeht, werden wir das nicht wörtlich nehmen dürfen; es sind Einflüsse, und daß er von Anaxagoras, Prodikos und Protagoras beeinflußt war, ist klar. – Daß der Vater Gutsbesitzer war und auch ein Landgut auf Salamis besaß, werden wir glauben. Die Geschichte von dem Orakel ist so typisch, daß man wenig dazu sagen kann. Aber hübsch ist etwas anderes: er sei auch Maler gewesen, und einige Bilder von ihm wurden später in Megara gezeigt. Es gibt ein interessantes Buch von dem Archäologen Eugen Petersen, wo er über Euripides als den Maler-Dichter spricht. Daß das Malerische für ihn, den anderen beiden Tragikern gegenüber, eine besondere Bedeutung hat, ist völlig richtig, zumal in den Chorliedern oder auch den Botenberichten. Sie sehen, wie diese Notiz sich mit den Eigentümlichkeiten seines dichterischen Stils durchaus deckt, so daß wir sagen dürfen, entweder stimmt es wirklich oder doch in dem Sinne, daß das Malerische in die Qualität seiner Dichtung hineingewirkt hat.

Glaubhaft ist eine Nachricht über seinen Kultdienst als junger Mensch für Apollon Zosterios, auch daß man ihn nach der Niederlage des Heeres in Syrakus beauftragt habe, das Grabgedicht für die Gefallenen zu dichten. Daß er auch ein Epinikion auf Alkibiades gedichtet hätte, wäre interessant, ist aber weniger wahrscheinlich.

4.

Wir hatten die Biographie des Euripides im wesentlichen abgeschlossen. Im ganzen sind es gar nicht so wenige Fakten, die sich dabei ergeben, und wenn auch vieles einfach Skandalgeschichten sind, müssen wir darauf gefaßt sein, daß sich das eine oder andere doch als echt erweist. Bei der Frage nach der Wahrheit darf man nicht von allgemeinen Denkmitteln ausgehen, sondern muß alles prüfen. Auch das Legendarische ist interessant genug. Es ist ja das Wesen des Legendarischen, daß es nicht einfach erfunden wird, sondern einen wahren Kern hat, an dem man ansetzen kann. So führt uns all das, was über Euripides erzählt wird, doch auf etwas, das gerade diese Skandalgeschichten hervorgerufen hat und irgendwie in seinem Wesen wurzelt. Wir sehen, daß in alledem sich ein Grundtypus des Mannes abzeichnet, der ganz anders ist als der des Sophokles oder Aischylos. Zumal Sophokles steht uns als Gesamtpersönlichkeit deutlich vor Augen, etwa in dem Bruchstück des Ion von Chios über sein Auftreten als Gesandter in Chios, aber auch in seiner Statue. Er ist eine Art Musterbild des vornehmen Atheners, eine elegante Erscheinung, tadellos in Kleidung und Körperhaltung, griechisch *euschemosýne.* Auch die Charis seines Wesens und die *kalokagathía* – ein kaum übersetzbares Wort für die höchste Qualität eines Menschen in der Vereinigung des Schönen und Guten oder Tüchtigen – drücken sich darin aus.

Man kann nun klar sagen: so war Euripides nicht. In seiner Erscheinung wurde keine *euschemosýne* und *cháris* sichtbar. Von Sophokles hören wir sehr wenig Negatives. Bei Euripides gibt es all diese Skandalgeschichten. Das führt darauf, daß er an Sophokles gemessen irgendwie ein Abseitiger war, wie man mit aller Vorsicht wohl sagen kann. Er wird als finster geschildert, ähnlich wie auch Thukydides, von dem ebenfalls gesagt wird, er habe nur ganz selten gelächelt und niemals gelacht. Auch daß er in einer Höhle gedichtet hätte, spricht für diese Auffassung des Abseitigen und Düsteren. Dazu paßt, daß er auch eine Bibliothek gehabt haben soll – wo hätte sonst damals ein gesunder Mensch so etwas gehabt! Die ganze Weise, wie er in Athen als Erscheinung bekannt war, zeigt, daß er, griechisch gesagt, *átopos* war, nicht einzuordnen, wie es auch von Sokrates gesagt wurde. Meist übersetzt man es bei Platon mit ›wunderlich‹. Aber das Wort beruht auf der Vorstellung, daß jedes Ding seinen Ort, *tópos* hat, wo man es einordnen kann, und wenn es das nicht hat, ist es eben abseitig. Solche Abseitigen waren später auch Gestalten wie Timon von Athen und andere, die nicht dem Ideal des Politen entsprachen. Auch das weist schon auf Zukünftiges voraus und gehört zur Vorbereitung des Hellenismus, daß die Individualität sich nun herauslöst aus dem Sozialverband und ihren eigenen Weg geht, was in allen Gesellschaften bis heute immer eine Art Vergehen ist. Bei Euripides mag es ähnlich gewesen sein, wobei die Vorwürfe, die man dann im einzelnen erhob, nicht zu stimmen brauchen.

Was man ihm weiter vorwarf, ist das Denkerische, Spekulative, ein Vorwurf, der auch gegen Sokrates erhoben wurde. So wie dieser in den *Wolken* des Aristophanes in der Luft wandelt, schwebt Euripides in den *Acharnern* auf einer Hängematte in der Luft, ist also nicht ganz auf der Erde. Entscheidend ist dabei, daß er im Denken nicht dem *nómos,* dem Üblichen folgt, nicht so denkt, wie es das Kollektiv für richtig befindet. Dazu gehört der Sinn für die Einsamkeit, daß er sich in Salamis auf sein Gut setzt oder sogar in die Höhle, die später von Fremdenführern gezeigt wurde – ganz ähnlich wie heute, wie man sieht. All das weist auf ein abseitiges Dasein von höchst individueller Prägung.

Was seine geistige Art angeht – nun, das zu beschreiben ist nicht möglich, ohne das Werk zu betrachten. Der Mensch drückt sich am stärksten in seinem Werk aus, und indem man das behandelt, wird man sich auch des Menschen vergewissern. Aber wir werden schon jetzt sagen können, daß das antinomische Element für ihn charakteristisch ist. Ich kann dazu auf mein Buch *Monolog und Selbstgespräch* verweisen, das eigentlich fast ein Euripidesbuch ist. Da ergab es sich, daß – anders als bei Sophokles und Aischylos – einerseits ein rein Erlebtes bei ihm da ist wie nur je bei einem Künstler, andererseits aber nicht nur das Bestreben, dieses Erlebte genau zu erfassen (ein Erlebnis wird ja immer erst dann zur Dichtung, wenn es von etwas anderem erfaßt wird), sondern darüber hinaus das Bedürfnis, das, was er gestaltet, auch noch begrifflich-logisch zu sagen. Überall ist es bei ihm so: er gestaltet ein Geschehen, und dann kommt eine Stelle, wo er es auch noch sagt. Das ist auch der Grund, warum er so reich an Sentenzen ist. So ist es zum Beispiel in der *Medea*: nachdem sie den großen Monolog gehalten hat, in dem sie ringt zwischen der Leidenschaft, Iason zu treffen, und ihrer Liebe zu den Kindern, wird 1079 das, was die Handlung darstellt, auch formuliert: »Der Thymos ist stärker als meine *buleúmata*, er, der Urheber der größten Übel für die Menschen.« Der Gegensatz, den die dramatische Gestaltung zeigt, ist damit ausgesprochen, und dies Wort ist charakteristisch für die geistige Haltung des Euripides. Bezeichnend dafür, wie weit sich die Philologie verirren kann, ist, daß man diese Schlüsselverse athetieren wollte, weil sie ›philosophisch‹ wären. Und so haben wir zum Abschluß dieses Kapitels doch noch so etwas wie ein Porträt des Mannes. Auch von ihm haben wir übrigens eine bildliche Darstellung: den berühmten Neapler Kopf (s. Bruckmann 121/2 und Hekler, *Bildniskunst*, Taf. 10, auch bei Lippold und Schefold). Neuerdings gibt es ein sehr schönes Buch von Gisela Richter über die Porträts der Griechen, eine Zusammenstellung der Lebensdaten, der Statuen und der Aufzählungen, was es alles gibt, auch Zweifelhaftes, die ganze Überlieferung ist hier beisammen; Fig. 717 vielleicht die schönste Abbildung dieses Kopfes, die ich kenne. Ich rate dringend, sich auch um die Denkmäler zu kümmern, auch wenn man nicht Archäologie als Fach studiert. – Ich will das Porträt nicht deuten, das geht meist ins Subjektive, aber man kann es beschreiben. Wir werden nicht behaupten, daß es nach dem wirklichen Euripides gemacht ist, ebensowenig wie wohl auch die Sophoklesstatue oder das Sokratesporträt. All diese Bilder sind später gemacht, stark orientiert an dem geistigen Bild, das man von einem Menschen hatte. So ist Sokrates nach Platons Beschreibung deutlich silenartig, also weder ein direktes Abbild noch reine Fiktion. Es ist wohl richtig, wenn man diese Porträts in Beziehung setzt mit der Neuordnung des Theaterwesens durch Lykurg im vierten Jahrhundert, wo auch Statuen aufgestellt wurden. Auf diese Statue führt wohl der Kopf, natürlich über mehrere Zwischenstufen, zurück. Aber wenn man sich fragt, welches geistige Bild der Künstler von ihm gehabt hat, trifft man wieder auf diese merkwürdige Doppelheit. Bei Sophokles haben wir ein freies, gleichsam entfaltetes Gesicht, wenn auch ein Zug des Leidens darin sichtbar wird. In Euripides ist eindeutig der Denker dargestellt, der introvertierte Mensch, wie wir sagen: die tiefliegenden Augen, in denen es irgendwie glüht. Das ist ein subjektiver Eindruck, aber es gibt doch schließlich auch die Möglichkeit, daß ein Mensch einmal richtig empfindet. Der Typus ist angeglichen dem des Philosophenkopfes, womit eben der denkerische Dichter wiedergegeben ist. Das Abseitige, von dem wir gesprochen hatten, läßt auch die Statue erkennen, der Mund ist merkwürdig verkniffen, aber das Ganze ist doch von herrlicher Harmonie und größter Kraft der Persönlichkeit, die eben doch die Persönlichkeit eines Dichters ist.

Damit will ich dies Kapitel abschließen über die Biographie des Euripides und den Versuch, ihn uns als greifbare Persönlichkeit vor Augen zu stellen. Viele versuchen das gar nicht mehr, aber die völlige Abkehrung vom Biographischen ist auch wieder falsch. Der Mensch ist nicht das Werk, aber das Werk wurzelt doch irgendwie im Leben, und wir werden wohl überlegen dürfen, welcher Boden es ist, der eine Pflanze trägt. Wenn man die Dinge nicht einfach daraus ableitet, sondern es anerkennt als einen gewissen Bedingungsbereich, dann ist es doch von nicht geringer Wichtigkeit.

Nun beginnt ein weiteres Kapitel, das in die Einleitung gehört: die Überlieferung. Ich habe das öfter ausführlich behandelt und will mich hier auf das beschränken, was Euripides betrifft. Wir hören, daß er, wie auch die anderen Tragiker, sehr viele Stücke geschrieben hat. In der Suda werden 92 Stücke genannt, sonst 75, 78 oder 88. Jedenfalls war es eine große Zahl, wie es damals auch natürlich war, wenn einer sein ganzes Leben lang gedichtet hat. Aus dieser ganzen großen Produktion sind von Aischylos und Sophokles je sieben Stücke überliefert, bei Euripides sind es sogar neunzehn, darunter ein höchstwahrscheinlich unechtes, der *Rhesos.* Darauf will ich jetzt nicht eingehen, weil die Frage noch nicht ganz geklärt ist. Das Stück ist so interessant, weil es eine Dramatisierung Homers ist, des zehnten Buchs der Ilias, das ich für eine Eindichtung halte, wie übrigens auch die meisten Philologen. Klingner hat es ein ›Nachtstück‹ genannt, sehr schön und in sich geschlossen. Das hat sich jemand vorgenommen und dramatisiert, wohl noch im vierten Jahrhundert, aber selbst das ist nicht ganz sicher. Manche halten es für ein frühes Stück des Euripides, was ich nicht glaube. Läßt man das einmal beiseite, bleiben achtzehn Stücke übrig.

Entscheidend ist nun, daß Euripides im vierten Jahrhundert vielfach aufgeführt worden ist. Im fünften Jahrhundert gab es bekanntlich nur ganz selten Wiederaufführungen, sehr wenige Fälle sind bezeugt, Aufführungen in Sizilien und einmal als besondere Ehrung für Aischylos auch in Athen. Aber im vierten

Jahrhundert kommen diese Wiederaufführungen der ›Alten‹ auf, weil man ein neues Verhältnis zu ihnen gewonnen hat. Man hat nun eine ›klassische‹ Periode hinter sich, die mit dem Tod des Euripides irgendwie abgeschlossen war, wie schon Aristophanes gespürt hat, und diese wird nun wieder vergegenwärtigt. Es ist der erste Fall einer solchen Vergegenwärtigung eines als klassisch und gültig Empfundenen. So wurde auch vieles von Euripides wieder aufgeführt; ich sagte schon, daß unmittelbar nach seinem Tod seine riesige Wirkung beginnt. Für unseren Text ergibt sich daraus eine interessante Erscheinung, die wir bei Sophokles nicht kennen und bei Aischylos höchstens in dem Schluß der *Sieben gegen Theben*, den ich für unecht halte: die Schauspielerinterpolation. Man kann Euripides gar nicht lesen, ohne darauf zu stoßen. Wir kennen in philosophischen Texten das Interpretament, wenn ein aufmerksamer Leser Randbemerkungen macht, die dann von anderen abgeschrieben werden und so in den Text kommen, Dinge, die wir in eckige Klammern setzen. Ähnlich ist es, wenn man Parallelstellen an den Rand schreibt. Aber daneben gibt es die eigentlichen Schauspieler- oder Regieinterpolationen, Dinge, die man gar nicht versteht vom literarischen Text her. Aber wer mit dem Bühnenwesen Bescheid weiß, kennt diese Erscheinung, über die man manchmal ergrimmen kann, die aber nicht zu ändern ist und wohl auch damals so war. Der Regisseur ändert und streicht – ich habe noch nie erlebt, daß er das nicht getan hätte, es scheint fast zu seiner Ehre zu gehören –, oder der Schauspieler behauptet, daß er etwas nicht sprechen kann, und wenn man es mit so nervösen Instrumenten zu tun hat, wie Schauspieler es sind, nun, dann streicht oder ändert man eben. Ich habe kürzlich in Weimar eine Aufführung des Zweiten Faust gesehen und plötzlich Verse gehört, bei denen ich mich fragte: das soll Goethe sein? Da hatte man eine Stelle weggelassen und zur Überbrückung drei Verse neu gedichtet, was durchaus zu hören war. So etwas, daß man, um eine große Streichung zu überbrücken, ein paar Verse eindichtet, gibt es bei Euripides reichlich; E. Fraenkel hat verschiedenes nachgewiesen. Meist war es ein Resümee des Ausgefallenen, und wenn es das nächstemal nicht ausfiel, stand es dann hinter dem, was es zusammenfassen sollte. All das ist eine Besonderheit der Euripidesüberlieferung, die auf diese frühe Zeit zurückgeht; umgekehrt verweist es auch wieder auf seine Beliebtheit. Dafür sprechen auch die vielen Papyri, die wir von ihm haben. Nach Homer steht bei den Funden auf dem Gebiet der Dichtung Euripides an zweiter Stelle. Das zeigt, wie stark er damals gelesen wurde, nicht nur in Athen, sondern auch darüber hinaus, und in Ägypten so stark, daß wir diese vielen Papyri von ihm haben.

5.

Für die Textgeschichte verweise ich noch auf Wilamowitz' Textgeschichte der Tragiker, wo der Begriff der Textgeschichte erst entwickelt wurde. Vorher sprach man nur von Editionen, was Lachmann zur Recensio verfeinert hatte. All das hat Wilamowitz erweitert zur historischen Betrachtung der Handschriften selbst wie auch der Nebenüberlieferung in Zitaten – für Euripides reich – und vor allem in griechischen Anthologien. Diese Zitate kennen wir unter dem verkehrten Namen von Fragmenten; die Sammlungen gehen neben den Ausgaben her, für die Tragiker die große Ausgabe der Fragmente von Nauck. Aus diesen Ausstrahlungen in die zeitgenössische Literatur läßt sich viel über die Beliebtheit eines Autors entnehmen, wo und wie er gelesen wurde. Auf dieser Textgeschichte baut dann später die Wirkungsgeschichte auf. Nur das ist ja in der Geschichte realisiert, was irgendwie wirkt. Handschriften sind nicht abstrakte Gebilde literarischer Art, sondern Zusammenballungen des Interesses, wie ich immer wieder betone.

Wir waren bis in die Zeit der Wiederaufführungen im vierten Jahrhundert gekommen, wo wir mit weitgehenden Veränderungen des Textes rechnen müssen, wie auch die Papyri zeigen. Dann aber trat in den dreißiger Jahren des vierten Jahrhunderts ein Ereignis ein, das von größter Bedeutung war: ein Politiker (wir nennen ihn einen Redner, weil besonders seine Reden überliefert sind) Lykurgos übernimmt die Oberaufsicht über die kulturellen Angelegenheiten (vgl. Lesky [3]307; 684). Er hat ein Gesetz herausgebracht, in dem festgelegt wurde, daß erstens ein gültiges Exemplar der Tragiker herzustellen wäre, ein Standardexemplar gegenüber den bereits entarteten Ausgaben, und daß zweitens die Regisseure verpflichtet waren, auch danach zu spielen, wobei ein staatlicher Beamter dabeisaß und mitlas. Sie sehen, man hat damals auf die Reinheit und Erhaltung des eigenen literarischen

Kulturguts großen Wert gelegt. Ein staatlich festgelegter Text – das war die athenische Demokratie.

Am Beginn des dritten Jahrhunderts wurde in Alexandrien das Musaion begründet, nach dem Vorbild der großen athenischen Schulen, als eine Schule, die gewiß auch die Philosophie pflegte, sich aber vor allem der Erhaltung der nationalen Literatur annahm. Jetzt, nachdem eine neue Epoche begonnen hatte, hatte man auch ein Bewußtsein davon. Darum die große Rückwendung auf sich selbst, die dazu führt, daß man einen Schnitt empfindet zwischen der alten großen Dichtung und Literatur und der eigenen. Dabei will die neu entstehende Dichtung auch ganz bewußt anders sein; andererseits empfindet man die Alten als ›klassisch‹ und hat ihnen gegenüber das Bewußtsein der Verantwortung, sie zu pflegen. Vereinzelt hatte man das schon vorher getan, jetzt aber bezieht es sich auf die ganze ältere Literatur. Das führt einmal zur Gründung einer Bibliothek in ganz umfassendem Ausmaß, vom König unternommen, was dann weitere Gründungen nach sich zog. Weiter führt es dazu, daß jetzt das entsteht, was wir Philologie nennen. Auch da liegen die ersten Wurzeln viel früher, vgl. den Aufsatz von Hermann Diels über die Entstehung der Philologie, die in die Zeit Herodots zurückgeht. Aber das war doch sporadisch, während wir hier die erste wirkliche Behandlung von Texten haben in den charakteristischen Formen der Edition, mit kritischen Zeichen und Interpretationen. Es wird also eine Technik der Philologie entwickelt, man kann sagen, in dieser Zeit beginnt das eigentliche philologische Handwerk (das Wort *philología* ist älter und bezeichnet ursprünglich die Geschwätzigkeit. Das wird erweitert auf das philosophische Gespräch in den Schulen, bis zum Welt-Logos der Stoiker, bis die neue Verengung erfolgt auf das, was ursprünglich der *grammatikós* war). Die ersten drei großen Philologen, die wir kennen, sind Zenodot, Aristophanes von Byzanz und Aristarch, und unter ihnen gilt Aristarch als der größte. Zenodot war noch stärker daran interessiert, selber zu dichten, darum befaßte er sich vor allem mit Homer. Aristophanes wendet sich der Tragödie zu, und Aristarch entwickelt die Methode großartig weiter. Das wird in der neueren Bewertung oft zu sehr modernisiert, wenn etwa Wilamowitz schon einen unmittelbaren Kollegen in ihm sieht. Ganz so war es denn doch nicht, es ist eine andere Betrachtungsweise, aber im Effekt kommen doch ähnliche Dinge heraus, wie sie noch heute gemacht werden: Editionen, wo die Texte nicht einfach abgeschrieben oder nachgedruckt werden, sondern wo man ernsthaft versucht, zu einem ursprünglichen Text vorzudringen. Das machte man schon damals so, daß möglichst viele Texte gesammelt und verglichen wurden, wie wieder die Papyri zeigen.

In diesem Zusammenhang steht auch die Euripides-Überlieferung. Der König Ptolemaios Euergetes wußte, daß es in Athen ein Staatsexemplar der Tragiker gab, und schrieb nach Athen, daß er es leihen wollte – wobei man wissen muß, was ›leihen‹ bei einem Bibliophilen bedeutet. Die Athener wußten es und waren bedenklich, darum verlangten sie eine sehr hohe Kaution. Der König zahlte sie und ließ sie verfallen, mit anderen Worten, er kaufte das Exemplar sehr teuer, und das ist ein Glück für uns, denn das wurde das grundlegende Exemplar, das die ganze weitere Tradition bestimmt hat. So kommt es, daß gerade die Tragiker eine gute Grundlage der Überlieferung haben.

Nun beginnt eine regelrechte editorische, vergleichende, emendierende und kommentierende Tätigkeit der damaligen Gelehrten. Was das Kommentieren angeht, müssen wir uns vorstellen, daß – ähnlich wie in der Palaistra in Athen Sokrates oder sonst ein Philosoph – ein Kenner seine Schüler um sich versammelte und über etwas Erklärungen abgab, die dann notiert wurden. Daher die Scholienform, beginnend mit einem *hóti,* ›weil . . .‹, worauf gleich die Erklärung folgt, noch ganz die lebendige Form der Schule. Daneben gab es auch zusammenhängende monographische Abhandlungen, *hypomnémata,* ursprünglich getrennt von den Texten, später an den Rand geschrieben, wie wir das auf Papyri haben: in kleinerer Schrift um den ganzen Rand herum. Das findet sich noch in den ersten gedruckten Ausgaben, bis sich die heutige Form herausbildet, wo die Anmerkungen unter dem Text oder im Anhang stehen.

In der Euripides-Überlieferung haben wir nun etwas sehr Interessantes, nämlich zwei deutlich verschiedene Stränge der Tradition. Während von Aischylos und Sophokles je eine Auswahl von sieben Stücken erhalten ist, sind es bei Euripides neunzehn. Davon mag das eine unecht sein, dann sind es ein Satyrspiel, der *Kyklop,* und siebzehn Tragödien, wenn man die *Alkestis* dazurechnet. Man fragt sich, wie wir zu all diesen Stücken kommen. Nun, zunächst ist es auch bei Euripides nur eine Auswahl gewesen, die eigentlich tradiert wurde. Daß es zu Auswahlen kommt, ist eine Erscheinung, die wir bei großen Autoren immer wieder haben. Das ist auch irgendwie richtig; wenn einer sehr viel geschrieben hat, braucht der Leser nicht alles. Es gibt Auswahlen verschiedenster Art, und schon damals war es so, daß der leitende Gesichtspunkt dabei nicht so sehr die Güte war, sondern die Notwendigkeit für den Gebrauch in den Schulen, damals den Rhetorenschulen. Die Macht der Schule für die Gestaltung der Kultur und zumal das Nachleben von Dichtern ist eine geradezu terrorisierende Macht, wie schon Horaz vorausgesehen hat. Natürlich wurde der Gesichtspunkt des Wertes dabei nicht ganz beiseite gerückt. Von Euripides gab es eine Auswahl von neun oder zehn Stücken: *Alkestis, Andromache, Hekabe, Hippolytos, Medea, Orest,* der *Rhesos,* die *Troerinnen,* die *Phoinissen* und wahrscheinlich auch die *Bakchen,* die wohl nur durch äußeren Zufall nicht ganz dabeistehen. Diese Auswahl haben wir mit Scholien, also kommentiert. Daneben gibt es noch eine andere Gruppe ohne Scholien: (*Hekabe*), *Helena, Elektra, Herakles,* die *Herakliden,* der *Kyklops, Ion,* die *Hiketiden, Iphigenie auf Tauris, Iphigenie in Aulis.*

Was es damit auf sich hat, hat Bruno Snell erkannt (Hermes 1935). Es ist auffällig, daß es zweimal fünf Stücke sind, und zwar alphabetisch geordnet. Epsilon-Eta und Iota-Kappa. Die Rollen wurden damals in Töpfen aufbewahrt, wie man sagt: Tongefäßen von zylindrischer Form, in denen je fünf Rollen steckten. Es kann nur so gewesen sein, daß es sich bei unseren Stücken um Teile der großen Gesamtausgabe handelt, die damals noch vorlag. Und während der Hauptgang der Überlieferung zu jener Auswahl führte, haben zwei dieser Töpfe irgendwo die Zeit des Bildersturms im siebenten und achten Jahrhundert überdauert, bis sie dann im neunten Jahrhundert gefunden wurden, als man wieder anfing, sich um die antiken Dinge zu kümmern und sie in die christliche Überlieferung hineinzunehmen. So ist es gekommen, daß wir von Euripides eine Gruppe von wirklich überlieferten Stücken haben wie von den anderen Tragikern und daneben zehn andere, die nicht überliefert wurden, sondern übriggeblieben sind. Unter diesen rein zufällig-mechanisch erhaltenen sind die herrlichsten Stücke, wie der *Ion* oder die beiden *Iphigenien,* die von größter Bedeutung für die moderne Literatur geworden sind. Es ist ein ähnlicher Glücksfall wie der Fund der Aristotelesschriften in einem Keller in Skepsis im ersten vorchristlichen Jahrhundert, der eine gewaltige Wirkung ausgeübt hat. Man hat diese Geschichte immer wieder als Legende hinstellen wollen in der Hyperkritik des vorigen Jahrhunderts, aber ich sehe keinen Grund, daran zu zweifeln. – Wir müssen uns also beim Lesen darauf einstellen, ob es sich um ein Stück der gut kommentierten Auswahl handelt oder um eins der unkommentierten aus der Gesamtausgabe.

Über die Handschriften will ich jetzt nicht sprechen, Sie finden das in den Ausgaben. Immer noch grundlegend ist für uns die Ausgabe von Gilbert Murray, der Euripides auch übersetzt und erstaunlich hohe Auflagen erreicht hat. Jetzt ist er etwas diskreditiert worden, wozu vor allem der Essay von Eliot beigetragen hat: *Professor Murray und Euripides.* Es ist interessant, wie Eliot sich aus einem neuen Bewußtsein heraus gegen diese Übersetzungen wendet. Er hat die Antike genau gekannt und gerade auf der Grundlage des Euripides auch eigene Stücke gedichtet. Auch die Ausgabe von Murray ist nicht ganz ihrem Ruhm entsprechend, man muß sie kritisch benutzen. Er war kein eigentlich scharfer Kopf, auch nicht ein Philologe, der mit solcher Gründlichkeit arbeitete wie etwa Jebb in seinem Sophokleskommentar, sondern ein Geist, der zu vermitteln liebte, und diese Haltung ist für die Textbehandlung nicht durchaus richtig. Aber die Ausgabe ist im ganzen doch sehr praktisch, obwohl Einzelausgaben zum Teil weit darüber hinausgekommen sind. Murrays großes Verdienst ist, daß er die Handschriften neu kollationiert hat; Sie finden das in seiner Praefatio. Natürlich ist es so, daß wir überall da, wo wir die kommentierte Ausgabe haben, auf festem Boden stehen, schon weil die Scholien den Text sichern. Das heißt aber nicht, daß der Text der zweiten Gruppe durchweg schlecht sei. Wir müssen versuchen, auf die alexandrinische Ausgabe zurückzukommen, was bei dem reichen Material, das wir haben, in den meisten Fällen auch möglich ist, so daß wir im ganzen von einer sehr guten Überlieferung sprechen können.

Damit sind wir schon in die byzantinische Welt gekommen mit ihrer neuen Blüte der antiken Studien. Es ist ein Jammer, daß uns das Bild dieser Welt, auch das geistige Bild, so wenig vertraut ist. Noch in meiner Schulzeit hat man kaum davon gesprochen, selbst in der Geschichte des Mittelalters. Es liegt wohl daran, daß die mittelalterliche Geschichtsforschung in Deutschland stärker an der politischen, der Wirtschafts- und Kirchengeschichte interessiert war. Und doch ist Byzanz ein gewaltiger Eckpfeiler gewesen, der lange dem Arabersturm standgehalten hat. Die wirkliche literarische und historische Aufarbeitung steht noch aus. Wir wissen nur, daß es eine großartige Kultur gewesen sein muß, bis sie dann endlich eingeschlossen wurde, aber noch vor dem Fall die wichtigsten Dinge hinüber nach Italien gerettet hat, was mit den Anstoß gibt für die Renaissance. Zumal das Griechische ist es gewesen, das in Italien stark gewirkt und auch die ersten Ausgaben hervorgerufen hat.

Zu den Ausgaben: Der erste Druck erscheint 1494/96 in Florenz von dem Griechen J. Laskari; er enthält nicht alle Stücke, sondern nur vier, die man besonders gern hatte: *Medea*, *Alkestis*, *Hippolytos* und *Andromache*. 1503 folgt die Aldina von Musuros mit allen Stücken außer der *Elektra*. 1545 eine Ausgabe der *Elektra* von Victorius. Dann längere Zeit nichts. Am Ende des sechzehnten Jahrhunderts ist das Interesse an den Griechen allgemein zurückgetreten und beginnt erst wieder am Ende des siebzehnten Jahrhunderts. 1694 eine Ausgabe von *Barnes* mit guten Emendationen, 1755 die wichtige niederländische Ausgabe der *Phoinissen* von Falckenaer, die wir immer noch mit heranziehen. Dann geht es in England weiter mit Teilausgaben, die ich jetzt übergehe. In Deutschland ist eine Gesamtausgabe zu nennen, die man bei einem Autor von neunzehn Stücken nicht so gern wagt, von Matthiae, Leipzig 1813-1837. Darauf die vorzügliche Ausgabe von Gottfried Hermann 1831-1841, schöne kleine Texte mit lateinisch geschriebenen Einleitungen, die zum Teil recht modern sind. 1855 die grundlegende Ausgabe von A. Kirchhoff, der als Gelehrter ebenso bescheiden wie bedeutend war, ein vorzüglicher Mann, der über Homer gearbeitet, Platon ediert und Forschungen zum Alphabet getrieben hat. Er war eine in jedem Sinne geprägte Persönlichkeit, konservativ bis ins letzte in seiner philologischen Technik, was ich im ganzen für richtig halte, wenn er es auch in seiner Ausgabe übertrieben hat. Ich übergehe weniger Bedeutendes und verweise nur noch auf Nauck bei Teubner, 1854 und weiter, leider buchmäßig so schlecht und unangenehm, daß man heute wenig davon hört. Übrigens sind auch die neueren Ausgaben des Verlags nicht viel schöner. Die französische Ausgabe ist nicht schlecht. Von dem *Herakles* von Wilamowitz hatte ich gesprochen. Er hat auch 1891 den *Hippolytos* griechisch-deutsch herausgegeben und in seinen Übersetzungen vor allem Euripides übertragen.

Eine neuere Übersetzung gibt es von E. Buschor. Werfels *Troerinnen* hatte ich genannt; ich schätze sie sehr, M. Braun weniger. Anderes finden Sie wie immer bei Lesky. Noch nachtragen möchte ich die *Poetae Scenici Graeci* von Dindorf, die ich dringend zu kaufen rate, wenn man sie noch bekommt: ein alter Text, aber wenigstens ist alles beisammen. Wichtig ist das Buch von E. Petersen: *Die attische Tragödie als Bild und Bühnenkunst*, das gut in die Probleme des Bühnenmäßigen einführt. Ebenso eine Tübinger Dissertation über das Requisit von J. Dingel.

6.

Wir kommen nun zur Frage der Datierung der Stücke, auch der nicht erhaltenen. B. Snell arbeitet gerade an einer Ausgabe der Tragikerfragmente, aber noch sind wir auf Nauck angewiesen. Bei Aischylos und Sophokles haben wir wenig Veranlassung, auf die Fragmente hinzuweisen; bei Euripides ist es notwendig, weil wir so viele haben und mit den Berichten über die Stücke kombinieren können, Berichten etwa des Hygin und Apollodor in seinem mythologischen Handbuch, wo es sich immer wieder zeigt, daß seine Sagenfassungen in der Hauptsache nach Euripides gemacht sind, darum kann man ihn zur Rekonstruktion heranziehen. Dies ist eine Aufgabe, die längst gesehen wurde, schon in dem großen Werk von Welcker, der stark auf Wilamowitz gewirkt hatte. Goethe liebte ihn nicht, wie überhaupt die ganze romantische Richtung, zu der er gehörte. Welcker also hat versucht, mit den damaligen Mitteln die Stücke zu rekonstruieren, aber es müßte einmal neu gemacht werden. Ich selbst habe mich daran beteiligt mit Rekonstruktionen des *Phrixos* und des *Alkmaion in Psophis*, darauf werde ich später noch eingehen.

Das also kommt bei Euripides noch hinzu und ist wenigstens für die Wahl seiner Stoffe bedeutsam. Auch hier bestätigt sich Goethes Wort, daß die Tragödienstoffe damals ausgelaugt waren: Euripides wendet sich oft entlegenen Lokalsagen zu, neben den alten großen Sagen, die er auch behandelt. Märchenhaftes kommt hinein wie in der *Alkestis* oder im *Polyïdos*, den wir leider nicht haben, aus dem es aber schöne Fragmente gibt. »Wer weiß, ob nicht das Leben ein Tod ist und der Tod ein Leben« – das ist so eine Sentenz, ebenso das Wort, daß die Tyche den Menschen nicht glücklich macht. Die Handlung spielt in Kreta, wo der Sohn des Königs Minos als Kind in ein Faß mit Honig fällt und ertrinkt. Als er so verschwunden ist, holt der Vater einen Seher, der ihn finden soll, was ihm auch gelingt, aber das Kind ist tot. Nun soll er es wieder lebendig machen. Er wird eingesperrt, eine Schlange kommt herein, die er mit dem Schwert tötet. Darauf kommt eine zweite Schlange und legt der toten ein Kraut auf, das sie heilt. Also nimmt er das Kraut und legt es dem toten Kind auf, und das lebt dann wieder – ein typisches Märchenmotiv. Der Seher soll ein Nachfahr des Melampos gewesen sein, von dem eine ähnliche Geschichte erzählt wird. Er hat einmal gehört, wie zwei Bohrwürmer im Dachbalken sich unterhalten, und der eine sagt, er wäre bald durch. So kann er den König warnen, ehe die Halle einstürzt, und beweist dadurch, was für ein Seher er ist. Diese Motive dringen jetzt ein in die große Sage; früher wären sie nicht beachtet worden, jetzt werden auch sie tragisch behandelt. So zeigt sich schon an den Stoffen die Tendenz des Euripides, Neuartiges heranzuziehen, teilweise sehr schön. Darum wollen wir uns einen Überblick verschaffen über alles, von dem wir noch irgend etwas sagen können, und dabei auch von der Chronologie der Stücke sprechen.

An festen Daten haben wir immerhin acht: 438 *Alkestis*, 431 *Medea*, 428 *Hippolytos* (wie wir ihn haben), 415 *Troerinnen*, 412 *Helena*, 408 *Orest* und, nach seinem Tod aufgeführt, *Alkmaion in Korinth* (spät und entlegen im Stoff), *Iphigenie in Aulis*, *Bakchen*.

Die Datierung der übrigen Stücke wird meist nach formalen Kriterien festgelegt, in der Metrik etwa nach der Auflösung der Trimeter-Längen. Bekanntlich können fast alle Längen aufgelöst werden bis auf die letzten, aber auch ganz vorn ist es seltener. Beim späten Euripides haben wir offenbar das Bedürfnis, die Sprache flüssiger zu gestalten, daher gibt es zahlreichere Auflösungen. Ein anderes sind die zeitgenössischen Beziehungen, die bei Euripides nicht ganz fehlen. So ist die *Andromache* nicht in Athen aufgeführt worden, sondern in Epirus, und die *Hiketiden* beziehen sich wohl darauf, daß nach der Schlacht vom Delion (425) die Gefallenen nicht ausgeliefert werden sollten. Im *Herakles* gibt es eine Diskussion über den Vorteil von Schwer- oder

Leichtbewaffneten, sicher eine Anspielung auf Demosthenes, der bei Sphakteria (425) die letzteren benutzt hatte. Man sieht, wie die Bühne unmittelbar zur Zeitdokumentation wird, was wieder zur Datierung dienen kann. Schließlich ist sehr schön für uns – für Euripides weniger! – der Spott des Aristophanes, der selbst gut datiert ist und mit den Anspielungen auf bestimmte Dinge auch für Euripides zur Datierung beiträgt.

Es beginnt für uns also 438 mit der *Alkestis,* zugleich mit dem *Alkmaion in Psophis.* 431 *Medea,* und wir wissen, daß er gleichzeitig einen *Philoktet* und *Diktys,* also die Perseusgeschichte, aufgeführt hat. Über dem *Philoktet* haben wir einen Bericht bei Dion von Prusa, der die verschiedenen Philoktet-Dramen vergleicht, so daß wir die verlorenen des Aischylos und Euripides danach rekonstruieren können (s. o. S. 296 ff.). Auf 430 werden von Zuntz die *Herakliden* datiert, und ich will gleich sagen, daß ich das nicht glaube, ich halte sie für später. Vor Aristophanes' *Wespen* gehört die *Stheneboia,* die Frau, die Bellerophon liebt, also ein Frauenstück, ähnlich wie die *Medea.* Auch der *Hippolytos* ist ein Erosstück; er gehört vor die *Acharner,* weil sie darauf anspielen. Auf die Gruppierung nach Motiven komme ich später. Der *Aiolos* ist vor den *Wolken* anzusetzen. Dann kommen die *Kreter. Pasiphaë* mag früh sein, *Chrysippos* spät, ein Stück über den schönen Knaben, den Laios entführt und damit den Fluch auf sich lädt; wieder die Thematik des schuldhaften Eros. Eine *Antigone,* die nach der des Sophokles gemacht sein muß. In den zwanziger Jahren ein *Meleagros.* Früh sind wohl auch die *Skyrioi,* die Geschichte von Deidameia und wie Achilleus erkannt wird, obwohl man ihn in Mädchenkleider gesteckt hat. Weiter gehören in die zwanziger Jahre Mythen mit irgendwie ›vaterländischem‹ Einschlag, wie Pohlenz es genannt hat. Die *Hekabe* vom Ende der zwanziger Jahre (nicht 417, wie manche meinen!) gehört noch zu den Leidenschaftstragödien. Dann die *Andromache,* über die Witwe Hektors, mit der Neoptolemos das Geschlecht der Könige von Epirus begründet. Ich glaube, daß es 425 in Ephesos aufgeführt wurde (vgl. *Monolog und Selbstgespräch* 178, Anm. 1). Auch die antispartanische Tendenz ist charakteristisch für diese Zeit. Von den *Herakliden* meint Zuntz, daß sie vor der Verwüstung Attikas 427 sein müßten (vgl. Thukydides III 26); aber man fragt sich, ob sie überhaupt in diese Zeit gehören. Ich würde sie lieber mit Lesky und anderen in die zweite Hälfte der zwanziger Jahre setzen. Die *Hiketiden* sind ein Enkomion Athens, wie schon in der Hypothesis gesagt wird: Theseus als der große Schützer aller Verfolgten. Ich glaube, daß es nach der Schlacht am Delion sein muß, also 424. Der *Erechtheus* gehört wohl zu den *Hiketiden*. Vor 422 ein *Theseus*, wohl das Minotaurusabenteuer. Den *Herakles* datiert Wilamowitz auf 421 oder 415, ich schätze eher 421, weil wir um 415 eine deutliche Wendung haben zu einer anderen Gruppe von Stücken. Das ist etwa die Hälfte. Von jetzt an beginnt ein neuer Stil, noch kein Altersstil, aber doch ein Spätstil.

Nachtragen muß ich noch, daß am Beginn der Liste ein nicht erhaltenes, aber sicher datiertes Stück steht: die *Peliaden*, aufgeführt 455, das schon den Medea-Stoff behandelt. Medea und Iason kommen aus Iolkos zurück, und da Pelias Iason häßlich behandelt und auch auf die Fahrt geschickt hatte, geht es nun darum, sich an ihm zu rächen. Das geschieht auf merkwürdige Weise. Medea, die Zauberin, führt ein Experiment vor, in dem sie einen alten Widder jung kocht, also ihn in Stücke schneidet und in einem Kessel durchkocht, wobei am Ende ein junges Lamm aus dem Kessel kommt. Das hat sie den Töchtern des Pelias vorgeführt, die nun das Experiment mit ihrem Vater wiederholen, wobei aber am Ende kein jung gewordener Pelias herauskommt. Schon hier sehen wir, wie wir in einer ganz anderen Sphäre sind als bei Sophokles und Aischylos. Es sind entlegene Dinge, wo der Mythos schon ins Märchen übergeht. Die Bestandteile des griechischen Mythos sind dreierlei. Einmal Göttergeschichten, zweitens Historisches – der troische Krieg war ein historisches Ereignis, ebenso der Kampf um Theben – und drittens das Märchen. Gerade für Euripides waren solche Märchenmotive sehr anziehend; wir hatten von *Polyïdos* gesprochen und werden sehen, daß auch der *Alkestis* ein Märchenmotiv zugrunde liegt. Entlegen, wenn auch nicht märchenhaft, war auch der Stoff des *Erechtheus*, wo Euripides auf eine attische Lokalsage zurückgreift. Erechtheus hat nicht zu den Großen der alten Sage gehört. Wir kennen ihn aus der mythographischen Tradition bei Apollodor und Hygin, die aber meist nach Euripides gestaltet ist. Es war ein Stück Urgeschichte Athens, wo Erechtheus von den Thrakern angegriffen wurde, und als er in Delphi nachfragt, was zu tun sei, heißt es, er müsse die eigene Tochter opfern. Er tut es, und dadurch wird die Gefahr gebannt. Also ein Vorklang der viel späteren *Iphigenie in Aulis,* aber auch in den *Hiketiden* und den *Phoinissen* haben wir die Idealgestalt des jungen Menschen, der sich freiwillig für sein Volk opfert.

Nun kommen wir zu einem Stück, das wir haben, den *Troerinnen,* eins seiner schönsten und ziemlich bekannt, weil es verschiedentlich übersetzt und weitergestaltet wurde. Es war das dritte Stück einer Trilogie. Das erste war *Alexandros,* also die Geschichte von Paris, der als Hirtensohn aufgewachsen ist, weil geweissagt worden war, er werde Troja in Brand stecken; dann aber wird er doch erkannt und anerkannt. Das zweite Stück war *Palamedes,* ein kluger Mann, der auch (ähnlich wie Prometheus) die Rechenkunst erfunden haben soll. Er erregt den Neid des Odysseus, wird fälschlich von ihm beschuldigt und zugrunde gerichtet. Und als drittes die *Troerinnen,* dies merkwürdige Stück, in dem eigentlich gar nichts geschieht. Es geht um die gefangenen troischen Frauen und schildert das steigende Leid dieser Gefangenen, bis schließlich Polyxena geschlachtet wird als Opfer für den toten Achilleus. Damit sind wir 415 an die Schwelle gelangt, wo es übergeht in das Spätwerk.

Das beginnt mit der *Elektra,* die besonders interessant ist, weil der Stoff von allen drei Tragikern behandelt wurde. So ist in der Forschung das entstanden, was man den Elektren-Streit nennen kann, aufgebracht vor allem durch den jüngeren Wilamowitz und dann vielfach hin und her gegangen und noch heute nicht entschieden. Ich will dazu nur sagen, daß ich nach eingehender Prüfung der Meinung bin, daß die *Elektra* des Sophokles die frühere ist, daß aber jedenfalls beide eng zusammengehören. Die des Euripides ist ziemlich sicher datiert, weil am Schluß die Dioskuren sagen, sie müßten zum sizilischen Meer eilen, um dort Schiffbrüchige zu retten; und das weist auf das Ende der sizilischen Expedition 413. Zuntz hat das bestritten, aber es liegt vielleicht an der Einfachheit meines Denkens, daß ich meine, wenn etwa in dieser Zeit ein Schiffbruch bei Sizilien erwähnt wird, daß es dann wohl dieser bedeutende sein wird und nicht irgendeiner.

Dann kommen wir zur *Helena,* die wir durch ein Scholion zu Aristophanes' *Thesmophoriazusen* von 412 (V. 1012 u. 1060) auf 411 oder 410 datieren können. Sie gehört in dieselbe Trilogie wie die *Andromeda,* jene vor allem durch die Barockmalerei bekannte Sage, wie Perseus die an einen Felsen gefesselte Andromeda befreit, die dort für das Seeungeheuer ausgesetzt war. Das Stück muß sehr schön gewesen sein, und da es den Spott des Aristophanes hervorgerufen hat, haben wir wenigstens eine Szene wie in einem Zerrspiegel. Auch an den Monodien sieht man, daß es ein spätes Stück sein muß. Euripides hat diese Form zwar schon früh, entwickelt sie aber voll erst in der Spätzeit.

Und wieder ein Stück, das mächtig in der Weltliteratur weitergewirkt hat: die *Iphigenie in Tauris,* wo ich nur auf Goethe hinzuweisen brauche und die französische Klassik; die Heimholung des scheinbaren Opfers der Artemis, die nach Tauris entrückt war, wo sie später den Bruder trifft und fast tötet, schließlich aber mit ihm entrinnt. Die Datierung ist unsicher, ich möchte es vor die *Helena* setzen, die etwas irgendwie anderes, Blühendes hat. Aber das ist mein subjektiver Eindruck, nur daß sie irgendwie in diese Zeit gehört, kann man sagen.

Dann das sehr schöne Stück, der *Ion.* Auch das wurde in neuerer Zeit aktualisiert durch Eliot in seinem *Privatsekretär,* eine höchst anmutige Umsetzung dieses jungen Mannes aus dem Bereich des Tempels in den der Musik (vgl. dazu den Aufsatz von Fr. Solmsen, Hermes 1934). Auch dieses Stück hat das eigentümlich Blühende wie die *Helena,* und wenn man für diese Art von Stücken nach einem Namen sucht, der sie im allgemeinen charakterisiert – ich zögere, weil solch typisierende Namen, noch dazu aus einem ganz anderen Bereich, immer gefährlich sind; solche Parallelen sind immer zugleich richtig wie auch falsch –, so können wir, ähnlich wie bei den späten Stücken Shakespeares, von Romanzen sprechen. Darunter verstehen wir, daß das Tragische zwar nicht ganz zurücktritt, daß aber das Menschliche nun, wenn auch in eigentümlicher, mit abenteuerlichen Ereignissen verbundener Weise in den Mittelpunkt rückt. Es sind nicht mehr eigentliche Tragödien, sie gehören aber, wie auch bei Shakespeare, zu den schönsten seiner Stücke. Mit diesem Vorbehalt können wir also den Namen einführen. Es ist wohl so gut wie sicher, daß der *Ion* vor den *Orest* gehört, also etwa 410.

Hier nenne ich auch den *Phrixos,* der nur in Fragmenten erhalten ist und einem Papyrus, den ich selbst in meinem Habilitationsvortrag behandelt habe (Hermes 1928). Mit Hilfe des Papyrus kann man das Stück gut überblicken. Es ist gar nicht so einfach, einen Papyrus in ein Stück einzuordnen, weil es nicht immer zusammengeht mit den Fragmenten, die wir sonst haben. Aber wenn es gelingt, ist es nachträglich doch ganz klar. Die Frau des

Aigeus Ino, die böse Stiefmutter – wieder ein Märchenmotiv –, ärgert sich über die Kinder aus des Königs erster Ehe, Phrixos und Helle, und um sie zu vernichten, gibt sie Saatkorn aus, das sie vorher gedörrt hat, so daß es nicht aufgehen kann, es folgt also eine Hungersnot. Als man darauf den Gott von Delphi befragt, was zu tun sei, besticht sie die Boten und läßt sie sagen, der Gott verlange, daß die Kinder geopfert werden. Sie entfliehen, indem sie auf dem Widder mit dem goldenen Vlies durch die Lüfte fliegen, wobei Helle abstürzt in das Meer, das nach ihr dann Hellespont genannt wird. So kommt das goldene Vlies nach Kolchis, von wo es durch Iason später zurückgeholt wird. Sicher haben wir auch hier das Motiv des idealen, opferbereiten jungen Menschen, so daß es in den Zusammenhang dieser Stücke gehört, worauf auch anderes hinweist, wie die Entwicklung des Dreiergesprächs.

Dann das beliebte Stück, das wieder in ganz anderer Weise den Spätstil zeigt: die *Phoinissen,* die einmal zusammen genannt werden mit dem *Oinomaos* und *Chrysippos,* aber nicht zusammen aufgeführt wurden; Deubner meint, es sei eine mehr stoffliche Zusammenstellung. Der *Oinomaos* schildert die Werbung des Pelops um die Tochter des Oinomaos und die Rennfahrt, bei der sein Wagenlenker Myrtilos den König damit betrügt, daß er ihm eine Achse aus Wachs einsetzt, die dann heiß wird und schmilzt, so daß Pelops siegt. Von dem *Chrysippos* hatten wir gesprochen. Wo man das Stück einordnen soll, ist unklar, es sieht spät aus. – Ein Scholion zu den *Fröschen* V. 53 sagt, daß die *Phoinissen,* zusammen mit *Hypsipyle* und *Antiope,* später seien als die *Andromeda,* also nach 412. Aber auch die wurden wohl nicht zusammen aufgeführt; wir kennen noch andere Titel. Die *Phoinissen* gehören wohl zwischen 411 und 408. 408 kommen wir dann wieder auf festen Boden mit dem *Orest,* den wir haben. Die *Phoinissen* sind schon dadurch ein besonderes Stück, daß sie eine charakteristisch späteuripideische Tendenz zeigen: sie versuchen nicht nur, aus der thebanischen Sage einen bestimmten Strang herauszulösen, sondern vielmehr in einem einzigen Stück eine Fülle von Dingen zusammenzuweben. Es ist ein Teppich von unerhörter Buntheit, und gerade darin ganz großartig. Man sieht schon jetzt, wo ich die Dinge nur im Überblick gebe, wie reich Euripides ist in den Möglichkeiten mannigfaltiger Stile und Motive. – Was den *Orest* angeht, ist es seltsam, daß er nicht in moderner Zeit wieder aufgegriffen wurde; ich wüßte kaum ein Stück, das dem Geschmack unserer gegenwärtigen Dramatik so sehr entspricht. Es gibt bei Euripides schon sehr früh den Bösewicht, aber hier haben wir geradezu eine Potenz des Bösen und Verbrecherischen. Man hat von einem Banditentrio gesprochen, und ich kann nur sagen, daß das trifft. Orest, Pylades und Elektra sind Gangster, hinaufgehoben in diese mythische Welt. Im übrigen ist es wieder eine sehr mannigfaltige Handlung. Berühmt war in der Antike die Monodie des phrygischen Sklaven, die alles hinter sich läßt, was es bisher gab: derb komisch, burlesk, es muß eine Sensation gewesen sein. Die Sklavenfrage kommt hier hinein und wieder die Humanität – ein ungeheures Amalgam. Das mag überhaupt der Begriff sein, der für den späten Euripides charakteristisch ist.

Für die Spätzeit nenne ich noch drei Stücke. *Polyïdos,* von dem wir gesprochen hatten. Einen *Ixion,* den man nicht recht fassen kann. Es war ein Unhold, der sich an Hera vergehen wollte; eine Wolke in ihrer Gestalt wurde ihm untergeschoben, und mit ihr zeugte er die Kentauren, wie auch bei Pindar erwähnt wird. Dann wird er auf ein Rad geflochten, wie wir das aus späteren Darstellungen anderer Sagen kennen (vgl. die schöne Darstellung an der Tübinger Stiftskirche). Aber wie das dramatisch dargestellt war, ist nicht klar. Das dritte Stück geht wieder mehr in die Richtung der ›Romanzen‹: *Phaëthon.* Man sollte einmal ein Kolleg über den unbekannten Euripides halten und versuchen, herauszuholen, was noch möglich ist. Wenn man sich in die Art des Euripides einarbeitet, ein Schema seiner Tragödien vor Augen hat und die Fragmente richtig einordnet, würde sich noch sehr vieles ergeben. Hier ist es wieder ein Märchenmotiv: der Sohn des Helios will heiraten und will nun den Beweis, daß er wirklich Sohn dieses Vaters ist. Darum verlangt er, das Sonnengespann leiten zu dürfen. Der Vater ahnt, daß es ein Unheil geben wird, aber er muß ihm nachgeben, und was daraus wird, wissen wir aus Ovid: der junge Mensch verliert beim Anblick des Tierkreises und seiner Schrecken die Beherrschung und verursacht fast einen Weltbrand, wobei er dann zugrunde geht. Goethe hat sich lange damit beschäftigt und versucht, die Tragödie zu rekonstruieren; es ist wohl klar, daß ihn das Schicksal dieses Sohns der Sonne gewaltig interessieren mußte.

Nun kommen wir zu den spätesten Werken. Wir hatten gesehen, daß Euripides damals aus Athen fort und an den Hof des Makedonenkönigs Archelaos gegangen ist. Und nun ist er, wohl um alle Möglichkeiten des Dichterischen zu erfüllen, an einem Punkt auch höfisch geworden und hat eine Tragödie geschrieben, in der er makedonische Dinge behandelte – was tut man nicht alles in einer solchen Situation! Sein *Archelaos* war eine frei erfundene Gestalt, wenn auch nicht ganz, sondern eine Rückspiegelung des Makedonenkönigs, dessen Ahn in Verbindung gebracht wurde mit Herakles. Archelaos hatte, wie auch die sizilischen Fürsten, Dichter an seinen Hof gezogen, damit sie ihn rühmen sollten, ähnlich wie wir es auch von Augustus kennen und seinem Verhältnis zu Horaz, Vergil und anderen Dichtern. So hatte sich dieser Fürst, der schon halb hellenisiert war, das von Euripides erbeten, wodurch dann dokumentarisch – die Dichtung hat in dieser Zeit noch dokumentarischen Charakter – sein Geschlecht mit Herakles verbunden wurde.

Weiter erfahren wir aus den Scholien zu den *Fröschen* V. 67, daß nach dem Tod des Dichters sein Sohn oder Neffe drei Stücke aufgeführt hat, von denen wir zwei haben: die *Bakchen* – auch dies ein makedonischer Stoff – und die *Iphigenie in Aulis.* Nicht erhalten ist der *Alkmaion in Korinth.* Der frühe *Alkmaion in Psophis* war eine sehr düstere Geschichte, während sich dies späte Stück wieder den Romanzen nähert. Alkmaion ist nun in Korinth, er bekommt eine Sklavin, die sich als seine Tochter herausstellt, und dadurch löst sich alles auf.

Wir müßten noch von den Satyrspielen sprechen. Der *Kyklops* ist sehr nett, wenn auch nicht so prächtig und urtümlich wie die Satyrspiele des Aischylos mit ihrem quellenden Humor. Naivität war nicht Sache des Euripides. Er hat Tragik, Tiefsinn – aber er ist nicht naiv. So ist die List in diesem Satyrspiel zwar witzig, aber nicht angenehm dargestellt (was wieder mein subjektiver Eindruck ist). Das Stück zeigt deutlich Einflüsse der Sophistik eines Kallikles und Thrasymachos. Es ist sicher nicht früh; nach bekannten Erscheinungen der Zeit, auf die es sich bezieht, mag es in die zwanziger Jahre gehören. Es gibt noch ein Satyrspiel, den *Syleus,* von dem wir wissen, daß es derb und kräftig gewesen sein muß. Herakles tritt auf, nicht als der große Heros, sondern als das, was er seiner Herkunft nach auch gewesen sein muß, wie Nilsson gezeigt hat: der Starke Hans, die volkstümliche Gestalt des Märchens. Als der darf er fressen, saufen und andere Taten begehen, die die überschwengliche Kraft eines Mannes zeigen; ähnlich auch in der *Alkestis* (vgl. Frank Brommer, Archäolog. Jahrb., 1944/45).

7.

Nach einem Überblick über die Stücke des Euripides kommen wir heute zur *Alkestis*, aufgeführt 438 anstelle eines Satyrspiels nach den genannten drei Tragödien, unter denen wir vor allem von dem *Alkmaion in Psophis* noch sprechen werden. Es ist also keine Tragödie, aber auch kein Satyrspiel im eigentlichen Sinn mit einem Chor von Satyrn, wie wir es sonst kennen, auch bei Euripides im *Kyklops*. Der satyrhafte Charakter kommt herein mit der Gestalt des Herakles, jenes Herakles des Satyrspiels wie der Komödie, der im größten Gegensatz steht zum tragischen Herakles und seinen Taten, dessen Leben immer düsterer wird und der sogar in den Wahnsinn verfällt, wie Euripides in seinem *Herakles* dargestellt hat. Hier ist es der unverwüstliche Fresser und Säufer und Liebhaber, von dem eine Fülle von Geschichten umgingen. So hören wir einmal (Diod. 3, 67, 2), wie der junge Herakles, weil sein Musiklehrer mit ihm unzufrieden ist, diesem die Leier über den Kopf schlägt. Aber endlich zeigt er doch einiges Interesse, als sein Lehrer ihn in die Bibliothek führt und er sich ein Buch heraussuchen soll. Er findet ihn dann ganz vertieft in ein – Kochbuch. Dies nur als ein Beispiel. Es gibt viel Literatur darüber. Wilamowitz hat in seinem Kommentar eine Sagengeschichte geschrieben, die stark gewirkt hat, wonach Herakles ein Stammesheros der Dorer gewesen sei. Schon mit seinem Namen ist es äußerst schwierig: Hera verfolgt ihn doch gerade. Kein Zweifel, daß die Gestalt aufgestiegen ist zu dem größten Helden der Griechen, einem Reiniger der Erde von Ungeheuern und Übeltätern, der selbst in die Unterwelt steigt. Es ist schwer, den Kern der Sage zu fassen. Sie finden vieles dazu im *Lexikon der alten Welt*, was ich hier übergehe. Meine Auffassung ist die Nilssons, des großen Religionshistorikers, der auch über Homer und vieles andere gearbeitet hat. Er war ein Mann, der überall, wo sich ein Meinungsgestrüpp gebildet hatte, auftauchte und Klarheit schaffte, ein großartig einfacher und doch unerhört produktiver Verstand. Er meint, wie schon gesagt, daß Herakles kein Stammesheros der Dorer gewesen sei, sondern die Urform sei eben die, die wir im Komischen antreffen, eine volkstümliche Gestalt, wie wir sie auch im Märchen kennen in verschiedenster Art: ein starker Kerl, der auch die Eigentümlichkeit sehr kräftiger Menschen hat, eine starke Vitalität, die er in der Neigung zu vitalen Genüssen zum Ausdruck bringt. Dabei ist er gutmütig und hilft gern, wie auch sonst starke Menschen; und so geht er nun durch das Leben und genießt und hilft wo er kann. Das ist auch die Weise, wie er in der *Alkestis* auftritt, randalierend, aber auch helfend. Ich glaube, daß wir damit den eigentlichen Kern der Gestalt haben. Es ist ja nicht unwahrscheinlich, daß ein solcher Mann zu einem wird, der mächtige Arbeiten verrichtet, wobei etwa die Reinigung des Ausgiasstalls durchaus noch in den Bereich des Burlesken gehört. Und nun geht die Entwicklung so weiter, daß alles sich verdüstert, daß er ein furchtbares Schicksal erleidet und dem Wahnsinn nahekommt; das hängt durchaus mit dem Grundwesen einer solchen Gestalt zusammen und wäre sogar psychologisch begründbar. Die überschäumende Vitalität hat eine eigentümliche Gefährdung, wie man immer wieder sieht. Daß Herakles, als er so zum großen Täter herangewachsen ist, auch im heroischen Bereich seinen Ort findet und ein Stamm ihn sich aneignet, ist auch nur natürlich.

Die *Alkestis* ist darum so interessant, weil sie gleichsam einen Gegenpol zum *Herakles* darstellt. Dort ist Herakles in der Unterwelt, seine Familie ist inzwischen von einem Usurpator gefangengenommen und in Lebensgefahr; da kommt er zurück und schafft Ordnung. Und als das gelungen ist und größte Freude herrscht – da kommt der Wahnsinn über ihn, so daß er selbst Frau und Kinder tötet. Als er aus dem Wahnsinn erwacht, ist er gebrochen, nur der Freund Theseus kann ihm noch helfen. Das ist schon ganz humanitär, es gibt Vorklänge bestimmter humaner Sätze des achtzehnten Jahrhunderts, etwa bei Goethe. Man ist schon in einer neuen Welt, Herakles braucht sich nicht mehr zu töten, es gibt einen Weg zurück ins Leben auch aus den furchtbarsten Qualen. Es ist eine herrliche Tragödie, nach Wilamowitz vor allem behandelt von E. Kroeker. Dem steht in der *Alkestis* das Satyrhafte gegenüber in jener anderen Heraklesgestalt.

Für die Sage ist charakteristisch, daß Euripides Entlegenes aufgreift und nicht auf der großen Heerstraße der griechischen Sage bleibt mit den Sagenkreisen um Theben, Argos und Troja. Schon landschaftlich ist es entlegen: Thessalien, das noch sehr lange feudales Gebiet geblieben ist, wo ritterliche und adlige Lebensformen gepflegt wurden. Diese adlige Welt wird ein entscheidender Faktor des Stücks. Dadurch, daß Admet den Gast nicht abweist, trotz des Todesfalls in der Familie, wird der Knoten geschürzt. Herakles hätte sonst auch nicht randaliert, aber da es ihm aus Gastlichkeit verschwiegen wurde, trinkt er eben wie gewöhnlich, bis endlich ein Sklave es ihm sagt. Darauf wird er sofort ernüchtert und schreitet zum Handeln. Es gibt also ein bestimmtes landschaftliches Kolorit, ein Begriff, der keinen Sinn hätte bei Sophokles und Aischylos. Wenn wir uns fragen, wo im Griechischen wir das überhaupt haben – nun ja, Pindar ist der Dichter der boiotischen Welt, aber er hat nicht landschaftliches Kolorit, wie wir es nennen: das wird von dem gegeben, der gerade nicht zu einer Landschaft gehört. Bei Euripides findet es sich zum erstenmal, dann kommt es im Hellenismus hoch und lebt von da an weiter. Wo immer man hinschaut, trifft man bei Euripides auf solche Anfänge, in den verschiedensten Dingen.

Die Sage führt also nach Thessalien, nach Pherai. Die Vorgeschichte kennen wir zum Teil von Pindar, der wieder auf die hesiodeischen Eoien zurückgeht, Geschichten über Frauen, die nach ihren Anfängen benannt sind: *ē hoíe* ..., ›als eine solche auch ...‹, und dann kommt die Geschichte. Darunter war auch die Geschichte von Koronis, wie die Scholien bezeugen, einer schönen Jungfrau am Bolbe-See, die von Apollon geliebt wurde, sich aber dann mit einem hergelaufenen Fremden einließ, wie Pindar es darstellt, so daß der Gott sie, darüber ergrimmt, tötete. Als sie aber auf dem Scheiterhaufen lag, erbarmte der Gott sich über das Kind in ihrem Leib; so tritt er hinzu, reißt es aus der toten Mutter und gibt es dem Kentauren Chiron in Pflege. Pindar berichtet weiter von dem mächtigen ärztlichen Wirken dieses Apollon-Sohnes Asklepios, der einmal sogar einen Toten wieder aufweckte (vgl. unser Märchen vom Gevatter Tod). Mit seinem Blitz tötete Zeus dann beide. Darüber ist wieder Apollon erzürnt und tötet dem Zeus die Schmiede seiner Blitze, die Kyklopen. Für diesen Mord muß er dann Buße tun und ein Jahr lang einem Sterblichen dienen als einfacher Hirtenknecht, und das geschieht bei Admet in Thessalien. Bei diesem war er sehr rücksichtsvoll behandelt worden und erweist sich dankbar dafür: dem Admet war ein früher Tod bestimmt, und er erwirkt ihm, daß er am

Leben bleiben kann, wenn ein anderer stellvertretend für ihn sterben will, und das tut keiner als die Frau Alkestis. Nun geht die Sage einmal so, daß sie von der Totengöttin zurückerbeten wird, die ihr gnädig ist. In einer anderen Fassung wird sie durch Herakles befreit. Das war schon vor Euripides von Phrynichos dramatisiert, dem älteren Zeitgenossen des Aischylos. Von ihm wissen wir nur aus Berichten; seine *Alkestis* scheint der des Euripides in den Grundzügen ähnlich gewesen zu sein.

Wenn wir einmal absehen von der Einbettung der Geschichte in die speziellen Verhältnisse von Thessalien, so haben wir wieder ein typisches Märchenmotiv: ein Mann soll sterben, kann aber entrinnen, wenn sich ein anderer für ihn findet. Er versucht nun, einen Stellvertreter zu finden, und bittet Eltern und Freunde, aber keiner ist dazu bereit, bis auf die eigene Frau. Die stirbt, und er ist sehr unglücklich, schließlich aber wird sie doch gerettet. Lesky gibt in seinem Buch verschiedene Parallelen dazu an und verweist auch auf den Kommentar von Leo Weber (1930). Er selbst hat eine grundlegende Arbeit darüber gemacht, sein Erstlingswerk: *Alkestis, der Mythos und das Drama* (1925), besprochen im Gnomon 1927 von Drexler, der sehr richtig sagt: Es ist eine Freude, dies ausgezeichnete Buch zu besprechen. – Wir müssen den märchenhaften Charakter des Stücks so stark betonen, weil er für das Verständnis des Ganzen wichtig ist. Immer wieder ist es so, daß bestimmte Zusammenhänge, die in der Form des schlicht Erzählten unbedenklich sind, merkwürdig anstößig werden, wenn sie umgesetzt werden in die breitere Form des Romans oder die intensivere Form des Dramas. Wie schon Reinhardt betont hat, können wir immer wieder beobachten, wie in der großen Dichtung Dinge, die in der Tradition rein faktischen Charakter haben, gleichsam aufgebrochen und entfaltet werden, seelisch wie auch dramatisch. So können wir einmal von reinen Fakten sprechen, realistischen wie märchenhaften, im Sinne von Begebenheiten, die einfach aufmarschieren können, ohne daß sie irgendwie Veranlassung geben, darüber nachzudenken. Wenn sie aber in eine breitere Behandlung eintreten, muß man sich ihrer vergewissern, und dann kann es sein, daß etwas, das vorher vollkommen natürlich war, plötzlich anstößig wird.

Das ist hier der Fall. Die Szene, wie der gebrochene Admet den Leichenzug begleitet, dem Vater begegnet und es nun zwischen ihnen zu einem Rede-Agon kommt, wo er dem Vater die größten

Vorwürfe macht, daß er nicht eingesprungen ist, und der wieder sagt, der Sohn hätte gefälligst selbst sterben sollen, statt einen anderen vorzuschicken – ich kann mir nicht helfen, das ist doch äußerst peinlich. Solange das einfach als Erzählung gegeben wird im Sinne einer reinen Begebenheit, so lange stößt sich niemand daran. Wenn aber jetzt Vater und Sohn diesen Punkt diskutieren, jeder von seinem eigenen Standpunkt aus, dann bekommt das eine Schärfe, die die Erzählung nicht hatte, so daß durch das Auffalten des rein Faktischen die Dinge schwierig werden. Natürlich kann man sagen, es ist nur menschlich, daß der gesunde Mensch gern am Leben bleibt, und doch ist es in dieser Form anstößig. Irgendwie ist es gerade der Lebenskritiker Euripides, der dies eigentümlich Harte und Eigensüchtige des Greisenalters sichtbar macht, was es ja hat, wie man weiß: je kleiner das Lebenslicht noch brennt, um so eigensüchtiger wird der Mensch. »Ein alter Mann ist stets ein König Lear«, sagt einmal Goethe. Das dürfte hier mit hineinspielen. Aber es bleibt doch seltsam, daß ein so edler Fürst wie Admet sich im Sterben von seiner Frau vertreten läßt. Dies nur als ein Beispiel dafür, wie der märchenhafte Grundcharakter eines Motivs sich in der dramatischen Darstellung störend bezeugen kann.

Ein hübsches Motiv ist, daß dem Admet am Schluß noch eine Art Schabernack gespielt wird. Er hat geschworen, daß er nie eine andere Frau in sein Haus nehmen wird. Nun muß er, als ein Edler, sich nötigen lassen, diese Frau aufzunehmen, die Herakles ihm bringt; bis sich dann alles auflöst: er erkennt, daß es Alkestis ist, und alles endet im Glück. Es ist ein Motiv, das die schönsten menschlichen Züge hat und auch sehr bühnenwirksam ist. Auch bei Shakespeare gibt es eine Szene, wo das Motiv der wiedergeschenkten Gattin in herrlicher Form erscheint: im *Wintermärchen*. Da ist sie nicht wie hier verhüllt, sondern als Statue dargestellt, die sich dann zu bewegen anfängt; eine unerhörte Szene. Bei Euripides ist es nicht ganz so zum Bild geworden, und doch ist es das gleiche Motiv, ein Motiv von höchster dichterischer Kraft.

Ich will noch hervorheben, wie gerade bei der *Alkestis* das Poetische des Vorwurfs und der Durchgestaltung immer besonders stark empfunden wurde und mächtig auf die Weltliteratur eingewirkt hat. Schon als Stoff ist es unzerstörbar, einer der großen Grundstoffe der Dichtung. Goethe hat als junger Mensch gerade dieses Stück aufgegriffen in *Götter, Helden und Wieland*, in dem er gegen Wieland die schönsten Dinge über Euripides sagt. Wieland hatte selbst ein Stück *Alceste* geschrieben, das nicht zu seinen besten gehört, aber es ist doch interessant, wie er versucht, die Grundsubstanz herauszuholen. In neuerer Zeit hat Eliot das Stück nachgestaltet in seiner *Coctail Party*, von der er einmal sagt, es habe ihm Spaß gemacht, daß auch die gelehrtesten Freunde dies Vorbild nicht bemerkt hätten. Selbst Herakles ist da in der Gestalt des Mannes, der immer Spiegeleier brät. – Auch in Übersetzungen wird das Stück des Euripides immer wieder gespielt. Ein großer Erfolg war damals die Übersetzung von Wilamowitz und in neuerer Zeit die von Buschor.

Soweit die Einleitung. Wir werden uns das Stück noch anhand eines Schemas verdeutlichen. Damit hat man dann zwar nicht das Ganze, aber doch ein Diagramm, an dem in erstaunlicher Weise die Struktur sichtbar wird, die man beim bloßen Lesen nicht so erkennt. Man kann sich damit etwas so gegenwärtig machen, daß man es wie einen Film vor dem inneren Auge ablaufen lassen kann. Es ist wichtig, die Stücke auf diese Weise in voller innerer Präsenz zu haben, wenn man denn schon darüber reden soll.

8.

Wir wollen heute den Aufbau der *Alkestis* betrachten, von verschiedenen Seiten her. Die Formen der Tragödie kennen wir seit Aischylos: Prolog, Parodos, Epeisodion, große Reden, Stichomythie, Redeagone, die bei Euripides ganz fest sind und in der *Alkestis* fertig ausgebildet erscheinen. Dann etwas Besonderes: gelegentliche Chorstücke in einem längeren Dialogbereich; nicht eigentlich der alte Kommos, auch kein Amoibaion, sondern von beiden zu unterscheiden. Der Kommos ist die Form, die sich uns in der hypothetischen Urtragödie daraus ergeben hat, daß nach einer Meldung durch den Boten ein aufgeregtes Fragen folgt, dem der Bote dann antwortet. So schon in den *Persern*. Äußerlich ist es ein Wechsel zwischen lyrischen und iambischen Versen. Beim Amoibaion singen beide; die Unterscheidung ist rein konventionell, auch nicht immer streng durchgehalten. Euripides hat beides und bevorzugt das letztere. Er hat auch die üblichen Chorlieder, obwohl sie bei ihm stark zurücktreten und meist keinen notwendigen inneren Bezug zur Handlung mehr haben. Daß das nicht persönliche Eigenart, sondern eine echte morphologische Entwicklung ist, geht daraus hervor, daß die Chorpartien in der Neuen Komödie dann ganz verschwunden sind und wir nur noch die Bemerkung finden in den Papyri: *choroú*, ›des Chores‹, das heißt, hier kann eine musikalische Einlage gemacht werden. So ist es in Menanders *Schiedsgericht*, wo ein paar junge Leute kommen und tanzen. Das einzige, was geblieben ist im neuen Drama, sind die Aktenden, die leeren Stellen, bis sich in der allerneuesten Dramatik wohl auch das verwischt. – Interessant ist, daß schon ganz früh bei Euripides etwas da ist, was dann weiterhin höchst entwicklungsfähig wird: die Monodie, der Gesang des einzelnen Schauspielers. Bei Aischylos gibt es das kaum, Sophokles hat es in der späteren Zeit gelegentlich, Euripides schon in diesem frühen Stück.

Über diese Einzelformen hinaus ist das Ganze noch in besonderer Weise gegliedert. Eine solche Gliederung außer der üblichen in Epeisodien fassen wir schon bei Aischylos. Oft ist es eine Zweiteilung, in den *Persern*, aber auch den *Eumeniden* und ebenso in dem frühest erhaltenen Stück des Sophokles, dem *Aias*, wo sogar zwischen den beiden Teilen die Bühne leer wird. Auch die *Alkestis* könnte man durchaus als zweigeteilt auffassen; ich möchte lieber drei Teile scheiden, weil es dann noch klarer wird. Es sind sechs Epeisodien, von denen je zwei enger zusammengehören, nach dem zweiten Paar ein stärkerer Einschnitt, sogar mit leerer Bühne. Nur angemerkt sei, daß es auch mehrteilige Epeisodien gibt, schon seit Aischylos: daß erst eine Person auftritt und später noch eine andere hinzukommt. Von Euripides wird das geradezu gepflegt. Daß erst einer auftritt und zum Chor oder auch zu sich selbst spricht, ist sehr folgenreich geworden; vgl. mein Buch *Monolog und Selbstgespräch*. Es gibt den sogenannten Auftrittsmonolog, in der *Alkestis* bei V. 747, wo ein Diener auftritt und sich indigniert äußert über die Art, wie sich Herakles benimmt. Das mag zum Chor gesprochen sein, in Wahrheit ist es aber doch schon Monolog. V. 773 tritt Herakles hinzu, und in derselben Szene folgt V. 837 ein typischer Abgangsmonolog. Diese Technik, die von Euripides her in die Neue Komödie gekommen ist, ging dann in die Weltliteratur ein und lebt fort bis ins Drama des achtzehnten Jahrhunderts.

Sie sehen die klare Struktur des Ganzen, die ein architektonisches Wunderwerk ist und ganz dem Begriff der *saphéneia* entspricht, den W. Ludwig zum Titel seines Buches gewählt hat. Es ist eine absolut klare Gliederung des Gesamtaufbaus, die aber hineinwirkt bis in den einzelnen Satz. Sapheneia ist nicht nur Präzision – das wäre *akríbeia* –, sondern das, was unmittelbar einleuchtet, sich von sich selbst her zu verstehen gibt, ganz gleich, ob es ein Bericht ist oder ein Preislied, nur daß es je in seinem Bereich einleuchtet. Diese Sapheneia ist es, die voll ausgebildet den Stil der *Alkestis* bestimmt. Vorweggenommen sind Prolog und Parodos, die eigentliche Einleitung: erst logisch streng, dann lyrisch, von zwei Seiten her, dem rein Rationalen wie dem Emotional-Seelischen. Dann drei Teile mit je zwei Epeisodien; die Exodos ist wieder abgesetzt und zusammengeschrumpft auf wenige Verse, die auch beliebig an verschiedene Schlüsse gestellt werden können, wie wir das öfter finden bei Euripides: »Viele sind die Gestalten des Daimonischen, vieles vollenden die Götter gegen die Berechnung des Menschen, und das, was man gewähnt hat, wurde nicht vollendet, für das nicht Gewähnte aber hat der Gott einen Weg gefunden; und so ist denn auch diese Geschichte hingegangen.«

Um noch bei der Technik zu verweilen: Euripides hat ebenfalls ein Mittel angewendet, das wir von Aischylos und Sophokles her kennen und das ich den hinterszenischen Schauplatz genannt habe. Wir sind angewiesen auf die vordergründige Bühne, die Einheit des Ortes, die im wesentlichen stimmen muß; und das wird vermehrt, indem in die Phantasie das Wissen von einem hinterszenischen Schauplatz eingepflanzt wird, auf den die Handlung bezogen ist, woher man kommt und wohin man geht. In der *Alkestis* ist vorn der Platz vor dem Königshaus, hinten das Grab. Dorthin geht der Trauerzug und später Herakles, von dort kommt der Zug zurück und schließlich Herakles mit Alkestis. So erleben wir alles in einem größeren Raum. Auch diese Ausbildung eines durch die Phantasie des Hörers ermöglichten hinterszenischen Raumes dient der Klarheit des Geschehens. Man müßte einmal untersuchen, wie weit dieses Prinzip in der modernen Dramatik, die mit häufigem Szenenwechsel arbeitet, aufgegeben ist, obgleich es dramatisch sehr fruchtbar ist und schöne Möglichkeiten der inneren Bewegung bietet.

Noch ein kurzes Wort über den ›Wechsel der Töne‹, mit einem Ausdruck Hölderlins, den ich für einen guten und wichtigen Begriff halte. Irgendwie gibt es ihn auch bei Aischylos und Sophokles und überhaupt in jeder großen Dichtung, und doch kann man bei Euripides (wie auch bei Aristophanes) in ganz neuem Sinne davon sprechen. Man müßte das Stück einmal daraufhin lesen und darauf achten, wie die Handlung fortschreitet in diesem großen Wechsel der Töne. Ich kann nicht im einzelnen darauf eingehen. Es beginnt gleich am Anfang mit der Rede des Apollon in ihrer großen Klarheit und Würde, und dann kommt Thanatos, so wie er auch in der Vasenmalerei dargestellt wird: kein eigentlicher Gott, sondern eine mehr volkstümliche Gestalt. Damals sah man ihn noch nicht als Knochengerüst und auch nicht als schönen Epheben, der die Fackel senkt, wie auf hellenistischen Darstellungen, sondern als ein Scheusal mit riesigen Flügeln. Mit seinem Kommen haben wir sofort einen anderen Ton, hart und etwas gewöhnlich. Kaum ist das verklungen, so kommen die Ältesten: Was liegt das Haus des Admet so in Schweigen? In alledem liegt etwas, womit Euripides ganz neu dasteht: Stimmung. Natürlich gibt es auch sonst Stimmung, hier aber erscheint das in einem ganz spezifischen Sinn des Stimmungshaften, als ein Valeur ganz besonderer Art, wieder ähnlich wie bei Aristophanes. Auch das hängt zusammen mit der Grundhaltung des Euripides. Wir hatten schon davon gesprochen, daß er etwas hat, das die beiden anderen nicht haben: Lokalkolorit. Dazu gehört dies Stimmungshafte, und wir können gleich einen anderen Begriff hinzufügen, auf den wir bald stoßen werden: den Begriff des Genre. So etwa in dem Bericht der Dienerin über den Abschied der Alkeste vom Haus und zumal den beiden Zentren des Hauses, Herd und Bett. Es ist deutlich, wie nicht nur ein bestimmtes Pathos heraufkommt, als sie das Bett anredet, sondern auch dies Genrehafte; ebenso in ihrem Abschied von den Dienerinnen.

In diesen Bereich der Stimmung und des Genrehaften gehört auch die Monodie des Kindes bei V. 393. Es ist entzückend gemacht: erst die Klage des Admet und der Gattin, und nachdem dies in höchst würdiger Form abgeschlossen ist: »Sie ist gegangen, nicht mehr ist des Admetos Frau!«, da tritt nun ein kleiner Junge vor und singt diese Monodie, in der auch das Kindliche zum Ausdruck gebracht wird. Es heißt nicht *méter*, Mutter, sondern *mája*, Mammi oder ›Mütterchen‹, wie es poetisch übersetzt wird, obwohl das Wort kaum je gebraucht wird im Deutschen. Diese Weise, wie hier die Kindlichkeit des Kindes zum Valeur wird, ist charakteristisch. Wir haben auch bei Homer das Kind in der berühmten Szene im sechsten Iliasbuch, wo der kleine Astyanax vor dem Helmbusch des Vaters zurückscheut (die Sophokles im *Aias* übernommen und abgewandelt hat); aber das ist doch etwas ganz anderes, als wenn hier ein kleiner Sänger auftritt und diesen Trauergesang hören läßt. Jetzt erst wird das Motiv entfaltet. Euripides hat die Kindlichkeit des Kindes, die Sklavenhaftigkeit des Sklaven, die Fraulichkeit der Frau, die Greisenhaftigkeit des alten Mannes. Das heißt, ein Aspekt kommt hoch, den wir vorher nicht haben, der Aspekt der Anthropologie, der Typologie, auch schon der Soziologie beim Sklaven; eins hängt mit dem anderen zusammen.

Um schon hier den Horizont für all das anzugeben: es ist ein lebensmäßiger Horizont, der bei Euripides bestimmend wird für die ganze Weise, wie er den Menschen und das Leben sieht und wie ihn Aischylos und Sophokles nicht als eigentlich maßgeblichen hatten, wenn sie diese Dinge auch nicht ganz übergehen. Es ist, mit einem Wort, *phýsis,* dieser entscheidende Begriff, der auch in der Sophistik ganz ins Zentrum rückt. Das Seiende um uns herum wird nicht betrachtet unter dem Aspekt des von den Göttern durch jene große Verteilung, *moíra,* Geregelten; auch nicht unter dem Aspekt dessen, was im Leben des Menschen als gültig herausgearbeitet wurde, des *nómos,* sondern das Seiende, das uns umgibt und das wir selber sind, wird gesehen unter dem Aspekt eines durch sich selbst Verursachten, sich Formenden, Lebendigen. Die Physis ist noch ein großes Göttliches, aber in dieser Göttlichkeit spricht sich auch das Irrationale aus, das Dynamische, rein Vitale. ›Natur‹ ist unsere Übersetzung dafür, ein Lehnwort aus dem Lateinischen; *natura* ist die Gebärpforte beim Tier. Dies Selbstbewegte, Hervortreibende, Dynamisch-Vitale, das sich nicht eigentlich dem Nomos fügt, dies Grundlegende und so Gefährliche, das in tausend Gestalten sich regt, dies ist es, was nun, nachdem es schon in der ionischen Naturphilosophie betrachtet wurde, von der Sophistik in Athen ins Zentrum gerückt wird. In Platons *Gorgias* ist es Kallikles, der von dem Recht dieser Physis spricht im Gegensatz zu der alten Ethik; wogegen Platon sich wendet und den Nomosbegriff neu begründet. Euripides ist völlig bestimmt durch diesen Aspekt auf das Seiende hin, der sich in dem Wort Physis ausspricht. Natur ist also nicht wie für uns etwas Objektives, sondern eine bestimmte Weise, wie das

Seiende sich darstellt. Dieser Bereich wird von Euripides zwar nicht neu entdeckt, aber doch in neuer Weise gewertet gegenüber Aischylos und Sophokles, wo die alte Religion noch vorherrscht. Neben die Physis tritt dann bald die Tyche, die Göttin des Zufalls, dessen, wie es sich trifft, ein Irrationales, *álogon*, das nun in dem wirkt, was man Geschehen und Schicksal nennen kann. Diese beiden bilden den Horizont, innerhalb dessen Euripides immer wieder maßgeblich wird für die spätere Tradition. Der Tyche-Horizont, der bei ihm von Anfang an mit da ist, bricht erst später eigentlich voll auf.

9.

Ich gebe Ihnen heute ein Schema im Umdruck. Die Einleitung steht für sich mit Prolog und Parodos, bis 135. Dann die drei Hauptteile, von denen der erste bis 475 geht, der zweite bis 740 und der dritte bis 1158. Man kann auch anders abteilen und das sechste Epeisodion 1005 enden lassen; dann würde die Rückkehr des Herakles mit Alkestis und die glückliche Auflösung den Schlußteil bilden. Zuletzt die kurzen Verse der Exodos. Nun müssen wir das Stück näher betrachten und der rein äußerlichen Einteilung das eigentliche Aufbaugesetz abzugewinnen suchen.

Der Prolog 1-75 steht für sich, zunächst monologisch wie immer bei Euripides; Apollon spricht ihn und erzählt die Geschichte, die wir schon kennen, wie er infolge seiner Verschuldung Admet ein Jahr als Hirt gedient hatte. Sehr schön Vers 10: »Ich, der ich *hósios* bin, traf einen *hósios anér*«, also einen ebenso beschaffenen Mann. Das Wort *hósios* ist schwer zu übersetzen. Ich habe mir Wilamowitz angesehen, der bei aller Freiheit erstaunlich interpretiert und darum als Kommentar herangezogen werden kann, wenn er auch oft die Dinge auf eine bestimmte vernünftige, ja triviale Verständlichkeit bringt und sich damit vergeht gegen das Wort des Dichters. Es ist bekannt, daß diese Übersetzungen zuerst großen Erfolg gehabt hatten, aber auch schwer bekämpft worden sind, zumal vom Georgekreis. Für uns sind sie als Kommentar von Wert; so auch hier. »Einen Herrn fand ich, fromm und rein wie ich.« ›Fromm wie ich‹ wäre falsch, aber indem er ›rein‹ hinzusetzt, versucht er, dem Begriff nahezukommen. *hósios* ist nicht ›fromm‹ im Sinne einer inneren Frömmig-

Alkestis

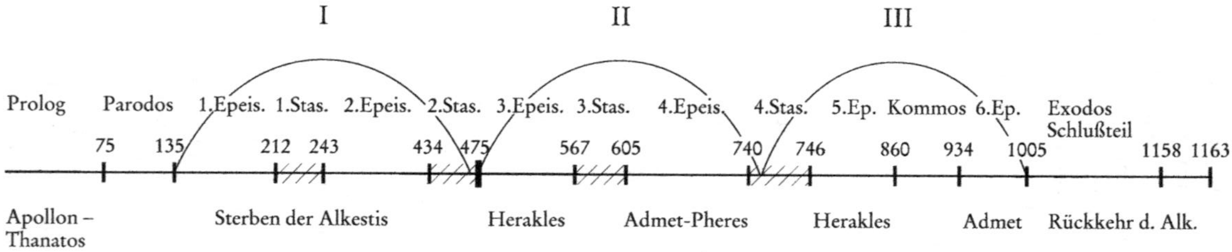

I II III

Prolog Parodos 1.Epeis. 1.Stas. 2.Epeis. 2.Stas. 3.Epeis. 3.Stas. 4.Epeis. 4.Stas. 5.Ep. Kommos 6.Ep. Exodos Schlußteil

75 135 212 243 434 475 567 605 740 746 860 934 1005 1158 1163

Apollon – Thanatos Sterben der Alkestis Herakles Admet-Pheres Herakles Admet Rückkehr d. Alk.

keit, es kann auch objektiv von Gegenständen ausgesagt werden, einem Bezirk etwa, auf dem ein Tabu liegt. Also unantastbar, unverletzlich. Auch der Begriff der kultischen Reinheit steht dahinter, der nicht innere Reinheit bedeutet, das hieße eher *hagnós*. Was hier gemeint ist, ist die Reinheit des Gottes, die Krankheit und Tod nicht duldet. Für einen Menschen bedeutet es das Sich-Reinhalten von Befleckung, was den ganzen Bereich des Leiblich-Seelisch-Moralischen umfaßt, bis ins Intellektuelle hinein, wo man auch gleichsam infiziert werden kann. All dies liegt in dem Begriff des *hósion*. Man kann es nur mit ›rein‹ übersetzen, muß aber wissen, was gemeint ist. Apollon, der das im höchsten Maße ist, hat einen ihm darin Ähnlichen gefunden unter den Menschen. Diese Wesensbestimmung ist grundlegend für die Gestalt des Admet, von der wir noch sprechen werden.

Dann kommt Thanatos, der Tod, hinzu, beide streiten, und am Schluß eine Vorhersage des Apollon: ›So wild du bist, wirst du dich doch fügen müssen. Denn ein solcher Mann wird zu den Häusern des Pheres kommen . . ., der, gastlich aufgenommen von Admet, mit Gewalt dir diese Frau entreißen wird.‹ Damit ist das Ergebnis der ganzen Handlung bereits vorweggenommen, eine Technik, die schon im achtzehnten Jahrhundert aufgefallen und viel behandelt worden ist. Man meint ja zunächst, die Wirkung beruhe darauf, daß man den Schluß nicht kennt, hier aber ist das Ziel deutlich hingestellt. Aber es gibt zwei Arten der Darstellung. Wenn es um das Was geht, wird man nicht vorher erzählen, was kommt, etwa in einem Kriminalroman. Aber das ist eine etwas primitive Weise des Wirkens, wenn es auch immer wieder Dramen gibt, die darauf ausgerichtet sind. Dem steht eine andere Weise gegenüber, bei der es um das Wie geht, und eben dadurch, daß das Was klar vorausgesagt wird, wird das Interesse des Hörers auf das Wie gelenkt. Man könnte sagen, dies wäre die kultiviertere Form, aber das ist wohl nicht ganz richtig, beide Formen haben ihr Recht. In der griechischen Tragödie ergab sich diese Form zunächst einfach daraus, daß man die Sagen natürlich kannte und wußte, wie es kommen würde. Der Ausgang durfte ja nicht geändert werden. Interessant ist es, die Neue Komödie daraufhin zu prüfen und ihre spätere Umgestaltung bei den Römern, wobei immer wieder das Kultivierte des Menander im Rückgriff vergröbert wird auf das reine Was hin. Ich habe einen Aufsatz geschrieben über die *Hekyra* des Terenz

(H. u. H. 1 722 ff.), wo die Umgestaltung des Vorbilds eben darauf beruht. –

Noch ein kurzes Wort über den sogenannten Götterprolog. Daß ein Gott am Beginn auftritt, haben wir schon bei Aischylos und wieder bei Sophokles im *Aias,* aber immer steht dabei der Gott im Zusammenhang mit der Handlung. Dieser Zusammenhang besteht zwar auch hier noch: Apollon hat dem Admet gedient und ihm erwirkt, daß er durch einen Stellvertreter sein Leben retten kann; aber mit der nun folgenden Handlung hat er eigentlich nichts mehr zu tun. Gerade das aber, daß ein Gott ohne engere Beziehung zur Handlung am Anfang auftritt und über das Kommende spricht, hat dann Schule gemacht. Der Götterprolog in der Neuen Komödie ist feste Form, es kann eine Agnoia sein, eine Göttin des Nichtwissens, also eine Personifizierung, wie wir sagen, aber auch sonst ein Gott. Weil ein Gott mit seinem Wissen über der Handlung steht, kann er den Zuschauer gewissermaßen in einen Zustand erheben, in dem er selbst das Geschehen wie ein Gott mit ansieht. Dies von der Tyche, dem Zufall, der Leidenschaft, dem Irrtum durcheinandergewirbelte Menschengeschehen, wo die Menschen sich gegenseitig quälen und verfolgen, bis alles sich wieder löst, erlebt der Zuschauer in einer Art göttlicher Enthobenheit. Das ist der Sinn des Götterprologs, der gleichzeitig ein dramaturgisches Mittel ist. Das geht dann weiter, bei Shakespeare tritt der Prologus vor die Handlung, bis hin zu Goethes *Faust,* wo der Prolog sogar im Himmel stattfindet und große Weltaspekte enthüllt. All das beginnt letztlich doch hier bei Euripides.

Doch nun zum eigentlichen Aufbau; wir werden sehen, daß die Dreiteilung, von der wir gesprochen haben, auch innere Bedeutung hat. Der erste Teil, von Prolog und Parodos an, über den Bericht der Dienerin, das Gespräch zwischen Alkestis und Admet bis hin zu ihrem Vermächtnis und seinem Schwur, daß er niemals eine andere Frau nehmen werde, ihr Sterben und der Gesang des Kindes bis zum zweiten Chorlied, all dies hat eine innere Einheit, die wir bezeichnen können als ›das Sterben der Alkestis‹. Merkwürdig und öfter aufgefallen ist dabei, daß sie eigentlich zweimal stirbt. Zuerst das Amoibaion, der Wechselgesang, der von seinem ursprünglichen Ort im Drama frei geworden ist und nun an beliebiger Stelle verwendet werden kann. Die Sterbende ruft noch einmal das Licht und die Luft an, sie steht noch, dann fällt sie und hat keine Kraft mehr, der Hades ist nahe und Nacht schleicht ihr über die Augen – all das ist eigentlich schon ein Sterben. Während sie hier aber gleichsam in lyrischer Form stirbt, ist sie dann offenbar wieder ganz in Ordnung und spricht lange und gemessen zu Admet. Es ist fast ein Gesetz der Tragödie – nicht erst bei Euripides –, daß dieselbe Handlung in zwei durch ihre Form getrennten Aspekten geschildert wird, lyrisch und im gesprochenen Logos. Diese Trennung des Musikalisch-Lyrischen als einer Schicht, in der der Mensch als elementares Wesen sich äußert, von einer anderen Schicht, in der er sprechendes, bewußtes Wesen ist, geht in der Tragödie durch; ich hatte schon bei den beiden anderen Tragikern davon gesprochen. Das Neue bei Euripides ist eine noch schärfere Trennung der Sphären. Auch hierin zeigt sich die Sapheneia, mit der er verfährt, er hebt die Dinge klar voneinander ab. Dadurch ist bei ihm das vorgebildet, was wir in unserer Oper kennen, die ja auch bewußt nach diesen Gebilden geschaffen wurde, als eine Neugestaltung der Tragödie. Schon die Tragödie des Euripides besteht aus ›Nummern‹, bestimmten, in sich zentrierten Gebilden, von denen wir jedes in seinem Ablauf ganz geschlossen empfinden und dann inhaltlich noch einmal dasselbe erleben in anderer Form. Die Weise, wie diese abgesetzten Partien aufeinander folgen, das ist es, wo das Stimmungsmäßige hineinkommt. In diesem Absetzen und Trennen liegt aber auch wieder eine Schwächung der Substanz. Die große elementare Kraft, die das Singen bei Aischylos hat, die Kraft, mit der eine Kassandra singt oder der Chor der *Sieben*, diese Kraft ist gebrochen bei Euripides und in gewissem Sinne auch schon bei Sophokles. Das elementare Sein tritt zurück, der wilde Strom des Musikalisch-Elementaren wird kanalisiert, eingefaßt und in klare Bahnen gelenkt, wird reguliert, wie wir sagen, und zwar im Sinne einer kunstmäßigen Klarheit, eines über dem Ganzen waltenden Kunstverstands. – Soviel zu diesem ersten Teil. Nach dem Dialog stirbt sie wirklich, und es ist herrlich, wie dann das Chorlied folgt, ein Preisgesang auf Alkestis, so daß ihr Tod schließlich in der Erhebung ihres Ruhmes gipfelt, dem Bild ihrer Arete, der Gattentreue – worauf dann am Anfang des nächsten Teils mit dem charakteristischen Wechsel der Töne Herakles auftritt.

Noch ein Wort zu diesem Sterben, da ja unser Hauptgesichtspunkt ist, daß wir in Euripides einen Dichter kennenlernen, der für die Weltliteratur so vieles vorgebildet hat. Was ist das eigentlich für ein Motiv, der Tod auf der Bühne, der Bühnentod? Es ist auffällig, wie selten das in der antiken Tragödie ist. Wenn einer ermordet wird, so pflegt das hinter der Bühne zu geschehen, höchstens repräsentiert durch die Schreie. Auch sonst gehen besonders schreckliche Dinge hinter der Bühne vor sich, etwa daß Ödipus sich die Augen aussticht. All das wird nur im Wort, im Botenbericht vergegenwärtigt. Einige Ausnahmen gibt es, wenn etwa Aias sich auf der Bühne in sein Schwert stürzt. Wir können nicht sagen, wie das gemacht war, es ist nicht so einfach für den Schauspieler; vielleicht hat er sich einfach in die Kulissen hineingeworfen. Hier ist die ganze Handlung so auf diesen Tod hin entwickelt, daß der Tod auf der Bühne aus künstlerischen Gründen einmal notwendig war; es folgt ja auch noch der Streit um die Bestattung der Leiche. Im allgemeinen wird dergleichen auch bei Euripides nicht auf der Bühne gezeigt. Das war nicht immer so; bei Shakespeare werden grauenhafte Dinge gezeigt, bis zu der Weise, wie einem die Augen ausgetreten werden: »Fort, schnöder Gallert!« Es ist gut, sich einmal zu verdeutlichen, daß hier im Griechischen eine Distanz waltet und man diese Dinge nicht in solchem Maße in den Vordergrund stellt. Euripides versucht in der Spätzeit dies und jenes, in den *Bakchen* oder dem *Orest.* Aber eigentlich fängt das erst bei Seneca an durch dessen eigene neue Welt, und durch seinen Einfluß kam es dann weiter auf die Bühne.

Bei dem Sterben der Alkestis haben wir keine grausige Ermordung, sondern den natürlichen Tod eines Menschen oder, mit dem edleren Ausdruck: sein Verscheiden. Es ist doch bedeutsam, daß unter den erhaltenen antiken Stücken auch einige sind, die wirklich das Sterben und Verscheiden mit Abschied, Vermächtnis und Klage auf der Bühne darstellen. Später ist es bekanntlich sehr beliebt, es gibt Abschied und Tod in den verschiedensten Spielarten. Man denke nur an unsere Klassik, etwa bei Schiller im *Tell,* auch einiges bei Goethe. Der Sterbende pflegt meist noch ein schönes Wort zu sagen, ehe er zurücksinkt. Im Naturalismus wird dann wieder in anders nuancierter Form gestorben, und so geht das Motiv weiter bis in die neueste Zeit. Man könnte fragen, wie weit dies Interesse am Sterben zusammenhängt mit dem Christentum, wo der Tod ja kein Ende ist, sondern ein Übergang in eine andere Form des Seins. Man denke auch an die mythische

Welt Richard Wagners, bei dem dies Motiv vom *Holländer* an durchgeht bis zu seinem Gipfel als Liebestod im *Tristan*, der mit großer Macht musikalisch vorgeführt wird, so daß es nicht nur ein Sterben ist, sondern eine Erhöhung, Apotheose. Aber auch in der *Alkestis* ist der Tod nicht nur als niederdrückend und traurig empfunden, sondern erhebt sich im Ruhm des Preises. Wieder scheint Euripides der erste gewesen zu sein, der ihn so darstellt, zumal es auch kein gewöhnlicher Tod ist, sondern ein Opfertod und damit etwas Heroisches, das als ein erhebender theatralischer Moment auf die Bühne kommt. Es ist offenbar so, daß, wenn ein Tod so dargestellt wird, immer irgendwie ein Werthaftes mitspielen muß.

Noch ein kurzer Blick auf eines der Probleme der Philologie, die ja gelegentlich aufzutauchen pflegen, und gerade bei der *Alkestis* finden sich eine ganze Menge. Darunter gibt es dann auch solche, die eigentlich keine sind, sondern nur entstanden durch die Anwendung falscher Denkmittel, eines Horizonts, der der Frage nicht angemessen ist. Hier ist es die Frage, warum Alkestis, die doch aus freien Stücken den Tod für den Gatten auf sich genommen hat, nun vor dem Sterben weint und klagt. Die Sage ist offenbar so gewesen, daß Alkestis Admet gerade geheiratet hatte, als Apollon das Schicksal seines frühen Todes enthüllte und die Moiren überreden konnte, einen Stellvertreter anzunehmen, wozu sich die junge Frau dann bereit erklärte. Bei Euripides wird ihr das Opfer erst abverlangt, als sie bereits zwei Kinder geboren hat und schon jahrelang mit Admet verheiratet ist. Das wird nun in höchst amüsanter Weise von Wilamowitz in seinem sonst so wichtigen Buch behandelt. In der Brautstimmung habe sie das Wort ausgesprochen. Jetzt aber hat sie inzwischen das Leben der Hausfrau und Mutter kennengelernt, hat Zeit gehabt, ihren Entschluß zu überlegen. Und nun sei es wahrhaft tragisch, wie die Mutter halten muß, was die Braut gelobt hatte; jetzt hätte sie dies Wort vielleicht nicht mehr gesprochen. – Ich habe Ihnen das vorgeführt als ein Beispiel für das, was ich ein Scheinproblem nenne, und weiter für das, was in der Interpretation noch möglich war vor so verhältnismäßig kurzer Zeit. Aus einer Genredarstellung wird eine Biographie konstruiert: das Hochgefühl der Brautstimmung, das die Jahre dann abschwächen, man macht auch so seine Erfahrungen, und nachdem sie das alles kennt und weiß, was die Ehe ist, wird sie wohl nicht mehr so leicht für das

Sterben sein – und das ist das wahrhaft Tragische. Man steht eigentlich fassungslos vor solcher Weise des Interpretierens. Hier wird die *Alkestis* auf Ibsen projiziert, der damals gewaltig gewirkt hatte, etwa mit der *Hedda Gabler*. Natürlich ist es ein reines Scheinproblem, wie man es übrigens ähnlich in der *Antigone* des Sophokles gesehen hatte. Ein Mensch, der sterben muß, findet das nicht so einfach, selbst wenn er den Tod gewollt hat, das ist mit großer Natürlichkeit und Wahrheit dargestellt. Die ganze Bitterkeit des Todes tritt jetzt an sie heran, und das führt uns der Dichter vor Augen, abgesehen davon, daß all das schon mit zur Vorbereitung dafür dient, daß sie ja gerettet werden wird. Das Motiv der anderen Frau bereitet den Schluß vor, wo Herakles ihm scheinbar eine andere aufzwingt. Aber auch sonst ist es doch ganz menschlich und natürlich, wenn die Frau, die in Liebe und Opfermut für den Mann stirbt, wie sie es versprochen hat, jetzt dennoch die ganze Qual dieses Todes empfindet.

Auf das Weitere kann ich nicht mehr so genau eingehen. Wir können an unserem Schema eine rote Linie ziehen für die eigentliche Alkestishandlung, dann eine grüne für das Heraklesmotiv, das immer stärker wird, und eine blaue für die Admet-Handlung. Am Schluß kommen diese drei Linien notwendig zusammen. Ich will nur sagen, daß die Verzahnung dieser drei Motivlinien ganz erstaunlich ist und daß das Urteil des Aristoteles, Euripides habe keine gute Ökonomie gehabt, zumindest für die *Alkestis* nicht zutrifft; hier ist es so gut, daß es gar nicht besser sein könnte.

10.

Wir müssen noch auf das Admet-Problem eingehen, ein echtes Problem, das am stärksten in seinem Streit mit dem Vater Pheres aufbricht. Hat denn der alte Mann nicht ganz recht, wenn er dem Sohn vorhält, es wäre feige gewesen, sich von einem anderen retten zu lassen? Das führt uns auf ein zentrales Stück der Handlung im vierten Epeisodion, am Ende des zweiten Hauptteils.

Wir müssen uns vorstellen, daß bei V. 606 der große Trauerzug aus dem Haus kommt, die *ekphorá*, das Hinaustragen des Leichnams, wohl nicht in einem verhüllten Sarg, sondern offen, dahinter Admet und ein Gefolge in Trauerkleidung, eine großartige Schau. Während sich dieser Leichenzug über die Bühne bewegt, kommt der alte Vater des Admet hinzu, der mitgehen und der Toten die Ehre erweisen will, wie er mit seinen ersten Worten sagt. Eine liebevolle Anrede: *téknon,* Kind, wie der Ältere auch zum erwachsenen Sohn noch sprechen kann. Der Sohn antwortet zornig und weist ihn weg, macht ihm Vorwürfe, warum er nicht getan hätte, was sie getan hat. Darauf sagt der Alte ihm nun kräftig die Meinung, und dabei kommen all die Dinge hoch, die vielleicht auch wir empfinden, wenn wir bis zu dieser Stelle gekommen sind. Die Gegensätze treffen hart aufeinander, der Vater nennt ihn geradezu ihren Mörder, Admet sagt sich von ihm als Vater los. Dann wird die Tote wieder aufgehoben – alles hatte natürlich halt gemacht –, und der Zug setzt sich wieder in Bewegung in Richtung auf das Grab.

Zunächst ist also festzuhalten, daß die harte Auseinandersetzung eingebettet ist in diesen Zug. Es ist ein großartiges Motiv, daß der Dichter das Gespräch nicht irgendwie vor sich gehen läßt, sondern fest verzahnt mit dieser Handlung. Wenn man auf diese Technik blickt, wie in einen Leichenzug eingebettet ist ein Geschehen ganz anderer Art, dann denkt man unwillkürlich an die unglaubliche Szene in *Richard III.*, wohl eine der gewaltigsten der Weltliteratur. Da wird die Leiche des Königs Heinrich über die Bühne getragen, begleitet von Anna, und ihr tritt nun Richard Gloster gegenüber, und dieser mißgestaltete Mensch bringt es fertig, sie in Gegenwart des Toten so herumzubringen, daß sie von ihm den Verlobungsring annimmt. In dieser Härte haben wir es nicht bei Euripides, aber auch hier ist es sehr hart, wie in Gegenwart des Todes und der Toten dieser Gegensatz aufbricht. Es könnte sich bei einer Aufführung zeigen, daß diese Szene sich als die wirksamste des Dramas erweist. Nun gibt es bestimmt keine direkte Beziehung zwischen der *Alkestis* und dem Drama von Shakespeare, aber aus der echt erfaßten Dramatik wachsen Szenen hoch, die aus der Substanz des Geschehens selbst ihre Ähnlichkeit gewinnen. Auch etwas Äußerliches weist darauf hin, wie bedeutsam diese Szene ist: jetzt, wo die Bühne leer wird und auch der Chor mit abzieht, steht sie am Ende des zweiten Teils, an einem stark betonten Punkt des Dramas als ein besonderer theatralischer Moment.

Wieder wird von Philologen Anstoß daran genommen, wie ›unritterlich‹ dieser edle Admet sich hier benimmt, und man hat dagegen eingewendet, daß man nicht mittelalterlich-christliche

Ethik hier hereinziehen dürfe – als ob die Problematik für die Antike nicht ebenso bestanden hätte! Oder man sagt, es sei eben ein Redekampf, wie Euripides ihn liebt – als ob diese Redekämpfe gleichsam im luftleeren Raum ein Eigenleben führten! Wenn man aber einmal sieht, welche Wucht diese Szene hat, dann ist das doch etwas anderes als die Freude an einem Redekampf als solchem. Zwei Dinge sind es, die hier dargestellt werden. Einmal die Kläglichkeit des alten Menschen, ein ganz festes Motiv bei den Griechen: der *psógos gerónton,* die ›Greisenschelte‹, von der alten Frau ebenso wie dem alten Mann. Der Alte gehört einer anderen Zeit an, versteht die Jugend nicht mehr, muß immer nur herumnörgeln, er ist eigentlich schon eine Art Leiche und täte am besten, wenn er die Welt von sich befreite. Dies Motiv hat in der Weltliteratur eine große Rolle gespielt, und Euripides war zweifellos daran beteiligt, zumal ja auch eine Wahrheit darin liegt. Im Alter ist man auf das Materielle gerichtet, sitzt auf dem Geld, eine widerwärtige Erscheinung, die immer wieder dargestellt wird.

Aber auch Admet ist an dieser Stelle nicht nur als der wunderbare Gastgeber geschildert, der Herakles aufnimmt, und als der Edle, der der Toten die Treue halten will, sondern im Hintergrund wird noch etwas anderes sichtbar: die Schwachheit des Admet. Der Beweis dafür, daß diese Interpretation richtig ist, ergibt sich aus der Rede des Admet im sechsten Epeisodion. Als er da zurückkommt und diese große Schlußrede hält, ehe die letzte glückliche Wendung einsetzt, hat er sich all die Vorwürfe des Vaters zu eigen gemacht. Diese Rede ist von größter Bedeutung. Er sagt, daß der Daimon der Frau glückseliger sei als sein eigener. Daimon ist mehr als Schicksal, es ist ganz umfassend das, was man ist, wie man lebt und was einem widerfährt. Er sagt, daß er nicht hätte leben und sich vorbeidrücken sollen an dem, was ihm bestimmt war. Dann kommt er darauf, wie er nun in seinem Hause keinen Platz mehr hat, die Öde darin nicht erträgt, die Kinder und Diener lehnen ihn ab. Und draußen ist es ähnlich: die Leute sagen über ihn, daß er auf schlechte Weise lebt, weil er es nicht fertiggebracht hat zu sterben, sondern die Frau hingegeben hat aus *apsychía* – ein stärkeres Wort als Feigheit, man könnte es fast modern als seelische Schwäche verstehen. Was bedeutet das Leben jetzt noch für ihn, wenn er einen solchen Ruf hat und einer ist, der üble Taten auf sich geladen hat! Das alles nimmt er nun auf in Fortsetzung der Pheres-Rede. Es ist eine Rechenschaftsablage, eine ganz feste Form bei Euripides, die wieder mit seiner Sapheneia zusammenhängt. Admet erkennt jetzt selbst: dadurch, daß er das Opfer der Frau angenommen hat, einfach weil er leben wollte, dadurch hat er dieses sein Leben zerstört. So steht er am Ende des dritten Teils vor uns, wieder an einer entscheidenden Stelle des Dramas, ehe Herakles wiederkommt. Während dieser, wie der Hörer weiß, dabei ist, ihm die Gattin zurückzuholen, steht er vor uns als gebrochener Mann und beklagt sein zerbrochenes Leben.

Hier möchte ich noch einmal hinweisen auf Goethes *Götter, Helden und Wieland*, wo er eine bestimmte Auffassung des Euripides durchblicken läßt und gerade auch der *Alkestis*, die er offenbar sehr genau gelesen hat. Das Stück ist nach Lukian gemacht, eine Katabasis in den Hades, ein uraltes Motiv. Bei den Griechen haben wir es seit der Odyssee, wo Odysseus auch schon bekannte Persönlichkeiten dort antrifft. Der Hades ist ja ein Versammlungsort berühmter Gestalten, und so eignet sich dies Motiv als ein literarisches hervorragend dafür, mit Toten ins Gespräch zu kommen. Goethe, der Lukian kannte, hat zu diesem Mittel gegriffen, um Wieland mit dem, wie er meinte, von ihm schlecht behandelten Euripides zu konfrontieren. Das Ganze ist etwas, von dem Goethe später selbst gesagt hat, daß es ein begabter junger Mensch eben bei einer Flasche Wein verbricht. Nachher war es nicht so einfach, als er nach Weimar wollte, wo Wieland Erzieher war. Er hat es ihm aber nicht übelgenommen, und beide verband dann eine langjährige Freundschaft. – Bei dieser Gelegenheit also bringt Goethe seine damalige Auffassung von der Antike und den Griechen zu Gehör, Grundanschauungen, die sein ganzes Leben hindurch für ihn bestimmend blieben. Man betont immer so stark die Entwicklung Goethes, aber das Wunderbare ist, wie gewisse Gedanken bei ihm durchgehalten werden und immer wiederkehren. Dazu gehört der Aspekt des Natürlichen und Gesunden, unter dem er die Griechen sieht, im Gegensatz zu Auffassungen seiner Zeit. Seine Alkestis ist ein gut gewachsenes, kräftiges Mädchen, und Wieland sagt, solch ein Bild hätte er nie hervorgebracht. ›Ihr Alkestis? mit dieser Taille?‹ Von diesem Aspekt aus versucht Goethe, auch Admet gerecht zu werden. Ein junger, blühender König, der sterben muß und um den alles trauert, da kann man doch nicht Moralmaßstäbe anlegen und ihm nun Vorwürfe machen. In Wielands Stück war es ein typischer edler Wettstreit gewesen, einer ist immer edler als der andere. Das kritisiert Goethe, es geht einfach gegen die Natur des Menschen, der doch weiß, was der Tod ist. Natur ist das entscheidende Wort. Aus dem einfach Natürlichen eines solchen Lebens wird hergeleitet, daß man ein solches Opfer ohne Makel annehmen kann. Aber was Euripides uns zeigt, ist etwas, das Goethe damals nicht im Blick hatte, der vor allem Wieland in durchaus verdienter Weise anprangern wollte. So makellos ist Admet eben nicht.

Wenn wir nun zu den anderen Stücken der Trilogie kommen, werden wir sehen, wie das Motiv der menschlichen Schwachheit sich auch in ihnen nachweisen läßt, so daß eine zwar nicht stoffliche, aber doch ideelle Einheit die Trilogie verbindet. Es ist schön, daß wir von ihr wissen und sogar, wie ich glaube, ein Stück davon rekonstruieren können, den *Alkmaion in Psophis.* In dem ersten Stück, den *Kreterinnen,* war die Handlung etwa so, daß Aërope, die Enkelin des Minos, verführt wird, als Thyest nach Kreta kommt, den wir aus der Atreussage kennen. Ihr Vater gibt sie dem Nauplios, der sie im Meer ertränken soll, er bringt sie aber nach Argos, wo sie den Kleisthenes heiratet. Offensichtlich stand im Zentrum der Handlung eine edle Frau, die Treulosigkeit erfährt und dadurch in Schwierigkeiten und Gefahr kommt. – Das dritte Stück war der *Telephos,* gewaltig verspottet von Aristophanes in den *Acharnern,* wo eine ganze Szene daraus ins Komische umgestaltet wird. Telephos, der Heraklessohn und Myserkönig, ist von der Lanze des Achilleus verwundet worden und kann nur durch ihn wieder geheilt werden. So geht er als Bettler verkleidet nach Argos, wird aber entdeckt und rettet sich, indem er den kleinen Orest packt und mit ihm auf den Altar flüchtet, wo er ihn zu erstechen droht. Von dort hält er eine außerordentlich rührselige Rede an die Versammlung, die dazu führt, daß er sein Ziel erreicht, geheilt wird und so den Fortgang des troischen Krieges ermöglicht. Durch die Parodie gewinnen wir so eine Vorstellung von dem Hergang des Stücks. –

Zum *Alkmaion* kann ich auf meinen genannten Aufsatz verweisen. Die Geschichte ist so, daß im Kampf der Sieben gegen Theben auch der Seher Amphiaraos mitkämpft, obwohl er weiß, daß er nicht zurückkehren wird. Schuld daran ist seine Frau Eriphyle, die von Polyneikes mit einem Halsband bestochen wurde; eine oft auf Vasenbildern dargestellte Szene. Als er nicht zurückkehrt, erfährt der Sohn Alkmaion von der Geschichte und tötet die Mutter. Er wird gereinigt in Arkadien, kommt zu Phegeus in Psophis und erhält seine Tochter zur Frau, Arsinoë oder Alphesiboia. Ihr gibt er das Halsband. Aber die Erinyen der Mutter verfolgen ihn weiter, eine Dürre kommt über das Land, so geht er nach Delphi und wird in ein Land geschickt, das zur Zeit des Muttermordes noch nicht dem Meer entstiegen war, um dort gereinigt zu werden. Schließlich kommt er zum Schwemmland des Acheloos und heiratet dort Kallirhoë. Die hört nach einiger Zeit von dem Halsband und einem Peplos, den er ebenfalls seiner ersten Frau geschenkt hatte, und möchte das nun haben; sie versagt sich dem Mann, wenn er nicht beides heranschafft. Sie sehen: wieder ein schwacher Mann. Er macht sich also auf und geht zurück zu seiner ersten Frau, und nun beginnt eine große Intrige. Er sagt ihr, daß er die Dinge in Delphi weihen müsse, Phegeus glaubt ihm und gibt ihm, was er verlangt. Da aber verrät ein Diener, daß er es in Wahrheit seiner neuen Frau bringen will, und nun wird ihm von den Söhnen des Phegeus ein Hinterhalt gelegt, und er wird getötet. Wieder haben wir eine Frau, die zu ihrem Mann hält: sie beklagt ihn, als sein Leichnam gebracht wird, und kündigt Rache für ihn an. Sie wird dann von den Brüdern in einer Kiste fortgeschafft und als Sklavin verkauft, wobei man ihr die Ermordung ihres Mannes andichtet. Später wird sie von den Söhnen des Alkmaion gerächt und das Halsband nach Delphi geweiht.

Soweit der Sagenzusammenhang, aus dem wir die Handlung entwickeln müßten. Das wäre nicht möglich, wenn wir nicht die Umsetzung bei Accius hätten und eine Menge Fragmente. Ich habe ein Szenar aufgestellt, wonach man sogar den Gang der Handlung einigermaßen erfassen kann. Wieder sehen wir hier einen Menschen von tiefer Schwachheit, der bis zum Verbrechen getrieben wird, und zu ihm tritt, wie Alkestis, eine Frau, die zu ihm steht. Lesky hat diese Rekonstruktion für möglich gehalten, ich halte sie für ganz sicher. Damit kommen wir für den frühen Euripides auf das Interessante, daß er zwar nicht Trilogien im Sinne des Aischylos hat, aber doch vier Stücke, die durch eine Art ideellen Horizont zusammengehalten werden. Das ist bedeutsam genug für die Erkenntnis dieser frühen Stufe, von der wir sonst nichts haben.

11.

Wir wollen die Besprechung der Trilogie zu Ende bringen, von der ich meine, daß sie eine Einheit zwar nicht des Stoffes, wohl aber des Gesamtaspekts besitzt. Es ist das Thema eines schwachen Menschen, der, indem er einem starken Schicksal begegnet, geradezu zum Verbrecher werden kann. So ganz deutlich Alkmaion, ebenso wohl im ersten Stück Thyest, der die verführte Frau im Stich läßt, und auch Telephos, der, zur Verzweiflung getrieben, den kleinen Orest bedroht. Daß der Mensch, wenn er schwach ist – und wer ist das nicht? –, durch den Zwang der Verhältnisse zu derartigen Taten getrieben wird, ist eine sehr realistische Auffassung vom Menschen, die hier bei Euripides hochkommt, der die Menschen nicht nur in großen Aspekten sieht, wie Aischylos und Sophokles, sondern so wie der Mensch ist. Man denke an das bekannte Wort des Sophokles über Euripides: dieser habe die Menschen so dargestellt, wie sie sind, er selbst aber, wie sie sein sollten, also idealistisch. Dieser realistische Sinn des Euripides lenkt seinen Blick schon in dieser frühen Epoche, die wir sonst nicht fassen können, auf die Weise, wie ein Mensch zu Verzweiflungstaten getrieben wird. Dabei ist nichts von Entschuldigung: er ist schuldig in einem ganz harten und konkreten Sinn und geht auch unter Umständen an seiner Schuld zugrunde.

In diesem Gedanken der Schwachheit des Menschen unter der Übermacht der Verhältnisse taucht auch schon der andere Aspekt auf, daß die Verhältnisse den Menschen irgendwie formen. Auch das ist alte Weisheit, zuerst greifbar an einer berühmten Odysseestelle im achtzehnten Buch, die auf Archilochos weitergewirkt hat: Der Mensch ist so, wie Zeus jeweils den Tag heraufführt; danach richtet sich der Nus, also die ganze geistige Haltung. Wenn er gute Tage hat, ist er gut und liebenswürdig, aber wenn böse Tage kommen, sieht es anders aus. Der Mensch ist in seiner Beschaffenheit (modern: Befindlichkeit) so, wie es die Verhältnisse fügen – ein Gedanke, der mächtige Wirkung ausgeübt hat für die Beurteilung dessen, was der Mensch ist, bis in die moderne Milieutheorie. Das, was bei Homer der Tag heißt, wird später mit neuen Begriffen bezeichnet, bei Euripides mit dem Grundbegriff der Tyche, die immer bedeutungsvoller für ihn wird als ein Kollektiv alles dessen, was den Menschen betrifft. Der Mensch steht zwischen Daimon und Tyche, und zwischen beiden bildet er sich aus seiner Anlage heraus zu dem, was er im Effekt dann ist. Wieweit das Wort Tyche in diesen Stücken schon vorgekommen ist, kann man nicht wissen, aber als Macht ist sie schon da, auch wenn sie noch nicht genannt war.

All das zeigt, daß unsere Interpretation des Admet richtig ist. Auch er ist als Mensch zwar nicht böse, aber schwach. Hier im Satyrspiel führt die Schwäche nicht dazu, daß er ins Unheil kommt. Man könnte sich leicht eine Handlung denken, wo es anders weiterginge; aber hier ist es wundervoll, wie Herakles eingreift und sich alles in Wohlgefallen auflöst. Denn Admet ist nicht nur ein schwacher, sondern auch ein guter Mensch. Der schwache Mensch ist ja nicht immer auch böse. Im Gegenteil, wir kennen den Charme der Schwachheit, und so freuen wir uns, wenn er schließlich die Frau wiederbekommt und in allen Ehren weiter der liebenswürdige Gastgeber sein kann, wie er sich in dem Stück darstellt.

Damit haben wir diese Frühperiode gefaßt, soweit man das kann. Noch einmal: der Mensch in seiner Schwachheit ist an sich ein uralter Gedanke, von Homer an über die Lyrik und Herodot und auch weiter. Es ist klar, daß, wenn Euripides diese Schwachheit in dieser neuen Realistik sieht, damit wieder ein großes Motiv der Weltliteratur bei ihm angeschlagen wird. Viele der künftigen Ungetreuen haben bei ihm ihren Prototyp.

Wir wollen uns heute der *Medea* zuwenden, zunächst dem Schema. Wieder steht die Einleitung mit Prolog und Parodos für sich, dann sechs Epeisodien und der große Schlußteil. Innerhalb davon sehen wir als Elemente der Gliederung einmal die drei großen Reden der Medea: der erste Monolog 364-409, der zweite 764-810 und der dritte 1021-1080. Der letzte große Akzent ist dann der Mord an den Kindern bei 1271. Wieder ist es so, daß die großen akzentuierenden Szenen an bestimmten Aktschlüssen stehen: am Schluß des ersten, dritten, fünften und sechsten Epeisodions, eigentlich des siebenten, wenn man das Chorstück mitzählt. Vier große Akzente je am Aktschluß, drei säulenartige große Reden und eine entscheidende Tat: Sie sehen, wie elegant das aufgebaut ist; die Sapheneia ist fast zu weit geführt. Wir hatten schon davon gesprochen, wie der alte Strom, der sich zumal bei Aischylos großartig wild und frei bewegt hat, nun reguliert wird. Das hat zu tun mit einem Selbstverständnis der Kunst, die auch als Kunst verstanden werden will. Es ist eine Form, die

Medea

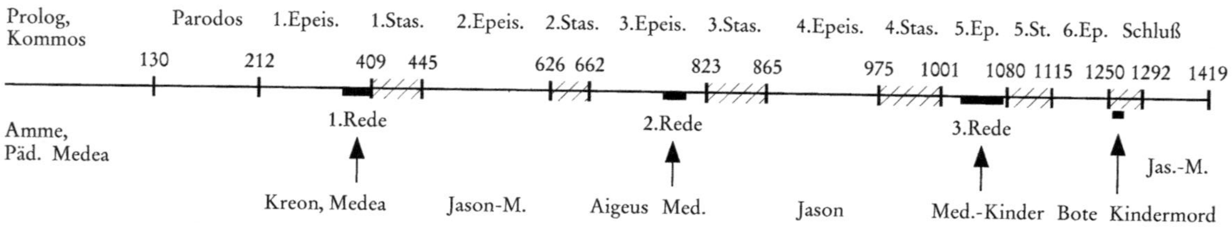

Prolog, Kommos
Parodos
1.Epeis.
1.Stas.
2.Epeis.
2.Stas.
3.Epeis.
3.Stas.
4.Epeis.
4.Stas.
5.Ep.
5.St.
6.Ep.
Schluß
130
212
409
445
626
662
823
865
975
1001
1080
1115
1250
1292
1419
1.Rede
2.Rede
3.Rede
Amme, Päd. Medea
Kreon, Medea
Jason-M.
Aigeus Med.
Jason
Med.-Kinder
Bote
Kindermord
Jas.-M.

äußerst wirksam geworden ist, zumal für die spanische Dramatik und die französische Klassik, während Shakespeare mit seinem scheinbar freien Fluß (in Wahrheit ist er gar nicht so frei) nicht in diese Tradition hineinpaßt. Wieder zeigt sich, daß Aristoteles nicht Recht hat mit seinem Urteil, Euripides sei kein guter Ökonom gewesen. Gerade das streng Formale ist für ihn charakteristisch, zumal Sophokles gegenüber, der diese Art von Regelmäßigkeit nicht kennt; bei ihm ist es mehr ein inneres Gestalten aus der Handlung heraus.

Soviel zum Aufbau. Um eine kurze Einleitung zu geben, so ist es interessant, daß die *Medea* bei ihrer ersten Aufführung durchgefallen ist, wie so manche bedeutenden Stücke; auch der *Ödipus* hat nicht den ersten Preis erhalten. Dies sollte eigentlich eine Art Menetekel sein für alle, die sich mit Kritik beschäftigen, zumal Theaterkritiker. Es ist nicht immer leicht, aus der Nahperspektive schon den vollen Wert eines Kunstwerks zu erfassen. Daß die *Medea* dann geradezu einen Siegeszug durch die Weltliteratur angetreten hat, ist bekannt. Das Thema der Kindesmörderin ist höchst bedeutungsvoll und verschiedentlich abgewandelt worden. Wir kennen auch das arme Weib, das aus Not ihre Kinder tötet. Man muß immer wieder darauf hinweisen, daß diese eigentümliche Ausgangsstellung für Euripides charakteristisch ist. Es beginnt schon in der Antike; wir haben Zeugnisse aus der *Medea* eines Neophron, von dem die Scholien sprechen. Es war bestimmt nicht älter als die *Medea* des Euripides, wie man gelegentlich gemeint hat, sondern ein ziemlich lahmes Machwerk aus späterer Zeit, wann, ist schwer zu sagen. Auch dieser Neophron ist immerhin ein Zeuge für den Ruhm des Stückes. Im Hellenismus war es außerordentlich beliebt, wie auch Darstellungen der bildenden Kunst zeigen. Es ist merkwürdig, wie wenig solche Dinge in der großen Zeit auf die bildliche Darstellung eingewirkt haben, natürlich mit Ausnahme von Homer und einigem anderen. Aber dann kommt es in breiter Front auf. Es gibt eine berühmte Theatervase aus dem vierten Jahrhundert. Aus der *Medea* kennen wir das großartige Bild, das durch eine pompeianische Kopie erhalten ist: die entscheidende Szene in dem großen Monolog, wie sie mit sich selbst ringt vor der Ermordung der Kinder. Ich rate unseren Studenten immer, auch das archäologische Institut aufzusuchen, nicht nur zum Arbeiten, sondern einfach um sich etwas anzusehen. Da wir hier eine so schöne Sammlung haben, wäre es doch seltsam, wenn wir uns nicht darum kümmerten.

Dann geht die Wirkung weiter mit Seneca, der auch eine *Medea* hat, ein großartiges Stück in prächtigem und elegantem Latein. Überhaupt wäre für Seneca noch mehr zu tun, als bisher in der Wissenschaft geschehen ist. Es gibt nicht viel Literatur darüber. Aber wenn noch in letzter Zeit behauptet werden konnte, daß alles bei ihm auf stoischer Philosophie beruhte und in den Tragödien Stoisches einfach dramatisch dargestellt wäre, so ist das falsch. Ich halte es für eine nicht angemessene Interpretation eines Dichters, ihn von vornherein auf dem Horizont einer Philosophie zu sehen. Daß Seneca auch philosophische Schriften geschrieben hat, zeigt nur, daß er nicht nur Dichter, sondern auch Philosoph gewesen ist. Das verbindet sich in der Einheit des Menschen wie auch in der Struktur der Zeit. Ich halte seine Tragödien für bedeutende dichterische Werke, auch höchst bühnenwirksam, nicht nur für rhetorische Leistungen, wie man auch gesagt hat. Gewiß, die Rhetorik ist eine mächtige Kraft bei der Wirksammachung des Worts. Aber die Stücke hätten keine so gewaltige Wirkung auf Shakespeare ausgeübt, wenn sie nur von der Philosophie und Rhetorik her bedingt wären.

Ich will die Wirkungsgeschichte nicht weiter im einzelnen behandeln, sondern nur noch erwähnen, daß Grillparzer eine Trilogie geschrieben hat über die Argonautensage, ziemlich früh, 1818: *Das goldene Vlies.* Es ist merkwürdig, wie das von Wilamowitz allenfalls verzeihend behandelt wird, und noch heute gibt es sehr negative Äußerungen darüber. Dabei ist schon in den zwanziger Jahren eine Wende eingetreten in der Beurteilung Grillparzers. Es gibt durchaus bedeutende Dramatik bei ihm; es ist keineswegs nur Epigonik und mit dem Begriff der Romantik zu fassen, sondern er steht ganz auf sich selbst und sollte ganz ernst genommen werden – die *Ahnfrau* vielleicht ausgenommen. – Zur Literatur verweise ich nur auf die wichtige Schrift von O. Regenbogen, *Randbemerkungen zur Medea*, 1950, und G. Müller, *Interpolationen in der Medea des Euripides*, 1951.

Was den Stoff angeht, zeigt sich auch hier wieder Euripides als großer, fast radikaler Neuerer. Was er darstellt, ist eine völlig neue Idee der Kindermörderin, wie sie nicht vorher überliefert war. Die Vorstufen sind hier nicht so einfach zu erkennen; man kann vielleicht etwas entnehmen aus dem Schluß der *Medea*, wo es heißt, daß die Leichen der Kinder im Tempel der Hera von Korinth niedergelegt werden sollten. Es gab offenbar eine alte Sage über die Tötung der Kinder, die eher unabsichtlich war, ähnlich wie bei Pelias: sie sollten unsterblich gemacht werden, das mißlang, und dann wurden sie in diesen Tempel gebracht. Das ist nicht sehr wichtig, aber immerhin ein Faktum. Im Gegenteil wird es bei solchen Anregungen deutlich, wie eine Neuerfindung vor sich geht. Euripides kommt, wie gesagt, schon in Stoffnot, darum sucht er einmal entlegene Sagen und kommt zweitens, im höheren Alter, zu Umgestaltungen und Abwandlungen von Bekanntem. Eine dritte Möglichkeit ist, daß der dichterische Same gleichsam in die Ritzen und Fugen des großen Mythos gestreut wird, wo immer noch so viel poetische Erde ist, daß die schönsten Gebilde heraussprießen. So in der *Medea.* Es gab die Sage von Iason und Medea, die Euripides auch schon behandelt hatte, und nun entwickelt er daraus die Geschichte von der Treulosigkeit des Iason. Sie mußten ja fliehen, als Pelias nicht mehr lebendig wurde; so kommen sie nach Korinth, werden dort aufgenommen, und Iason – nun, er verliebt sich nicht gerade in die Königstochter, aber ihm bieten sich damit neue Möglichkeiten an, wie er selbst in seiner großen Rede sagt. Und nun hat er diese Barbarin neben sich, die ihm damals geholfen hatte, aber sie ist schon älter geworden, die andere ist jung, also sieht er die Dinge als realistischer Mensch und meint schließlich, Medea soll doch zufrieden sein, wenn sie sieht, daß dem Mann eine neue Position geboten wird, und soll verzichten. Sie tut das aber nicht, und Leidenschaft und verletzte Ehre führen dann zu dem Unheil, das über sie alle kommt. Das ist von Euripides frei aus dem Umkreis der Argonautensage gestaltet, und zwar im einzelnen so, daß es gar nicht besser denkbar ist.

Auch hier ist es so, daß in der Wissenschaft neben echten Problemen auch Scheinprobleme entstehen durch inadaequates Hinsehen. Da ist einmal das Kommen des Aigeus, bei dem sich Medea eine Zuflucht sichert. Man hat gesagt, dadurch, daß er gerade in diesem Augenblick kommt, wo sie ihn so dringend braucht, sei der Zufall zu stark strapaziert worden vom Dichter. Aber welcher Dichter tut das nicht, und er hat auch das Recht dazu – abgesehen davon, daß es ja auch wirklich Zufälle gibt, die schicksalhaft wirken können. Es gibt das doch, daß jemand kommt, der gerade nützlich oder schädlich ist, warum regt man sich dann so auf, wenn es auch im Drama vorkommt? – Weiter haben wir die

Psychologie mit ihren Charakterzeichnungen, die zumal im Naturalismus bei der Interpretation eine solche Rolle spielen. Ich weise nur hin auf Zürcher, der geradezu von einem Zerfall der Medea spricht: die Gestaltung sei nicht bis zum Ende durchgeführt worden, die Medea der Rache habe nichts mit der leidenden Mutter gemeinsam. Ich kann nur sagen, daß er da nicht genau hingesehen hat. Sonst hätte er sehen müssen, daß gerade nicht alles auf den Thymos gestellt ist, diese verwundete Seele, die nun so um sich schlägt, sondern daß es entscheidend ist, wie sie an bestimmten Stellen zurückschreckt und erkennt, daß sie nicht mehr zurück kann. Ein Wollen kommt in Gang, und dann die echt tragische Situation, daß das Wollen sich plötzlich umsetzt in ein Müssen. Es ist eine Grundsituation des Tragischen, nicht nur daß einer will, was er muß, sondern auch, daß er muß, weil er gewollt hat. Es sind großartige Situationen, die so entstehen, und man kann doch nicht sagen, hier zerfällt der Charakter. Auch daß sie am Schluß als große Daimonin auf dem Drachenwagen erscheint, während Iason gebrochen vor ihr steht, daß sie immer mehr zum Daimon wird, das Göttliche ihres Wesens immer mehr zum Vorschein kommt – das sind doch Motive, bei denen man nicht mehr vom Charakter reden kann. Euripides hat bestimmte Valeurs eingesetzt, und man mag darüber streiten, ob er sie richtig oder falsch eingesetzt hat; das heißt, man kann ästhetisch urteilen, aber nicht psychologisch. Ich glaube, wir sind inzwischen abgekommen von dieser bedrückenden Weise, wie alles ins Seelische verlegt wird, auch diese Erhebungen. Bei einer heutigen Aufführung wäre es vielleicht schwer zu verifizieren, weil im modernen Zuschauer die Vorstellungen des Naturalismus weiterleben, die ihn diesen merkwürdigen Übergang in eine andere Sphäre schlecht vollziehen lassen. Der damalige Mensch konnte das. Es ist durchaus kein psychologisches Problem gewesen, das Euripides behandelt hat, sondern von vornherein die merkwürdige Wechselwirkung zwischen Daimonie und Psychologie. Auch das gehört zu der Epoche des Stücks, die sich deutlich abhebt von der ersten und die wir zusammenfassen als die Gruppe der Thymostragödien. Das Wort *thymós* hängt mit lateinisch *fumus* zusammen, und die Grundvorstellung mag ein eigentümliches inneres Wallen und Brodeln sein, wie wir alle es kennen. Auch bei Platon steht der Thymos als ein drittes Element des Seelischen zwischen dem klar Bewußten und dem eigentlich

Triebhaften, was ins Negative geht. Man sieht den Menschen gewöhnlich so, als ob er immer wasserklaren Gedanken folgte, aber das ist nicht so. Nicht Gedanken sind es, die eigentlich zu Taten führen, sondern damit etwas in der Welt entsteht, muß dies *thymoeidés,* wie Platon es genannt hat, noch hinzukommen. Es gibt eigentlich keine Übersetzung dafür: das Muthafte, die Leidenschaft, man kann es auch einfach mit Dodds das Irrationale nennen. Bei Homer ist es zumal der Zorn, von dem er sogar einmal das Bild des Rauches gebraucht. Also all das, was in uns hochkommt im Zorn und anderen Affekten. Dieser Thymos ist griechisch von vornherein mit dem Daimonischen verbunden. Der Daimon ist zunächst ein Gott, aber ein unbestimmt gefaßter, vom Wort her ein ›Zuteiler‹, aber nicht allgemein wie die Moiren, sondern individueller. Heraklit kann sagen, das Ethos des Menschen (die Gewohnheit, ein Wort, was dann zu ›Charakter‹ wird) sei sein Daimon, das, was seine Art wie auch sein individuelles Schicksal bestimmt und natürlich auch ins Psychologische übergeht. All das ist verbunden zu denken. Es ist nicht so, daß Euripides als Psychologe den Thymos darstellt, sondern daß ihn in einer bestimmten Zeit das Problem dieses über uns Kommenden beschäftigt und er von da aus auch zur Psychologie kommt.

In der *Medea* folgt die Durchgestaltung dieser Zustände dem Konflikt zwischen der leidenden Mutter und gleichzeitig der stolzen, verwundeten Seele, die sie ist und als die sie nun kämpft gegen die Frau und Mutter in ihr. Ich will jetzt schon darauf hinweisen, daß wir es hier wieder mit dem Problem der Entscheidung zu tun haben. Die ganze Handlung geht darauf hin, ob sie es tun soll oder nicht. Wir werden sehen, wie der Gedanke aufkommt, stärker und stärker und schließlich zur Notwendigkeit wird, als sie nicht mehr zurück kann, obwohl sie die Kinder doch liebt und um sie leidet. Wieder haben wir das kindliche Wesen, entzückend in der ganzen Sinnenhaftigkeit, mit der das hier noch einmal erlebt wird – und dann tut sie es doch, wobei das Wort fällt: »Der Thymos ist stärker als meine Überlegungen, er, der die Ursache ist für die größten Übel den Sterblichen.« Thymos und Buleumata sind ganz klar in Gegensatz gestellt als die Antinomie, in der Medea steht.

Hier ist es wohl gut, wenn wir uns noch einmal klarmachen, wo sonst im Griechischen eine solche Antinomie der Entscheidung sich darstellt. Entscheidung in der alten Zeit ist objektiv bedingt. Wenn Achilleus vor der Entscheidung steht, ob er den Freund rächen und dann selber sterben soll oder nicht, dann ist das so wenig innerlich gefaßt, daß man sagen konnte, es gäbe gar keine Entscheidung des Achilleus. Richtig ist, daß es nicht um einen inneren Konflikt geht, sondern um Dinge, vor denen der Mensch steht und von denen er das eine tun und das andere lassen muß. Ähnlich ist es selbst noch bei Pelasgos in den *Hiketiden* des Aischylos. Es sind die objektiven Größen von Religion und Staatsräson, zwischen denen er steht, wenn auch der Konflikt schon viel stärker ins Innerliche hineingenommen wird. Ebenso bei Eteokles in den *Sieben,* wo wir geradezu den entgegengesetzten Fall haben wie in der *Medea*: daß einer das Gemußte auch will. Der Fluch, der über dem Geschlecht liegt, wird durchaus objektiv und schicksalhaft verstanden. Bei Medea ist das Neue, daß der Konflikt nun ganz ins Innerliche hineingenommen wird. Man kann sagen, es ist ein Konflikt zwischen Mutterliebe und Rachebedürfnis, beides innerliche Begriffe, nicht objektive Forderungen, die ihr entgegentreten, alles kommt aus ihrem Inneren. Wenn man nach dem Bereich fragt, in dem diese Wendung sich vollzieht, so ist es wieder der Bereich der Physis. In dem Augenblick, wo dieser Bereich dem Nomos gegenübersteht, sind es nicht mehr objektive Forderungen, die an den Menschen herantreten, sondern Wirklichkeiten, die im Seienden, auch im seelisch Seienden, gegeben sind. All das führt in die Nähe der Psychologie. Nur daß der große Bereich der Physis auf der einen Seite doch wieder über das Einzelmenschliche hinausgeht und auf der anderen Seite das Daimonische eine objektive Macht bleibt, die sich mit den Kategorien des Innen und Außen nicht völlig erfassen läßt.

12.

Wir wollen uns heute der Handlung der *Medea* zuwenden, damit das, was das Schema wie im Gerippe zeigt, zurückverwandelt wird in den lebendigen Leib des Dramas. Wieder beginnt es mit der monologischen Prologrede einer Person, der ›Amme‹, wie wir *trophós* übersetzen. Wilamowitz, der den Ausdruck vermeiden wollte, sagt ›Kammerfrau‹ und kommt damit in die höfische Sphäre des achtzehnten Jahrhunderts; ›Erzieherin‹ ist auch bedenklich und führt in einen anderen historischen Bereich. Jedenfalls ist es eine Vertrautenrolle. Dann kommt der Pädagoge hinzu mit den Kindern; als die wichtigen Personen, um die es nachher gehen wird, werden sie jetzt schon sichtbar. Damit haben wir die erste Verstärkung des Unheils, das sich bisher durch gewisse Anzeichen angekündigt hatte, jetzt aber herankommt. Ein alter Ausgangspunkt der Tragödie: man ist irgendwie in der Agnoia, es kommt allmählich zur Gnosis und dann zum Pathos. Nur ist es hier nicht, wie in der älteren Tragödie, der Chor, der die Exposition bringt, sondern eine Einzelperson, die weiter an der Handlung teilnimmt. Jede Tragödie braucht erstens eine materielle Vorbereitung, zweitens eine dramatische und drittens eine stimmungsmäßige. Da ist es am besten so gemacht, wenn die erste, materielle, eingeformt ist in die dramatische, während das Stimmungsmäßige davon abgespalten wird. Hier bei Euripides geschieht das in einem besonderen lyrischen Stück, ähnlich wie schon in der *Alkestis*. Wir hören die Rufe der Medea von drinnen, die Amme antwortet, der Chor der korinthischen Frauen kommt dazu, und die Parodos ist gleich ein Amoibaion. Damit ist die Tragödie in jeder Hinsicht vorbereitet. Das Besondere an diesem Stück, das auch viel gelobt wurde, ist, daß am Anfang nicht nur eine Rede steht, wo jemand etwas erzählt, sondern daß es gleich mit einem pathetischen Akzent beginnt: »O wäre doch ...«, dramatisch sehr wirksam. Wäre doch das alles nicht gewesen, wäre das Schiff nicht nach Iolkos gekommen – also die ganze Argonautengeschichte, wie Medea nach Griechenland gekommen ist. Dann wird das neue Unheil geschildert, daß man geflohen sei nach dem Unglück mit den Peliastöchtern, und was nun in Korinth geschehen ist, daß Iason sich verliebt hat in die Königstochter, was er nachher leugnet. Jetzt ist alles feindselig. Schon sehr bald werden die Kinder erwähnt: Medea kann sie nicht sehen, hat keine Freude daran, und die Amme fürchtet, daß sie etwas ›Neues‹ sinnt. Ihr Sinn ist schwer, *barýs*, was im Griechischen den Beiklang des Gefährlichen hat: schwer wie ein Stein, der herunterbrechen kann und ein Unheil anrichten. Eine Stimmung wird also geschildert, wir würden sagen: Gewitterstimmung. Das wird verstärkt durch das, was der Pädagoge erfahren hat: Kreon will Medea und die Kinder aus dem Lande weisen.

Damit ist die Situation gegeben. Im Hinblick auf die Weiterwirkung ist noch zu sagen, daß wir in der Amme einen Grundtypus haben, der mächtig weitergewirkt hat bis auf die gegenwärtige Dramatik: die Rolle der Vertrauten, meist auch eine Domestikenrolle. Es ist ja ein Faktum, zumal in einer feudalen Welt, daß zwischen einem alten Diener und dem jungen Herrn oder einer alten Dienerin und der jungen Frau enge persönliche Beziehungen bestehen können. Es mag sein, daß so ein alter Diener eine Art Tyrannis ausübt. Ein sehr modernes Beispiel ist die alte Köchin bei Strindberg (in der *Gespenstersonate*), die gleichsam magisch alle Kraft aus den Speisen zieht, so daß die Familie hinschwindet. Das Motiv hat seinen ›Sitz im Leben‹, wie die Theologen sagen. Das gilt auch für die Tragödie. Damals haben zweifellos solche Verhältnisse eine Rolle gespielt. Das dringt in die Tragödie ein und weiter in die Neue Komödie und von daher die Dienergestalten bei Plautus und Terenz, die sich so benehmen, wie römische Diener sich nie benommen hätten. Hier entsteht einmal durch die Übernahme griechischer Vorbilder eine merkwürdige Diskrepanz zwischen Bühne und Leben. All das war natürlich auch früher schon da, man denke an Eumaios und Eurykleia bei Homer, bei denen man sieht, daß sie nicht Sklaven waren in unserem Sinn des Wortes, sondern es sind persönliche, menschlich freie Verhältnisse. Die Figur der Amme haben wir fast als komische Gestalt auch in den *Choëphoren* des Aischylos, die Rolle war eben nicht zu entbehren, wenn ein Dichter menschliche Verhältnisse schildern wollte. Und doch meine ich, in der *Medea* tritt uns das so geprägt entgegen, daß diese Prägung zum Ausgangspunkt für den weiteren Gang der Tradition geworden ist. Wenn man sich mit Dramatik beschäftigt, sieht man überall solche Schematismen, bei denen der naive Zuschauer nicht ahnt, daß es lebendige Strukturelemente der Gesellschaft waren, gleichsam in Kategorien eingefangen und nun in bestimmter Weise einsetzbar. Es ist eine Art Mathematik des Dramatischen, wie diese Valeurs dann eingesetzt werden. Die Griechen sind es gewesen, die diese Dinge zum erstenmal bemerkt, geformt und angewendet haben. Das Ganze ist eine Technik, aber was heißt das schon? Überall im Leben, in Natur und Geist sehen wir solche Grundstrukturen, und was wir lebendig nennen, ist etwas, wo sie besonders klar und überzeugend vor uns stehen. Kunst verstehen heißt verfügen über diese Grundkategorien, mit denen das alles gebaut ist, ob nun bewußt oder weniger bewußt – das ist eine Frage der Dichter-Psychologie –, aber jedenfalls gesetzmäßig und sinngemäß. Auch von dieser Gestalt aus könnte man eine Schneise legen durch die ganze europäische Literatur.

Auf die stimmungsmäßige Exposition will ich jetzt nicht weiter eingehen, die Stimme der tief verletzten und Rache brütenden Medea, der die Amme antwortet. Nur auf eine Einzelheit sei verwiesen, die wieder charakteristisch ist für Euripides. Bei V. 190 sagt die Amme ein merkwürdiges Wort über die Musik, eine Art Kritik. Wir kennen die Götterkritik bei Euripides, aber daneben steht auch immer wieder Kulturkritik und überhaupt Kritik am Zustand dieser Welt. Es ist durchaus nicht so, als ob diese Welt die denkbar beste sei (übrigens spricht auch Leibniz nur von der ›denkbar‹ besten), sondern im Gegenteil: die Welt ist verkehrt und übel eingerichtet. Das geht bei Euripides durch als ein fester Zug seiner Kunst wie seines Wesens. Hier tadelt er, wie töricht doch der war, der die Hymnen als erfreuliche Dinge bei Gastmählern und Gelagen erfunden hat (bei den Griechen geht bekanntlich alles auf einen ersten ›Erfinder‹ zurück, der meist auch benannt wird); aber keiner hätte herausgefunden, wie man mit ihnen die bitteren Schmerzen der Seele heilen kann, von denen doch Tode und furchtbare Schicksale kommen und ganze Häuser zu Fall bringen. Das Seltsame ist, daß diese heilende und beruhigende Wirkung der Musik längst erkannt und auch angewendet war; es gab sogar eine Theorie, daß man Aufstände damit beschwichtigen könne. Davon sieht er hier ab und gibt das als utopische Forderung, die immer wieder bei ihm erscheint, etwa bei V. 516 in der Rede gegen Iason, ein Stoßseufzer, diesmal an den Gott gerichtet: »O Zeus! warum hast du den Menschen sichere Kennzeichen gegeben für falsches Gold; aber womit man unter Menschen die üblen herauserkennen kann, dafür gibt es kein sichtbares Gepräge, von Natur dem Leibe angewachsen.« Was hier gefordert wird, ist eine Physiognomie mit festen Kennmarken, damit man sofort sieht, ob einer ein schlechter Kerl ist oder nicht. Leider ist es nicht so. –

Nach dem Lyrischen folgt das Logische (mit kurzem *o*, im Sinne des Logos), die Rede der Medea, in der sie Rechenschaft gibt über ihre Lage. Eine neue Verstärkung des Unheils: Kreon tritt hinzu und befiehlt, sie soll sofort das Land verlassen. Aber sie erreicht doch etwas: einen einzigen Tag Aufschub. Das ist wieder dramatisch von größter Bedeutung, ein Tag wird ja auch genügen. Schon hier erkennen wir ein Aufbau- und Strukturgesetz dieses Stückes; wie zwei Linien nebeneinander hergehen oder auch: wie eine Linie sich spaltet. Medea ist entrechtet und gekränkt, vor allem in ihrem Ehrbewußtsein, durch die Weise, wie sie jetzt preisgegeben und vertrieben wird. Jetzt beginnt ein Kampf, nicht mehr um ihre Stellung als Frau, das ist schon verspielt; aber es bleibt noch die Rache, die eine Pflicht des hohen Menschen ist in der alten Zeit, aber in dieser barbarischen Natur noch entscheidend verstärkt. Die Handlung ist nun in der einen Linie etwas, das wir eine Intrige nennen können. Dazu gehört, daß sie diesen einen Tag Aufschub verlangt. Es geht so weiter, daß sie plant, die junge Braut Iasons mit vergiftetem Schmuck zu töten. Der muß ihr zugespielt werden, das ist das nächste Ziel. Das Merkwürdige ist, wie schon hier immer wieder die Kinder auftauchen. Sie sind es, die bewahrt werden sollen, die dann auch in Korinth bleiben dürfen, womit Iason ganz zufrieden ist: sie sollen einmal hohe Stellungen haben. Eine Heimstatt für sie ist jedenfalls erreicht. Aber sie sollen es auch sein, die die Geschenke übergeben; das geschieht, und damit ist der Tod der Kreusa erreicht. Und nun die zweite Linie, die schon ständig vorher mit anklingt: sie müssen getötet werden. Sie sehen, wie dies Motiv merkwürdig verfugt ist mit der Intrige und der Rache an Iason. Wir können auch sagen, daß diese Linie sich teilt: die Kinder sind ein Nebenmotiv, das zum Hauptmotiv wird. So tritt neben das Rachemotiv das der Mutterliebe, jene beiden Kräfte, die in ihr gegeneinander wirken. Wir müssen im Sinne einer solchen Strukturbetrachtung die Dichtung gleichsam durchleuchten, um zu zeigen, wie die Motive sich verzweigen und auseinander hervorgehen; und doch ist das alles wieder zu einer einzigen Handlung zusammengeschlossen. Wie der Dichter es macht, wie er die verschiedenen Elemente einsetzt und die Gedanken sich verfugen läßt, daß Gegenkräfte auftreten und wieder überwunden werden, bis schließlich der Mensch übrigbleibt, dessen Leben wie das des Admet zerstört ist (auch mit denselben Worten: ›Jetzt erkenne ich es ...‹) – das ist das Entscheidende. Das ist noch eine andere Antinomie als die von Thymos und Buleumata, die nicht eigentlich dramtischer Art ist, sondern zur Sinnstruktur gehört. –

Mit diesem einen ihr gewährten Tag hat Medea nun die Position für eine Intrige. Aber sie hat viele Möglichkeiten und weiß noch nicht recht, welchen Weg sie gehen soll, ihr fehlt auch noch ein Asyl, wenn die Tat gelingt. Dies rationale, scharfe, eiskalte

Planen ist es, was zur Intrige gehört. Am Ende dieser Rede die große Selbstanrede: »Auf denn, Medea! spare nichts von dem, was du weißt und verstehst im Planen und Anzetteln, schreite zum Furchtbaren ... Du verstehst es. Überdies sind wir Frauen: für rechte Dinge am ausweglosesten, als Zimmerer aller Übel aber die findigsten!« Als ob es der größte Ruhm der Frau wäre, in allem anderen nicht viel zu taugen, in schlimmen Dingen aber am fähigsten zu sein! Das gehört zu den Worten, denen Euripides seinen Ruf als Weiberhasser verdankte.

Interessant ist überhaupt die Tatsache dieser Selbstanrede. Es ist doch höchst erstaunlich, daß hier ein Mensch auf der Bühne plötzlich ›Medea‹ sagen kann, seinen eigenen Namen, sich selbst ›du‹ nennt. Ich habe das in *Monolog und Selbstgespräch* behandelt und will nur kurz darauf hinweisen. Die älteren Tragiker kennen den Menschen nur in einem Gegenüber, es gibt noch nicht den einsamen Menschen. Bei Aischylos ist das Gegenüber, das auftaucht, wenn ein Mensch herausgerissen ist aus dem Miteinander der Menschen, die Gegenwart des Gottes, den er vor sich sieht und anredet. Bei Sophokles kann der andere Mensch das Gegenüber sein, auch der tote Bruder in der *Elektra*. Die dritte Form, daß der Mensch sich selbst zum Gegenüber werden kann, findet sich bei Euripides, hier und noch an einigen anderen Stellen. Dann hört es auf, weil das Thymosproblem zurücktritt, das hier die Situation hervorruft, in der ein Mensch im Fürsichsein sich selbst zum Gegenüber wird und damit zur Selbstanrede kommt. Die Stelle ist so bedeutsam gewesen, daß Aristophanes sie in den *Acharnern* persifliert hat; ein Beweis, daß es aufgefallen ist und also doch wohl bedeutungsvoll war.

13.

Wir hatten zuletzt die große Rede der Medea betrachtet. Nachdem sie sich die Situation klargemacht hat, sieht sie, daß sich viele Möglichkeiten zur Rache ergeben. Nur ein Asyl fehlt noch; aber wenn sich eine Gelegenheit bietet, wird sie sie ergreifen. Als diese Stufe erreicht ist im Gang der Intrige, kommt Iason, und nun die große Szene zwischen den beiden, die sich früher einmal geliebt hatten und wo jetzt der Mann die Frau in dieser Weise im Stich läßt. Es ist klar, daß Euripides diese Szene, die schon in sich

Gegensätze bietet von Menschen und Standpunkten, sich nun entfalten läßt im Redeagon, wie 546 auch ausgesprochen wird: »Du hast einen Redeagon aufgebracht.« Überhaupt können wir beobachten, daß Euripides die Dinge, die er gestaltet, gern auch beim Namen nennt; auch das hängt zusammen mit seinem Prinzip der Sapheneia. Man könnte meinen, daß es in der Kunst darauf ankommt, daß man etwas darstellt; mit dem Wort Goethes: »Bilde, Künstler, rede nicht.« Merkwürdig, wie oft dennoch im Drama – aber auch im Epos oder Roman – Dichter auch das andere tun, sie bilden und reden gleichzeitig. So mögen wir das Wort vielleicht abwandeln: ›Bilde, Künstler – von Zeit zu Zeit darfst du dann auch reden.‹ Ich weise hier darauf hin, weil es den klugen Bühnentechniker zeigt, der die Seelenführung nicht ausschließlich der Dynamik der Form überläßt, die das bei guter Dramatik leistet, sondern auch einen Kommentar dazu gibt. Das geht bis in die neueste Zeit, und es gibt einen Regisseur, der eher zuviel darin getan hat mit Aufschriften und anderen Hilfsmitteln: E. Piscator. Hier wird, wie ich meine, die Psychagogie schon wieder totgeschlagen, wenn einem immer wieder gesagt wird, was etwas zu bedeuten hat. Aber auch das ist eine Form, wie der Dramatiker mit dem Publikum umgeht, mindestens seit Euripides. Man könnte eine Arbeit schreiben über Euripides als Selbstkommentator seiner Stücke. Sie sehen, ein solches Beispiel ist für uns der Ausgangspunkt einer weitergehenden Betrachtung, schon weil ich ja nicht alles vorführen kann, sondern die Dinge auswählen muß, über die allgemein Grundlegendes zu sagen ist. Hier ist es die Tendenz, daß er das, was er gestaltend darstellt, auch noch in klarer Ratio sagen möchte: eine eigentümliche Ehe der reinen Form und des Begriffs, die beide hier miteinander in die Dramatik eingehen.

Den Redekampf will ich nicht weiter vorführen, nur daß zumal gegen Ende durchschlägt, wie Iason ein weiteres Beispiel jener Männergestalten des Euripides ist, die wir in der frühen Trilogie kennengelernt hatten: auch er ist ein Mensch, der aus Schwäche in die Enge getrieben wird, bis zur Gemeinheit. Insofern ist es eine Vorstufe des späten *Orest*, wo die Gemeinheit zur Haupthandlung wird. Iason bildet den Übergang von Gestalten wie Admet, der mehr schwach als schlecht war, zu den späteren wirklich üblen Gestalten. Hier sehen wir, nachdem der Streit hin- und hergegangen ist, wie er auf einmal – honorig wird, wie man geradezu sagen muß. Es gibt eine bestimmte Weise, ›anständig‹ zu sein, die die furchtbarste Beleidigung ist, nicht nur eine Ohrfeige, sondern geradezu ein Fausthieb. Wenn sie irgendwelche Hilfe braucht für sich oder die Kinder, will er mit reicher Hand geben, auch Empfehlungen an Gastfreunde... ein Anerbieten von widerwärtig gemeiner Art; sie antwortet auch entsprechend. Vielleicht kann man hier am Rande anmerken, mehr ins Essayistische gehend, daß das Ganze eine Scheidung darstellt. Merkwürdig, wie die Griechen in ihrem zeitlich und räumlich so beschränkten Horizont bestimmte Grundtypen des Lebens erkannt und mit instinktiver Sicherheit herausgestellt haben. Hier ist es der Prototyp einer Scheidung, und da ist es so, wie wir es auch im wirklichen Leben immer wieder sehen, daß, wenn zunächst auch alles liebenswürdig und freundschaftlich beginnt und man durchaus bereit ist, sich auf freie menschliche Weise voneinander zu lösen, daß dann doch etwas hochkommt von Bösem und Peinlichem. Aber das nur als eine Randbemerkung.

Und nun der für die Intrige so wichtige ›Zufall‹, mit dem der Dichter durchaus arbeiten kann: Aigeus kommt, und als er Medea hört, verspricht er, daß er ihr helfen und Asyl gewähren will. Damit ist der nächste Schritt erreicht, sie weiß, wo sie sich hinwenden kann, wenn sie ihre Rache vollzogen hat. Und jetzt ist der Plan da, jetzt setzt in der Intrige das spezielle Planen ein nach dem mehr allgemeineren vorher mit dem Entschluß. Wieder könnte man darauf hinweisen, wie die Entscheidung und der Entschluß bei Aischylos aufkommen und seitdem notwendig in der Tragödie da sind, weil eben echtes Handeln auf Entscheidung hinausläuft. Interessant ist die verschiedene Weise, wie die Dichter damit arbeiten. In späteren, entwickelten Dramen ist es oft nicht mehr die punktuelle, einmal gesetzte Entscheidung, sondern die gestaffelte, retardierte, so daß eine Situation geschaffen wird, wo der Konflikt wirklich sich entfaltet. So ist es hier in der *Medea.* Immer stärker kommt der Konflikt hoch zwischen den Rachegefühlen einerseits, verbunden mit der Intrige, und, da die Tötung der Kinder das Mittel dazu sein wird, der Mutterliebe auf der anderen Seite. Dieser Konflikt ist es, der die Handlung trägt und weiter bestimmt. So bricht es jetzt aus ihr heraus: »Jetzt ist der Weg offen, jetzt Hoffnung, es die Feinde büßen zu lassen!« Dann wird das Planen entwickelt, wie sie zu Iason schicken und ihn mit List bereden will, wie sie Geschenke senden will, um die junge Braut zu töten. »Dann aber will ich abändern diesen Logos...«, das heißt, dem Logos eine neue Wendung geben und noch etwas anderes hinzuplanen. Und nun unterbricht sie sich und sagt, daß sie stöhnen muß über das Werk, das sie tun will, nämlich die Kinder zu töten. Das klingt hier scheinbar ganz nebenbei an, bevor die Intrige aufgefaltet wird.

Was wir in dieser Rede haben, ist etwas, das wir auch bei Aischylos und Sophokles kennen, wenn auch zuerst noch nicht voll ausgeprägt: das *lógon didónai,* daß ein Mensch sich Rechenschaft gibt über seine Lage. Hier ist der Punkt, wo die Tragödie bereits vorphilosophisch wird. Eine Sache wird entfaltet im Sinne einer Rechenschaft, die man darüber gibt. So Klytaimnestra nach der Ermordung des Agamemnon, ebenso dann Orest oder bei Sophokles Aias in seinen großen Reden. Es ist eine Weise, wie ein Mensch eine Sache rein als Sache vor sich nimmt und betrachtet, eine eigentümliche, höchst philosophische Art, die Art eines sachlich gebundenen Philosophierens, das darin besteht, daß bestimmte Sachverhalte erfaßt werden. Das geschieht hier. Medea entwickelt, daß ihr Leben ohnhin zerstört ist. Aber jetzt geht es um das *kléos,* der uralte Gedanke, der hier einmal bei dieser Frau hochkommt. Eine Tat ist in der heroischen Zeit nicht nur eine Tat, sondern muß zugleich auch kommende Taten begründen, die nach ihrem Vorbild eingerichtet werden. So reflektieren schon im Epos die Menschen über die Folgen ihrer Taten. Helena spricht einmal davon, daß diese Folgen negativ sein werden; aber gewöhnlich ist es eine positive Weise, wie etwas in das Lied eingeht. *kléos* ist der die Tat weitergebende Ruf eines Menschen, und es ist bedeutungsvoll, wie selbst Medea auf ihrem furchtbaren Wege sich dieses *kléos* wünscht.

Die Intrige ist nun bis ins einzelne fortgeschritten und wird entsprechend durchgeführt. Von den Chorliedern sehe ich jetzt ab. Sie wären noch bedeutungsvoll genug, haben aber nicht mehr die volle dramatische Kraft; weder, daß sie an der Handlung teilnehmen, noch, daß sie als dafür notwendige Reflexion den großen Horizont eröffnen wie bei Sophokles. Darum wollen wir unser Augenmerk auf das Dramatische beschränken, was ein Mann wie Reinhardt sogar bei Sophokles getan hat, wo es, wie ich glaube, nicht ganz adaequat ist. Für Euripides aber scheint es mir erlaubt.

Iason kommt also, von Medea gerufen, und nun setzt die List

ein, großartig durchgeführt. In der Seele dieser Frau sind die verschiedensten Töne da, als ob alle Register einer Klaviatur gezogen werden; sie kann sogar kriecherisch sein, eine glänzende Rolle für den Schauspieler. So beschwatzt sie ihn, ruft die Kinder, und wundervoll ist das Wetterleuchten in dieser Rede, wie, während sie ein bestimmtes Anliegen verfolgt, ständig ein Doppelsinn durchbricht, in schnellem Wechsel der Stimmungen. Ihre verborgenen Gedanken sind es, die nicht heraustreten, sich aber doch bemerkbar machen. Iason geht darauf ein, wieder als der Mann der Bonhomie: Er wäre nicht ein Vater, der sich nicht um seine Kinder kümmerte. Ja er macht ihr Vorwürfe, warum sie sich nicht freut, daß alles nun so gut geht für die Kinder – eine Gefühlsroheit, die seine Gestalt charakterisiert und nicht schrecklicher zu denken ist. Und wieder Hintergedanken in ihrer Antwort: sie muß an die Kinder denken..., das heißt, daß sie sie töten wird. Er will sich also darum bemühen, daß sie bleiben dürfen. In der List, mit der das durchgeführt wird, und dem durchbrechenden Gefühl in ihrem Wort, das nicht nur List ist und das Iason nicht versteht, haben wir hier eine gleichsam doppelbödige Situation. Es wäre interessant, auch das einmal zu untersuchen. Es ist wohl klar, daß es in der frühen Tragödie noch nicht in dieser Weise dasein kann. Eine solche zwiefache Schichtung setzt eine entwikkelte Dramatik voraus. Hier bei Euripides zeigt sie sich auf ihrer Höhe; auch Sophokles hat ähnliches. Bei Aischylos keimt es gerade erst auf, vor allem in der *Orestie,* in der Gestalt der Klytaimnestra, wo es auch ständig wetterleuchtet und wo die Weise, wie die Tat sich hinter ihrer Stirn vorbereitet, eine großartige Handlung ergibt. – Hier wäre auch darauf hinzuweisen, daß auch an eine bestimmte Gestik dabei zu denken ist. Es ist ganz falsch, sich vorzustellen, daß die Spieler der klassischen Zeit Ölgötzen gewesen wären, die mit ihren langen Gewändern und Kothurnen – die es kaum noch gab – stets eine ›klassische‹ Haltung bewahrt hätten. Aus den Worten selbst geht hervor, daß die Gestik vielmehr sehr lebendig gewesen sein muß. In Tübingen sind Versuche mit Masken gemacht worden, und in der Praxis hat sich ergeben, daß selbst die einfache Maske die verschiedensten Gesichtsausdrücke haben kann, je nach der Kopfhaltung und der Weise, wie das Licht ausgenutzt wird. Wo in moderner Weise mit Halbmasken gespielt wird, kann man das nicht so beobachten, es muß wohl auch gekonnt sein. Auch das war also etwas, das zur

Lebendigkeit der Dinge beigetragen hat, wie wohl auch der Chor sehr lebendig und aufgelöst sein konnte, wie ich glaube. –

Medea schickt die Kinder: sie sollen Geschenke überreichen und die Herrin anflehen, daß sie nicht vertrieben werden. Sie sollen den Schmuck übergeben, ›auf den es vor allem ankommt‹ – wieder sehr hintergründig –, und sollen gute Boten, *euángeloi*, werden für das, was die Mutter begehrt zu erlangen. – Dann ein Chorstück, darauf kommt der Pädagoge und meldet, die Kinder sind aufgenommen, die Geschenke angenommen, alles ist in schönster Ordnung – und nun das Wunderbare, daß sie jetzt weint. Der Pädagoge ist verwundert, sie hat doch alles erreicht, was sie wollte. Aber wir wissen, warum sie klagt: das Schicksal der Kinder ist besiegelt. 1013 das entscheidende Wort: »Hohe Not ist es für mich zu weinen, denn die Götter und ich Schlechtberatene haben dies angelegt.« Jetzt ist ihr Wollen zum Müssen geworden. Nachdem die Kinder die Geschenke übergeben haben und sie weiß, daß die Braut daran zugrunde gehen wird, gibt es kein Entrinnen mehr. Bisher war noch alles offen, jetzt nicht mehr.

Nun der große Monolog, den wir eigentlich genau interpretieren müßten, weil er von größter Bedeutung ist für das Stück wie auch für die ganze dramatische Kunst des Euripides. Wieder kann ich auf mein Buch verweisen, wo ich allerdings noch zu sehr von der psychologischen Kunst des Euripides gesprochen habe, als ob das die Hauptsache bei seiner Dramatik wäre. Was ist schon Psychologie? Eine bestimmte Technik, wie seelische Vorgänge vom Dichter glaubhaft gemacht werden. Aber sie ist wenig substantiell, und selbst im Naturalismus, wo sie eine große Rolle spielt, geht es doch nicht eigentlich darum, bei Ibsen, Strindberg, Gerhart Hauptmann, sondern wir müssen nach anderen Begriffen suchen. Es geht darum, wie ein Konflikt sich exponiert. Wie ist so etwas gebaut? Wie sind die Strukturen? Das ist die Sachfrage, die einen höheren wissenschaftlichen Aussagewert hat als das allgemeine Reden von Psychologie. In der Psychologie ist alles möglich, es gibt jede Art von Assoziationen. All das mag wichtig sein, aber der Interpret von Dichtung tut gut daran, sich auf die Strukturen zu beschränken, mit denen er es zu tun hat.

Ich will noch darauf hinweisen, daß G. Müller in der genannten Abhandlung über Interpolationen in der *Medea* darauf hinauskommt, daß 1079/80, das wichtige Wort, daß der Thymos stärker sei als die Buleumata, eine Interpolation wäre. Ich hatte es zum Mittelpunkt der Interpretation gemacht und bin auch heute noch dieser Meinung; es ist wieder die Art des Euripides, wie er etwas Gestaltetes am Schluß noch einmal begrifflich ausspricht. Wenn ein Vers feststeht, dann dieser, oder mit dem Ausdruck des achtzehnten Jahrhunderts: dieser Vers ist dem Euripides ebenso wenig zu entringen wie die Keule dem Herakles. Vgl. auch B. Snells Aufsatz: *Das früheste Zeugnis über Sokrates,* wo auch er meint, daß dieser Vers unbedingt Euripides gehöre und ein Reflex sei auf die Sokratik. Das ist nun höchst interessant. Es geht um den Gegensatz von Affekt und Vernunft; wie wir sagen können, Buleumata sind eine Konkretisierung von dem, was sonst *phronein* genannt wird. Man muß noch eine Stelle aus dem *Hippolytos* hinzunehmen, 375 ff. Da tritt Phaidra heraus und spricht zu den Frauen des Chors, und plötzlich ist es so, daß nicht die Frau spricht, sondern der Dichter. »Schon manchmal auch sonst habe ich in der langen Zeit der Nacht gedacht, auf welche Weise eigentlich das Leben der Menschen so zerstört ist. Und es sieht mir so aus, als ob die Menschen nicht nach der Natur der Einsicht (*gnóme,* der inneren Erkenntnis) das Schlechtere tun. Die gute Vernunft haben viele, aber so muß man die Sache betrachten: das Rechte wissen wir genau und erkennen es, wir bewältigen es aber nicht, die einen unter der Wirkung der Trägheit, die anderen, indem sie irgendeine andere Annehmlichkeit (*hedoné,* meist ›Lust‹ übersetzt) an die Stelle des Rechten setzen. Es gibt aber viele derartige Annehmlichkeiten im Leben: lange Gespräche und Muße, ein ergötzliches Übel, und die Scham...« Und nun wird ausgeführt, daß es zwei Arten der Scham gibt, eine rechte und eine falsche. Wenn nur jeweils klar wäre, welches die richtige oder die falsche ist! Hier wird sogar schon Sprachtheorie getrieben, Euripides bemerkt das Bedenkliche der Polysemie. Das erste keimhafte Auftreten einer solchen Sprachbetrachtung, daß eine Sache nicht nur eine ist, sondern eigentlich zwei, haben wir bei der Eris Hesiods: die gute Eris ist der Wettstreit, die schlechte die, die zum Prozessieren führt. Wenn also eine Erscheinung amphibolisch ist, zwei Seiten hat, sagt man, daß es eigentlich zwei sind; eine Denkform, die sehr alt ist. Diese Stelle also wird von Snell herangezogen und steht wirklich dem sokratischen Bereich merkwürdig nahe. Es geht um die Frage, warum das menschliche Leben so darniederliegt, um das Tugendwissen. Sokrates sagt, wer das Richtige weiß, tut es auch, wobei Wissen ein Durchdrungensein meint, ein Sich-Identifizieren mit etwas, ein Wissen im tiefsten Sinn. Wenn wir so wissen, dann erwächst auch das Handeln daraus, das ist die Erkenntnis des Sokrates. Hier aber sagt Euripides, daß es eben nicht so ist: Erkenntnis haben schon viele, aber sie setzen sie nicht durch. Das könnte geradezu gegen Sokrates gerichtet sein. Wir schaffen es eben nicht, und dann wird erklärt, warum das so ist, wobei die Hedonai eingeführt werden. Auch die Trägheit ist eine Lustform, oder vielleicht richtiger: das dolce far niente. Wir im Norden sind so arbeitsam; der Süden hat mehr Sinn dafür, auch einmal nichts zu tun, man liegt gern einmal auf einem Brückengeländer und ißt eine Zwiebel. Merkwürdig ist, daß auch die Scham, die *aidós* zu den Affekten gehören soll, die Lustcharakter haben. Snell meint nun, hier hätte Euripides geradezu gegen Sokrates polemisiert, der damals, bald nach 430, aufgetreten sein muß, und dann wäre dies das erste Zeugnis über die Sokratik. Das bestreitet Müller, und ich würde auch sagen, daß es nicht geht. Wir können nur sagen, daß es damit zusammenhängt und daß das sokratische Tugendwissen aus Überlegungen stammt, die damals so stark besprochen wurden, daß auch Euripides sie aufgreift. Noch genauer: man kann nur den Quellbereich umgrenzen, aus dem auch Sokrates schöpft, aber man kann nicht auf Sokrates selbst kommen. Soweit hat Müller Recht; nicht aber, wenn er meint, daß das sokratische Tugendwissen Platons Ideenlehre voraussetze. Ich glaube im Gegenteil, daß wir hier ein vorplatonisch-sokratisches Element haben, das gerade unabhängig ist von Platon und das Sokrates selbst gehört.

14.

An philologischen Problemen könnte man noch nachtragen, daß die Verse 1063/64 gestrichen werden müssen, da sie 1240/41 noch einmal stehen, und zwar richtig: »Es ist hohe Not, daß die Kinder sterben müssen, und da es notwendig ist, wollen wir sie töten, die wir sie geboren haben.« Diese Verse gehören dahin, wo die Tötung der Kinder unmittelbar bevorsteht. Daß bei dem so fein geschliffenen Euripides zwei völlig identische Verse in zwei verschiedenen Reden vorkommen, ist ausgeschlossen. Es gibt Wiederholungen, hier aber ist es bestimmt nicht Absicht. Wo sie jetzt stehen, bilden sie außerdem eine Art Dublette mit dem, was daneben steht. Wie sie hier hineingekommen sind, ist leicht zu erklären: Parallelstellen schreibt man an den Rand, und so kommen sie beim Abschreiben in den Text.

Nun aber zu der Rede selbst, ein wahres Prachtstück, das in der Geschichte der Seelendarstellung Epoche gemacht hat. Erstaunlich, wie jetzt der Konflikt entfaltet wird zwischen Mutterliebe und Rachewillen, der bereits zum schicksalhaften Müssen geworden ist. Der Chor ist natürlich zugegen, dennoch kann die Rede ein Selbstgespräch sein im Sinne einer Selbstäußerung, unabhängig von äußerer Einsamkeit. Die Kinder sind anwesend, und nun klagt sie, daß sie als Mutter es nicht erleben kann, wie sie die volle Reife des Lebens erlangen. Sie denkt vor allem an die Hochzeit, die irgendwie Abschluß der Jugend ist; typische Topoi. Sie beklagt ihre *authádeia,* eigentlich ›Selbstgenügsamkeit‹, die eigentümliche Härte des Sinns, der mit dem Kopf durch die Wand will. Man kann es fast mit ›Verbohrtheit‹ übersetzen. Und wieder Klagen über das, was sie damit verloren hat. Damals, als es ja noch keine Renten gab, war es festes Gesetz, daß Kinder ihre Eltern im Alter pflegen, sie, wenn sie sterben, begraben und ihnen alle Ehren erweisen. Und nun fast mit denselben Worten wie Admet: »Kummervoll werde ich das Leben hinbringen...« Hier werden wir natürlich nicht athetieren, Gleichheit des Motivs führt auch zur Gleichheit eines Halbverses. Wenn sie auch der Leidenschaft nachgegeben und ihren Willen durchgesetzt hat: ihr Leben wird zerstört sein. All das ist eine einzige Perikope: die Vergewisserung, daß die Kinder ein neues Leben führen werden, Abschied von ihnen, Klage über die vergeblichen Mühen und Hoffnungen und daß ihr Leben von nun an ein trauriges sein wird. Nun ein neuer Teil, eine Gegenbewegung. Die Kinder blikken sie an und lachen, ihre Gegenwart ruft ganz die Mutterliebe herauf: sie kann es nicht tun, will ihre Pläne aufgeben und mit ihnen aus dem Land gehen. All dies ist von größter Klarheit und Einfachheit der Sprache, und doch gerade darin von höchster Kunst. Die Sprache so zur Einfachheit zu gestalten ist eine moralische, ja eine geistige Tat. Diese Sprachmoral besitzt Euripides im höchsten Grade, seine Sapheneia zeigt sich nicht nur im Aufbau, sondern auch in der sprachlichen Gestaltung.

Als das Pendel diesen entferntesten Punkt erreicht hat, das Negieren all ihrer Pläne, wieder ein Umschwung. Sie denkt an das

Lachen der Feinde und muß es also auf sich nehmen, und weil die Gegenwart der Kinder sie weich macht, will sie sie aus dem Wege haben. Nun eine mächtige Interjektion: Ah! ah! Jetzt wird der Thymos angeredet, der Feind im eigenen Innern wird zum Gegenüber, und sie kann ihn bitten, die Kinder zu schonen. Und als sie noch einmal bereit ist, alles aufzugeben, merkwürdig abrupt: »Nein, bei den unteren Rächern im Hades, nicht, wahrlich, wird es je sein, daß ich sie den Feinden überlasse, damit sie ihnen Hybris antun...« Sie sieht, daß es zu spät ist, die Geschenke wirken schon. Und nun etwas für Euripides Typisches, etwas, das zu dem Dichter gehört, bei dem die Ratio so stark ist: Sentiment. Ich nenne es nicht Gefühl oder Rührung, es ist das Sentimentale im eigentlichen Sinn des Wortes, von dem wir beobachten können, daß es gerade bei Rationalisten vorkommt. Es besteht eine eigentümliche Zusammengejochtheit von Rationalität und Sentimentalität. Auch das folgt offenbar einer inneren Gesetzlichkeit, daß wir gerade bei diesem Dichter, der so stark das klare Element der Ratio verfolgt, auch das andere sehen, eine bestimmte, leicht rhetorisierte Weise, wie die Gefühle aufgerufen werden. Sie faßt die Hände der Kinder, umfaßt ihr Gesicht, zieht sie an sich, fühlt, wie sie sich an sie schmiegen, ihre weiche Haut, den süßen Atem – ich habe doch wohl Recht, wenn ich das als Sentiment bezeichne. Das ist zwar großartig gepacktes Gefühl, aber in der Weise, wie es gegeben wird, doch rhetorisiert, und damit wird es zum Valeur des Sentiments.

Wir können den Botenbericht übergehen, diese großartige Beschreibung, wie Kreusa sich schmückt; genrehaft, dem Sentiment entsprechend: so richtig eine sehr junge Frau, ein bißchen eitel, naiv, etwas kokett; und das gegenüber einer Frau wie Medea, wobei der Gegensatz sichtlich mit Absicht ausgeführt ist, der Übergang Iasons von der ganz großen Frau zu diesem Weibchen. All das ist dem Leben abgesehen, wie sie die Haare vor dem Spiegel ordnet und dabei das Bild ihres Körpers anlacht – und dann auf einmal der Wandel und die furchtbare Vernichtung. Sie sehen, wie der alte Botenbericht immer mehr als ein Prunkstück ausgearbeitet wird.

Wir haben noch die letzte, bedeutungsvolle Rede der *Medea* zu behandeln, wo, nachdem sie den Bericht des Boten gehört hat von dem Unheil im Palast, nun alles unausweichlich ist. Jetzt gibt es keinen Aufschub mehr; wenn sie die Kinder nicht anderen überlassen will, muß sie sie selbst töten. Merkwürdig, wie der Kindermord aus Rache nun geradezu eine Wohltat wird, die die Mutter ihren Kindern erweist. So pflegt der Mensch sich von allen Seiten zu begründen, wenn ihn einmal ein starker Trieb in eine Richtung gelenkt hat. Wieder eine Selbstanrede, diesmal an das Herz, *kardía*, und dann die Hand, die das Schwert ergreifen soll. Der Mensch wird sich selbst zum Gegenüber, weil er es eben mit sich selbst zu tun hat, weil er der eine und gleichzeitig der andere ist. Das ist keine Schizophrenie, die das nur scheinbar verdeutlicht, sondern die Doppelnatur oder seelische Zerspaltenheit des Menschen, die immer wieder noch die modernen Dichter beschäftigt, wobei dann der vernünftige, helle Geist den anderen anredet als den dumpfen Repräsentanten des Irrationalen, das ihn zu diesen Taten drängt: »Auf, wappne dich, Herz!... Auf, du meine unselige Hand! ergreife das Schwert...« Und am Schluß, wie bei Admet, die Erkenntnis ihres zerstörten Lebens: Unselig bin ich! Das ist der Weg dieser sogenannten Thymostragödien, der besondere Gang der Tragik in dieser Zeit.

Der Tod der Kinder erfolgt dann hinter der Bühne, man hört sie schreien. Iason kommt, ist völlig gebrochen. Dann erscheint Medea auf dem Drachenwagen, wo Älteres einwirken mag: sie will die Kinder zum Heratempel bringen, wo offenbar die Bestattung gedacht war. Es ist wohl nicht nötig, das noch im einzelnen durchzugehen. Ich wollte eine Art Kategorienlehre des Euripides geben, darum kann ich das jetzt fortlassen.

Nur noch ein paar Einzelheiten, die wieder den Blick auf das Ganze lenken. Das eine ist, daß man natürlich denkt, das Problem der *Medea* hänge zusammen mit dem der unseligen Liebe, was aber für das Stück nicht zutrifft. Was im Mittelpunkt steht, ist der Konflikt zwischen Rachebedürfnis nach der Treulosigkeit und Liebe zu ihren Kindern, nicht das Liebesproblem. Das führt wieder darauf, daß dieses Problem in der großen antiken Literatur kaum auftaucht, während es doch in der modernen eine unglaubliche Rolle spielt. Ich weise deswegen darauf hin, weil gerade die *Medea* der Anlaß gewesen ist, das stärker herauszuarbeiten. Von Euripides hängt stark die Darstellung im hellenistischen Epos ab, bei Apollonios Rhodios im dritten Buch, wo das Liebesproblem ganz da ist: die Schilderung, wie sie sich in den Fremden verliebt, ihm hilft, und schließlich die gewaltige Leidenschaft, die sie für ihn empfindet. Das spielt natürlich schon in unserem Stück mit hinein, und wenn es auch nicht eigentlich thematisch wird, so ist doch die Liebe der Medea zu Iason in ihren Folgen durchaus da, und zwar in der Form der unseligen Liebe. Ich habe darüber in meinem Sapphobuch gehandelt (91), wo auch Archilochos herangezogen wird. Sappho hat das Gefährliche und fast Zerstörerische der Liebe erlebt, wie das Lied bezeugt, wo sie schildert, wie das geliebte Mädchen dem Bräutigam gegenübersitzt und sie selbst fast dem Tode nahe ist. Aber wenn man das mit Catull vergleicht, ist es dort doch unvergleichlich anders und heftiger, etwa in dem berühmten Epigramm ›Hassen und Lieben‹, oder noch stärker 76: *Eripite hanc pestem*...: ›Reißt aus mir heraus diese Vernichtung, ihr Götter! ... Selber nur will ich gesunden und dies ekle Gebreste abtun...‹ Man muß es aus dem Lateinischen stärker übersetzen als Griechisches. Kurz, hier bei Catull ist es wirklich die unselige Liebe, die nun in der Welt ist, völlig vom Inneren her erlebt, dem zerstörerischen Seelischen, durch das sie existiert. Von Catull geht es weiter bis zu Baudelaire, Wedekind und anderen. Das ist der große Weg, der mit der *Medea* begonnen hat.

Man könnte noch auf Sophokles' *Trachinierinnen* hinweisen, wo ich an einer Stelle immer das Gefühl habe, daß das gesprochen ist im Hinblick auf die Frauengestalten des Euripides. Das ist in der sogenannten Trugrede, wie Reinhardt sie genannt hat, wohl nicht ganz richtig: es ist das beste Wollen, das sich selbst belügt. Da heißt es 543: »Ich kann nicht verstehen, dem Mann (Herakles) zu zürnen, wenn er an dieser Krankheit des Eros leidet... Böses Wagen aber, böse Verwegenheiten, darin will ich nicht kundig sein und möchte es nicht erlernen, und die Frauen, die so sind, lehne ich ab. Aber wenn ich vielleicht mit einem Liebeszauber diese Jungfrau übertreffen kann...« Und dann folgt das Wort, wo sie das Schicksal über sich bringt, in dem kurzen Leichtsinn eines Augenblicks, gesteuert von ihrer tiefen Not, daß sie nun im Hause leben soll mit der jungen Frau, die er liebt. Hier hebt sie sich deutlich ab von Frauen wie Medea. Das führt auf die Datierungsfrage, aber da es solche Frauen bei Euripides schon ganz früh gibt, braucht das Wort nicht auf die *Medea* zu gehen. Dies nur, weil damit bei Sophokles eine ähnliche Thematik entwickelt wird, die doch ganz anders angelegt ist. –

Und noch etwas mehr Allgemeines, ein neuer Punkt in unserer Kategorienlehre. Wir hatten gesehen, wie Euripides schon in der frühen Trilogie um die *Alkestis,* in der *Medea* und weiter im

Hippolytos schildert, wie die großen irrationalen Gewalten über den Menschen kommen: nicht nur psychologisch oder pathologisch, sondern im Urwesen der Physis angelegt, übermenschlich und also göttlich verstanden: es sind Mächte, die als Kräfte der Seele im Menschen hochkommen und ihn dann vernichten. Immer wieder geht es darum, daß der Mensch vernichtet, sein Leben zerstört wird und diese Mächte darüber hinaus noch um sich greifen und andere zerstören: im *Hippolytos* sind es drei, hier mindestens zwei, wenn wir von den bloßen Opfern absehen wollen. Diese elementaren Urgründe und Untergründigkeiten des Menschen, die bei Aischylos schon da sind, aber doch in ganz andersartigen Handlungen – dies wird nun bei Euripides thematisiert. Und indem er das tut, spricht er gleichzeitig als Moralist, wie man sagen könnte, und zeigt, wie der Mensch, wo diese Kräfte ins Spiel kommen, sein Leben zerstört. Es ist nicht moralisch im Sinne einer Predigt oder Unterweisung, aber es ist doch eine gewisse Moralität, die bei ihm herrscht. Selbstverständlich ist es so, daß auch bei Aischylos in den Problemen, die er sieht, Dinge der Moral hineinspielen; ebenso bei Sophokles in den großen Schicksalen, die er zeigt. Aber wieder können wir sagen – ich komme immer wieder auf diesen Begriff –, daß dieselben Dinge, die bisher in einfach strömendem Fluß erschienen waren, jetzt eigentümlich reguliert werden. Das erscheint nur für eine romantische Betrachtung von Poesie als etwas Negatives. Im Gegenteil, gerade das ist es, wodurch Euripides den großen Siegeszug durch die Weltliteratur angetreten hat; das ist es, was Schule machte. Dazu gehört auch die Moral als eine bestimmte Weise sittlicher Ordnung. Euripides ist eine Art Moralist, und wir können auch gelegentlich moralische Devisen bei ihm aufzeigen.

Und noch ein Letztes, zu dem Begriff seiner Tragik. Wir sahen, daß es bei Aischylos charakteristisch war, zumal in den großen Trilogien seiner späteren Zeit, wie aus Kämpfen und Leiden eine Ordnung herauswächst, die neu begründet wird und in der sich alles versöhnt. Bei Sophokles ist es anders. Bei ihm können Not, Leiden und Tod sich nicht in Ordnungen lösen. Es ist das absolute Leid, das bei ihm gefaßt ist. Und doch ist es so, daß dieses Leid in sich selbst doch wieder eine Ordnung verwirklicht. Die Katharsis der sophokleischen Stücke beruht darauf, daß, wie auch immer der Mensch zerbricht, er doch durch sein Zerbrechen und Leiden eine göttliche Ordnung neu bezeugt. Das bedeutet das

›Freudige‹, das Hölderlin in seinem Epigramm ihm zuschreibt. Nicht vitale Freude, sondern die immer wieder sich herstellende Gewißheit eines göttlichen Horizonts. Für Euripides ist demgegenüber charakteristisch, wie der Mensch, indem er sich außerhalb der Ordnungen stellt, sich vernichtet. Denn jetzt bleibt nichts mehr, keine Ordnung; oder jedenfalls bewährt sie sich nicht *im*, sondern allenfalls *am* Untergang des Menschen. Dieser Dreischritt sei epigrammatisch hingestellt. Man kann solche Dinge immer einmal verfolgen, muß aber auch zugleich die nötigen Warnungstafeln dabei aufstellen, denn es ist natürlich nicht so einfach. Aber insofern es vielleicht zum weiteren Nachdenken veranlaßt beim eigenen Lesen der Stücke, sei es Ihnen – vielleicht nicht als Kompaß, aber doch als elektrische Taschenlampe in die Hand gegeben. Auch bei Euripides ist es noch keine Zeit, in der jegliche Ordnung zerbrochen wäre, wenigstens in dieser frühen Periode. Aber es geht um das Verhältnis des Menschen zu dieser Ordnung, das ein anderes ist als bei den beiden anderen Tragikern. Die Ordnung ist durchaus noch zugegen als das Große, Unantastbare, aber zugleich wird gezeigt, wie der Mensch von anderen Gewalten getragen und bestimmt wird, inneren Mächten, gegen die verstoßend er zerbricht.

Damit schließe ich die *Medea* ab und komme zum *Hippolytos.* Für den Stoff ist es wichtig, sich klarzumachen, daß es verschiedene Voraussetzungen gegeben hat. Einmal die uralte Geschichte, die wir aus dem Alten Testament kennen, von der Frau des Potiphar und Joseph. Griechisch haben wir das schon bei Homer: Stheneboia (oder Anteia) will Bellerophontes verführen und verleumdet ihn dann bei ihrem Gatten; er wird weggeschickt mit einem Uriasbrief zu einem anderen, der ihm verschiedene Taten aufgibt. Euripides hat das in einer Tragödie dargestellt, bezeugt durch Aristophanes' *Wespen* von 423 (Scholien zu V. 111 u. 1074). Wie es gemacht war, können wir nicht sagen, wohl die Geschichte von dem verderbten Weib und dem edlen Jüngling. Dies Motiv war eine Wanderlegende und mit der Anlaß zu der Erfindung des *Hippolytos.* Zweitens gab es einen Kult des Hippolytos in Troizen; er war offenbar eine Gestalt aus dem Kreise der Artemis. Das wird bei Euripides zum Schluß erwähnt, so daß das Stück in eine Aitiologie einmündet, wie er das liebt. V. 1423 verspricht die Göttin dem Sterbenden große Ehren: Jungfrauen werden ihm vor der Hochzeit ein Haaropfer darbringen und seine

Leiden besingen. Eine dritte Vorstufe ist, daß Euripides selbst einige Jahre vor dem erhaltenen *Hippolytos*, den man den ›Kranzträger‹ nannte, weil er am Anfang bei seinem Opfer einen Kranz trägt, einen ›sein Haupt verhüllenden Hippolytos‹ gemacht hatte, faßbar durch Seneca und Ovid (Heroiden 4). Dieser spielte in Athen, und das entscheidend Andersartige war, daß Phaidra selbst ihm ihre Liebe antrug, ganz das verderbte Weib, wobei er vor Entsetzen sein Haupt verhüllte. Das hat sehr schockiert, es gab einen Sturm der Entrüstung, und nachdem das Stück durchgefallen war, hat der Dichter den Stoff, den er für gut hielt, noch einmal bearbeitet. Dieser zweite *Hippolytos* wurde 428 aufgeführt und brachte einen großartigen Sieg. Darin ist Phaidra nicht mehr so schlimm, sondern eine höchst tugendsame Frau, und das Unheil vollzieht sich auf einem anderen Weg, über die Amme, und nicht einmal die wird ganz belastet. Wir werden sehen, wie mit großem Takt die Möglichkeiten gegeneinander abgestimmt sind. Jedenfalls sind nun die Linien anders gezogen, es geht weniger um die verderbte Seele als um ein Hereinwirken der Mächte. Das Besondere ist, wie er die beiden entscheidenden Mächte, Aphrodite und Artemis, über das Ganze stellt, indem er die eine am Anfang, die andere am Ende auftreten läßt. Zwischen diesen beiden großen, objektiven Lebensmächten vollzieht sich die Handlung.

15.

Wir hatten bereits gesehen, wie es im *Hippolytos* nicht mehr um die *kaké tólme*, den schlimmen Wagemut des bösen Weibes, geht, sondern um eine Gruppe von Konflikten anderer Art. Einer davon ist der Konflikt zwischen Eros und Aidos in der Phaidra. Aber das Großartige ist, wie Euripides diese Geschichte nicht nur in der Intimsphäre behandelt, sondern sie hineinstellt in die große Antinomie der Mächte, die in den beiden Göttinnen in Erscheinung treten. Hippolytos erscheint als der keusche, der Jagd hingegebene Jüngling, der der Artemis huldigt und der Kypris absagt, was die Ehre der Göttin verletzt, so daß sie ihn vernichtet. Weiter zeigt sich, wie dieser Konflikt, der den Charakter einer großen Welt-Antinomie hat, jenes sokratische Tugendwissen berührt, von dem wir gesprochen hatten. Es geht darum, daß man wohl das Rechte weiß, aber es in der Leidenschaft nicht praktizieren kann. Das heißt, neben dem Konflikt von Eros und Aidos steht auch der von Einsicht und Leidenschaft, ähnlich wie in der *Medea*. Da wird dies Stück offenbar zu einer Darstellung der Ohnmacht der Vernunft, wie wir diese Thematik nennen können, der Ohnmacht des Denkens und des Geistes gegenüber ganz andersartigen Tendenzen in uns. Auch das ist ein Thema der Weltliteratur geworden, und zumal die Romantik hat sich stark damit abgegeben: die innere Unkraft des denkenden Menschen auf der einen Seite (Hauptbeispiel: der falsch verstandene *Hamlet*) und auf der anderen Seite das Wort Goethes, daß der Täter immer gewissenlos sei.

Das nächste Wichtige ist dann, wie die Rollen gegenüber dem ersten Stück verändert oder neu eingeführt wurden. Dazu gehört vor allem die Amme, die neu hineinkam oder deren Rolle wenigstens stärker betont wurde. Wir werden sehen, wie die ganze Handlung eigentlich beherrscht wird von der Aktivität der Amme, die sich in zwei Schritten darstellt: einmal, indem sie herausbringt, woran die erkrankte Phaidra leidet, und zweitens die Aktivität der Kupplerin, die sie nun mit allen Mitteln zu überzeugen sucht, daß es nur gut ist, nachzugeben und der Göttin Kypris Ehre zu erweisen. Es ist nicht so plump gemacht, daß sich einfach gegenüberstehen die Kupplerin und die von der Aidos und wieder der Liebesleidenschaft beherrschte Phaidra, sondern was die Intrige, die nun einsetzt, fördert und auch die Amme wieder etwas entlastet, ist, daß Phaidra sich den Tod wünscht. Der Todesgedanke ist von entscheidender Bedeutung, durch den sich Phaidra noch weiter entfernt von dem Bild der einfach verderbten Frau, wie sie wohl im ersten Stück dargestellt war, als sie selbst sich ihm antrug. Die Amme sucht sie zu überzeugen, spricht auch davon, daß sie einen Liebeszauber habe, nach dem sie immerhin fragt, es dann aber ablehnt, und es endet so, daß die Amme mit einem: ›Laß mich nur machen!‹ das letzte Wort behält. Phaidra geht nicht wirklich darauf ein, hat aber doch nachgegeben, eine charakteristische Halbheit, die besonders gefährlich ist und zur Handhabe des Schicksals wird und damit des Tragischen. Ein großes Beispiel dafür, wie solch halber Entschluß zum Angriffspunkt der Tragik wird, haben wir in der Ilias. Achilleus wird gebeten, er soll seinen Zorn aufgeben. Er tut es nicht, schickt aber doch den Patroklos zur Hilfe hinaus, und damit schickt er den

Freund in den Tod und setzt jenes Eigentümliche in Bewegung, das von ihm selber ausgeht und ihn dann wieder trifft, jenen Rückstoß des Tragischen, der grundlegend ist für die Ilias und wieder für die Tragödie. Es ist eine tiefe Weisheit, die man vielfach beobachten kann, im Leben des Einzelnen wie auch in der Politik: daß nichts so gefährlich ist wie halbe Entschlüsse. Wo immer man Geschichte studiert, stößt man auf dies Bedenkliche; auch in der Gegenwart sind bestimmte Dinge im Gange, wo das ganz deutlich wird. Die Griechen haben das früh gesehen, und sie hatten die Fähigkeit, aus ihrem kurzen damals gelebten Leben ein Maximum an Erfahrung herauszudestillieren. Das eigentliche Unheil der Phaidra ist nicht, daß sie zustimmt, sondern daß sie schließlich schweigt.

Hier möchte ich mir nicht versagen, von der großen Ähnlichkeit des Stückes mit einem modernen Drama zu sprechen, dem Musikdrama Richard Wagners, dem *Tristan,* der in der Handlung wohl in dieser Weise erst von Wagner gestaltet wurde. Da ist es im ersten Akt ganz ähnlich, wie neben Isolde Brangäne steht. Ich habe darüber im Bayreuther Programmheft eine Abhandlung geschrieben (H. u. H. II 341) und zu zeigen gesucht, mit welcher Bewußtheit solche Dinge von Wagner aufgegriffen sind. Immer wieder hat er seine Handlungen so gestaltet, daß die griechischen Dinge als Prototypen transparent werden. Wer Wagner kennt, mag ihn sich daraufhin ansehen. Auch die typisch wagnerschen Schlußakzente sind ähnlich wie bei Euripides so gestaltet, daß nach lang hingezogenen Akten das eigentliche Geschehen kurz und wie ein Paukenschlag einsetzt. König Marke zeigt eine gewisse Ähnlichkeit mit Theseus. All das ist ganz deutlich, und da an anderen Stellen die bewußte Aufnahme griechischer Vorbilder erwiesen ist, dürfte auch hier ein Zusammenhang naheliegen. Dabei wird er eher Euripides selbst gekannt haben als Racine, dem man im Trend der damaligen Zeit eher ablehnend gegenüberstand. Auch solche Dinge gehören in die Geschichte der Nachwirkung des Griechentums, und das Wissen davon ist wichtig für den Genuß einer so voraussetzungsvollen Kunst wie der des neunzehnten Jahrhunderts.

In der nächsten Szene wieder eine Besonderheit: Phaidra hört, wie hinter der Bühne die Stimme des Hippolytos sich erhebt – der hinterszenische Schauplatz ist hier einmal nicht entfernt, sondern gleich hinter der Tür –, so wie man sonst Schreie der Gemordeten hört. Hier ist es ein Zornausbruch. Das ist ganz neuartig, ein Genremotiv. Das Hinter-der-Tür-Stehen führt in den bürgerlichen Bereich und damit in den der Komödie, wo es dann auch weiter angewendet wird. Immer wieder gibt es bei Menander Lauscher und Lauschszenen. Das erscheint hier zum erstenmal. Auch daß einer – man muß schon sagen: herumtobt, gehört zum Genre, daß man vielleicht Dinge in die Ecke wirft, handgreiflich wird. Die Amme hat ihm von Phaidras Liebe erzählt, und nun empört er sich. Dann kommen beide heraus, das Innere setzt sich fort im Äußeren, auch das ein folgenreiches Motiv in der Neuen Komödie und weiter. Metrisch sind es ganz lebendig aufgelöste Dochmien. Dann eine große Fluchrede auf die Verderbtheit der Weiber. All das ist ganz dicht am Komischen vorbeistreifend, trägt bereits in sich den Keim des Realistischen, Charakteristischen und damit des Komischen.

Dann aber wird es ganz ernst. Phaidra sieht, daß sie nun sterben muß, und faßt den Entschluß, auch Hippolytos zu töten, wie sie erst andeutend sagt. Sie wird dann den verleumderischen Brief verfassen, den Theseus bei ihrer Leiche findet und aufgrund dessen er den Sohn verflucht und letztlich seinen Tod herbeiführt. Wieder müssen wir hier von dem Problem der Liebe sprechen und was es für diese Handlung zu bedeuten hat. Für die romantische Auffassung liegt es nahe, daß die Liebende den Geliebten mit in den Tod zieht, so daß, was im Leben getrennt war, dann im Tod vereint ist. Im höchsten Sinn führt das zum Liebestod wie bei Richard Wagner, in einer niederen Sphäre haben wir es in der Romanliteratur des neunzehnten Jahrhunderts. All dies müssen wir hier ausdrücklich fernhalten. Man hat es auch wieder psychologisch erklären wollen, als ob die Liebe in Haß umgeschlagen wäre. Von alledem ist bei Euripides keine Rede, es ist ein Problem ihrer Scham, ihrer Ehre und ihrer Rache. Sie geht aus dem Leben, weil sie, wenn die Sache offenkundig würde, entehrt wäre, weil sie mit ihrer Scham nicht leben kann. Und es kommt hinzu, daß dieser junge Mann sie mit einer derartigen Härte von sich stößt, so daß es nur natürlich ist, wenn sie sich auch an ihm rächen will. All das sind klare, einfache Motive, die ganz der griechischen Tragik entsprechen. Wieder ist also das Liebesmotiv aufgegriffen, aber nicht als solches entfaltet und thematisiert, daß es wirklich die Handlung trägt. Das große Thema der verletzten Ehre hatten wir schon bei der Göttin. Das wiederholt sich bei Phaidra nach der mächtigen Zurückweisung durch Hippolytos und führt dazu, daß sie in den Tod geht aus verletzter Ehre, Scham und Rache.

Wir haben noch von Hippolytos zu sprechen, und da ist es interessant, wie Euripides, der sonst sehr geneigt ist, gerade junge Menschen als Idealtypen hinzustellen, dies bei Hippolytos nicht tut. Als Jäger, der er ist, steht er auf der Seite der Göttin Artemis, deren harsche, strenge Keuschheit er hat, aber im Sinne eines übersteigerten Jugendstolzes, wie man es nennen kann. Der Ausdruck dafür ist *semnón* und fällt schon V. 93 bedeutungsvoll im Gespräch mit dem alten Diener, der ihn warnt: ›Wie wärst du nicht *semnós,* wenn du eine Gottheit nicht ehrst?‹ Dies Wort, das wir sonst als ›erhaben‹ kennen, geht hier auf das, was ich diesen Jugendstolz nenne, fast Arroganz. Diesen Zug hat der Dichter dem Hippolytos zweifellos mit Absicht gegeben. Dieser junge Herr, der ganz seiner Göttin und dem Jagdleben dient und nichts wissen will von Kypris, erregt nicht nur den Zorn der Göttin, die ihre Ehre von ihm verachtet sieht, sondern sein Verhalten ist tatsächlich eine Hybris. Das zeigt sich auch in dem Redekampf mit seinem Vater Theseus, der ihm diese Haltung vorwirft. V. 957 ist von seinen *semnoís lógois* die Rede. Hier eine merkwürdige Attacke: er rühmt sich seiner blutlosen Speise; der Jäger ist also auch Vegetarier, auch von seiner Verehrung des Orpheus wird gesprochen. Und in seiner Antwort kommt dieser Jugendstolz ganz klar heraus: »Siehst du dies Licht und diese Erde? In diesen ist kein Mann, der, auch wenn du es leugnest, mehr *sóphron* (›züchtig‹ kann man hier fast sagen) ist als ich. Ich verstehe die Götter zu ehren ...«, »ich, der ich eine jungfräuliche Seele habe«, ein Gedanke, der später im christlichen Bereich von ungeheurer Bedeutung geworden ist. Hier im griechischen Leben bezeugt er sich als etwas, das zwar da ist, zumal in orphischen Kreisen, wer aber in dieser *castitas* lebt und sich darauf etwas zugute hält, gilt als arrogant. Kein Zweifel, daß Euripides dem Hippolytos in seiner harschen Männlichkeit diese Arroganz gegeben hat. So ist auch hier wieder mit taktvoller Künstlerhand Licht und Schatten verteilt.

Von dem Schluß der Tragödie brauchen wir nicht ausführlich zu sprechen. Theseus hat den Sohn aus dem Land gewiesen und von seinem Vater Poseidon seinen Tod erbeten. In einem großen Botenbericht erfahren wir, wie dieser Fluch sich erfüllt: ein ungeheurer Stier erscheint aus dem Meer, und Hippolytos wird von seinen scheuenden Pferden zu Tode geschleift. Und wieder erhebt es sich aus der nur menschlichen Sphäre in den Horizont des Göttlichen und Prinzipiellen, indem nun Artemis kommt und alles erklärt. Wunderschön dann der letzte Schluß zwischen Vater und Sohn, wo nach dem Wort der Göttin schließlich die Versöhnung erfolgt. Diese Lösung des Streits am Schluß ist höchst bedeutungsvoll. Nachdem das Spiel der großen Mächte das Unheil hervorgerufen und auch der Mensch in seiner Weise an dem Spiel teilgenommen hat, endet doch alles mit dieser Versöhnung, das heißt, es endet in der Humanität. Das ist charakteristisch für Euripides. Wenn bei Aischylos die Versöhnung in einer Institution bestand, einem Vertrag oder einer Stiftung, also in der Begründung objektiver Einrichtungen, die das Leben formen und bestimmen, so ist das für Euripides nicht mehr gültig. Und doch kommt auch er zu einer Versöhnung, aber das Objektive, das er sieht und in dessen Bereich sich die Versöhnung vollzieht, ist der neue große Horizont der Humanität. Das ist charakteristisch in einem Augenblick, wo die Religion ausgespielt hat und das Staatsleben unglaubwürdig geworden ist. Wie ein neuer Erdteil wird nun ein anderer Bereich entdeckt, der jetzt die Normen gibt und in dem der Mensch wieder leben kann. Euripides ist einer der frühesten Dichter der Humanität im eigentlichen Sinn des Wortes. Es ist nicht mehr wie bei Sophokles der von Delphi und Apollon her begründete Mensch, sondern Humanität ist nun eine Weise, wie der Mensch zum Menschen steht, womit doch wieder etwas Festes und Tragendes erscheint, auf dem man aufbauen kann. Ein anderes Beispiel für diese Humanität ist der Schluß des *Herakles,* wo der Held nicht wie Ödipus einfach zerbrochen ist, sondern hier kommt Theseus, der Freund, und führt ihn in seinen Armen ins Leben zurück. Auch die Freundschaft gehört zu dem Bereich, wo der Mensch noch ein menschliches Leben führen kann. Die Philia bei Euripides ist eine Thematik, die nicht in den Bereich der Moral oder Philosophie gehört, sondern in den der Humanität. Dazu kommen auch andere Dinge, etwa daß auch die Sklaven als Menschen anerkannt werden. Es ist ein Horizont, der immer umfassender wird, je mehr man Euripides daraufhin ansieht.

Hippolytos

I Phaidra-Handlung

II Hippolytos-Handlung

Prolog Parodos 1.Epeis. 1.Stas. 2.Epeis. 2.Stas. 3.Epeis. 3.Stas. 4.Epeis. 4.Stas. Schluß

120 169 524 564 731 775 1101 1150 1267 1281 1466

Aphrodite, Hipp.

Phaidra-Amme

Lausch-szene

Ph.s Tod

Theseus

Th.-Hippolytos

Bote

Artemis-Th.-Hipp.

16.

Was den Aufbau des *Hippolytos* angeht, können wir das nicht mehr im einzelnen durchgehen. Wieder sind es sechs Epeisodien, von denen je zwei enger zusammengefaßt sind. In den ersten beiden die Phaidra-Handlung, mit einem großen theatralischen Akzent im ersten Akt, als sein Name fällt, und im zweiten die zornige Rede des Hippolytos. Man kann noch hinweisen auf den großen Aphroditehymnos, wie man es geradezu nennen kann, aus dem Mund der Amme bei 443. Großartig, wie gerade im Zusammenhang der kupplerischen Überredung dieser Hymnos aufkommt, der bis auf Lukrez weitergewirkt hat. Im dritten und vierten Epeisodion die Theseus-Hippolytos-Handlung, in der Theseus vom Tod seiner Frau erfährt, den Brief entdeckt, worauf er den Sohn verstößt und verflucht und seine Rechtfertigung nicht annimmt. Die letzten beiden bilden die große Schlußhandlung mit dem Tod des Hippolytos und dem letzten Gespräch mit dem Vater, das mit der Versöhnung endet. Wieder ist das Stück als ganzes wunderbar komponiert. Das Entscheidende dabei ist, wie das bürgerlich intime Problem, daß eine Frau in den Stiefsohn verliebt ist, hineingestellt ist in den großen Horizont der Mächte in den Gestalten der Aphrodite und der Artemis, die auch selbst in die Handlung eintreten. Am Anfang die Göttin der vitalen Liebe, am Schluß die Freundin des keuschen Jägers, so stehen diese beiden pylonartig an Anfang und Ende des Stücks. Merkwürdig, wie hier in den Bereich der Liebe im weitesten Sinne auch Artemis einbezogen ist. Denn was sie mit Hippolytos verbindet, ist eine Art Zugehörigkeit, wie wir sie immer wieder bei den Griechen finden: schon bei Homer zwischen Athene und Odysseus, dann Athene und Herakles, wie sie auf den Olympiametopen dargestellt sind. Athene steht bei ihm, das Wort ›Beistand‹ ist hier im vollen Sinne verstanden. Das Schwere wird dem Menschen nicht abgenommen, aber das Dabeisein der Göttin ist es, das ihm die Kraft gibt, die erst sein Tun ermöglicht und es von vornherein in eine höhere Sphäre hebt. Das ist wohl der Sinn dieser Metopen. Athene nimmt Herakles nichts ab, nur als er von Atlas den Himmel übernimmt, faßt sie mit an, mit ganz leichter Gebärde der Hand, während er schwer daran zu tragen hat. Diese Weise des Verhältnisses von Gott und Mensch bedeutet, daß dem Menschen als Partner des Gottes die volle Freiheit und sein Eigenrecht gewahrt bleibt, und gerade deswegen ist es echteste Philia. So ist es in dem schönen Schluß des *Hippolytos*, wie Artemis zu ihm tritt und ihm, der nun sterben wird, noch Trost gibt und seine Ehre wieder herstellt. Das ist deswegen so bedeutungsvoll, weil es ein Nebeneinander von göttlichen Mächten im Bereich der Liebe zeigt, wie es später bei Platon erscheint als himmlische und irdische Liebe. Das geht dann weiter durch, moralisch wie vor allem im christlichen Bereich. Wieder kann man an Wagner denken, der diesen Gegensatz dramatisch ähnlich in seinem *Tannhäuser* dargestellt hat, wo Venus am Anfang steht und dann ein Weg durchmessen wird von ihr zu Elisabeth-Maria. Natürlich kann man nicht Artemis als Form der himmlischen Liebe verstehen. Aber wenn vorn in Aphrodite das rein vitale Prinzip auftritt, so bildet Artemis, die eine ähnliche Rolle spielt wie Athene bei Odysseus, doch eine Art Gegenpol dazu. Der Gedanke, im Bereich des Göttlichen solche Gegensätze herauszuholen und den Menschen in diesen Gegensatz hineinzustellen, hat im Griechischen immer wieder zu herrlichen dichterischen Gestaltungen geführt.

Der *Hippolytos*, der in den Beginn der zwanziger Jahre gehört, führt schon über die eigentlichen Thymostragödien hinaus, indem er über die Intrige und Leidenschaft hinaus ein großes tragisches Schicksal hat; tragisch insofern, als das, was der Ruhm und Stolz des Hippolytos ist und eigentlich sein ganzes Sein, zugleich auch seine Hybris ist, so daß er am eigenen Wesen zugrunde geht.

Wenn wir die Stücke gruppieren, ist es so, daß nach den Thymostragödien jene schönen Stücke folgen, bei denen man vom ›Nationalen‹ gesprochen hat, übertrieben, aber nicht ganz falsch. Dazu gehört auch der *Herakles*, den wir schon öfter mit herangezogen hatten. Hier ist es so gemacht, daß das Schicksal furchtbar hereinbricht über den ganz Schuldlosen: Lyssa, der Daimon des Wahnsinns, kommt einfach über ihn, geschickt von seiner Feindin Hera, so daß er die eben gerettete Frau und die Kinder tötet. Aber es endet nicht damit, daß er bei seinem Erwachen völlig gebrochen ist, und es ist auch nicht so, daß sich in dem Geschehen ein Göttliches neu verwirklicht hätte; sondern was da wirkte, war eine unbegreifliche daimonische Macht, die wir in ihrer Sinnlosigkeit gar nicht verstehen können und der der Mensch nun das Positive der Humanität entgegensetzen kann, hier in der Gestalt der Freundschaft. Damit ist eine Art Hafen gefunden, in dem der

Mensch noch leben kann, der vom Sturm des Schicksals völlig zum Wrack zerschlagen ist. Darum würde es gerade der *Herakles* verdienen, heute wieder rezipiert zu werden: ein Stück, das der Negativität und Verzweiflung unseres eigenen Schicksalsbewußtseins entgegenkommt.

Das führt zu jenen Stücken, unter denen die *Troerinnen* hervorragen, ebenfalls furchtbare Vernichtung des Menschen. Alles ist eigentlich sinnlos, es wird gelitten, ohne daß irgend etwas Positives dabei zu sehen ist, wenn nicht schließlich die Vergeltung. Dies Stück ist in unserem Jahrhundert wieder aktiviert worden durch Werfel, dessen Bearbeitung man immer noch eine Übersetzung nennen kann, so gut ist sie.

Danach die Gruppe der Anagnorisisstücke: Wiedererkennen von verlorenen oder sich unbekannten Verwandten, ein Grundmotiv der Elektrahandlung und von allen drei Tragikern behandelt. Wir haben das Motiv von Anfang an in der griechischen Literatur. In der Odyssee gibt es eine ganze Kette solcher Wiedererkennungen, bis zu der ganz großen mit Penelope, in der sich die Heimkehr des Odysseus vollendet. Dies Motiv, daß einander nahestehende Menschen durch das Schicksal getrennt werden und sich dann wiederfinden und erkennen, ist auch von Aristoteles in seiner Poetik beachtet worden. Es ist ein Urmotiv der Dramatik, nicht nur der Tragödie, und bis in die neueste Dichtung hinein immer wieder angewendet worden in neuen Formen und Spielarten, unerschöpflich und wirksam, fast narrensicher: es wirkt immer, weil es so menschlich ist. Euripides war also hier nicht der erste; wir haben es bei allen drei Tragikern, bei Sophokles sogar einmal in der Form, daß ein Mensch sich selbst unbekannt ist und dann erkennt, im *Ödipus*. Und doch ist es die Art, wie Euripides das Motiv verwendet und reguliert, die ihm die handfeste, besonders sicher wirkende Form gibt. So in der *Taurischen Iphigenie*, die entsprechend weitergewirkt hat, in der *Elektra*, der *Helena*, im *Ion* sogar eine doppelte Anagnorisis, wobei die eine eine irrige ist. Man sieht, wie er bereits anfängt, das Motiv zu variieren. Von da führt der Weg zur Neuen Komödie, die ohne die Anagnorisis fast nicht auskommt. Da sind Geschwister in den Wirren der Diadochenkämpfe getrennt worden, die Schwester ist im Bordell gelandet, aber natürlich unberührt geblieben, der Bruder wird beinahe ihr Liebhaber – all diese wirkungssicheren Motive, die dann den Weg angetreten haben in die weitere europäische Literatur. Und wieder ist es so, wenn Menschen von einem irrationalen Schicksal getrennt und ebenso zufällig wieder vereinigt werden, daß man in dieser Vereinigung (wie vorhin in der Freundschaft) ein tief Stärkendes findet, ein Gefühl der Zugehörigkeit des Menschen zum Menschen. Die Humanität tritt heraus aus dem Religiösen, als die Religion abgebaut wird, als die letzte große Kraft, die den Menschen noch halten kann. Wenn auch die Wurzeln des Humanen, wie ich gezeigt hatte, im delphischen Glauben liegen, so erfolgt doch die eigentliche Konstituierung der Humanität aus dieser Situation am Ende des fünften Jahrhunderts heraus. Das vollzieht sich bei Euripides, nicht Sophokles, wo es gelegentlich auch schon da ist. Dafür sind diese Stücke von größter weltgeschichtlicher Bedeutung.

Dem zugeordnet ist nun eine eigentümliche religiöse Macht, die als Gottheit ungöttlich ist, als lenkende Macht sinnlos, als den Menschen bestimmende zufällig: die Tyche. Darüber habe ich in *Monolog und Selbstgespräch* ausführlich gehandelt und will das hier nicht wiederholen; gerade bei diesen Stücken geht das durch. Oft ist es da, ohne daß der Name genannt würde, Euripides spricht einfach von einem *theion* und gibt ihm Züge, die wir ohne weiteres vergleichen können mit Prädikaten der Tyche in der Neuen Komödie. Tyche ist die Gottheit des Treffens, für das wir kein Wort haben; man kann ja nicht ›Trefflichkeit‹ in diesem Sinne bilden, wenn man die Worte nicht nach dem Vorbild großer Philosophen ganz anders gebrauchen will. Zum Treffen gehört das Daneben-Treffen, und so gewinnt es immer mehr die Züge des Negativen. Das wird zur Gottheit erhoben neben Kairós, der Gottheit des günstigen Augenblicks, lebt weiter in der Neuen Komödie und dringt von da aus in den griechischen Roman ein, der jetzt hochkommt, einerseits bestimmt von der Odyssee her, andererseits von der Neuen Komödie.

Wieder ist es ein großer Dreischritt. Während es in der älteren Zeit große Geschehensläufte waren, in denen sich die Götter selbst gegenüberstanden in Kämpfen, aus denen neue Ordnungen hervorgehen; während bei Sophokles der Daimon die Sphäre bestimmt, in der der Mensch handelt und leidet, eine Macht, die zwar zum Menschen gehört, aber doch von ihm aus nicht ganz rational zu bewältigen ist und ihn auch wieder sich vergehen läßt und ins Unheil bringt, so ist es nun bei Euripides diese neue Religion der Tyche, die sich in seinen Stücken konstituiert: in der

Elektra, der *Iphigenie in Tauris,* dem *Ion* und der *Helena* unter den erhaltenen Stücken, zu denen noch eine große Gruppe hinzukommt.

Und doch ist auch das noch nicht das letzte. Etwa nach 412 beginnt eine neue Epoche, aus der wir vier Stücke haben: die *Phoinissen, Orest,* die *Bakchen* und die *Iphigenie in Aulis.* Alle vorher entwickelten Motive leben natürlich darin weiter, aber es entsteht eine völlig neue Dramenform, die weder in der Antike noch in der Neuzeit immer richtig verstanden worden ist. Die *Phoinissen* sind zwischen 411 und 408 anzusetzen (vgl. Lesky [3]443) und treten uns in einer unerhörten Stoff-Fülle entgegen, die diese letzten Stücke charakterisiert. Schon die Hypothesis, die mit den Stücken zusammen überlieferte Einleitung, die auf alexandrinische Zeit zurückgeht, hat das getadelt und gesagt, die *Phoinissen* würden übertreiben mit dem, was alles in ihnen zu Tode kommt. Schön aber seien sie durch das Szenenbild. Das muß in dieser Zeit gewaltig entwickelt gewesen sein, wie auch aus der Handlung hervorgeht. Euripides als der ›Maler-Dichter‹ hat immer mehr Wert gelegt auf die Skenographie, die Sophokles eingeführt hatte, aber zuerst wohl doch noch sehr bescheiden. – Weiter sei das Stück eines gewesen, in dem es ziemlich viele Füllsel gab, und zwar so, daß sie nicht organisch fest eingewachsen seien. Ähnlich hat man das Stück auch in neuer Zeit getadelt. Es ist nun einmal der Gang der Wissenschaft, daß einer etwas sagt und andere es nachreden; wobei allerdings mit Notwendigkeit wieder einer kommt und sagt, es sei durchaus nicht so. Hier ist es Riemschneider gewesen; er sagt, das Stück habe eine Einheit, aber mit gewagten Mitteln. Wieder würde ich von einem Scheinproblem sprechen. Es ist eine Einheit, aber von besonderer Art. Es gibt ja die verschiedensten Formen von Einheit, neben der organisch gewachsenen auch die lockere oder problematische Einheit. Schon der Stoff ist etwas Einheitgebendes: der Kampf um Theben, entsprechend dem Epos der Thebaïs und den *Sieben* des Aischylos, ein Stück, das auch stark herangezogen ist. Allerdings ist das Stück des Euripides merkwürdig entwurzelt, steht nicht mehr so fest in der Sage, wie schon der Titel zeigt. Was haben Phoinizische Frauen mit Theben zu tun, noch dazu, während es von den Sieben bekämpft wird? Sie sagen selbst, daß sie sich auf der Durchreise befinden; man kann es nicht anders ausdrücken. Es sind Sklavinnen, die nach Delphi gebracht werden sollen, und da ist es denn passiert, daß sie in Theben hängengeblieben sind, als der Krieg ausbrach. Sonst heißt ein Stück nach dem Chor, weil er in der ältesten Zeit das tragende Element war. Was hier unter diesem Titel angekündigt wurde, konnte kein attischer Hörer vermuten, und das war natürlich Absicht. Der Titel gewinnt plötzlich eine eigentümliche neue Bedeutung: es soll etwas Überraschendes kommen, ein Chor von Orientalinnen, der in diese Handlung eingefügt wird, ein ganz andersartiger Valeur – dieser Begriff, den man immer wieder bei Euripides anwenden muß.

Auch daß das Stück tatsächlich eine unerhörte Fülle bringt, hängt zusammen mit dem Spät- oder Altersstil des Dichters. Ich hatte auch für die Orestie des Aischylos gezeigt, daß es durchaus kein Monstrum ist, keine ›uralte Riesengestalt, geformt wie Ungeheuer‹ (Goethe, Grumach I 247), sondern ein höchst differenziertes und entwickeltes Gebilde, wie so etwas nur in einem Spätstil vorkommt. Wir kennen das auch in anderen Bereichen, man denke an Michelangelos Jüngstes Gericht gegenüber seinen Frühwerken. Charakteristisch dafür ist, daß Formen, die auf der früheren Stufe um ihrer selbst willen gestaltet waren, absinken und zu tragenden und dienenden Elementen werden in gewaltigen Kompositionen von unerhörter Fülle, bei denen man wohl auch von ›Barock‹ spricht. Auch Goethes *Zweiter Faust* läßt sich damit vergleichen, der auch keine strenge Einheit ist. Ebenso bei Shakespeare und dem späten Platon. Bei all diesen hat man die Einheit bestritten und wieder verteidigt und hat zum Teil eigentümliche Dinge herausgesucht, um die Einheit damit zu retten. Darum würde ich sagen, die Weise, wie auch bei Euripides solche gewaltigen Gebilde zusammenkomponiert werden, zeigt eben seinen Spätstil und ist großartig genug. Im einzelnen wird dabei der typische ›Nummernstil‹ immer ausgeprägter. Ein Stück wie die *Phoinissen* besteht aus lauter großen Nummern, die sich einerseits ausdehnen und andererseits um so stärker in sich selbst zentrieren. Aus diesen blockartigen Gebilden, die nebeneinandertreten und oft ihr eigenes Zentrum haben, entsteht das Riesengebilde. Es erinnert an die großen historischen Gemälde, die wir heute ›Schinken‹ nennen. Ganz ähnlich zieht Euripides in dieses Stück aus der Geschichte des Kampfes um Theben alles hinein, was er nur irgend kann, zieht alle Register, Fremdartiges wird aufgesetzt, Theorien über Herrschaft in der berühmten Eteokles-Rede, die an die Kalliklesrede in Platons *Gorgias* erinnert, Ausblicke auf das Schicksal des Ödipus, eine Mauerschau, von der Ilias herübergenommen, hier durch Antigone, ein ganz junges Ding. Das junge Mädchen wird hier vom Dichter zum erstenmal gefaßt und wirklich als Typos hingestellt. Das geht wieder in den Horizont des Genre. Weiter ein wunderbarer Botenbericht, sogar gleich zwei, jeder wieder in der Mitte geteilt und dazwischen eine Art Handlung; auch das ist künstlerische Weitergestaltung der alten Formen. Wir sind an der Stelle, wo man schon um der Kunst willen gestaltet. Stofflich werden auch entferntere Dinge hereingezogen, hier das Nebengeschehen um den jungen Kreonsohn Menoikeus. Er soll geopfert werden, der Vater will, daß er flieht; er hört aber das Gespräch mit an und stirbt freiwillig, um Theben zu retten. Zu alledem kommt eine reine Freude am Technischen der Kunst, wie die verschiedenen Dinge nun zusammengefügt werden. Hier wäre es inadaequat, die Frage nach der Einheit im alten Sinne zu stellen; die Einheit ist in diesem Stil gegeben gerade durch die Fülle, mit der er die Dinge zusammenfügt. Die verschiedenartigsten Handlungsmotive, Stoffe, Handlungsformen, Nummern, Wertigkeiten, Stimmungen, Rationalität und musikalische Töne im Wechsel und schließlich auch Malerei, Bühnenbild und Kostüme: all das wirkt zusammen zu jenem mächtigen Gemälde und gibt Peters Recht, wenn er dem Euripides malerische Qualitäten zugesprochen hat. Hier hat auch Aristoteles Recht, wenn er die gute Ökonomie vermißt im Sinne der strengen Einheit. Und doch ist Euripides gerade hier der *tragikótatos,* nicht weil er im tiefsten Sinne das Tragische erfüllt, sondern im Sinne der Aristotelischen Definition, daß die Tragödie sowohl Rührung wie auch Schrecken erregen soll. Das erreicht Euripides in diesen Stücken gerade durch die Fülle seiner Mittel. Wer ihm hier fehlende Einheit vorwirft, zeigt, daß er diese Kunst nicht verstanden hat.

17.

Ich will heute noch einige philologische Probleme zu den *Phoinissen* nachtragen. Wilamowitz behandelt das Stück zusammen mit dem Schluß der Aischyleischen *Sieben* und meint auch hier die Überarbeitung eines Regisseurs zu finden. Bei den *Sieben* hat er Recht, wie ich glaube, bei den *Phoinissen* nicht. Weiter ein

Aufsatz von Friedrich: *Prolegomena zu den Phoinissen*, der auch zugesetzte Verse behandelt und auf die Frage der Datierung eingeht. Fraenkel hat all das ausführlich behandelt (SB Bayer. Akad. 1963), besprochen von Diller (Gnomon 1964), der fast alles ablehnt, ebenso Erbse (Philologus 1966). Ich will dazu sagen, daß es mir damals zuerst sehr eingeleuchtet hatte, daß ich aber heute davon abgekommen bin. Athetesen dieser Art setzen immer eine Norm voraus; man muß wissen, wenn man etwas wegstreicht, warum es überflüssig oder störend ist. Und zwar muß es eine Stilnorm sein, sonst kann man nicht sagen, ob etwas stört oder nicht. Was den Siebenschluß angeht, so hat er keine Beziehung zum Stilcharakter des übrigen Stücks. In den *Phoinissen* ist es anders. Die Einheit, die der Dichter hier gesucht hat, ist die eines locker gebundenen Straußes oder einer Girlande. Wenn das einmal gesehen ist, sieht man auch, daß der Dichter versucht, so viel wie möglich aus Sage wie Dichtung mit hineinzuziehen. Dazu gehört auch die Antigonehandlung, die gleichsam hineingehäkelt wird wie noch andere bunte Fäden, entsprechend dem Stilprinzip der Poikilía, der Buntheit. So schließe ich mich also hier den Gegnern Fraenkels an und möchte das meiste für echt halten, bis auf den letzten Schluß und ein paar Überbrückungsverse, die vom Rand hineingekommen sind.

Das andere für diesen Spätstil wichtige Prinzip ist, daß die Handlung selbst merkwürdig einfach ist. Der Handlungsgang wird vergleichsweise dünn und einfach, und dann werden an ihm entlang die großen Nummern entwickelt. Iokaste tritt auf und erzählt von den Ereignissen in Theben. Sie hat ein Treffen der beiden Brüder veranstaltet, wobei Polyneikes freies Geleit erhält, aber es geht völlig erfolglos aus. Dann kommt Kreon, der Herrscher, der zu Eteokles spricht. Auch das führt zu nichts, er geht hinaus, um mit dem Bruder zu kämpfen. Hier kommen die *Sieben* des Aischylos hinein, und zwar in einer Form, die man geradezu ein Zitat nennen könnte. Wir kennen bei Mozart das berühmte Zitat aus dem Figaro, aber in der Antike ist das höchst merkwürdig. Es geht fast ins Komische, wie hier gesprochen wird. Bei 748 sagt Eteokles: »Ich werde also gehen und die Abteilungsführer an die Tore beordern... Den Namen eines jeden jetzt zu nennen, das ist doch eine zu große Verzögerung, wo die Feinde schon unterhalb der Mauern stehen.« Sie sehen, dieser Rationalist hat die *Sieben* gesehen mit ihren großen Redepaaren, in denen jeweils dem Angreifer ein Verteidiger gegenübergestellt wird, und hat sich gesagt: Um Himmels willen, wenn die Stadt berannt wird, was soll dann diese Breite! So wie man wohl auch manchmal in der Oper ungeduldig wird, wenn man in einer gefährlichen Situation fliehen und eilen will, aber man eilt nicht, sondern singt noch eine ganze Weile. Also ein Zitat, und zwar ein kritisches. Auch so etwas gehört zu diesem Stil. Man könnte denken, es sei von einem Interpolator gemacht, der keinen Sinn für so etwas hatte, aber daran hat noch niemand gedacht, obgleich es wirklich scheußlich ist. Eine ähnliche Kritik gibt es in der *Elektra,* daß bei Aischylos eine Locke genügt, um den Bruder wiederzuerkennen: Haare sind doch nicht so ähnlich! –

Die Handlung geht so weiter, daß der Seher Teiresias kommt und sagt, Theben könnte nur gerettet werden, wenn der Sohn Kreons geopfert wird. Der hat das gehört, und nun eine typische Szene, wie wir sie auch sonst bei Euripides haben, daß ein junger Mensch ideal denkt und sich für das Vaterland opfert. Die Geschichte war alt, schon in Sophokles' *Antigone* war von einem anderen Sohn Kreons die Rede. Dann kommt der Bote, und großartig, wie wir in diesem Bericht die ganzen *Sieben gegen Theben* noch einmal erleben. Das wird durchbrochen 1209-16, wo Iokaste nach den Brüdern fragt, und abgebrochen in einem bestimmten schwebenden Moment, als beide sich gegenüberstehen, wo Iokaste Antigone herausruft und beide Frauen abgehen, um ein Unheil zu verhüten. Ein Bericht, wie Menoikeus sich getötet hat, dann ein zweiter Botenbericht über den Tod der Brüder, wieder unterteilt an der Stelle, als die Mutter hinzukommt, die beiden schon tot findet und sich nun auch tötet – noch eine Leiche mehr. Um dieses Effekts willen war es wohl geändert, daß sie sich bei Sophokles im *Ödipus* schon viel früher getötet hatte. Dann folgt der Schluß, im ganzen drei Teile. Einmal Ödipus, der von Kreon schlecht behandelt und in die Verbannung geschickt wird. Er antwortet in langer Rede, wo er noch einmal sein ganzes Schicksal berichtet. Dann wird die Bestattung des Polyneikes verboten, Antigone tritt auf gegen Kreon und sagt, daß sie es doch tun wolle und dann mit dem Vater in die Verbannung gehen. Sogar das Ziel wird schon genannt, der Kolonos. Hier setzen manche den Schluß an. Es folgt noch ein Wechselgesang zwischen Antigone und Ödipus und dann die Schlußverse, die identisch sind mit dem Schluß des *Ödipus,* hier von ihm selbst gesprochen und mit einer kleinen Änderung. »Jetzt aber entehrt, armselig werde ich hinausgestoßen aus dem Land«, dann folgt nicht der Satz, daß man keinen vor dem Ende glücklich preisen soll, sondern »die von den Göttern herkommende Notwendigkeit muß ein sterblicher Mensch tragen«. Man kann kaum den Unterschied zwischen dem Schicksalsgedanken des Sophokles und dem des Euripides schärfer fassen als hier. Dort, daß ein Mensch sich als sterbliches Wesen verstehen und allem Leiden offenhalten soll, hier, daß er die Zwänge der Götter eben tragen muß. Man sieht, wie hier die Ananke neben die Tyche tritt und beides zusammen dies düstere Schicksal darstellt.

Um das alles noch einmal auf den Begriff zu bringen: charakteristisch für den Spätstil ist, daß konstitutive Elemente der Sage nun akzessorisch werden, akzessorische Elemente, die vorher kaum bekannt waren, werden konstitutiv. Das ist fast ein Stilgesetz für den Spätstil in allen Gattungen der Kunst. Die Darstellung einer bestimmten Sage beginnt damit, daß der Dichter sie ergreift und ernst gestaltet. Das geht drei- und viermal, dann ist sie ausgelaugt. Der Spätere strebt danach, sie indirekt werden zu lassen und Akzessorisches mit hineinzuziehen, wie das Motiv der jungen Antigone und ihrer Mauerschau. Es wäre falsch, von ›Effektstück‹ zu sprechen; es ist etwas ganz Neues gewonnen aus der alten Sage, wenn dies junge Mädchen sich das Heer zeigen läßt. Auch der Gedanke, daß vor dem Kampf die Brüder sich noch einmal unterreden, ist ganz neu, nicht aus der Sage genommen, wohl aber aus dem politischen Leben, wo man immer wieder einmal eine Gipfelkonferenz braucht, damit die Hauptgegner sich besprechen. Das Motiv der Mutter zwischen den Söhnen, der wunderbare Redekampf über Recht und Macht, wobei Eteokles der reine Vertreter der rohen Gewalt ist: auch das ist wieder so ein eigentümlich rundes, in sich zentrierendes Stück, eine Nummer, in der ein akzessorisches Motiv konstitutiv wird. Diese Szene hat bekanntlich Schiller übersetzt (aus dem Französischen; er konnte nicht so viel Griechisch) und, wie bisher wenig gesehen worden ist, hinübergenommen in die *Braut von Messina.* Das Bild der Mutter am Anfang, die die Brüder versöhnen möchte, entspricht bis in Einzelheiten dieser Szene der *Phoinissen.* Wir wissen, daß Schiller die Handlung frei erfunden hatte; dabei hat er diese Szene als Baustein benutzt.

Wir könnten noch nachtragen, daß die großen Botenberichte

nicht nur Effekt machen, sondern daß vieles in sie eingegangen ist, was in früheren Gestaltungen dramatisch entwickelt war. Ich hatte zu zeigen gesucht, daß die Tragödie letztlich herkommt von der epischen Form, noch spürbar in Aischylos' *Persern*, und dann immer stärker dramatisiert wird. Wenn jetzt früher dramatische Teile wieder hineingenommen werden in den Botenbericht, so können wir von einer neuen Episierung sprechen, eine Kategorie, mit der sich noch anderes verstehen läßt. Darauf kann ich jetzt nur hinweisen. –

Wir wollen noch zum *Orest* übergehen, aufgeführt 408, ein ungewöhnliches Stück. Die Hypothesis sagt, es hätte eine Entwicklung, die ins Komische geht. Und weiter: das Drama gehöre zu denen, die auf der Bühne besonderen Erfolg haben, aber am schlimmsten in den Charakteren sind. All das ist nicht ganz falsch. Die Handlung des Stücks ist wieder sehr einfach, wobei das Konstitutive akzessorisch wird und umgekehrt. Aber wie das gemacht ist, ist ganz erstaunlich; ich will das noch kurz entwikkeln.

Elektra spricht den üblichen Prolog. Man ist in Argos, wenige Tage nachdem Orest die Mutter getötet hat. Helena tritt dazu, die mit Menelaos auf dem Rückweg von Ägypten ist; ein kurzes Gespräch. Dann aber etwas ganz Erstaunliches. Wir müssen uns vorstellen, daß auf der Bühne ein Bett ist, und darauf schlafend Orest. Und nun ein wundervolles Stück, die Atmosphäre der Krankenstube wird zur Parodos ausgebildet, einem Wechselgesang Elektras mit den Frauen von Argos. Orest ist wirklich krank; der Wahnsinn, der in alter Zeit ein Göttliches war, ist hier pathologisch gesehen. Auch damit ist etwas, das sonst die Mächte tun, projiziert auf das Naturhafte. Nachdem man ihn zuerst als Schlafenden gesehen hat, wacht er auf und bekommt einen Anfall, der ganz realistisch vorgeführt wird, bis es sich wieder beruhigt. V. 279 steht übrigens der berühmte Vers, zu dem die Scholien das Mißgeschick berichten, daß der Schauspieler das Wort *galéne*, ›Windstille‹, nicht apostrophiert gesprochen habe, so daß statt dessen ›Wiesel‹, *galén*, herausgekommen sei: ›Aus den Wogen sehe ich ein Wiesel erscheinen‹, was einen Lachanfall beim Publikum hervorrief. – Dann kommt Menelaos und fragt, was Orest fehlt. Wieder wird der Wahnsinn von innen her gedeutet; soviel ich weiß, ist es die erste Stelle, wo bei den Griechen das Gewissen da ist. Gewissen heißt später *syneídesis*, hier *sýnesis*, aber verbunden mit dem Verb *syneidénai*, 396 auf die Frage, welche Krankheit ihn zugrunde richte: »Die Synesis. Ich bin mir bewußt, daß ich Furchtbares getan habe.« Da konstituiert sich der Begriff des Gewissens gleichsam vor unseren Augen und wird auch gleich erklärt als das Bewußtsein von etwas, das man getan hat. Das gehört zu den Dingen bei Euripides, die wichtig sind für die Entwicklung des Bewußtseins. – Nun kommt Tyndareos, eine Weiterentwicklung des Pheres, ein bitterer alter Mann, der verlangt, Orest solle hingerichtet werden. Ein Redekampf, dann geht er ab. Orest bittet Menelaos um Hilfe, der antwortet ganz flau. Danach der Auftritt des Pylades. Er spricht in Tetrametern, überall in dieser Zeit buntere Formen auch in der Metrik. Ganz stark das Freundschaftsmotiv, 804 auch epigrammatisch ausgesprochen. »Das ist es: Freunde müßt ihr erwerben, nicht nur die Verwandtschaft.« Die Freundschaft und die Liebe der Geschwister sind das einzig Positive in dieser Welt. Orest und Pylades gehen zur Versammlung, wo über ihr Schicksal beraten wird, und ein Botenbericht meldet, wie die Sache geht. Ähnlich dem Schluß der *Orestie* ist es eine Gerichtsverhandlung; aber während dort das hohe Gericht des Areopag sprach, ist es hier ganz übel. Alles geht schief, Orest wird zum Tode verurteilt. Eine große Klageszene zwischen den Geschwistern, Pylades erklärt, er werde mit ihnen sterben. Da aber schlägt es um. Sie sehen, daß sie verloren sind, wollen sich aber wenigstens vorher an Menelaos rächen und Helena töten. Damit beginnt die Intrige und das ganze Gangsterstück, wie man es schon nennen muß: sie wollen Hermione als Geisel nehmen und damit ihr Leben erkaufen. Die Handlung geht dann mannigfaltig weiter, man hört die Schreie der Helena, die offenbar getötet wird – später erfahren wir, daß sie im letzten Augenblick entrückt wurde, aber was der Zuschauer erlebt, ist erst einmal, daß sie ermordet wird. Hermione war zum Grab der Klytaimestra geschickt worden, um ein Opfer zu bringen; sie kommt nun zurück, wird ergriffen und ins Haus gebracht, alles sehr handgreiflich. Dann kommt ein Phrygersklave als Bote aus dem Haus, ganz als Barbar geschildert, man treibt ein grausames Spiel mit ihm. Und die große Schlußszene: Menelaos kommt, die drei flüchten auf das Dach mit Hermione, mit gezücktem Schwert und einer Fackel, sie wollen sie morden und Feuer in den Palast werfen. Auf diesem höchsten Punkt der Handlung erscheint Apollon als Deus ex machina. Er teilt mit, daß Helena zum Himmel entrückt wurde als Tochter des Zeus. Orest soll in Athen gereinigt werden – Vorblick auf die *Eumeniden*-Handlung – und dann Hermione heiraten, die zwar verlobt ist, aber Neoptolemos ist gerade in Delphi ermordet worden. Pylades heiratet Elektra, Menelaos geht zurück nach Sparta, und Orest wird mit seinem Volk versöhnt und herrscht in Argos. Also alles löst sich in Wohlgefallen auf: Preis dem Gott, der alles so wohl gefügt hat. Das Stück lädt geradezu ein zur Karikatur, es geht wirklich in diese Richtung in diesem Bereich des Späten und Manierierten.

Und doch ist es sehr ernst. Was Euripides hier zeigt, sind Motive, die wir schon früher bei ihm kennengelernt hatten: der Mensch ist eben armselig geschaffen, und wenn er ins Elend kommt, wer er auch sei, und wenn ihm noch dazu eine verderbte Welt entgegentritt, dann ist er eben zu solchen Taten fähig. *panurgía,* Schlechtigkeit, heißt wörtlich die Fähigkeit oder Bereitschaft, ›alles zu tun‹, wie es eben ein Schurke tut. In der Not ist der Mensch zu allem fähig. Da zeigt sich, wie der Mensch wirklich ist, nicht wie er sein soll; und wenn Euripides das schon früh dargestellt hatte, so jetzt noch viel großartiger. Die Krankheit des Orest am Anfang ist nicht nur ein effektvolles Stück, wo das Wirken der Mächte pathologisch gedeutet wird, sondern hier zeigt sich der ganz zusammengebrochene Mensch, der in diesem lethargen Schlaf darniederliegt und beim Erwachen in den Wahnsinn gerissen wird. Dieser Mensch und seine ebenso armselige Schwester werden nun auch noch verfolgt; Menschen kommen, die helfen könnten, aber sie helfen nicht, und so kommen sie immer weiter ins Elend, nur die Liebe zueinander haben sie als einziges Festes. Bis aufs äußerste getrieben, sind sie bereit zu sterben, aber zuerst planen sie noch diese furchtbare Racheintrige. So ist der Mensch, armselig von Natur und dazu in der Welt bedrängt durch böse Ungerechtigkeit. Die ganze Leidenschaft, die diese Menschen immer noch in sich haben, bricht nun heraus in einer einzigen mächtigen Ekstase der Verzweiflung. Nachdem der Mensch so geschildert ist in dieser seiner Erbärmlichkeit, in der er eigentlich von sich aus zu nichts anderem gelangen kann als zum Unheil – da nun dieser Schluß. Man kann sagen, während in alter Zeit die Tragödie *aus* dem Mythos heraus entwickelt war, wird sie beim späten Euripides allenfalls *am* Mythos entwickelt, an ihm entlang. Am Schluß muß ja alles ins Gleiche kommen, er kann die Sage nicht verlassen, wenn er auch bis hierher seinen eigenen Weg gegangen ist, der eigentlich eine Zerstörung dieser ganzen Heldenwelt bedeutet, eine Art Weltbrand. Aber das geht ja nicht, also erscheint ein Gott, der Ordnung schafft.

So könnte man es verstehen. Aber es stimmt nicht ganz. Zum Beweis dafür das, was Apollon in seinen letzten Worten sagt: »Geht nun den Weg, die schönste der Göttinnen, Eirene, die Göttin des Friedens ehrend. Ich werde Helena zum Haus des Zeus bringen, indem ich das Gewölbe der leuchtenden Sterne durchmesse, wo sie bei Hera und Hebe, der Gattin des Herakles, aufgenommen wird als Beisitzerin, als Gott den Menschen durch Opfer geehrt für alle Zeit. Mit ihren Brüdern, den Tyndariden, den Söhnen des Zeus, wird auch sie sich kümmern um die Schiffahrt auf dem Meer.« Ein großes Bild, die Herrlichkeit der Räume, die der Gott durchmißt – also nicht nur ein sich irgendwie Auflösen des Konflikts, sondern Seligkeit, Göttlichkeit ist plötzlich das, was am Ende steht. Über der verderbten Welt der Menschen, die zu nichts gelangen können und wo die Götter auch kaum hineinwirken, wo alles sich so zugespitzt hatte bis zum Grauenhaften: darüber steht doch noch eine andere Welt, die Welt der Götter, der Himmel der Schönheit, Freiheit und Göttlichkeit. Ich meine damit die Tatsache, daß die Göttlichkeit der Götter im vierten Jahrhundert immer mehr so gesehen wurde. G. Rodenwaldt hat in seinem Buch *Die leichtlebenden Götter* gegen die falsche Bewertung der Kunst dieser Zeit gezeigt, daß auch diese Bilder wirkliche Göttlichkeit darstellen und nicht nur ästhetisch zu verstehen sind; Göttlichkeit im Sinne der Seligkeit. Der Gedanke ist, daß diese Götter zwar nicht mehr wirken, die Welt sich selbst überlassen, aber daß sie über der Welt doch da sind. Das ist auch der Gedanke Epikurs, bei dem sie als herrliche Gestalten von sich ausgehen lassen die Bilder des Schönen. So ist hier die plötzliche Erwähnung des großen Himmelsraums, der Eirene, der Göttinnen und der Tyndariden doch eine Art von Apotheose der Helena, die als Mensch, wie gezeigt wurde, eine ziemlich elende Frau gewesen ist. Aber das Ganze endet doch mit diesem Bild aus einer anderen Welt, die der Welt der Menschen gegenübersteht, die dadurch freilich noch mehr verdunkelt wird; aber jene andere ist doch auch noch da. Das ist nicht nur ein Erfordernis der Poesie an dieser Stelle, sondern die Kritik an den Göttern ist nicht das letzte bei Euripides. Es gibt diesen anderen Aspekt, daß er zwar sieht, sie können nicht einwirken; was sich auf Erden tut, ist nicht göttlich – aber sie *sind* doch. Die Götter sind. Das könnte weitergeführt werden an den *Bakchen*, wo auch fürchterliches Elend der Menschen dargestellt wird, die den Gott nur anklagen können. Aber was dahinter steht, ist doch ein großartiger Entwurf, und ich halte gerade darum den *Orest* für eines seiner besten Stücke.

Hier muß ich abbrechen und habe wohl auch einigermaßen erreicht, was ich wollte, nämlich die Grundrichtungen dieses Dichters der Krise zu charakterisieren, der aus dieser Krise heraus die herrlichsten Gebilde entwickelt und für die Folgezeit gültige Formen geschaffen hat. Er ist, wie Goethe richtig gesehen hat, ein großer Dichter, und man sollte ihn nicht zum Pseudo-Philosophen und zum Sophisten oder Rhetor machen, sondern wenn man ein Buch über ihn schreiben wollte, dann müßte es heißen: Euripides als Dichter.

Nachwort der Herausgeberin

Der vierte und letzte Band dieser Vorlesungsreihe enthält die Vorlesungen Schadewaldts zur griechischen Tragödie: ›Formen- und Problemgeschichte der attischen Tragödie‹, eine zweisemestrige Vorlesung mit einer allgemeinen Einführung und der Interpretation des Aischylos von 1966 und 1966/7; ›Sophokles‹, ebenfalls zweisemestrig, von 1969 und 1969/70 (wobei eine frühere Vorlesung von 1963/4 mit herangezogen wurde); und ›Euripides‹ von 1967.

Wie sehr Schadewaldt gerade die griechische Tragödie am Herzen lag, zeigt die Fülle der darüber veröffentlichten Arbeiten, die in dem Sammelband *Hellas und Hesperien* (im Text abgekürzt: H. u. H.) fast siebenhundert Seiten ausmachen: von der philologischen Aufarbeitung neuer Papyrusfunde über die Interpretation von Textstellen und ganzen Tragödien zu einer morphologischen Betrachtung der Tragödienformen und der Fortwirkung der Tragödie bis in die Neuzeit. Hinzu kommen noch die Übersetzungen sowie Einleitungen in die Bühnenfassungen und anderes.

Die Tragödie eines Sophokles und Aischylos war für Schadewaldt nicht nur Gegenstand wissenschaftlicher Forschung oder – wie Philosophie und Geschichtsschreibung – eine der Wurzeln unseres eigenen Denkens und Daseins, sondern dichterisches Wort, lebendige, unmittelbare Vergegenwärtigung von etwas, das auch den heutigen Menschen noch betreffen und erschüttern kann, wenn es gelingt, diese Tragödie wirklich vernehmbar zu machen, ohne falsche Aktualisierung und Umdeutung. Dies Anliegen war es, das hinter seinen Übersetzungen stand und dem er bis zuletzt den größten Teil seiner Kraft gewidmet hat. So kam es in enger Zusammenarbeit mit Schauspielern und Regisseuren wie Gaugler, Fleckenstein, Sellner und Heyme zu bedeutenden Aufführungen, in denen die alten Dichter in ihrer eigenen, treu im Deutschen bewahrten Sprachform einem heutigen Publikum entgegentraten und erstaunliche Wirkungen ausübten.

Über der Vielfalt der einzelnen Gegenstände und Aspekte ist es nie zu einer Gesamtdarstellung der griechischen Tragödie gekommen. Diese Lücke mag der vorliegende Band in gewisser Weise schließen. Bei aller Vorläufigkeit und Situationsbedingtheit des gesprochenen Wortes gibt er doch einen Überblick über die große ›klassische‹ Tragödie in ihren drei Hauptvertretern, über ihre Stellung in der Geschichte der griechischen Dichtung, ihren Bezug zur historischen Umwelt des fünften Jahrhunderts sowie – in einzelnen Ausblicken – ihre Fortwirkung auf die spätere Dichtung und Dramatik bis auf unsere Zeit. Bei einem solchen Überblick, der noch dazu mehrere Vorlesungen vereint, sind die Gewichte notwendig ungleich verteilt. Im ersten Teil bei Aischylos steht, entsprechend Schadewaldts damaligen Interessen, der morphologische Gesichtspunkt im Vordergrund; bei Sophokles, den er besonders liebte, wird das Persönliche stärker herausgearbeitet. Euripides kommt vielleicht etwas zu kurz, was mit daran liegt, daß es eben eine einmalige, kurze Vorlesung war, in der nur wenige Stücke exemplarisch behandelt werden konnten. Aber das ist wohl kein Zufall. Bei all seinem Bemühen, objektiv zu werten, hatte Schadewaldt doch einen starken Sinn für Qualitätsunterschiede. Und da zeigte es sich ihm immer wieder, daß neben den ganz großen Gestalten der Griechen auf allen Gebieten auch Erscheinungen standen, bei denen, wie er es auszudrücken pflegte, der genial-schöpferische Strom des Dichtens oder Denkens irgendwie reguliert und kanalisiert wird und das unmittelbare Schauen zurücktritt gegenüber dem Spekulativen, was sich aber oft gerade als höchst wirksam erweist. So steht neben Homer der jüngere Odysseedichter B, neben Pindar Bakchylides, neben Archilochos und Sappho Alkaios – und neben Aischylos und Sophokles Euripides, den Schadewaldt zwar für einen großen Dichter hält, dem aber doch nicht in dem Maße seine Bewunderung gehört wie etwas Sophokles.

Bei der Herausgabe ist in der gleichen Weise verfahren worden wie bei den vorigen Bänden. Die Einteilung in Vorlesungsstunden wurde beibehalten und in jedem der drei Hauptteile neu durchnumeriert. Griechische Wörter werden in deutscher Umschrift gegeben, wobei der Akzent nicht dem Griechischen entspricht, sondern nur der Betonung dient. Wird ein Wort öfter verwendet, kann er ganz fortfallen. Bei den Schemata sind nicht alle Personen und Szeneninhalte eingezeichnet, was die Lesbarkeit beeinträchtigen würde, sondern nur so viel, daß der Leser die Struktur des Ganzen erkennen kann. Schadewaldt arbeitete gern mit verschiedenen Farben, was im Druck nicht wiedergegeben werden konnte.

Die Bibliographie wurde, wie schon im vorangegangenen Band dieser Reihe, von Herrn Stefan Meyer zusammengestellt, der mir auch bei der Überprüfung der zahlreichen Zitate und Textstellen behilflich war. Dafür möchte ich ihm an dieser Stelle herzlich danken.

Bibliographie

Die Bibliographie umfaßt ungeschieden sowohl die bei Schadewaldt genannten und als bekannt vorausgesetzten Bücher und Aufsätze als auch eine Auswahl aus der neueren Literatur.

Der erste Teil ist gegliedert nach Ausgaben, Kommentaren und Hilfsmitteln, der zweite umfaßt die allgemeine Literatur. Die Literatur zu den einzelnen Autoren folgt im dritten Teil.

Stefan Meyer

I. Ausgaben und Hilfsmittel

(Allgemein)

Apollodorus, *The Library*, with an English Translation by J. G. Frazer, 2 vols., Loeb Classical Library, Cambridge/Mass.–London 1970, 1976.

Aristoteles, *De arte poetica liber*, ed. R. Kassel, Oxford 1968.

Aristotle, *Poetics. Introduction, Commentary and Appendices*, by D. W. Lucas, Oxford 1968.

Aristoteles, *Poetik*, eingeleitet, übersetzt und erläutert von M. Fuhrmann, Dialog mit der Antike 7, München 1976.

Aristoteles, *Poetik*, griechisch-deutsch, übersetzt und hrsg. von M. Fuhrmann, RUB 7828, Stuttgart 1982.

Dion Chrysostomos, *Sämtliche Reden*, eingeleitet, übersetzt und erläutert von W. Elliger, Zürich–Stuttgart 1967.

Aulus Gellius, *The Attic Nights*, with an English Translation by J. C. Rolfe, 3 vols., Loeb Classical Library, London–Cambridge/Mass. 1952, 1954, 1960.

Poetae scenici Graeci, accedunt fabularum fragmenta, rec. et praef. est G. Dindorf, Leipzig–London 1830 (1846, 1869).

(Fragmente)

Tragicorum Graecorum Fragmenta, rec. A. Nauck, Leipzig 1856, [2]1889, Nachdruck der 2. Aufl. Hildesheim 1964 (*Supplementum continens nova fragmenta Euripidea et adespota apud scriptores reperta adiecit B. Snell*).

Tragicorum Graecorum Fragmenta (TrGF)

Vol. I: *Didascaliae Tragicae, Catalogi Tragicorum et Tragoediarum. Testimonia et Fragmenta Tragicorum Minorum*, ed. B. Snell, Göttingen 1971.

Vol. II: *Fragmenta Adespota, Testimonia Volumini 1 Addenda, Indices ad Volumina 1 et 2*, edd. R. Kannicht und B. Snell, Göttingen 1981.

Vol. III: *Aeschylus*, ed. S. Radt, Göttingen 1985.
Vol. IV: *Sophocles*, ed. S. Radt (F 730 a-g edidit R. Kannicht), Göttingen 1977.
Vol. V: *Euripides*, ed. R. Kannicht (in Vorbereitung).

(Übersetzungen)
Griechische Tragödien, übersetzt von U. v. Wilamowitz-Moellendorff, 4 Bde., Berlin 1899, 1900, 1906, 1923 (zahlreiche Neuauflagen).
Griechisches Theater. Deutsch von W. Schadewaldt, Frankfurt/M. 1964 (Aischylos: *Die Perser, Die Sieben gegen Theben*. Sophokles: *Antigone, König Ödipus, Elektra*, Aristophanes: *Die Vögel, Lysistrata*. Menander: *Das Schiedsgericht)*.

Aischylos
(Ausgaben/Kommentare)
Aeschyli Tragoediae edidit U. de Wilamowitz-Moellendorff, Berlin 1914, [2]1958; (ed. minor) Berlin 1915.
Aeschyli Septem quae supersunt Tragoedias recensuit G. Murray, accedunt Tetralogiarum ad has fabulas pertinentium fragmenta, elegiae, poetae vita, operum catalogus, Suidae et Marmoris Pariae testimonia, Scriptorum Classicorum Bibliotheca Oxoniensis, Oxford 1938, [2]1955.
Aeschyli Septem quae supersunt Tragoedias edidit D. Page, Scriptorum Classicorum Bibliotheca Oxoniensis, Oxford 1972.
Éschyle, texte établi et traduit par Paul Mazon, 2 Bde., Paris 1920/25, [7]1958.
Eschilo, *Le tragedie*, Edizione critica con traduzione e note italiane a cura di M. Untersteiner, 2 Bde., Mailand 1946/7.
Mette, H. J. (Hrsg.), *Die Fragmente der Tragödien des Aischylos*, Deutsche Akademie der Wissenschaften zu Berlin, Schriften der Sektion für Altertumswissenschaft 15, Berlin 1959.
Ders., »Nachtrag zu H. J. Mette, Die Fragmente der Tragödien des Aischylos, Berlin 1959«, in: *Lustrum* 13 (1968), 513-534, und 18 (1975), 338-344.
Ders., *Der verlorene Aischylos*, Deutsche Akademie der Wissenschaften zu Berlin, Schriften der Sektion für Altertumswissenschaft 35, Berlin 1963.
Tragicorum Graecorum Fragmenta, Vol. III: *Aeschylus*, ed. S. Radt, Göttingen 1985.
H. J. Rose, *A Commentary on the Surviving Plays of Aeschylus*, Verhandelingen der Koninklijke Nederlandse Akademie van Wetenschapen, Afd. Letterkunde, Nieuwe Reeks, Deel LXIV, Nos. 1 u. 2, Amsterdam 1957/58.

(Agamemnon)

Aeschylus' Agamemnon met inleiding, critische noten en commentaar uitgegeven door P. Groeneboom, Groningen 1944, Nachdr. Amsterdam 1966.

Aeschylus, *Agamemnon*, edited with Commentary by E. Fraenkel, 3 Bde., Oxford 1950, [2]1962 (überarb.).

Aeschylus, *Agamemnon*, edited by the Late J. D. Denniston and D. Page, Oxford 1957.

Aeschylus, *Agamemnon*, translated with notes by H. Lloyd-Jones, Englewood Cliffs, N. J. 1970, London 1979.

Bollack, J., u. P. Judet de la Combe (Hrsg.), *L'Agamemnon d'Eschyle. Le texte et ses interpretations*, 2 Bde., Cahiers de Philologie 6.7.8, Lille 1981.

(Choephoroi)

Aeschylus' Choephoroi, met inleiding, critische noten en commentaar uitgegeven door P. Groeneboom, Groningen 1949.

Aeschylus, *The Libation Bearers*, A Translation with Commentary by H. Lloyd-Jones, Englewood Cliffs, N. J. 1970.

Aeschylus, *Choephori*, with Introduction and Commentary by A. F. Garvie, Oxford 1986.

(Eumenides)

Aeschylus' Eumeniden, met inleiding, critische noten en commentaar uitgegeven door P. Groeneboom, Groningen 1952.

Aeschylus, *The Eumenides*, A Translation with Commentary by H. Lloyd-Jones, Englewood Cliffs, N. J. 1970.

(Oresteia)

The Oresteia of Aeschylus, edited with an Introduction and Commentary, in which is included the work of the late W. Headlam, by G. Thomson, 2 Bde., Cambridge 1938, new edition revised and enlarged Amsterdam–Prag 1966.

Aischylos' Oresteia. A Literary Commentary, by D. J. Conacher, Toronto 1987.

(Hiketides)

Vürtheim, J., *Aischylos' Schutzflehende mit ausführlicher Einleitung, Text, Kommentar, Exkursen und Sachregister*, Amsterdam 1928.

Aeschylus, *The Suppliants, Volume 1*, The Text with Introduction, Critical Apparatus and Translation by H. F. Johansen, the Scholia with Introduction and Critical Apparatus by O. Smith, Classica et Mediaevalia, Dissertationes VII, Kopenhagen 1970.

Aeschylus, *The Suppliants*, edited by H. F. Johansen and E. W. Whittle, 3 Bde., Kopenhagen 1980.

(Persai)

Aeschylus' Perzen, met inleiding en aantekeningen door G. Italie, Griekse en latijnse schrijvers met aantekeningen 64, Leiden 1953.

Aischylos' Perser, hrsg. von P. Groeneboom, aus dem Holländischen von H. Sönnichsen, 2 Tle., Studientexte griechischer und lateinischer Schriftsteller III, Göttingen 1960.

The Persae of Aeschylus, edited with Introduction, Critical Notes and Commentary by H. D. Broadhead, Cambridge 1960.

Éschyle, *Les Perses*, édition, introduction et commentaire par un groupe de Normaliens sous la direction de J. de Romilly, Paris 1974.

(Prometheus)

Aeschylus' Prometheus, met inleiding, critische noten en commentaar uitgegeven door P. Groeneboom, Groningen 1928.

Conacher, D. J., *Aeschylus' Prometheus Bound. A Literary Commentary*, Toronto 1980.

Aeschylus, *Prometheus Bound*, edited by M. Griffith, Cambridge 1983.

(Septem)

Aeschylus' Zeven tegen Thebe, met inleiding, critische noten en commentaar uitgegeven door P. Groeneboom, Groningen 1938, Nachdr. Amsterdam 1966.

Aeschylus' Zeven tegen Thebe, met inleiding en aantekeningen door G. Italie, Grieksche en latijnsche schrijvers met aantekeningen 62, Leiden 1950.

Lupas, L., u. Z. Petre, *Commentaire aux »Sept contre Thèbes« d'Éschyle*, Bukarest–Paris 1981.

Aeschylus, *Septem contra Thebas*, edited with Introduction and Commentary by G. O. Hutchinson, Oxford 1985.

(Übersetzungen)

Droysen, J. G., *Des Aischylos Werke*, übersetzt von J. G. D., 2 Tle., Berlin 1832 (zahlreiche Neuauflagen, zuletzt 1884).

Aischylos, *Die Tragödien und Fragmente*, auf der Grundlage der Übersetzung von J. G. Droysen bearbeitet, eingeleitet und teilweise neu übersetzt von F. Stoessl, Die Bibliothek der Alten Welt, Griechische Reihe, Zürich 1952.

Aischylos, *Die Tragödien und Fragmente*, übertragen von J. G. Droysen, durchgesehen und eingeleitet von W. Nestle, Nachwort von W. Jens, Stuttgart 1957.

Aischylos, *Tragödien*, übertragen von H. Bogner, Berlin 1926.

Aeschylus, *Tragödien und Fragmente*, verdeutscht von L. Wolde, Sammlung Dieterich 17, Leipzig 1938.

Aischylos, *Tragödien*, übertragen von H. F. Waser, Zürich 1952.

Aeschylus, *Tragödien und Fragmente*, hrsg. und übers. von O. Werner, München 1952, ²1969, ³1980.
Aeschylus with an English Translation by H. W. Smyth, 2. Bde., London 1922/26; Ndr. 1956/57 mit Appendix der neugefundenen Fragmente seit 1930 von H. Lloyd-Jones.
Aischylos, *Die Danaostöchter, Prometheus, Thebanische Trilogie. Drei Tragödien*, übertragen und erläutert von E. Buschor, München 1958.
Aeschylus, *Orestie*, übers. von O. Werner, München 1948.
Aischylos, *Die Orestie. Drei Tragödien*, übertragen und erläutert von E. Buschor, Fischer-Bücherei, Frankfurt/M. 1958.
Aischylos, *Die Orestie (Agamemnon, Die Choephoren, Die Eumeniden)*, eine freie Übertragung von W. Jens, München 1979.
Aischylos, *Prometheus in Fesseln*, zweisprachige Ausgabe mit dem griechischen Text, hrsg. u. übers. von D. Bremer, mit Hinweisen zur Deutung und zur Wirkungsgeschichte, it 918, Frankfurt/M. 1988.
Aischylos, *Die Schutzsuchenden*, griechisch und deutsch mit einer erläuternden Abhandlung von W. Kraus, Frankfurt/M. 1948.

(Scholien)
W. Dindorf (Hrsg.), *Aeschyli Tragoediae*, T. III, *Scholia Graeca ex codicibus aucta et emendata*, Oxford 1851.
Scholia Graeca in Aeschylum quae exstant Omnia, Pars I (*Scholia in Agamemnonem, Choephoros, Eumenides, Supplices continens*), edidit O. L. Smith, Leipzig 1976.
Scholia Graeca in Aeschylum quae exstant Omnia, Pars II, fasc. 2 *(Scholia in Septem adversus Thebas continens)*, edidit O. L. Smith, Leipzig 1982.
Scholia in Aeschyli Persas, recensuit, apparatu critico instruxit, cum praefatione de archetypo codicum Aeschyli scripta edidit O. Dähnhardt, Leipzig 1894.
Herington, C. J., *The Older Scholia on the Prometheus Bound*, Mnemosyne Suppl. 19, Leiden 1972.

(Lexikon)
Italie, G., *Index Aeschyleus*, Leiden 1955, ²1964 (editio corr. et aucta, cur. S. L. Radt).

Sophokles
(Ausgaben)
Sophoclis Fabulae, recognovit brevique adnotatione critica instruxit A. C. Pearson, Oxford 1924 (zahlr. Nachdrucke).
Sophoclis Tragoediae, Tom. 1 *(Aiax. Electra. Oedipus Rex)*, Tom. 2 *(Trachiniae. Antigone. Philoctetes. Oedipus Coloneus)*, ed. R. D. Dawe, Leipzig 1975, ²1984 und 1979, ²1985.

Tragicorum Graecorum Fragmenta, Vol. IV: *Sophocles*, ed. S. Radt (F 730 a-g edidit R. Kannicht), Göttingen 1977.
Carden, R., und W. S. Barrett, *The Papyrus Fragments of Sophocles*, Texte und Kommentare 7, Berlin 1974.
Sophocles, *The Plays and Fragments*, with Critical Notes, Commentary and Translation in English Prose by R. C. Jebb, 7 Bde., Cambridge 1883-1907, Repr. Amsterdam 1962/63.
Sophokles, erklärt von F. Schneidewin–A. Nauck, bearb. von Bruhn-Radermacher Leipzig 1909-1914.
The Plays of Sophocles, by J. C. Kamerbeek, Commentaries, 7 Bde., Leiden 1953.

(Aias)
Sophocles, *Ajax*, edited with Introduction, Revised Text, Commentary, Appendixes, Indexes and Bibliography by W. B. Stanford, London 1963, New York 1973.
Sophocle, *Ajax*, edition, introduction et commentaire par un groupe de Normaliens sous la direction de J. de Romilly, Paris 1976.

(Antigone)
Müller, G., *Sophocles. Antigone*, erläutert und mit einer Einleitung versehen, Wissenschaftliche Kommentare zu griechischen und lateinischen Schriftstellern, Heidelberg 1967.

(Elektra)
Sophoclis Electra in usum scholarum, edidit O. Jahn, editio tertia curata ab A. Michaelis, Bonn [3]1882.
Sophocles, *Electra*, edited by J. H. Kells, Cambridge Greek and Latin Classics, Cambridge 1973.

(König Ödipus)
Sophocles, *Oedipus Rex*, edited by R. D. Dawe, Cambridge Greek and Latin Classics, Cambridge 1982.
Odipe Roi de Sophocle. Texte, traduction et commentaire, par J. Bollack, 3. Bde., Lille 1988.

(Oedipus Coloneus)
Sofocle, *Edipo a Colono*, a cura di D. Pieraccioni, Firenze 1956.

(Philoktetes)
Sophocles, *Philoctetes*, edited by T. B. L. Webster, Cambridge Greek and Latin Classics, Cambridge 1970.

(Trachiniai)
Sophocles, *Trachiniae*, edited by P. E. Easterling, Cambridge Greek and Latin Classics, Cambridge 1982.

(Übersetzungen)
Sophokles, Die Tragödien, mit einem Nachwort von W. Schadewaldt, Fischer Bücherei, Exempla Classica 81, Frankfurt/M.–Hamburg 1963 (*König Ödipus* und *Elektra* übers. von W. Schadewaldt, weitere Übersetzungen von E. Buschor, K. Reinhardt, E. Staiger).
Sophokles, Tragödien und Fragmente, griechisch und deutsch herausgegeben und übersetzt von W. Willige, überarbeitet von Karl Bayer, München 1966. Mit Anmerkungen und einem Nachwort v. B. Zimmermann, München [2]1985.
Sophokles, Tragödien, herausgegeben und mit einem Nachwort versehen von W. Schadewaldt, Die Bibliothek der Alten Welt, Zürich–Stuttgart 1968 (*Aias, Antigone, König Ödipus, Elektra* übers. von W. Schadewaldt, *Trachinierinnen, Philoktet, Ödipus auf Kolonos* übers. von E. Buschor).
Sophokles, Tragödien, deutsch von Friedrich Hölderlin, hrsg. und eingeleitet von W. Schadewaldt, Fischer-Bücherei 162, Frankfurt/M. 1957.
Sophokles, Antigone, übersetzt und eingeleitet von Karl Reinhardt, mit griechischem Text, Kleine Vandenhoeck-Reihe 116/117, Göttingen 1961, [4]1966.
Sophokles, *König Ödipus*, Übertragung und Einleitung von K. A. Pfeiff (mit griechischem Text), Kleine Vandenhoeck-Reihe 278/279/280, Göttingen 1969.

(Scholien)
Scholia in Sophoclis tragoedias vetera e codice Laurentiano denuo collato, edidit, commentario critico instruxit, indices adiecit, P. N. Papageorgius, Leipzig 1888.

(Lexikon)
Ellendt, F., *Lexicon Sophocleum*, editionem alteram emendatam curavit H. Genthe, Berlin 1872, Hildesheim [2]1958.

Euripides
(Ausgaben)
Euripidis Tragoediae, ex recensione A. Nauck, 3 Bde., Leipzig 1854, [3]1871.
Euripidis Fabulae, recognovit brevique adnotatione critica instruxit G. Murray, 3. Bde., Oxford 1902, 1904 ([2]1908), 1909 ([2]1913) u. ö.
Euripidis Fabulae, edidit J. Diggle, (bisher) 2 Bde., Oxford 1981, 1984.
H. von Arnim, *Supplementum Euripideum*, Bonn 1913.

Van Looy, H., *Zes verloren tragedies van Euripides*, Brüssel 1964.
Nova Fragmenta Euripidea in Papyris Reperta, ed. C. Austin, Kleine Texte für Vorlesungen und Übungen 187, Berlin 1968.
Tragicorum Graecorum Fragmenta, Vol. V: *Euripides*, ed. R. Kannicht (in Vorbereitung).

(Alkestis)
Euripides, *Alcestis*, edidit A. Garzya, Leipzig 1980.
Euripides, *Alkestis*, erklärt von L. Weber, Leipzig–Berlin 1930.
Euripides, *Alcestis*, edited with Introduction and Commentary by A. M. Dale, Oxford 1954.

(Alexandros)
B. Snell, *Euripides' Alexandros und andere Strassburger Papyri mit Fragmenten griechischer Dichter*, Hermes Einzelschriften 5, Wiesbaden 1937.

(Andromache)
Euripides, *Andromache*, edidit A. Garzya, Leipzig 1978.
Euripide, *Andromaca*, a cura di A. Garzya, Napoli 1953, [2]1963 (riveduta e ampliata).
Euripides, *Andromache*, edited with introduction and commentary by P. T. Stevens, Oxford 1971.

(Archelaos)
Euripides' Kresphontes and Archelaos, Introduction, Text and Commentary by M. A. Harder, Diss. Groningen 1985, Leiden 1985.

(Bakchai)
Euripides, *Bacchae*, edidit E. C. Kopff, Leipzig 1982.
Euripides, *Bacchae*, edited with Introduction and Commentary by E. R. Dodds, Oxford 1944, [2]1960.
Euripides, *Bacchae*, A Translation with Commentary by G. S. Kirk, Englewood Cliffs, N. J. 1970.

(Elektra)
Euripides, *Electra*, edited with Introduction and Commentary by J. D. Denniston, Oxford 1939.

(Hekabe)
Euripides, *Hecuba*, edidit S. G. Daitz, Leipzig 1973.
Euripides, *Hekabe*, edited with Introduction and Commentary by M. Tierney, Bristol 1979.

(Helena)
Euripidis Helena, edidit K. Alt, Leipzig 1964.
Euripides, *Helen*, edited with Introduction and Commentary by A. M. Dale, Oxford 1967.
Euripides, *Helena*, herausgegeben und erklärt von R. Kannicht, 2 Bde., Wissenschaftliche Kommentare zu griechischen und lateinischen Schriftstellern, Heidelberg 1969.

(Herakles)
Euripides, *Hercules*, edidit K. H. Lee, Leipzig 1988.
Euripides, *Herakles*, erklärt von U. v. Wilamowitz-Moellendorff, 2 Bde., Berlin 1886, [2]1895; Nachdr. in 3 Bden. Darmstadt 1959.
Euripides, *Heracles*, with Introduction and Commentary by G. W. Bond, Oxford 1981.

(Heraklidai)
Euripides, *Heraclidae*, edidit A. Garzya, Leipzig 1972.
Euripide, *Eraclidi*, a cura di A. Garzya, Rom 1958.

(Hiketides)
Euripides, *Supplices*, edidit C. Collard, Leipzig 1984.
Euripides, *Supplices*, edited with Introduction and Commentary by C. Collard, 2 Bde., Groningen 1975.

(Hippolytos)
Barrett, W. S., *Euripides. Hippolytos*, edited with Introduction and Commentary, Oxford 1964.

(Hypsipyle)
Euripides, *Hypsipyle*, edited by G. W. Bond, Oxford Classical and Philosophical Monographs, Oxford 1963.
Euripides, *Hypsipyle*, Text and Annotation based on a Reexamination of the Papyri by W. C. H. Cockle, Testi e commenti 7, Rom 1987.

(Ion)
Euripides, *Ion*, erklärt von U. v. Wilamowitz-Moellendorff, Berlin 1926.
Euripides, *Ion*, edited with Introduction and Commentary by A. S. Owen, Oxford 1939.

(Iphigenie in Aulis)
Euripides, *Iphigenia Aulidensis*, edidit H. C. Günther, Leipzig 1988.
Euripide, *Ifigenia in Aulide*, a cura di G. A. Cesareo, Milano 1962.

(Iphigenie bei den Taurern)
Euripides, *Iphigenia in Tauris*, edidit D. Sansone, Leipzig 1981.
Euripides, *Iphigenia in Tauris*, edited with Introduction and Commentary by M. Platnauer, Oxford 1938.

(Kresphontes)
Euripide, *Cresfonte*, introduzione, testo critico dei frammenti e commento a cura di O. Musso, Testi e documenti per lo studio dell'antichità, Milano 1974.
Euripides' Kresphontes and Archelaos, Introduction, Text and Commentary by M. A. Harder, Diss. Groningen 1985, Leiden 1985.

(Kretes)
Euripide, *I Cretesi*, con due appendici e dieci tavole fotografiche, testi e commento di R. Cantarella, Milano 1963.

(Kyklops)
Euripides, *Cyclops*, edidit W. Biehl, Leipzig 1983.
Euripides, *Cyclops*, Introduction and Commentary by R. G. Ussher, Rom 1978.
Euripides, *Cyclops*, with Introduction and Commentary by R. Seaford, Oxford 1984.
Euripides, *Cyclops*, erklärt von W. Biehl, Wissenschaftliche Kommentare zu griechischen und lateinischen Schriftstellern, Heidelberg 1986.

(Medeia)
Euripides, *Medea*, mit Scholien herausgegeben von E. Diehl, Kleine Texte für Vorlesungen und Übungen 89, Bonn 1911.
Euripides, *Medea*, the Text edited with Introduction and Commentary by D. L. Page, Oxford 1938, ^{2}1952 (with corrections).
Euripides, *Medea*, edited by A. Elliott, Oxford 1969.
Euripide, *Médée*, édition, introduction et commentaire de R. Flacelière, »Érasme«, Collection de textes Grecs commentés, Paris 1970.

(Orestes)
Euripides, *Orestes*, edidit W. Biehl, Leipzig 1975.
Euripidis Orestes, introduzione, testo critico, commento e appendice metrica a cura di V. di Benedetto, Florenz 1965.
Euripides, *Orestes*, erklärt von W. Biehl, Deutsche Akademie der Wissenschaften zu Berlin, Schriften der Sektion für Altertumswissenschaft 46, Berlin 1965.
Euripides, *Orestes*, with Introduction and Commentary by C. W. Willink, Oxford 1986.

Euripides, *Orestes*, edited with Translation and Commentary by M. L. West, Warminster 1987.

(Phaethon)

Euripides, *Phaethon*, edited with Prolegomena and Commentary by J. Diggle, Cambridge Classical Texts and Commentaries 12, Cambridge 1970.

(Phoinissai)

Euripides, *Phoinissai*, edidit D. J. Mastronarde, Leipzig 1988.

Euripides, *The Phoinissai*, edited by A. C. Pearson, Cambridge 1909.

The Phoinissai of Euripides, ed. J. U. Powell, London 1911, Repr. New York 1979.

(Rhesos)

Ebener, D. (Hrsg.), *Rhesos, Tragödie eines unbekannten Dichters*, Schriften und Quellen der Alten Welt 19, Berlin 1966.

Euripides, *Rhesos*, translated by R. E. Braun, New York 1978.

(Telephos)

The Telephus of Euripides, by E. W. Handley and J. Rea, University of London, Institute of Classical Studies, Bulletin Supplement 5, London 1957.

(Troades)

Euripides, *Troades*, edidit W. Biehl, Leipzig 1970.

Euripides, *Troades*, with Introduction and Commentary by K. H. Lee, London 1976.

Euripides, *Troades*, erklärt von W. Biehl, Wissenschaftliche Kommentare zu griechischen und lateinischen Schriftstellern, Heidelberg 1989.

(Übersetzungen)

Euripides, with an English Translation by A. S. Way, 4 Bde., London 1912 u. ö.

Euripides, *Tragödien und Fragmente*, deutsch von L. Wolde, 2 Bde., Wiesbaden 1949.

Euripides, *Sämtliche Tragödien in zwei Bänden*, nach der Übersetzung von J. J. Donner bearbeitet von R. Kannicht, Anmerkungen von B. Hagen, Einleitung von W. Jens, 2 Bde., Stuttgart 1958.

Euripides, *Die Tragödien und Fragmente*, bearbeitet und eingeleitet von F. Stoessl, 2 Bde., Die Bibliothek der Alten Welt, Griechische Reihe, Zürich–Stuttgart 1968.

Euripides, *Sämtliche Tragödien und Fragmente, griechisch-deutsch*, übersetzt von E. Buschor, herausgegeben von G. A. Seeck, München 1972 ff.

(Bd. 1: *Alkestis, Medeia, Hippolytos* 1972, Bd. 2: *Die Kinder des Herakles, Hekabe, Andromache* 1972, Bd. 3: *Die bittflehenden Mütter, Der Wahnsinn des Herakles, Die Troerinnen, Elektra* 1972, Bd. 4: *Iphigenie im Taurerlande, Helena, Ion, Die Phönikerinnen* 1972, Bd. 5: *Orestes, Iphigenie in Aulis, Die Mänaden* 1977, Bd. 6: *Fragmente (übers. von G. A. Seeck), Der Kyklop (übers. von J. J. C. Donner), Rhesos (übers. von W. Binder)* 1981).

W. Jens, *Der Untergang. Nach den Troerinnen des Euripides*, München 1982.

F. Werfel, *Die Troerinnen*, Leipzig 1915; jetzt in: F. Werfel, *Dramen, Erster Band*, hrsg. von A. D. Klarmann, Frankfurt/M. 1959, 41-89.

(Scholien)

Scholia in Euripidem, coll. rec. ed. E. Schwartz, *1. Scholia in Hecubam, Orestem, Phoenissas*, Berlin 1887, *2. Scholia in Hippolytum, Medeam, Alcestim, Rhesum, Andromacham, Troades*, Berlin 1891.

(Lexikon)

Allen, J. T., u. Italie, G., *A Concordance to Euripides*, Berkeley–Los Angeles–London 1954.

Collard, C., *Supplement to the Allen and Italie Concordance to Euripides*, Groningen 1971.

Sprache

Nauck, A., *Tragicae dictionis index spectans ad Tragicorum Graecorum Fragmenta*, St. Petersburg–Leipzig 1892.

Edinger, H. E., *Index analyticus Graecitatis Aeschyleae*, Hildesheim 1981.

Clay, D. M., *A Formal Analysis of the Vocabularies of Aeschylus, Sophocles and Euripides*, 2 Bde., Athen 1958.

Forschungsberichte

Friis Johansen, H., »Sophokles 1939-1959«, in: *Lustrum* 7 (1962), 94-288.

Lesky, A., »Griechische Tragödie. I. Ursprungsfrage und Bühnenaltertümer. II. Aischylos«, in: *Anzeiger für die Altertumswissenschaft* 1 (1948), 65-71; 99-108.

Ders., »Griechische Tragödie. III. Sophokles. IV. Euripides. V. Nachträge«, in: *Anzeiger für die Altertumswissenschaft* 2 (1949), 1-11; 34-45; 69-73.

Ders., »Griechische Tragödie. I. Ursprungsfrage und Bühnenaltertümer. 1. Fortsetzung«, in: *Anzeiger für die Altertumswissenschaft* 3 (1950), 195-218.

Ders., »Griechische Tragödie. 2. Fortsetzung«, in: *Anzeiger für die Altertumswissenschaft* 5 (1952), 131-154.

Ders., »Griechische Tragödie. 3. Fortsetzung«, in: *Anzeiger für die Altertumswissenschaft* 7 (1954), 129-152.
Ders., »Griechische Tragödie. 4. Fortsetzung«, in: *Anzeiger für die Altertumswissenschaft* 12 (1959), 1-22.
Ders., »Griechische Tragödie. 5. Fortsetzung«, in: *Anzeiger für die Altertumswissenschaft* 14 (1961), 1-26.
Ders., »Griechische Tragödie. 6. Fortsetzung«, in: *Anzeiger für die Altertumswissenschaft* 16 (1963), 129-156.
Ders., »Griechische Tragödie. 7. Fortsetzung, 1. (Allgemeines – Ursprünge – Bühnenaltertümer), 2. (Aischylos) und 3. (Sophokles) Teil«, in: *Anzeiger für die Altertumswissenschaft* 20 (1967), 65-106; 193-216.
Ders., »Griechische Tragödie. 7. Fortsetzung, 4. Teil (Euripides)«, in: *Anzeiger für die Altertumswissenschaft* 21 (1968), 1-30.
Mette, H.-J., »Literaturbericht über Aischylos für die Jahre 1950-1954«, in: *Gymnasium* 62 (1955), 393-407.
Ders., »Euripides (insbesondere für die Jahre 1939-1968). Erster Hauptteil: Die Bruchstücke«, in: *Lustrum* 13 (1968), 289-403; 565-771.
Ders., »Euripides (insbesondere für die Jahre 1939-1968). Erster Hauptteil: Die Bruchstücke (Fortsetzung)«, in: *Lustrum* 13 (1968), 289-403; 569-571.
Ders., »Ergänzungen für 1968-1975«, in: *Lustrum* 17 (1973/74), 5-26.
Ders., »Ergänzungen für 1976-1977«, in: *Lustrum* 19 (1976/77), 65-78.
Ders., »Euripides (insbesondere für die Jahre 1968-1981). Erster Hauptteil: Die Bruchstücke (Fortsetzung)«, in: *Lustrum* 23/24 (1981/82), 5-448; »Nachtrag«, in: *Lustrum* 25 (1983), 5-13; »1983«, in: *Lustrum* 27 (1985), 23-26.
Ders., »Literatur zu Euripides 1952-1957«, in: *Gymnasium* 66 (1959), 151-158.
Miller, H. W., »A Survey of Recent Euripidean Scholarship 1940-1954«, in: *Classical Weekly* 49 (1956), 81-92.
Ders., »Euripidean Drama 1955-1965«, in: *Classical Weekly* 60 (1967), 177-179; 182-187; 218-220.
Morel, W., »Bericht über die Literatur zu Aischylos aus den Jahren 1930-1933«, in: *Bursians Jahresberichte über die Fortschritte der klassischen Altertumswissenschaft* 259 (1938), 1-34.
Strohm, H., »Griechische Tragödie. 8. Fortsetzung«, in: *Anzeiger für die Altertumswissenschaft* 22 (1969), 129-154.
Ders., »Griechische Tragödie. 9. Fortsetzung: Sophokles«, in: *Anzeiger für die Altertumswissenschaft* 24 (1971), 130-162.
Ders., »Griechische Tragödie. 10. Fortsetzung: Sophokles (Nachtrag) – Euripides (1. Teil)«, in: *Anzeiger für die Altertumswissenschaft* 26 (1973), 1-32.
Ders., »Griechische Tragödie. 10. Fortsetzung: Euripides (2. Teil)«, in: *Anzeiger für die Altertumswissenschaft* 27 (1974), 33-54.

Ders., »Griechische Tragödie. 11. Fortsetzung: Tragödie allgemein – Aischylos«, in: *Anzeiger für die Altertumswissenschaft* 29 (1976), 129-154.
Ders., »Griechische Tragödie. 12. Fortsetzung: Sophokles-Euripides«, in: *Anzeiger für die Altertumswissenschaft* 30 (1977), 129-166.
Untersteiner, M., *Guida bibliografica ad Eschilo*, Arona 1947.
Wartelle, A., *Bibliographie historique et critique d' Éschyle et de la tragédie grecque 1518-1974*, Paris 1978.
Webster, T. B. L., »Recent Scholarship on Greek Tragedy«, in: *Diogenes* 5 (1954), 85-100.

Metrik/Musik

Chailley, J., *La musique grecque antique*, Paris 1979.
Comotti, G., *La musica nella cultura greca e romana*, Storia della musica 1, 1, Turin 1979.
Conomis, N. C., »The Dochmiacs of Greek Drama«, in: *Hermes* 92 (1964), 23-50.
Dale, A. M., *The Lyric Metres of Greek Drama*, Cambridge 1948, [2]1968.
Dies., *Metrical Analyses of Tragic Choruses*, fasc. 1, Bulletin of the Institute of Classical Studies of the University of London, suppl. XXI.I (1971); fasc. II, ebd. XXI.2 (1981).
Dies., »Greek Metric 1936-1957«, in: *Lustrum* 2 (1957), 5-51.
Drew-Bear, T., »The Trochaic Tetrameter in Greek Tragedy«, in: *American Journal of Philology* 89 (1968), 385-405.
Henderson, I., »Ancient Greek Music«, in: E. Wellesz (Hrsg.), *Ancient and Oriental Music*, Oxford 1957.
Imhof, M., »Tetrameterszenen in der Tragödie«, in: *Museum Helveticum* 13 (1956), 125-143.
Koller, H., *Musik und Dichtung im alten Griechenland*, Bern–München 1963.
Korzeniewski, D., *Griechische Metrik*, Die Altertumswissenschaft, Darmstadt 1968 (dazu: R. Kannicht, *Gnomon* 45 (1973), 113-134).
Kraus, W., *Strophengestaltung in der griechischen Tragödie, I. Aischylos und Sophokles*, SB Österr. Akad. der Wiss., Phil.-hist. Kl. 231, 4, Wien 1957.
Lawler, L. B., *The Dance in Ancient Greece*, London 1964.
Maas, P., *Griechische Metrik*, Gercke-Norden, Einleitung in die Altertumswissenschaft Abt. I, Heft 7, Leipzig 1923, [3]1929.
Ders., *Greek Metre*, translated by H. Lloyd-Jones, Oxford 1962.
Michaelides, S., *The Music of Ancient Greece. An Encyclopedia*, London 1978.
Neubecker, A. J., *Altgriechische Musik. Eine Einführung*, Die Altertumswissenschaft, Darmstadt 1977.
Parker, L. P. E., »Greek Metric 1957-1970«, in: *Lustrum* 15 (1970), 37-58.

Pöhlmann, E., *Denkmäler altgriechischer Musik. Sammlung, Übertragung und Erläuterung aller Fragmente und Fälschungen*, Erlanger Beiträge zur Sprach- und Kunstwissenschaft Bd. 31, Nürnberg 1970.
Ders., »Die Notenschrift in der Überlieferung der griechischen Bühnenmusik«, in: *Würzburger Jahrbücher* 2 (1976), 53-73.
Pohlsander, H., *Metrical Studies in the Lyrics of Sophocles*, Leiden 1964.
Prato, C., *Ricerche sul trimetro dei tragici greci*, Studi di metrica classica 6, Roma 1975.
Schein, S. L., *The Iambic Trimeter in Aeschylus and Sophocles*, Leiden 1979.
Schroeder, O., *Aeschyli Cantica*, Leipzig 1906, [2]1916.
Ders., *Euripidis Cantica*, Leipzig 1910, [2]1930.
Ders., *Sophoclis Cantica*, Leipzig 1907, [2]1923.
Seidler, A., *De versibus dochmiacis tragicorum graecorum*, Leipzig 1811.
Snell, B., *Griechische Metrik*, Studienhefte zur Altertumswissenschaft 1, Göttingen 1955, [4]1982 (neubearb. Aufl.).
Stinton, T. C. W., »Pause and Period in the Lyrics of Greek Tragedy«, in: *Classical Quarterly* 27 (1977), 27-66.
Theiler, W., »Die Gliederung der griechischen Chorliedstrophe«, in: *Museum Helveticum* 12 (1955), 181-200.
Webster, T. B. L., *The Greek Chorus*, London 1970.
Wegner, M., *Musikgeschichte in Bildern*, Bd. II, Lieferung 4: Griechenland, Leipzig 1936.
Ders., *Das Musikleben der Griechen*, Berlin 1949.
West, M. L., *Greek Metre*, Oxford 1982.
Ders., *Introduction to Greek Metre*, Oxford 1987.
Wilamowitz-Moellendorff, U. v., *Griechische Verskunst*, Berlin 1921, Darmstadt 1958.
Winnington-Ingram, R. P., »Ancient Greek Music 1932-1957«, in: *Lustrum* 3 (1958), 5-57.

II. Allgemeiner Teil

Adkins, A. W. H., »Aristotle and the Best Kind of Tragedy«, in: *Classical Quarterly* N. S. 16 (1966), 78-102.
Adrados, F. R., *Fiesta, Comedia y Tragedia*, Barcelona 1972; eng.: *Festival, Comedy and Tragedy. The Greek Origins of Theatre*, translated from the Spanish by Christopher Holme, Leiden 1975.
Agard, W. R., »Fate and Freedom in Greek Tragedy«, in: *The Classical Journal* 29 (1933), 117-126.
Albini, U., *Interpretazioni teatrali: Da Eschilo ad Aristofane*, 2 Bde., Firenze 1972, 1976.

Albracht, F., *Kampf und Kampfschilderung bei Homer*, Programm Schulpforta 1886.
Anderson, M.J. (Hrsg.), *Classical Drama and its Influence*, London 1965.
Arend, W., *Die typischen Szenen bei Homer*, Problemata Heft 7, Berlin 1933.
Arnott, P.D., *Greek Scenic Conventions in the Fifth Century B. C.*, Oxford 1962.
Ders., *An Introduction to the Greek Theatre*, London 1959.
Ders., *Public and Performance in the Greek Theatre*, London–New York 1989.
Bacon, H.H., *Barbarians in Greek Tragedy*, New Haven 1961.
Bain, D., *Actors and Audience. A Study of Asides and Related Conventions in Greek Drama*, Oxford Classical & Philosophical Monographs, Oxford 1977.
Ders., *Orders, Masters and Servants in Greek Tragedy*, Manchester 1981.
Baldry, H.C., *The Greek Tragic Theatre*, London 1971.
Barbieri, L., *Das Beiseitesprechen im antiken Drama*, Diss. Innsbruck 1966.
Benedetto, V. di, *L'ideologia del potere e la tragedia greca*, Turin 1978.
Bergk, Th., *Griechische Literaturgeschichte*, Bd. 3, aus dem Nachlaß hrsg. von G. Hinrichs, Berlin 1884.
Bernays, J., *Zwei Abhandlungen über die aristotelische Theorie des Dramas*, Berlin 1880, Nachdr. Darmstadt [2]1968.
Bethe, E., *Homer, Dichtung und Sage.* 2. Bd.: *Odyssee, Kyklos, Zeitbestimmung nebst den Resten des Troischen Kyklos und einem Beitrag von F. Studniczka*, Leipzig–Berlin 1922.
Bieber, M., *The History of the Greek and Roman Theatre*, Princeton, NJ 1939, [2]1961 (rev. and enl.).
Biffi, L., »Elementi comici nella tragedia greca«, in: *Dioniso* 35 (1961), 89-102.
Björck, G., *Das Alpha impurum und die tragische Kunstsprache*, Uppsala 1950.
Blume, H.D., *Einführung in das antike Theaterwesen*, Die Altertumswissenschaft, Darmstadt 1978, [2]1984.
Boehm, J., *Die dramatischen Theorien Pierre Corneilles*, Berlin 1901.
Boer, C.W., *The Language of Tragic Humor*, Diss. Buffalo 1967.
Bogner, H., *Der tragische Gegensatz. Seine Entdeckung und Gestaltung in der frühgriechischen Tragödie*, Heidelberg 1947.
Bremer, J.M., *Hamartia. Tragic Error in the* Poetics *of Aristotle and in Greek Tragedy*, Amsterdam 1969.
Broadhead, H.D., *Tragica. Elucidation of Passages in Greek Tragedy*, Christchurch, New Zealand 1968.
Brommer, F., *Herakles. I. Die zwölf Taten des Helden in antiker Kunst*

und Literatur, Münster–Köln 1953, Köln–Wien [2]1972 (durchges. u. verändert).
Ders., *Herakles. II. Die unkanonischen Taten des Helden*, Darmstadt 1984.
Ders., »Herakles und Syleus«, in: *Jahrbuch des Deutschen Archäologischen Instituts* 59/60 (1944/45), 69-78.
Ders., *Satyroi*, Diss. München 1937, Würzburg 1937.
Ders., *Satyrspiele. Bilder griechischer Vasen*, Berlin 1944, [2]1959 (verb. u. erw.).
Ders., »Satyrspielterrakotten«, in: *Archäologischer Anzeiger* 1943, 128-131.
Brooke, I., *Costume in Greek Classic Drama*, London 1962.
Brown, A., *A New Companion to Greek Tragedy*, London 1983.
Brown, A. L. B., »Eumenides in Greek Tragedy«, in: *Classical Quarterly* N. S. 34 (1984), 260-281.
Bruckmann, F., *Griechische und römische Porträts*, nach Auswahl und Anordnung von H. Brunn und P. Arndt hrsg. von F. Bruckmann und G. Lippold, 2 Bde., München 1892-1912.
Bruns, I., *Das literarische Porträt der Griechen im fünften und vierten Jahrhundert vor Christi Geburt*, Berlin 1896.
Buchwald, W., *Studien zur Chronologie der attischen Tragödie 455-431*, Diss. Königsberg 1939.
Burckhardt, J., *Griechische Kulturgeschichte*, hrsg. von J. Oeri, 4 Bde., Berlin–Stuttgart 1898-1902; verbessert in: J. Burckhardt, *Gesamtausgabe*, hrsg. von F. Stähelin, Bd. VIII-XI, Stuttgart–Basel 1930/31; jetzt 4 Bde., Deutscher Taschenbuchverlag, München 1972.
Burkert, W., »Aristoteles im Theater. Zur Datierung des 3. Buchs der *Rhetorik* und der *Poetik*«, in: *Museum Helveticum* 32 (1975), 67-72.
Ders., »Greek Tragedy and Sacrificial Ritual«, in: *Greek, Roman and Byzantine Studies* 7 (1966), 87-121.
Butts, H. R., *The Glorification of Athens in Greek Drama*, Iowa Studies in Classical Philology 11, Iowa 1947.
Buxton, R. G. A., *Persuasion in Greek Tragedy: a Study of »Peitho«*, Cambridge 1982.
Ciani, M. G., »Lessico e funzione della follia nella tragedia greca«, in: Bollettino dell'Istituto di Filologia greca dell'Univ. di Padova 1 (1974), 70-110.
Class, M., *Gewissensregungen in der griechischen Tragödie*, Diss. Tübingen 1962, Spudasmata 3, Hildesheim 1964.
Corneille, P., *Trois discours sur le poème dramatique*, Paris 1660; jetzt hrsg. von L. Forestier, Paris 1963.
Dale, A. M., »The Chorus in the Action of Greek Tragedy«, in: *Classical Drama and Its Influence (Festschrift H. D. F. Kitto)*, London 1965, 15-27.

Dies., »Interior Scenes and Illusion in Greek Drama«, in: A. M. Dale, *Collected Papers*, Cambridge 1969, 259-271.
Dies., »Seen and Unseen on the Greek Stage: a Study in Scenic Conventions«, in: *Wiener Studien* 69 (1956), 96-106; jetzt in: A. M. Dale, *Collected Papers*, Cambridge 1969, 119-129; deutsch: »Sichtbares und Unsichtbares auf der griechischen Bühne: Eine Studie über die Konventionen szenischer Darstellung«, übersetzt von E. Wollner, in: H. Diller (Hrsg.), *Sophokles*, Wege der Forschung XCV, Darmstadt 1967, 239-251.
Dawe, R. D., »Some Reflections on Ate and Hamartia«, in: *Harvard Studies in Classical Philology* 72 (1968), 89-123.
De Falco, V., *Studi sul teatro greco*, Neapel 1943.
Deubner, L., *Oedipusprobleme*, Abhandlungen der Preußischen Akademie der Wissenschaften, Jahrgang 1942, Phil.-hist. Kl. Nr. 4, Berlin 1942; jetzt in: L. Deubner, *Kleine Schriften zur klassischen Altertumskunde*, hrsg. u. mit einer Bibliographie sowie einem ausführlichen Register versehen von O. Deubner, Beiträge zur klassischen Philologie 140, 635-677.
Devereux, G., *Dreams in Greek Tragedy. An Ethno-Psycho-Analytical Study*, Oxford 1976; deutsch: *Träume in der griechischen Tragödie. Eine ethnopsychoanalytische Untersuchung*, übersetzt von K. Staudt, stw 536, Frankfurt/M. 1985.
Diels, H., »Die Anfänge der Philologie bei den Griechen«, in: *Neue Jahrbücher für das Klassische Altertum, Geschichte und Literatur* 25, 13. Jg. (1910), 1-25; jetzt in: H. Diels, *Kleine Schriften zur Geschichte der antiken Philosophie*, hrsg. von W. Burkert, Darmstadt 1969, 68-92.
Di Gregorio, L., *Le scene d'annunzio nella tragedia greca*, Mailand 1967.
Diller, H., »Erwartung, Enttäuschung und Erfüllung in der griechischen Tragödie«, in: *Serta philologica Aenipontana (Innsbrucker Beiträge zur Kulturwissenschaft* 7/8), Innsbruck 1962, 93-115; jetzt in: H. Diller, *Kleine Schriften zur antiken Literatur*, hrsg. von H.-J. Newiger und H. Seyffert, München 1971, 304-334.
Dingel, J., »Requisit und szenisches Bild in der griechischen Tragödie«, in: W. Jens (Hrsg.), *Die Bauformen der griechischen Tragödie*, Beihefte zu Poetica 6, München 1971, 347-367.
Ders., *Das Requisit in der griechischen Tragödie*, Diss. Tübingen 1967.
Dirlmeier, F., »Κάθαρσις παθημάτων«, in: *Hermes* 75 (1940), 81-92; jetzt in: F. Dirlmeier, *Ausgewählte Schriften zu Dichtung und Philosophie der Griechen*, hrsg. von H. Görgemanns, Heidelberg 1970, 114-122.
Ders., *Der Mythos von König Ödipus*, Mainz–Berlin 1941, Mainz ²1964 (neubearb. u. ergänzt).
Dodds, E. R., *The Greeks and the Irrational*, Berkeley–Los Angeles 1951;

deutsch: *Die Griechen und das Irrationale*, aus dem Englischen übers. von H.-J. Dirksen, Darmstadt 1970.
Duchemin, J., *L'AΓΩN dans la tragédie Grecque*, Paris 1945, [2]1968 (durchges. und verb.).
Duncan, T. S., »Gorgias' Theories of Art.«, in: *Classical Journal* 33 (1937/38), 402-415.
Effe, B., »Held und Literatur. Der Funktionswandel des Herakles-Mythos in der griechischen Literatur«, in: *Poetica* 12 (1980), 145-166.
Else, G. F., *The Origin and Early Form of Greek Tragedy*, Cambridge/Mass. 1965.
Ders., »The Origin of TPAΓΩIΔIA«, in: *Hermes* 85 (1957), 17-46.
Erbse, H., »Überlieferungsgeschichte der griechischen klassischen und hellenistischen Literatur«, in: *Die Textüberlieferung der antiken Literatur und der Bibel*, Geschichte der Textüberlieferung der antiken und mittelalterlichen Literatur, Bd. 1, Zürich 1961; jetzt auch separat: dtv WR 4176, München 1975, 207-284.
Ferguson, J., *A Companion to Greek Tragedy*, Austin/Texas 1972.
Fischer, I., *Typische Motive im Satyrspiel*, Göttingen 1958.
Flashar, H. u. a., »Dramentheorie – Handlungstheorie (Bochumer Diskussion)«, in: *Poetica* 8 (1976), 321-450.
Ders., »Die medizinischen Grundlagen der Lehre von der Wirkung der Dichtung in der griechischen Poetik«, in: *Hermes* 84 (1956), 12-48.
Ders., »Die *Poetik* des Aristoteles und die griechische Tragödie«, in: *Poetica* 16 (1984), 1-23.
Ders., »Rez.: van Boekel, *Katharsis. Een filologische reconstructie van de psychologie van Aristoteles omtrent het gevoelsleven*«, in: *Gnomon* 31 (1959), 210-216.
Flickinger, R. C., *The Greek Theater and Its Drama*, Chicago [4]1936.
Friedländer, P., »Die griechische Tragödie und das Tragische«, in: *Die Antike* 1 (1925), 5-35, 295-318; 2 (1926), 79-112; jetzt in: P. Friedländer, *Studien zur antiken Literatur und Kunst*, Berlin 1969, 107-182.
Friedrich, W.-H., *Vorbild und Neugestaltung. Sechs Kapitel zur Geschichte der Tragödie*, Kleine Vandenhoeck-Reihe 249 S, Göttingen 1967.
Fritz, K. v., *Antike und moderne Tragödie. Neun Abhandlungen*, Berlin 1962.
Ders., »Tragische Schuld und poetische Gerechtigkeit in der griechischen Tragödie«, in: *Studium Generale* 8 (1955), 194-237; jetzt in: K. v. Fritz, *Antike und moderne Tragödie*, Berlin 1962, 1-112.
Ders., »Rez.: J. M. Bremer, *Hamartia* (1967)«, in: *Gnomon* 43 (1971), 551-563.
Ders., *Untersuchungen zu Senecas dramatischer Technik*, Leipzig 1933.
Fuhrmann, M., *Einführung in die antike Dichtungstheorie*, Darmstadt 1973.

Funke, H., *Die sogenannte tragische Schuld. Studie zur Rechtsidee in der griechischen Tragödie*, Diss. Köln 1962.

Gaiser, K., *Protreptik und Paränese bei Platon. Untersuchungen zur Form des Platonischen Dialogs*, Tübinger Beiträge zur Altertumswissenschaft 40, Stuttgart 1959.

Galinsky, G. K., *The Heracles Theme*, Oxford 1972.

Garton, C., »Characterization in Greek Tragedy«, in: *The Journal of Hellenic Studies* 77 (1957), 247-254.

Gebhard, E., »The Form of the Orchestra in the Early Greek Theater«, in: *Hesperia* 43 (1974), 428-440.

Ghiron-Bistagne, P., *Recherches sur les acteurs dans la Grèce antique*, Paris 1976.

Görgemanns, H., »Wilamowitz und die griechische Tragödie«, in: *Wilamowitz nach 50 Jahren*, hrsg. von W. M. Calder III, H. Flashar und T. Lindken, Darmstadt 1985, 130-150.

Goethe, J. W. v., »Nachlese zur Aristotelischen Poetik (1827)« in: E. Grumach, *Goethe und die Antike. Eine Sammlung, mit einem Nachwort von W. Schadewaldt*, 2 Bde., Berlin 1949, 776-778.

Golden, L., »The Character of Eteocles and the Meaning of the *Septem*«, in: *Transactions and Proceedings of the American Philological Association* 59 (1964), 79-89.

Ders., »Hamartia, Ate, and Oedipus«, in: *Classical Weekly* 72 (1978), 3-12.

Gould, J., »Dramatic Character and ›Human Intelligibility‹in Greek Tragedy«, in: *Proceedings of the Cambridge Philological Society* N. S. 24 (1978), 43-63.

Gross, A., *Die Stichomythie in der griechischen Tragödie und Komödie*, Berlin 1905.

Gründer, K. (Hrsg.), *Der Streit um Nietzsches »Geburt der Tragödie«. Die Schriften von E. Rohde, R. Wagner, U. v. Wilamowitz-Moellendorff*, zusammengestellt und eingel. von K. Gründer, Olms Paperback 40, Hildesheim 1964.

Grumach, E., *Goethe und die Antike. Eine Sammlung, mit einem Nachwort von W. Schadewaldt*, 2 Bde., Berlin 1949.

Guépin, J.-P., *The Tragic Paradox. Myth and Ritual in Greek Tragedy*, Amsterdam 1968.

Guggisberg, P., *Das Satyrspiel*, Diss. Zürich 1947.

Halliwell, S., *Aristotele's Poetics*, London 1986.

Hamilton, R., »Announced Entrances in Greek Tragedy«, in: *Harvard Studies in Classical Philology* 82 (1978), 63-82.

Hammond, N. G. L., »The Conditions of Dramatic Productions to the Death of Aeschylus«, in: *Greek, Roman and Byzantine Studies* 13 (1972), 387-450.

Harder, R., »Die Eigenart der Griechen. Eine kulturphysiognomische

Skizze«, in: R. Harder, *Die Eigenart der Griechen. Einführung in die griechische Kultur*, hrsg. von W. Marg, Herder-Bücherei 120, Freiburg 1962; jetzt in: R. Harder, *Kleine Schriften*, hrsg. von W. Marg, München 1960, 1-38.

Harsh, P. W., »῾Αμαρτία again«, in: *Transactions of the American Philological Association* 76 (1945), 47-58.

Heinimann, F., *Nomos und Physis. Herkunft und Bedeutung einer Antithese im griechischen Denken des 5. Jahrhunderts*, Schweizerische Beiträge zur Altertumswissenschaft 1, Basel 1945.

Hekler, A., *Die Bildniskunst der Griechen und Römer*, Stuttgart 1912.

Helg, W., *Das Chorlied der griechischen Tragödie in seinem Verhältnis zur Handlung*, Diss. Zürich 1950.

Herington, J., *Poetry into Drama. Early Tragedy and the Greek Poetical Tradition*, Sather Classical Lectures 49, Berkeley – Los Angeles – London 1985.

Hoermann, G. M., *Gleichnis und Metapher in der griechischen Tragödie*, Leipzig 1934.

Hoffmann, H., *Chronologie der attischen Tragödie*, Diss. Hamburg 1951.

Howald, E., *Die griechische Tragödie*, München 1930.

Ders., »Eine vorplatonische Kunsttheorie«, in: *Hermes* 54 (1919), 187-207.

Hunningher, B., *Acoustics and acting in the theatre of Dionysus Eleuthereus*, Amsterdam 1956.

Jackson, J., *Marginalia scaenica*, Oxford 1955.

Jaskulsky, D., *Die komische Figur in der griechischen Tragödie*, Diss. Tübingen 1968.

Jens, W. (Hrsg.), *Die Bauformen der griechischen Tragödie*, Beihefte zu *Poetica* 6, München 1971.

Ders., *Die Stichomythie in der frühen griechischen Tragödie*, Zetemata 11, München 1955.

Ders., »Strukturgesetze der frühen griechischen Tragödie«, in: *Studium Generale* 8 (1955), 246-253; jetzt in: W. Jens, *Zur Antike*, München 1978, 30-45; auch in: Hommel (Hrsg.), *Wege zu Aischylos*, 1. Bd.: *Zugang. Aspekte der Forschung. Nachleben*, Wege der Forschung LXXXVII, Darmstadt 1974, 86-103.

Joerden, K., *Hinterszenischer Raum und außerszenische Zeit, Untersuchungen zur dramatischen Technik der griechischen Tragödie*, Diss. Tübingen 1960.

Johansen, H. F., *General Reflection in Tragic Rhesis. A Study on Form*, Kopenhagen 1959.

Jones, J., *On Aristotle and Greek Tragedy*, London 1962.

Kaimio, M., *The Chorus of Greek Drama within the Light of the Person and Number Used*, Societas Scientiarum Fennica, Comm. Hum. Litt. 46, Helsinki 1970.

Kannicht, R., »›Der alte Streit zwischen Philosophie und Dichtung‹: Zwei Vorlesungen über Grundzüge der griechischen Literaturauffassung«, in: *Der Altsprachliche Unterricht* XXIII 6 (1980), 6-36; überarbeitete Fassung, englisch: *The Ancient Quarrel Between Philosophy and Poetry. Aspects of the Greek Conception of Literature*, The Fifth Broadhead Memorial Lecture 1986, Canterbury 1988.

Ders., »Handlung als Grundbegriff der Aristotelischen Theorie des Dramas«, in: *Poetica* 8 (1976), 326-336.

Ders., *Untersuchungen zur Form und Funktion des Amoibaion in der attischen Tragödie*, Diss. Heidelberg 1957.

Katsouris, A. G., *Linguistic and Stylistic Characterization in Tragedy and Menander*, Ioannina 1975.

Keesey, D., »On Some Recent Interpretations of Katharsis«, in: *Classical World* 72 (1978/79), 193-207.

Kenner, H., *Das Theater und der Realismus in der griechischen Kunst*, Wien 1954.

Kiefer, K., *Körperlicher Schmerz und Tod auf der attischen Bühne*, Diss. Heidelberg 1909.

Kiefner, G., *Die Versparung. Untersuchung zu einer Stilfigur der dichterischen Rhetorik am Beispiel der griechischen Tragödie*, Klassisch-philologische Studien 25, Wiesbaden 1964.

Kindermann, H., *Das Theaterpublikum der Antike*, Salzburg 1979.

Kitto, H. D. F., »Catharsis«, in: *The Classical Tradition: Literary and Historical Studies in Honor of Harry Caplan*, Ithaca, N. Y. 1966, 133-147.

Ders., *Form and Meaning in Drama. A Study of Six Greek Plays and Hamlet*, London 1956.

Ders., *Greek Tragedy. A Literary Study*, London 1939, [3]1961.

Ders., *Poiesis: Structure and Thought*, Berkeley–Los Angeles 1966.

Kleinknecht, H., »Platonisches im Homer. Eine Interpretation von *Odyssee* XIII 187-354«, in: *Gymnasium* 65 (1958), 59-75.

Knox, B., »Second Thoughts in Greek Tragedy«, in: *Greek, Roman and Byzantine Studies* 7 (1966), 213-232.

Ders., *Word and Action. Essays on the Ancient Theater*, Baltimore–London 1979.

Kommerell, M., *Lessing und Aristoteles. Untersuchung über die Theorie der Tragödie*, Frankfurter wissenschaftliche Beiträge. Kulturwissenschaftliche Reihe Band 2, Frankfurt 1940, [2]1957.

Kopperschmidt, J., *Die Hikesie als dramatische Form. Zur motivischen Interpretation des griechischen Dramas*, Diss. Tübingen 1967.

Kranz, W., *Stasimon. Untersuchungen zu Form und Gehalt der griechischen Tragödie*, Berlin 1933.

Kuch, H., »Zur Interpretation der griechischen Tragödie«, in: *Philologus* 123 (1979), 202-215.

Kunst, K., *Frauengestalten im attischen Drama*, Wien 1922.
Lammers, J., *Die Doppel- und Halbchöre in der antiken Tragödie*, Diss. Münster 1931.
Lattimore, R., *The Poetry of Greek Tragedy*, Oxford 1958.
Ders., *Story Patterns in Greek Tragedy*, London 1964.
Lee, K. H., »The Influence of Metre on Greek Tragedy«, in: *Glotta* 46 (1968), 54-56.
Lefkowitz, M. R., *The Lives of the Greek Poets*, Baltimore 1981.
Leo, F., *Die griechisch-römische Biographie nach ihrer litterarischen Form*, Leipzig 1901.
Ders., *Der Monolog im Drama. Ein Beitrag zur griechisch-römischen Poetik*, Abhandl., d. königl. Ges. d. Wiss. Göttingen, Phil.-hist. Kl., N. F., Bd. 10, Nr. 5, Berlin 1908.
Lesky, A., *Geschichte der griechischen Literatur*, Bern–München 1957/8, [3]1971 (neu bearb. u. erw.).
Ders., *Göttliche und menschliche Motivation im homerischen Epos*, Sitzungsberichte d. Heidelberger Akademie d. Wiss., Phil.-hist. Kl. 1961, 4, Heidelberg 1961.
Ders., *Die griechische Tragödie*, Kröners Taschenausgabe 143, Stuttgart 1938, [5]1984 (durchges. u. mit erw. Bibliographie).
Ders., *Die tragische Dichtung der Hellenen*, Studienhefte zur Altertumswissenschaft 2, Göttingen 1956, [3]1972.
Ders., »Rez.: W. Schmid, *Geschichte der griechischen Literatur* I/1«, in: *Gnomon* 19 (1943), 192-204.
Lippold, G., *Griechische Porträtstatuen*, München 1912.
Listmann, G. F. K., *Die Technik des Dreigesprächs in der griechischen Tragödie*, Diss. Gießen 1910.
Lloyd-Jones, H., »Problems of Early Greek Tragedy«, in: *Cuardernos de la Fundación Pastor* 13 (1966), 11-33.
Löhrer, R., *Mienenspiel und Maske in der griechischen Tragödie*, Studien zur Geschichte und Kultur des Altertums 14, 4-5, Paderborn 1927.
Lucas, D. W., *The Greek Tragic Poets*, London [2]1959.
Mastronarde, D. J., *Contact and Discontinuity: Some Conventions of Speech and Action on the Greek Tragic Stage*, Univ. of California Publications: Classical Studies 27, Berkeley–Los Angeles 1979.
Meier, Chr., *Die politische Kunst der griechischen Tragödie*, München 1988.
Melchinger, S., *Das Theater der Tragödie. Aischylos, Sophokles, Euripides auf der Bühne ihrer Zeit*, München 1974.
Ders., *Die Welt als Tragödie*, 2 Bde. (Bd. 1: *Aischylos. Sophokles*; Bd. 2: *Euripides*), München 1979/80.
Mette, H. J., *Urkunden dramatischer Aufführungen in Griechenland*, Texte und Kommentare 8, Berlin–New York 1977.
Moulinier, L., »Psyche. Zum homerischen Seelenglauben.«, in: *Universitas* 21 (1966), 1077-1092.

Müller, A., *Lehrbuch der griechischen Bühnenaltertümer* (= K. F. Hermann (Hrsg.), *Lehrbuch der griechischen Antiquitäten*, Bd. 3), Freiburg i. Br. 1886.

Müller, G., »Chor und Handlung bei den griechischen Tragikern«, in: H. Diller (Hrsg.), *Sophokles*, Wege der Forschung XCV, Darmstadt 1967, 212-238.

Neschke, A. B., *Die* Poetik *des Aristoteles. Textstruktur und Textbedeutung*, 2 Bde. (Bd. 1: *Interpretationen*, Bd. 2: *Analysen*), Frankfurt/M. 1980.

Nestle, W., »Die Religiosität der griechischen Tragiker«, in: *Besondere Beilage des Staatsanzeigers für Württemberg* 1924, Nr. 15, 283 ff.; jetzt in: W. Nestle, *Griechische Weltanschauung in ihrer Bedeutung für die Gegenwart. Vorträge und Abhandlungen*, Stuttgart 1946, 200-226.

Ders., *Die Struktur des Eingangs in der attischen Tragödie*, Tübinger Beiträge zur Altertumswissenschaft 10, Stuttgart 1930, repr. Hildesheim 1967.

Newiger, H.-J., »Datierungsfragen der griechischen Tragödie«, in: *Göttingische Gelehrte Anzeigen* 219 (1967), 175-194.

Ders., »Elektra in Aristophanes' *Wolken*«, in: *Hermes* 89 (1961), 422-430.

Nilsson, M. P., *Geschichte der griechischen Religion. 1.: Die Religion Griechenlands bis auf die griechische Weltherrschaft*, Handbuch der Altertumswissenschaft V, 2, 1, München 1951, [3]1967.

Norwood, G., *Greek Tragedy*, London 1920, [4]1948.

O'Connor, J. B., *Chapters in the History of Actors and Acting in Ancient Greece*, Chicago 1908.

Otto, W. F., *Die Manen oder Von den Urformen des Totenglaubens. Eine Untersuchung zur Religion der Griechen, Römer und Semiten und zum Volksglauben überhaupt*, Berlin 1923.

Page, D. L., *Actor's Interpolation in Greek Tragedy Studied with Special Reference to Euripides' Iphigeneia in Aulis*, Oxford 1934.

Parry, H., *The Lyric Poems of Greek Tragedy*, Toronto 1978.

Pasquali, G., »Omero, il brutto e il ritratto«, in: *La Critica d'Arte*, vol. V, Parte 1, XXIII-XXIV, 25-35; jetzt in: G. Pasquali, *Terze pagine stravaganti*, Firenze 1942, 139-166.

Patzer, H., *Die Anfänge der griechischen Tragödie*, Schriften der Wissenschaftlichen Gesellschaft an der Johann Wolfgang Goethe-Universität Frankfurt/M., Geisteswissenschaftliche Reihe 3, Wiesbaden 1962.

Ders., »Die dichterischen Formgesetze der Gattung ›Tragödie‹«, in: *Ainigma, Festschrift für H. Rahn*, hrsg. von F. R. Varwig, Heidelberg 1987, 95-128.

Ders., »Die Entstehung der griechischen Tragödie«, in: *Der altsprachliche Unterricht* 7, H. 1 (1965), 4-17.

Ders., »Rez.: H. Schreckenberg, *Drama* (1960)«, in: *Gnomon* 37 (1965), 118-131.

Peretti, A., *Epirrema e tragedia. Studio sul drama attico arcaico*, Florenz 1939.

Petersen, E., *Die attische Tragödie als Bild- und Bühnenkunst*, Wien 1915.

Petersmann, H., »Die pragmatische Dimension in der Sprache des Chors bei den griechischen Tragikern«, in: *Antike und Abendland* 29 (1983), 95-106.

Pfeiffer, R., »Gottheit und Individuum in der frühgriechischen Lyrik«, in: *Philologus* 84 (1929), 137-152; jetzt in: R. Pfeiffer, *Ausgewählte Schriften. Aufsätze und Vorträge zur griechischen Dichtung und zum Humanismus*, München 1960, 42-54.

Ders., *History of Classical Scholarship from the Beginnings to the End of the Hellenistic Age*, Oxford 1968; deutsch: *Geschichte der klassischen Philologie. Von den Anfängen bis zum Ende des Hellenismus*, rde 344-6, Reinbek bei Hamburg 1970, München ²1978 (durchges.).

Pickard-Cambridge, A. W., *Dithyramb, Tragedy and Comedy*, Oxford 1927, ²1962 (rev. by T. B. L. Webster).

Ders., *The Dramatic Festivals of Athens*, Oxford 1953, ²1968 (rev. by J. Gould and D. M. Lewis), ³1988 (reissued with supplement and corrections).

Ders., *The Theatre of Dionysus at Athens*, Oxford 1946.

Platnauer, M., »Prodelision in Greek Drama«, in: *Classical Quarterly* 10 (1960), 140-144.

Pöhlmann, E., »Die Prohedrie des Dionysostheaters im 5. Jahrhundert und das Bühnenspiel der Klassik«, in: *Museum Helveticum* 38 (1981), 129-146.

Pohlenz, M., »Furcht und Mitleid? Ein Nachwort.«, in: *Hermes* 84 (1956), 49-74; jetzt in: M. Pohlenz, *Kleine Schriften*, hrsg. von H. Dörrie, Bd. 2, Hildesheim 1965, 562-587.

Ders., *Die griechische Tragödie*, 2 Bde., Leipzig–Berlin 1930, Göttingen ²1954.

Ders., »Das Satyrspiel und Pratinas von Phleius«, in: *Nachrichten der Göttinger Gelehrten Gesellschaft* 1927, 298-321; jetzt in: M. Pohlenz, *Kleine Schriften*, hrsg. von H. Dörrie, Bd. 2, Hildesheim 1965, 473-496.

Popp, H., *Amoibaion. Zur Geschichte einer Dialogform der griechischen Tragödie*, Tübingen 1968.

Radt, S., »Aristoteles und die Tragödie«, in: *Mnemosyne* 24 (1971), 189-205.

Rau, P., *Paratragodia. Untersuchungen zu einer komischen Form des Aristophanes*, München 1967.

Richter, G. M. A., *The Portraits of the Greeks*, 3 Bde., London 1965; *Supplement*, London 1972.

Dies., *The Portraits of the Greeks*, abridged and revised by R. R. R. Smith, Ithaca/New York 1984.

Robert, C., *Oidipus. Geschichte eines poetischen Stoffes im griechischen Altertum*, 2 Bde., Berlin 1915.

Rösler, W., »Der Chor als Mitspieler. Beobachtungen zur ›Antigone‹«, in: *Antike und Abendland* 29 (1983), 107-124.

Ders., *Polis und Tragödie. Funktionsgeschichbliche Betrachtungen zu einer antiken Literaturgattung*, Konstanzer Universitätsreden 138, Konstanz 1980.

Rodenwaldt, G., Θεοὶ ῥεῖα ζώοντες. Abh. der Preuss. Akademie der Wissensch. Berlin, Phil.-hist. Kl. 1943, 13, Berlin 1944.

Rodley, L. (Hrsg.), *Papers given at a Colloquium on Greek Drama in honour of R. P. Winnington-Ingram*, The Society for the Promotion of Hellenic Studies, Supplementary Paper No. 15, London 1987.

Rohde, E., *Psyche. Seelencult und Unsterblichkeitsglaube der Griechen*, 2 Bde., Freiburg i. Br.–Leipzig–Tübingen 1894, ²1898; Nachdr. (2 Bde. in 1 Bd.) Darmstadt 1961.

Romilly, J. de, *L'Évolution du pathetique d'Éschyle à Euripide*, Paris 1961.

Dies., *Time in Greek Tragedy*, Ithaca N. Y. 1968.

Dies., *La tragédie grecque*, Paris 1970, ²1973 (überarb.).

Rosenmeyer, T. G., *The Masks of Tragedy. Essays on Six Greek Dramas*, Austin 1963.

Ders., »Wahlakt und Entscheidungsprozeß in der antiken Tragödie«, in: *Poetica* 10 (1976), 1-24.

Said, S., *La Faute tragique*, Collection Textes à l'appui, Histoire classique, Paris 1978.

Schadewaldt, W., »Antike Tragödie auf der modernen Bühne. Zur Geschichte der Rezeption der griechischen Tragödie auf der heutigen Bühne«, in: *Sitzungsberichte der Heidelberger Akademie der Wissenschaften, Jahresheft 1955/56*, Heidelberg 1957, 37-64; zugleich selbständig: Heidelberg 1957; auch in: W. Schadewaldt, *Antike und Gegenwart. Über die Tragödie*, dtv 342, München 1966, 67-96; H. Diller (Hrsg.), *Sophokles*, Wege der Forschung 95, Darmstadt 1967; jetzt in: W. Schadewaldt, *Hellas und Hesperien*, 2. Bd., Zürich–Stuttgart ²1970, 622-650.

Ders., *Antike und Gegenwart. Über die Tragödie*, dtv 342, München 1966.

Ders., *Antikes Drama auf dem Theater heute. Übersetzung Inszenierung. Martin Heidegger zum achtzigsten Geburtstag am 26. September 1969*, Pfullingen 1970; Jetzt in: W. Schadewaldt, *Hellas und Hesperien*, 2. Bd., Zürich–Stuttgart ²1970, 650-671.

Ders., »Aus der Werkstatt meines Übersetzens. Dargetan an der Anrufung des Eros in Sophokles' *Antigone*«, in: *Schweizer Monatshefte* 46 (1966), 851-859; jetzt in: W. Schadewaldt, *Hellas und Hesperien*, 2. Bd., Zürich–Stuttgart ²1970, 671-680.

Ders., »Das Drama der Antike in heutiger Sicht«, in: *Universitas* 8 (1953), 591-599; auch in: W. Schadewaldt, *Antike und Gegenwart. Über die Tragödie*, dtv 342, München 1966, 7-15; jetzt in: W. Schadewaldt, *Hellas und Hesperien*, 1. Bd., Zürich–Stuttgart ²1970, 187-194.

Ders., »Furcht und Mitleid? Zu Lessings Deutung des Aristotelischen Tragödiensatzes«, in: *Deutsche Vierteljahrsschrift für Literaturwissenschaft und Geistesgeschichte* 30 (1956), 137-140; jetzt in: G. und S. Bauer (Hrsgg.), *Gotthold Ephraim Lessing*, Wege der Forschung 211, Darmstadt 1968, 336-342.

Ders., »Furcht und Mitleid? Zur Deutung des Aristotelischen Tragödiensatzes«, in: *Hermes* 83 (1955), 129-171; auch in: W. Schadewaldt, *Antike und Gegenwart. Über die Tragödie*, dtv 342, München 1966, 16-60; jetzt in: W. Schadewaldt, *Hellas und Hesperien*, 1. Bd., Zürich–Stuttgart 1970, 194-236.

Ders., »Goethes Achilleis«, in: W. Schadewaldt, *Goethestudien. Natur und Altertum*, Zürich–Stuttgart 1963, 301-395.

Ders., *Hellas und Hesperien. Gesammelte Schriften zur Antike und zur neueren Literatur*, herausgegeben von R. Thurow und E. Zinn, Zürich–Stuttgart 1960, ²1970 (2 Bde., neugestaltet u. vermehrt).

Ders., *Monolog und Selbstgespräch. Untersuchungen zur Formgeschichte der griechischen Tragödie*, Neue philologische Untersuchungen Heft 2, Berlin 1926, Berlin–Zürich–Dublin ²1966 (unverändert).

Ders., »Richard Wagner und die Griechen. Drei Bayreuther Vorträge. Dem Andenken Wieland Wagners gewidmet«, jetzt in: W. Schadewaldt, *Hellas und Hesperien*, 2. Bd., Zürich–Stuttgart ²1970, 341-410.

Ders., »Ursprung und frühe Entwicklung der attischen Tragödie«, in: H. Hommel (Hrsg.), *Wege zu Aischylos*, 1. Bd., Wege der Forschung LXXXVII, Darmstadt 1974, 104-147.

Ders., *Von Homers Welt und Werk. Aufsätze und Auslegungen zur homerischen Frage*, Leipzig 1944, Stuttgart ⁴1965 (verb.).

Schefold, K., *Die Bildnisse der antiken Dichter, Redner und Denker*, Basel 1943.

Schlegel, A. W., *Vorlesungen über dramatische Kunst und Literatur*, hrsg. von G. V. Amoretti, 1. Bd., Bonn–Leipzig 1923.

Schlesinger, A. C., *The Gods in Greek Tragedy. A Study of Ritual Survivals in Fifth-Century Drama*, Diss. Princeton, Athen 1927.

Schmid, W., *Geschichte der griechischen Literatur. 1. Teil: Die klassische Periode der griechischen Literatur. 1: Die griechische Literatur vor der attischen Hegemonie*, Handbuch der Altertumswissenschaft VII, 1, 1, München 1929, ³1940.

Schottländer, R., »Eine Fessel der Tragödiendeutung«, in: *Hermes* 81 (1953), 22-29.

Schreckenberg, H., *ΔΡΑΜΑ. Vom Werden der griechischen Tragödie aus dem Tanz. Eine philologische Untersuchung*, Würzburg 1960.

Schulze, W., »Beiträge zur Wort- und Sittengeschichte II.«, in: *Sitz. Ber. Preuß. Akademie der Wiss. Berlin, Phil.-hist. Kl.* 1918, Berlin 1918, 481-511; jetzt in W. Schulze, *Kleine Schriften*, hrsg. von W. Wissmann, Göttingen ²1966 (durchges., mit Nachträgen), 160-189.

Schweitzer, B., »Der Bildende Künstler und der Begriff des Künstlerischen in der Antike«, in: *Neue Heidelberger Jahrbücher* 1925, 28-132 (auch selbständig erschienen); jetzt in: B. Schweitzer, *Zur Kunst der Antike. Ausgewählte Schriften*, herausgegeben von U. Hausmann, Band I, Tübingen 1963, 11-104.

Ders., *Studien zur Entstehung des Porträts bei den Griechen*, Berichte u. Verhandlungen d. Sächsischen Akademie d. Wissenschaften, Phil.-hist. Klasse 91, 1939, Heft 4; jetzt in: B. Schweitzer, *Zur Kunst der Antike. Ausgewählte Schriften*, herausgegeben von U. Hausmann, Band II, Tübingen 1963, 115-167.

Seaford, R., »Dionysiac Drama and the Dionysiac Mysteries«, in: *Classical Quarterly* 31 (1981), 252-275.

Ders., »On the Origins of Satyric Drama«, in: *Maia* 28 (1976), 209-221.

Séchan, L., *Études sur la tragédie grecque dans ses rapports avec la céramique*, Paris 1926.

Seeck, G. A. (Hrsg.), *Das griechische Drama*, Grundriß der Literaturgeschichten nach Gattungen, Darmstadt 1979.

Ders., »Die griechische Tragödie«, in: E. Vogt (Hrsg.), *Griechische Literatur*, Neues Handbuch der Literaturwissenschaft Bd. 2, Wiesbaden 1981, 143-186.

Segal, E. W. (Hrsg.), *Oxford Readings in Greek Tragedy*, Oxford 1983.

Seidensticker, B., *Palintonos Harmonia. Studien zu komischen Elementen in der griechischen Tragödie*, Hypomnemata 72, Göttingen 1982.

Ders. (Hrsg.), *Satyrspiel*, Wege der Forschung, Band 579, Darmstadt 1989.

Sifakis, G. M., »Children in Greek Tragedy«, in: *Bulletin of the Institute of Classical Studies of the University of London* 26 (1979), 67-80.

Silk, M. S., »Herakles and Greek Tragedy«, in: *Greece and Rome* 32 (1985), 1-22.

Ders., *Interaction in Poetic Imagery. With Special Reference to Early Greek Poetry*, Cambridge 1974.

Simon, E., *Das antike Theater*, Heidelberger Texte, Didaktische Reihe 5, Heidelberg 1972.

Snell, B., »Das Bewußtsein von eigenen Entscheidungen im frühen Griechentum«, in: *Philologus* 85 (1930), 141-158; jetzt in: B. Snell, *Gesammelte Schriften*, hrsg. von H. Erbse, Göttingen 1966, 18-31.

Ders., *Die Entdeckung des Geistes. Studien zur Entstehung des europäischen Denkens bei den Griechen*, Hamburg 1946, Göttingen ⁵1980 (durchges.).

Ders., *Gesammelte Schriften*, hrsg. von H. Erbse, Göttingen 1966.

Ders., »Göttliche und menschliche Motivation im homerischen Epos«, in: *Argumentationen, Festschrift für Josef König*, Göttingen 1964, 249-255; jetzt in: B. Snell, *Gesammelte Schriften*, hrsg. von H. Erbse, Göttingen 1966, 55-61.
Ders., »Mythos und Wirklichkeit in der griechischen Tragödie«, in: B. Snell, *Die Entdeckung des Geistes*, Göttingen [5]1980, 95-110.
Ders., *Scenes from Greek Drama*, Sather Classical Lectures Vol. 34, Berkeley–Los Angeles 1964; deutsch: *Szenen aus griechischen Dramen*, Berlin 1971 (erweitert).
Söffing, W., *Deskriptive und normative Bestimmungen in der* Poetik *des Aristoteles*, Beihefte zu *Poetica* 15, Amsterdam 1981.
Spitzbarth, A., *Untersuchungen zur Spieltechnik der griechischen Tragödie*, Winterthur 1945.
Staehlin, R., *Das Motiv der Mantik im antiken Drama*, Gießen 1912.
Staiger, E., *Friedrich Schiller*, Zürich 1967.
Stanford, B., *Greek Tragedy and the Emotions*, London 1983.
Steidle, W., *Studien zum antiken Drama unter besonderer Berücksichtigung des Bühnenspiels*, Studia et testimonia antiqua 4, München 1968.
Ders., *Sueton und die antike Biographie*, Zetemata 1, München 1951, [2]1963 (durchges.).
Stephanis, I. E., Διονυσιακοὶ Τεχνῖται, Heraklion 1988.
Stinton, T. C. W., »Hamartia in Aristotle and Greek Tragedy«, in: *The Classical Quarterly* N. S. 25 (1975), 221-254.
Stoessl, F., *Die Vorgeschichte des griechischen Theaters*, Darmstadt 1987.
Sutton, D. F., *The Greek Satyr Play*, Beiträge zur Klassischen Philologie 90, Meisenheim am Glan 1980.
Ders., »The Relationship between Tragedies and Fourth Place Plays in Three Instances«, in: *Arethusa* 4 (1971), 55-72.
Szondi, P., *Versuch über das Tragische*, Frankfurt/M. 1961, [2]1964; jetzt in: P. Szondi, *Schriften*, hrsg. von J. Bollack und H. Beese, Frankfurt/M. 1978, Bd. 1, 149-260.
Taplin, O., *Greek Tragedy in Action*, London 1978.
Trendall, A. D., u. T. B. L. Webster, *Illustrations of Greek Drama*, London 1971.
Untersteiner, M., *Le origini della tragedia e del tragico. Dalla preistoria a Eschilo*, Saggi CXCIV, Turin 1955.
Vernant, J.-P. u. P. Vidal-Naquet, *Mythe et tragédie en Grèce ancienne*, 2 Bde., Paris 1972, 1986; engl. Übers. des 1. Bdes.: *Tragedy and Myth in Ancient Greece*, translated from the French by J. Lloyd, European Philosophy and the Human Sciences 7, Brighton 1981.
Vickers, B., *Towards Greek Tragedy*, London 1973.
Vogel, M., *Apollinisch und Dionysisch. Geschichte eines genialen Irrtums*, Studien zur Musikgeschichte des 19. Jahrhunderts, Band 6, Regensburg 1966.

Volkmann-Schluck, K.-H., »Die Lehre von der Katharsis in der *Poetik* des Aristoteles«, in: *Varia Variorum. Festgabe für Karl Reinhardt, dargebracht von Freunden und Schülern zum 14. Februar 1951*, Münster–Köln 1952, 104-117.
Walcot, P., *Greek Drama in Its Theatrical and Social Context*, Cardiff 1976.
Walton, J. M., *The Greek Sense of Theatre*, London 1984.
Ders., *Greek Theatre Practice*, Westport 1980.
Ders., *Greek Theatre Practice*, London 1980.
Webster, T. B. L., *Art and Literature in Fourth Century Athens*, London 1956.
Ders., *The Greek Chorus*, London 1970.
Ders., *Greek Theatre Production*, London 1956, [2]1970.
Ders., *Monuments Illustrating Tragedy and Satyrplay*, Bulletin of the Institute of Classical Studies of the University of London, suppl. XX, London [2]1967.
Weinstock, H., *Realer Humanismus. Eine Ausschau nach Möglichkeiten seiner Verwirklichung*, Heidelberg 1955.
Ders., *Die Tragödie des Humanismus. Wahrheit und Trug im abendländischen Menschenbild*, Heidelberg 1953, [3]1956.
Welcker, F. G., *Die griechischen Tragödien mit Rücksicht auf den epischen Cyclus*, Rheinisches Museum für Philologie, Zweiter Supplementband, 3 Tle., Bonn 1839-1841.
Wendel, T., *Die Gesprächsanrede im griechischen Drama der Blütezeit*, Stuttgart 1929.
Wiesmann, P., *Das Problem der tragischen Tetralogie*, Zürich 1929.
Wilamowitz-Moellendorff, U. v., *Einleitung in die attische Tragödie*, Unveränderter Abdruck aus der ersten Auflage von *Euripides, Herakles I*, Kapitel I-IV, Berlin 1906, [3]1921.
Ders., »Die griechische Tragödie und ihre Dichter«, in: U. von Wilamowitz-Moellendorff, *Die griechischen Tragödien*, Bd. 4, Berlin 1923, 233-394.
Xanthakis-Karamanos, G., *Studies in Fourth-Century Tragedy*, Athen 1980.
Ziegler, K., s. v. »Tragoedia«, in: *RE* VI *A 2* (1937), 1899-2075.
Zielinski, T., *Tragodumenon libri tres*, Krakau 1925.
Zimmermann, B., *Die griechische Tragödie*, Artemis-Einführungen Bd. 29, München–Zürich 1986.

III. Zu den einzelnen Autoren

Aischylos

Adkins, A. W. H., »Divine and Human Values in Aeschylus' *Seven against Thebes*«, in: *Antike und Abendland* 28 (1982), 32-68.

Anderson, M., »The Imagery of the *Persians*«, in: *Greece and Rome* 19 (1972), 166-174.

Beck, R. H., *Aeschylus: Playwright Educator*, La Haye 1975.

Bergson, L., *L'Épithète ornementale dans Éschyle, Sophocle et Euripide*, Uppsala 1956.

Ders., »The Hymn to Zeus in Aeschylus' *Agamemnon*«, in: *Eranos* 65 (1967), 12-24.

Ders., »Nochmals Artemis und Agamemnon«, in: *Hermes* 110 (1982), 137-145.

Bickel, E., »Geistererscheinungen bei Aischylos«, in: *Rheinisches Museum* 91 (1942), 123-164.

Bock, M., »Aischylos und Akragas«, in: *Gymnasium* 65 (1958), 402-450.

Böhme, R., *Aeschylus Correctus. Grundriß eines Problems der archaischen Tragödie*, Bern–München 1977.

Ders., »Aischylos und der Anagnorismos«, in: *Hermes* 73 (1938), 195-212.

Borecky, B., »Die Polarität in der Deutung des Mythus und der Geschichte bei Aeschylus«, in: *Dioniso* 48 (1977), 123-134.

Brown, A. L., »The End of the *Seven against Thebes*«, in: *Classical Quarterly* N. S. 26 (1976), 206-216.

Ders., »The Erinyes in the *Oresteia*: Real Life, the Supernatural, and the Stage«, in: *The Journal of Hellenic Studies* 103 (1983), 13-34.

Ders., »Eteocles and the Chorus in the *Seven Against Thebes*«, in: *Phoenix* 31 (1977), 300-318.

Ders., »Some Problems in the *Eumenides* of Aeschylus«, in: *The Journal of Hellenic Studies* 102 (1982), 26-32.

Burian, P., »Pelasgus and Politics in Aeschylus' *Danaid* Trilogy«, in: *Wiener Studien* 8 (1974), 5-14.

Burke, K., »Form and Persecution in the *Oresteia*«, in: *Sewanee Review* 60 (1952), 377-396.

Burnett, A. P., »Curse and Dream in Aeschylus' *Septem*«, in: *Greek, Roman and Byzantine Studies* 14 (1973), 343-368.

Burns, A., »The Meaning of the *Prometheus Vinctus*«, in: *Classica et Mediaevalia* 27 (1966), 65-71.

Caldwell, R., »The Misogyny of Eteocles«, in: *Arethusa* 6 (1973), 197-231.

Ders., »Psychology of Aeschylus' *Supplices*«, in: *Arethusa* 7 (1974), 45-70.

Cameron, H. D., »The Debt to Earth in the *Seven Against Thebes*, in: *Transactions and Proceedings of the American Philological Association* 95 (1964), 1-8.

Ders., »The Power of Words in the *Seven Against Thebes*«, in: *Transactions and Proceedings of the American Philological Association* 101 (1970), 95-118.
Ders., *Studies on the ›Seven against Thebes‹ of Aeschylus*, Paris–Den Haag 1971.
Cazzaniga, I., »De *Niobes* Aeschyli fragmento nuper edito«, in: *Rendiconti dell'Istituto Lombardo di Scienza e Lettere* 66 (1933), 843 ff.
Citti, V., *Il linguaggio religioso e liturgico nelle tragedie di Eschilo*, Università degli sudi di Bologna, Facoltà di lettere e filosofia, Studi pubblicati dall'Istituto di Filologia classica 10, Bologna 1962.
Clinton, K., »The ›Hymn to Zeus‹ πάθει μάθος, and the End of the Parodos of *Agamemnon*«, in: *Traditio* 35 (1979), 1-19.
Cohen, D., »The Theodicy of Aeschylus: Justice and Tyranny in the *Oresteia*«, in: *Greece and Rome* 33 (1986), 13-34.
Coman, J., *L'Authenticité du Prométhée enchainé*, Bukarest 1943.
Ders., *L'Idée de la Némésis chez Éschyle*, Paris 1931.
Conacher, D. J., »Aeschylus' *Persae*: A Literary Commentary«, in: *Serta Turyniana*, Urbana 1974, 143-168.
Ders., »Interaction Between Chorus and Characters in the *Oresteia*, in: *American Journal of Philology* 95 (1974), 323-343.
Costa, C. D. N., »Plots and Politics in Aeschylus«, in: *Greece and Rome* 2, ser. 9 (1962), 22-34.
Croiset, M., *Éschyle. Études sur l'invention dramatique dans son théâtre*, Paris 1928, Ndr. 1965.
Daube, B., *Zu den Rechtsproblemen in Aischylos' ›Agamemnon‹*, Diss. Basel 1939, Zürich und Leipzig 1938.
Davies, M. I., »Thoughts on the *Oresteia* before Aeschylus«, in: *Bulletin de Correspondance Hellénique* 93 (1969), 214-260.
Davison, J. A., »The Date of the *Prometheia*«, in: *Transactions and Proceedings of the American Philological Association* 80 (1949), 66-93.
Dawe, R. D., *The Collation and Investigation of Manuscripts of Aeschylus*, Cambridge 1964.
Ders., »The End of *Seven Against Thebes* Yet Again«, in: *Dionysiaca. Nine Studies in Greek Poetry by Former Pupils*, Presented to Sir Denys Page on his Seventieth Birthday, Cambridge 1978, 87-103.
Ders., »Inconsistency of Plot and Character in Aeschylus«, in: *Proceedings of the Cambridge Philological Society* 189 (N. S. 9) (1963), 21-62; ins Deutsche übersetzt von E. Schmalzriedt: »Widersprüche zwischen Handlungsführung und Charakterzeichnung bei Aischylos«, in: H. Hommel (Hrsg.), *Wege zu Aischylos*, 1. Bd., Darmstadt 1974, 175-250.
Ders., »The Place of the Hymn to Zeus in Aeschylus' *Agamemnon*«, in: *Eranos* 64 (1966), 1-21.
Ders., *A Repertory of Conjectures on Aeschylus*, Leiden 1965.

Deichgräber, K., *Der listensinnende Trug des Gottes*, Göttingen 1952.
Ders., *Die Perser des Aischylos*, Nachrichten der Akademie der Wissenschaften zu Göttingen, Phil.-hist. Kl. 1/4, 1941.
Ders., *Die Persertetralogie des Aischylos. Mit einem Anhang: Aischylos' Glaukos Pontios und Leon*, Abhandlungen der Akademie der Wissenschaften und der Literatur Mainz, Geistes- und Sozialwiss. Kl., 1974, 4, Wiesbaden 1974.
Delcourt, M., *Éschyle*, Paris 1934.
Di Benedetto, V., *L'ideologia del potere e la tragedia greca: ricerche su Eschilo*, Turin 1978.
Dioniso. Atti del VI congresso internazionale di studi sul dramma antico: Eschilo e l'Orestea, Syrakus 1977.
Dirksen, H. J., *Die Aischyleische Gestalt des Orest und ihre Bedeutung für die Interpretation der Eumeniden*, Erlanger Beiträge zur Sprach- und Kunstwissenschaft 22, Nürnberg 1965.
Dodds, E. R., »Morals and Politics in the *Oresteia*«, in: *Proceedings of the Cambridge Philological Society* N. S. 6 (1960), 19-31; ins Deutsche übersetzt von U. W. Scholz: »Die Rolle des Ethischen und des Politischen in der *Orestie*«, in: H. Hommel (Hrsg.), *Wege zu Aischylos*, 2. Bd., Darmstadt 1974, 149-172.
Dover, K. J., »The Political Aspect of Aeschylus' *Eumenides*«, in: *The Journal of Hellenic Studies* 77 (1957), 233-235.
Ders., »Some Neglected Aspects of Agamemnons Dilemma«, in: *The Journal of Hellenic Studies* 93 (1973), 58-69.
Droysen, J. G., »Phrynichos, Aischylos und die Trilogie«, in: *Kieler Philologische Studien*, Kiel 1841, 43-74; jetzt in: J. G. Droysen, *Kleine Schriften zur Alten Geschichte*, Bd. 2, Leipzig 1894, 75-104.
Dumortier, J., *Les images dans la Poésie d'Éschyle*, Paris 1935, repr. 1975.
Dyer, R., »The Evidence for Apolline Purification Rituals at Delphi and Athens«, in: *The Journal of Hellenic Studies* 89 (1969), 38-56.
Earp, F. R., *The Style of Aeschylus*, Cambridge 1948.
Easterling, P. E., »Presentation of Character in Aeschylus«, in: *Greece and Rome* 20 (1973), 3-19.
Edwards, M. W., »Agamemnon's Decision: Freedom and Folly in Aeschylus«, in: *California Studies in Classical Antiquity* 10 (1977), 17-38.
Egermann, F., »Menschliche Haltung und tragisches Geschick bei Aischylos«, in: *Gymnasium* 68 (1961), 502-519.
Erbse, H., »Interpretationsprobleme in den *Septem* des Aischylos«, in: *Hermes* 92 (1964), 1-22.
Ewans, M., »Agamemnon at Aulis: A Study in the *Oresteia*«, in: *Ramus* 4 (1975), 17-32.
Fink, A., *Die Funktion der Gnomik in den Tragödien des Aischylos*, Diss. Heidelberg 1957.

Finley, J. H., *Pindar and Aeschylus*, Martin Classical Lectures 14, Cambridge, Mass. 1955.
Fischer, U., *Der Telosgedanke in den Dramen des Aischylos. Ende, Ziel, Erfüllung, Machtvollkommenheit*, Diss. Tübingen 1965.
Fitton-Brown, A. D., »Prometheia«, in: *The Journal of Hellenic Studies* 79 (1959), 52-60.
Focke, F., »Aischylos' *Prometheus*«, in: *Hermes* 65 (1930), 259-304.
Fontenrose, J., »Gods and Men in the *Oresteia*«, in: *Transactions and Proceedings of the American Philological Association* 102 (1971), 71-109.
Fowler, B. H., »Aeschylus' Imagery«, in: *Classica et Mediaevalia* 28 (1967), 1-74.
Fraenkel, E., »Aeschylea. I. Zu *Septem* 183. II. Die Schlußverse der *Septem*«, in: *Museum Helveticum* 18 (1961), 131-135; jetzt in: E. Fraenkel, *Kleine Beiträge zur klassischen Philologie*, 1. Bd.: *Zur Sprache. Zur griechischen Literatur*, Rom 1964, 266-271.
Ders., »Der Einzug des Chors im *Prometheus*«, in: *Annali della Scuola Normale Superiore di Pisa*, Ser. II., Vol. 23 (1954), 269-284; jetzt in: E. Fraenkel, *Kleine Beiträge zur klassischen Philologie*, 1. Bd., Rom 1964, 389-406.
Ders., *Die Sieben Redepaare im Thebanerdrama des Aeschylus*, Sitz.-Ber. der Bayer. Akademie d. Wiss., phil.-hist. Kl., 1957, Heft 3.
Ders., »Vermutungen zum Aetna-Festspiel des Aeschylus«, in: *Eranos* 52 (1964), 61-75; jetzt in: E. Fraenkel, *Kleine Beiträge zur klassischen Philologie*, 1. Bd., Rom 1964, 249-262.
Ders., »Der Zeushymnus im *Agamemnon* des Aischylos«, in: *Philologus* 86 (1931), 1-17; jetzt in: E. Fraenkel, *Kleine Beiträge zur klassischen Philologie*, 1. Bd., Rom 1964, 353-369.
Ders., »Zum Schluß der *Sieben gegen Theben*«, in: *Museum Helveticum* 21 (1964), 58-64; jetzt in: H. Hommel (Hrsg.), *Wege zu Aischylos*, 2. Bd., Darmstadt 1974, 38-47.
Fritz, K. v., »Die Danaidentrilogie des Aeschylus«, in: *Philologus* 91 (1936), 121-135; jetzt in: K. v. Fritz, *Antike und moderne Tragödie*, Berlin 1962, 160-192.
Ders., »Die Gestalt des Eteokles in Aeschylus' *Sieben gegen Theben*«, in: K. v. Fritz, *Antike und moderne Tragödie*, Berlin 1962, 193-226.
Gagarin, M., *Aeschylean Drama*, Berkeley–Los Angeles–London 1976.
Ders., »The Vote of Athena«, in: *American Journal of Philology* 95 (1975), 121-127.
Gantz, T. N., »The Chorus of Aischylos' *Agamemnon*«, in: *Harvard Studies in Classical Philology* 87 (1983), 65-86.
Ders., »The Fires of the *Oresteia*«, in: *The Journal of Hellenic Studies* 97 (1977), 28-38.
Ders., »Inherited Guilt in Aischylos«, in: *Classical Journal* 78 (1982), 1-23.

Garvie, A. F., »Aeschylus' Simple Plots«, in: *Dionysiaca. Nine Studies in Greek Poetry by Former Pupils*, Presented to Sir Denys Page on his Seventieth Birthday, Cambridge 1978, 63-86.

Ders., *Aeschylus, Supplices: Play and Trilogy*, Cambridge 1969.

Ders., »The Opening of the *Choephori*«, in: *Bulletin of the Institute of Classical Studies of the University of London* 17 (1970), 79-91.

Garzya, A., »Le Tragique du *Prométhée enchainé*«, in: *Mnemosyne* 18 (1965), 113-125.

Golden, L., »The Character of Eteokles and the Meaning of the *Septem*«, in: *Classical Philology* 59 (1964), 79-89.

Ders., *In Praise of Prometheus. Humanism and Rationalism in Aeschylean Thought*, Chapel Hill 1962.

Gould, J., »HIKETEIA«, in: *The Journal of Hellenic Studies* 93 (1973), 74-103.

Griffith, M., »Aeschylus, Sicily and Prometheus«, in: *Dionysiaca. Nine Studies in Greek Poetry by Former Pupils*, Presented to Sir Denys Page on his Seventhieth Birthday, Cambridge 1978, 105-139.

Ders., *The Authenticity of Prometheus Bound*, Cambridge 1977.

Grossmann, G., *Promethie und Orestie. Attischer Geist in der attischen Tragödie*, Heidelberg 1970.

Grube, G. M. A., »Zeus in Aeschylus«, in: *American Journal of Philology* 91 (1970), 43-51; ins Deutsche übersetzt von S. Meyer: »Zeus bei Aischylos«, in: H. Hommel (Hrsg.), *Wege zu Aischylos*, 1. Bd., Darmstadt 1974, 301-311.

Gülke, C., *Mythos und Zeitgeschichte bei Aischylos. Das Verhältnis von Mythos und Historie in Eumeniden und Hiketiden*, Beiträge zur klassichen Philologie 31, Meisenheim am Glan 1969.

Haldane, J. A., »Musical Themes and Imagery in Aeschylus«, in: *The Journal of Hellenic Studies* 85 (1965), 33-41; ins Deutsche übersetzt von V. Eggers: »Musikalische Motive und Bilder bei Aischylos«, in: H. Hommel (Hrsg.), *Wege zu Aischylos*, 1. Bd., Darmstadt 1974, 347-367.

Hammond, N. G. L., »Personal Freedom and its Limitations in the *Oresteia*«, in: *The Journal of Hellenic Studies* 95 (1975), 42-55.

Haupt, G., »Commentationes Archaeologicae in Aeschylum«, in: *Dissertationes Philologae Hallenses* 13 (1897), 105-160.

Herington, C. J., »A Study in the *Prometheia*«, in: *Phoenix* 17 (1963), 180-197; 236-243.

Ders., »Aeschylus in Sicily«, in: *The Journal of Hellenic Studies* 87 (1967), 74-85; deutsch: »Aischylos in Sizilien«, aus dem Englischen übersetzt von G. Poeppel, in: H. Hommel (Hrsg.), *Wege zu Aischylos*, 1. Bd., Darmstadt 1974, 16-40.

Ders., »Aeschylus: the Last Phase«, in: *Arion* 4 (1965), 387-403.

Ders., *The Author of the ›Prometheus Bound‹*, Austin und London 1970.

Ders., »The Influence of Old Comedy on Aeschylus' Later Trilogies«, in: *Transactions and Proceedings of the American Philological Association* 94 (1963), 113-125.
Higgins, W. E., »Double-Dealing Ares in the *Oresteia*«, in: *Classical Philology* 73 (1978), 24-35.
Hiltbrunner, O., *Wiederholungs- und Motivtechnik bei Aischylos*, Bern 1950.
Hindrichs, W., *Der Wille im Menschenbild der Tragödien des Aischylos und Sophokles*, Diss. Tübingen 1958.
Hölzle, R., *Zum Aufbau der lyrischen Partien des Aischylos. Untersuchungen über die Bedeutung religiösen Gedanken- und Formengutes für die Gliederung der Lieder*, Diss. Freiburg/Br. 1932, Marbach 1934.
Holtsmark, E. B., »Ring Composition and the *Persae* of Aeschylus«, in: *Symbolae Osloenses* 45 (1970), 5-23.
Hommel, H., »Aischylos' *Orestie*. Mythischer Stoff, geistige Voraussetzungen, historischer Rahmen«, in: *Antike und Abendland* 20 (1974), 14-24.
Ders. (Hrsg.), *Wege zu Aischylos*, 2 Bde. (1. Bd.: *Zugang. Aspekte der Forschung. Nachleben;* 2. Bd., *Die einzelnen Dramen*), Wege der Forschung LXXXVII u. CCCCLXV, Darmstadt 1974.
Ireland, S., »Stichomythia in Aeschylus: the Dramatic Role of Syntax and Connecting Particles«, in: *Hermes* 102 (1974), 509-524.
Jarcho, V. N., »Zum Menschenbild der Aischyleischen Tragödie«, in: *Philologus* 116 (1972), 167-200.
Kaufmann-Bühler, D., *Begriff und Funktion der Dike in den Tragödien des Aischylos*, Diss. Heidelberg 1951, Bonn 1955.
Keller, J., *Struktur und dramatische Funktion des Botenberichts bei Aischylos und Sophokles*, Diss. Tübingen 1959.
Kiefner, W., *Der religiöse Allbegriff des Aischylos. Untersuchungen zur Verwendung von* πᾶν, πάντα, πάντες *und dergleichen als Ausdrucksmittel religiöser Sprache*, Spudasmata 5, Hildesheim 1965.
Knox, B., »Aeschylus and the Third Actor«, in: *American Journal of Philology* 93 (1972), 104-124; jetzt in: B. Knox, *Word and Action*, Baltimore 1979, 39-55.
Körte, A., »Zwei Kolumnen eines Aischylos-Papyrus«, in: *Hermes* 68 (1933), 249-275.
Kossatz-Deismann, A., *Dramen des Aischylos auf westgriechischen Vasen*, Mainz 1978.
Kraus. W., »Die Begegnung der Gatten in Aischylos' *Agamemnon*«, in: *Wiener Studien* N. S. 12 (1978), 43-66.
Latte, K., »Ein neues Fragment aus der *Niobe* des Aischylos«, in: *Nachrichten der Gesellschaft der Wissenschaften in Göttingen* 1933, 22-29.
Lattimore, R., »Aeschylus on the Defeat of Xerxes«, in: *Classical Studies in Honor of W. A. Oldfather*, Urbana, Ill. 1943, 82-93.

Leahy, D. M., »The Representation of the Trojan War in Aeschylus' *Agamemnon*«, in: *American Journal of Philology* 95 (1974), 1-23.
Ders., »The Role of Cassandra in the *Oresteia* of Aeschylus«, in: *Bulletin of the John Rylands Library Manchester* 52 (1969), 144-177.
Lebeck, A., *The Oresteia, a Study in Language and Structure*, Cambridge/Mass. 1971.
Lennig, R., *Traum und Sinnestäuschung bei Aischylos, Sophokles, Euripides*, Diss. Tübingen 1969.
Lesky, A., »Die Datierung der *Hiketiden* und der Tragiker Mesatos«, in: *Hermes* 82 (1954), 1-13; jetzt in: A. Lesky, *Gesammelte Schriften. Aufsätze und Reden zu antiker und deutscher Dichtung und Kultur*, hrsg. von W. Kraus, Bern–München 1966, 220-232; auch in: H. Hommel (Hrsg.), *Wege zu Aischylos*, 2. Bd., Darmstadt 1974, 83-100.
Ders., »Decision and Responsibility in the Tragedy of Aeschylus«, in: *The Journal of Hellenic Studies* 86 (1966), 78-85; deutsch: »Entscheidung und Verantwortung in der Tragödie des Aischylos«, in: H. Hommel (Hrsg.), *Wege zu Aischylos*, 1. Bd., Darmstadt 1974, 330-346.
Ders., »Eteokles in den *Sieben gegen Theben*«, in: *Wiener Studien* 74 (1961), 5-17; jetzt in: A. Lesky, *Gesammelte Schriften. Aufsätze und Reden zu antiker und deutscher Dichtung und Kultur*, hrsg. von W. Kraus, Bern–München 1966, 264-274; auch in: H. Hommel (Hrsg.), *Wege zu Aischylos*, 2. Bd., Darmstadt 1974, 23-37.
Ders., *Der Kommos der Choephoren*, Sitz.-Ber. der Akad. Wien, Hist.-philos. Kl. 221 (1943), 1-127.
Ders., »Die *Niobe* des Aischylos«, in: *Wiener Studien* 52 (1934), 1-18.
Ders., »Die *Orestie* des Aischylos«, in: *Hermes* 66 (1931), 190-214.
Ders., »Die Schuld der Klytaimnestra«, in: *Wiener Studien* 1 (1967), 5-21.
Livingstone, R. W., »The Problem of the *Eumenides*«, in: *The Journal of Hellenic Studies* 35 (1925), 120-131.
Lloyd-Jones, H., »The End of the *Seven against Thebes*«, in: *Classical Quarterly* 9 (1959), 80-115.
Ders., »The Guilt of Agamemnon«, in: *Classical Quarterly* N. S. 2 (1952), 187-199.
Ders., *The Justice of Zeus*, Sather Classical Lectures 41, Berkeley–Los Angeles–London 1971.
Ders., »The ›Supplices‹ of Aeschylus: the New Date and Old Problems«, in: *Antiquité Classique* 33 (1964), 356-374; ins Deutsche übersetzt von B. Mannsperger: »Die *Hiketiden* des Aischylos: Das neue Datum und die alten Probleme«, in: H. Hommel (Hrsg.), *Wege zu Aischylos*, 2. Bd., Darmstadt 1974, 101-124.
Ders., »Zeus in Aeschylus«, in: *The Journal of Hellenic Studies* 76 (1956), 55-67; jetzt aus dem Englischen übersetzt von B. Mannsperger: »Zeus bei Aischylos«, in: H. Hommel (Hrsg.), *Wege zu Aischylos*, 1. Bd., Darmstadt 1974, 265-300.

Maas, P., »Rez.: K. Latte, *Ein neues Fragment aus der Niobe des Aischylos*«, in: *Gnomon* 9 (1933), 289-292.
Macleod, C. W., »Clothing in the *Oresteia*«, in: *Maia* N. S. 27 (1975), 201-203.
Ders., »Politics in the *Oresteia*«, in: *The Journal of Hellenic Studies* 102 (1982), 122-144; jetzt in: C. W. Macleod, *Collected Essays*, ed. by O. Taplin, Oxford 1983, 20-40.
Marg, W., »Herodot über die Folgen von Salamis«, in: *Hermes* 81 (1953), 196-210.
McCall, M. H. (Hrsg.), *Aeschylus. A Collection of Critical Essays*, Englewood Cliffs, N. J. 1972.
Ders., »The Secondary Choruses in Aeschylus' *Supplices*«, in: *California Studies in Classical Antiquity* 9 (1977), 117-131.
Méautis, G., *L'Authenticité et la Date du Prométhée enchainé*, Univ. de Neuchatel, Recueil de travaux publié par la Faculté des Lettres 29, Genf 1960.
Ders., *Éschyle et la trilogie*, Paris 1936.
Melchinger, S., »Aischylos auf der Bühne der Neuzeit«, in: H. Hommel (Hrsg.), *Wege zu Aischylos*, 1. Bd., Darmstadt 1974, 443-475.
Mellon, P. S., *The Ending of Aeschylus' ›Seven against Thebes‹ and its Relation to Sophocles' ›Antigone‹ and Euripides' ›Phoenissae‹*, Diss. Stanford 1974.
Mette, H. J., »›Schauen‹ und ›Staunen‹«, in: *Glotta* 39 (1960), 49-71.
Mielke, H., *Die Bildersprache des Aischylos*, Diss. Breslau 1934.
Moritz, H. E., »Refrain in Aeschylus«, in: *Classical Philology* 74 (1979), 187-213.
Moutsopoulos, E., »Une philosophie de la musique chez Éschyle, in: *Revue des Études Grecques* 72 (1959), 18-56.
Murray, G., *Aeschylus. The Creator of Tragedy*, Oxford 1940 (repr. 1951, 1958, 1962); dtsch. (u. gekürzt): *Aischylos*, Eingeleitet und herausgegeben von S. Melchinger, Friedrichs Dramatiker des Welttheaters 47, Velber/Hannover 1969.
Murray, R. D., *The Motif of Io in Aeschylus' Suppliants*, Princeton 1958.
Musenides, T., *Aischylos und sein Theater*, Berlin 1937.
Myers, J. L., »The Structure of Stichomythia in Attic Tragedy«, in: *Proceedings of the British Academy* 36 (1948), 199-231.
Neitzel, H., »Artemis und Agamemnon in der Parodos des aischyleischen *Agamemnon*«, in: *Hermes* 107 (1979), 10-32.
Ders., »Funktion und Bedeutung des Zeus-Hymnus im *Agamemnon* des Aischylos«, in: *Hermes* 106 (1978), 406-425.
Ders., »πάθει μάθος – Leitwort der aischyleischen Tragödie?«, in: *Gymnasium* 87 (1980), 283-293.
Nes, D. van, *Die maritime Bildersprache des Aischylos*, Groningen 1963.

Nestle, W., »Rez.: Walther Kranz, *Stasimon. Untersuchungen zu Form und Gehalt der Griechischen Tragödie.* 1933«, in: *Gnomon* 10 (1934), 404-415; jetzt in: H. Hommel (Hrsg.), *Wege zu Aischylos*, 1. Bd., Darmstadt 1974, 71-85.
Ders., *Menschliche Existenz und politische Erziehung in der Tragödie des Aischylos*, Tübinger Beiträge zur Altertumswissenschaft 23, Stuttgart 1934.
Ders., »Die Religiosität des Aischylos«, in: W. Nestle, *Griechische Religiosität von Homer bis Pindar und Aischylos* 1, Sammlung Göschen Nr. 1032, Berlin 1930, 117-132; jetzt in: H. Hommel (Hrsg.), *Wege zu Aischylos*, 1. Bd., Darmstadt 1974, 251-264.
Ders., »Die Weltanschauung des Aischylos«, in: *Neue Jahrbücher für das Klassische Altertum* 1907, 225 ff., 305 ff.; jetzt in: W. Nestle, *Griechische Studien. Untersuchungen zur Religion, Dichtung und Philosophie der Griechen*, Stuttgart 1948, 61-132.
Neustadt, E., »Wort und Geschehen in Aischylos' *Agamemnon*«, in: *Hermes* 64 (1929), 243-265.
Newiger, H.-J., »Die *Orestie* und das Theater«, in: *Dioniso* 48 (1977), 319-340.
Nicolai, W., *Zum doppelten Wirkungsziel der aischyleischen ›Orestie‹*, Bibliothek der klassischen Altertumswissenschaften N. F., 2. Reihe, Bd. 80, Heidelberg 1988.
Nicolaus, P., *Die Frage nach der Echtheit der Schlußszene von Aischylos' Sieben gegen Theben*, Diss. Tübingen 1967.
Otis, B., »The Unity of the *Seven against Thebes*«, in: *Greek, Roman and Byzantine Studies* 3 (1960), 153-174.
Owen, E. T., *The Harmony of Aeschylus*, Toronto 1952.
Paduano, G., *Gli Persiani di Eschilo*, Rom 1978.
Patzer, H., »Die dramatische Handlung der *Sieben gegen Theben*«, in: *Harvard Studies in Classical Philology* 63 (1958), 97-119.
Peradotto, J. J., »The Omen of the Eagles and the ΗΘΟΣ of Agamemnon«, in: *Phoenix* 23 (1969), 237-263.
Ders., »Some Patterns of Nature Imagery in the *Oresteia*«, in: *American Journal of Philology* 85 (1964), 378-393.
Petre, Z., »Thèmes dominants et attitudes politiques dans les *Sept contre Thèbes* d'Éschyle«, in: *Studii Clasice* 13 (1971), 15-28.
Petrounias, E., *Funktion und Thematik der Bilder bei Aischylos*, Hypomnemata 48, Göttingen 1976.
Pfeiffer, R., »Die *Niobe* des Aischylos«, in: *Philologus* 89 (1934), 1-18.
Pfeufer, H., *Die Gnomik in der Tragödie des Aischylos*, Diss. München 1940.
Podlecki, A. J., »The Aeschylean Chorus as Dramatic *Persona*«, in: *Studi classici in onore di Q. Cataudella*, Bd. 1, Catania 1972, 187-204.
Ders., »The Character of Eteocles in Aeschylus' *Septem*«, in: *Transactions*

and Proceedings of the American Philological Association 95 (1964), 283-299.

Ders., *The Political Background of Aeschylean Tragedy*, Ann Arbor 1966.

Ders., »Reciprocity in *Prometheus Bound*«, in: *Greek, Roman and Byzantine Studies* 10 (1969), 287-292.

Ders., »Reconstructing an Aeschylean Trilogy«, in: *Bulletin of the Institute of Classical Studies of the University of London* 22 (1975), 1-19.

Pötscher, W., »Die Funktion der Anapästpartien in den Tragödien des Aischylos«, in: *Eranos* 56 (1958), 80-98.

Ders., »Zum Schluß der *Sieben gegen Theben*«, in: *Eranos* 56 (1958), 140-154.

Porzig, W., *Aischylos. Die attische Tragödie*, Staat und Geist 3, Leipzig 1926.

Prag, A. J. N., *The Oresteia, Iconographic and Narrative Tradition*, Warminster 1985.

Quincey, J. H., »The Beacon-Sites in the *Agamemnon*«, in: *The Journal of Hellenic Studies* 83 (1963), 118-132.

Rabinowitz, N. S., »From Force to Persuasion: Aeschylus' *Oresteia* as Cosmogonic Myth«, in: *Ramus* 10 (1981), 159-191.

Regenbogen, O., »Bemerkungen zu den *Sieben* des Aischylos. I. Textkritisches. II. Zu Eteokles' Entschließungsszene 631 ff.«, in: *Hermes* 68 (1933), 51-69; jetzt in: O. Regenbogen, *Kleine Schriften*, hrsg. von F. Dirlmeier, München 1961, 36-56.

Reinhardt, K., *Aischylos als Regisseur und Theologe*, Bern 1949.

Ders., »*Prometheus*«, in: *Eranos-Jahrbuch* 25, Zürich 1957, 241-283; jetzt in: K. Reinhardt, *Tradition und Geist. Gesammelte Essays zur Dichtung*, hrsg. von C. Becker, Göttingen 1960, 191-226.

Ders., »Vorschläge zum neuen Aischylos. I. Zu den *Isthmiastai*. II. Zum *Prometheus*«, in: *Hermes* 85 (1957), 1-17; 123-126; jetzt in: K. Reinhardt, *Tradition und Geist. Gesammelte Essays zur Dichtung*, hrsg. von C. Becker, Göttingen 1960, 167-190.

Ders., »Zur *Niobe* des Aischylos«, in: *Hermes* 69 (1934), 233-261; jetzt in: K. Reinhardt, *Tradition und Geist. Gesammelte Essays zur Dichtung*, hrsg. v. C. Becker, Göttingen 1960, 136-166.

Reithmaier, L., *Die Rolle des Chores in den Tragödien des Aischylos und Sophokles*, Diss. Wien 1939.

Riele, G. J. M. J. te, *Les femmes chez Éschyle*, Diss. Utrecht 1955.

Rivier, A., »Éschyle et le tragique«, in: *Études de Lettres. Bulletin de la Fac. des Lettres Lausanne et de la Soc. des Études de Lettres* 6 (1963), 73-112.

Ders., »Remarques sur le ›nécessaire‹ et la ›nécessité‹ chez Éschyle«, in: *Revue des Études Grecques* 81 (1968), 5-39.

Rode, J., *Untersuchungen zur Form des aischyleischen Chorliedes*, Diss. Tübingen 1965.

Rösler, W., *Reflexe vorsokratischen Denkens bei Aischylos*, Beiträge zur Klassischen Philologie 37, Meisenheim am Glan 1970.
Romilly, J. de, *La crainte et l'angoisse dans le théâtre d'Éschyle*, Paris 1958.
Dies., »Vengeance humaine et vengeance divine: Remarques sur l'*Orestie* d'Éschyle«, in: K. Gaiser (Hrsg.), *Das Altertum und jedes neue Gute. Für Wolfgang Schadewaldt zum 15. März 1970*, Stuttgart 1970, 65-77.
Rose, H. J., »Aeschylus the Psychologist«, in: *Symbolae Osloenses* 32 (1956), 1-22; ins Deutsche übersetzt von B. Mannsperger: »Aischylos als Psychologe«, in: H. Hommel (Hrsg.), *Wege zu Aischylos*, 1. Bd., Darmstadt 1974, 148-174.
Ders., »On an Epic Idiom in Aeschylus«, in: *Eranos* 45 (1947), 88-99.
Ders., »Theology and Mythology in Aeschylus«, in: *Harvard Theological Review* 39 (1946), 1-24.
Rosenmeyer, T. G., *The Art of Aeschylus*, Berkeley–Los Angeles–London 1982.
Ders., »*Seven Against Thebes*: A Tragedy of War«, in: *Arion* 1 (1962), 48-78.
Said, S., *Sophiste et tyran, ou le problème du Prométhée enchainé*, Paris 1985.
Sansone, D., *Aeschylean Metaphors for Intellectual Activity*, Hermes Einzelschriften 35, Wiesbaden 1975.
Schadewaldt, W., »Aischylos' *Achilleis*«, in: *Hermes* 71 (1936), 25-69; jetzt in: W. Schadewaldt, *Hellas und Hesperien*, 1. Bd., Zürich–Stuttgart [2]1970, 308-354.
Ders., »Kleiderdinge. Zur Analyse der *Odyssee*«, in: *Hermes* 87 (1959), 13-26; jetzt in: W. Schadewaldt, *Hellas und Hesperien*, 1. Bd., Zürich–Stuttgart [2]1970, 79-93.
Ders., »Der Kommos in Aischylos' *Choephoren*«, in: *Hermes* 67 (1932), 312-354; jetzt in: W. Schadewaldt, *Hellas und Hesperien*, 1. Bd., Zürich–Stuttgart [2]1970, 249-284.
Ders., *Die ›Niobe‹ des Aischylos*, Sitzungsberichte der Heidelberger Akademie der Wissenschaften, Phil.-hist. Klasse 1933/34, 3. Abh.; jetzt in: W. Schadewaldt, *Hellas und Hesperien*, 1. Bd., Zürich–Stuttgart [2]1970, 284-308.
Ders., »Ursprung und frühe Entwicklung der attischen Tragödie. Eine morphologische Struktur-Betrachtung des Aischylos«, in: H. Hommel (Hrsg.), *Wege zu Aischylos*, 1. Bd., Darmstadt 1974, 104-147.
Ders., »Die Wappnung des Eteokles«, in: *Eranion. Festschrift für Hildebrecht Hommel, dargebracht von seinen Tübinger Freunden und Kollegen*, unter Mitwirkung von E. Zinn hrsg. von J. Kroymann, Tübingen 1961, 105-116; jetzt in: W. Schadewaldt, *Hellas und Hesperien*, 1. Bd., Zürich–Stuttgart [2]1970, 357-367.
Schinkel, K., *Die Wortwiederholung bei Aischylos*, Diss. Tübingen 1972.

Schmid, W., *Untersuchungen zum Gefesselten Prometheus*, Tübinger Beiträge zur Altertumswissenschaft 9, Stuttgart 1929.
Schmidt, E. G. (Hrsg.), *Aischylos und Pindar: Studien zu Werk und Nachwirkung*, Schriften zur Geschichte und Kultur der Antike 19, Berlin 1981.
Ders., »Das Menschenbild bei Aischylos und Sophokles«, in: R. Müller (Hrsg.), *Der Mensch als Maß der Dinge. Studien zum griechischen Menschenbild in der Zeit der Blüte und Krise der Polis*, Berlin 1976, 93-135.
Schottlaender, R., »Um die moralische Qualität des Freispruchs in den *Eumeniden*«, in: *Das Altertum* 16 (1970), 144-153.
Schulz, P.-R., *Göttliches und menschliches Handeln bei Aischylos*, Diss. Kiel 1962.
Schweizer-Keller, R., *Vom Umgang des Aischylos mit der Sprache: Interpretationen zu seinen Namensdeutungen*, Aarau 1972.
Seeck, G. A., *Dramatische Strukturen der griechischen Tragödie. Untersuchungen zu Aischylos*, München 1984.
Seewald, J., *Untersuchungen zu Stil und Komposition der aischyleischen Tragödie*, Greifswalder Beiträge 14, Greifswald 1936.
Sider, D., »Stagecraft in the *Oresteia*«, in: *American Journal of Philology* 99 (1978), 12-27.
Sideras, A., *Aeschylus Homericus. Untersuchungen zu den Homerismen der aischyleischen Sprache*, Hypomnemata 31, Göttingen 1971.
Simon, E., *Das Satyrspiel Sphinx des Aischylos*, Sitz.-Ber. der Heidelberger Akademie der Wiss., Philos.-hist. Kl. 1981, 5, Heidelberg 1981.
Simpson, M., »Why Does Agamemnon Yield?«, in: *Parola del Passato* 137 (1971), 94-101.
Smith, O. L., »Some Observations on the Structure of Imagery in Aeschylus«, in: *Classica et Mediaevalia* 26 (1965), 10-72.
Smith, P., *On the Hymn to Zeus in Aeschylus' Agamemnon*, American Classical Studies 5, Chico 1980.
Smyth, H. W., *Aeschylean Tragedy*, Sather Classical Lectures 2, Berkeley 1924, repr. New York 1969.
Snell, B., *Aischylos und das Handeln im Drama*, Philologus Supplementband XX, Heft 1, Leipzig 1928.
Solmsen, F., *Electra and Orestes: Three Recognitions in Greek Tragedy*, Mededeelingen Nederl. Akad., Afd. Letterk., N. S. 30.2, Amsterdam 1967.
Ders., »The Erinys in Aischylos' *Septem*«, in: *Transactions of the American Philological Association* 58 (1937), 199-211; jetzt in: F. Solmsen, *Kleine Schriften I*, Collectanea IV 1, Hildesheim 1968, 106-120.
Ders., *Hesiod and Aeschylus*, Cornell Studies in Classical Philology 30, Ithaca, New York 1949.
Ders., »Strata of Greek Religion in Aeschylus«, in: *Harvard Theological*

Review 40 (1947), 211-226; jetzt in: F. Solmsen, *Kleine Schriften I*, Collectanea IV 1, Hildesheim 1968, 121-136.
Srebrny, S., *Wort und Gedanke bei Aischylos*, Breslau–Warschau–Krakau 1964.
Stanford, W. B., *Aeschylus in his Style*, Dublin 1942.
Stinton, T. C. W., »The First Stasimon of Aeschylus' *Choephori*«, in: *Classical Quarterly* 29 (1979), 252-262.
Stoessl, F., »Aeschylus as a Political Thinker«, in: *American Journal of Philology* 73 (1952), 113-139.
Ders., »Aischylos 13)«, in: *RE Suppl. XI* (1968), 1-8.
Ders., *Die Hiketiden des Aischylos als geistesgeschichtliches und theatergeschichtliches Phänomen*, Sitzungsberichte der Akademie der Wissenschaften Wien, Phil.-hist. Kl. 356, Wien 1979.
Ders., »Die *Phoinissen* des Phrynichos und die *Perser* des Aischylos«, in: *Museum Helveticum* 2 (1945), 148-165.
Ders., *Der Prometheus des Aischylos als geistesgeschichtliches und theatergeschichtliches Phänomen*, Palingenesia 24, Wiesbaden–Stuttgart 1988.
Ders., *Die Trilogie des Aischylos. Formgeschichte und Wege der Rekonstruktion*, Baden bei Wien 1937.
Taplin, O., »Aeschylean Silences and Silences in Aeschylus«, in: *Harvard Studies in Classical Philology* 76 (1972), 57-97.
Ders., *The Stagecraft of Aeschylus: Observations on the Dramatic Use of Exits and Entrances in Greek Tragedy*, Oxford 1977.
Thalmann, W. G., *Dramatic Art in Aeschylus's* Seven against Thebes, Yale Classical Monographs 1, New Haven und London 1978.
Thomson, G., *Aeschylus and Athens. A Study in the Social Origin of Drama*, London 1941, [2]1946; deutsch: *Aischylos und Athen. Eine Untersuchung der gesellschaftlichen Ursprünge des Dramas*, Berlin 1957.
Tsagarakis, O., »Zum tragischen Geschick Agamemnons bei Aischylos«, in: *Gymnasium* 86 (1979), 16-38.
Turyn, A., *The Manuscript Tradition of the Tragedies of Aeschylus*, New York 1943; Nachdr. Hildesheim 1967.
Unterberger, R., ›*Der gefesselte Prometheus*‹ *des Aischylos. Eine Interpretation*, Tübinger Beiträge zur Altertumswissenschaft 45, Stuttgart 1968.
Ussher, R. G., »The Other Aeschylus«, in: *Phoenix* 31 (1977), 287-299.
Van Boekel, C. W., *Katharsis. Een filologische reconstructie van de psychologie van Aristoteles omtrent het gevoelsleven*, Diss. Nijmegen, Utrecht 1957.
Van der Graaf, C., »Les suivantes dans le chœur final des *Suppliantes* d'Éschyle«, in: *Mnemosyne* ser. 3. 10 (1942), 281-285.
Vandvik, E., *The Prometheus of Hesiod and Aeschylus*, Oslo 1943.
Van Looy, H., »Aeschyli *Supplices* ... und kein Ende«, in: *Anamnesis, Gedenkboek Leemans*, Brügge 1970, 369-384.

Ders., »Tragica I. Aeschyli *Supplices* ... und ein Ende«, in: *Antiquité Classique* 38 (1969), 489-496.

Van Nes, D., *Die maritime Bildersprache des Aischylos*, Groningen 1963.

Van Otterlo, W. A. A., *Beschwouwingen over het archaische element in den stijl van Aeschylus*, Utrecht 1937.

Vellacott, P., »Has Good Prevailed? A Further Study in the *Oresteia*«, in: *Harvard Studies in Classical Philology* 81 (1977), 113-122.

Ders., *The Logic of Tragedy: Morals and Integrity in Aeschylus' Oresteia*, Durham NC 1984.

Vidal-Naquet, P., *Classe et Sacrifice dans l'Orestie*, Paris 1972.

Vitelli, G., u. M. Norsa, »Frammenti eschilei in Papiri della Società Italiana«, in: *Bull. Soc. Alexandrie* 28 (1932/33), 107-122.

Vogt, J., »Die Hellenisierung der Perser in der Tragödie des Aischylos«, in: *Antike und Universalgeschichte. Festschrift H. E. Stier*, Münster 1972, 131-145.

Von der Mühll, P., »Der Zweikampf der Ödipussöhne im dritten Epeisodion der *Septem*«, in: *Museum Helveticum* 21 (1964), 225-227.

Wartelle, A., *Histoire du texte d' Éschyle dans l'antiquité*, Paris 1971.

Ders., »La Pensée théologique d'Éschyle«, in: *Bulletin de l'association Guillaume Budé* 1971, 535-580.

Welcker, F. G., *Die Aeschylische Trilogie Prometheus und die Kabirenweihe zu Lemnos nebst Winken über die Trilogie des Aeschylus überhaupt*, Darmstadt 1824.

West, M. L., »The *Prometheus* Trilogy«, in: *The Journal of Hellenic Studies* 99 (1979), 130-148.

Whallon, W., *Problem and Spectacle: Studies in the Oresteia*, Heidelberg 1980.

Wilamowitz-Moellendorff, U. v., *Aischylos. Interpretationen*, Berlin 1914; Nachdr. Dublin–Zürich 1966.

Ders., »Drei Schlußszenen griechischer Dramen«, in: *Sitz.-Ber. der Akad. der Wiss. Berlin, Phil.-hist. Kl.* (1903), Berlin 1903, 436-455, 587-600.

Wilkens, K. *Die Interdependenz zwischen Tragödienstruktur und Theologie bei Aischylos*, Bochumer Arbeiten zur Sprach- und Literaturwissenschaft 11, München 1974.

Winnington-Ingram, R. P., »A Religious Function of Greek Tragedy: A Study of the *Oedipus Coloneus* and the *Oresteia*«, in: *The Journal of Hellenic Studies* 74 (1954), 16-24.

Ders., »Clytemnestra and the Vote of Athena«, in: *The Journal of Hellenic Studies* 68 (1948), 130-147; jetzt überarbeitet in: R. P. Winnington-Ingram, *Studies in Aeschylus*, Cambridge 1983, 101-131.

Ders., »The *Danaid* Trilogy of Aeschylus«, in: *The Journal of Hellenic Studies* 81 (1961), 141-152; ins Deutsche übersetzt von V. Eggers: »Die *Danaiden*-Trilogie des Aischylos«, in: H. Hommel (Hrsg.), *Wege zu Aischylos*, 2. Bd., Darmstadt 1974, 57-82.

Ders., »Rez.: A. J. Podlecki: The Political Background of Aeschylean Tragedy«, in: *Gnomon* 39 (1967), 641-646.
Ders., »*Septem contra Thebas*«, in: *Yale Studies in Classical Philology* 25 (1977), 1-45.
Ders., *Studies in Aeschylus*, Cambridge 1983.
Ders., »Zeus in the *Persae*«, in: *The Journal of Hellenic Studies* 93 (1973), 210-219.
Wolff, E. A., »The Date of Aeschylus' *Danaid* Tetralogy«, in: *Eranos* 56 (1958), 119-139; *Eranos* 57 (1959), 6-34.
Wolff, E., »Die Entscheidung des Eteokles in den *Sieben gegen Theben*«, in: *Harvard Studies in Classical Philology* 63 (1958) (Festschrift für W. Jäger), 89-95.
Yorke, E. C., »The Date of the *Prometheus Vinctus*«, in: *Classical Quarterly* 30 (1936), 153-154.
Young, D. C. C., »Gentler Medicines in the *Agamemnon*«, in: *Classical Quarterly* 14 (1964), 1-23.
Zeitlin, F., »The Dynamics of Misogyny: Myth and Myth-Making in the *Oresteia*, in: *Arethusa* 11 (1978), 149-184.
Dies., »The Motif of the Corrupted Sacrifice in Aeschylus' *Oresteia*«, in: *Transactions and Proceedings of the American Philological Association* 96 (1965), 463-508.
Dies., »Postscript to Sacrificial Imagery in the *Oresteia, Ag.* 1235-37«, in: *Transactions and Proceedings of the American Philological Association* 97 (1966), 645-653.
Dies., *Under the Sign of the Shield: Semiotics and Aeschylus' Seven Against Thebes*, Rom 1982.

Sophokles

Adams, S. M., »The *Ajax* of Sophocles«, in: *Phoenix* 9 (1955), 93-110.
Ders., *Sophocles the Playwright*, Toronto 1957.
Alt, K., »Schicksal und Φύσις im *Philoktet* des Sophokles«, in: *Hermes* 89 (1961), 141-174; jetzt auch in: H. Diller (Hrsg.), *Sophokles*, Darmstadt 1967, 412-459.
Ax, W., »Die Parodos des *Oedipus Tyrannos*«, in: *Hermes* 67 (1932), 413-437.
Barlow, S. A., »Sophocles' *Ajax* and Euripides' *Heracles*«, in: *Ramus* 10 (1981), 112-128.
Bates, W. N., *Sophokles: Poet and Dramatist*, New York 1940, ²1969.
Becker, C., *Studien zum sophokleischen Chor*, Diss. Frankfurt/M. 1950.
Blumenthal, A. v., *Sophokles. Entstehung und Vollendung der griechischen Tragödie*, Stuttgart 1936.
Boeckh, A., *Des Sophokles Antigone, griechisch und deutsch herausgegeben, nebst zwei Abhandlungen über diese Tragödie im Ganzen und*

einzelne Stellen, Berlin 1943 (= Schriften der Preuß. Akademie d. Wiss. von 1824 bzw. 1828).

Bollack, J., »Le fils de l'homme. Le Mythe freudien d'Oedipe«, in: *L'Écrit du temps* 12 (1986), 3-26.

Ders., »Das Schicksal des Ödipus, ein Familienschicksal«, in: *Poetica* 19 (1987), 149-168.

Bowra, C. M., *Sophoclean Tragedy*, Oxford 1944.

Ders., »Sophocles on his own Development«, in: C. M. Bowra, *Problems in Greek Poetry*, Oxford 1953, 108-125; deutsch: »Sophokles über seine eigene Entwicklung«, übersetzt von M.-L. Gülzow, in: H. Diller (Hrsg.), *Sophokles*, Darmstadt 1967, 126-146.

Bröcker, W., *Der Gott des Sophokles*, Wissenschaft und Gegenwart, Geisteswissenschaftliche Reihe H. 50/51, Frankfurt/M. 1971.

Burian, P., »Suppliant and Saviour: *Oedipus at Colonus*«, in: *Phoenix* 28 (1974), 408-429.

Ders., »Supplication and Hero Cult in Sophocles' *Ajax*«, in: *Greek, Roman and Byzantine Studies* 13 (1972), 151-156.

Burton, R. W. B., *The Chorus in Sophocles' Tragedies*, Oxford 1980.

Buxton, R. G. A., »Blindness and Limits: Sophokles and the Logic of Myth«, in: *The Journal of Hellenic Studies* 100 (1980), 22-37.

Calder III, W. M., »Sophocles' Political Tragedy, *Antigone*«, in: *Greek, Roman and Byzantine Studies* 9 (1968), 389-407.

Ders., »Die Technik der Sophokleischen Komposition im *Philoktet*«, in: E. C. Welskopf (Hrsg.), *Hellenische Poleis: Krise – Wandlung – Wirkung*, Bd. III, Darmstadt 1974, 1382-1388.

Camerer, R., *Zorn und Groll in der sophokleischen Tragödie*, Diss. Freiburg 1932, Leipzig 1936.

Dies., »Zu Sophokles' *Aias*«, in: *Gymnasium* 60 (1953), 289-327.

Cameron, A., *The Identity of Oedipus the King*, New York 1968.

Cerri, G., *Legislazione orale e tragedia greca. Studi sull' Antigone di Sofocle e sulle Supplici di Euripide*, Napoli 1979.

Champlin, M. W., »*Oedipus Tyrannus* and the Problem of Knowledge«, in: *The Classical Journal* 64 (1968), 337-345.

Dawe, R. D., *Studies on the Text of Sophocles*, Leiden (Bd. 1 u. 2) 1974, (Bd. 3) 1978.

Deckinger, H., *Die Darstellung der persönlichen Motive bei Aischylos und Sophokles*, Diss. Tübingen 1911.

Diller, H. (u. a). *Gottheit und Mensch in der Tragödie des Sophokles*, Darmstadt 1963.

Ders., *Göttliches und menschliches Wissen bei Sophokles*, Kieler Universitätsreden, Heft 1; jetzt in: Diller, H., u. a., *Gottheit und Mensch in der Tragödie des Sophokles*, Darmstadt 1963, 1-28; auch in: H. Diller, *Kleine Schriften zur antiken Literatur*, hrsg. von H.-J. Newiger und H. Seyffert, München 1971, 255-271.

Ders., »Menschendarstellung und Handlungsführung bei Sophokles«, in: *Antike und Abendland* 6 (1957), 157-169; jetzt in: H. Diller (Hrsg.), *Sophokles*, Wege der Forschung XCV, Darmstadt 1967, 190-211; auch in: H. Diller, *Kleine Schriften zur antiken Literatur*, hrsg. von H.-J. Newiger und H. Seyffert, München 1971, 286-303.
Ders. (Hrsg.), *Sophokles*, Wege der Forschung XCV, Darmstadt 1967.
Ders., »Über das Selbstbewußtsein der sophokleischen Personen«, in: *Wiener Studien* 69 (1956), 70-85; jetzt in: H. Diller, *Kleine Schriften zur antiken Literatur*, hrsg. von H.-J. Newiger und H. Seyffert, München 1971, 272-285.
Dirlmeier, F., »Der *Aias* des Sophokles. Ein Beitrag zur Deutung«, in: *Neue Jahrbücher* 1 (1938), 297-319; jetzt in: F. Dirlmeier, *Ausgewählte Schriften zu Dichtung und Philosophie der Griechen*, hrsg. von H. Görgemanns, Heidelberg 1970, 13-30.
Dodds, E. R., »On Misunderstanding the *Oedipus Rex*«, in: *Greece and Rome* 13 (1966), 37-49; jetzt in: M. J. O'Brien (Hrsg.), *Twentieth Century Interpretations of Oedipus Rex*, Englewood Cliffs, N. J. 1968, 17-29.
Dönt, E., »Zur Deutung des Tragischen bei Sophokles«, in: *Antike und Abendland* 17 (1971), 45-55.
Earp, F. R., *The Style of Sophocles*, Cambridge 1943.
Easterling, P. E., »Oedipus and Polynices«, in: *Proceedings of the Cambridge Philological Society* 13 (1967), 1-13.
Ders., »*Philoctetes* and Modern Criticism«, in: *Iowa Classical Studies* 3 (1978), 27-39.
Ders., »The Second Stasimon of the *Antigone*«, in: *Dionysiaca. Nine Studies in Greek Poetry (Festschrift D. Page)*, Cambridge 1978, 141-158.
Ders., »Sophocles' *Trachiniae*«, in: *Bulletin of the Institute of Classical Studies of the University of London* 15 (1968), 58-69.
Eberlein, E., »Über die verschiedenen Deutungen des tragischen Konflikts in der Tragödie *Antigone* des Sophokles«, in: *Gymnasium* 68 (1961), 16-34.
Ehrenberg, V., *Sophocles and Pericles*, Oxford 1954; deutsch: *Sophokles und Perikles*, München 1956.
Eicken-Iselin, E., *Interpretationen und Untersuchungen zum Aufbau der Sophokleischen Rheseis*, Diss. Basel 1942.
Erbse, H., »Neoptolemos und Philoktet bei Sophokles«, in: *Hermes* 94 (1966), 177-201.
Errandonea, I., »Les Quatre Monologues de l'*Ajax* et leur Signification Dramatique«, in: *Les Études Classiques* 26 (1958), 21-40.
Flashar, H., »Die Handlungsstruktur des *König Ödipus*«, in: *Poetica* 8 (1976), 355-359.
Ders., »*König Ödipus*. Drama und Theorie«, in: *Gymnasium* 24 (1977), 120-136.
Fritz, K. v., »Haimons Liebe zu Antigone«, in: *Philologus* 93 (1934),

19-34; jetzt in: *Antike und moderne Tragödie. Neun Abhandlungen*, Berlin 1962, 227-240.

Ders., »Zur Interpretation des *Aias*«, in: *Antike und moderne Tragödie. Neun Abhandlungen*, Berlin 1962, 241-255.

Funke, H., »ΚΡΕΩΝ ΑΠΟΛΙΣ«, in: *Antike und Abendland* 12 (1966), 29-50.

Fuqua, C., »Studies in the Use of Myth in Sophocles' *Philoctetes* and Euripides' *Orestes*«, in: *Traditio* 32 (1976), 29-95.

Gellie, G. H., *Sophocles: a Reading*, Carlton, Victoria 1972.

Gentili, B., u. R. Pretagostini (Hrsg.), *Edipo. Il teatro Greco e la cultura Europea*, Atti del Convegno Internazionale Urbino, 15-19 novembre 1982, Roma 1986.

Goheen, R. F., *The Imagery of Sophocles' Antigone: a study of Poetic Language and Structure*, Princeton 1951.

Goth, J., *Sophokles' Antigone. Interpretationsversuche und Strukturuntersuchungen*, Diss. Tübingen 1966.

Greiffenhagen, G., »Der Prozeß des Oedipus. Strafrechtliche und strafprozessuale Bemerkungen zur Interpretation des *Oedipus Rex* des Sophokles«, in: *Hermes* 94 (1966), 147-176.

Grossmann, G., »Das Lachen des Aias«, in: *Museum Helveticum* 25 (1968), 65-85.

Gundert, H., »Größe und Gefährdung des Menschen. Ein sophokleisches Chorlied und seine Stellung im Drama (Sophokles, *Antigone* 332-375)«, in: *Antike und Abendland* 22 (1976), 21-39.

Hamburger, K., *Von Sophokles zu Sartre. Griechische Dramenfiguren antik und modern*, Stuttgart 1962, [3]1965.

Hausmann, U., »Ödipus und die Sphinx«, in: *Jahrbuch der staatlichen Kunstsammlungen in Baden-Württemberg* 9 (1972), 7-36.

Heinz, J., »Zur Datierung der *Trachinierinnen*«, in: *Hermes* 72 (1937), 270-300.

Helmbold, W. C., »The Paradox of the *Oedipus*«, in: *American Journal of Philology* 72 (1951), 293-300.

Hester, D. A., »Sophocles the Unphilosophical. A Study in the *Antigone*«, Mnemosyne IV 24 (1971), 11-59.

Hölscher, U., »Wie soll ich noch tanzen«, in: *Sprachen der Lyrik, Festschrift Hugo Friedrich*, Frankfurt/M. 1975, 376-391.

Hösle, V., *Die Vollendung der Tragödie im Spätwerk des Sophokles*, Stuttgart-Bad Cannstadt 1984.

Hoppin, M. C., »What Happens in Sophocles' *Philoctetes?*«, in: *Traditio* 37 (1981), 1-30.

Imhof, M., »Euripides' *Ion* und Sophokles' *Oedipus auf Kolonos*«, in: *Museum Helveticum* 27 (1970), 65-89.

Jaene, H. E., *Die Funktion des Pathetischen im Aufbau sophokleischer und euripideischer Tragödien*, Diss. Leipzig 1929.

Jameson, M., »Sophocles and the Four Hundred«, in: *Historia* 22 (1971), 533-541.

Johansen, H. F., »Die *Elektra* des Sophokles: Versuch einer neuen Deutung«, in: *Classica & Mediaevalia* 25 (1964), 8-32.

Kapsomenos, S. G., *Sophokles' Trachinierinnen und ihr Vorbild. Eine literargeschichtliche und textkritische Untersuchung*, Athen 1963.

Kirkwood, G. M., »The Dramatic Role of the Chorus in Sophocles«, in: *Phoenix* 8 (1954), 1-22.

Ders., *A Study of Sophoclean Drama*, Cornell Studies in Classical Philology 31, Ithaca 1958.

Kitto, H. D. F., »The Idea of God in Aeschylus and Sophocles«, in: *Entretiens sur l'Antiquité Classique 1, Fondation Hardt*, Genf 1952, 169-201.

Ders., *Sophokles. Dramatist and Philosopher: Three Lectures*, London 1958.

Klimpe, P., *Die Elektra des Sophokles und Euripides' Iphigenie bei den Taurern*, Göppingen 1970.

Knox, B. M. W., »The *Ajax* of Sophocles«, in: *Harvard Studies in Classical Philology* 65 (1961), 1-37; jetzt in: T. Woodard (Hrsg.), *Sophocles: A Collection of Critical Essays*, Englewood Cliffs, N. J. 1966, 29-61; und in: B. M. W. Knox, *Word and Action. Essays on the Ancient Theater*, Baltimore–London 1979, 125-160.

Ders., *The Heroic Temper. Studies in Sophoclean Tragedy*, Sather Classical Lectures 35, Berkeley–Los Angeles 1964.

Ders., *Oedipus at Thebes. Sophocles' Tragic Hero and His Time*, New Haven 1957, Ndr. 1971.

Kremer, G., *Strukturanalyse des Oidipus Tyrannos von Sophokles*, Diss. Tübingen 1963.

Lesky, A., »Der Herren eigner Geist: Zur Deutung der Chorlieder des Sophokles«, in: *Das Altertum und jedes neue Gute. Für W. Schadewaldt zum 15. März 1970*, Stuttgart 1970, 79-97.

Ders., »Sophokles und das Humane«, in: *Almanach der Österreichischen Akademie der Wissenschaften* 101 (1957), 222-247; auch in: Diller, H., u. a., *Gottheit und Mensch in der Tragödie des Sophokles*, Darmstadt 1963, 61-86; jetzt in: A. Lesky, *Gesammelte Schriften. Aufsätze und Reden zu antiker und deutscher Dichtung und Kultur*, hrsg. von W. Kraus, Bern–München 1966, 190-203.

Letters, F. J. H., *The Life and Work of Sophocles*, London 1953.

Linforth, I. M., *Philoctetes. The Play and the Man*, University of California Publications in Classical Philology 15.3 (1956), 95-156.

Ders. *Religion and Drama in ›Oedipus at Colonus‹*, University of California Publications in Classical Philology 14.4 (1951).

Long, A. A., *Language and Thought in Sophocles*, London 1968.

Machin, A., *Cohérence et continuité dans le théâtre de Sophocle*, Quebec 1981.

Maddalena, A., *Sofocle*, Turin [2]1963.
Matthiessen, K., »Philoktet oder die Resozialisierung«, in: *Würzburger Jahrbücher für die Altertumswissenschaft* N.F. 7 (1981), 11-26.
Méautis, G., *Sophocle. Essai sur le héros tragique*, Paris 1957.
Mette, H.J., »Die *Antigone* des Sophokles«, in: *Hermes* 84 (1956), 129-134.
Moorhouse, A.C., *The Syntax of Sophocles*, Leiden 1982.
Müller, C.W., *Zur Datierung des sophokleischen Ödipus*, Abhandlungen der Akademie der Wissenschaften und Literatur in Mainz, geistes- und sozialwiss. Klasse 1984, Nr. 5, Wiesbaden 1984.
Müller, G., »Überlegungen zum Chor der *Antigone*«, in: *Hermes* 89 (1961), 398-422.
Murray, G., »Heracles, ›The Best of Men‹«, in: G. Murray, *Greek Studies*, Oxford 1946; deutsch: »Herakles, ›Der Trefflichste der Männer‹«, übersetzt von O. Jakob, in: H. Diller (Hrsg.), *Sophokles*, Darmstadt 1967, 325-347.
Musurillo, H., *The Light and the Darkness: Studies in the Dramatic Poetry of Sophocles*, Leiden 1967.
Nestle, W., »Das Rechtsbewußtsein der *Antigone*«, in: *Aus Unterricht und Forschung* 1930, 97ff.: jetzt in: W. Nestle, *Griechische Studien. Untersuchungen zur Religion, Dichtung und Philosophie der Griechen*, Stuttgart 1948, 186-194.
Ders., »Sophokles und die Sophistik«, in: *Classical Philology* 5 (1910), 129ff.; jetzt in: W. Nestle, *Griechische Studien. Untersuchungen zur Religion, Dichtung und Philosophie der Griechen*, Stuttgart 1948, 195-225.
O'Brien, M.J. (Hrsg.), *Twentieth Century Interpretations of Oedipus Rex*, Englewood Cliffs, N.J. 1968.
Patzer, H., *Hauptperson und tragischer Held in Sophokles' Antigone*, Sitzungsberichte der Wissenschaftlichen Gesellschaft an der Johann Wolfgang Goethe-Universität Frankfurt am Main. Bd. 15, Nr. 2, Wiesbaden 1978.
Ders., »Methodische Grundsätze der Sophoklesinterpretation«, in: *Poetica* 15 (1983), 1-33; jetzt in: H. Patzer, *Gesammelte Schriften*, hrsg. von R. Leimbach und G. Seidel, Wiesbaden 1985, 433-469.
Perrotta, G., *Sofocle*, Messina–Mailand 1935, repr. Rom 1963.
Petersmann, H., »Die Haltung des Chores in der Sophokleischen *Antigone*«, in: *Wiener Studien* N.S. 16 (1982), 56-70.
Poe, J.P., *Heroism and Divine Justice in Sophocles' Philoctetes*, Mnemosyne, Supplementum XXXIV, Leiden 1974.
Pöhlmann, E. »Bühne und Handlung im *Aias* des Sophokles«, in: *Antike und Abendland* 32 (1986), 20-32.
Post, C.R., »The Dramatic Art of Sophocles«, in: *Harvard Studies in Classical Philology* 23 (1912), 71-127.

Reinhardt, K., *Sophokles*, Frankfurt/M. 1933, [4]1976.
Rieger, G., *Die Bildersprache des Sophokles*, Diss. Breslau 1934.
Rohdich, H., *Antigone. Beitrag zu einer Theorie des sophokleischen Helden*, Bibliothek der Klassischen Altertumswissenschaften N.F., 2. Reihe, Bd. 69, Heidelberg 1980.
Ronnet, G., *Sophocle poète tragique*, Paris 1969.
Rosenmeyer, T. G., »The Wrath of Oedipus«, in: *Phoenix* 6 (1952), 92-112.
Rosivach, V., »The Two Worlds of the *Antigone*«, in: *Illinois Classical Studies* 3 (1979), 16-26.
Schadewaldt, W., »Einleitung zur *Antigone* des Sophokles von Hölderlin in der Vertonung von Carl Orff«, in: W. Schadewaldt, *Hellas und Hesperien*, 1. Bd., Zürich–Stuttgart [2]1970. 434-465.
Ders., »Die *Empedokles*-Tragödie Hölderlins«, in: *Hölderlin-Jahrbuch* 11 (1958/60), 40-54; jetzt in: W. Schadewaldt, *Hellas und Hesperien*, 2. Bd., Zürich–Stuttgart [2]1970, 261-275.
Ders., »Experimentelle Philologie«, in: *Donum natalicium, Albin Lesky zum 7. Juli 1966 dargebracht von Freunden und Schülern, Wiener Studien* 79 (1966), 66-80; jetzt in: W. Schadewaldt, *Hellas und Hesperien*, 1. Bd., Zürich–Stuttgart [2]1970, 483-496.
Ders., »Hölderlins Übersetzung des Sophokles«, in: *Sophokles, Tragödien, deutsch von Friedrich Hölderlin*, hrsg. und eingeleitet von W. Schadewaldt, Fischer-Bücherei 162, Frankfurt/M. 1957, 9-95 und 258-261; ohne den Anhang auch in: W. Schadewaldt, *Antike und Gegenwart. Über die Tragödie*, dtv 342, München 1966, 113-174; gekürzt, ohne den Anhang: J. Schmidt (Hrsg.), *Über Hölderlin*, Frankfurt/M. 1970, 237-293; jetzt in: W. Schadewaldt, *Hellas und Hesperien*, 2. Bd., Zürich–Stuttgart [2]1970, 275-332.
Ders., »Der *König Ödipus* des Sophokles in neuer Deutung«, in: *Schweizer Monatshefte* 36 (1956), 21-31; jetzt in: W. Schadewaldt, *Hellas und Hesperien*, 1. Bd., Zürich–Stuttgart [2]1970, 466-476.
Ders., »Shakespeare und die griechische Tragödie. Sophokles' *Elektra* und *Hamlet*. Vortrag, gehalten auf der Jahresversammlung der Deutschen Shakespeare-Gesellschaft zu Bochum am 16. April 1955«, in: *Jahrbuch der Deutschen Shakespeare-Gesellschaft* 96 (1960), 7-34; jetzt in: W. Schadewaldt, *Hellas und Hesperien*, 2. Bd., Zürich–Stuttgart [2]1970, 7-27.
Ders., »Shakespeares *König Lear* und Sophokles' *König Ödipus*, in: *Das neue Forum*, hrsg. von Egon Vietta und Gustav Rudolf Sellner, Heft 1, Darmstadt 1956, 5-12; jetzt in: W. Schadewaldt, *Hellas und Hesperien*, 2. Bd., Zürich–Stuttgart [2]1970, 28-36.
Ders., »Sophokles, *Aias* und *Antigone*«, in: *Neue Wege der Antike* 8 (1929), 61-109.
Ders., »Sophokles, Leben und Werk«, in: *Sophokles, Tragödien. Heraus-*

gegeben und mit einem Nachwort versehen von W. Schadewaldt, Die Bibliothek der Alten Welt, Zürich–Stuttgart 1968, 415-454; jetzt in W. Schadewaldt, *Hellas und Hesperien*, 1. Bd., Zürich–Stuttgart [2]1970, 402-434.

Ders., *Sophokles und Athen*, Antrittsrede, gehalten an der Universität Leipzig im Januar 1935, Wissenschaft und Gegenwart 7, Frankfurt/M. 1935; jetzt in: W. Schadewaldt, *Hellas und Hesperien*, 1. Bd., Zürich–Stuttgart [2]1970, 370-385.

Ders., *Sophokles und das Leid*, Potsdamer Vorträge 4, Potsdam 1944, überarbeitete Fassung [3]1947; auch in: *Gottheit und Mensch in der Tragödie des Sophokles*, Vorträge von H. Diller, W. Schadewaldt, A. Lesky, Darmstadt 1963; jetzt in: W. Schadewaldt, *Hellas und Hesperien*, 1. Bd., Zürich–Stuttgart [2]1970, 385-401.

Ders., »Der *Zerbrochene Krug* von Heinrich v. Kleist und Sophokles' *König Ödipus*«, in: *Schweizer Monatshefte* 37 (1957), 311-318; jetzt in: W. Schadewaldt, *Hellas und Hesperien*, 2. Bd., Zürich–Stuttgart [2]1970, 333-340.

Ders., »Zum zweiten Stasimon des *König Ödipus*«, in: *Studi Italiani di Filologia Classica* 27/28 (1956), 489-497; jetzt in: W. Schadewaldt, *Hellas und Hesperien*, 1. Bd., Zürich–Stuttgart [2]1970, 476-483.

Scheer, R., *Regiebemerkungen in den Tragödien des Aischylos und Sophokles*, Diss. Wien 1937.

Schein, S., »*Electra*. A Sophoclean Problem Play«, in: *Antike und Abendland* 28 (1982), 69-80.

Schlesinger, E., »Erhaltung im Untergang. Sophokles' *Aias* als ›pathetische‹ Tragödie«, in: *Poetica* 3 (1970), 359-387.

Ders., »Die Intrige im Aufbau von Sophokles' *Philoktet*«, in: *Rheinisches Museum* 111 (1968), 97-156.

Schmidt, H. W., *Das Spätwerk des Sophokles*, Diss. Tübingen 1961.

Schmidt, J.-U., *Sophokles: Philoktet. Eine Strukturanalyse*, Bibliothek der klassischen Altertumswissenschaften N. F., 2. Reihe, Bd. 49, Heidelberg 1973.

Schmitt, A., »Bemerkungen zu Charakter und Schicksal der tragischen Hauptpersonen in der *Antigone*«, in: *Antike und Abendland* 34 (1988), 1-16.

Ders., *Charakter und Schicksal in Sophokles' ›König Ödipus‹*, Hermes-Einzelschrift, Stuttgart (erscheint demnächst).

Ders., »Menschliches Fehlen und tragisches Scheitern. Zur Handlungsmotivation im Sophokleischen *König Ödipus*«, in: *Rheinisches Museum* 131 (1988), 8-30.

Schwinge, E.-R., »Die Rolle des Chors in der sophokleischen *Antigone*«, in: *Gymnasium* 78 (1971), 294-321.

Ders., *Die Stellung der Trachinierinnen im Werk des Sophokles*, Hypomnemata 1, Göttingen 1962.

Seale, D., *Vision and Stagecraft in Sophocles*, London 1982.
Segal, C. P., »The *Electra* of Sophocles«, in: *Transactions and Proceedings of the American Philological Association* 97 (1966), 473-545.
Ders., »Sophocles' Praise of Man and the Conflicts of the *Antigone*«, in: *Arion* 3.2 (1964), 46-66; jetzt in: T. Woodard (Hrsg.), *Sophocles: A Collection of Critical Essays*, Englewood Cliffs, N. J., 1966, 62-85.
Ders., »Sophocles' *Trachiniae*: Myth, Poetry, and Heroic Values«, in: *Yale Classical Studies* 25 (1977), 99-158.
Ders., *Tragedy and Civilisation. An Interpretation of Sophocles*, Cambridge/Mass.-London 1981.
Seidensticker, B., »Beziehungen zwischen den beiden Oedipusdramen des Sophokles«, in: *Hermes* 100 (1972), 255-274.
Sicherl, M., »The Tragic Issue in Sophocles' *Ajax*«, in: *Yale Classical Studies* 25 (1977), 67-98.
Sigg, H., *Die Aktionsart des Hauptspielers und der Nebenpersonen in den sophokleischen Dramen, dargestellt am Oedipus Tyrannus*, Diss. Bern 1916.
Simpson, M., »Sophocles' *Ajax*; his Madness and Transformation«, in: *Arethusa* 2 (1969), 88-109.
Solmsen, F., *Electra and Orestes: Three Recognition Scenes in Greek Tragedy*, Amsterdam 1967.
Sophocle, Sept Exposés suivis de Discussions par B. Knox u. a., Entretiens sur l'Antiquité Classique 29, Genf 1983.
Spira, A., *Untersuchungen zum Deus ex machina bei Sophokles und Euripides*, Diss. Frankfurt/M. 1957, Kallmünz 1960.
Stevens, P. T., »Sophocles: *Electra*, Doom or Triumph«, in: *Greece and Rome* N. S. 25 (1978), 111-120.
Stoessl, F., »Sophokles 1)«, in: *RE Suppl. XI* (1968), 1247-1250.
Sutton, D. F., *The Lost Sophocles*, Lanham–London 1984.
Szlezák, T. A., »Sophokles' *Elektra* und das Problem des ironischen Dramas«, in: *Museum Helveticum* 38 (1981), 1-21.
Ders., »Zweiteilige Dramenstruktur bei Sophokles und Euripides«, in: *Poetica* 14 (1982), 1-23.
Taplin, O., »Significant Actions in Sophocles' *Philoctetes*«, in: *Greek, Roman and Byzantine Studies* 12 (1971), 25-44.
Torrence, R. M., »Sophocles: Some Bearings«, in: *Harvard Studies in Classical Philology* 69 (1965), 269-327.
Turyn, A., *Studies in the Manuscript Tradition of the Tragedies of Sophocles*, Illinois Studies in Language and Literature XXXVI 1-2, Urbana 1952.
Vögler, A., *Vergleichende Studien zur sophokleischen und euripideischen Elektra*, Bibliothek der Klassischen Altertumswissenschaften N. F., 2. Reihe, Bd. 19, Heidelberg 1967.

Waldock, A. J. A., *Sophocles the Dramatist*, Cambridge 1951, Nachdr. 1966.
Webster, T. B. L., *An Introduction to Sophocles*, Oxford 1936, London ²1969.
Weinstock, H., *Sophokles*, Leipzig 1931, Wuppertal ³1948.
Welcker, F. G., »Über den *Ajas* des Sophokles«, in: *Rheinisches Museum (hrsg. von Niebuhr und Brandis)* 3 (1829), 43-92 und 229-271; auch in: F. G. Welcker, *Kleine Schriften. Zweyter Theil. Zur griechischen Litteraturgeschichte*, Bonn 1845, 264-355.
Whitman, C. H., *Sophocles. A Study of Heroic Humanism*, Cambridge, Mass. 1951.
Wigodsky, M. M., »The ›Salvation‹ of Ajax«, in: *Hermes* 90 (1962), 149-158.
Wilamowitz-Moellendorff, T. v., *Die dramatische Technik des Sophokles*, Aus dem Nachlaß hrsg. von E. Kapp. Mit einem Beitrag von U. v. Wilamowitz-Moellendorff, Philologische Untersuchungen Bd. 22, Berlin 1917.
Wilson, E., »The Wound and the Bow«, in: E. Wilson, *The Wound and the Bow*, Boston 1941, 272-295.
Winnington-Ingram, R. P., »The Second Stasimon of the *Oedipus Tyrannus*«, in: *The Journal of Hellenic Studies* 91 (1971), 119-135.
Ders., *Sophocles. An Interpretation*, Cambridge 1980.
Wolf, E., *Sentenz und Reflexion bei Sophokles. Ein Beitrag zu seiner poetischen Technik*, Diss. Tübingen 1910, Leipzig 1910.
Woodard, T., »*Electra* by Sophocles: the Dialectical Design«, Part 1 and 2, in: *Harvard Studies in Classical Philology* 68 (1964), 163-205 und 70 (1965), 195-233.
Ders. (Hrsg.), *Sophocles: A Collection of Critical Essays*, Englewood Cliffs, N. J. 1966.
Woodbury, L., »Sophocles among the Generals, in: *Phoenix* 24 (1970), 209-224.
Zuntz, G., »Oedipus und Gregorius: Tragödie und Legende«, in: *Antike und Abendland* 4 (1954), 191-203; jetzt in: H. Diller (Hrsg.), *Sophokles*, Darmstadt 1967, 348-369.

Euripides

Abrahamson, E. L., »Euripides' Tragedy of *Hecuba*«, in: *Transactions and Proceedings of the American Philological Society* 83 (1952), 120-129.
Adkins, A. W. H., »Basic Greek Values in Euripides' *Hecuba* and *Hercules Furens*«, in: *Classical Quarterly* 16 (1966), 194-219.
Aélion, R., *Euripide: Héritier d' Éschyle*, 2 Bde., Collection d' Études Mythologiques, Paris 1983.
Albini, U., »*L'Alcesti* di Euripide«, in: *Maia* 13 (1961), 3-29.

Aldrich, K. M., *The Andromache of Euripides*, University of Nebraska Studies N. S. 25, Lincoln 1961.

Alt, K., *Untersuchungen zum Chor bei Euripides*, Diss. Frankfurt/M. 1952.

Dies., »Zur Anagnorisis in der *Helena*«, in: *Hermes* 89 (1961), 141-179.

Appleton, R. B., *Euripides the Idealist*, Toronto 1927.

Arnoldt, R., »The Curse of Civilization: the Choral Odes of the *Phoenissae*«, in: *Harvard Studies in Classical Philology* 81 (1977), 163-185.

Arnott, P. D., »Line-Repetition and Diptychal Structure in Euripides«, in: *Philological Quarterly* 40 (1961), 307-313.

Ders., »The Overworked Playwright. A Study in Euripides' *Cyclops*«, in: *Greece and Rome* 8 (1961), 164-169.

Arnott, W. G., »Euripides and the Unexpected«, in: *Greece and Rome* 20, (1973), 49-64.

Ders., »Parody and Ambiguity in Euripides' *Cyclops*«, in: *Antidosis für W. Kraus*, Wien 1972, 21-30.

Ders., »Red Herrings and Other Baits. A Study in Euripidean Techniques«, in: *Museum Philologum Londinense* 3 (1978), 1-24.

Arrighetti, G., *Satiro: Vita di Euripide*, a cura di G. Arrighetti, Studi classici e orientali 13, Pisa 1964.

Arrowsmith, W. A., *The Conversion of Herakles. An Essay in Euripidean tragic Structure*, Diss. Princeton 1954.

Ders., »Euripides' Bacchae«, in: G. L. Beede (Hrsg.), *Greek Drama. A Collection of Festival Papers*, Vermillion 1967, 61-74.

Arthur, M., »The Choral Odes of the *Bacchae* of Euripides«, in: *Yale Classical Studies* 22 (1972), 145-179.

Bain, D., »The Prologues of Euripides' *Iphigeneia in Aulis*, in: *Classical Quarterly* N. S. 27 (1977), 10-26.

Barlow, S. A., *The Imagery of Euripides. A Study in the Dramatic Use of Pictorial Language*, London 1971.

Ders., »Structure and Dramatic Realism in Euripides' *Heracles*«, in: *Greece and Rome* 29 (1982), 115-125.

Bates, W. N., *Euripides. A Student of Human Nature*, Philadelphia 1930.

Baumert, J., *ΕΝΙΟΙ ΑΘΕΤΟΥΣΙΝ. Untersuchungen zu Athetesen bei Euripides am Beispiel der Alkestis und Medea*, Diss. Tübingen 1968.

Bengl, H., *Staatstheoretische Probleme im Rahmen der attischen, vornehmlich euripideischen Tragödie*, Diss. München 1929.

Betts, G. G., »The Silence of *Alcestis*«, in: *Mnemosyne* 18 (1965), 181-182.

Beye, C. R., »*Alcestis* and Her Critics«, in: *Greek, Roman und Byzantine Studies* 2 (1959), 109-127.

Biehl, W., »Zur Darstellung des Menschen in Euripides' *Orestes*«, in: *Helikon* 8 (1968), 197-221.

Blaiklock, E. M., *The Male Characters of Euripides*, Wellington, N. Z. 1952,

Boulter, P. N., »Sophia and Sophrosyne in Euripides' *Andromache*«, in: *Phoenix* 20 (1966), 51-58.
Ders., »The Theme of ἀγρία in Euripides' *Orestes*«, in: *Phoenix* 16 (1962), 102-106.
Brandt, H., *Die Sklaven in den Rollen von Dienern und Vertrauten bei Euripides*, Hildesheim 1973.
Breitenbach, W., *Untersuchungen zur Sprache der euripideischen Lyrik*, Tübinger Beiträge zur Altertumswissenschaft 20, Stuttgart 1934.
Bretzigheimer, G., *Die Medeia des Euripides. Struktur und Geschehen*, Diss. Tübingen 1968.
Burgess, D. L., »The Teichoskopia in the *Phoinissae*«, in: *Classical Journal* 83 (1988), 103-113.
Burian, P. (Hrsg.), *New Directions in Euripidean Criticism*, Durham, U.S.A. 1985.
Burkert, W., »Die Absurdität der Gewalt und das Ende der Tragödie: Euripides' *Orestes*«, in: *Antike und Abendland* 20 (1974), 97-109.
Burnett, A. P., *Catastrophe Survived: Euripides' Plays of Mixed Reversal*, Oxford 1971.
Dies., »Human Resistance and Divine Persuasion in Euripides' *Ion*«, in: *Classical Philology* 57 (1962), 87-102.
Dies., »Pentheus and Dionysus. Host Guest«, in: *Classical Philology* 65 (1970), 15-29.
Busch, G., *Untersuchungen zum Wesen der τύχη in den Tragödien des Euripides*, Diss. Heidelberg 1937.
Buxton, R. G. A., »Euripides' *Alkestis*: Five Aspects of an Interpretation«, in: Rodley, L. (Hrsg.), *Papers given at a Colloquium on Greek Drama in honour of R. P. Winnington-Ingram*, The Society for the Promotion of Hellenic Studies, Supplementary Paper No. 15, London 1987, 17-31.
Caldwell, R., »Tragedy Romanticized: The *Iphigenia Taurica*«, in: *Classical Journal* 70 (1974/75), 23-40.
Cantarella, R., »Dioniso fra Bacchanti e Rane«, in: *Serta Turyniana. Studies in Greek Literature and Paleography in honor of Alexander Turyn*, ed. J. L. Heller and J. K. Newman, Urbana 1974, 291-310.
Ders., *Il Dioniso delle Bacchanti e la teoria aristotelica sulle origini del dramma*, Napoli 1971.
Carrière, J., »Le Dionysus des *Bacchantes* et l'actualité historique«, in: *Actas* 3 (1966), 240-244.
Ders., »Sur le message des *Bacchantes*«, in: *Antiquité Classique* 35 (1966), 118-139.
Castellani, V., »Notes on the Structure of Euripides' *Alcestis*«, in: *American Journal of Philology* 100 (1979), 487-496.
Ders., »That Troubled House of Pentheus in Euripides' *Bacchae*«, in:

Transactions and Proceedings of the American Philological Association 106 (1976), 61-83.

Cataudella, Q., »Lettura dello *Ione* euripideo«, in: *Dioniso* 36 (1962), 15-35.

Ceadel, E. B., »Resolved Feet in the Trimeters of Euripides and the Chronology of the Plays«, in: *Classical Quarterly* 35 (1941), 66-89.

Cecchi, S., »L'esodo dell'*Iphigenia in Aulide* di Euripide«, in: *Rivista di Studi Classici* 8 (1960), 69-87.

Chalk, H. H. O., »APETH and BIA in Euripides' *Herakles*«, in: *The Journal of Hellenic Studies* 82 (1962), 7-18.

Chromik, C., *Göttlicher Anspruch und menschliche Verantwortung bei Euripides*, Diss. Kiel 1967.

Collard, C., *Euripides*, »Greece and Rome«, New Surveys in the Classics 14, Oxford 1981.

Ders., »The Funeral Oration in Euripides' *Supplices*, in: *Bulletin of the Institute of Classical Studies of the University of London* 19 (1972), 39-53.

Comotti, G., »Words, Verse and Music in Euripides' *Iphigenia in Aulis*«, in: *Museum Philologum Londinense* 2 (1977), 69-84.

Conacher, C. H., *Euripidean Drama: Myth, Theme and Structure*, Toronto 1967.

Ders., »The Paradox of Euripides' *Ion*«, in: *Transactions and Proceedings of the American Philological Association* 90 (1959), 20-39.

Ders., »Religious and Ethical Attitudes in Euripides' *Suppliants*«, in: *Transactions and Proceedings of the American Philological Association* 87 (1956), 8-26.

Conradie, P. J., »Contemporary Politics in Greek Tragedy: A Critical Discussion of Different Approaches«, in: *Acta Classica* 24 (1981), 23-35.

Ders., *Herakles in die Griekse Tragedie*, Groningen 1958.

Cropp, M., u. G. Fick, *Resolutions and Chronology in Euripides*, Bulletin of the Institute of Classical Studies, Suppl. 43, London 1985.

Daitz, S., »Concepts of Freedom and Slavery in Euripides' *Hecuba*«, in: *Hermes* 99 (1971), 217-226.

Dawe, R. D., *The Collation and Investigation of the Manuscripts of Aeschylus*, Cambridge 1964.

Décharme, P., *Euripide et l'Esprit de son Théâtre*, Paris 1893.

Delcourt, M., »Les Biographies anciennes d'Euripide«, in: *Antiquité Classique* 2 (1933), 271-290.

Delebecque, E., *Euripide et la guerre du Péleponnèse*, Paris 1951.

Devereux, G., »The Psychotherapy Scene in Euripides' *Bacchae*«, in: *The Journal of Hellenic Studies* 90 (1970), 35-48.

Di Benedetto, V., *Euripide: teatro e società*, Turin 1971.

Diggle, J., *Studies on the Text of Euripides*, Oxford 1981.

Dihle, A., *Euripides' Medea*, Sitzungsberichte der Heidelberger Akademie der Wissenschaften, Phil.-hist. Kl. 1977, 5 Heidelberg 1977.

Ders., *Der Prolog der Bacchen und die antike Überlieferungsphase des Euripidestextes*, Sitz.-Ber. der Heidelberger Akad. d. Wiss., Phil.-hist. Kl. 1981, 2, Heidelberg 1981.

Ders., »Zum Streit um die *Medea* des Euripides«, in: *Catalepton. Festschrift für B. Wyss zum 80. Geburtstag*, hrsg. von C. Schäublin, Basel 1985, 19-30.

Diller, H., *Die Bakchen und ihre Stellung im Spätwerk des Euripides*, Abhandlungen der Akademie der Wissenschaften Mainz, Phil.-hist. Kl. 1955, Nr. 5, Wiesbaden 1955; jetzt in: H. Diller, *Kleine Schriften zur antiken Literatur*, hrsg. von H.-J. Newiger und H. Seyffert, München 1971, 369-387.

Ders., »Rez.: E. Fraenkel, *Zu den Phoenissen des Euripides*«, in: *Gnomon* 36 (1964), 641-650; jetzt in: H. Diller, *Kleine Schriften zur antiken Literatur*, hrsg. von H.-J. Newiger und H. Seyffert, München 1971, 402-415.

Ders., »Rez.: G. Zuntz, *The Political Plays of Euripides*, u. G. Norwood, *Essays on Euripidean Drama*,«, in: *Gnomon* 32 (1960), 229-236; jetzt in: H. Diller, *Kleine Schriften zur antiken Literatur*, hrsg. von H.-J. Newiger und H. Seyffert, München 1971, 391-401.

Ders., »ΘΥΜΟΣ ΔΕ ΚΡΕΙΣΣΩΝ ΤΩΝ ΕΜΩΝ ΒΟΥΛΕΥΜΑΤΩΝ«, in: *Hermes* 94 (1966), 267-275; jetzt in: H. Diller, *Kleine Schriften zur antiken Literatur*, hrsg. von H.-J. Newiger und H. Seyffert, München 1971, 359-368.

Ders., »Umwelt und Masse als dramatische Faktoren bei Euripides«, in: *Euripide. Entretiens sur l'Antiquité Classique* VI, sept exposés et discussions par J. C. Kamerbeek etc., Genf 1960, 87-105; jetzt in: H. Diller, *Kleine Schriften zur antiken Literatur*, hrsg. von H.-J. Newiger und H. Seyffert, München 1971, 335-358.

Dodds, E. R., »Euripides the Irrationalist«, in: *Classical Review* 43 (1929), 97-104; deutsch: »Euripides und das Irrationale«, übersetzt von G. Bayer, in: E.-R. Schwinge (Hrsg.), *Euripides*, Darmstadt 1968, 60-78.

Doerrie, H., »Zur Dramatik der euripideischen *Alkestis*«, in: *Neue Jahrb. f. Antike und deutsche Bildung* (1939), 174-189.

Donadi, F., »In margine alla follia di Oreste«, in: *Bollettino dell'Istituto di Filologia greca dell'Univ. di Padova* 1 (1974), 111-127.

Drexler, H., »Rez.: A. Lesky, *Alkestis, der Mythos und das Drama*«, in: *Gnomon* 3 (1927), 441-455.

Duysinx, F., »Le role d'Héraclès dans l'*Alceste* d'Euripide«, in: *Didaskalikon* 19 (1966), 1-20.

Dyer, R. R., »Image and Symbol. The Link between the Two Worlds of the *Bacchae*«, in: *Journal of the Australasian Universities Language and Literature Association* 21 (1964), 15-26.

Ebener, D., »Die Helenaszene der *Troerinnen*«, in: *Wissenschaftliche Zeitschrift Halle-Wittenberg* 3 (1954), 691-722.

Ders., »Der humane Gehalt der *Taurischen Iphigenie*«, in: *Altertum 12* (1966), 97-103.
Ders., »Die *Phönizierinnen* des Euripides als Spiegelbild geschichtlicher Wirklichkeit«, in: *Eirene* 2 (1963), 71-79.
Ders., »Selbstverwirklichung des Menschen im euripideischen *Herakles*«, in: *Philologus* 125 (1981), 176-180.
Ehrenberg, V., »Tragic Heracles«, in: *Durham University Journal* 35 (1943), 51-62; jetzt in: V. Ehrenberg, *Aspects of the Ancient World*, Oxford 1946, 144-166.
Eliot, T. S., »Professor Murray and Euripides«, in: T. S. Eliot, *Essays 1917-1932*, London 1947, 60-61.
Erbse, H., »Beiträge zum Verständnis der Euripideischen *Phoinissen*«, in: *Philologus* 110 (1966), 1-34.
Ders., »Euripides' *Andromache*«, in: *Hermes* 94 (1966), 176-297; jetzt in: E.-R. Schwinge (Hrsg.), *Euripides*, Darmstadt 1968, 275-304.
Ders., »Euripides' *Alkestis*«, in: *Philologus* 116 (1972), 32-52.
Ders., »Der Gott von Delphi im *Ion* des Euripides«, in: *Teilnahme und Spiegelung. Festschrift für H. Rüdiger*, Berlin–New York 1975, 40-54.
Ders., *Studien zum Prolog der euripideischen Tragödie*, Untersuchungen zur antiken Literatur und Geschichte 20, Berlin 1984.
Ders., »Zum *Orestes* des Euripides«, in: *Hermes* 103 (1975), 434-459.
Erdmann, G., *Der Botenbericht bei Euripides. Struktur und dramaturgische Funktion*, Diss. Kiel 1964.
Euripide. Entretiens sur l'Antiquité Classique VI, sept exposés et discussions par J. C. Kamerbeek etc., Genf 1960.
Fabrini, P., »Su uno studio delle strutture nell'*Ione* di Euripide«, in: *Studi Classici e Orientali* 19/20 (1970/71), 310-324.
Falkner, T. M., »Coming of Age in Argos. Physis and Paideia in Euripides' *Orestes*«, in: *Classical Journal* 78 (1983), 289-300.
Fauth, W., *Hippolytos und Phaidra. Bemerkungen zum religiösen Hintergrund eines tragischen Konflikts I*, Abhandl. der Akad. der Wiss. u. Literatur Mainz, Geistes- u. sozialwiss. Klasse 1958, 9, Wiesbaden 1959.
Feaver, D. D., »The Musical Setting of Euripides' *Orestes*«, in: *American Journal of Philology* 81 (1960), 1-15.
Ferrari, F., »Struttura e personaggi nelle *Andromaca* di Euripide«, in: *Maia* 23 (1971), 209-229.
Finley, J. H., »Euripides and Thucydides«, in: *Harvard Studies in Classical Philology* 49 (1938), 23-68.
Fitton, J. W., »The Suppliant Women and the *Herakleidai* of Euripides«, in: *Hermes* 89 (1961), 430-461.
Förs, H., *Dionysos und die Stärke der Schwachen im Werk des Euripides*, Diss. Tübingen 1964.
Foley, H. P., »The Masque of Dionysus«, in: *Transactions and Proceedings of the American Philological Association* 110 (1980), 107-133.

Ders., *Ritual Irony: Poetry and Sacrifica in Euripides*, Ithaca, N. Y. 1985.
Fowler, B. H., »Lyric Structure in Three Euripidean Plays«, in: *Dioniso* 49 (1978), 13-51.
Fraenkel, E., *Zu den Phoenissen des Euripides*, Sitz.-Ber. der Bayerischen Akademie der Wissenschaften, Phil.-hist. Kl. 1963, 1, München 1963.
Friedrich, W. H., *Euripides und Diphilos. Zur Dramaturgie der Spätformen*, Zetemata 5, München 1953.
Ders., »Medeas Rache«, in: *Nachrichten der Akademie der Wiss. Göttingen, Phil.-hist. Kl.* 1960, 4, 67-111; jetzt in: W.-H. Friedrich, *Vorbild und Neugestaltung. Sechs Kapitel zur Geschichte der Tragödie*, Kleine Vandenhoeck-Reihe 249 S, Göttingen 1967, 7-56; auch in: E.-R. Schwinge (Hrsg.), *Euripides*, Darmstadt 1968, 117-238.
Ders., »Prolegomena zu den *Phoinissen*«, in: *Hermes* 74 (1939), 265-300.
Fritz, K. v., »Die Entwicklung der Iason-Medea-Sage und die *Medea* des Euripides«, in: *Antike und Abendland* 8 (1959), 33-106; jetzt in: K. v. Fritz, *Antike und moderne Tragödie*, Berlin 1962, 322-429.
Ders., »Euripides' *Alkestis* und ihre modernen Nachahmer und Kritiker«, in: *Antike und Abendland* 5 (1956), 27-69; jetzt in: K. v. Fritz, *Antike und moderne Tragödie*, Berlin 1962, 256-321.
Fuqua, C., »The World of Myth in Euripides' *Orestes*«, in: *Traditio* 34 (1978), 1-28.
Gamble, R. B., »Euripides' *Suppliant Women*: Decision and Ambivalence«, in: *Hermes* 98 (1970), 385-404.
Garzya, A., *Pensiero e tecnica drammatica in Euripide. Saggio sul motive della salvazione nei suoi drammi*, Napoli 1962.
Ders., *Studi su Euripide e Menandro*, Napoli 1961.
Ders., »Technische Neuerung und moralisches Anliegen im Theaterwerk des Euripides«, in: *Das Altertum* 13 (1967), 195-205.
Gerstinger, H., »Satyros' ΒΙΟΣ ΕΥΡΙΠΙΔΟΥ«, in: *Wiener Studien* 38, (1916), 54-71.
Gmür, P. A., *Das Wiedererkennungsmotiv in den Dramen des Euripides*, Diss. Fribourg 1920.
Golden, L., »Euripides' *Alkestis*; Structure and Theme«, in: *Classical Journal* 66 (1970/71), 116-125.
Gollwitzer, I., *Die Prolog- und Expositionstechnik der griechischen Tragödie mit besonderer Berücksichtigung des Euripides*, Diss. München 1937.
Goossens, R., *Euripide et Athènes*, Académie Royale Belgique, Mémoires (Lettres) LV. 4, Brüssel 1962.
Graf, G., *Die Agonszenen bei Euripides*, Diss. Göttingen 1950.
Greenberg, N. A., »Euripides' *Orestes*. An Interpretation«, in: *Harvard Studies in Classical Philology* 66 (1962), 157-192.
Greenwood, L. H. G., *Aspects of Euripidean Tragedy*, Cambridge 1953.
Gregory, J., »Euripides' *Alcestis*«, in: *Hermes* 107 (1979), 259-270.

Grube, G. M. A., »Dionysus in the *Bacchae*«, in: *Transactions and Proceedings of the American Philological Association* 66 (1935), 37-54.
Ders., *The Drama of Euripides*, London–New York 1941, [3]1973.
Guzzo, A., »Rilettura degli *Eraclidi* di Euripide«, in: *Studi in onore di L. Castiglioni*, Bd. 1, Florenz 1960, 421-443.
Halleran, M. R., *Stagecraft in Euripides*, London 1985.
Harbsmeier, D., *Die alten Menschen bei Euripides. Mit einem Anhang über Menelaos und Helena bei Euripides*, Diss. Göttingen 1968.
Heitsch, E., »Τὰ Θεῶν. Ein Epigramm des Euripides«, in: *Philologus* 111 (1967), 21-26.
Ders., *Zur lyrischen Sprache des Euripides*, Diss. Göttingen 1955.
Herter, H., »Beiträge zu Apollonios von Rhodos«, in: *Rheinisches Museum* 91 (1942), 226-249.
Hourmouziades, N. C., *Production and Imagination in Euripides: Form and Function of the Scenic Space*, Athen 1965.
Howald, E., *Untersuchungen zur Technik der euripideischen Tragödien*, Leipzig 1914.
Hübner, U., »Text und Bühnenspiel in der Anagnorisisszene der *Alkestis*«, in: *Hermes* 109 (1981), 156-166.
Huggle, P., *Symmetrische Form und Verlauf des Gesprächs in der späteuripideischen Stichomythie*, Diss. Freiburg 1957.
Hunger, H., »Realistische Charakterdarstellung in den Spätwerken des Euripides«, in: *Commentationes Vindobonenses* 2 (1936), 5-28.
Imhof, M., *Bemerkungen zu den Prologen der sophokleischen und euripideischen Tragödien*, Winterthur 1957.
Ders., *Euripides' Ion. Eine literarische Studie*, Bern/München 1966.
Ingenkamp, H.-G., »Zwei Studien zum Handeln euripideischer Gestalten«, in: *Wiener Studien* 84 (1971), 74-90.
Jens, W., *Euripides-Büchner*, Opuscula aus Wissenschaft und Dichtung Nr. 21, Pfullingen 1964; S. 5-34 = Einleitung zu: *Euripides Sämtliche Tragödien*, Kröners Taschenausgabe Band 284/285, S. VII-XXXIX; jetzt auch in: E.-R. Schwinge (Hrsg.), *Euripides*, Darmstadt 1968, 1-35.
Jouan, F., *Euripide et les légendes des chants cypriens des origines de la guerre de Troie à l'Iliade*, Paris 1966.
Kamerbeek, J. C., »L'*Andromaque* d'Euripide«, in: *Mnemosyne* s. 3, vol. 11, 1943, 47-67.
Ders., »Individualiteit bij Euripides«, in: *Forum der Letteren* 4 (1963), 191-206.
Ders., »Mythe et réalité dans l'œuvre d'Euripide«, in: *Euripide. Entretiens sur l'Antiquité Classique VI*, sept exposés et discussions par J. C. Kamerbeek etc., Genf 1960, 3-41.
Kannicht, R., »Das erste Stasimon der *Iphigenie bei den Taurern*«, in: *Festschrift O. Regenbogen zum 65. Geburtstag*, Heidelberg 1956, 100-116.

Kirkwood, G., »Hecuba and Nomos«, in: *Transactions and Proceedings of the American Philological Society* 78 (1947), 61-68.
Kleinstück, J., *Der ›Orestes‹ als euripideisches Spätwerk*, Diss. Leipzig 1945.
Knox, B. M. W., »Euripides' *Iphigenia in Aulide* 1-163 (in that order)«, in: *Yale Classical Studies* 22 (1972), 239-261.
Ders., »Euripidean Comedy«, in: B. M. W. Knox, *Word and Action*, Baltimore–London 1979, 250-274.
Ders., »New Perspectives in Euripidean Criticism«, in: *Classical Philology* 67 (1972), 270-279.
Kovacs, P. D., *The Andromache of Euripides. An Interpretation*, American Classical Studies 6, Ann Arbor 1980.
Krieg, W., »Der trochäische Tetrameter bei Euripides«, in: *Philologus* 91, (1936), 42-51.
Kroeker, E., *Der Herakles des Euripides*, Diss. Leipzig 1938.
Kubo, M., »The Norm of Myth: Euripides' *Electra*«, in: *Harvard Studies in Classical Philology* 71 (1966), 15-31.
Kuch, H., »Formen des Menschenbildes bei Euripides«, in: R. Müller (Hrsg.), *Der Mensch als Maß der Dinge, Studien zum griechischen Menschenbild in der Zeit der Blüte und Krise der Polis*, Berlin 1976, 282-307.
Ders., *Kriegsgefangenschaft und Sklaverei bei Euripides. Untersuchungen zur Andromache, zur Hekabe und zu den Troerinnen*, Berlin 1974.
Ders., »Krisenerscheinungen der Polis in der Euripideischen Tragödie«, in: E. C. Welskopf (Hrsg.), *Hellenische Poleis*, Berlin 1974, 1372-1381.
Ders., »Die troische Dramengruppe des Euripides und ihre historischen Grundlagen«, in: H. Kuch, *Die gesellschaftliche Bedeutung des antiken Dramas für seine und für unsere Zeit*, Berlin 1973, 105-123.
Kullmann, W., »Zum Sinngehalt der euripideischen *Alkestis*«, in: *Antike und Abendland* 13 (1967), 127-149.
Lanza, D., ›Unità e significato dell' Oreste euripideo«, in: *Dioniso* 35 (1961), 58-72.
Lee, K. H., »Euripides' *Andromache*: Observations on Form and Meaning«, in: *Antichthon* 9 (1975), 4-16.
Ders., *The Indication of Entrances and Exits in the Text of Euripides*, Diss. Armidale/Australia 1978.
Leimbach, R., *Euripides' Ion. Eine Interpretation*, Diss. Frankfurt/M. 1971.
Lennep, D. F. W. van, »De *Alkestis* van Euripides«, in: *Hermeneus* 38 (1967), 157-173.
Ders., *Euripides ΠΟΙΗΤΗΣ ΣΟΦΟΣ*, Amsterdam 1935.
Leo, F., »Satyros ΒΙΟΣ ΕΥΡΙΠΙΔΟΥ«, in: *Nachr. d. Göttinger Ges. d. Wiss., Phil.-hist. Kl.* 1912, 273-290; jetzt in: F. Leo, *Ausgewählte kleine Schriften*, hrsg. u. eingel. v. E. Fraenkel, 2. Bd., Roma 1960, 365-383.

Lesky, A., »Der Ablauf der Handlung in der *Andromache* des Euripides«, in: *Anz. Akad. Wien* 84 (1947), 99-115; jetzt in: A. Lesky, *Gesammelte Schriften. Aufsätze und Reden zu antiker und deutscher Dichtung und Kultur*, hrsg. von W. Kraus, Bern–München 1966, 144-155.

Ders., *Alkestis, der Mythus und das Drama*, Sitz.-Ber. Akad. Wien, Phil.-hist. Kl. 203/2 (1925).

Ders., »Alkestis und Deianeira«, in: *Miscellanea tragica in honorem J. C. Kamerbeek*, Amsterdam 1976, 213-223.

Ders., »Der angeklagte Admet«, in: *Maske und Kothurn* 10 (1964), 203-216; jetzt in: A. Lesky, *Gesammelte Schriften. Aufsätze und Reden zu antiker und deutscher Dichtung und Kultur*, hrsg. von W. Kraus, Bern–München 1966, 281-294.

Ders., »Psychologie bei Euripides«, in: *Entretiens sur l'Antiquité Classique VI: Euripide*, Genf 1960, 125-150.

Ders., »Zur Problematik des Psychologischen in der Tragödie des Euripides«, in: *Gymnasium* 67 (1960), 10-26.

Ders., »Zum *Orestes* des Euripides«, in: *Wiener Studien* 53 (1953), 37-47; jetzt in: A. Lesky, *Gesammelte Schriften. Aufsätze und Reden zu antiker und deutscher Dichtung und Kultur*, hrsg. von W. Kraus, Bern–München 1966, 131-138.

Lloyd, M., »Divine and Human Action in Euripides' *Ion*, in: *Antike und Abendland* 32 (1986), 33-45.

Lombard, D. B., »Hippolytus' πάθει μάθος – the lesson portrayed in the *Hippolytus* of Euripides«, in: *Antike und Abendland* 34 (1988), 17-27.

Longo, O., »Proposte di lettura per l'*Oreste* di Euripide«, in: *Maia* 27 (1975), 265-287.

Ludwig, W., *Sapheneia. Ein Beitrag zur Formkunst im Spätwerk des Euripides*, Diss. Tübingen 1954.

McLean, J., »The *Heraclidae* of Euripides«, in: *American Journal of Philology* 55 (1934), 197-224.

Manuwald, B., »Der Mord an den Kindern. Bemerkungen zu den *Medea*-Tragödien des Euripides und des Neophron«, in: *Wiener Studien* N. S. 17 (1983), 27-61.

Martinazzoli, F., *Euripide*, Rom 1946.

Matthiessen, K., *Elektra, Taurische Iphigenie und Helena. Untersuchungen zur Chronologie und zur dramatischen Form im Spätwerk des Euripides*, Hypomnemata 4, Göttingen 1964.

Meissner, B., *Mythisches und Rationales in der Psychologie der Euripideischen Tragödien*, Diss. Göttingen 1951.

Melchinger, S., *Euripides*, Friedrichs Dramatiker des Welttheaters 41, Velber bei Hannover 1967.

Mellert-Hoffmann, G., *Untersuchungen zur ›Iphigenie in Aulis‹ des Euripides*, Bibliothek der klassischen Altertumswissenschaften N. F., 2. Reihe, Bd. 28, Heidelberg 1969.

Merklin, H., *Gott und Mensch im ›Hippolytus‹ und den ›Bakchen‹ des Euripides*, Diss. Freiburg 1964.
Mette, H.J., »Euripides' *Kresphontes*«, in: *Hermes* 92 (1964), 391-95.
Michelini, A.N., *Euripides and the Tragic Tradition*, Wisconsin Studies in Classics, Madison 1987.
Moeller, C., *Vom Chorlied bei Euripides*, Diss. Göttingen 1933.
Moline, J., »Euripides, Socrates and Virtue«, in: *Hermes* 103 (1975), 45-67.
Morin, A., »Evolution du comique dans l'œuvre d'Euripide«, in: *Cahiers des Études Anciennes* 3 (1974), 37-72.
Mueffelmann, G. *Interpretationen zur Motivation des Handelns im Drama des Euripides*, Diss. Hamburg 1964.
Müller, G., »Beschreibung von Kunstwerken im *Ion* des Euripides«, in: *Hermes* 103 (1975), 25-44.
Ders., »Interpolationen in der *Medea* des Euripides«, in: *Studi Italiani di Filologia Classica* 25 (1951), 65-82.
Mueller-Goldingen, C., *Untersuchungen zu den Phoenissen des Euripides*, Palingenesia 22, Stuttgart 1985.
Mullens, H.G., »The Meaning of Euripides' *Orestes*«, in: *Classical Quarterly* 34 (1940), 153-158.
Murray, G., *Euripides and his Age*, The Home University Library of Modern Knowledge 76, London 1913, [13]1947 (= 2. verm. Aufl.); deutsch: *Euripides und seine Zeit*, übers. v. G. u. E. Bayer, Darmstadt 1957.
Musurillo, H., »*Alcestis*: The Pageant of Life and Death«, in: *Studi classici in onore di Q. Cataudella*, 1, Catania 1972, 275-288.
Ders., »Euripides and Dionysiac Piety«, in: *Transactions and Proceedings of the American Philological Association* 97 (1966), 299-309.
Nancy, C., Φάρμακον σωτηρίας*: le mécanisme du sacrifice humain chez Euripide, Théâtre et spectacle dans l'antiquité*, Univ. des sciences hum. de Strasbourg, Travaux du Centre de recherche sur le Proche-Orient et la Grèce Antiques 7, Leyden 1984.
Neitzel, H., *Die dramatische Funktion der Chorlieder in den Tragödien des Euripides*, Diss. Hamburg 1967.
Nestle, W., *Euripides. Der Dichter der griechischen Aufklärung*, Stuttgart 1901.
Ders., »Die Legende vom Tod des Euripides«, in: *Philologus* 57 (1898), 134-149.
Norwood, G., *Essays on Euripidean Drama*, London 1954.
Ders., *The Riddle of the* Bacchae – *The Last Stage of Euripides' Thought*, Manchester 1908.
O'Brien, M.J., »Orestes and the Gorgon: Euripides' *Elektra*«, in: *American Journal of Philology* 85 (1964), 13-39.
Orban, M., »*Hécube*, drame humain«, in: *Les Études Classiques* 38 (1970), 316-330.

Ortkemper, H., *Szenische Techniken des Euripides. Untersuchungen zur Gebärdensprache im antiken Theater*, Diss. Berlin 1969.
Paduano, G., *La formazione del mondo ideologico e poetico di Euripide. Alcesti e Medea*, Pisa 1968.
Pagani, G. F., »Euripide *Ione*, il dramma di un giovane«, in: *Dioniso* 36 (1962), 152-162.
Page, D. L., »The Elegiacs in Euripides' *Andromache*«, in: C. Bailey u. a., *Greek Poetry and Life: Essays Presented to G. Murray*, Oxford 1936, 206-223.
Parry, H., *The Choral Odes of Euripides. Problems of Structure and Dramatic Relevance*, Berkeley 1963.
Ders., »Euripides' *Orestes*. The Quest for Salvation«, in: *Transactions and Proceedings of the American Philological Association* 100 (1969), 337-353.
Pauer, K., *Die Bildersprache des Euripides*, Diss. Breslau 1934.
Pippin, A. N., »Euripides' *Helen*: A Comedy of Ideas«, in: *Classical Philology* 55 (1960), 151-163.
Podlecki, A. J., »Individual and Group in Euripides' *Bacchae*«, in: *Antiquité Classique* 43 (1974), 143-165.
Pot, E. E., *De maritieme Beeldspraak bij Euripides*, Diss. Utrecht 1943.
Pottelbergh, R. v., »Remarques sur l'*Iphigénie en Aulide*; tragédie malmenée s'il en fut«, in: *Antiquité Classique* 43 (1974), 304-308.
Prato, C., »Ricerche sul trimetro euripideo: metro e verso«, in: *Quaderni Urbinati* 14 (1973), 73-113.
Pucci, P., *The Violence of Pity in Euripides' Medea*, Ithaca 1980.
Radt, S. L., *Euripides' Ioon. De interpretatie van een kunstwerk*, Amsterdam 1968.
Rawson, E., »Aspects of Euripides' *Orestes*«, in: *Arethusa* 5 (1972), 155-167.
Regenbogen, O., »Randbemerkungen zur *Medea* des Euripides«, in: *Eranos* 48 (1950), 21-56.
Reinhardt, K., »Die Sinneskrise bei Euripides«, in: *Die Neue Rundschau* 68 (1957), 615-646; auch in: *Eranos-Jahrbuch* 26, Zürich 1958, 279-313; jetzt in: K. Reinhardt, *Tradition und Geist. Gesammelte Essays zur Dichtung*, hrsg. von C. Becker, Göttingen 1960, 227-256; auch in: E.-R. Schwinge (Hrsg.), *Euripides*, Darmstadt 1968, 507-542.
Riemschneider, W., *Held und Staat in Euripides' Phönissen*, Würzburg 1940.
Ritchie, W., *The Authenticity of the Rhesus of Euripides*, Cambridge 1964.
Rivier, A., »En marge d'*Alceste* et de quelques interprétations récentes«, in: *Museum Helveticum* 29 (1972), 124-140 und 30 (1973), 130-143.
Ders., *Essai sur le tragique d'Euripide*, Thèse Lausanne 1944, Paris ²1975.
Ders., »Euripide et Pasiphaé«, in: *Lettres d'Occident. De l'Iliade à l'Espoir*, Études et essais offerts à A. Bonnard, Neuchatel 1958, 51-74.

Rohdich, H., *Die Euripideische Tragödie. Untersuchungen zu ihrer Tragik*, Bibliothek der Klassischen Altertumswissenschaften. N.F., 2. Reihe, Bd. 24, Heidelberg 1968.

Romilly, J. de, »L'assemblé du peuple dans l'*Oreste* d'Euripide«, in: *Studi classici in onore di Q. Cataudella*, 1. Bd., Catania 1972, 237-251.

Dies., »D'Euripide à Platon. L'Exemple des *Phéniciennes*«, in: *Estudios Clásicos* 26 (1984), 259-265.

Dies., *La Modernité d'Euripide*, Paris 1986.

Dies., »Les *Phéniciennes* d'Euripide ou l'actualité dans la tragédie grecque«, in: *Revue de Philologie, de Littérature et d'Histoire Anciennes*, 3e série, 39 (1965), 28-47.

Dies., »Le refus du suicide dans l'*Héraclès* d'Euripide«, in: *Archaiognosia* 1 (1980), 1-10.

Dies., »Le thème du bonheur dans les *Bacchantes*«, in: *Revue des Études Grecques* 76 (1963), 361-380.

Rosenmeyer, T. G., »*Bacchae* and *Ion*. Tragedy and Religion«, in: T. G. Rosenmeyer, *The Masks of Tragedy. Essays on Six Greek Dramas*, Austin 1963, 103-152; gekürzt: »Tragedy and religion. The *Bacchae*«, in: E. W. Segal (Hrsg.), *Euripides. A Collection of Critical Essays*, Englewood Cliffs, N.J. 1968, 150-170; wiederabgedruckt in: E. W. Segal (Hrsg.), *Oxford Readings in Greek Tragedy*, Oxford 1983, 270-389.

Ruck, C. A. P., »Duality and the Madness of Heracles«, in: *Arethusa* 9 (1976), 53-75.

Said, S., »Euripide ou l'attente déçue: L'exemple des *Phéniciennes*«, in: *Annali della Scuola Normale Superiore di Pisa, Cl. di Lettere e Filosofia*, serie 15, 2 (1985), 501-527.

Sale, W., *Existentialism and Euripides*, Berwich, Victoria 1977.

Ders., »The Psychoanalysis of Pentheus in the *Bacchae* of Euripides«, in: *Yale Classical Studies* 22 (1972), 63-82.

Sansone, D., »The *Bacchae* as Satyr-Play?«, in: *Illinois Classical Studies* 3 (1978), 40-46.

Ders., »The Sacrifice-Motif in Euripides' *Iphigenia Taurica*«, in: *Transactions and Proceedings of the Philological Association of America* 105 (1975), 282-295.

Scarcella, A. M., »L'*Oreste* e il problema dell'unità«, in: *Dioniso* 19 (1956), 266-276.

Schadewaldt, W., »Zu einem Florentiner Papyrusbruchstück aus dem *Alkmeon in Psophis* des Euripides«, in: *Hermes* 80 (1952), 46-66; auch in: E.-R. Schwinge (Hrsg.), *Euripides*, Darmstadt 1968, 153-176; jetzt in: W. Schadewaldt, *Hellas und Hesperien*, 1. Bd., Zürich–Stuttgart [2]1970, 516-534.

Ders., »Zum *Phrixos* des Euripides«, in: *Hermes* 63 (1928), 1-14; jetzt in: W. Schadewaldt, *Hellas und Hesperien*, 1. Bd., Zürich–Stuttgart [2]1970, 505-515.

Schein, S. L., »Mythical Illusion and Historical Reality in Euripides' *Orestes*«, in: *Wiener Studien* 9 (1975), 49-66.
Schlesier, R., »Der Stachel der Götter. Zum Problem des Wahnsinns in der Euripideischen Tragödie«, in: *Poetica* 17 (1985), 1-45.
Schmidt, W., *Der deus ex machina bei Euripides*, Diss. Tübingen 1963.
Schmitt, A., »Zur Charakterdarstellung des Hippolytos im *Hippolytos* von Euripides«, in: *Würzburger Jahrbücher* N. F. 3 (1977), 17-42.
Schmitt, J., *Freiwilliger Opfertod bei Euripides*, Religionsgeschichtliche Versuche und Vorarbeiten 17, 2, Gießen 1921.
Schreiber, H.-M., *Iphigenies Opfertod. Ein Beitrag zum Verständnis des Tragikers Euripides*, Diss. Frankfurt 1963.
Schuster, H., *Interpretationen der Hekabe des Euripides*, Diss. Tübingen 1954.
Schwinge, E.-R. (Hrsg.), *Euripides*, Wege der Forschung LXXXIX, Darmstadt 1968.
Ders., »Euripides«, in: *Lexikon der Alten Welt*, Zürich–Stuttgart 1965, 920-925.
Ders., *Die Verwendung der Stichomythie in den Dramen des Euripides*, Bibliothek der Klassischen Altertumswissenschaften N. F., 2. Reihe, Bd. 27, Heidelberg 1968.
Schwinge, M., *Die Funktion der zweiteiligen Komposition im ›Herakles‹ des Euripides*, Diss. Tübingen 1972.
Scott, W. C., »Two Suns over Thebes. Imagery and Stage Effects in the *Bacchae*«, in: *Transactions and Proceedings of the American Philological Association* 105 (1975), 333-346.
Scully, S. E., *Philia and Charis in Euripidean Tragedy*, Diss. Toronto 1973.
Seeck, G. A., »Rauch im *Orestes* des Euripides«, in: *Hermes* 97 (1969), 9-22.
Ders., *Unaristotelische Untersuchungen zu Euripides. Ein motivanalytischer Kommentar zur ›Alkestis‹*, Bibliothek der klassischen Altertumswissenschaften N. F., 2. Reihe, Bd. 75, Heidelberg 1985.
Segal, C., *Dionysiac Poetics and Euripides' Bacchae*, Princeton 1982.
Ders., »Dionysus on the Couch and on the Grid. Psychological and Structuralist Readings of Greek Tragedy«, in: *Classical Weekly* 72 (1978), 121-148.
Ders., »Euripides' *Bacchae*: Conflict and Mediation«, in: *Ramus* 6 (1977), 103-120.
Ders., »The Menace of Dionysus. Sex Roles and Reversals in Euripides' *Bacchae*«, in: *Arethusa* 11 (1978), 185-202.
Ders., »The Two Worlds of Euripides' *Helen*«, in: *Transactions and Proceedings of the American Philological Association* 102 (1971), 553-614.
Segal, E. W. (Hrsg.), *Euripides. A Collection of Critical Essays*, Englewood Cliffs, N. J. 1968.

Seidensticker, B., »Comic Elements in Euripides' *Bacchae*«, in: *American Journal of Philology* 99 (1978), 303-320.
Ders., »Pentheus«, in: *Poetica* 5 (1972), 35-63.
Senoner, R., *Der Redeagon im euripideischen Drama*, Diss. Wien 1961.
Shaw, M. L., »The ἦθος of Theseus in the *Suppliant Women*«, in: *Hermes* 110 (1982), 3-19.
Shelton, J., »Structural Unity and the Meaning of Euripides' *Herakles*«, in: *Eranos* 77 (1979), 101-110.
Sicking, C. M. J., »*Alceste*, tragédie d'amour ou tragédie du devoir?«, in: *Dioniso* 41 (1967), 155-165.
Silk, M., »Heracles and Greek Tragedy«, in: *Greece and Rome* 32 (1985), 1-22.
Ders., »Euripides' *Alkestis*«, in: *Lampas* 2 (1970), 322-340.
Smith, W. D., »Disease in Euripides' *Orestes*«, in: *Hermes* 95 (1967), 291-307.
Ders., »Expressive Form in Euripides' *Suppliants*«, in: *Harvard Studies in Classical Philology* 71 (1966), 151-170.
Ders., »The Ironic Structure in *Alcestis*«, in: *Phoenix* 14 (1960), 127-145.
Snell, B., »Das früheste Zeugnis über Sokrates«, in: *Philologus* 97 (1948), 125-134; erweitert aufgenommen in: B. Snell, *Scenes from Greek Drama*, Berkeley–Los Angeles 1964, 47-69.
Ders., »Zwei Töpfe mit Euripides-Papyri«, in: *Hermes* 70 (1935), 119-120; jetzt in: B. Snell, *Gesammelte Schriften*, hrsg. von H. Erbse, Göttingen 1966, 176-177; auch in: E.-R. Schwinge (Hrsg.), *Euripides*, Darmstadt 1968, 102-103.
Solmsen, F., »Euripides' *Ion* im Vergleich mit anderen Tragödien«, in: *Hermes* 69 (1934), 390-419; jetzt in: F. Solmsen, *Kleine Schriften 1*, Collectanea IV 1, Hildesheim 1968, 158-187.
Ders., »Zur Gestaltung des Intriguenmotivs in den Tragödien des Sophokles und Euripides«, in: *Philologus* 87 (1932), 1-10.
Spira, A., *Untersuchungen zum Deus ex machina bei Sophokles und Euripides*, Kallmünz/Opf. 1960.
Spranger, J. A., »The Political Element in the *Heraclidae* of Euripides«, in: *Classical Quarterly* 19 (1925), 117-129.
Ders., »A Preliminary Skeleton List of the Manuscripts of Euripides«, in: *Classical Quarterly* 33 (1939), 98-107.
Ders., »The Problem of the *Hecuba*«, in: *Classical Quarterly* 21 (1927), 154-158.
Stanley-Porter, D. P., »Mute Actors in the Tragedies of Euripides«, in: *Bulletin of the Institute of Classical Studies of the University of London* 20 (1973), 68-93.
Steffen, V., »The Satyr-Dramas of Euripides«, in: *Eos* 59 (1971), 203-226.
Stephanopoulos, T. K., *Umgestaltung des Mythos durch Euripides*, Athen 1980.

Stevens, P. T., »Colloquial Expressions in Euripides«, in: *Classical Quarterly* 31 (1937), 181-191; jetzt deutsch in: E.-R. Schwinge (Hrsg.), *Euripides*, Darmstadt 1968, 104-123.
Ders., *Colloquial Expressions in Euripides*. Hermes Einzelschriften 38, Wiesbaden 1976.
Ders., »Euripides and the Athenians«, in: *The Journal of Hellenic Studies* 76 (1956), 87-94.
Stinton, T. C. W., *Euripides and the Judgement of Paris*, The Journal of Hellenic Studies Suppl. 11, London 1965.
Stockert, W., »Eine Komödienszene in Euripides' aulischer *Iphigenie*«, in: *Wiener Studien* N. F. 16 (1982), 71-78.
Stoessl, F., »Euripides 4)«, in: *RE Suppl. XI* (1968), 658-670.
Ders., »Die *Herakliden* des Euripides«, in: *Philologus* 100 (1956), 207-234.
Strachan, J. G. C., »Iphigeneia and Human Sacrifice in Euripides' *Iphigeneia Taurica*«, in: *Classical Philology* 71 (1976), 131-140.
Strohm, H., *Euripides – Interpretationen zur dramatischen Form*, Zetemata 15, München 1957.
Ders., »Zum Problem der Einheit des euripideischen Bühnenwerkes«, in: *Wiener Studien* 15 (1981), 135-155.
Stumpo, B., »Le *Bacchanti* di Euripide«, in: *Dioniso* 20 (1957), 75-98.
Sutton, D. F., *The Date of Euripides' Cyclops*, Ann Arbor 1975.
Dies., »The Satyric Elements in the *Alcestis*«, in: *Rivista di studi classici* 21 (1973), 384-391.
Dies., »Satyric Qualities in Euripides' *Iphigenia at Tauris* and *Helen*«, in: *Rivista di Studi Classici* 20 (1972), 321-330.
Synodinou, K., *On the Concept of Slavery in Euripides*, Ioannina 1977.
Szlezák, T. A., »Mania und Aidos. Bemerkungen zur Ethik und Anthropologie des Euripides«, in: *Antike und Abendland* 32 (1986), 46-59.
Taragna Novo, S., »L'APETH di Eracle e la sorte dell' uomo nel contrasto tra Lico e Anfitrione«, in: *Rivista di Filologia e d'Instruzione Classica* 101 (1973), 45-69.
Tarkow, T. A., »The Glorification of Athens in Euripides' *Heracles*«, in: *Helios* 5 (1977), 27-35.
Tietze, F., *Die euripideischen Reden und ihre Bedeutung*, Diss. Breslau 1933.
Tschiedel, H. J., »Natur und Mensch in den *Bakchen* des Euripides«, in: *Antike und Abendland* 23 (1977), 64-76.
Tuilier, A., *The Byzantine Manuscript Tradition of the Tragedies of Euripides*, Urbana 1957.
Ders., *Étude comparée du texte et des scholies d'Euripide*, Paris 1972.
Ders., *Recherches critiques sur la tradition du texte d'Euripide*, Études et commentaires 68, Paris 1968.
Turyn, A., *The Byzantine Manuscript Tradition of the Tragedies of Euripides*, Illinois Studies in Language and Literature 43, Urbana 1957.

Ussher, R. G., »The *Cyclops* of Euripides«, in: *Greece and Rome* 18 (1971), 166-179.
Vannini, A., »L'insuccesso della ragione nelle *Fenicie* di Euripide«, in: *Annali della Facoltà di Lettere e Filosofia dell'Univ. de Siena* 5 (1954), 125-141.
Vellacott, P., *Ironic Drama: A Study of Euripides' Method and Meaning*, London 1975.
Verrall, A. W., *The* Bacchants *of Euripides*, Cambridge 1910.
Ders., *Essays on Four Plays of Euripides. Andromache, Helen, Heracles, Orestes*, Cambridge 1905.
Ders., *Euripides the Rationalist. A Study in the History of Art and Religion*, Cambridge 1895, Nachdr. 1913.
Vincenzi, O., »Alkestis und Admetos«, in: *Gymnasium* 67 (1960), 517-533.
Vögler, A., *Vergleichende Studien zur sophokleischen und euripideischen Elektra*, Heidelberg 1967.
Waardenburg, E. C., *De verwerking van het Leed bij Euripides*, Amsterdam 1966.
Walsh, G. B., »Public and Private in Three Plays of Euripides«, in: *Classical Philology* 74 (1979), 294-309.
Wassermann, F. M., »Divine Violence and Providence in Euripides' *Ion*«, in: *Transactions and Proceedings of the Philological Association of America* 71 (1940), 587-604.
Webster, T. B. L., »Chronological Notes on Euripides«, in: *Wiener Studien* 79 (1966), 112-120.
Ders., »Three Plays by Euripides«, in: *The Classical Tradition. Literary and Historical Studies in Honor of Harry Caplan*, Ithaca, N. Y. 1966, 83-97.
Ders., *The Tragedies of Euripides*, London 1967.
West, S., »Satyrus: Peripatetic or Alexandrian«, in: *Greek, Roman and Byzantine Studies* 15 (1974), 279-286.
Whitman, C. H., *Euripides and the Full Circle of Myth*, Cambridge/Mass. 1974.
Will, F., »The Concept of χαρακτήρ in Euripides«, in: *Glotta* 39 (1960/61), 233-238.
Ders., »Remarks on Counterpoint Characterization in Euripides«, in: *The Classical Journal* 55 (1959), 338-344.
Ders., »Tyndareus in the *Orestes*«, in: *Symbolae Osloenses* 37 (1961), 96-99.
Willets, R. F., »Action and Character in the *Ion* of Euripides«, in: *The Journal of Hellenic Studies* 69 (1973), 201-209.
Willink, C. W., »The Prologue of *Iphigenia at Aulis*«, in: *Classical Quarterly* N. S. 21 (1971), 342-364.
Wilson, J. R. (Hrsg.), *Twentieth-Century Interpretations of Euripides' Alcestis. A Collection of Critical Essays*, Englewood Cliffs, N. J. 1968.

Winnington-Ingram, R. P., *Euripides and Dionysus: An Interpretation of the Bacchae*, Cambridge 1948.

Ders., »Euripides: *Poietes Sophos*«, in: *Arethusa* 2 (1969), 127-142.

Ders., »Hippolytus«: A Study in Causation«, in: *Euripide. Entretiens sur l'Antiquité Classique VI*, sept exposés et discussions par J. C. Kamerbeek etc., Genf 1960, 171-191.

Wolff, C., »Aspects of the Later Plays of Euripides«, in: *Harvard Studies in Classical Philology* 69 (1965), 353-356.

Ders., »The Design and Myth in Euripides' *Ion*«, in: *Harvard Studies in Classical Philology* 69 (1965), 169-194.

Ders., »*Orestes*«, in: E. W. Segal (Hrsg.), *Euripides. A Collection of Critical Essays*, Englewood Cliffs, N. J. 1968, 132-149; jetzt in: E. W. Segal (Hrsg.), *Oxford Readings in Greek Tragedy*, Oxford 1983, 340-356.

Wuhrmann, W., *Strukturelle Untersuchungen zu den beiden Elektren und zum Euripideischen Orestes*, Diss. Zürich 1940.

Zeitlin, F. I., »The Argive Festival of Hera and Euripides' *Electra*«, in: *Transactions and Proceedings of the American Philological Association* 101 (1970), 645-649.

Dies., »The Closet of Masks: Role-playing and Myth-making in the *Orestes* of Euripides«, in: *Ramus* 9 (1980), 51-77.

Zühlke, B., »Euripides' Stheneboia«, in: *Philologus* 105 (1961), 1-15; 198-225.

Zürcher, W., *Die Darstellung des Menschen im Drama des Euripides*, Schweizerische Beiträge zur Altertumswissenschaft 2, Basel 1947.

Zuntz, G., *An Inquiry into the Transmission of the Plays of Euripides*, Cambridge 1965.

Ders., »Contemporary Politics in the Plays of Euripides«, in: *Acta Congressus Madvigiani, Proceed. of the Second Internat. Congr. of Class. Studies*, Vol. 1, General Part, Kopenhagen 1958, 155-162; jetzt in: G. Zuntz, *Opuscula Selecta. Classica. Hellenistica. Christiana*, Manchester 1972, 54-61; deutsch: »Euripides und die Politik seiner Zeit«, in: E.-R. Schwinge (Hrsg.), *Euripides*, Darmstadt 1968, 417-427.

Ders., »Is the *Heraclidae* Mutilated?«, in: *Classical Quarterly* 42 (1947), 46-52; jetzt in: G. Zuntz, *Opuscula Selecta. Classica. Hellenistica. Christiana*, Manchester 1972, 43-53.

Ders., »On Euripides' *Helena*: Theology and Irony«, in: *Euripide. Entretiens sur l'Antiquité Classique VI*, sept exposés et discussions par J. C. Kamerbeek etc., Genf 1960, 201-227.

Ders. *The Political Plays of Euripides*, Manchester 1955, ²1963.

Ders., »Die taurische *Iphigenie* des Euripides«, in: *Antike* 9 (1933), 245-254.

Ders., »Über Euripides' *Hiketiden*«, in: *Museum Helveticum* 12 (1955), 20-34; jetzt in: E.-R. Schwinge (Hrsg.), *Euripides*, Darmstadt 1968, 305-325.

Suhrkamp Verlag GmbH
Torstraße 44, 10119 Berlin
info@suhrkamp.de
www.suhrkamp.de